군부와 민주화정치

- 이론과 사례 -

군부와 민주화정치

- 이론과 사례 -

양동훈 지음

The Military &
The Politics of Democratization
- Theories & Cases -

한국학술정보㈜

한국에서 소위 유신체제의 억압적인 분위기가 극도로 강화되고 있던 1979년 초에 미국 캘리포니아주립대학교로 유학의 길을 떠났다. 한국의 사회적·정치적 상황에 그다지 민감하지는 않았고 경제적으로도 어려웠지만 수년간의 사회적 경험과 좌절은 대학시절의 꿈이었던 미국 유학을 선택하도록 강요하였다. 외국어로 자신의 학문적 실력을 어느 정도 발휘할 수 있을 것인지 가늠하기는 어려웠지만 대학 전공이었던 정치학을 그곳 대학원에서 공부하게 되었다. 한국의 시대적 상황에 영향을 받은 나는 자연스럽게 군부정치에 관심을 갖게 되었다.

캘리포니아에서 군부정치에 대하여 관심을 갖고 공부하는 동안에 어느 지역보다도 군부가 역사적으로 빈번하게 정치적 리더십과 영향력을 발휘하고 있는 중남미 지역을 발견하게 되었다. 그때까지 나에게 미지의 세계였던 중남미는 학문적인 탐험과 개척의 대상으로 떠올랐다. 중남미 정치에 대하여 깊은 관심을 갖게 된 나는 중남미연구로 우수하다고 알려진 텍사스대학교(오스틴)를 찾게 되었다. 그곳 대학원 학위과정에서 특히 남미의 브라질과 아르헨티나에 대하여 깊은 관심을 갖게 되었고, 박사학위 논문에서도 두 국가의 민주화 과정과 군부의 역할을 비교연구하였다. 물론 남미의 두 국가와 함께 아시아의 한국도 나의 학문적 세계에서 항상 넓은 자리를 차지하고 있었고 지금도 마찬가지다.

학위를 다소 늦게 마치고 귀국하여 20여 년 이상을 강의와 연구에 능력껏 최선의 노력을 하여 왔다. 그동안 브라질, 아르헨티나, 한국의 군부체제와 민주화에 대하여 관심을 갖고 이론적·경험적 차원에서 비교연구하고 발표하였다. 돌이켜 보면 나름대로 노력은 하였으나 학문적으로 그렇게 생산적이지도 못하였고, 높이 평가할 만한 논문도 없는 것 같다. 그러나 이제 대학생활을 마무리할 시기에 그동안의 연구를 일단 정리하면서 뒤돌아보고 싶은 생각이 절실하게 다가왔다. 그리하여 주요 학술지에 발표하였던 연구 논문들 20여 편을 정리하면서 살펴보았다. 그 논문들 거의 모두가 민주화 과정과 그 관련 문제들에 대한 논의였다. 특히 민주화와 관련하여 미국과 남미 학자들이 20여 년간 논의하고 연구한 주제와 내용을 나름대로 정리하고 반영하려고 노력하였다. 결론적으로 학위논문을 포함하여 22편의 연구논문들을 번역하고 다소 수정 보완한다면 민주화에 대한 연구저서가 될 수 있다는 생각을 갖게 되었다. 마지막으로 맞은 안식년에 『군부와 민주화 정치－이론과 사례－』의 출간을 준비하게 되었다.

출간 준비과정에서 다수의 연구논문들을 묶어서 하나의 저서로 만드는 것이 참으로 지난한 작업임을 깨닫게 되었다. 특히 20여 년의 장기간에 걸쳐서 1, 2년 간격으로 작성된 논문들이라 개념적·이론적 또는 형식적인 일관성이 치밀하게 유지되지 못하였고 여러 곳에 중복된 내용도 있었다. 과거보다는 근래에 연구하여 작성한 논문들이 그래도 개념적 또는 이론적으로 다듬어지고 체계적으로 정리되었으며 또한 경험적으로도 풍부하여졌다는 느낌이 들었다. 모든 연구논문들에 대하여 아쉬움과 불만이 크지만 특히 근래보다는 그 이전에 썼던 논문들에 대하여 상대적으로 더욱 그렇다. 기존의 논문들 각각의 주제적인 독립성·체계성과 논리성을 훼손하지 않는 범위에서 최소한의 수정과 보완을 통하여 연구저서의 전체적인 체계성과 연계성을 유지하도록 노력하였다. 그럼에도 불구하고 아직도 미흡하고 불균형하여 불만스러운 부분이 여러 곳에 남아 있다. 독자들의 넓은 이해와 평가, 조언을 기대할 뿐이다.

학문의 길에서 그동안 만난 수많은 사람들의 지도와 격려, 협조, 지원이 있었기에 이 책의 완성이 가능하였다. 특히 미국 유학 시기에 학위과정에서 만난 텍사스대학교의 지도교수 디츠(Dietz)와 빌(Bill), 하드그레이브 주니어(Hardgrave Jr.), 에드워드(Edwards), 와그너(Wagner) 교수를 비롯한 미국 대학 교수들의 성실한 지도와 진심 어린 격려와 지원은 항상 잊을 수가 없다. 진심으로 존경하고 감사한다. 또한 이 책에 포함된 논문들이 개별적으로 발표될 때마다 성의 있고 비판적인 평가와 조언으로 저의 학문적 발전에 도움을 주신 익명의 논문 심사위원 교수님들에게도 진심으로 감사드린다.

미국에서 학위를 마치고 귀국하여 경성대학교 정치외교학과에서 20여 년 이상 강의와 연구를 하는 동안 학문적인 만남을 통하여 격려와 도움을 주신 여러분들에게도 진심으로 고마움을 표하고 싶다. 학과에 추천하여 주고 낯선 부산에 정착할 수 있도록 격려하고 배려하여 주신 부산대학교의 박광주 교수와 경성대학교의 공보경, 권용립, 안철현 등 학과 교수들에게 따듯한 감사의 마음을 전한다. 또한 한국정치학회와 한국라틴아메리카학회와의 활동을 통하여 만난 여러 교수님들의 격려와 조언에 대하여도 감사드린다. 특히 한국라틴아메리카학회를 조직하고 평생 중남미연구의 초석을 다지시고 그 발전에 헌신하신 고 민만식 교수님께 진심 어린 존경과 감사의 말씀을 올린다.

그리고 이 연구저서를 위하여 학술지원(2011)을 하여 준 경성대학교에 감사한다. 또한 출간 과정에서 진지하고 성실하게 많은 도움을 주신 한국학술정보(주)의 권성용, 이종현, 김매화 선생님께 진심으로 감사드린다.

끝으로 변함없이 매 학기 도시락을 싸 주며 헌신적으로 뒷바라지를 하여 준 아내 "순"에게 가없는 사랑과 감사의 마음을 전한다.

2012년 1월 1일, 부산 해운대에서

양동훈

차 례

제2장 군부권위주의체제와 민주화: 사례비교

제5장 민주화와 정치부패, 반부패

제6장 민주화와 경제개혁, 경제통합, 정보화

여는 장
민주화의 역사와 연구*

Ⅰ. 민주화의 역사

헌팅턴(Huntington, 1991)은 세계의 민주화현상을 역사적인 물결(waves)로 정리하였다. 인류는 근래까지 3차례 "민주화물결"을 경험하고 있다고 보았다. 특히 최근의 제3의 민주화물결에 대하여 그 원인, 과정, 결과를 중점적으로 분석하고 있다. 그리고 곧 중동과 북아프리카에 민주화물결이 확산될 것이고 21세기가 끝나기 전에 제4의 물결도 일어날 개연성이 있다고 예견하고 있다.[1]

헌팅턴은 민주주의를 최소의 제도적 조건에 근거하여 규정하고 민주화물결을 시기적으로 구분하였다. 성인 남성의 50% 이상이 투표권을 행사하여 정부의 책임 있는 최고지도자를 선출하는 국가를 민주화 국가로 보았다.[2] 그 기준으로 보면 첫 번째 민주화물결을 선도한 국가는 미국이다. 미국 7대 대통령을 선출하는 대선(1928)에서 민주당은 정당후보 선출과 유세 과정에서 일반 당원 또는 시민들이 직접 참여하고 영향력을 행사하였다. 대선은 이제 더 이상 당 간부들만의 게임이 아니게 되었다. 이는 미국의 정치적 관례를 깨고 새로운 민주정치를 여는 역사적인 전환점이 되었고 결과적으로 세계적으로 첫 번째 민주화물결(1828~1926)을 선도하는 혁명적인 사건이 되었다. 이 물결에 미국을 비롯하여 영국, 프랑스, 이탈리아, 스웨덴, 덴마크 등 33개 국가가 동참하였다. 그 역사적 기원은 영국(1642, 1688), 프랑스(1784), 미국(1774)의 시민혁명이었다.

헌팅턴은 세계적인 관점에서 민주화는 단선적인 변화과정이 아니라 민주주의를 향한 전진과 후퇴의 물결이 반복적으로 일어나면서 결과적으로 민주주의가 확산된다고 보았다. 첫 번째 민주화물결 국가들 중에서 22개 국가는 민주체제를 지속적으로 유지하지 못하고 1922년에서 1942년 사이에 다시 비민주체제로 전환되었고—헌팅턴의 소위 "역파(reverse waves)"—결과적으로 11개 국가만이 민주체제로 남게 되었다.

두 번째 민주화물결(1943~1962)은 세계 제2차 대전 직후부터 주로 패전국과 신생 독립국가에서 시작되었다. 한국, 서독, 이태리, 오스트리아, 일본 등 총 40개 국가가 제2 물결에 동참하였고 그중에서 한국, 브라질, 인도 등 22개 국가가 역파(1958~1975)를 경험하였다. 결과적으로

---

* 이 저서는 경성대학교 학술지원(2011) 연구 과제임.

1) Samuel P. Huntington, 1991, The Third Wave: Democratization in the Late Twentieth Century, Norman and London: University of Oklahoma Press. 3~30.

2) 이 기준이 지금의 시각에서 민주체제에 합당한가는 의문이다. 그러나 첫 민주화물결이 일었던 19세기 초기—지구상에 민주체제가 부재하였던—에는 그 기준도 상대적으로 '진보적'이었다고 할 수 있다.

18개 국가만이 민주체제로 살아남았다.

세 번째 민주화물결(1974~1990년대 초기)은 역사적으로 가장 최근에 일어났다. 1990년까지 남유럽, 중남미, 아시아, 아프리카 등에서 스페인, 그리스, 브라질, 아르헨티나, 한국, 필리핀, 나이지리아 등 33개 국가가 참여하였고 그중에서 나이지리아, 수단, 수리남 등 3개 아프리카 국가가 역파를 극복하지 못하였다. 결과적으로 1990년에는 세계적으로 대략 59개 국가가 민주체제를 유지하고 있다.

제3의 민주화물결의 원인, 과정, 결과를 경험적으로 분석한 헌팅턴은 최근의 제3의 물결은 제1과 제2의 물결과 비교하여 상대적으로 타협적이고 비폭력적이었다고 평가하고 있다. 그리고 그 원인으로 비민주체제의 정통성위기, 경제발전과 경제위기, 가톨릭교회의 사회적 부조리에 대한 관심 증대, 인권과 자유에 대한 국제적인 관심과 공조, 확산효과(snowballing) 등을 논의하고 있다.

헌팅턴은 결론적으로 경제발전과 정치리더십이 민주주의의 안정과 확산에 결정적인 요인이라고 주장하고 있다. 경제발전과 정치리더십이 정치적·문화적 장애물도 극복할 수 있다는 것이다. "경제발전은 민주주의를 가능하게 하고 정치리더십은 그 민주주의를 실현한다(Huntington, 1991, 316)." 그러므로 미래의 민주화물결은 국민소득 수준이 세계적인 기준에서 중상위권에 속하는 중동과 북아프리카 지역의 국가들에서 곧 일어날 개연성이 크다는 것이다(Huntington, 1991, 294~315). 이는 헌팅턴이 1990년에 현재(2011~12) 진행 중인 중동과 북아프리카의 "재스민혁명"을 이미 예견하고 말한 듯하다.

제2 민주화물결의 역파 과정에서 특히 제3세계 국가에서 군사쿠데타가 광범위하고 빈번하게 발생하고 그 결과로 군부체제가 출현하였다. 아시아, 라틴아메리카, 아프리카의 56개 발전도상국가들에서 157개 쿠데타가 일어났다(Finer, 1988, 66~69). 결과적으로 거의 절반에 이르는 발전도상국가들은 한 번 이상의 직접적인 군부통치를 경험하였고 나머지 국가들의 절반도 군부의 강력한 영향력을 받게 되었다. 군부는 제3세계의 지배적인 통치세력으로 부상하였고 군부권위주의체제는 세계 곳곳에 다발적으로 출현하였다. 군부권위주의체제―또는 군부체제―는 "신권위주의체제" 또는 "관료적 권위주의체제" 등으로 개념화·유형화되었다. 군부권위주의체제는 태생적으로 폭력적이고, 본질적으로 억압적인, 정통성위기의 불안정한 정치체제였다.

제3 민주화물결은 1970년대 남유럽에서 시작되었다. 남유럽의 포르투갈, 스페인, 그리스 등의 억압적인 권위주의체제가 정치적 위기를 극복하지 못하고 끝내 붕괴되었다. 그들 국가의 신민주정부는 유럽공동체의 지원을 받으면서 민주개혁을 추구하게 되었다. 그리고 1980년대에는 남미의 주요 국가들의 군부가 정치자유화를 추구하기도 하고 결과적으로 민간 정치인들에게 정권을 이양하였다. 아르헨티나는 1983년 민주선거에서 승리한 라울 알폰신(Raúl Alfonsín)의 급진당 정부가 수립되었다. 우루과이 유권자들도 1984년 민주선거에서 군사정부를 거부하고 후리오 마리아 상기네티(Julio Maria Sanguinetti)의 민간정부를 선택하였다. 한편 브라질 의회는 1985년 군부체제 20여 년 만에 처음으로 민간 출신 야당후보 탄크레두 네베스(Tancredo Neves)를 대통령으로 선출하였다. 그리고 페루, 볼리비아, 에콰도르, 엘살바도르, 온두라스, 과테말라에서도 민간 출신 지도자들이 정권을 장악하고 있었다. 중남미에서 다시 민간정치가 대두하고 있는 반면에 군부정치는 퇴조하고 있는 것이다. 아시아의 한국, 필리핀 등에서도 권위주의체제가 민주시민의 저항으로 억압정책을 포기하고 민주선거를 통하여 체제이행(transition)을 약속하였다.

제3 민주화물결이 1974년 포르투갈에서 시작되고 현재(2012) 거의 38년이 되었다. 30여 개의 제3 물결 국가들이 다소의 시차와 질적인 차이가 있지만 다두체제(polyarchy)를 경험하고 있다. 관련 학자들은 체제적 특성과 질적인 수준에 따라서 신(new), 선거(electoral), 위임(delegative), 반자유(anti-liberal), 권위주의후기(post-authoritarian) 민주체제 등으로 다양하게 개념적으로 유형화하고 있다.[3] 이 유형화가 시사하고 있듯이 제3 물결에서 출현한 민주체제는 자유민주주의의 관점에서 특성적으로 또는 기능적으로 다소 미흡하고 불완전한 체제이다. 이러한 체제를 경험하고 있는 제3 물결 국가들은 정기적인 자유, 평등선거를 통하여 정권교체를 실현하고 있지만 아직도 권위주의체제의 유산, 민주개혁의 갈등, 사회경제적 불평등의 구조적 조건을 극복하지 못하고 있다. 2000년대에는 관련 학자들이 "무능한 민주주의"에 대한 좌절감과 고민에서 민주주의 질(quality)의 문제를 제기하고 논의하고 있다.

반면에 헌팅턴이 예견하였듯이 중동과 북아프리카―튀니지, 알제리, 리비아, 이집트, 시리아, 예멘, 요르단, 사우디, 바레인 등―에서 민주화물결이 2011년부터 거세게 솟구치고 있다. 북아프리카와 중동의 권위주의체제 국가에서는 수많은 시민들이 자유와 민주주의를 갈망하며 정부의 무차별적인 폭력에 대항하며 죽음을 각오하고 광장에 모이고 있다. "재스민혁명"

---

3) 선거민주체제는 신민주체제의 자유 공명선거와 그에 따른 정치권리의 실현에 주목하고 있다(Diamond, 1999). 위임민주체제는 신민주체제의 정치권력의 집중과 독단적 행사에 주목하고 있다(O'Donnell, 1994). 반(反)자유민주체제는 무엇보다도 신민주체제에서 시민의 자유와 권리가 제한되어 있다는 점을 지적하고 있다(Smith, 2005, 264~265). 후기권위주의 민주체제는 신민주체제의 권위주의 유산과 그 정치적 영향력을 강조한다(Hite & Morlino, 2004; Cesarini & Hite, 2004).

을 통하여 민주화물결이 거세게 일고 있는 것이다. 1970~80년대에 남유럽, 중남미, 아시아에서 일어난 민주화물결과 달리 시위와 폭동, 정부군의 강경진압으로 유혈사태가 촉발되고 있다. 튀니지, 이집트, 리비아에서는 장기 집권의 독재자는 축출되고 그 권위주의체제는 붕괴하였으나 민주화물결의 방향은 아직은 모호하여 예측하기 어렵다.

Ⅱ. 민주화의 연구

민주화물결은 권위주의체제ー또는 비민주체제ー에서 기원한다. 권위주의체제가 체제적 모순과 갈등을 극복하지 못하고 정치적 위기에 직면할 때 민주화의 씨앗은 싹튼다. 따라서 민주화 연구는 체제이행 과정뿐만 아니라 그 이행 전에 존재하는 비민주체제와 그 모순, 긴장, 위기 등에 대한 논의와 분석을 포함하는 것이 타당하다. 민주화는 협의적으로 권위주의체제에서 민주체제로 이행하는 과정으로 규정할 수도 있다. 또한 광의적으로 체제이행 과정뿐만 아니라 민주주의 체제화와 공고화를 포함시킬 수도 있다. 어느 경우에든 민주화 연구는 이전의 권위주의체제에 대한 분석을 요구한다. 이전의 권위주의체제를 군부권위주의체제에 국한한다면 군부권위주의체제에 대한 논의가 필수이다.[4]

군부권위주의체제와 관련하여 네 가지 근본적인 의문이 제기된다. (1) 군부는 왜 정치에 개입 또는 참여하는가? (2) 정치발전과 경제발전에서 통치자로서 군부의 역할은 무엇인가? (3) 군부체제가 초래한 결과는 무엇인가? (4) 군부의 탈정치화 또는 병영복귀의 원인과 조건은 무엇인가?

비교정치 학자들 다수는 1960년대 초에 첫 번째와 두 번째 의문에 더욱 관심을 보였다. 시기적으로 발전도상지역과 국가들에 대하여 일반적인 관심이 높았다. 또한 제3세계 국가들에서 대의민주주의가 실패하고 군사쿠데타가 빈번하게 일어났다. 특히 브라질(1964), 아르헨티나(1966), 페루(1968)에서 군부는 군사쿠데타를 통하여 전통적인 "수호자(guardian)"나 "중재자(moderator)" 역할을 포기하고 군부체제의 "통치자(ruler)"가 되었다. 이러한 시대적인 경향과 변화는 군부의 정치개입에 대한 원인이나 동기와 발전과정에서의 역할에 대하여 지대한 관심과 학술적 논의를 활성화시켰다.[5]

---

4) 권위주의체제는 유형적으로 일인(personal), 일당(one-party), 군부(military), 인종(racial), 신권(theocratic) 권위주의체제 등이 있다.

군부체제가 수립된 후 30여 년이 지났을 즈음에 관련 학자들은 나머지 두 가지 의문에 대하여 새로운 관심을 갖고서 연구를 진행하였다. 군부체제의 결과와 후기체제에 대한 그 결과의 영향, 그리고 체제이행의 원인과 동기, 조건들에 대한 논의가 점차 증가하고 있다. 이러한 학술적 관심의 전환은 특히 남미와 남유럽의 정치적 변화에서 기인한다고 할 수 있다. 이러한 정치적 변화는 세 가지 정치적 의문을 제기하고 있다. 첫째, 군부가 통치권을 포기하거나 이양한 이유는 무엇인가? 둘째, 군부권위주의체제가 왜 그리고 어떠한 과정과 조건에서 신민주체제로 이행되었는가? 셋째, 신민주체제의 특성은 무엇인가? 넷째, 신민주체제에서 군부의 역할은 무엇인가? 다섯째, 공고화의 관점에서 신민주체제의 전망은 무엇인가? 여섯째, 신민주체제의 등장은 민간체제와 군부체제의 역사적 순환의 종말을 의미하고 있는가?

최근까지 중남미연구 관련 학자 소수가 위와 같은 의문들에 대하여 체계적으로 연구를 수행하고 있다. 그들의 연구는 일반적으로 정치체제의 변화─특히 중남미국가의 체제 변환과 이행─에 대한 서술적 설명이다. 일반적으로 이론적이고 체계적인 "통제된(disciplined)" 비교연구는 희소하다고 할 수 있다.[6] 스테판(Stepan, 1988)에 의하면 "군부는 아마도 신민주운동에 관련된 변인들 중에서 가장 희소하게 연구되고 있다. 실질적으로 자유화과정에서 군부의 역할에 대하여 어떠한 언어로도 체계적인 연구업적들이 발표되지 않고 있다(Stepan, 1988, xi)."

헌팅턴(1991)의 『제3의 물결: 20세기 말의 민주화』는 비교정치 분야에서 근래에 주목할 만한 연구결과라고 할 수 있다. 정치체제 변화에 대한 연구와 관련하여 특히 그러하다.[7] 그것은 민주화 연구의 대표적인 저작이자 총결산이라고 할 수 있다. 70년대 중반 이후 80년대에 이루어진 민주화의 원인과 과정에 대하여 경험적으로 비교 논의하고 있다. 무엇보다도 70년대 중반에 시작된 남유럽과 남미의 민주화에 대한 개념적 논의에 크게 의존하고 있다. 헌팅턴은 30

---

5) 이 관점에서 주요 고전적인 선행연구에는 S. E. Finer, 1962; Lucian W. Pye(1963); Edward Shils, 1962; Morris Janowitz, 1964; Samuel P. Huntington(1968) 등이 있다.

6) 최근의 이론지향적인 연구는 O'Donnell, Schmitter & Whitehead, 1986; Enrique Bayloyra, 1987; Afred Stepan, 1988 등이 있다. 특히 Stepan(1988)은 *Rethinking Military Politics: Brazil and the Sothern Cone*에서 이론지향적이고 체계적인 비교연구를 수행하고 있다. 정치체제 변동과정에서 군부의 역할을 비교분석하고 군부정치의 새로운 연구방향을 제시하고 있다.

7) 러스토우(Rustow, 1992)는 "『제3의 물결』은 민주화에 대한 연구에서 가장 중요한 공헌이며 경험적·이론적·범세계적인 학문분야로서 비교정치의 증거물"이라고 평가하였다. 정치체제 변화에 대한 근래의 다른 주요한 연구는 다음과 같다: (1) Juan J. Linz and Alfred Stepan, eds., 1978, *The Breakdown of Democratic Regimes*, vols. 1~4: 1. *Crisis, Breakdown, and Reequilibration*; 2. *Europe*; 3. *Latin America*; 4. *Chile*; (2) Guillermo O'Donnell, Philippe C. Schmitter, and Laurence Whitehead, eds., 1986, *Transitions from Authoritarian Rule: Prospects for Democracy*, vols. 1~4: 1. *Southern Cone*; 2. *Latin America*; 3. *Comparative Perspectives*; 4. *Tentative Conclusions about Uncertain Democracies*; (3) Larry Diamond, Juan J. Linz, and Seymour Martin Lipset, eds., 1988, 1989, *Democracy in Developing Countries*, vols. 2~4: 2. *Africa*; 3. *Asia*; 4. *Latin America*. 한국에서 민주화에 대한 논의는 한국의 경우와 관련하여 주로 서술적·경험적 논의가 많다. 반면에 체계적인 개념적 또는 비교적 논의가 적다. 주요 관련 논의에 대한 참조: 구범모 외, 1988, 민주화 과정의 국제적 비교와 한국; 한국정치학회편, 1989, 『한국정치의 민주화: 현실과 과제』; 임혁백, 1990, 「한국에서의 민주화 과정분석: 전략적 선택이론을 중심으로」, 『한국정치학회보』, 24집 1호(1990), pp.51~77; 최장집, 1993, 『한국민주주의의 이론』.

여 개 국가들의 경험적 사례들에 근거하여 민주화 과정을 설명하고 있다. 그는 민주화 과정에서 어떠한 조건들보다는 경제발전과 정치적 지도력의 중요성을 강조하고 있다. 그리고 실천적으로 민주개혁을 추구하는 지도자들(democratizers)에게 단계적으로 전략적인 조언(guideline)을 제시하고 있기도 하다. 이는 새로운 시도로서, 그는 사회과학자의 역할에 더하여 정치적 전략가 또는 자문역을 자임하고 있다(Huntington, 1991, xv).

제3의 민주화물결은 또한 신민주체제의 정부형태를 포함하는 정치제도의 선택과 수립을 현실적 문제로 부각시켰다. 세계의 다수 정치학자들-특히 비교정치학자들-은 정부형태의 선택에 대하여 심도 있는 연구와 치열한 논쟁에 참여하였다. 그들은 다양한 이론적 시각과 역사적 경험, 논리적 추론에 근거하여 일반적으로 대통령제, 의원내각제 또는 그 혼합형의 선택을 주장하고 있다.[8]

1980년대 중반부터 세계적으로 저명한 정치학자들-린츠(Linz), 스테판(Stepan), 레이프하르트(Lijphart), 사르토리(Sartori) 등-이 민주정부의 형태에 대한 논의와 연구에 참여하고 있다. 그 결과로 주목할 만한 이론적·경험적 연구물들이 최근까지 계속하여 발표되고 있다. 따라서 이 시기를 정부형태-일반적으로 정치제도-에 대한 연구의 부흥기(resurgence)라고 할 수 있다. 반면에 한국의 정치학계에서는 신민주정부 형태에 대한 논의와 연구가 상대적으로 희소하다. 이는 해외의 정치학계에 비하면 대조적이라고 할 수 있다. 특히 민주화 과정을 경험하고 있는 한국에서 정부형태의 선택문제가 오랫동안 현실정치의 주요 쟁점이 되어 왔음에도 더욱 그러하다.[9]

민주주의 공고화(consolidation)에 대한 논의가 1990년대 후반기에 활발하게 진행되었다. 관련 학자들은 민주주의 공고화를 다른 시각에서 다양하게 개념화하고 있다. 쉐들러(Schedler, 1998, 12)가 지적하였듯이 그들은 민주주의에 대하여 각자가 갖고 있는 경험적인 관점과 규범적인 지향점에 따라서 다르게 이해하고 논의하고 있다. 그들 다수는 자유민주주의의 가치, 규범, 규칙이 제도적으로 정향적으로 실현, 실천되고 심화 완성되는 과정에 주목해 왔다.

민주주의 공고화와 관련하여 권위주의 유산과 그 정리, 특히 권위주의 인권유산 정리-"과거(사)청산"-의 문제에 대한 논의와 연구는 상대적으로 희소하다고 할 수 있다. 근래 세사리

---

8) Juan J. Linz, 1994, pp.3~87; Giovanni Sartori, 1994a; Matthew Shugart & John M. Carey, 1992; Scott Mainwaring, 1993, pp.1~21; Mark P. Jones, 1995; Kurt von Mettenheim, 1997; 김호진, 1990, pp.1~21; 이행, 1992, pp.391~417; 이명남, 1997, pp.229~246; 양동훈, 1998, pp.93~107.

9) 소수 관련 논문들이 근래 『한국정치학회보(1997)』와 『하계학술대회 논문집(1990; 1992)』에 발표되었다. 이명남, 1997; 이행, 1992; 하봉규, 1992; 김호진, 1990. 이것들 이외에도 시사적인 관련 논문들이 1980년대 후기부터 몇몇 학자들에 의하여 발표되었다.

나와 하이트(Cesarina & Hite, 2004, 329)는 민주주의 공고화를 논의하는 비교학자들이 권위주의 유산 문제를 과소평가하는 경향이 있다고 비판하고 있다. 또한 이내영과 박은홍(2004, 15)은 국내학계에서 과거청산이 민주주의 공고화에 미치는 영향을 논의하는 연구가 희소하다고 주장하고 있다.

부패문제는 특히 1999년부터 국제사회의 주요 관심사로서 국가들이 실질적으로 해결해야 하는, 회피할 수 없는 과제가 되었다. 부패문제에 대한 논의와 연구도 국내외적으로 활발히 이루어졌다. 부패의 개념, 특성, 유형, 구조, 원인, 결과 등에 대하여 1970년대에 비하여 더욱 다양한 시각의 많은 학자들이 이론적으로 또는 경험적으로 특정 사례연구나 소수 또는 다수 사례비교를 통하여 활발하게 논의 연구하고 있다. 1990년대 후반기는 부패연구의 '부흥기'라고도 할 수 있을 정도이다.[10]

부패에 대한 국내외의 현실적·학문적 관심과 논의는 일반적으로 "행정부패"―또는 "관료부패"―에 중점을 두고 있는 것 같다. 관련 국제기구나 국가들은 정부의 정책집행 과정에서 야기될 수 있는 공무원의 부패행위를 어떻게 감시, 견제, 처벌하여 보다 효율적인 행정체계와 국제시장을 실현하는 문제에 더 많은 정책적 관심과 의지를 표명하고 있는 듯하다. 국내외의 관련 학자들 대다수도 그 현실적 경향에서 예외는 아닌 것 같다. 따라서 '정치부패'에 대한 집중적인 논의와 연구가 상대적으로 희소하였다.

민주주의 질에 대한 학술적 논의와 연구가 최근 2000년대에 활발하게 이루어지고 있다. 특히 오도넬과 쿠렐, 이어제터(O'Donnel, Cullel & Iazzetta, 2004), 다이어먼드와 모리너(Diamond & Morlino, 2005)가 선도하고 있다.[11] 민주주의 질에 대한 관심과 논의는 "무능한 민주주의"에 대한 좌절감에서 비롯되었다고 할 수 있다. "제3 민주화물결"에서 체제이행(transition) 과정을 통하여 신민주체제를 경험하고 있는 국가들 대다수가 30여 년 이상이 지나도록 권위주의적 유산과 사회경제적 불평등과 갈등의 구조적 조건을 아직도 극복하지 못하고 지체하고 있기 때문이다.

---

10) 근래 부패 관련 연구자들 중에는 대표적으로 Paul Heywood, 1997; John Girling, 1997; Susan Rose-Ackerman, 1999 등이 활발하다.

11) Guillermo O'Donnell, Jorge Vargas Cullel and Osvaldo M. Iazzetta(eds.), 2004, *The Quality of Democracy: Theory and Applications*; Larry Diamond and Leonardo Morlino(eds.), 2005, *Assessing the Quality of Democracy*.

Ⅲ. 민주화 연구의 문제

군부체제에 대하여 1960년대부터 "체계적인(systematic)" 비교연구가 필요하다는 주장이 반복적으로 제기되고 있으나 주목을 받지 못하고 있다. 맥앨리스터(McAlister, 1966)는 중남미에서 군부역할에 대한 "비교연구가 희소하다"고 지적하고 있다. 뢰벤탈(Lowenthal, 1974)도 다시 군부의 정치적 역할에 대하여 체계적인 비교연구가 부재하다는 문제를 제기하고 있다. 피치 (Fitch, 1986)에 의하면 "보다 명확한 비교분석이 요구됨에도 불구하고 아직도―1986년에도― 개별 국가 사례연구가 지배적인 경향"이다. 이와 같이 20여 년 이상 관련 학자들이 군부정치 연구에서 체계적인 비교분석의 희소성과 필요성을 재차 지적하고 또한 동의하고 있으나 그에 상응하는 실천적인 노력은 아직도 미흡한 듯하다.

현대 권위주의체제의 전환과 그 권위주의체제로부터 신민주체제로의 이행 과정에 대하여 관련 학자들 다수는 특히 깊은 관심을 갖고 치열하게 논의하였다. 민주화 선행연구는 관련 학자들의 다양한 관심, 이념, 시각 때문에 개념적 혼란, 이론적 편견, 그리고 경험적 모순 등의 문제를 갖고 있다. 보다 유익한 논의와 연구결과를 위하여 무엇보다도 관련 학자들 다수가 객관적으로 비교 합의할 수 있는 주요 개념들의 일관성을 확보하는 것이 필요하다. 그 개념적 일관성을 확보하기 위하여 연구현상에 대한 의도적이고 명시적인 개념화도 필요하다. 주요 관련 개념들은 민주주의, 민주화, 재민주화, 정치자유화, 정치체제, 정치체제 이행 등을 포함한다. 궁극적으로 정치체제 변동 또는 이행의 이론을 지향하는 논의와 연구에서는 정치체제의 개념과 유형, 그리고 그 관련 개념들이 엄격하고 명료하게 규정되어야 한다. 또한 가능한 연구자 다수가 그 개념들에 근거하거나 유의하여 논의 연구하는 것이 필요하다. 그러한 개념화는 우선적으로 정치체제 변동에 대한 최근의 선행연구의 비판적인 재검토를 요구한다.

선행연구에서 서술―"이론"이 아닌―이 지배적인 규범인 듯하다. 관련 학자들 다수는 연구 대상에 대하여 이론적 구성(construction)을 추구하기보다는 현상적인 서술을 시도한다. 이론적 구성은 특정한 역사적 선택에 대하여 잠재적인 대안적 선택이나 동기를 밝히고, 상술하고, 설명하는 작업을 요구한다. 쉐보르스키(Przeworski, 1980, 4)는 적절하게 "실제적으로 일어난 사건들에 국한된 이론은 이론이 아니라 서술이며 정치적으로 무력하다."고 주장하고 있다.

브라질과 아르헨티나의 군부권위주의체제와 관련하여 오도넬이 제시한 관료적 권위주의 체제(BA; bureaucratic-authoritarianism) 모델은 정치적 군사주의(militarism)에 대하여 비중 있는 관심과 심도 있는 분석이 다소 미흡하다고 할 수 있다. 이 약점은 지속적으로 체제전환과 이행의 분석과 이해에 걸림돌이 되고 있다. BA 체제는 분석적으로 군사적 차원과 비군사적 차원에서 접근할 수 있다. 특히 군사적 차원이 체제안정과 이행에 가시적으로 강력한 영향을 주고 있기 때문이다. 민군관계는 체제이행 과정에서 지속적으로 갈등을 야기하기도 한다. 따라서 민간우위 원칙의 실현과 군부의 탈정치화는 민주주의 공고화의 결정적인 조건이라고 할 수 있다. 그러나 관련 학자들은 일반적으로 군사적 차원과 비군사적 차원의 문제들을 구분하지 않고 있다.

신민주체제의 민주주의 공고화를 보다 근원적으로 이해하기 위하여 민주적 개혁과 함께 권위주의 유산과 그 정리 과정에 대한 논의도 필요하다. 신민주체제에서 민주주의 공고화는 민주적 가치 규범 규칙의 실현과 실천의 문제이다. 민주주의 공고화는 권위주의 유산의 정리 또는 청산을 전제조건으로 한다. 민주주의 공고화는 신민주체제에서 과거의 권위주의 유산을 정리하면서 동시에 민주적 개혁을 실천하는 양면적인 작업이기 때문이다. 권위주의 유산의 정리가 전제되지 않는 한 민주주의 공고화는 논리적으로 모순이고 경험적으로 사상누각과 같이 부실하다.

민주화를 경험하는 국가들에서 민주주의 체제화와 공고화의 구체적인 문제로서 정부형태의 선택문제가 민주헌법의 제정이나 개정과정에서 주요 의제로 제기되었다.[12] 한국에서 정부형태 선택의 문제는 피할 수 없는 정치적 현안으로 제기되었다. 정치권의 관련 논의와 문제제기에 대한 최종적인 판단은 한국 시민들의 몫이다. 따라서 정부형태 선택에 대하여 정치권의 논리와 주장을 비판 극복할 수 있는 객관적인 연구와 논의가 활발히 이루어지고, 결과적으로 그 선택을 위한 평가 기준이 제시되어야 한다. 한국의 정부형태 연구뿐만 아니라 외국의 관련 사례연구 또는 비교연구도 필요하다. 그러한 연구들은 한국의 정부형태 선택문제에 대하여 다양한 경험적 지식을 제공하여, 결과적으로 정부형태 선택의 기로에 서 있는 한국 시민들에게 풍부하고 의미가 있는 시사점들을 제시하여 줄 수 있을 것이다.

정치부패에 대한 연구는 부패행위의 조건인 정치적 구조와 그 변화를 전제함이 없이는 불가능하다. 정치적 구조와 그 변화는 정치부패의 원인, 특성, 구조에 직접적으로 관련되어 있기 때문이다. 특히 정치부패는 정치체계(system)의 구조적 성격을 결정하는 정치체제(regime)의 비교와 변화의 관점에서 보다 본질적으로 접근 이해될 수 있다. 그러므로 정치체제의 변화과정,

---

12) 특히 브라질, 아르헨티나, 칠레 등 남미국가들은 신민주헌법 제정 과정에서 권력구조 논쟁이 활발하였다.

특히 민주화 과정의 조건에서 정치부패의 문제가 개념적으로 논의되고 경험적으로 재검토되어야 한다. 특히 민주화는 정치부패의 특성과 방지에 어떠한 변화를 초래하는가? 그리고 민주화 과정이 정치부패의 특성과 방지에 어떻게 영향을 미쳤는가?

오도넬(2000)은 민주주의 질의 문제를 민주주의에 대한 재개념화로 인식하고 민주주의를 정치체제뿐만 아니라 주요 국가적 속성-헌법체계와 같은-을 확장적으로 포괄하는 개념으로 논의하고 있다. 관련 학자 다수는 오도넬과 유사한 시각에서 민주주의의 개념적 확장에 동의하고 있는 듯하다. 그러나 민주주의의 개념에 추가적으로 포함시킬 다양한 속성들을 제시하고 있다. 민주적 속성에 대한 합의가 거의 부재하다는 것이다. 반면에 관련 학자 일부는 민주주의의 개념적 확장 자체를 비판하고 있다. 확장적 개념화는 결과적으로 민주주의에 대한 개념적 모호성을 증대시켰다고 주장한다(Plattner, 2005, 80; Hagopian, 2005, 124; Coppedage, 2004, 241, 247; Lechner, 2004, 208). 특히 민주주의를 사회적 영역으로 확장할 경우에는 그 모호성은 더욱 커질 수밖에 없다는 것이다(Plattner, 2005, 80). 개념적 모호성은 결과적으로 민주주의의 질에 대한 유의미한 논의와 연구의 기반을 다소 불안정하게 만들 수 있을 것이다.[13]

Ⅳ. 민주화 연구의 사례비교

1. 접근방법

민주화의 선행연구와 그 문제점을 인식하여 민주화 연구는 보다 체계적인 비교분석(systematic comparative analysis)이 이루어져야 한다. 방법론적 관점에서 '체계적인' 연구는 "명확하게 통제가 잘된(explicitly disciplined)" 분석을 의미한다고 할 수 있다. 체계적인 연구에서 연구자는 궁극적인 연구목적을 명확하게 인식하고 그에 따라서 연구의 주요 개념과 가설, 범위와 대상을 엄격하게 규정하고 밝힌다. 그리고 연구자는 연구과정에서 그 연구목적, 관련 개념과 가설, 연구방법의 일관성을 유지하면서 치밀한 분석을 시도한다. 이러한 시각에서 높은 수준의 체계적인 연구는 문제의 제기, 개념적인 틀(framework)의 구성, 주요 관련 개념의 정립, 주요 관련

---

13) 개념적 모호성의 문제가 빈번하게 발생하는 연구문헌에서는 보다 정확한 정의의 분석적인 장점 과 대비하여 "의미론적 영역(semantic field)"의 불안정화 비용의 문제를 고려해야 한다(Collier and Levitsky, 1997, 445).

가정과 가설들의 수립, 그리고 경험적인 사례 비교분석 등을 요구한다.

'비교(comparative)' 분석은 이론지향적인 연구이다. 새로운 이론의 수립이나 기존 이론의 검증－확인, 부정 또는 수정－을 위하여 경험적인 사례를 개념적인 틀에 근거하여 체계적으로 분석하는 행위이다. 이 관점에서 사례의 개수와 관계없이 이론과 관련하여 이루어지는 모든 체계적인 사례분석은 비교연구라고 할 수 있다. 그러나 비교연구는 일반적으로 2개 이상의 사례들의 차이점이나 유사성을 분석하고 주요 관련 변인들의 인과관계를 추론한다. 2개 사례 비교분석은 추론의 근거를 다소 제한하지만 연구자의 시간, 재정, 에너지의 문제를 해결하여 줄 수 있는 최소의 경제적인 비교연구라고 할 수 있다. 2개 사례의 비교분석의 추론은 추후에 관련 사례들의 추가적 분석을 통하여 재검증될 수 있을 것이다. 또한 두 개 사례 비교연구에서는 다수 사례 비교연구보다 상대적으로 심도 있는(in-depth) 분석이 가능하다.

체계적인 비교연구에서 경험적인 사례의 타당성·투명성(transparency)·시사성·독립성은 그 사례의 이론적 유용성을 제고할 수 있다. 사례 타당성은 비교사례들이 연구 목적과 주제, 그리고 주요 관련 가설들에 대하여 적합성 또는 관련성과 부적합성을 묻는 질적 개념이다. 사례 투명성은 주요 변수들과 그 관계가 보다 명확하게 분석적으로 드러날 수 있는 특정한 사례의 성격을 의미한다. 예를 들면 군부의 정치적 동기나 역할을 밝히려고 할 때 간접적인 또는 혼합적인 군부통치보다는 직접적인 군부통치의 사례를 분석하는 것이 더욱 방법론적으로 용이하고 추론적으로 설득력이 있다고 할 수 있다.

사례 시사성은 비교사례가 구조적으로 복잡하고, 다양하고, 다원적이면 이론적으로 더욱 유용하다고 할 수 있다. 구조적으로 유사한 사례뿐만 아니라 상대적으로 그렇지 못한 사례의 변화 또는 발전과정과 관련하여 이론적으로 많은 시사점을 제기할 수 있을 것이다. 사례 독립성은 비교사례가 외생(exogenous) 변수의 영향보다는 내생(endogenous) 변수의 영향에 상대적으로 더 많이 노출되어 있다는 것이다. 이 경우에는 특정의 비교사례는 오히려 다른 사례의 외생변수로도 작용할 개연성이 있다. 비교사례의 주요 내생변수들 사이에 존재할 수 있는 인과관계를 추론하려면 가능한 사례 독립성이 상대적으로 높은 사례를 선택하는 것이 추론적 타당성을 다소 제고할 수 있을 것이다.

결론적으로 체계적인 비교연구는 연구목적과 주제의 제시, 선행연구의 비판적인 재검토, 이론적 틀의 구성, 주요 관련 개념의 정립, 주요 관련 가설의 묵시적 또는 명시적 제시, 그리고 사례 타당성·타당성·투명성·시사성·독립성의 관점에서 비교사례의 선택을 통하여 이루어진다고 할 수 있다.

2. 비교사례

정치체제 변동과정-특히 체제전환과 이행 과정-에서 군부와 군부체제, 신민주체제를 비교하는 연구와 관련하여 특히 남미의 브라질과 아르헨티나가 가장 적합하고 타당한 비교사례 국가들이라고 할 수 있다. 비교사례로서 사례의 타당성·투명성·시사성·독립성이 상대적으로 높다고 할 수 있다.

제3세계에서 브라질과 아르헨티나는 여러 면에서 "시사하는 바가 많은(suggestive)" 국가들이다. 제3세계의 대다수 국가들과 달리 광활한 국토와 국제경제와 깊이 연계된 경제구조를 갖고 있다. 일찍이 1830년대에 포르투갈과 스페인으로부터 정치적으로 독립하고 오랫동안 다양한 정치체제를 경험한 '구생국가(old state)'-소위 "신생국가"가 아닌-들이다. 산업화는 이미 20세기 초에 시작되었으며 기존의 대도시권을 중심으로 급속하게 진행되었다. 산업화와 도시화과정에서 브라질과 아르헨티나는 근대화의 문제와 위기를 중첩적으로 경험하였다. 두 국가에서 근대화의 도전에 대한 정치적 대응은 역사적으로 대중주의(populism), 집정관주의, 권위주의 등의 시대적인 경향으로 나타났다. 최근에는 민주주의 또는 민주화가 새로운 경향으로 대두하고 있다. 이러한 경향이 지속적으로 심화 발전할 것인가? 그렇지 않으면 시대적인 에피소드로 끝날 것인가?

군부의 정치적 개입과 퇴각에 대한 연구에서 특히 브라질과 아르헨티나는 투명한 사례이다. 군부는 역사적으로 반복하여 정치에 개입 또는 참여하였다. 군부는 역사적으로 국가의 독립투사, 보호자, 통치자의 역할을 수행하였다. 군부는 정치적 군사화를 위장하기 위한 허식적인 노력을 거의 하지 않았다. 군부의 정치개입은 간접적·파벌적·부분적이기보다는 직접적·통합적·총체적이라고 할 수 있다. 군부는 대통령 계승문제나 주요 정책에 대하여 공개적으로 논쟁을 야기하고 참여하였다. 군부의 다수 지지를 받은 장군들이 군지도자로서 제복을 입고서 대통령직을 직접 수행하였다. 결과적으로 군부의 정치적 동기와 역할이 상대적으로 더욱 적나라하게 드러났다고 볼 수 있다.

브라질과 아르헨티나는 중남미의 '선도적이고(path-breaking)' 지배적인 국가들이다. 브라질 또는 아르헨티나의 정치변화는 중남미의 다른 국가들에도 영향을 주었고 유사한 변화가 파급될 개연성도 존재하고 있다. 예를 들면 브라질 군부는 1964년 전통적인 정치적 중재자 역할을 포기하고 직접적인 통치권을 장악하였다. 그 후에 아르헨티나, 페루, 칠레, 우루과이 등의 군부는 각각 1966, 1968, 1973, 1973년에 쿠데타를 통하여 군부체제를 수립하였다. 그리고 브라질 군부체제가 1974년 정치자유화 과정을 통하여 민간화와 민주화를 준비하자 주변 국가들도 민주적 체제이행을 준비하였다.

브라질과 아르헨티나 사례-"최대 유사체계(the most similar systems)"-의 특성을 보다 명료하게 드러내거나 그 비교사례 연구를 이론적으로 또는 경험적으로 재검증하기 위하여 비교적 관점에서 주제에 따라서 또 다른 제3 민주화물결 국가들인 한국, 멕시코, 칠레, 우루과이, 스페인, 남아프리카공화국의 사례들도 추가적으로 비교분석하고 있다. 그러나 추가 사례들의 경험적인 논의는 범위와 심도에 있어서 제한적이다.

남미의 칠레와 우루과이도 같은 지역의 브라질과 아르헨티나와 같이 군부권위주의체제를 경험하고 체제이행 과정을 거쳐서 신민주체제를 20여 년 이상을 경험하고 있다. 신민주체제의 인권유산 정리 정책과 관련하여 비교사례로 소개하고 논의한다. 브라질은 원칙적으로 은폐정책, 아르헨티나와 칠레는 기소정책, 우루과이는 국민투표를 통하여 망각정책을 추구하고 있다. 멕시코 사례는 비군부권위주의체제의 정치변화-특히 정치자유화-과정을 분석하고 비교적 관점에서 군부통치가 결코 무시할 수 없는, 중요한 변수라는 점을 강조한다.

한편 인권유산 정리문제의 비교사례로서 남아프리카의 남아프리카공화국과 남유럽의 스페인 사례를 추가적으로 논의한다. 두 국가는 남미의 사례국가들과 다르게 일인(personal) 또는 인종(racial) 권위주의체제 이후에 신민주체제로 이행되었다. 따라서 그 신민주체제는 특성적으로 다른 권위주의적 유산에 직면하고 있다. 남아프리카공화국은 과거의 인권탄압에 대한 진실고백을 전제로 관용정책을, 스페인은 침묵을 전제로 망각과 진실추구 정책을 선택하였다.

아시아의 한국도 특히 남미의 사례국가들과 유사하게 군부권위주의체제, 채제이행 과정 그리고 신민주체제를 경험하고 있다. 특히 민주화 과정에서 제기된 정부형태-일반적으로 권력구조-선택에 대한 논쟁과 관련하여 한국의 대통령제를 비판적이고 비교적인 관점에서 분석하고 개선과 대안을 모색한다. 그리고 한국의 신민주체제에서 정보화가 민주주의 체제화와 공고화에 갖고 있는 함의를 찾아보려고 간략하게 논의한다.

제1장

군부권위주의체제와 민주화: 재개념화

제1절 군부와 사회변동: 이론적 재검토[1]

I. 군부 쿠데타의 원인

군부는 왜 정치개입을 시도하는가? 이 질문에 대하여 관련 학자들은 그들의 시각과 관심사에 따라서 다양한 견해를 제시하고 있다. 그들의 견해는 대체적으로 세 그룹 – 구조적(structural), 실리적(utilitarian), 혼합적(combinational) – 으로 구분된다.

구조적 견해에 의하면 군부가 정치적 개입을 감행하는 이유는 군부가 직면하고 있는 사회적 조건과 상황에 있다. 군부는 국방과 안보를 위하여 폭력수단을 합법적으로 소유, 관리하고 있는 특수한 사회적 조직이다. 군부는 특정 사회의 사회정치적인 구조와 상호 작용하는 하위체계인 것이다. 그러므로 무엇보다도 특정 사회의 구조적 성격 또는 조건이 그 군부의 역할과 행태를 규정한다.

군부의 정치적 개입을 촉발하는 사회의 구조적 성격이나 조건에 대하여 관련 학자들은 다양한 견해를 제시하고 있다. 특히 조직화된 여론의 부재나 특정한 문화적 개성을 논의하기도 한다(Finer, 1978, 70). 헌팅턴(Huntington)은 그들과 달리 "집정관주의(praetorianism)"가 변혁적 사회에서 군부의 정치개입에 주요 조건이라고 주장한다. 주요 사회세력의 정치화와 효과적인 정치제도의 부재가 군부가 사회적 질서를 강요하기 위하여 정치적 개입을 감행한다는 것이다. 집정관적 사회는 노동자, 학생, 기업인, 군부 등 사회의 주요 집단들이 정치과정에 적극적으로 참여하는 "정치화된 사회"이다. 각 집단은 파업, 대규모 집회나 폭동, 뇌물, 쿠데타 등의 조직적 행위를 통하여 자신들의 요구를 관철하려고 시도한다. 이러한 현상은 사회적으로 합의되고 효과적으로 작동할 수 있는 이익표출과 수렴의 제도화가 미흡하기 때문에 발생한다. 결과적으로 폭력적 또는 불법적 사태가 빈번하게 일어나고 정치적 혼란이나 쇠퇴가 초래된다(Huntington, 1969, 195).

이러한 상황에서 군부, 특히 군 장교를 포함하는 지도부도 정치화되고 군사쿠데타를 통하여 자신들의 요구나 이익을 실현하려고 한다. 군사쿠데타는 "폭력적인 정치적 행위의 기술 중

---

[1] Yang, Dong-Hoon, 1983, "Military Politics in Changing Societies: A Review of the Literature", A Seminar Report for Professor Robert L Hardgrave, Jr.'s course, "Political Development and Modernization" in the Graduate School of Liberal Arts of the University of Texas at Austin(Spring), pp.1~22.

에서 가장 극적이고 효과적이다." 결론적으로 "군부의 정치적 개입은 주요 사회적 집단과 정당들 사이에 증대되는 갈등에 대한 반응이다. 이는 기존 정치적 제도가 효과적으로 작동하지 못하면서 수반되는 현상이다(Huntington, 1968, 216)." 애프터(Apter)도 헌팅턴과 유사한 주장을 하고 있다. 그는 "군부체제는 '따라잡기(catch-up)' 성장과정에서 야기되는 불균형적인 성장과 사회적 갈등의 결과이다(Apter, 1977, 465)."라고 주장한다.

실리적 견해는 군부조직의 특성과 이해관계에서 정치개입의 원인을 찾고 있다. 군조직의 규모, 군사력의 독점, 군통합 등의 문제가 군의 정치적 행위와 관련이 있다는 것이다. 또한 군의 정치개입에 기여하는 주요 동기들을 제시하고 논의하고 있다. 국가이익, 군사조직적 이익, 지역이나 종족의 공동체적 이익, 계급적·계층적 이익, 사적 이익 등이 개별적으로 또는 혼합하여 군부의 정치개입을 유인한다고 주장한다. 특히 군사조직과 중간계층의 이해관계와 군사 쿠데타와 밀접한 관계에 주목하고 있다.

실리적 견해를 대표하는 노드링거(Nordlinger)도 군사쿠데타 지도자들의 행위를 군사조직과 중간계층의 이해관계에 근거하여 설명하고 있다. 그러나 중간계층의 이해관계보다는 군사조직적 이해관계를 강조하고 있다(Nordlinger, 1977, 85). 노드링거는 군사조직의 이해관계를 재정적 지원, 조직적 자율성, 기능적 독점, 제도적 생존으로 규정하고 있다.

첫째, 적시의 적절한 재정적 지원은 군사조직의 생존과 운용의 전제조건이다. 군 장교와 병사들을 장기적으로 동원하고 훈련시키고 최신의 무기체계를 유지 개발하여 군의 위상과 전술적 능력을 지속적으로 배양하기 위하여 막대한 예산이 필요하다. 둘째, 군의 제도적·조직적 자율성은 군의 사기, 위계질서, 통합에 필요조건이다. 군의 자율성을 확보한다는 것은 군부가 군조직의 내부 규율을 스스로 준비하고 그에 따라서 승진이나 임무부여 등 군의 고유한 업무를 엄격하게 수행하는 것이다. 이렇게 군의 조직적 자율성이 실현되기 위하여 우선적으로 군의 제도적 독립성이 보장되어야 한다. 그러면 군은 국방과 안보에서 보다 전문적으로 국방과 안보의 역할을 효율적으로 수행할 수 있을 것이다.

셋째, 군사적 기능의 독점은 군부에 또 다른 중요한 이해관계이다. 기존의 군과 유사한 군사적 기능을 담당하는 집단-민병대나 방위군과 같은-의 조직화는 군부의 위상, 역할, 영향력을 상대적으로 약화시키기 때문이다. 그러므로 군부는 국방예산의 삭감, 군조직의 내부 문제들에 대하여 민간 정부나 정치도자의 자의적 개입, 민병대의 창립 등을 군의 이해관계를 위협하는 것으로 판단하고 조건과 상황에 따라서 대처한다(Nordlinger, 1977, 65~78).

노드링거는 추가적으로 군부의 정치개입은 중간계층의 이해관계와 관련이 있다고 주장한다. "출생 또는 사회적 성취의 수준으로 중간계층의 구성원들인 평복의 군인들은 민간 구성원들과 함께 행동한다." 그러나 중간계층의 이해관계는 절대적이라기보다는 상황적이다. 특히 기존의 권력배분과 계층구조의 성격이 그들의 이해관계를 규정한다(Nordlinger, 1977, 36).

파이(Pye)는 군을 저발전된 사회에서 가장 근대화된 요소로 보고 있다. 군은 본질적으로 외국군과 경쟁하는, 산업에 기초하고 있는 제도이다. 그 때문에 군, 특히 군 장교는 누구보다도 사회적 후진성을 예민하게 인식하게 되고 근대화와 국가발전의 필요성을 절감하게 된다는 것이다. 파이가 주장하듯이 군지도자들은 근대화와 국가발전을 위하여 스스로 정권장악을 시도한다. 그들에게 근대화와 국가발전은 긴급하게 우선적으로 추진해야 할 역사적 과제이다. 파이는 결론적으로 군 장교들이 근대화와 국가발전으로 규정한 국가이익을 군사쿠데타의 주요 동인으로 제시하고 있는 것이다(Pye, 1963, 76~79).

파이너(Finer)는 혼합적 견해를 취하고 있다. 군부의 정치적 개입을 사회적 구조나 집단적 동기만으로 설명하기에는 불충분하다.[2] 오히려 사회적 요인이나 조건, 개입역량, 개입의지가 혼합적으로 상호 작용하여 결과적으로 군의 정치개입을 가능하게 한다고 할 수 있다(Finer, 1978, 78). 파이너의 혼합적 견해가 상대적으로 다소 설득력이 있는 것 같다. 그러나 파이너의 주장은 다소 모호하여 군의 정치개입의 설명에서 어느 조건이나 요소들이 다른 조건이나 요소들보다도 상대적으로 중요한가를 구체적으로 인식하기가 어렵다. 따라서 혼합적 견해의 관점에서 군부의 정치적 개입의 원인을 선행연구의 논의에 근거하여 보다 구체적으로 밝히고 논의하는 것이 군부정치의 심도 있는 이해에 도움이 될 수 있을 것이다. 선행연구의 논의를 통하여 볼 때 군부의 정치개입은 무엇보다도 집정관주의, 군조직과 지도자의 이해관계, 그리고 무장집단의 동원화가 상대적으로 결정적인 조건과 요소들이라고 가정할 수 있을 것 같다.[3] 사회구조적 견해는 다소 불충분한 것 같다. 사회적 상황과 정치제도적 구조는 쿠데타 발발의 개연성을 확대할 수 있는 상황적 배경을 구성한다고 할 수 있다. 그러한 상황을 집단이나 세력이 자신들의 목적이나 이해관계와 연계하여 유의미하게 인식하고 실천적 행동에 유리하다고 인식하였을 때에만 쿠데타와 같은 권력투쟁 현상이 야기된다고 할 수 있다. 다시 말하

---

2) "인간들이 쿠데타와 같은 사건의 발발을 예측(predict) 또는 적어도 합리적으로 예견(anticipate)할 수 있을까? 우리는 명백히 사건 후에 설명할 수 있는 능력뿐만 아니라 예측할 수 있는 능력도 추구하고 있는 것이다(Hardgrave Jr., 1983)."

3) "구조적 요인들은 필연적이지만 충분하지는 않다. 구조적 요인들은 상황을 구성하는 반면에 실리적 요인들 - 특히 군조직적 이해관계 등 - 은 촉매제 역할을 한다고 할 수 있다(Hardgrave Jr., 1983)."

면 공동의 목적이나 이해관계를 공유하는 인간들이 변혁적 상황을 인지하고 그 상황을 기회적으로 이용할 의지와 결단이 전제되어야만 조직적인 폭력행위가 가능하다. 그렇다면 누가왜 군사쿠데타를 주도하고 감행하는가를 설명할 수 있어야 할 것이다. 이러한 관점에서 사회구조적 관점은 다소 만족스럽지 못하다.

실리적 견해는 군부 쿠데타의 주요 변인으로 중간계층의 이해관계를 가정하고 있다. 특히중간계층 출신의 군 장교들이 중간계층 전체의 이익을 위하여 불법적이고 폭력적인 쿠데타를주도할 수 있을까? 소득, 교육, 직업 등에 기초하여 개념적으로 집단화한 중간계층에 분류된군 장교와 민간 전문직업인들이 공동의 계층의식을 실천적으로 공유하고 있다고 가정할 수있을까? 오히려 정치화된 군 장교는 모호한 계층의식이나 이해관계보다는 군조직적 또는 개인적 이해관계에 보다 민감하고 적극적으로 관심을 보인다는 것이 경험적으로 타당한 가정이라고 할 수 있다. 그들은 근원적으로 권력 추구자이다. 정치권력 획득과 유지를 위하여 사회적 계층을 초월하여 목적과 상황에 따라서 이용하고, 연합하거나 소외시키고 또는 탄압한다.정치적으로 중간계층도 예외는 아니다.

II. 군부통치와 근대화

비교정치학자들 다수는 1960년대에 개발도상 국가의 근대화과정에서 군부체제의 역할에 대하여 치열하게 논쟁하였다. 군부체제는 근대화를 촉진하는 개혁적 세력인가? 그렇지 않으면 반대로 보수적 세력인가? 그들은 자신들의 시각과 관심에 따라서 다양한 견해를 제시하고 논의하였다. 그 견해들은 대별하여 긍정적·부정적·조건적 그리고 중립적으로 분류하여 볼 수 있다.

대표적 긍정주의자인 파이는 제3세계 사회에서 군은 근대적인 성향을 소유하고, 유일하게단합되고 기강이 있는 유일한 제도라고 보았다. 그에 의하면 군은 기본적으로 산업에 기초한조직으로서 특히 관리와 조달 부문에서 기술적으로 기능적으로 전문화되어 있다. 군은 사회의 다른 집단들과 비교하여 상대적으로 기술적인 성향을 더 많이 갖고 있으며 또한 관리 또는경영에 숙련되어 있다. 그러므로 그들은 사회의 후진성에 대하여 민감하게 인식한다. 그 민감성은 외국의 군과의 경쟁심과 전통적 사회로부터 소외감에 의하여 더욱 확대된다. 정치권력획득에 성공한 군부는 결과적으로 근대화과정을 촉진하려고 할 것이다(Pye, 1963, 76~79).

재너위즈(Janowitz)도 파이와 유사하게 군은 전체적으로 근대적 성향과 조직적·기술적 능력 때문에 사회변혁을 주도할 수 있다고 주장한다. 그러나 재너위즈는 국가경제의 관리자, 군부에 대하여 회의적이다. "군조직에 내재하고 있는 인적자원의 전문성과 절대적 부족 때문에 한계를 갖고 있다." 결론적으로 "근대화에 대한 군부의 기여는 중요하지만, 과장되는 것은 안 된다(Janowitz, 1964, 76, 78, 80)."

긍정적 견해들은 일반적으로 군의 개념적 이상형에 근거하고 있는 것 같다. 특히 파이와 같이 군은 전통적인 사회의 현실과 유리되어 있는 반면에 "산업화 세계의 규범에 더욱 집중하고 있다."고 가정하고 있다(Pye, 1963, 76~79). 그러나 현실적으로 발전도상 국가의 군 장교들은 사회적으로 고립된 개인 또는 집단이라고 보기 어렵다. 군조직의 승진과 업무분담 등에 민간 정부지도자들이 정치적인 이해관계로 개입하기도 한다. 일반적으로 사병들과 달리 군 장교 대부분은 가족들과 함께 생활하며 친족이나 친구 등 민간인들을 자주 접촉할 기회를 갖고 있다. 군 장교는 사회로부터 격리된 존재라기보다는 그 사회의 여러 민간 구성원들과 빈번하게 관계를 맺고 특수한 군사적 역할을 수행하고 있다고 할 수 있다.

반면에 부정적 견해는 군부체제를 현상유지적 또는 보수적 세력으로 보고 있다. 노드링거에 의하면 군부 과두제는 군조직과 중간계층의 이해관계와 사회정치적 질서와 안정에 과도하게 집착한다. 군부 과두제는 근대화 또는 개혁적 정책을 추진하는 것을 주저하거나 반대한다. 근대화과정에서 결과적으로 하층의 대중은 보다 많은 기대와 요구를 표출하게 됨으로써 궁극적으로 군부의 특권과 특혜를 위협할 수 있기 때문이다. 그러나 노드링거는 그의 기본적인 주장에 반하는 예외적인 경우를 조건적으로 인정하고 있다. "상당한 규모의 중간계층이 부재하거나 노동자, 농민의 정치적 의식이 미약하여 권력독점에 위협이 될 수 없을 경우에는 '사복의 군인(soldiers in mufti)'은 경제적 근대화를 허용하거나 또는 촉진할 수도 있다(Nordlinger, 1970, 1134)."[4]

한편 헌팅턴은 군의 역할은 사회의 성격과 구조에 따라서 변한다고 주장하고 있다. 그에 의하면 "사회가 변화하면 군의 역할도 변한다. 군은 과두제 사회에서는 급진적이다. 중간계층 사회에서는 군은 참여자이고 중재자이다. 대중사회가 나타나면 군은 기존 질서를 보호하는 보수적인 수호자가 된다. 역설적으로 군의 역할은 낙후된 사회일수록 더욱 진보적이고 발전된 사회일수록 더욱 보수적이고 반동적이 된다(Huntington, 1969, 221)."

노드링거는 헌팅턴의 상황적 주장을 경험적으로 검증하기도 하였다. 그는 1950년부터 1963

---

4) "군부는 정치개입으로 부패될 수도 있고 결과적으로 군의 덕목을 회복하기 위하여 병영복귀를 지지할 수도 있다(Hardgrave Jr., 1983)."

년 사이의 관련 변수들을 조작화하여 통계적 데이터를 여러 국가에서 수집하여 상관관계 분석을 시도하였다. 그러나 노드링거의 경험적 데이터는 이론적 타당성의 문제를 갖고 있다고 볼 수 있다. 그는 일반적으로 정책산출(output)과 정책성과(outcome) 사이에 존재할 수 있는 시간적 지체현상을 무시한 듯하다. 그는 동일한 시기에서 독립변수인 '군부의 영향력'과 종속변수인 '근대화'를 측정하였다. 그는 군의 영향력 또는 정치적 개입이 근대화와 동시에 실현되었다고 가정하였다. 이러한 경우에는 인과관계를 추론하기가 어려워진다. 측정된 근대화 수준은 군 개입 전에 일어난 다른 변수들의 총합적인 결과일 수도 있기 때문이다.

잭맨(Jackman)은 공분산(covariance) 통계분석을 통하여 노드링거의 부정적 견해에 대하여 의문을 제기하였다. "군사정부는 경제발전의 수준과 관계없이 사회변화에 고유한 영향을 미치지 않는다. 결과적으로 제3세계의 군사정부를 일괄적으로 진보적 또는 보수적이라고 묘사하는 것은 경험적 근거가 없다(Jackman, 1976, 1097)." 결론적으로 사회적 변혁에 대한 영향력에서 민간정부와 군사정부는 다르지 않다는 것이다. 파이너와 슈미터(Schmitter)와 같이 맥킨리(Mckinley)와 코헌(Cohan)도 잭맨의 중립적 견해에 동의하고 있다. 그들은 정치체제의 정치적·경제적 성과에 관련된 115개 사례와 21개 변수들에 대해 클러스터 분석을 수행하였다. 그들은 민간체제와 군부체제 다수는 정책성과에서 거의 차별성이 존재하지 않는다고 결론짓고 있다(McKinley & Cohan, 1975, 23).

그렇다면 정책적 성과에서 왜 다르지 않을까? 이 의문에 대하여 파이너와 슈미터는 다른 시각에서 설명하고 있다. 파이너는 국가적 차원에서 군부체제의 성격과 그 사회적 침투 수준이 국가마다 다양하기 때문이라고 설명하고 있다. 반면에 슈미터는 국제환경적 결정론의 관점에서 사회경제적 변화—특히 중남미의—는 정치체제 유형에 관계없이 주로 외적 종속관계에 의하여 결정된다고 주장한다(Finer, 1978, 93).

중립적 견해는 다수 국가의 통계적 분석방법에 관계없이 기정의 결론일 수도 있다. 첫째, 제3세계 군부체제는 정책산출과 정책성과 측면에서 다양하다. 모든 군부체제를 유형적으로 시기적으로 세분화하지 않고 민간체제와 대비하여 단순히 하나의 동일한 범주로 간주한다면 다양한 정책적 성과의 지표들은 상쇄되어서 평준화될 것이다. 민간체제도 마찬가지일 것이다. 결과적으로 민간체제와 군부체제 사이에 주목할 만한 차이점을 발견하기 어려울 것이다. 둘째, 세계는 오늘날 긴밀하게 상호 의존하고 있다. 제3세계 정치체제의 사회경제적 정책성과는 자율적인 통제가 어려운 외적 변수들—외국의 자본이나 기술, 무역 등—의 직접적인 영향에 노출되어 있다. 그러므로 정치체제 유형의 인과적 영향력은 상대적으로 미약할 수도 있다. 셋째, 경험적 연구에서 관련 학자들은 근대화에 대하여 개념적 합의를 하지 못하고 있다. 헌팅턴에 의하면 "근대화는 인간의 사고와 행동의 모든 영역에서 일어나는 변화와 관련된 다면적인 과정이다(Huntington, 1968, 32)." 관련 학자들이 시각과 관심에 따라서 선별한 경험적으로 조작화된 지표들은 근대화의 전반적인 과정을 통계적으로 대표하고 있다고 확신하기가 어렵다. 그들은 아마도 복잡한 근대화과정에서 나타나는 다양한 현상들을 부분적으로 다른 각도에서 관찰하고 있는지도 모른다.

Ⅲ. 군부통치와 정치발전

관련 학자들 대다수는 발전도상국가의 정치발전에서 군부체제가 건설적인 역할을 수행할 수 있다는 주장에 대하여 회의적이다. 그러나 헌팅턴과 재너위즈는 어느 정도 군부체제의 정치제도화의 역량을 인정하고 있다. 그들은 특히 집정관적 사회의 초기 단계에서 군부지도자는 대중정당을 조직함으로써 정치과정을 제도화할 수도 있다고 가정한다. 파이(Pye)는 또한 군지도자들은 능력 있는 현대적 행정가로서 근대화과정에 중요한 기여를 할 수도 있다고 주장한다(Pye, 1963, 89). 이와 같이 다소 긍정적인 평가에도 불구하고 거의 모든 관련 학자들은 군부통치는 근본적으로 권위주의적이고, 반정치적이고, 불안정하고, 불법이며 또한 억압적이라는 사실에 동의한다.

그들에 의하면 군부통치의 부정적인 특성들은 군의 내재적 성향이나 가치관에서 기인한다고 보고 있다. 군 지도자나 군 장교들은 수년간의 체계적인 교육과 훈련을 통하여 질서, 위계, 통합, 충성 등의 군조직적 가치들에 사회화된다. 그들에게 정치과정 자체보다도 정치적 질서의 수립은 보다 중요하다. "정치는 과도하게 이기적이며 사회적 분열을 악화시키기 때문에 해롭다."고 주장한다. 통치자로서 그들은 "명령에 의한 합의"를 강요하거나 "정치 없는 공동체"를 수립하려고 한다(Nordlinger, 1977, 56, 58).

이와 같이 관련 학자들 대다수가 정치발전의 관점에서 군부체제의 부정적인 성격과 역할에 대하여 동의하고 있다. 그러나 '정치발전'에 대하여 개념적 합의에 이르고 있지 못한 듯하다. 정치발전은 다양한 의미를 내포하고 있는 소위 "복합적인(loaded)" 개념이라고 할 수 있다. 따라서 정치발전과 관련하여 군부체제의 역할을 논의하려면 무엇보다도 정치발전의 개념화가 선행되어야 할 것이다.

미국의 사회과학연구위원회(SSRC)는 "정치발전을 사회구조적 분화과정, 평등에의 강력한 욕구, 정치체계의 통합적·반응적·적응적 역량의 지속적인 상호 작용과정이라고 규정한다(Binder & Others, 1971, 74). 빌(Bill)과 하드그레이브 주니어(Hardgrave Jr.)도 정치제도화와 정치참여의 상호 관계에 근거하여 궁극적으로 정치체제의 역량에 주목하고 있다. 아먼드(Almond)와 포웰(Powell)에게 정치발전을 "전문화된 집행부와 관료"와 정당, 이익집단, 통신매체와 같은 광범위하게 이익을 표출하고 수렴할 수 있는 기관들의 출현"을 뜻한다(Almond & Powell, 1978, 358~359). 정치발전에 대하여 10가지 개념을 정리한 파이는 민주주의체제 수립을 선호하는 것 같다. 그는 정치발전은 안정적인 대의적 제도와 행위의 발전과 함께 책임성이 있고 대표성이 있는 정치인들의 성장과 관련이 있다고 주장하고 있다(Pye, 1963, 31~48).

헌팅턴도 유사한 시각에서 정치발전을 개념화하고 있다. 그는 정치발전을 정치제도화와 정치참여의 상호 작용으로 보고 있다. 정치제도화는 정치적 조직과 절차가 가치 또는 중요성과 안정성을 획득하는 과정이다. 정치제도화의 수준은 정치적 조직과 절차의 적응성·복잡성·자율성·일관성에 의하여 측정될 수 있다. 그에 의하면 정치발전은 최근에 동원화된 사회집단의 정치적 행동을 중재하고, 순화하고, 온화하게 할 수 있는 효과적인 정치제도들을 수립하는 것이다(Huntington, 1968, 12~21, 195). 요약하면 정치발전은 시민의 요구들을 표출하고, 수렴하고, 집행하는 상호 작용하는 과정에서 시민의 자발적이고 경쟁적인 참여를 허용하는 정치체계의 수립과정이라고 할 수 있다. 이와 같은 관점에서 평가한다면 군부체제는 논쟁의 여지가 없이 정치발전에서 현격하게 실패하였고 또한 실패할 것이라고 가정할 수 있다. 군부체제는 본질적으로 권위주의적이다. 일반적으로 군사 쿠데타를 성공적으로 주도한 군부 출신 지도자와 그들이 충원한 민간 전문 관료들이 통치집단의 핵심부이다. 그들은 국가안보, 사회정치적 안정, 경제성장 등에 대하여 상대적으로 더 많은 정책적 관심을 갖는다. 반면에 시민의 경쟁적인 정치참여를 거부하거나 제한하는 경향이 있다. 군부체제의 권위주의적 성격은 무엇보다도 군조직의 보수성과 체제적 정통성위기에서 기인한다고 할 수 있다.

군제도는 특성적으로 보수적인 가치, 역할, 조직에 근거하고 있다. 군은 국내적으로는 사회정치적 질서와 안정을 유지하고 국외적으로는 적대적 행위와 위협에 대하여 국가-국민, 국토, 주권-를 방위하는 합법적인 무장집단이다. 군의 합법적인 임무는 본질적으로 국내외적으로 현상유지를 지향하는, 보수적인 역할을 요구하고 있다. 또한 군조직은 임무의 효율성을 극대화하기 위하여 위계적 구조를 통하여 서열과 업무를 배분하고 통제하고 있다. 따라서 질서, 충성, 규율, 단결, 충성, 상명하달 등과 같은 보수성을 내포하고 있는 규범적 가치들을 강조한다. 군 장교들은 교육과 훈련과정에서 오랫동안 그러한 보수적인 가치들에 노출되고 학습하게 된다. 그들은 결과적으로 보수적인 성향(orientation)으로 공고하게 무장된다고 할 수 있다. 통치자로서 군지도자들도 그러한 보수적인 성향에서 자유로울 수가 없다. 그들은 국민들에게 "반정치(antipolitics)"와 복종을 강요하기도 한다.

군부 권위주의의 또 다른 원인은 군부체제의 정통성위기에서 찾아볼 수 있다. 군부체제는 태생적으로 정통성위기의 정치체제이다. 군부는 "무능하고 부패하다"는 명분으로 불법적이고 폭력적인 쿠데타를 통하여 합법적으로 수립된 민간정부를 축출하고 권력을 장악하기 때문이다. 군부체제의 지도자들은 우선적으로 정통성의 문제를 어느 정도 해소하고자 한다. 정치적 정통성은 헌법적 합법화나 대중정치를 통하여 가능하다(Horowitz, 1968, 46~47). 첫째 군부체제를 헌법적으로 합법화한다는 것은 역설적이다. 군부체제는 원래 민주헌법의 파괴자이다. 신헌법을 제정하여 군부의 정치적 역할을 정당화한다고 하여도 신헌법의 정당성이 전제되지 않는 한 체제적 정통화는 구호일 뿐이다. 군부는 자신이 만든 신헌법도 필요에 따라서 자의적으로 개정하거나 무시하기도 한다. 헌법성에 근거한 군부체제의 정통화는 설득력이 거의 없다.

군부체제의 지도자들은 고객주의(clientalim)적 대중주의(populism)를 통하여 그들의 리더십과 정치체제를 정당화할 수도 있다. 대중정치는 정치제제나 특정 지도자의 지지세력으로 하층 노동자나 농민을 동원화한다.[5] 그러나 보수적인 군부는 오히려 그들의 정치화 또는 정치참여에 반대하는 경향이 있다. 반정치를 선호한다. 노동자나 농민을 지지세력으로 끌어들여서 정치적 충성을 요구하지만 그들의 계층적 또는 집단적 이익을 대표하지는 않는다. 결론적으로 군부체제에서 헌법적 합법화나 대중정치를 통한 정통화에는 한계가 있다.

이러한 조건에서 군부체제는 가시적이고 지속적인 경제성장을 통하여 정치체제의 정통화를 추구하려고 한다. 그러나 경제성장은 오히려 근대화과정을 촉진시키거나 수반한다. 근대화과정에서 노동자와 농민과 같은 대중의 정치적 사회화와 동원화가 이루어진다. 대중의 사회적·경제적·정치적 요구가 폭발적으로 증가하는 것이다. 보수적인 군부가 가장 두려워하는 현상이 야기된 것이다. 군부체제에서 군부를 포함하는 지배연합 집단의 특권과 특혜에 도전할 수 있는 세력이 대두하는 것이다. 군부는 그 도전세력을 폭력을 동원하여 탄압한다. 그러므로 권위주의−"관료적 권위주의"−는 군부체제의 본질적인 특성이라고 할 수 있다. 군부

---

5) 역사적으로 아르헨티나의 페론(Peron)의 사례가 있다(Hardgrave Jr., 1983).

체제에서 경제성장 또는 발전을 통한 정통화는 대중의 동원화와 정치화를 초래한다. 그 대중적 정치화는 군부가 탄압정책을 추구하게 한다. 군부가 체제정통화를 위하여 추진하는 경제성장 정책의 의도하지 않은 결과—체제적 위협과 비정통화—를 무산시키려는 것이다. 군부체제는 궁극적으로 근대화와 탄압의 순환적 굴레의 딜레마에 직면하는 것이다.

Ⅳ. 요약과 문제제기

결론적으로 첫째, 군사쿠데타의 주요 변인은 집정관주의와 군조직의 이해관계, 그리고 무장집단의 동원이라고 할 수 있다. 둘째, 군부체제는 본래 보수적 세력이다. 셋째, 군부체제는 적어도 동기—결과가 아닌—의 관점에서 보면 의도적인 근대화 추진세력이라고 할 수 있다. 군부체제는 적극적으로 경제성장과 발전을 도모하여 그 정책적 역량을 과시하고 체제적 정통성을 강화하려고 하기 때문이다. 넷째, 군부통치는 군의 내재적인 보수성과 반정치의 성향 때문에 권위주의체제에 근거하게 된다.

군부의 정치적 태도에 대하여 보다 많은 연구가 요구된다. 군부정치 관련 학자들 다수는 발전도상 국가에서 군부지도자들의 보수적 성향과 반정치적 태도가 정치발전에 주요 걸림돌이라고 주장하고 있다. 군 장교들은 민간 시민들과 다르게 과연 그러한 성향과 태도를 갖고 있는가? 군조직에서 어떻게 그러한 성향과 태도를 갖도록 사회화되는가? 이에 대하여 많은 가설과 가정들이 제기되고 있지만 경험적 근거는 상대적으로 취약하다. 그러므로 경험적 연구가 더욱 필요하다.

끝으로 군부정치에 관한 연구에서 국제적 조건과 환경의 영향에도 더욱 주목할 필요가 있다. 오늘날 상호 의존적인—또는 "종속적인"—국제관계에서 제3세계 국가들은 근대화나 정치발전 과정에서 국외적인 변수들에 더 많이 노출되어 있다. 그 영향력은 점차 심화되고 있다. 군의 정치적 역할에 대한 연구에서 국제적인 차원의 정치적·경제적·군사적인 변수들의 영향과 압력에 대하여 더욱 심도 있는 논의가 이루어져야 한다.[6]

---

6) Professor Dr. Robert L Hardgrave, Jr.'s comments on this report: "Very well done, well-organized and well-written. You make a good presentation of the arguments surrounding the role of the military, evaluate them, and present for yourself considered judgement(Hardgrave Jr., 1983)." "P. S. 펄머터(Amos Perlmutter)의 *The Political Influence of the Military: A Comparative Reader*(1980)가 추가적으로 유용한 참고문헌이 될 수 있을 것이다(Hardgrave Jr., 1983)."

제2절 군부권위주의체제와 신민주체제: 이론적 재검토[1]

Ⅰ. 군부권위주의체제의 위기

오도넬(O'Donnell)은 관료적 권위주의(BA) 모델에서 군부가 정권의 주체임에도 불구하고 부차적인(secondary) 역할을 수행하는 것으로 간주한다. 그러므로 BA체제에서 정권의 군사화 때문에 정치적 갈등과 딜레마를 중첩적으로 경험하고 있다는 사실을 간과하고 있다. 민간체제와 달리 군부체제에서 체제안정에 결정적인 영향을 미칠 수 있는 군의 조직적·행태적인 성격에 대하여 논의를 하지 않고 있다. 그러나 오도넬은 추후에 BA체제의 불안정 문제에 주목하고 별도의 논의를 하고 있다: (1) BA 체제의 협소한 사회적 기반과 국가, 국제자본, 민족자본의 지배연합 세력들 사이의 모순과 갈등; (2) 국가적 정통성 매개체의 부재와 민중의 정치적 배제(O'Donnell, 1978, 1979).

첫째, "BA체제는 부르주아 지배의 차선적인 형태이다(O'Donnell, 1979, 309)." 국가는 주로 국제자본과 민족부르주아와 연합한 상층 부르주아계급의 정치적 지지에 근거하고 있다. 그 "삼관관계(ménage à trois)"는 내재적으로 안정적이지 못하고, 오히려 모순적이다. 민족 부르주아는 국가경제의 지배권을 놓고서 국제자본과 연합한 상층 부르주아계급과 갈등한다. 한편 국가는 정책결정권의 독점과 국가경제 통제권의 확대를 통하여 결과적으로 모든 부르주아계급을 소외시킨다.

둘째, 국가는 애초에 민중부문을 정치영역에서 배제한다. BA체제에는 정치적으로 "공동체(el pueblo)", "민중(lo popular)" 또는 시민권과 같은 체제정통화의 매개체가 존재하지 않는다(O'Donnell, 1979, 293, 298). 국가는 노골적인 탄압을 통하여 민중의 맹종 또는 묵종을 강요한다. 국가의 일부인 군부가 정치탄압의 주도세력이다. 군부는 이념적으로 시각적으로 민족주의적이고 국가주의적이기 때문에 자주 상층 부르주아계급의 매판자본과 충돌한다.

이와 같이 오도넬은 1973년에 주목하지 않았던 BA체제의 불안정성에 대하여 논의하고 있으나 그의 설명은 다소 일반적이고 추상적이다. 특히 직접적인 군부통치가 체제적 불안정에

---

1) Yang, Dong-Hoon, 1989, "The Military in the Politics of Democratization in South America: A Comparative Study", Ph. D. Dissertation, The University of Texas at Austin, U. S. A., pp.1~28.

결정적으로 미치는 영향에 대하여 침묵하고 있다. 군부의 정치적 개입은 군의 제도와 조직에 깊은 파문을 일으켜서 궁극적으로 군부체제의 안정과 생존을 더욱 위협할 수도 있을 것이다. 이러한 관점에서 1973년 후에 이루어진 오도넬의 논의도 다소 만족스럽지 못하다. 따라서 그에 대한 초기의 비판이 아직도 유효하다고 할 수 있다.

선행연구에서 유사한 경향으로 관련 학자들 다수는 현대 권위주의체제의 정치적 불안정에 대하여 다양한 기원과 원인들을 선별적으로 제시하고 있다. 특히 반대세력의 점증하는 도전능력, 지배연합의 분열, 체제정통성의 약화 등을 논의하고 있다. 현대권위주의체제는 무엇보다도 내재적인 비정통성 때문에 불안정하다. 자유선거나 이념적 동원화와 같은 체제정통화의 절차나 수단이 부재하기 때문에 체제정통성을 애초에 확보하거나 지속적으로 쇄신하기가 어렵다. 따라서 정치질서 유지나 경제발전 등의 정책적 성과를 통하여 체제정통성을 확대하고 유지하려고 한다.[2]

권위주의체제는 체제정통성을 위하여 추종하고 모방할 수 있는, 국제사회에서 현실적으로 유사하고 우월한, 모델이 존재하지 않는다. 다당제의 민주주의체제나 일당제의 후기 전체주의체제가 현실적인 대안으로 존재할 뿐이다. 국제사회의 정치적 환경은 현대권위주의체제의 안정과 생존에 필요한 체제정통화에 불리하다고 할 수 있다.[3] 국제경제도 체제정통화에 직접적으로 영향을 준다. 세계경제의 순환이 정통화를 위하여 추구하는 경제성장과 발전 정책과 밀접하게 관련되어 있기 때문이다.[4]

관련 학자들 몇몇은 BA체제의 불안정의 원인을 군부의 분열, 반대쿠데타, 군 출신의 정치 리더십 등 체제의 군사적 측면에서 찾고 있다. 그들에 의하면 군부의 정치개입이 군조직의 잠재적인 갈등과 파벌주의를 더욱 부추길 수 있다는 것이다. 특히 정치개입 과정에서 소외된 군파벌은 정권을 장악한 군부집단을 반대쿠데타를 통하여 축출하여 자신의 정권을 수립하려고 할 수도 있기 때문이다.[5]

요약하면 선행연구에서 관련 학자들 대다수는 권위주의체제의 정치적 불안정, 위기, 정통성 딜레마에 주목하고 다양한 관심과 시각에 따라서 그 배경과 원인에 대하여 논의하고 있다.

---

2) Guillermo O'Donnell, 1979; Juan L. Linz, 1982; Doanld Share & Scott Mainwaring, 1986; Luciano Martins, 1986; Leonardo Morlino, 1987.

3) Alfred Stepan, 1973; Juan L. Linz, 1975; 1982; Kevin J. Middlebrook, 1980; Irving L. Horowitz, 1982.

4) Afred Stepan, 1971; Kevin J. Middlebrook, 1980; George Philip, 1984b; Luciano Martins, 1986; Alexander de S. C. Barros & Edmundo C. Coelho, 1986.

5) Amos Perlmutter, 1980; Martin C. Needler, 1982; Donald Share & Scott Mainwaring, 1986; Guillermo O'Donnell & Philippe C. Schmitter, 1986; Leonardo Morlino, 1987; Enrique Baloyra, 1987a.

반면에 군사적인 요인들에 대하여 보다 심도 있고 체계적인 논의는 희소하다. 특히 BA체제의 군사적 요인들과 비군사적-또는 일반적인-요인들을 엄격하게 구분하여서 정치적 불안정과 비정통성의 문제들을 비교분석하고 결론적으로 정치체제의 차원에서 통합하는 연구는 거의 부재한 듯하다.

선행연구에서 BA체제의 위기에 대한 논의는 군사적인 변인과 비군사적인 변인들을 구분하지 않았기 때문에 분석적으로 다소 혼란스럽기도 하다. 이론적으로 BA군부체제는 두 가지 차원에서 체제위기가 초래된다고 할 수 있다: (1) 현대권위주의체제-군부 또는 민간 체제이든 상관없이-가 공통적으로 경험하는 권위주의적 통치의 비정통성; (2) 무장세력의 동원화에 대한 독점권.

권위주의체제에는 공정하고 영속적인 정통화를 위한 기제가 부재할 뿐만 아니라 현실적으로 다두체제(polyarchy)와 일당 패권체제(hegemony)가 지배하고 있는 국제사회에서 권위주의체제가 스스로 정당화할 수 있는 여지가 거의 없다.[6] 또한 혁명적 기원이나 카리스마의 리더십을 통하여 권위주의체제를 정통화하기도 쉽지 않다. 권위주의체제는 일반적으로 군과 같은 무장집단이 기존의 헌법적 질서를 파괴하는 폭력적인 쿠데타를 통하여 출현한다. 민중이 개입할 여지와 기회가 거의 없는 쿠데타는 혁명과는 또 다른 유형의 정치적 폭력행위이다. 군과 같은 무장집단은 위계적 또는 계급적 조직에 근거하고 있기 때문에 그 지도자는 카리스마의 성향보다는 관료적 성향이 상대적으로 강하다고 할 수 있다. 예외적으로 체제정통성을 카리스마의 리더십이나 혁명적 기원에 의존하고 있는 경우에는 그 효과는 영속적일 수 없다. 그러한 리더십과 혁명적 전통은 상황과 시기에 따라서 왜곡, 쇠퇴, 또는 사라질 수 있기 때문이다.

권위주의체제는 경제성장과 발전과 같은 정책적 성과에 근거하여 체제정통화를 추구하는 경향이 있다. 그러나 경제적으로 상호 의존되어 있는 국제사회에서 특정 국가경제 정책은 국제적 영향과 압력에 노출되어 있다. 국제경제의 부침에 따라서 국가경제도 변화한다. 국제경제의 예기치 못한 파문은 현대권위주의체제의 정책적 노력과 성과에 강력한 충격파를 야기할 수 있다. 결과적으로 체제정통성도 약화될 수 있다.

민간 또는 비군사적 권위주의체제에서는 군부는 일반적으로 민간의 지배연합을 지지하거나 보호하는 역할을 수행한다. 반면에 군부권위주의체제에서는 군부가 직접적인 통치집단으로 권력행사를 한다. 따라서 군은 정치적 이해관계에 민감하게 반응한다. 결과적으로 정파적

---

6) Alfred Stepan, 1973; Juan L. Linz, 1975; 1982; Irving L. Horowitz, 1982.

파벌주의가 군조직에 확산되고 심화될 수 있다. 정치적으로 소외된 군파벌 집단은 상황에 따라서 민간 집단이나 세력들과 연합하여 반대 쿠데타를 주도할 수도 있다. 이러한 사태는 결과적으로 체제안정성을 위협할 수 있다. 나중에 논의한 것과 같이 군부권위주의체제는 또한 추가적으로 정치계승, 정치탄압, "반정치(antipolitics)", 통치권의 당위성 등의 문제들 때문에도 궁극적으로 체제적 위기, 전환 또는 이행을 경험할 수도 있다.

요약하면 군부권위주의체제가 비군사적 또는 민간 권위주의체제보다 체제적 안정성이나 정통성의 차원에서 상대적으로 더욱 취약하다고 할 수 있다. 선행연구는 그러한 상이점에 대하여 간과하고 있는 듯하다. 민간 BA체제와는 달리 군부 BA체제에는 특성적으로 권위주의와 "군사주의(militarism)" ─ 또는 "군사성(militariness)" ─ 가 중첩적으로 혼합되어 있다고 할 수 있다. 그 때문에 군부체제에서는 체제적 모순과 갈등이 상대적으로 더욱 심각하다고 할 수 있다.

II. 군부권위주의체제의 정치자유화

1. 정치자유화 동기

선행연구에서 권위주의체제의 정치자유화 문제가 주목을 받고 있다. 정치자유화는 기본적인 인권과 정치적 자유 또는 권리를 회복하거나 확대하는 정책과 과정이다. 권위주의 정부는 왜 정치자유화 정책을 추구하는가? 정치자유화정책은 자발적인가 또는 강요된 것인가? 정치자유화는 민주주의를 향한 첫 번째 단계인가 또는 민주적 체제이행을 회피하거나 거부하려는 의도적인 정책인가?

정치자유화는 개시, 과정, 결과의 세 단계로 이루어진다. 정부는 정치적 현안이나 딜레마를 해결하기 위하여 의도적으로 자유화정책을 시작한다. 그러나 그 과정이나 결과는 정부가 애초에 원하지 않았던 방향으로 귀결될 수도 있다. 자유화는 초기에 일방적인 정책일 수 있지만 추후에는 변증법적으로 발전하여 누구도 기대하지 못한 과정과 결과를 초래하기도 한다.

선행연구에서 관련 학자들 몇몇은 "개시정책(opening project)"과 "개시과정(opening process)"을 구분하여 별도의 논의가 있어야 한다고 지적한다(Smith, 1987, 184; Diniz, 1986, 65).[7] 그러나

---

7) 스미스(Smith, 1987)와 디니즈(Diniz, 1986)는 정치자유화를 개방계획(project)과 개방과정(process)으로 구분하고 있다. 이 구분은 도스 산토스(Dos

학자들 다수는 정치자유화의 단계론에 대하여 무심한 듯하다. 오히려 그들은 자유화과정에서 정부와 반대세력의 변증법적인 상호 관계보다는 반대세력의 역할을 주목한다. 또한 그들은 자유화가 민주주의로 귀결된다고 가정하고 자유화와 "재민주화(redemocrtatization)"를 개념적으로 혼용하기도 한다. 자유화는 필연적으로 민주주의체제로 귀결되지 않는다. 자유화는 궁극적으로 권위주의체제, 개방적 또는 자유화된 권위주의체제, 또는 체제붕괴와 민주체제 등을 초래할 수 있다. 자유화는 체제고착, 체제전환, 체제이행 등의 개연성을 내포하고 있다고 할 수 있다.

정치자유화의 개시는 정부, 국가, 사회, 군부 등 네 가지 차원에서 설명이 가능하다. 첫째, 정부는 체제정통성 위기, 정치탄압 고비용, 민주적 경향의 정치리더십, 정책적 실패 등의 문제들을 해소하기 위하여 자유화정책을 주도한다.[8] 둘째, 국가는 지배연합에서 국제부르주아를 견제하기 위하여 민족부르주아에게 정치체계를 개방한다. 국가는 개방 또는 자유화정책을 통하여 결과적으로 패권체제를 정당화할 수 있는 것이다.[9] 셋째, 시민사회의 광범위하고 강력한 사회적 압력은 정부와 지배세력에게 자유화정책의 선택을 강요한다. 넷째, 군부의 강경파와 온건파의 권력투쟁, 군조직적 이해관계－예를 들면 통합과 명예 유지 등, 군의 정치관 변화 등이 자유화의 조건과 동기가 될 수도 있다(Stepan, 1988, xii, 13, 33).

앞의 세 가지 설명은 군부든 비군부든 모든 유형의 권위주의체제에 적용될 수 있다. 그러나 네 번째 군부차원의 설명은 군부권위주의체제에만 해당한다고 할 수 있다. 선행연구에서 관련 학자들 대다수는 정치자유화의 조건과 동기를 이론적으로 경험적으로 군부와 비군부를 구분하지 않고 혼합하여 논의하고 있다.[10] 스테판(Stepan, 1988)은 예외적이다. 그에 의하면 군부는 정치개입으로 주요 이해관계를 달리하는 세 개의 집단, 군부는 정부로서 군, 제도로서 군, 안보공동체로서 군 등으로 분열된다. 세 집단의 권력투쟁은 궁극적으로 자유화를 초래한다. "군 출신 정치리더십은 특히 안보공동체의 과도한 자율성과 이념적 과격화를 견제하기 위하

Santos, 1982)와 레이훠(Lafer, 1984)가 처음에 사용한 것이다. 이 구분은 자유화 또는 개방 정책의 과정이 시작할 때의 동기나 계획대로 진행되지 않을 수도 있다는 사실을 제기하고 있다.

8) 정치적 정통성 원인: T. Dos Santos, 1980; Alain Rouquie, 1982; Karen L. Remmer & Gilbert W. Merks, 1982; Bolivar Lamounier, 1984; Scott Mainwaring, 1986; Donald Share & Scott Mainwaring, 1986. 탄압비용 원인: Robert Dahl, 1966; 1971; Guillermo O'Donnell, 1973; Juna L. Linz, 1982; Robert R. Kaufman, 1986; Donald Share & Scott Mainwaring, 1986. 그 외의 원인들: Kevin J. Milddlebrook, 1980; Thomas G. Sanders, 1981b; Juan J. Linz, 1982; William C. Smith, 1987.

9) Robert R. Kaufman, 1986; Guillermo O'Donnell & Schmitter, Philippe C. Schmitter, 1986; Charles G. Gillespie, 1987.

10) Fernado Pedreira, 1975; Alain Rouquie, 1982; Douglas A. Chalmers & Claig H. Robinson, 1986; Edward C. Epstein, 1984; Luciano Martins, 1986; Alfred Stepan, 1986; 1988; William C. Smith, 1987. 스테판(Stepan, 1988)은 특히 민군관계의 관점에서 정치체제 변동을 비교분석을 통하여 설명하고 있다.

여 군부와 민간의 온건파와 자유화연합을 추구한다(Stepan, 1988, xi)." 그의 설명은 배타적으로 군사적이라고 할 수 있다.

2. 정치자유화 과정

정치자유화의 과정에 대한 논의는 그 조건이나 동기에 대한 논의보다 상대적으로 희소하다. 관련 학자들 대다수는 자유화과정은 정부와 반대세력의 갈등관계에서 비롯된다는 사실에 동의한다. 그러나 구체적으로 자유화과정의 다른 측면들을 강조하고 있다. 상대적으로 더 많은 학자들은 반대세력의 운동—이해관계, 요구, 인식, 전략, 역량 등을 포함하는—을 분석한다. 또한 학자들 일부는 통치력, 양보, 협상 등과 관련하여 정부의 역할을 논의한다.

선행연구에서 관련 학자들은 일반적으로 정치자유화 과정에서 군부의 역할을 과소평가하고 있는 듯하다. 역사적으로 군부는 브라질에서와 같이 자유화과정에서 주목할 만한 역할을 할 수 있다. 특히 군부권위주의체제에서 정부가 군부의 반항적인 강경파를 통제할 수 없다면 자유화정책을 추구하기가 어렵다. 군부강경파는 자신들의 영향력 감소와 "보복정책(revanchismo)"을 두려워하기 때문에 자유화정책을 반대한다. 그들은 무장한 동조자들을 동원하여 정부를 타도할 수도 있다. 결론적으로 군부의 세력균형 변화는 자유화 과정과 결과에 직접적이고 결정적인 영향을 줄 수도 있다.

이론적으로 정치자유화는 민주화가 아닌 다양한 다른 정치적 결과들로 귀결될 수 있다. 그럼에도 불구하고 관련 학자들 몇몇은 민주화가 필연적인 결과라고 가정한다. 그들은 자유화과정의 민주적 결과를 전제하면서 자유화를 민주화 또는 재민주화로 규정한다.[11] 달(Dahl, 1973)은 예외적으로 두 가지 가능한 결과, 다두체제와 패권체제를 제시하고 있다(Dahl, 1973, 16). 달에 의하면 정부가 자유화과정을 반대세력의 폭발적인 요구 때문에 통제하기가 어렵다. 권위주의체제의 붕괴는 필연적이고 그 결과는 다두체제나 패권체제의 수립이라는 것이다. 그러나 오도넬과 슈미터(O'Donnell & Schmitter, 1986, 21)는 체제붕괴와 체제이행 대신에 제한적인 제제전환의 가능성을 주목한다. 특히 반대 또는 저항의 비용이 크고 정부가 리더십에 대하여 높은 자신감을 갖고 있을 때 그 체제전환은 가능하다는 것이다. 이 가정에 대하여 보다 구체적인 설명과 체계적인 논의가 없는 듯하다.

---

11) Philip(1984a)와 Remmer(1985)가 지적하였듯이 선행연구에서 (재)민주화와 정치자유화의 개념이 다소 모호하게 사용된 경우가 있다. 정치자유화는 필연적으로 민주화나 민주주의로 귀결되지는 않는다.

III. 군부권위주의체제의 붕괴

선행연구에서 군부권위주의체제 붕괴의 원인을 대략적으로 정치, 경제, 국제, 군부 등, 네 가지 차원에서 설명하고 있다. 첫째, 정치적 원인으로 체제기반 협소화(regime narrowing), 리더십 계승, 그리고 정책적 실패, 정치개입 목적의 달성, 부패에 따른 체제정통성의 약화 등을 논의하고 있다.[12] 특히 딕스(Dix)는 체제기반 협소화를 강조하고 있다. "초기의 연합 지지세력이 일단의 소수 측근이나 추종자들─쇠퇴하는 명분에 집착하는─로 축소될 정도로 지지기반 협소화가 이루어질 때 체제붕괴가 초래된다(Dix, 1982, 563)."

둘째, 체제붕괴는 정부가 경제적 위기나 침체를 극복할 수 있는 정책적 대안이나 국제경제에 대한 대응능력이 미흡하거나 부재한 경우에 일어날 수 있다고 주장한다. 셋째, 국제적 차원의 원인은 세계경제의 경기순환, 외국의 정치적 경제적 압력과 제재를 포함한다(Sanders, 1981b; Richards, 1986). 그러나 관련 학자 대다수는 체제붕괴에서 국외적 요인들보다는 국내적 요인들이 더욱 직접적이고 중요하다는 사실에 동의하고 있다. 한편 일부 학자들은 군부와 관련된 여러 변수들에 주목하고 있다. 특히 군제도의 정체성과 생존에 대하여 군부의 정치개입이 초래하는 영향, 군부 파벌주의, 반대세력과 그들의 공약에 대한 군부의 인식변화, "개방주의자(aperturist)"와 "반대자(obstructionist)" 사이의 잠정적 세력균형, 군사정부와 군제도의 갈등 등을 논의하고 있다(Finer, 1962; Stepan, 1986, 1988; Baloyra, 1987).

체제붕괴의 원인에 대한 기존 논의는 모든 유형의 권위주의체제의 붕괴는 동일 또는 유사하다고 전제하고 있는 듯하다. 그러나 권위주의체제 붕괴가 유형적으로 상이할 수 있다면 그 유형에 따라서 붕괴의 원인도 다를 수 있을 것이다. 슈미터(Schmitter, 1980)와 셰어와 메인웨어링(Share & Mainwaring, 1986)은 체제붕괴를 유형적으로 대별하여 이전(extrication), 협상(transaction), 와해(collapse)로 구분한다.[13] 그렇다면 체제붕괴의 유형에 따라서 그 원인들의 중요성이 달라질 수 있을 것이다. 이전이나 협상의 경우에는 군부나 군사정부가 정치적·군사적 이해관계에 따라서 자발적으로 병영복귀와 권력이양, 체제이전을 결정할 수도 있을 것이다. 반면에 변명의 여지가 없는 결정적이고 복합적인 정책적 실패─예를 들면, 아르헨티나 군부체제의 전

---

12) Philippe C. Schmitter, 1980; Adam Prezeworski, 1980; Robert H. Dix, 1982; Scott Mainwaring, 1986; Guillermo O'Donnell & Philippe C. Schmitter, 1986.

13) Philippe C. Schmitter, 1980, pp.26~27: (1) 권력이양, (2) 권력장악, (3) 권력전복, (4) 권력포기. Donald Share & Scott Mainwaring, 1986, p.145: (1) 와해(collapse), (2) 이전(extrication), (3) 협상(transaction).

쟁 패배-와 그에 따른 정통성위기로 조건 없이 권력을 포기할 경우에는 권위주의체제는 와해된다.

딕스는 "퇴거 보장(exit guarantee)"-예를 들면 군부의 과거행위에 대한 면책권-을 체제붕괴의 개입변수로 간주하고 있다(Dix, 1982, 563). 이전이나 협상의 경우에는 정부가 권력이양 전에 반대세력으로부터 퇴거보장을 요구하고 어느 정도 받아낼 수도 있다. 반면에 와해의 경우에는 반대세력이 통치능력을 상실한 정부와 그 지지세력에 대하여 퇴거보장을 허용할 것이라고 기대할 수는 없다. 퇴거 보장은 체제붕괴의 필연적인 변수라고 할 수는 없다.

Ⅳ. 신민주체제 수립

선행연구에서 민주체제에 대한 논의는 희소하고 개념적으로 다소 혼란스럽다. 민주체제 수립과 관련하여 엘리트 합의, 좌파세력의 탈동원화, 군부동의 등이 주요 조건으로 논의되고 있다.[14] 노드링거(Nordlinger, 1970)는 특히 군부가 민주체제 수립에 동의하는 구체적인 이유를 제시하고 있다. 그에 의하면 민주체제 수립을 통하여 군제도의 자율성과 생존을 보장할 가능성이 높아질 수 있기 때문이다. 또한 군부를 포함하는 중산계층의 민주주의에 대한 욕구가 일치할 뿐만 아니라 안보와 현상유지를 실현할 수 있는 가능성이 높기 때문이기도 하다(Nordlinger, 1977, 191, 201, 202). 첫 번째 이유가 가장 설득력이 크고 중요하다고 할 수 있다. 군부는 일반적으로 계층적인 이해관계보다는 보다 직접적인 군제도의 이해관계에 따라서 사고하고 행동하는 성향을 갖고 있다고 볼 수 있다. 그 외의 이유들은 부차적이라고 할 수 있다.

관련 학자들 대다수는 권위주의체제 붕괴와 민주체제 수립을 개념적으로 구분하지 않고 논의하고 있다. 권위주의적 체제붕괴가 곧 민주적 체제수립이라고 가정하고 있는 것이다. 따라서 권위주의적 체제붕괴와 민주적 체제수립의 조건이 다르지 않다는 것이다. 예를 들면 반대세력의 점증하는 도전능력이 동시에 체제붕괴와 수립의 조건이라는 것이다. 그러나 반대세력은 자신의 도전능력과 집권세력의 통치능력의 현실적인 균형에 따라서 체제붕괴나 수립을 주도할 수 있을 것이다. 반대세력의 도전능력이 상대적으로 다소 미약하고 집권세력의 통치능력

---

14) 1. 엘리트 합의: Adam Przeworski, 1980; Kevin J. Middlebrook, 1980; Leonardo Morlino, 1987. 2. 좌파 탈동원화: Kevin J. Middlebrook, 1980; Donald Share & Scott Mainwaring, 1986. 3. 군부동의: Eric A. Nordlinger, 1977; Donald Share & Scott Mainwaring, 1986.

이 어느 정도 유지 발휘되고 있을 경우에는 체제붕괴보다는 체제전환－정치자유화와 같은－
이 차선책으로 협상을 통하여 실현될 개연성도 있다. 또한 체제붕괴는 예외적으로 반대세력의
정치적 역량과 관계없이 집권세력의 이해관계에 따라서 주도적으로 이루어질 수도 있다.

또한 그들은 민주체제 수립을 유형적으로 구분하지 않고 논의하고 있다. 예외적으로 몇몇
학자는 민주체제 수립을 유형적으로 단절(ruptura)과 개혁(reforma)으로 구분한다.[15] 단절을 통
한 민주체제 수립에서는 권위주의세력과 민주세력 사이에 엘리트 합의를 부재할 수도 있다.
또는 두 유형에서 엘리트 합의가 존재한다고 하여도 그 내용은 질적으로 상이할 것이다. 단절
을 통한 민주체제 수립에서 군부의 적극적인 동의가 아닌 정치적 무위나 중립이 최소한의 조
건이 될 수도 있다. 군부권위주의체제 후에 수립되는 민주체제에서 군부가 정치적으로 무력
화되지 않았다면 그 정치적 행태는 체제수립과 유지에 결정적인 영향을 미친다.

V. 신민주체제의 문제와 갈등

관련 학자들 극소수만 민주화 과정의 문제와 갈등에 대하여 논의하고 있다. 신민주정부는
외채를 포함하는 경제적인 부담과 같은 사회경제적인 유산, 권위주의적 구조, 취약한 민주주
의 전통 등의 불리한 문제와 조건들에 직면한다는 것이다. 민주화 과정의 성패는 그러한 문제
와 조건들을 완화 또는 해결하려는 신민주정부의 의지와 노력에 달려 있다.

관련 학자들 대다수는 신민주정부가 직면한 문제와 갈등들 중에서 특히 민군관계에 주목하
고 있다.[16] 로우키(Rouquie, 1982, 315)는 정부의 탈군사화가 필연적으로 정권 또는 정치과정의
탈군사화를 의미하지는 않는다고 주장한다. 정권의 민간화는 신민주정부의 최고의 관심사이
다. 그러나 일반적으로 그 민간화과정에서 민간정부와 군부의 갈등이 야기될 수도 있다.

스테판(1988)은 민군관계를 군부의 "도전(contestation)"과 "특권(prerogative)"의 두 가지 차원
에서 설명하고 있다(Stepan, 1988, 272, 273). 그는 또한 주요 제도적 문제와 비제도적 문제들을
구분하고 있다. 그러나 이차원적인 구분은 다소 모호하기도 하다. 특정한 정책에서 군부의 도

---

15) 선행연구에서 민주체제 수립의 유형을 "단절(ruptura)"과 "개혁(reforma)"으로 구분하고 있다.
    Huntington(1984)은 각각의 유형에 대하여 "대체(replacement)"와 "변환(transformation)"의 개념을 사용하고 있다.

16) Alain Rouquie, 1982; Walter Little, 1984; Afled Stepan, 1986, 1988; Guillermo O'Donnell & Philippe C. Schmitter, 1986; Daniel Poneman,
    1987; Leonardo Morlino, 1987.

전과 특권이 상호 관련되어 있을 수도 있다. 예를 들면 군부가 군부특권에 대한 정부정책에 대하여 비판이나 반대를 할 수 있을 것이다. 군부는 그들의 시각에서 비제도적인 군부특권의 문제들이 군부의 제도적인 이해관계―군제도의 정체성, 자율성, 생존―와 긴밀한 관계가 있다고 볼 수도 있기 때문이다. 또한 군부의 정부대표권이 군제도의 핵심적인 이해관계를 보장하는 필요조건으로 판단할 경우에는 정부의 정책결정과정에 참여를 요구할 수도 있을 것이다. 신민주체제에서 군부도전은 정부와 군부의 상대적인 세력균형의 기능이라고 할 수 있다. 체제이행 과정에서 군부가 주도권과 영향력을 유지하고 실력행사를 공언하고 있는 반면에 정부의 민주적 지지기반과 정책적 의지가 상대적으로 협소할 경우에 군부도전은 더욱 빈번하게 더 많은 정책분야에서 일어날 수 있다.

신민주체제에서 헌법제정의 문제는 또 다른 중요한 갈등을 야기한다. 관련 학자들 거의 모두는 민주헌법의 제정문제에 주목하고 있지 않고 있다. 그들 대다수는 민주화를 신민주정부 수립까지의 단기적인 과정으로 간주한다. 오히려 민주화를 민주정부 수립뿐만 아니라 민주헌법 제정, "과거청산", 민주주의 체제화와 공고화까지도 포함하는 보다 장기적인 관점에서 분석하는 것이 복잡하고 역동적인 민주화현상의 이해에 보다 유리하다고 할 수 있다. 신민주헌법의 내용이나 제정방법은 신민주체제의 미래를 가늠할 수 있는 척도이다.

Ⅵ. 민주주의 제도화의 문제

선행연구에서 민주주의 제도화에 대하여 관련 학자들은 다양한 조건들을 논의하고 있다: (1) 군부에 대한 민간통제와 군부 자체의 역할에 대한 인식변화; (2) 군부에 대항할 수 있는 시민사회의 조직력과 군부의 "구세주적(messianic)" 자아상의 조작화 거부; (3) 민주주의의 정통성에 대한 시민의 신념; (4) 강력한 사회경제적 세력과 관계에서 정부의 타협적 태도(accommodation); (5) 개인재산 보호; (6) 엘리트 합의; (7) 정당 제도화; (8) 정권교체의 개연성; (9) 권위주의적 인프라의 개혁; (10) 민주화 초기에 보수적 정부나 연합의 집권; (11) 정책적 효과성과 효능성 (efficacy); (12) 점진적이고 비폭력적인 민주적 체제이행.[17]

---

17) (1) Morris Janowitz, 1964; Robert A. Dahl, 1971; Alfred Stepan, 1976; 1988; George Philip, 1984b; Luciano Martins, 1986; Carlos Aberto Floria, 1987; Carlos H. Waisman, 1987; Leonardo Morlino, 1987; Samuel J. Fitch, 1988. (2) Guillermo O'Donnell & Philippe C. Schmitter, 1986; Alfred Stepan, 1986. (3) Robert A. Dahl, 1971. (4) Robert R. Kaufman, 1986. (5) John Sheanan, 1986. (6) Michael G. Burton & John

관련 학자들 다수는 일반적으로 민군관계를 민주주의 공고화의 중대한(critical) 조건으로 판단하고 있다. 특히 민주적 체제이행 전에 군부의 정치개입과 통치체제를 경험한 경우에는 더욱 그러하다고 주장한다(Dahl, 1971, 50, 60; Linz, 1978, 17, 85). 군부의 상습적인 정치개입을 종식시키지 않는 한 안정적인 민주체제의 미래를 기약할 수 없다는 것이다. 그러므로 민주주의 제도화 또는 공고화와 관련하여 민군관계의 중요성을 보다 깊이 인식하고 그에 대하여 체계적이고 심도 있는 논의를 하는 것이 필요하다. 이러한 관점에서 다두체제에 대한 달의 조건들은 다소 만족스럽지 못하다. 그는 군부를 단순히 정치적으로 적극적인 행동주의자(activist)의 범주에 포함시키고 있는 듯하다(Dahl, 1971). 군부는 그 이상의 주도적인 정치행위자이다. 군부의 역할에 대하여 더욱 비중 있고 심도 있는 논의가 요구된다.

Ⅶ. 신민주체제의 전망

민주주의의 전망 또는 미래는 민주주의 제도화의 조건들을 어느 정도 실현하는가에 따라서 달라질 수 있다. 헌팅턴(Huntington, 1984)은 민주주의를 전망하는 문제는 재구성되어야 한다고 지적한다. "근래 민주화 과정은 정치체계 내부(in)의 변화인가? 정치제제 사이의(of) 변화인가?" 다시 말하면 "민주체제와 독재체제의 순환 자체는 별도의 정치체계이다. 안정적인 독재체제에서 안정적인 민주체제로의 변화는 정치체계 내부의 변화에 불과하다(Huntington, 1984, 210)."

노드링거(Nordlinger, 1977)는 회의적으로 "군사정부의 여파는 군사정부일 뿐이다."라고 주장한다. 그는 제3세계 국가에서 끝없는 군부체제와 민간체제의 순환을 가정하고 있는 것이다. 헌팅턴의 개념을 빌린다면 "집정관체제"가 지속된다는 것이다. 경험적으로 남미의 사례에 대하여도 관련 의문을 제기할 수 있다. 근래 민주화 과정은 집정관체제의 영원한 종말인가? 아니면 집정관체제 내부의 순환적인 변화인가? 이에 대하여 관련 학자들을 비관주의자와 낙관주의자로 대별할 수 있다. 비관주의자는 근래 남미의 민주화 과정을 집정관체제의 또 다른 에피소드로 판단하고 있다.

락(Rock, 1987)은 아르헨티나에서 "자유민주주의는 영속성보다는 '막간(parenthesis)'의 분위

Higley, 1986. (7), (8), (10), (11) Juan J. Linz, 1982. (9) Carlos H. Waisman, 1987. (12) Robert A. Dahl, 1971; Samuel P. Huntington, 1984.

기를 띠고 있다(Rock, 1987, 403)." 달(Dahl, 1971)과 펄머터(Perlmutter, 1981)는 다른 이유에서 락의 결론적인 입장에 동의하고 있다. 달은 아르헨티나는 결코 정치적 민주주의를 합법적인 대안으로 인정한 적이 없다고 주장한다(O'Donnell, 1986, 17). 펄머터는 라틴아메리카의 문화적 성향이 걸림돌이라고 지적하면서 "라틴아메리카에서 권위주의체제가 비권위주의체제로 이행한다는 주장을 철회할 첫 번째 사람은 자신이다."라고 주저 없이 밝히고 있다(Perlmutter, 1981, 416, 417). 그러나 문화나 전통의 영향력이 결정적인 변인들이라고 주장하기에는 다소 무리가 있다. 영국에서와 같이 역사적으로 근대 민주주의의 씨앗은 전통적인 과두체제에서 잉태되었다.

한편 낙관주의자 로우키(Rouquie, 1983, 581)는 아르헨티나의 근래 민주화를 집정관체제 순환(inversion)의 종식일지 모른다고 전망한다. 유사하게 오도넬(O'Donnell, 1986)은 자신을 "온건한 낙관주의자"라고 선언한다(O'Donnell, 1986, 17). 남미에서 군부체제가 자행한, 역사적으로 유례없는 정치탄압이 안정적인 민주체제의 수립을 가능하게 할 수도 있다는 것이다.

남미에서 민주화 또는 민주주의의 미래를 가늠한다는 것은 위험한 도박일 수도 있다. 남미의 역사적 경험에 근거하여 판단할 때 온건한 낙관론도 더욱 그렇다고 할 수 있다. 그러나 근래 정치발전의 특성적 경향을 엄격하게 재검토하고 분석한다면 남미의 민주주의에 대하여 조심스럽게 희망의 깃발을 높일 수도 있을 것이다.

제3절 민주화 과정의 재개념화[1]

Ⅰ. 헌팅턴(Huntington)과 "제3의 물결"

헌팅턴(1991)의 『제3의 물결: 20세기 말의 민주화』는 비교정치 분야에서 근래에 주목할 만한 연구결과라고 할 수 있다. 정치체제 변화에 대한 연구와 관련하여 그러하다. 특히 그것은 민주화에 대한 근래의 논의의 대표적인 연구이자 총결산이라고 할 수 있다. 『제3의 물결』은 1970년대 중반 이후 80년대에 이루어진 민주화에 대한 수많은 경험적·개념적 논의를 근거로 하고 있다. 무엇보다도 70년대 중반에 상대적으로 일찍이 시작된 남부유럽과 남미의 민주화에 대한 개념적 논의에 크게 의존하고 있다.

헌팅턴은 『제3의 물결』에서 30여 개 국가들이 근래 경험하고 있는 민주화 과정을 세계 정치적 관점에서 설명하고 있다. 그는 민주화에 대한 보편적 이론을 수립하기보다는 다수의 경험적 사례들에 근거하여 조건적 가정 또는 설명들을 제시하고 있다. 그러한 설명들은 대부분 설득력이 있으며, 일부는 새롭고 시사적이기도 하다. 그는 어느 가치보다도 정치적 자유에 관심을 두고 있으며, 민주화 과정에서 어떠한 조건들보다도 경제발전과 정치적 지도력의 중요성을 강조하고 있다. 제3세계 정치발전-민주화-에 대하여 그는 대체로 낙관적이다. 뿐만 아니라 그는 민주적 개혁자들에게 전략적 충고를 하고 있다. 이는 새로운 시도로서, 그는 사회과학자의 역할에 더하여 정치적 전략가 또는 자문역을 자임하고 있다(Huntington, 1991, xv). 『제3의 물결』은 이론적 또는 설명적이며, 동시에 실천적이다.

그러나 헌팅턴의 『제3의 물결』은 몇 가지 문제점들을 갖고 있다. 그 문제점들은 다수의 다양한 사례들에 근거하여, 복잡하고 변화하는 현상인 민주화를 설명하려는 것에서 기인한다고 할 수 있다. 첫째는 고도의 단순화와 추상화의 문제이다. 헌팅턴은 관련 30여 개 사례들의 상이성이나 다양성을 과소평가하고, 한편으로 단순화와 추상화를 통하여 유사성이나 동일성을 강조하였다. 이는 민주화현상에 대하여 전반적인 개관을 제공하지만 그것의 구체적인 현실을 보다 설득력 있게 설명하는 데는 미흡하다. 둘째는 헌팅턴은 다양한 30여 개 국가들의 민주화를 세계적인 시각에서 설명함에 있어서 특히 남부유럽과 남미의 민주화에 대한 기존의 개념

---

[1] 양동훈, 1994, 「제3세계의 민주화 과정: 개념화의 문제」, 『한국정치학회보』 28집 1호, 한국정치학회, pp.451~481. 이 논문은 부분적으로 수정됨.

적 논의에 의존하고 있다. 이는 개념들의 확대, 적용의 문제로서 관련 개념들의 적실성의 문제를 야기할 수 있다.

셋째, 헌팅턴은 민주화와 민주주의를 논함에 있어서 실질적 내용보다는 정치적 제도나 절차를 강조한다. 그에 의하면 민주주의는 주요 정책 결정권자들을 선출하는 자유, 공명, 보통선거를 실시하는 것이다. 자유, 공명, 보통선거가 민주주의의 절대적인 조건이며 척도이다. 그러한 선거의 제도화가 곧 민주주의의 공고화이다. 이러한 견해는 민주화의 방향만을 강조하는 것으로 그것의 다른 측면들—내용, 범위, 속도, 환경—을 소홀히 다루고 있다. 이는 민주화 과정과 결과의 현실적 다양성을 간과하게 할 수 있다. 모든 나라들에서 자유, 공명, 보통선거가 실시된다고 하여도, 현실적으로 민주주의 규범과 원칙들이 통치역할, 제도, 분야에서 얼마나 광범위하게 그리고 깊이 있게 적용되는가의 문제에 있어서는 다를 수도 있기 때문이다. 넷째, 헌팅턴의 주요 몇몇 개념들—권위주의 붕괴, 자유화, 민주화 등—은 포괄적이거나 모호하기 때문에 민주화에 대한 그의 설명력을 다소 약화시키고 있다.

헌팅턴의 『제3의 물결』에서 제기된 이러한 문제점들과 함께, 근래 민주화에 대한 관련 주요 학자들—오도넬(O'Donnell)과 슈미터(Schmitter), 스테판(Stepan), 린츠(Linz) 등—이 갖고 있는 개념화의 문제들을 본 논문에서 논의를 하면서 잠정적으로 민주화 과정에 대한 개념화를 시도하고자 한다. 이 개념화는 민주화 이전의 정치체제유형과 근대화단계에 있어서 유사한 소수의 경험적 사례들에 근거한다. 특히 높은 단계의 근대화과정에서 오랫동안 억압적 권위주의통치를 경험한 제3세계 사회들의 민주화에 대한 개념화의 문제를 다루고자 한다. 그들 사회들에서는 민주화가 국외적 조건들보다도 그들의 경제, 사회변화, 그리고 정치지도력에 근거하고 있기 때문에 민주주의체제 공고화의 가능성이 상대적으로 크다고 할 수 있다. 그러므로 그들의 민주화 경험은 다른 제3세계 사회들에게 시사적인(suggestive)인 모델이 될 가능성이 크다. 따라서 그들의 민주화 경험에 대한 개념적 논의는 일반적으로 제3세계 민주화현상을 이해하는 데 유익할 것이다.

우선 그들의 민주화 과정을 개념적으로 정치적 계기(moment)와 단계(stage)들로 보다 세분화하여 구분한다. 민주화는 과거의 권위주의적 유산과 관행을 청산하면서 시민권의 규범과 원칙을 점진적으로 통치영역에 확대, 실현시켜 나아가는 과정이다. 민주화 과정은 권위주의체제 붕괴, "민주협약" 합의, 민주선거 실시, 민주정부 수립, 민주주의 체제화와 공고화 등으로 이루어진다. 또한 민주화는 다면적 또는 다차원적인 정치변화 과정으로서 방향, 범위, 내용,

속도, 환경 등에 의하여 실질적으로 규정된다. 민주선거 실시와 민주정부 수립 자체는 민주화의 방향을 의미한다. 그러나 민주주의의 규범과 원칙들이 통치역할, 제도, 분야에 어떠한 환경에서 얼마나 광범위하고 성실하게 그리고 빠르게 적용, 실시되는지는 또 다른 문제이다. 그것은 민주정부의 성격과 정책, 그리고 주변적 상황에 달려 있다.

이러한 입장에서 민주화 과정을 논의함에 있어서 민주주의와 민주화에 대한 개념적 정립이 우선이다. 그리고 첫째, 민주화 과정에 있어서 각각의 계기나 단계들의 실현과 관련된 주요 변수와 조건들에 대하여 논의하고 그들 사이의 관계를 유형별로 범주화한다. 둘째, 근래 민주화 과정의 잠정적 결과로서 초기 민주주의체제를 3가지 유형－보수적·합의적·경쟁적－으로 구분, 개념화하고, 그 초기 체제들의 공고화를 위한 조건들－정치적·경제적·사회적·문화적·국제적－을 논의한다.

II. 민주주의체제와 민주화

1. 민주주의체제

관련 학자들－헌팅턴, 오도넬, 스테판, 린츠 등－은 달(Dahl)과 같이 민주주의체제의 특성을 정치적 경쟁과 참여로 규정한다. 달은 현실적 민주주의체제인 다두체제(polyarchy)를 "경쟁(contestation)", "참여(participation)", 그리고 "책임(responsiveness)"에 의하여 규정짓고 있다(Dahl, 1971, 4). 경쟁은 정치적으로 상이한 견해와 이해관계를 갖고 있는 집단들이 정치권력의 획득, 유지를 목적으로 선의의 적대적 관계를 갖는 것이다. 그러한 경쟁적 관계는 사전에 합의된 규범과 규칙들에 의거하여 이루어진다. 참여는 그러한 정치적 경쟁에 국민들이 얼마만큼 개입하느냐의 문제이다. 책임은 정부가 국민들의 요구와 지지에 부응하는 정도를 뜻한다. 정치적 경쟁에 있어서 시민의 참여와 지지는 시민에 대한 정부의 책임성을 크게 한다.

민주주의체제는 근본적으로 시민을 대표하는 정치적 집단들의 경쟁이 자유롭게 이루어지고, 그 경쟁에 시민 다수가 참여하고, 따라서 시민에 대한 정부의 책임성이 상대적으로 높은 정치체제를 의미한다. 민주주의체제는 기본적으로 시민권의 규범과 원칙에 근거한 정치체제로서 동등한 정치적 행위자인 시민들의 건전한 상식과 판단력, 자치능력을 전제로 한다. 시민들이 정치적 경쟁과 참여를 통하여 대표선출과 정부구성을 포함하는 공적인 결정을 집단적으로 논의하고 집행하며 책임을 지는 한편, 그들의 대표와 정부는 그들에게 책임을 진다.

관련 학자들 대부분은 정도의 차이는 있지만, 민주주의체제와 관련하여 특히 선거를 강조한다. 선거는 민주주의체제의 3가지 측면인 "경쟁, 참여, 책임"을 실현하고 평가하는 가장 중요한 정치적 수단이다. 선거에서 정치적 경쟁과 참여가 이루어지고 정부의 책임성이 시민들에 의하여 평가된다. 선거가 실질적으로 경쟁과 참여의 장이 되고 책임성의 시험대가 되려면 자유스럽고, 정직한 보통선거이어야 한다. 자유, 공명, 보통선거는 시민의 기본적 권리와 자유의 보장을 전제로 한다. 그러나 민주화를 논함에 있어서 헌팅턴과 같이 선거제도—주요 정책결정권자들의 선출—를 지나치게 강조하면 민주주의체제의 다른 측면들이 과소평가될 위험이 존재한다(Huntington, 1991, 7, 9, 267).[2]

자유, 공명, 보통선거의 실시는 민주주의체제의 첫 번째 필수요건으로서 민주화가 실현되고 있고 앞으로 계속하여 실현될 가능성이 있다는 사실을 확인하여 줄 뿐이다. 그러나 그것은 민주주의체제에서 시민권이 어느 정도 광범위하고, 심도 있게, 그리고 효과적으로 적용되고 있는가를 나타내지는 않는다. 자유, 공명, 보통선거에 의한 주요 정책결정권자들의 선출은 민주화의 방향성과 직접적으로 관련이 있으나, 그것의 민주적 내용, 범위 또는 깊이를 자동적으로 결정하지는 않는다.

민주주의체제의 본질적인 특성은 정치적 경쟁에 있어서 결과의 불확실성과 임시성(temporariness)이다. "민주주의는 모든 집단들이 그들의 이해관계를 불확실성에 종속시키는 것이다(Przeworsky, 1986, 58)." 자유, 공명, 보통선거는 사전에 합의된 규칙에 의하여 실시되지만, 일반적으로 어느 집단이 권력배분에 어느 정도 참여하느냐는 사전에 가늠하기가 어렵다. 선거의 결과는 각 참여집단의 지도력, 전략, 자원, 조직, 여론, 사회적 상황 등에 의하여 영향을 받는다. 그것은 다양하고 많은 변수들의 복합적인 결과이다. 따라서 선거에서 의외의 결과가 일어날 수 있는 가능성이 상존한다.

또한 선거의 결과는 잠정적(temporary)이다(Przeworsky, 1986, 57). 선거의 승자는 다음 선거에서 패자가 될 개연성이 상존한다. 선거는 정치적 집단들 사이에 권력배분을 잠정적으로 현실화하는 것이다. 다음 선거에서 그 권력배분이 변화할 수도 있다. 민주선거에서는 항시 새로운 권력배분을 초래할 필연성이 있는 것이 아니라 개연성이 있다는 것이다. 이러한 의미에서 린

---

2) "보통, 자유, 공명선거는 민주주의의 요체, 필수조건이다."

츠는 "권력의 순환은 민주주의의 가정이지 필수요건은 아니다."라고 주장하였다(Linz, 1975, 184). 그러나 정치권력의 순환은 민주주의체제 공고화에 매우 중요하다. 그것은 주요 정치적 집단들이 선의의 경쟁과 그 결과에 승복할 의지가 확고하다는 사실을 증거하는 것이다. 헌팅턴은 특히 이 점을 강조한다. 그는 "통치자들이 선거의 결과로 권력을 포기할 때 민주주의가 현실화될 수 있다."고 주장하면서 권력순환이 주요 정치적 집단들에 의하여 2회 실현되면 민주주의체제는 공고화될 수 있다고 결론짓고 있다(Huntington, 1991, 267).

이와 같은 의미의 민주주의-소위 "자유민주주의" 또는 "정치적 민주주의"-에 대한 논의는 왜 중요한가? 관련 학자들 다수는 명시적으로 또는 암시적으로 그것의 중요성을 인정하나, 그들의 궁극적인 이유는 다소 다르다. 헌팅턴에게는 자유민주주의는 "선(goodness)" 자체이다. 그에 의하면 민주주의는 특정한 하나의 공적 가치이며 동시에 그것은 개인의 자유, 사회안정, 국제평화, 미국의 이익과 긍정적으로 관련되어 있다고 보고 있다(Huntington, 1991, 267). 한편 오도넬과 그의 동료들-그리고 진보적 학자들-의 궁극적 관심은 정치적 민주주의가 아니라, "사회화(socialization)"에 있다. 그들에게 정치적 민주주의는 "정치적 정돈과 이견"에 의하여 귀결되는 잠정적인 단계이다(O'Donnell & Schmitter, 1986, 72). 정치적 민주주의가 그들에게 논의의 가치가 있는 것은 그것이 결과적으로 사회화의 가능성을 높여 주기 때문이다.[3] 정치가 궁극적으로 자유, 정의, 풍요의 사회를 실현하기 위한 인간의 갈등과 투쟁, 그리고 통합현상이라고 한다면, 정치적 민주주의는 그러한 사회의 실현을 위한 필수조건이요, 필연적인 단계라고 할 수 있다. 궁극적인 목표로 보거나 또는 필연적 단계로 보거나 관련학자들 대부분은 공히 정치적-자유-민주주의의 중요성을 인지하고 민주화 과정의 국내적인 정치적 측면-정치적 지도력과 전략-을 강조, 논의하고 있다.

2. 민주화

민주화는 정치체제의 변화과정으로서 통치행위에 있어서 시민권의 규범과 원칙이 효과적으로 실행, 확대, 공고화되는 과정이다. 구체적으로 민주화는 정치적 경쟁이 시민의 권리와 자유의 조건 아래서 공정하게 실현되고, 그것에 시민의 참여가 확대되고, 따라서 정치권력의 책임성이 심화되는 과정이다. 민주화는 장기적·복합적·역동적인 변화과정으로서, 일반적으로

---

3) "정치적 민주주의로의 변화는 또 다른 변화, 사회화의 가능성-결코 필연적이지는 않지만-을 높인다(O'Donnell & Schmitter, 1986, 11~12)."

정치엘리트들의 "정치협약", 비민주정부와 체제의 종식, 과도정부의 수립, 민주선거와 정부조직, 민주주의 체제화와 공고화 등 정치적 계기들과 단계들로 이루어진다. 민주화는 주요 사회, 정치 엘리트 집단들이 통치의 지배적 규범과 원칙으로서 시민권의 보장과 실행을 협약할 때 시작된다. 그들의 협약은 묵시적 또는 명시적이거나 자발적 또는 강제적일 수도 있다.[4]

한편 민주화는 민주주의체제의 안정화·공고화가 이루어지는 시기에 완료된다. 시민권의 규범과 원칙이 다수 시민들에 의하여 그 가치를 인정받고 지속적으로 실행될 경우 이론적으로 민주주의체제는 공고화되었다고 할 수 있다. 그러나 현실적으로 언제 민주주의체제가 공고화되는지 단언하기는 어렵다. 이에 헌팅턴은 주요 정당들에 의한 2회의 정권교체를 민주주의체제 공고화의 척도로 제시하고 있다(Huntington, 1991, 266~267). 그러나 과연 2회의 정권교체를 경험한 후에 시민권의 규범과 원칙이 모든 통치영역에서 제도화되고 다수 시민들의 의식과 정서에 깊이 뿌리를 내렸다고 할 수 있을까?

그러한 형식적 기준보다는 오히려 보다 본질적인 차원들－민주적 방향, 내용, 범위, 속도, 환경－에서 민주주의체제의 공고화를 논의하는 것이 적절하다. 이는 장기간의 권위주의통치를 경험한 후에 이루어지는 민주화에서 특히 그러하다. 권위주의적 유산과 관행의 강력한 영향 아래에서 이루어지는 민주화는 일반적으로 불완전하며 불안정하다. 따라서 민주주의체제 공고화는 점진적이고 다차원적인 과정이다. 그것은 민주정부의 수립과 민주주의 체제화와 개념적으로 구분된다. 초기 민주정부가 제한된 능력과 조건들 아래에서 수립한 민주주의체제는 미완(incomplete)의 불안정한 정치체제라고 할 수 있다.

그러므로 민주주의체제 공고화의 문제는 그러한 허약한 체제를 "정치적 쇠퇴" 없이 유지하고 발전시키는 것이다. 그것은 초기 민주주의체제의 기본적 성격과 제도를 유지하고, 나아가서 그것의 민주적 방향을 더욱 확고히 하고, 민주적 범위를 확대하고, 민주적 내용을 심화하고, 민주적 속도를 촉진하고, 그리고 민주적 환경을 개선하는 것이다. 결론적으로 시민권의 규범과 원칙이 상대적으로 보다 좋은 사회적 환경에서, 보다 많은 통치영역과 역할에, 보다 성실하고, 효과적으로 실현되는 과정이 민주주의체제 공고화이다(Ⅵ장에서 구체적으로 논의한다).

---

4) "정치협약(political pact)"에 대한 참조: Guillermo O'Donnell and Philippe C. Schmitter, 1986, pp.27~40.

Ⅲ. 현대 권위주의체제의 붕괴

1. 현대 권위주의체제

민주화는 비(non)민주주의체제로부터 민주주의체제로의 정치적 변화과정으로서 비민주주의체제의 붕괴를 전제로 한다. 비민주주의체제는 개념적으로나 실제적으로 매우 다양하다. 근래 3세계 민주화는 특히 권위주의체제와 관련되어 있다. 그것은 정치적 탄압에 근거하여 장기간 유지되어 온 권위주의체제가 안과 밖의 변화와 압력으로 인하여 정치적 위기와 체제붕괴에 직면하면서 일어나고 있기 때문이다. 따라서 관련 학자들은 특히 권위주의체제로부터 민주화를 논의하고 있다. 그들은 다소 용어의 차이는 있지만 린츠의 권위주의 개념에 대체적으로 동의한다.

린츠에 의하면 권위주의체제는 다음과 같은 특성들에 의하여 규정된다: (1) "제한적이고 무책임한 정치적 다원주의"; (2) "특이한 정신적 정향은 있지만, 치밀하고 지도적인 이데올로기의 부재"; (3) "일반적으로 광범위하고 강력한 정치적 동원의 부재"; (4) "형식적으로는 제한되지 않지만 실제적으로 예측가능한 개인 또는 소수 집단의 권력행사(Linz, 1975, 264)." 이는 기본적으로 부정적 또는 소극적인 개념화이다. 린츠는 권위주의체제를 민주주의체제와 소위 "전체주의"라고 하는 일당독재체제의 중간적인 존재로서 보고 있다. 따라서 그의 개념적 정의는 권위주의체제가 본질적으로 매우 모호하고 불완전한 정치체제이기 때문에 그것의 제도화 또는 공고화는 실제적으로 매우 어렵다는 사실을 내포하고 있다.

헌팅턴도 린츠의 권위주의체제에 대한 개념적 정의에 동의한다. 그러나 "어의적인(semantic) 어색함을 피하기 위하여" 그는 민주화의 논의에 있어서 그 개념을 엄격하게 적용하지는 않았다(Huntington, 1991, 12, 13). 그는 모든 비민주적 체제들―일당체제, 전체주의체제, 일인독재, 군부체제 등―을 일괄하여 권위주의체제로 통칭하였다. 이는 다양한 30여 개 사회들의 민주화 경험을 함께 논의하기 위한 편의적인 발상이다. 그들 사회에서 민주화 이전의 과거 정치체제들은 유형적으로 매우 다양하다. 따라서 민주화의 원인, 과정, 결과에 있어서 특성적으로 유사성과 함께 상이성이 크다. 그렇게 다양한 정치체제들을 유형적으로 구분하지 않고 편의상 모두 권위주의체제로 지칭한다면 민주화에 대한 가정들이나 설명들의 경험적 검증성이나 이론적 유용성이 적어질 수밖에 없다.

근래 민주화 이전의 3세계 권위주의체제는 정통성의 기반, 통치집단의 특성, 경제, 사회발전 단계 등과의 관계에 따라서 다양한 형태로 나타난다. 그중에서 고도의 근대화 또는 산업화를 경험하고 있는 제3세계 사회에서 나타난 '현대 권위주의체제'가 이론적으로 중요하다.[5] 산업화에 따른 높은 사회적 분화와 정치적 다원화의 상황에서 이루어지는 정치변화―권위주의체제 출현과 쇠퇴, 몰락, 그리고 민주화―는 형식적이 아닌 실질적이라고 할 수 있다. 이 변화는 국외적인 조건들에 의하여 영향을 받기도 하지만, 국내적 요인들과 조건들에 의하여 보다 직접적이고 결정적으로 영향을 받는다. 이 경우에는 민주주의체제가 공고화될 가능성이 상대적으로 높다고 할 수 있다. 따라서 현대 권위주의체제로부터 민주화는 정치발전의 경험적·이론적 모델을 제공할 것이다. 그러므로 민주화에 대한 논의에서 현대 권위주의체제에 대한 이해와 논의는 중요하다.

관련 학자들은 현대 권위주의체제를 내재적으로 긴장과 모순을 갖고 있는 불완전한 정치체제로 보고 있다. 특히 민주화와 관련하여 그것의 불안정과 위기의 원인들을 강조한다. 그들에 의하면 현대 권위주의체제는 필연적으로 붕괴할 수밖에 없는 일시적인 정치체제이다. 그것은 궁극적으로 억압체제로서 필연적으로 정통성의 위기를 경험하게 된다. 권위주의체제는 안정되고 지속적인 정통성의 원천과 장치를 갖고 있지 못하기 때문에 그 정통성위기는 필연적으로 체제붕괴로 귀결된다는 것이다.

헌팅턴도 현대 권위주의체제의 정통성위기를 강조한다. 그는 현대 권위주의체제의 "약화 또는 붕괴에 기여한 요인들"로서 민주적 규범들의 세계적·국가적 확산, 이데올로기적 정통성의 부재, 군사적 실패, 경제적 문제와 실패들, 정책적 성공에 의한 체제의 유용성 감소, 급속한 경제성장에 따른 사회적 긴장과 정치참여 요구의 증대, 통치권의 분열, 다른 국가들에서 권위주의체제 붕괴로 인한 확산효과 등을 열거하고 있다(Huntington, 1991, 106).

이러한 개별적 원인들은 모두 현대 권위주의체제의 정통성 위기에 궁극적으로 관련되어 있다. 그러나 그들은 현대 권위주의체제 붕괴의 직접적인 원인들이 아니라 그 정치적 쇠퇴의 원인들이라고 할 수 있다. 권위주의체제의 쇠퇴는 곧 그것의 붕괴로 이어지지 않는다. 권위주의체제는 그 정권의 정치적 전략과 정책에 따라서 내적인 변화―제한적 자유화 또는 개방화―

---

5) 현대 권위주의체제를 특별히 오도넬(O'Donnell)은 "관료적 권위주의체제", 콜리어(Collier) 등은 "신권위주의체제"라고 하였다. 그 생성과 성격, 위기에 대하여 주목할 만한 논의는 다음과 같다: Guillermo A. O'Donnell, 1973, *Modernization and Bureaucratic-Authoritarianism*; 1978, "Reflections on the Patterns of Change in the Bureaucratic-Authoritarian State"; Alfred Stepan, ed., 1973, *Authoritarian Brazil: Origins, Policies, and Future*; James M. Malloy, ed., 1977, *Authoritarianism and Corporatism in Latin America*; David Collier, ed., 1979, *The New Authoritarianism in Latin America*; Guillermo O'Donnell and Philippe C. Schmitter, 1986, *Transitions from Authoritarian Rule: Tentative Conclusions about Uncertain Democracies*; 김영명, 1986, 『제3세계의 군부통치와 정치경제』; 박광주, 1992, 『한국권위주의 국가론』.

를 통하여 오랜 기간 동안 유지될 수도 있다. 현대 권위주의체제 쇠퇴가 그것의 붕괴로 귀결되려면 여러 조건들이 충족되어야 한다.

2. 현대 권위주의체제 붕괴

현대 권위주의체제는 그 정권이 기본적으로 억압적 통치를 지속시킬 의지와 능력이 다음과 같은 여러 요인들에 의하여 한계에 이르렀을 때 붕괴한다. 그 붕괴의 유형은 다양하지만 대체로 세 가지로 구분될 수 있다.

1) 현대 권위주의체제 붕괴의 조건

첫째, 통치집단의 분열은 정통성위기를 어떻게 극복하느냐의 문제에 관련하여 일어난다. 정치적 시각과 이해관계를 달리하는 통치집단들이 다른 정책적 대안들-(1) 현상유지, (2) 탄압, (3) 국제분쟁, (4) 정치자유화, (5) 민주화 등-을 중심으로 갈등한다(Huntington, 1991, 51~58).[6] 그 갈등의 주요 집단들은 대별하여 현상유지파 또는 보수파와 개혁파로 나누어진다.[7] 보수파는 정통성 위기를 극복하기 위하여 일반적으로 (1), (2), 또는 (3)을 지지하고, 반면에 개혁파는 (4) 또는 (5)를 추구하려고 한다. 그러나 그들의 정책적 선호는 상황의 변화에 따라서 변할 수도 있다. 왜냐하면 정치적 소신보다는 이해관계가 그들의 정치행위를 좌우하기 때문이다. 그들의 갈등과 분열은 통치집단의 지지기반과 통치력의 약화를 초래하는 한편 반대세력들의 도전의지와 능력을 강화한다. 개혁파의 일부-민주적 개혁파-와 그들 지지세력들은 통치권으로부터 이탈하여 반대세력에 참여할 수도 있다.

둘째, 주요 반대집단들이 현대 권위주의체제를 대체할 수 있는 대안적 정치체제를 설득력 있게 제시하는 것이 중요하다. 그러한 경쟁적 대안의 존재는 반대세력들이 다양한 시각과 이해관계들을 극복할 수 있게 하고, 결과적으로 그들을 결집시켜 기존 체제에 대한 도전능력을 높인다. 그러나 정치적 대안이 부재할 경우 정통성위기에도 불구하고 권위주의체제는 억압적

---

6) 자유화의 개념과 자유화와 민주화의 관계: Samuel P. Huntington, 1991, p.9; Guillermo O'Donnell and Philippe C. Schmitter, 1986, p.7; Afred Stepan, 1988, p.6; Juan Linz, 1982, p.21.

7) 정치체제 변화과정-자유화와 민주화-의 주요 정치집단들에 대하여 다음을 참조할 것: Samuel P. Huntington, 1991, pp.121~124; Guillermo A. O'Donnell & Philippe C. Scmitter, 1986, pp.24~25.

통치를 통하여 계속하여 유지될 수 있다(Przeworsky, 1986, 51~53).

셋째, 현대 권위주의체제 붕괴는 시민사회의 적극적인 개입이 있어야 일어난다. 시민사회가 두려움으로 침묵하거나 소극적인 태도를 갖고 있는 한 권위주의 통치는 지속될 수밖에 없다. 시민사회의 행동화 또는 "부활(resurrection)"은 현대 권위주의정권에 양자택일－관용이냐? 또는 탄압이냐?－을 강요한다. 그러나 급속한 산업화와 사회적 분화, 정치적 동원화는 권위주의정권이 어느 정도의 정치적 자유화를 선택하도록 한다. 이는 정치적 탄압을 통한 권위주의체제의 유지비용이 정치적 자유화의 비용보다도 상대적으로 크기 때문이다.[8]

넷째, 사회경제적 위기－인플레, 외채, 실업, 소득분배구조의 왜곡 등으로 인한－는 현대 권위주의체제의 통치력을 더욱 약화시킨다. "절차적 정통성"을 위한 기반과 제도를 갖고 있지 않은 현대 권위주의체제는 "정책적 정통성"에 의존할 수밖에 없으나 사회, 경제적 위기는 그것이 더 이상 정책적 정통성에 의존하여 체제를 유지할 수 없도록 한다(Huntington, 1991, 46~58). 이러한 상황은 통치집단의 분열과 통치력의 약화를 초래하고, 한편으로 반대세력들의 도전의지와 능력을 강화시킨다.

다섯째, 군부의 강경파가 정치적 실책으로 스스로 몰락하거나 개혁파에 의하여 통제되거나 소외되지 않는 한, 권위주의체제의 붕괴는 일어나지 않을 가능성이 크다. 현대 권위주의체제에서 일반적으로 군부는 통치권 행사에 직접적으로 개입하거나 강한 영향력을 미친다. 그러한 군부는 권위주의체제의 붕괴에 반대할 가능성이 높다. 특히 정치탄압에 직접 참여한 군부의 강경파는 무력동원이나 그 위협을 통하여 권위주의체제 붕괴를 적극적으로 반대, 저지하려고 할 것이다.

2) 현대 권위주의체제 붕괴의 유형

현대 권위주의체제 붕괴는 기본적으로 그것의 정권과 반대세력 사이의 상대적 힘과 영향력의 결과라고 할 수 있다. 권위주의체제 붕괴는 반대세력의 도전의지와 조직력이 권위주의정권의 통치력을 능가하거나 또는 그에 상응할 때 일어난다. 반대세력이 상대적으로 권위주의정권보다 강할 때 권위주의체제는 "와해(collapse)"된다. 그들의 능력과 영향력이 비슷할 경우는 그들은 타협－명시적이거나 묵시적인－에 의하여 정치체제 변화를 추구한다. 권위주의 통

---

8) 권위주의체제의 체제유지－정치적 탄압 또는 관용－비용에 대하여 다음을 참조할 것: Robert A. Dahl, 1971, pp.14~16; Guillermo A. O'Donnell, 1979, pp.86~87; Robert R. Kaufman, 1986, pp.99~100; Yang Dong Hoon, 1989, pp.53~60.

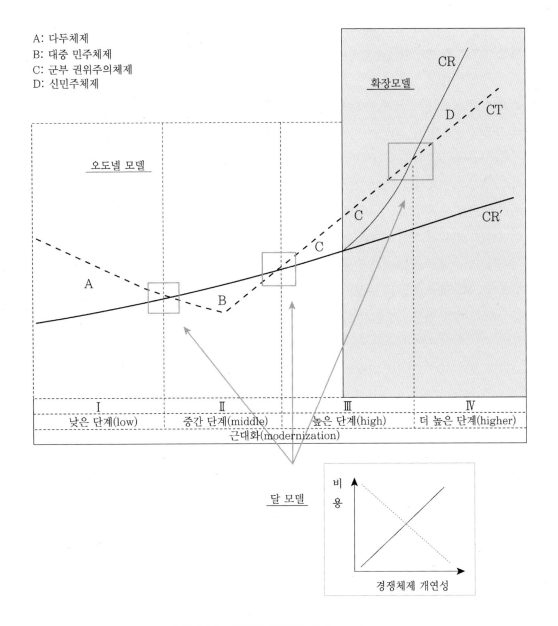

탄압비용(CR, Costs of Repression)
관용비용(CT, Costs of Toleration)

A: 다두체제
B: 대중 민주체제
C: 군부 권위주의체제
D: 신민주체제

확장모델

오도넬 모델

CR

D   CT

CR′

C

C

A

B

I   II   III   IV
낮은 단계(low)   중간 단계(middle)   높은 단계(high)   더 높은 단계(higher)
근대화(modernization)

비
용

달 모델

경쟁체제 개연성

〈그림 1.3.1〉 정치체제 변동의 개연성[9]

---

9) 달(1971, 14~16)은 경쟁체제는 탄압비용이 관용비용을 능가할 경우에 출현할 개연성이 높다고 가정하였다. 오도넬(1973, 86~87)은 고도(high)
   의 근대화단계에서 관료적 권위주의체제(BA)의 출현을 설명하기 위하여 달의 모델을 적용하였다. 양동훈(1989, 57~59)은 '더 높은(higher)' 근대
   화 단계에서 신민주체제의 출현 가능성을 설명하기 위하여 오도넬의 모델을 확장하였다.

치세력들은 계속하여 그들의 주요 기득권을 유지하려고 하고, 반권위주의 세력들은 궁극적으로 권위주의체제 붕괴를 도모한다. 따라서 反권위주의 세력들은 권위주의 세력들로부터 권위주의통치의 종식을 약속받는 대가로서 그들의 핵심적인 요구-과거의 정치적 책임 면제와 정권이양 이후의 정치적 위상과 영향력의 보장-를 받아들인다. 이 경우를 권위주의체제의 '퇴장(exit)'이라고 한다.

퇴장에 의한 권위주의체제 붕괴에서 권위주의세력들이 그들의 과거 정책성과와 통치력 때문에 그들의 정치적 위상과 영향력을 보다 유리하게 보장받고 정치체제변화를 동의하는 경우를 "협상(transaction)"이라고 한다면, 그렇지 못한 경우는 "이전(extrication)"이라고 할 수 있을 것이다. 협상은 권위주의체제가 스스로 개혁-자유화-을 통하여 퇴장한다면, 이전은 그것이 스스로 정권을 포기함으로서 퇴장한다고 할 수 있다.[10]

헌팅턴은 권위주의체제 붕괴의 유형과 민주화 유형을 구분하지 않고 있다. 그는 그의 민주화 유형들-"대체(replacement)", "변위(transplacement)", "변환(transformation)"-을 셰어(Share)와 메인웨어링(Mainwaring)들이 남미의 경우와 관련하여 이미 논의, 제시한 권위주의체제 붕괴 유형들-와해, 이전, 협상-과 일치하는 것으로 이해하고, 학자적 본성에 의하여 다른 용어들을 사용한다고 주장하였다(Huntington, 1991, 114).

그러나 개념적으로 권위주의체제 붕괴와 민주화는 정치체제 변화과정의 다른 단계들이다. 따라서 그것들의 유형들은 구분되어야 한다. 셰어와 메인웨어링의 개념들은 정치체제의 종말이 어떻게 이루어지는가를 뜻하고 있기 때문에 권위주의체제 붕괴의 유형에 적절하다. 반면에 헌팅턴의 개념들은 하나의 정치체제가 또 다른 체제로 어떻게 변화하는가의 의미를 내포하고 있기 때문에 민주화-정치체제들 사이의 변화-유형으로 보는 것이 타당하다. 여기에서 붕괴는 하나의 정치체제의 몰락이지만 민주화는 그 붕괴된 체제를 대신하여 다른 체제의 수립을 의미하기 때문이다. 권위주의체제 붕괴가 민주화로 결과되기 위하여 그 붕괴와 함께 다른 조건들이 충족되어야 한다.

---

10) Donald Share and Scott Mainwaring, 1986, "Transitions Through Transaction: Democratization in Brazil and Spain", Wayne A. Selcher, ed., *Political Liberalization in Brazil: Dynamics, Dilemmas, and Future Prospects*, pp.178~179. 셰어(Share)와 메인웨어링(Mainwaring)은 민주주의체제로의 이행(transition) 유형들을 세 가지로 구분한다: "와해(collapse)", "이전을 통한 이행(transition through extrication)", "협상을 통한 이행(transition through transaction)." 그들은 그 유형들을 권위주의체제가 어떻게 붕괴하였는가에 의하여 구분하고 있다. "와해", "이전", "협상"은 민주적 이행의 유형들로 보기보다는 권위주의체제 붕괴의 유형을 지칭하는 개념들로 보는 것이 타당하다. 권위주의체제 붕괴와 민주적 이행은 개념적으로 구분되어야 한다. 권위주의체제 붕괴가 필연적으로 민주화 과정으로 귀결되지 못한다.

Ⅳ. 신민주정부

민주화는 주요 정치적 계기와 단계들－민주협약, 민주선거, 민주정부 수립, 민주주의 체제화, 그리고 민주주의 체제 공고화 등－로 이루어진다. 이 과정에서 민주정부 수립은 가장 중요한 단계이다. 이는 권위주의체제 붕괴과정에서 이루어진 주요 정치세력들의 민주적 합의의 실질적 실현이자, 앞으로 민주주의 체제화와 공고화를 담당할 민주화정부의 창출이다. 한편으로 민주협약이나 그에 따른 선거는 물론 민주화 과정의 획기적인 시작이지만, 민주주의의 제도적 체제화라기보다는 민주정부의 수립을 위한 준비단계라고 할 수 있다. 민주화를 정치체제들 사이의 변화라고 한다면, 그것은 실질적으로 민주정부 수립과 함께 시작된다고 볼 수 있다. 민주정부의 수립유형과 그 성격에 따라서 민주주의 체제화와 공고화가 다르게 이루어질 수 있다.

1. 신민주정부 수립의 조건

현대 권위주의체제의 붕괴가 민주정부 수립으로 이어지기 위하여 몇 가지 기본적인 조건들이 충족되어야 한다. 그렇지 않으면 또다시 권위주의체제 유형으로 귀결될 수도 있다.

1) 군부의 지지, 중립, 무위(inaction)

제3세계 사회에서 군부는 정치권력의 상수(constant)이다. 군부는 현대 권위주의체제 출현과 유지에 있어서 결정적인 역할을 수행한 무장집단이다. 권위주의체제의 붕괴와 함께 군부의 위상과 영향력이 상대적으로 약화되었음에도 불구하고, 무장집단으로서의 제도적 특권과 헌법적 역할－대외방위와 헌법질서 보호－은 지속적으로 유지된다. 현대 국제질서의 본질적 성격－"무정부(anarchy)"－때문에 군부는 정치체제의 변화와 관계없이 상존할 수밖에 없다. 그리고 군부는 최소한 그것의 제도적 이해관계－생존과 자율－를 보호하려고 한다. 그 기본적 이해관계를 위협하는 민주화를 포함하는 정치변화에 대하여 군부는 반대하고 저항할 것이다. 현대 권위주의체제의 붕괴 이후에 민주정부 수립은 적어도 군부가 그것을 반대하지 않아야 가능하다. 군부의 지지, 중립 또는 무위가 민주정부 수립의 전제조건이다.

2) 온건 민주세력의 대두

신민주정부 수립은 정치사회에서 온건한 민주세력이 주도적인 역할을 담당할 수 있을 때 가능하다. 온건 민주세력들의 결집은 한편으로 권위주의적 보수세력을 견제하면서, 또 한편으로는 급진 민주세력을 정치적으로 소외시킬 수 있다. 권위주의적 보수세력은 기득권을 수호하기 위하여 내부적으로 결집하고 외부적으로 민주세력의 분열과 약화를 도모하여, 결과적으로 정부의 민주적 지도력을 약화시킬 수도 있다. 민주세력 내에서 급진파의 대두는 그것의 혁명적 대안 때문에 권위주의적 보수세력이 심각하게 위협을 느끼고 결집하여 민주정부나 세력에게 폭력을 포함하는 정치적 공세를 감행할 수도 있다. 이 경우 효율적이고 안정된 민주정부의 수립은 어렵게 된다. 반면에 온건 민주세력의 대두는 권위주의적 보수세력이 민주정부 수립을 위한 정치적 타협―"민주협약"―에 참여할 가능성을 크게 한다.[11] 이는 권위주의적 보수세력이 온건한 민주정부는 최소한 그들의 궁극적 이해관계―일정한 정치적 역할과 영향력―를 보장할 가능성이 높다고 믿기 때문이다.

3) 시민사회의 지지

장기간의 권위주의통치 이후에 온건 민주세력이 한편으로 권위주의적 보수세력을 견제하고, 또 한편으로 민주적 급진세력을 소외시키고 민주정부를 수립하는 것은 매우 어려운 일이다. 온건 민주세력의 지도력과 전략이 시민사회로부터 적극적으로 지지를 받지 못하는 한, 그것은 정치사회에서 지도력을 발휘할 수 없다. 온건 민주세력에 대한 시민사회의 적극적 참여와 지지는 권위주의적 세력들이 민주정부 수립과 민주화가 다수 시민들의 양보할 수 없는 요구임을 스스로 믿게 하고, 정치적 압력으로 작용하여 그들을 "민주협상"에 참여하도록 한다. 그리고 시민사회의 참여와 지지는 민주협상과 민주정부 수립을 위한 선거에서 온건 민주세력의 입지를 유리하게 한다. 한편 시민사회의 참여와 지지는 온건 민주세력이 급진 민주세력의 역할과 영향력을 약화시키고 민주정부 수립과정에서 그것을 소외시키고, 결과적으로 신민주정부 수립과 구성에서 주도권 장악을 가능케 한다.

---

11) 민주협약 참조: Guillermo O'Donnell and Philippe C. Schmitter, 1986, pp.40~45.

2. 신민주정부의 민주화 과제

현대권위주의체제의 오랜 통치 후에 자유, 공명, 보통선거에 의하여 수립된 신민주정부는 과거 권위주의정부와 체제와 그 자체를 차별화하려고 정치적·정책적 시도를 한다. 이 차별화정책은 신민주정부와 민주주의체제에 대한 시민의 신뢰와 지지를 얻어서 그것들의 효율성·정통성·안정성을 높이려는 목적에서 시행된다. 그 민주화정책은 대별하여 1) 권위주의 유산의 청산, 2) 민주주의 체제화, 3) 사회, 경제문제의 개선으로 구분될 수 있다.[12]

1) 권위주의 유산 청산

권위주의 유산 청산은 신민주정부가 과거 권위주의통치를 위하여 만들어진 규범, 규칙, 역할, 제도들을 폐지 또는 개선하거나, 권위주의체제에서 저질러진 불법적이거나 과도한 행위들─인권유린, 부패, 군사쿠데타, 전쟁도발─에 책임 있는 인사들을 숙청하는 것이다. 이 청산문제에 있어서 구체적으로 어떠한 특정한 안건들이 민주정부에서 논의되고 어떻게 처리되는가의 문제는 근본적으로 민주정부가 권위주의적 보수세력과 어떠한 관계를 갖고 있는가에 달려 있다.

과거 권위주의통치에 참여하였거나 그것을 지지한 권위주의적 보수세력은 청산문제에 있어서 매우 소극적이거나, 경우에 따라서는 반대의 입장을 견지한다. 이는 청산문제들이 그들의 정치적 이해관계와 직결되어 있기 때문이다. 신민주정부가 그들의 영향력을 견제하지 못하면 권위주의 유산을 처리, 청산하기가 어려우며, 민주주의 체제화를 다차원적으로 도모할 수 없다. 민주정부는 지도력, 시민사회의 지지도, 정책적 효율성에 따라서 권위주의적 보수세력에 대한 영향력을 상대적으로 발휘할 수 있다. 또한 과거 권위주의체제에서 정치적 탄압이 심하고 정책적 성과가 미미한 경우에는 신민주정부의 위상과 영향력이 상대적으로 크다. 이 경우 신민주정부는 보다 많은 청산문제들을 보다 강력하게 처리할 수 있다.

---

12) 헌팅턴은 민주주의체제의 발전과 공고화 과정에 있어서 세 가지 유형의 문제를 구분하였다: (1) 정치체제 이행 과정에서 야기되는 문제(transition problems), (2) 사회구조적 문제(contextual problems), 그리고 (3) 정치체제 자체의 문제(systemic problems). 특히 이행문제에서 권위주의 유산─고문자와 민군관계 문제들─처리의 중요성을 강조하였다. 그러나 다른 문제들에 대한 논의는 미흡하다. 이에 대하여 다음을 참조할 것 (Huntington, 1991, 209~210).

2) 민주주의 체제화

민주주의 체제화는 신민주정부가 시민권의 규범과 원칙에 근거하여 정치적 규범, 역할, 규칙, 제도들을 만들고 그들의 관계를 규정하고 시행하는 과정이다. 신민주정부는 새 헌법을 제정하거나 정부요직에 민주주의자들을 임명하거나, 정당조직법과 선거법을 새로이 제정하거나, 개혁정책위원회들을 조직하거나, 또는 군부의 "민주적 직업주의"를 고양하기 위하여 새 군사정책과 기구를 마련하기도 한다. 이러한 민주주의 체제화는 권위주의 유산을 청산하는 문제와는 동전의 양면과 같은 밀접한 관계를 갖고 있다. 권위주의 유산에 대한 청산 없이 민주주의 체제화는 거의 불가능하고 무의미하다. 권위주의 유산을 처리하는 데 필요한 신민주정부의 지도력과 전략은 민주주의 체제화에 결정적인 영향을 미친다.

헌팅턴이 주장하듯이 민주주의 체제화는 단순히 자유, 공명, 보통선거의 제도화만을 뜻하지 않는다. 민주주의 체제화는 방향, 범위, 내용, 속도, 환경을 포함하는 다면적인 정치과정이다. (1) 민주주의 체제화의 방향(민주화 방향)은 정치체제의 기본성격, 즉 시민권의 규범과 원칙이 계속적으로 유지되는가의 문제이다. 민주주의 체제화는 단선적·지속적인 과정이 아니다. 정치 사회집단들의 세력균형 변화에 따라서 민주주의 체제화는 계속될 수도, 정지 또는 퇴진될 수도 있다. 자유, 공명, 보통선거의 실시는 정치체제의 민주적 방향을 나타내는 지표라고 할 수 있다. 민주적 방향은 자유, 공명, 보통선거의 제도화 수준에 따라서 다소 확고하거나 모호할 수도 있다. (2) 민주주의 체제화의 범위(민주화 범위)는 시민권의 규범과 원칙이 얼마나 광범위하게 통치영역－정치적 역할, 규칙, 제도들과 그들 관계－에 적용되고 있는가의 문제이다. 민주적 범위는 다소 광범위하거나 협소할 수도 있다.

(3) 민주주의 체제화의 내용(민주화 내용)은 시민권의 규범과 원칙이 얼마만큼 엄격하게 통치영역(민주적 범위)에서 실행되고 있는가의 문제이다. 다시 말하면 이는 통치과정에서 시민의 의사가 공정하게 반영되는가의 문제이다. 민주적 내용은 다소 실질적이거나 형식적일 수 있다. (4) 민주주의 체제화의 속도(민주화 속도)는 시민권의 규범과 원칙이 통치영역의 역할, 규칙, 제도들에 확대, 적용되는 상대적인 기간을 뜻한다. 경우에 따라서 민주주의 체제화는 빠르게 또는 느리게 진행될 수도 있다. (5) 민주주의 체제화의 환경(민주화 환경)은 민주주의 체제화를 경험하는 사회의 역사, 경제, 문화 등 여러 조건들을 포괄적으로 의미한다. 그것은 구체적으로 그 사회의 역사적·정치적 경험, 문화적 규범과 전통, 경제구조와 문제들을 포함한

다. 민주화 환경은 민주주의 체제화의 방향, 범위, 내용, 속도에 지대한 영향을 미친다. 그 영향은 다소 부정적이거나 긍정적일 수 있다.[13)

3) 신민주정부의 정책적 효율성과 효과성

신민주정부는 과거 권위주의 유산의 청산과 동시에 민주주의 체제화를 원활히 수행하기 위하여 그것의 정책적 효율성을 어느 정도 가시화하여야 한다. 신민주정부가 직면한 기존의 사회경제적 문제와 위기들—계층, 지역 간의 소득불균형, 인플레, 외채, 정부재정적자 등—은 대부분 권위주의체제에서 이전되어 온 것들이다. 이러한 문제들은 일반적으로 권위주의체제 붕괴과정에서 보다 악화되는 경향이 있다. 민주정부가 그 문제들을 해결하거나 다소 개선할 수 있다면, 그것은 권위주의정권과 그 자체를 차별화하여, 다수 시민들의 지지를 얻어서 정통성과 안정성을 높일 수 있다. 이러한 신민주정부는 권위주의적 보수세력을 보다 효과적으로 견제 또는 통제할 수 있기 때문에 보다 강력하게 권위주의 유산의 청산과 민주주의 체제화를 추진할 수 있다. 반면에 신민주정부가 정책적 차별화에 실패할 경우에는 "권위주의적 항수(nostalgia)"나 정치적 냉소주의가 시민사회에 팽배할 수도 있다. 이 상황에서 신민주정부는 권위주의적 보수세력의 보다 강력한 반대나 저항을 경험할 수도 있다.[14)

3. 신민주정부의 민주화 능력

신민주정부가 직면한 민주화과제들을 어떻게 처리하느냐의 문제는 그것과 권위주의적 보수세력의 정치력의 균형관계와 밀접하게 연관되어 있다. 그들 정치력의 상호 관계는 무엇보다도 과거 권위주의체제 붕괴의 유형에 의하여 규정된다. 그러나 그렇게 규정된 상호 관계는 고정적 또는 절대적이 아니다. 권위주의체제 붕괴 후에 수립된 민주정부의 정치적 성격, 지도력, 그것에 대한 시민사회의 지지도, 민군관계의 성격, 사회, 경제문제의 해결능력 등에 의하여 그들의 초기 상호 관계는 변화할 수도 있다. 그리고 그 정치력의 상호 균형 관계의 성격에

---

13) 민주화 방향, 범위, 내용, 속도, 환경들은 상대적 분석개념들이며, 그들은 경험적으로 상호 관련되어 변화한다.

14) 오도넬과 슈미터(O'Donnell & Schmitter, 1986, 31)는 "권위주의적 항수(authoritarian nostalgia)"는 "권위주의적 쇠퇴(authoritarian regression)"를 초래할 수 있다고 우려한 반면, 헌팅턴(Huntington, 1991, 263)은 그것은 민주주의 공고화의 중요한 첫걸음이라고 주장하였다. 헌팅턴에 의하면 권위주의적 항수는 공중(public)이 체제와 통치자를 구분하여 인식하는 증거이기 때문이다. 그러나 권위주의적 항수가 확산될 경우 권위주의적 보수세력의 정치적 입지가 강화될 가능성이 크다. 이는 민주개혁의 걸림돌이 될 수도 있다.

따라서 다른 유형의 민주주의 체제화가 이루어질 수 있다.

1) 권위주의체제 붕괴의 유형

권위주의체제의 "와해"는 권위주의자들과 그들의 지지세력의 정치적 위상과 영향력을 급격히 약화시킨다. 적어도 초기 민주화 과정에서는 그들은 상대적으로 무력하다. 민주정부는 민주화과제들을 추진함에 있어서 그들의 반대나 저항을 두려워할 이유가 적다. 따라서 그것의 민주화능력이 상대적으로 크다고 할 수 있다. 반면에 권위주의체제의 '퇴장'에서는 권위주의세력들의 기본적인 정치적 이해관계와 영향력이 어느 정도 유지됨으로 민주정부는 민주화정책 결정에서 그들의 반대나 요구를 고려하지 않을 수 없다. '협상을 통한 퇴장'의 경우보다 '이전을 통한 퇴장'의 경우에서 민주정부의 민주화능력이 상대적으로 크다. 이는 권위주의세력들의 정치체제적 퇴장의 동기와 정치력이 다르기 때문이다.

2) 신민주정부의 성격

민주화과제들을 처리할 수 있는 신민주정부의 능력은 또한 그것의 주요 내적 요인들에 의하여 영향을 받는다. 첫째, 누가 또는 어느 당이 신정부의 최고 통치권을 어떻게 행사하는가? 과거 권위주의체제와 관련이 있는 보수세력이 집권할 경우 민주화과제들의 처리에 소극적일 것이다. 반면에 권위주의체제에서 정치적 탄압을 직접 경험한 민주세력의 정부는 권위주의적 보수세력에게 보다 적대적이고 민주화정책에 보다 적극적일 것이다.

둘째, 일당단독이 신민주정부의 통치권을 행사하는가? 또는 여러 정당들의 연합세력이 신민주정부의 통치권을 행사하는가? 이는 신민주정부가 민주화정책을 추진하는 데 지속적으로 강력하게 지도력을 발휘할 수 있는가의 문제이다. 이 점에 있어서 일당단독 신민주정부가 다수 시민의 지지를 얻을 경우 연립정부보다 유리하다고 할 수 있다. 연립정부는 민주화 개혁정책을 결정, 수행함에 있어서 제휴정당들의 다양한 이해관계 때문에 내적 긴장과 분열을 경험할 가능성이 높다. 일당단독의 신민주정부일지라도 시민의 지지가 적으면 민주화정책에서 강력한 지도력을 발휘할 수 없다. 그 정부는 자주 다수 야당세력들과 정치적 타협을 시도해야만 할 것이다.

3) 신민수정부에 대한 시민의 지지도

신민주정부가 다수 시민들의 적극적인 지지를 받으면, 그것은 권위주의적 보수세력들과의 관계에서 결정적으로 유리하며 민주화 과정에서 적극적으로 주도권을 행사할 수 있다. 그렇지 못한 경우에는 신민주정부는 권위주의적 보수세력을 포함하는 야당세력들의 반대나 저항에 빈번히 직면하게 되어서 민주화과제들을 효율적으로 추진하기가 어렵게 될 수 있다. 이러한 상황에서 신민주정부는 야당의 민주세력들과 정치적 연합을 통하여 권위주의적 보수세력과 급진적 민주세력을 견제하고 민주화정책을 추진할 수도 있다. 그러한 정치적 연합을 성공시키기 위하여 신민주정부는 야당의 민주세력들에게 정치적 양보－정책결정과정 참여－를 감수하여야 한다. 이는 민주화를 위한 정치권력의 분담이다.

4) 민군관계의 성격

장기간의 권위주의체제가 붕괴된 후에 수립된 신민주정부의 민주화 능력은 그것이 민군관계를 어떻게 설정하느냐에 달려 있다. 그 민군관계의 성격은 초기에는 권위주의체제 붕괴 유형에 의하여 영향을 크게 받지만, 새로이 수립된 신민주정부의 지도력과 대군부정책에 따라서 그 성격이 변화하고 결과적으로 민주화에 지대한 영향을 미친다. 문제는 어떻게 신민주정부가 정치화·특권화된 군부를 비정치적 군사 전문집단으로 재조직하는가이다. 이는 신민주정부가 군부에 대하여 얼마만큼의 상대적 영향력을 확보하고 행사할 수 있는가에 달려 있다. 누가－신민주정부 또는 군부－ 보다 강력한 정치력을 갖고 있는가? 신민주정부가 권위주의체제 와해 후에 수립되거나, 능동적 지도력과 전략을 추구할 수 있거나, 또는 다수 시민들의 절대적 지지를 얻을 경우, 그것은 민군관계에서 유리한 입지를 확보할 수 있다.

그리고 군부가 과거 권위주의체제에서 비효율적으로 통치력을 행사하였거나, 정치적 탄압에 직접 관련되었거나, 내부적으로 분열되고 부패하였거나, 또는 대외적으로 군사적 패배를 경험한 경우, 민주화 과정에서 군부의 정치적 위상과 영향력은 위축된다. 결과적으로 신민주정부의 대군부 영향력이 상대적으로 커진다. 그러한 영향력을 군부의 탈정치화에 어떻게 효율적으로 행사하느냐는 민주정부의 지도력과 전략에 달려 있다.[15]

---

15) 스테판(Stepan, 1988, 139)은 민주정부의 對군부 정책과 관련하여 세 가지로 정부의 지도자유형들을 구분하였다. "소극적 지도자"와 "부정적

5) 정책적 창의성과 효과성

오랜 권위주의 통치가 남긴 사회, 경제문제들을 해결하려는 민주정부의 창의적 의지와 노력, 그리고 그 결과가 민주화 능력을 크게 좌우한다. 신민주정부는 초기에 얼마 동안 기존의 사회, 경제문제들에 대하여 과거 권위주의정부와 체제에 책임을 전가할 수 있다. 그러나 무한정 그렇게 할 수는 없다. 그것은 민주정부의 무능과 무책임성을 드러내는 것이다. 오히려 신민주정부는 새로운 정책적 대안을 구체적으로 제시하고 그것들의 효율적이고 효과적인 실행을 시도하는 것이 중요하다. 이는 다수 시민들의 기대를 충족시키어 신민주정부의 지지도와 영향력을 높이기 때문이다.

단기적이고 가시적인 정책적 성과는 또한 신민주정부의 지지도와 영향력을 높이고 결과적으로 그것의 민주화능력도 높인다. 그러기 위하여 신민주정부는 우선적으로 단기적이고 가시적인 효과를 가시적으로 보여줄 수 있는 정책들을 선별적으로 수행하여야 한다. 또한 신민주정부는 심각한 사회, 경제적 압력이나 위기를 극복하기 위하여 주요 사회세력들이 참여하는 소위 "사회계약"을 시도할 수도 있다. 물론 이는 신민주정부가 창의적이고 포용력 있는 지도력을 발휘할 때 가능하다. 그 사회계약은 신민주정부의 정책적 부담과 책임을 다소 완화시키는 동시에 신민주정부가 보다 효율적으로 민주화정책을 수행할 수 있게 한다.[16]

V. 민주주의 체제화

앞장에서 논의한 다섯 가지 조건들에 따라서 신민주정부의 민주화 능력이 대체적으로 규정되고, 그 결과로 초기 민주주의 체제화가 이루어진다. 이 초기 민주주의 체제화는 세 가지 유형－"보수적", "협의적", "경쟁적"－으로 범주화할 수 있다. 그리고 초기 민주주의 체제화가 어느 정도 이루어진 단계에서 민주화의 유형들－"변환", "변위", "대체"－을 논의하는 것이 보다 적절하다. 왜냐하면 민주화는 정치체제 사이의 변화이기 때문이다. 기초 민주선거와 신

지도자" 유형들과 함께 군부의 역할을 새로이 형성하는 데 긍정적으로 개입하는 지도자 유형을 제시하고 있다.

16) 오도넬과 슈미터(O'Donnell & Schmitter, 1986, 45~47)는 초기 민주화 과정, 특히 기초 민주선거와 신민주정부의 수립 이전에 있어서 신민주정부와 주요 사회세력들이 참여하는 "사회계약(social contract)" 또는 협약의 중요성을 강조하고 있다. 그러한 계약은 민주주의 체제화와 공고화 과정에서도 계속하여 중요하다. 그러나 그것의 내용은 보다 구체적으로 협상되어야 한다. 이는 정부가 변화하는 상황에서 구체적이고 실질적인 문제들을 해결해야 하기 때문이다.

민주정부 수립 자체들도 민주화 과정의 일부이시만 민주주의 체제화를 준비하는 초보적 단계라고 볼 수 있다. 민주주의 체제화는 신민주정부의 지도력과 전략에 따라서 본격적으로 진행된다.

1. 민주주의 체제화의 유형[17]

1) 보수적 민주체제

보수적 체제는 상대적으로 정치적 연속성과 안정성이 높다. 이 체제에서는 권위주의적 규범, 행태, 세력들이 잔존하며 통치과정에서 상당한 영향력을 미치고 있다. 이는 주요 선거법과 제도들 – 대통령, 국회의원과 관련된 – 을 제외하고 권위주의적 법과 제도들이 광범위하게 존속하여 권위주의적 보수세력의 기득권을 보호하고 있다. 특히 권위주의적 보수세력에 대한 민주정부의 통제력이 미미하다. 이는 신민주정부가 과거 권위주의 통치집단 스스로가 주도한 정치개혁을 통하여 수립되었기 때문이다. 그러한 권위주의 통치집단의 주도적 역할은 그것의 일시적 정책성과 – 경제성장과 발전, 좌익세력 척결 등 – 에 기인한다.

신민주정부의 지도자들 다수는 과거 권위주의통치와 직접적으로 연계되어 있다. 따라서 신민주정부의 지도력은 민주화에 있어서 매우 수동적이고 신민주정부에 대한 시민들의 신뢰와 지지도 강하지 못하다. 그리고 그것의 정책적 목표나 행태가 대부분 권위주의체제와 크게 다르지 않다. 군부도 계속하여 과거의 정치적 영향력과 특권들 – 정부정책 결정과정에 참여, 방위산업의 경영, 과거 정치적 행위에 대한 면책 등 – 을 누리고 있다. 군부는 직접적인 정치참여는 자제하지만 정책결정과정에서 그것의 영향력을 적극적으로 행사하려고 한다. 군부는 신민주정부의 정책에 대하여 비판하거나 반대하며 그 대안을 제시하고 수용할 것을 요구하기도

---

17) (1) 민주주의 체제화의 유형들은 칼(Karl, 1991)의 용어들을 사용하였으나 그 개념적 내용은 다르다. 칼은 라틴아메리카의 민주화 경험에서 3가지 민주주의체제 유형들을 인지하였다. 그것들은 "보수적 민주주의(conservative democracy)", "조합적" 또는 "합의적 민주주의(corporatist or collusive democracy)", "경쟁적 민주주의(competitive democracy)"이다. 칼에 의하면 이들 유형들 각각은 적어도 초기에는 체제 이행 유형들 – "부과(imposition)", "협약(pact)", "개혁(reform)" – 에 의하여 결정된다. 칼의 경험적 논의는 매우 시사적이지만 몇 가지 문제점들 때문에 설득력이 다소 약하다. 첫째, 그의 민주주의체제 유형들과 이행유형들의 개념들이 명확하게 규정되지 않고 모호하게 적용되었다. 둘째, 그는 권위주의체제 붕괴 과정과 민주정부 수립 과정을 개념적으로 구분하지 않았다. 셋째, 그는 초기 민주주의 체제화의 유형들이 이행유형들에 의하여 대체적으로 결정된다고 주장하고 그 외의 조건들 – 민주정부의 성격, 정치적 지도력과 개혁전략, 여론의 지지 등 – 을 논의하지 않았다. 넷째, 그는 초기 민주주의 체제화가 유동적임 – 체제유형 사이의 변화 – 을 인정하였지만 그 체제화를 다차원적으로 보지 않았다. (2) 초기 민주주의체제들의 유형들은 개념적 이상형(ideal types)으로 현실세계에서는 혼재하거나 유동적이다. 그러나 그들은 복잡하고 다양한 현실을 접근하고 논의하는 잠정적인 출발점으로 이용될 수 있다. 칼의 논의에 대한 참조: Terry Lynn Karl, 1991, "Dilemmas of Democratization in Latin America", Dankwart A. Rustow and Kenneth Paul Erickson, ed., *Comparative Political Dynamics: Global Research Perspectives*, pp.176~183.

한다. 이에 신민주정부는 민주주의체제의 안정과 생존을 위하여 그러한 군부의 요구를 받아들이기도 한다. 결과적으로 보수적 민주주의의 민주화 방향은 상대적으로 다소 모호하고, 민주화 범위는 제한적이며, 민주화 내용 또한 다소 형식적이며, 민주화 속도는 완만하며, 민주화 환경은 그렇게 나쁘지는 않다.

2) 경쟁적 민주체제

경쟁적 체제는 상대적으로 정치적 불연속성과 불안정성이 높다. 신민주정부는 권위주의적 보수세력에 대하여 상대적으로 강력하다. 권위주의통치의 피해자들인 민주적 개혁세력들이 신민주정부의 지도력을 행사한다. 그들의 정책목표, 태도, 접근방법들은 권위주의 통치자들과는 상이하다. 그들에 대한 다수 시민들의 신뢰와 지지가 높기 때문에 민주개혁에 있어서 보다 강력한 주도권을 발휘할 수 있다. 반면에 권위주의적 보수세력은 그들의 과거 권위주의체제에서 정치적·정책적 실패를 결정적으로 범하였기 때문에 민주화 과정에서 그들의 정치적 위상과 영향력이 상대적으로 약화된 상태이다. 이 상황에서 권위주의적 보수세력의 반대와 저항이 초기에는 미미하기 때문에 신민주정부는 그들의 이해관계와 요구에 개의치 않고 주도적으로 민주적 개혁들을 도모할 수 있다. 그 결과 권위주의적 잔재의 청산과 민주주의 체제화가 광범위하며 깊이 있고 급속하게 이루어질 수 있다.

그러나 이는 권위주의적 보수세력의 궁극적 이해관계-정치적 생존-를 위협할 단계까지 진전될 가능성이 높다. 이 경우 그들의 반대와 저항이 일어날 수도 있다. 그들은 경우에 따라서 무장한 군부 지지자들의 동원을 기도할 수도 있다. 이는 정치체제의 안정과 생존을 위협할 수 있다. 과거 권위주의통치에 깊숙하게 개입한 군부도 민주정부의 개혁정책의 대상이 된다. 권위주의 잔재를 청산하는 일환으로써 과거 군부의 정치적 개입과 탄압에 대하여 책임을 묻고 처벌하기도 한다. 그리고 신민주정부는 초기에 주도적으로 군부의 탈정치화와 전문화정책을 강력하고 급속하게 추진하며 그것에 대한 통제력을 강화한다. 이 과정에서 군부의 저항이 일어나기도 한다. 결과적으로 경쟁적 민주주의는 보수적 민주주의와 비교하여 민주화 방향이 보다 확실하며, 민주화 범위가 보다 넓고, 민주화 내용은 보다 실질적이며, 민주화 속도는 보다 빠르며, 민주화 환경은 상대적으로 열악하다고 할 수 있다.

3) 협의적 민주체제

협의적 체제는 상대적으로 정치적 유동성과 안정성이 높다. 그것은 개념적으로 보수적 민주주의와 경쟁적 민주주의의 중간에 위치한 정치체제라고 할 수 있다. 신민주정부의 개혁세력과 권위주의적 보수세력의 정치적 영향력이 비등하여 민주적 개혁을 추진함에 있어서 서로 타협하지 않을 수 없다. 권위주의적 보수세력은 민주화 과정에서 그들의 기본적 이해관계—과거 행위에 대한 면책특권, 정치적 권리보장 등—가 보장되는 한 민주적 개혁에 있어서 타협적이다. 이 경우 신민주정부의 창의적이고 능동적인 지도력이 중요하다. 신민주정부는 권위주의적 보수세력의 정치적 타협성의 한계를 시험하기 위하여 민주개혁의 안건들을 타협 가능한 것들부터 점진적으로 제시하고 추진한다. 결과적으로 권위주의적 잔재가 어느 정도 제거되거나 축소되고 시민권의 규범과 원칙이 확대 실시될 수 있다.

그러나 군부를 포함하는 권위주의적 보수세력의 정치적 영향력은 실질적으로 무력화된 것이 아니라 잠재화된 상태이기 때문에 경우에 따라서 신민주정부는 민주화정책에 있어서 그들의 기본적인 이해관계를 고려하지 않을 수 없다. 결과적으로 협의적 민주주의는 보수적 민주주의와 비교하여 민주화 방향은 상대적으로 다소 확고하며, 민주화 범위는 보다 넓고, 민주화 내용은 보다 실질적이며, 민주화 속도는 보다 빠르며, 민주화 환경은 상대적으로 좋지 않을 수 있다. 이것은 경쟁적 민주주의와 비교하여 보면 모든 차원들에서 다소 약소하다.

2. 민주주의 체제화의 유형과 민주화의 유형

민주화는 권위주의체제 붕괴 이후에 그것을 대신하여 민주주의체제를 수립하고 공고화하는 것이다. 따라서 민주화 유형에 대한 논의는 민주주의체제가 실질적으로 어느 정도 이루어진 단계에서 유효하다고 할 수 있다. 자유, 공명, 보통선거에 의한 신민주정부의 구성은 실질적으로 민주주의 체제화를 위한 준비단계라고 할 수 있다. 현대 권위주의체제 붕괴의 유형들이 각각의 민주화 유형들과 밀접한 관계를 갖고 있으나 조건적이지 절대적인 것은 아니다. 이는 권위주의체제 붕괴 이후에 진행되는 민주화 과정에서 많은 변수들—특히 신민주정부의 성격, 지도력, 전략—이 작용하여 정치, 사회집단들의 세력균형을 변화시키어 민주주의 체제화의 방향, 범위, 내용, 속도, 상황들에 영향을 미칠 수 있기 때문이다.

〈표 1.3.1〉 신민주체제의 유형과 특성

민주주의 차원 / 민주체제 유형	방향	범위	내용	속도	환경
보수적	모호	협소	형식적	완만	양호
협의적	다소 모호	다소 협소	다소 형식적	다소 완만	다소 양호
경쟁적	확고	넓음	실질적	빠름	열악

　　헌팅턴은 민주화 유형들과 관련하여 권위주의체제의 붕괴과정과 그 붕괴 후의 기초 민주선거를 통한 신민주정부의 구성까지를 논의하고 있다. 이는 그가 권위주의체제의 내적 변화(자유화)와 붕괴 과정, 민주화(민주주의 체제화)를 개념적으로 명확하게 구분하지 않았고, 민주화를 다차원적 민주주의 체제화나 공고화로 보지 않았기 때문이다. 여기에서 헌팅턴의 민주화 유형의 개념들을 신민주정부의 정치체제화를 포함하는 보다 포괄적인 의미로 사용하는 것이 이론적으로 보다 적절하다.[18]

　　"변환(transformation)"은 현대 권위주의체제 붕괴가 보수적 민주주의 체제화로 진전되는 과정이다. 이는 권위주의적 보수세력이 독점하고 있는 토지에 대부분 옛 재료와 목수들로 새로이 집을 건축하는 것과 같다. 이 경우의 문제는 그들의 토지독점권을 축소 약화시키고 어떻게 새로운 재료와 목수들을 마련하여 새집을 짓느냐이다. "변위(transplacement)"는 현대 권위주의체제에서 협의적 민주주의체제로 변화하는 과정이다. 이 경우, 민주주의 체제화는 권위주의적 보수세력들이 부분적으로 선점하고 있는 토지에 부분적으로 새로운 재료들을 가지고 새집을 건설하는 것과 같다. 따라서 문제는 그들의 부분적 선점권을 축소, 취소하고 더 많은 새 재료들을 확보하여 새집을 짓는 것이다. "대체(replacement)"는 현대 권위주의체제에서 경쟁적 민주주의체제로 변화하는 경우이다. 이는 권위주의적 보수세력이 일시적으로 쫓겨난 토지에 새로운 재료와 목수로 새집을 짓는 것과 유사하다. 문제는 새집의 건축과정에서 그들의 자리를 어떻게 마련하여 줄 것인가이다.

---

18) 민주화 유형과 관련하여 관련 학자들은 다양한 용어들을 사용하고 있다. 그들 대부분은 권위주의체제의 붕괴과정과 민주화 과정을 개념적으로 구분하지 않았기 때문에 그들의 개념들 또한 모호하다. 정치체제 사이의 변화인 민주화 과정의 유형을 논의함에 있어서 헌팅턴의 개념들이 유용하다. 왜냐하면 그의 개념들 – "transformation", "transplacement", "replacement" – 모두가 두 대상 또는 체제들 사이의 변화를 뜻하고 있기 때문이다(Huntington, 1991, 124~163).

VI. 민주주의 공고화

1. 민주주의 공고화의 개념

초기 민주주의체제들은 유형에 관계없이 불완전하고 불안정하다. 그것들은 미완의 "허약한 민주주의"이다(Whitehead, 1989, 77). 이는 오랜 권위주의통치의 정치적 유산과 관행, 그리고 권위주의적 보수세력의 영향력과 저항 때문이다. 민주주의체제 공고화는 바로 그 "허약한 민주주의체제"가 유지, 발전되고 안정을 이루는 것이다. 민주주의체제 공고화는 특히 민주적 개혁세력과 권위주의적 보수세력 사이의 세력균형, 그리고 민주적 개혁세력 내부의 지도력, 응집력, 전략적 선별력에 의하여 크게 좌우된다. 그리고 민주개혁에 대한 시민들의 능동적 참여와 지지는 그들의 영향력과 상호 관계를 조건 짓는다고 할 수 있다.

2. 민주주의 공고화의 조건

1) 초기 민주주의체제 유지

신민주정부의 최대 관심사는 초기 민주주의체제의 유지이다. 보수적 민주주의체제와 협의적 민주주의체제는 경쟁적 민주주의체제에 비하여 상대적으로 덜 불안정하고 붕괴할 위험이 적다. 이는 민주적 개혁세력(정부)들이 권위주의적 보수세력의 주요 이해관계를 묵시적 또는 명시적 협약에 의하여 잠정적으로 인정하고 보장하기 때문이다. 그 대신 신민주정부의 민주화 능력과 범위는 그만큼 제한된다. 반면에 경쟁적 민주주의체제에서는 신민주정부의 민주화 능력과 범위는 매우 크지만 다른 유형의 체제들에 비하여 상대적으로 불안정하다. 왜냐하면 민주개혁에 있어서 권위주의적 보수세력의 기본적 이해관계가 빈번히 무시되거나 과소평가되고 침해되기 때문이다.

신민주정부가 지도권의 갈등이나 정책적 비효과성으로 인해 약화될 조짐이 나타날 경우 권위주의적 보수세력은 그들의 위축된 위상과 영향력 그리고 상실한 기득권을 회복하려고 할 것이다. 경우에 따라서는 무력동원을 시도할 수도 있다. 이러한 상황에서 신민주정부는 민주주의체제 생존을 위하여 그들의 요구를 부분적이나마 수용해야 할 상황에 놓이게 된다. 이 경우 경쟁적 민주주의체제는 협의적 또는 보수적 민주주의체제로 변화할 가능성이 높다. 역으로 협의적 또는 보수적 민주주의체제가 경쟁적 민주주의체제로 전환될 가능성도 어느 정도 있다. 민주적 개혁세력(정부)이 능동적 지도력, 정치적 전략, 정책적 성과 때문에 다수 시민들의 적극적인 지지를 받을 경우 권위주의적 보수세력의 영향력과 기득권을 최소화하고 민주개혁을 주도적으로 추진할 수 있을 것이다.

2) 민주정부에 대한 과신 경계

오랜 권위주의통치 후에 수립된 신민주정부와 초기 민주주의체제는 일반적으로 불안정, 불완전하고, 그것들의 정책적 효율성도 미지수이다. 과중하고 미묘한 정치적 과제들과 제약들 —민주정부의 3대 과제들과 권위주의적 타성 등—을 극복하여 해결하고 민주주의 체제화와 공고화의 기초를 닦아야 한다. 또한 오랜 권위주의통치 후에 민주주의에 대한 시민들의 기대가 일반적으로 매우 크기 때문에 신민주정부는 그러한 기대를 어느 정도 충족해야 한다. 그렇지 못하면 다수 시민들은 실망하여 정치적 회의감, 냉소주의, 또는 "권위주의적 향수"에 빠져 민주개혁을 위한 참여와 지지에 소극적이 될 수도 있다. 이런 경우 신민주정부는 권위주의적 보수세력의 영향력과 저항을 극복하고 민주주의체제를 공고화하기가 어렵다. 민주주의정부와 체제에 대한 시민들의 높은 기대감은 오랜 억압적 권위주의통치 후에 실현되는 정치적 자유화와 민주화에 기인한다. 반권위주의운동 과정에서 민주주의가 이념적으로 확대, 과장, 선전되었기 때문이다.

반권위주의 지도자들은 다양한 지지세력을 결집시키기 위하여 민주주의가 마치 모든 기존 문제들을 자동적으로 해결해줄 수 있다는 듯이 또는 모든 사회적 가치들—자유, 평등, 평화, 질서, 번영 등—을 단기간에 실현해 줄 수 있는 것 같이 빈번하게 주장하였다. 결과적으로 민주주의체제에 대한 다수 시민들의 기대감을 지나치게 고무시켰다. 이는 반권위주의운동에는 기여할지라도 민주주의체제 공고화에는 도움이 되지 못한다. 왜냐하면 그것은 불안정하고 불완전한 초기 민주주의 정부와 체제에 대한 시민들의 일반적 기대감을 크게 높여 그것들에 과도한 압력으로 작용될 수 있기 때문이다. 이 때문에 다수 시민들이 민주주의(정부와 체제)는 모든 문제 또는 가치들에 대한 만병통치적 해결책이 아니라, 그것은 근본적으로 정치권력의 독점과 남용에 대한 하나의 현실적 해결책 또는 대안이라고 인식하는 것이 중요하다(Huntington,

1991, 263).[19] 그리고 민주정부(지도자)가 그것의 통치목표와 그 실현을 위한 구체적 정책들을 명확하게 시민들에게 제시하고 설득시키며 실천할 때 민주주의체제가 공고화될 가능성이 높아진다.

3) 민주정부의 능동적 지도력과 전략적 창의력

초기 민주주의체제에서 민주정부의 지도권은 권위주의적 보수세력의 역할과 영향력을 축소하기 위하여 가능한 기회들과 자원을 이용할 태세를 갖추어야 한다. 우선 신민주정부는 민주주의체제를 지지하는 정치세력들과 민주협약을 만들 수 있다. 민주협약은 민주화에 대한 공동정책과 전략, 정치활동의 기본적 규범과 규칙, 정치권력과 그 외의 정치적 이해관계의 배분, 정치적 금기사항들—사회경제적 위기들과 민주주의체제의 불연계성, 군부의 정치적 동원 등—을 포함할 수 있다. 사회, 경제 문제들과 상황을 개선하는 데 있어서 신민주정부는 또한 소위 "사회계약"을 주요 사회집단이나 계층들과 맺어 그들의 협력—제한적이고 일시적일지라도—을 얻어서 민주개혁의 환경을 개선할 수도 있다.[20]

그리고 민주주의의 규범과 규칙을 받아들이고 민주주의자로 자처하는 정치엘리트들에 대하여 신민주정부가 그들의 정치적 과거를 문제시하지 않고 그들이 민주적 통치과정에서 적절한 위상과 영향력을 갖도록 허용하는 것도 중요하다. 그들에 대한 정치적 판단은 사전적이기보다는 사후적인 것이 민주연합의 확대에 유리하다.[21] 반면에 신민주정부는 반체제적 세력들을 고립시키거나 소외, 패배시키기 위하여 단호한 의지를 갖고 그들에 대한 효율적 정책들을 입안하고 시행하는 것이 중요하다. 신민주정부는 권위주의적 보수세력과 그 지지자들을 납득할 만한 이유로 정부의 전략적 고위직책에서 해임하거나 전출시킬 수도 있다.

또한 신민주정부는 정치적으로 중요한 지역에서 권위주의적 보수세력의 지배적 영향력을 줄이기 위하여 그 지역선거에 강력한 민주후보를 추천하고 지원할 수 있다. 또한 그들의 주요 지도자들에게 정부의 직책이나 선거후보직을 제공하여 그들을 유인하여 분열시키거나 약화

---

19) "국민들이 민주주의는 전제정치에 대한 해결책이지 그 외의 어느 문제에 대한 필연적인 해결책이 아니라는 사실을 배울 때 민주주의체제는 공고화된다."

20) 민주화 과정의 여러 단계들에서 민주정부와 주요 정치, 사회세력들 사이에 소위 "정치협약"이나 "사회계약"이 이루어질 수 있다. 특히 민주주의체제 공고화단계에서는 그러한 협약이나 계약의 내용은 상대적으로 보다 구체적이어야 한다. 왜냐하면 민주주의체제 공고화는 보다 현실적이고 구체적인 정책들을 요구하기 때문이다.

21) 화이트헤드(Whitehead, 1989, 87)는 특히 "중도파 정치인들(centrist politicians)"에 대하여 논의하고 있다.

시킬 수도 있다. 결론적으로 신민주정부의 지도권이 민주주의체제 공고화에 계속적으로 관심을 갖는 한, 신민주정부는 권위주의적 보수세력의 정치적 위상과 영향력을 축소하기 위하여 그 외의 다양한 전략과 정책들을 도모할 수 있다.

4) 군부에 대한 민주적 통제력

오랜 억압적 권위주의통치 후에 민주주의체제는 군부의 탈정치화와 그것에 대한 민주적 통제의 실현 없이는 공고화될 수 없다. 초기 민주주의체제에 있어서 군부와 관련하여 민주정부는 세 가지 과제들을 갖고 있다. 첫째, 민주적 정치세력(정부)들은 자신들의 정치적 이해관계와는 상관없이 군부의 제도적 독립성과 자율성을 보호할 의지를 가져야 한다. 그들은 군부가 군사문제나 정책들을 다루는 데 있어서 가능한 그것의 자율적 의견과 결정을 존중하고 또한 군부의 정치적 개입을 촉발하는 어떠한 언행도 절제하는 것이 중요하다.

둘째, 군부의 민주적 전문화를 위하여 장교들의 민주적 교육과 훈련이 필요하다. 모든 단계의 군사교육과정에 민주적인 민군관계에 대한 과목들을 설치하고 민간 출신 전문 강사들을 초빙하여 담당하게 한다. 장교들이 국내외 민간 교육기관에서 교육을 받을 기회를 마련하고 또한 선진 민주국가들의 군대에서 훈련받을 수 있도록 지원한다. 셋째, 민간 출신 군사안보전문가들－학자, 의회전문위원, 정치인, 기자 등－을 양성 지원한다. 군사안보문제를 위한 정부 연구소를 설립하여 전문가들을 양성하거나 그와 유사한 민간연구소의 설립을 장려하고 지원한다. 또는 의회(정부)에 민간 출신 군사안보전문가들로 구성된 감시기구를 상설 운영한다. 이는 특히 스테판이 강조하는 "민주적 능력화(democratic empowerment)"의 실현이다(Stepan, 1988, 128~145; Linz & Stepan, 1989, 51~55).

이러한 신민주정부의 과제들은 초기 민주주의체제 유형에 따라서 다르게 다루어진다. 보수적 민주주의체제에 있어서 정부에 대한 군부의 영향력이 일반적으로 크기 때문에 정부는 체제유지를 위하여 때때로 그것의 압력과 요구에 부응하지 않을 수 없다. 군부에 대한 개혁과 민주적 통제의 실현은 군부 자체의 능동적인 의지가 보다 중요하다. 그러므로 정부는 군부의 주도적 개혁의지와 노력을 지원하는 피동적 역할에 만족할 수밖에 없다.

협의적 민주주의체제에서 군부는 정부에 대한 잠재적 영향력은 어느 정도는 있지만 그 행사에는 소극적이다. 적어도 군부는 그것의 제도적 생존권과 자율성을 외부로부터 침해받지 않는 한 정부의 민주적 개혁에 반대하지 않는다. 이 경우 정부는 군부에게 정치개입의 구실과 기회를 주지 않도록 그것의 제도적 독립성과 자율성을 가능한 한 위협하지 않아야 한다. 또한 정부는 군부의 개혁－현대화, 전문화－과 민주적 통제의 가능성과 범위를 가늠하기 위하여 창의적인 전략과 정책을 능동적으로 추진하여야 한다.

경쟁적 민주주의체제에서는 군부에 대한 정부의 상대적 영향력이 크기 때문에 정부가 주도적으로 군부의 탈정치화·현대화·전문화를 급진적으로 추진할 가능성이 높다. 그 경우에는 군부의 반대와 저항을 초래하여 정치체제의 안정을 위협할 수도 있다.[22] 따라서 정부는 군부에 대해 최소한의 제도적 이해관계를 보장하고 군사적 개혁정책의 결정에 군부 지도자들의 참여를 허용한다. 이는 군부의 정책적 대표성을 인정하는 것으로 군부의 불만과 반대를 사전에 인지하여 개혁정책에 반영함으로써 그것의 물리적 저항을 막을 수 있다.

5) 사회계층 간의 이해 조정

민주주의체제 유지는 모든 주요 사회, 정치세력들이 선거에서 어느 개인 집단이 집권하더라도 그들 각각의 궁극적 이해관계－생존과 기능적 권리－가 상호 인정되고 보장될 수 있다고 믿고 기대할 때 가능하다. 그렇지 못한 경우 민주주의체제는 생존과 기능적 권리를 위협받는 세력 또는 집단으로부터 강력한 도전에 직면하게 된다. 현대 권위주의통치 후에 이루어지는 민주주의체제 공고화에서 특히 자산가계층과 노동계층에 대한 정책이 특별히 중요하다.

정부는 기존의 기본적인 경제체계, 자본주의－특히 사유재산제도－를 계속 유지하여 자본계급과 중산계층을 소외시키지 않아야 한다. 기존의 사회적·경제적 기본관계의 급격한 변화는 기득권 계층, 즉 권위주의체제에서 물질적 혜택을 가장 많이 받은 영향력 있는 자본계급과 중산층들로부터 반대와 저항을 초래할 수도 있다(Whitehead, 1989, 80, 84~86). 이 경우에 신민주정부는 결정적으로 약화될 수 있다. 왜냐하면 그들은 사회의 어느 계층보다도 정치적 영향력과 자원, 조직력을 갖고 있기 때문이다. 그들의 지지와 협력 없이 정부는 민주주의체제의 환경을 개선하고 민주적 개혁을 이루기가 어렵다.

한편 노동자계층의 지지와 협력이 정부의 개혁정책 실현에 또한 중요하다. 높은 수준의 의

---

22) 스테판(Stepan)은 특히 "전적으로 부정적 정부지도자(a purely negative executive)"가 군부와 위험한 충돌의 가능성을 높일 수 있다고 주장한다(Stepan, 1988, 139; Whitehead, 1989, 83~84).

식화와 조직화를 통하여 그것이 국가경제에 미치는 영향력은 실로 막중하기 때문에 권위주의적 노동정책－경제성장 발전을 위한 억압과 소외－은 더 이상 유효하지도 유익하지도 않다. 신민주정부는 그들의 기본적 이해관계와 권리－노동협상권, 최소생계수준의 임금보장, 정치적 대표권 등－를 실질적으로 인정하고 그것들의 실현을 위하여 법적·제도적 장치를 마련하는 것이 중요하다.

6) 민주주의를 위한 기타 조건들

앞에서 논의한 바와 같이 민주주의체제 공고화가 이루어지기 위하여 신민주정부의 능동적 지도력과 전략이 중요하다. 그러나 신민주정부의 지도력과 전략이 효율적이고 효과적으로 실현되려면 무엇보다도 다음과 같은 조건들이 어느 정도 충족되어야 한다.

(1) 경제성장과 발전은 정부의 정책적 효율성과 효과성을 가시화하여 다수 시민들－특히 중산계층－로부터 민주주의 정부와 체제에 대한 적극적 지지를 획득할 수 있다. 이 경우 정부는 보다 높은 정책적 정통성에 근거하여 민주주의체제 공고화정책을 보다 용이하게 수행할 수 있다. 그리고 경제성장과 발전은 교육, 고용, 사회적 유동성의 기회를 계속하여 확대함으로써 중산계층의 구성원들을 증가시키고 그들의 사회적·경제적 위상을 높이고 확고하게 한다. 그 결과 중산계층은 시민사회의 지도적 세력으로 정부와 대기업을 포함하는 자본가계층을 감시하고 견제하는 역할을 담당할 수도 있다. 한편으로 중간계층은 하층민의 급진적 요구와 정치적 득세를 경계하나, 경우에 따라서는 그들과 연대하여 정부와 대기업에 반대 또는 저항할 수도 있다(Huntington, 1991, 66~68; Pye, 1990, 7~9).

(2) 국민소득과 부가 상대적으로 사회에 널리 분배되어 있다면 민주주의체제 공고화가 보다 용이하게 이루어질 수 있다. 개인소득의 차이가 크거나 사회적 부가 소수집단이나 계층 또는 지역에 편중되어 있는 경우 다수 시민들은 높은 "상대적 박탈감"을 경험하게 되어 민주주의체제에 대하여 깊은 회의감을 가질 수 있다. 다수 시민들이 기존 민주주의체제가 그들에게 불리하게 작용한다고 생각하는 한편, 가까운 장래에 그러한 상황이 개선될 희망이 없다고 믿을 경우 그들은 급진적 개혁운동을 지지할 가능성이 높다. 이는 점진적인 개혁을 지향하는 민주주의체제의 안정을 위협하는 것이다.

(3) 민주적 정치문화와 관련하여 민주주의에 대한 시민교육이 중요하다. 다수 시민들이 민

주주의가 진실로 무엇을 뜻하는지, 왜 그것이 보다 좋은 정치적 대안인지, 그것을 방어하기 위하여 어떠한 시민적 가치와 역할이 요구되는지 등을 깊이 이해할수록 민주주의체제는 공고화될 수 있다. 특히 정치인들과 군 장교들의 민주주의에 대한 긍정적 태도가 중요하다. 경우에 따라서 그들은 정치체제 유지에 결정적인 역할을 할 수 있기 때문이다.

민주주의에 대한 시민교육은 역사적 경험을 강조함으로써 보다 효과적으로 이루어질 수 있다. 과거 권위주의통치의 부정적 결과들—정치적 탄압과 부패, 인권유린 등—은 시민들이 민주주의체제가 보다 좋은 정치적 대안일 수 있다고 믿게 한다. 과거 민주화의 실패는 시민들, 특히 정치인들에게 근래 민주주의 공고화를 위한 역사적 교훈을 제공할 수 있다. 시민집단들이 과거의 정치적 과오와 실패들을 공개적으로 자유롭게 논의하고 평가할 수 있도록 민주정부가 지원할 수도 있다. 또한 시민적 덕목들—관용성, 공개성, 자발성, 합리성 등—이 모든 주요 제도와 조직들에서 강조되고 실행되어 보상받을 수 있도록 규범화되어야 한다. 또한 민주주의자를 자처하는 정치지도자들은 민주적 덕목들을 스스로 실천하여 다수 시민들에게 실천적 민주주의의 모범을 보여 주는 것이 중요하다(Dahl, 1971, 124~188).[23]

(4) 국제사회의 민주적 동향은 특정 사회의 민주주의체제 공고화에 간접적이지만 지대한 영향을 미친다. 국제사회에서 주요 민주주의국가들의 번영과 안정은 국내 민주세력(정부)들의 정치적 위상과 입지를 향상시키며, 다수 시민들이 민주주의체제가 보다 나은 정치적 선택이라고 믿게 하는 데 도움을 준다. 더욱이 선진 민주주의국가들은 직접적이거나 간접적으로 그들의 국익을 위하여 타국의 민주세력(정부)들의 민주화운동이나 정책을 지지하고 지원한다. 국제기구나 조직들—정치적·종교적·지역적—은 민주적 가치와 원칙들을 그들 각각의 주요 관심사로 천명함으로써 민주주의의 세계화에 기여한다. 이러한 상황에서 국내 정치지도자들은 민주주의체제의 공고화를 보다 수월하게 이룰 수가 있다.

Ⅶ. 개념적 논의의 한계

민주화는 시민권의 규범과 원칙에 근거하는 정치체제의 실현을 목적으로 하는 정치, 사회 집단들의 정치적 갈등과정이다. 민주화는 "우연(fortuna)"과 "실력(virtu)"이 작용하는 다면적이

---

23) 달(Dahl)은 민주적 규범과 가치들에 대한 정치지도자들(political activists)의 신념을 민주주의를 위한 중요한 조건으로 본다.

고 역행(reverse) 가능한 정치변화의 과정이다. 민주화는 현대 권위주의체제의 정통성 위기와 그로 인한 체제붕괴에서 시작된다. 민주화는 주요한 정치적 계기와 단계들로 이루어진다. 그것은 일반적으로 주요 정치집단들의 민주협약, 민주선거를 위한 준비와 그 실시를 통한 민주정부 수립, 민주주의 체제화와 공고화 등이다. 자유, 공명, 보통선거를 통한 민주정부 수립은 민주화의 결정적인 계기가 된다. 오랜 권위주의통치 이후에 수립된 민주정부는 필연적으로 권위주의 유산의 청산, 민주주의 체제화, 사회, 경제문제 개선 등의 주요 문제들에 직면하게 된다.

그러나 그 문제들은 권위주의체제 붕괴유형, 정치지도력과 전략, 시민적 참여와 지지, 민군관계, 정책적 능력 등에 따라서 다르게 처리된다. 그 결과로 다양한 초기 민주주의체제들이 수립된다. 그들을 대별하여 3가지 유형-보수적·합의적·경쟁적 민주주의체제-으로 범주화할 수 있다. 이들 초기 민주주의체제들은 예외 없이 불완전하고 불안정하다. 그들은 정치적 위기나 쇠퇴 또는 붕괴의 위험에 노출되어 있다. 그들 체제의 공고화는 생래적인 불완전성과 불안정성을 극복하고 그러한 상황에 직면할 위험성을 줄이는 과정이다. 다시 말하면 민주주의체제 공고화는 초기 민주주의체제를 유지하고 그것을 다면적-민주화의 방향, 범위, 내용, 속도, 환경-으로 더욱 발전시키는 과정이다.

민주화 과정에 대한 개념적 논의는 경험적 또는 이론적 분석 연구들에 근거하여 재평가, 수정되고 보완되어야 하는 잠정적인 시도이다. 변화하는 복잡, 다양한 현실을 개념화한다는 것은 매우 위험스러운 작업일 수 있다. 그것은 연구자의 지적 능력과 경험적 지식의 한계와 편견으로 인하여 현실이 부당하게 단순화되고 도식화되어 결과적으로 왜곡될 가능성이 높기 때문이다. 그럼에도 불구하고 개념적 논의-잠정적이고 완벽하지 않더라도-는 복잡하고 다양한 현실을 접근하고 이해하는 데 도움을 줄 수 있는 개념적인 틀(framework)을 제공할 수도 있다. 그 개념적 틀을 통하여 현실을 체계적으로 비교, 분석하여 관련 가설이나 가정들을 발견 또는 검증할 수도 있을 것이다. 개념적 틀은 연구자가 경험적 세계와 개념적 세계 사이를 반복적으로 지적 여행을 하는 가운데 계속하여 검토, 논의, 수정되어야 한다. 그러한 반복적인 여행은 매우 힘들고 지루할 것이지만 감수할 가치가 있는 작업이다.

제2장

군부권위주의체제와 민주화: 사례비교

제1절 군부권위주의체제: 브라질과 아르헨티나[1]

I. 군부권위주의체제의 위기

군은 일반적으로 국가의 방위와 안보를 수호하기 위하여 직책, 직위, 주둔지 등과 관련하여 수평적·수직적으로 조직화되어 있는 특수 무장집단이다. 군은 내부조직의 특성상 경쟁의식(rivalry)과 파벌주의의 영향에 노출될 개연성이 있다. 반면에 위계, 기강, 단결 등과 같은 군의 핵심적인 규범들은 그 경쟁의식과 파벌주의의 성향을 다소 완화할 수 있다. 그러나 군의 정치적 개입은 오히려 잠재적인 경쟁의식과 파벌주의를 부추기고 강화시키는 경향이 있다. 군의 정치화는 다양하고 또는 대립적인 관심과 이해관계를 야기하기 때문이다. 군부는 쿠데타, 집권과 권력배분, 정치적 전략, 대통령 계승, 탄압정책 등과 관련하여 중첩적으로 분열한다. 정치정통성의 제도화가 부재한 군부체제는 정책성과, 특히 경제성장, 안정, 발전에 의존하는 경향이 크다. 결과적으로 정책성과는 군부체제의 안정과 생존의 문제가 될 수 있다.

1. 권력투쟁

특성적으로 "제도화된(institutionalized)" 군부체제에서 대통령 또는 정치리더십 승계는 군부의 주요 관심사가 된다. 대통령 승계의 문제는 군부를 파벌화하는 경향이 있다. 대통령의 승계 문제가 정기적으로 대두될 때마다 각 파벌 집단은 자신의 지도자가 대통령직을 승계할 수 있게 하기 위하여 경쟁하고 투쟁한다. 각 집단은 실패할 경우에는 집권 대통령의 정책을 비판 반대하거나 거부함으로써 그 리더십에 도전하기도 한다. 그러므로 대통령 승계의 투쟁이 반복될수록 군부는 내부적으로 더욱 분열하게 될 것이다. 군제도는 결과적으로 군의 단결, 기강, 위계의 약화 때문에 조직적인 쇠퇴를 경험할 것이다.

---

1) Yang, Dong-Hoon, 1989, "The Military in the Politics of Democratization in South America: A Comparative Study", Ph. D. Dissertation, The University of Texas at Austin, U. S. A., pp.88~220.

1) 브라질[2]

좌파 성향의 대통령 조앙 굴라르(Joao Goulart)의 집권 말기인 1964년에 군부에는 3개의 주요 파벌집단, 반굴라르파, 중립파, 굴라르파가 있었다. 군 장교들 다수는 정치적 중립주의자 또는 준법주의자(legalist)로서 합법적인 정부에 대하여 직접적인 행동을 취하는 것을 주저하고 있었다. 1964년 3월에 발생한 해군 반란이 반굴라르파의 영향력을 강화하는 결정적인 계기가 되었다. 대통령 굴라르는 반란군에 참여하였던 하급 해병들을 사면하였다. 준법주의자 장교들은 사면을 군제도를 심각하게 위협하는 조치로 간주하였다. 사면정책은 위계질서, 단결, 복종 등과 같은 군조직의 핵심적인 규범들을 위배하기 때문이다. 준법주의자들 다수는 굴라르 정부를 반대하는 입장으로 선회하게 되었다(Stepan, 1971, 123~212). 결과적으로 군 내부에서 반굴라르파가 득세하게 되었다.

반굴라르파는 쿠데타를 주도하여 굴라르 대통령을, 정부를 장악하였다. 군부는 군 출신 대통령의 선출에 대하여 군조직 내외에서 논의 또는 논쟁을 하였다. 그 과정에서 카스텔루 브랑쿠(Castelo Branco) 장군이 유력한 후보로 대두하게 되었다. 브랑쿠는 군의 교육기관인 "고급군사대학(ESG, Escola Superior de Guerra)" 출신인 온건파 장교들의 지지를 받았다(Flynn, 1978, 315~316). 이 온건파 장교들은 궁극적으로 자유경제체제와 민주주의를 지지하고 있었다. 온건파 지도자에는 브랑쿠 외에도 아르투르 다 코스타 이 실바(Artur da Costa e Silva) 골베리(Golbery)와 에르네스토 게이젤(Ernesto Geisel) 장군 등이 포함되어 있었다.[3]

대통령 선출과정에서 브랑쿠는 1964년 쿠데타를 주도한 지도자들—올리삐우 모라우 피루(Olimpio Mourao Filho), 아마우리 크루이우(Amaury Kruel) 그리고 코스타 이 실바 등—보다도 압도적인 지지를 받고 있었다. 특히 코스타 이 실바는 강경파 지도자로 자신이 대통령이 되기를 원하였다. 쿠데타 직후에 친굴라르파의 쿠데타를 방지하기 위하여 최고혁명사령부를 조직하고 자신을 정부의 국방장관(minister of war)으로 임명하였다. 그는 브랑쿠가 대통령이 되는 것을 강력하게 반대하였다. 그러나 그를 지지하는 강경파는 온건파에 비하여 상대적으로 열세의 입장에 있었다(Skidmore, 1988, 19). 브랑쿠는 군부의 온건파뿐만 아니라 민간 정치지도자들의 지지를 받고 있었다. 그는 특히 카를로 라세르다(Carlo Lacerda)의 적극적인 유세로 인하여

---

2) *Latin American Political Report*: *"Brazil"*, *1977, 1978*; *Latin America Weekly Report*: "Brazil", 1980, 1981, 1983, 1984.

3) 고급군사대학(ESG): Stepan, 1971, pp.172~187. 브랑쿠(Branco)와 고급군사대학의 관계: Stepan, 1971, p.217; Skidmore, 1988, pp.21~22.

주지사들의 지지도 획득하였다. 반굴라르 민간 지도자들은 민주수의 조기회복을 기대하며 온건파 직업군인 브랑쿠를 선호한 듯하다(Flynn, 1978, 316).

제1대 군사정부의 구성－대통령 선출과 정부요직 배분과 임명을 포함하여－은 쿠데타 연합세력의 분열을 초래하였다. 특히 쿠데타 지도자들 일부는 집권세력의 핵심적인 집단으로부터 소외되었다. 그 소외집단과 그 지도자들은 군사정부의 비판 또는 반대세력이 되었다. 그들 중에는 뻬루, 크루이우, 주스띠노 알베스 바스또스(Justino Alves Bastos), 뻬리 꼰스뗀쯔 베빌라꽈(Pery Constant Bevilaqua), 뽀삐 디 피게이레두(Poppe de Figueiredo) 장군들도 있었다(Stepan, 1971, 221~228).

집권한 브랑쿠 장군 대통령은 예정대로 1965년 10월에 주지사 선거를 시행할 것을 결정하였다. 군부강경파는 선거패배를 우려하여 그 결정을 반대하기도 하였다. 그들은 정부에 선거경쟁과 선거후보자격에 관한 법률을 제정할 것을 요구하였다. 그들은 군사정부와 군부체제를 반대하는 민간지도자들이 선거에 참여하는 것을 반대하고 있었다. 선거결과 구아나브라(Guanabra)와 미나스 제라이스(Minas Gerais) 주에서 여당후보들이 친쿠비체키(Kubitschek) 후보들에게 패배하였다. 브랑쿠 대통령은 선거결과를 존중할 것을 약속하였다. 그러나 상대적으로 젊은 세대의 강경파 장교들은－특히 히우(Rio)의 육군 1사단 병영에 주둔하고 있는－브랑쿠 정부에 강력하게 저항하였다. 그들은 선거결과의 취소와 보다 강력한 권위주의적 정부의 수립을 원하였다(Skidmore, 1988, 42~45).

이러한 군사적 소요사태에서 코스타 이 실바 장군이 논란의 여지가 없는 군부 강경파의 지도자로 부상하였다. 그는 저항하는 젊은 장교들에게 혁명은 계속될 것이라고 설득하는 한편 브랑쿠 대통령으로부터 제2 제도법(Institutional Act No. 2) 공포라는 정치적 양보를 얻어 냈다. 제2 제도법에는 대통령 간접선거, 정당제 폐지, 반대세력의 정치적 권리 정지 등에 대한 포고령이 포함되어 있었다(Skidmore, 1988, 51; Stepan, 1971, 255~256).

코스타 이 실바의 역할과 그 성과는 결과적으로 그가 제2대 군사정부의 강력한 대통령 후보로 부상함에 있어서 결정적인 도움이 되었다. 브랑쿠 대통령은 코스타 이 실바가 그의 후계자가 되는 것을 반대하였다. 특히 그는 그의 정부가 추진하고 있는 정책들－특히 캄푸스-부오이스(Campos-Buhoes) 경제정책 등－이 중단될 것을 우려하였기 때문이다. 브랑쿠는 대안적으로 꼬르데이루 디 파리아스(Cordeiro de Farias) 원수나 주란디르 마메드(Jurandir Mamede) 장군과 같은 후보들을 추천하였다. 한편 코스타 이 실바는 브랑쿠 대통령의 후계자로서 군부 내의 입지를 점차 강화하였다. 그의 지지자들은 그만이 군부를 통합할 수 있는 리더십을 갖추고 있다고 주장하였다. 이 주장은 어느 정도 설득력을 얻고 있었다. 특히 군의 통합은 군사정부, 군부체제, 군제도의 안정과 생존에 필요한 절대적인 조건이었기 때문이다. 군부통합과 정치안정을 우려한 브랑쿠 대통령은 코스타 이 실바를 후계자로 받아들일 수밖에 없었다. 그는 그의 임기연장에 대한 제안을 거부하였다(Stepan, 1971, 248; Skidmore, 1988, 51~53; Dullus, 1980, 239~276).

코스타 이 실바 장군 대통령은 강경파 군부의 지지뿐만 아니라 수시로 그들의 도전과 압력을 받았다. 강경파 군부는 점차 대통령의 리더십에 대하여 회의적인 태도를 보이기도 하였다. 그들은 반체제세력인 교회, 노동, 학생 단체들에 대하여 더욱 강력한 탄압정책을 추구할 것을 요구하였다. 군부 강경파의 압력에 굴복한 코스타 이 실바 대통령은 결국 1968년 11월 군부체제에서 가장 가혹한 제5 제도법을 포고하였다. 그 제도법에 의하여 브라질 의회는 영구적으로 폐쇄되었다. 그 후 코스타 이 실바는 강경파의 반대에도 불구하고 신헌법을 제정하고 의회활동을 허용하려고 노력하였다. 그러나 그의 리더십은 갑작스러운 뇌졸중과 마비로 무력화되었다.

1967년에 제정된 브라질 헌법 제78조에 의하면 부통령 페드로 알레이슈(Pedro Aleixo)가 첫번째 대통령 계승자이다. 그 외의 계승순위에 따르면 하원의장, 상원의장, 대법원장 등이다. 그러나 군부는 민간 출신 부통령에게 대통령직을 인계하는 대신에 정부내각에서 각 군의 업무를 총괄하고 지휘하고 있는 삼군 출신 각료 3인이 대통령의 권한을 임시적으로 대행하기로 결정하였다. 소위 삼군 지도자의 "트로이카(troika)" 과도정부를 수립하려는 것이었다. 정부는 내각의 결정을 곧 제12 제도법을 통하여 합법화하였다.

군부는 코스타 이 실바의 후계자를 선출하는 문제를 논의하기 시작하였다. 군부는 군의 통합을 위하여 군의 다수가 합의할 수 있는 후보를 원하였다. 각 군에게 3인에서 4인의 대통령 후보를 추천하라는 지시를 내렸다(Skidmore, 1988, 93~101). 대통령 추천 과정에서 알폰소 알부케르키 리마(Alfonso Albuquerque Lima)와 에밀리오 가라스타즈 메디치(Emilio Garrastazu Medici) 장군이 강력한 선두주자로 부상하였다. 리마 장군은 코스타 이 실바 정부의 내무장관으로 민족주의자이다. 그는 정부가 사회개혁보다 경제성장에 더 많은 관심을 갖고 있다고 비판하였다. 그리고 내무장관직에서 사임하였다. 리마의 민족주의와 카리스마는 삼군의 젊은 장교들 다수를 그의 지지자가 되게 하였다. 리마는 그의 민족주의적 견해를 공개적으로 변호하면서 민간 지지자들을 동원하려고 시도하기도 하였다(Skidmore, 1988, 97~99).

정부의 삼군 장관들과 육군의 고위급 장군들 대다수는 리마의 민족주의적·민중주의적 이념에 동의하지 않았다. 뿐만 아니라 리마가 민간인들에게 시시를 호소하는 행위에 대하여 거부감을 갖고 있었다. 그들은 리마가 대통령 후보가 되지 못하게 "군의 절차적 원칙"을 급조하였다. 그 원칙에 의하면 대장 또는 사성장군만이 대통령의 자격이 있다는 것이다. 왜냐하면 대통령은 최고사령관으로서 대장들에게 명령을 하달해야 하기 때문이다(Skidmore, 1988, 98~99). 리마는 원칙적으로 대통령이 될 자격이 없다는 것이다.

육군 최고사령부는 제3 사단장 메디치 장군을 대통령 후보에 추천하였다. 국가정보원장을 역임하였던 메디치는 육군의 절대적인 지지에도 불구하고 최고사령부의 추천을 거부하였다. 육군 사령부는 대통령 후보는 "거절할 수 없는 특수임무"라고 메디치를 압박하였다. 그리고 육군의 친리마 세력과 해군, 공군도 메디치를 지지할 것을 설득하였다. 그러므로 육군지도부는 메디치를 군부 전체가 합의 지지할 수 있는 통합후보로 만들기 위하여 노력하였다. 3군은 최종적으로 선호 순위에 따라서 작성한 4명의 대통령 후보 명단을 공개하였다. 첫 번째 순위에 메디치를 올렸고 그다음에는 오란두 게이젤(Orando Geisel), 안또니우 깔로스 무리시(Antonio Carlos Muricy), 시제누 사르멘뚜(Syzeno Sarmento) 장군이 포함되었다. 군부는 군의 단결된 모습을 과시하고 메디치에게 공고한 지지기반을 마련하고자 하였다. 군의 최고사령부는 1969년 10월에 메디치를 브라질의 대통령으로 지명하였다. 군부는 자신들의 결정에 대하여 형식적인 동의를 받기 위하여 폐쇄하였던 브라질의회를 소집하였다(Skidmore, 1988, 99~100).

메디치의 대통령 선출은 결과적으로 리마와 그의 지지자들—육군의 1군 사단장 사르멘뚜를 포함하는—을 소외시켰다. 그들의 도전과 군의 분열을 우려한 군지도부는 대통령의 권한을 강화하는 제17 제도법을 공포하였다. 브라질 군의 단합을 해치는 행위를 범하거나 계획하는 장교는 예비역으로 전입시킬 수 있는 권한을 대통령에 부여하였다(Skidmore, 1988, 100~101).

메디치 정부에서 브라질 경제는 고도의 성장을 기록하였다. 세계는 소위 "브라질 기적"을 높게 평가하고 부러워하기도 하였다. 강도 높은 정치탄압은 정치적인 "고요(calm)"를 초래하였고 1973년에는 게릴라운동도 종식되었다. 또한 군의 전문화(professionalization)도 진전되었다. 메디치 대통령은 국방장관에 직업군인인 오란두 게이젤 장군을 임명하였다. 젊은 장교들의 승진을 원활하게 하기 위하여 군의 경력구조를 개혁하고 군의 전문직업화의 실현을 위하여 노력하였다. 그리고 "침묵숭배(cult of silence)"를 강조하여 군 장교들의 정치화를 방지하기도 하였다.

메디치 대통령이 추진한 군의 탈정치화는 특히 그의 승계문제 때문에 실패하였다. 메디치의 임기가 중반에 이르자 군의 여러 집단들이 그의 후계자에 대하여 논의하기 시작하였다. 이에 메디치는 1973년 중반전에 대통령 승계에 대하여 공개적으로 논의하는 것을 금지하였다. 1972년 초에 육군 총사령관 오란두 게이젤 장군과 국영석유기업 뻬뜨로브라스(Petrobras) 사장 에르네스토 게이젤(Ernesto Geisel) 장군이 강력한 대통령 후보로 부상하였다. 이들은 게이젤 형제들은 군부체제의 첫 번째 대통령 브랑쿠 장군의 지지자들이었다. 형인 올란두는 지난번 대통령 선출에서 2위 후보였으며 브라질 군의 총참모장을 역임하였다. 동생 에르네스토는 브랑쿠 대통령의 군사수석보좌관을 지내기도 하였다(Skidmore, 1988, 149).

게이젤 형제와 함께 조앙 바프띠스따 디 피게이레두(Joao Baptista de Figueiredo), 두 꼬우따 이 실바 골베리(do Couta e Silva Golbery) 장군을 추천하였다. 그는 육군총사령관과 육군 장관으로서 국가정보원장 까르로스 알베르뚜 폰또우라(Carlos Alberto Fontoura) 장군을 포함하는 육군의 반게이젤 장교들을 통제할 수 있었을 것이다. 또한 그는 에르네스토 게이젤을 반대하는 메디치와 그의 지지자들을 압박할 수도 있었을 것이다. 메디치의 추종자들이 그의 대통령 임기를 연장하려고 한다는 보도도 있었다. 군 최고사령부는 1973년 6월 대통령 후보에 에르네스토 게이젤 장군을, 부통령 후보에 아달베르뚜 뻬레이라 도스 산또스(Adalberto Pereira dos Santos) 장군을 결정하였다. 주의회 대표단들이 참여하는 확대된 대통령 선거인단은 1973년 10월 군사령부의 결정에 동의하였다(Skidmore, 1988, 150~153; Stepan, 1988, 35).

게이젤 대통령은 정치자유화를 추진하였다. 정치자유화를 통하여 군부통치를 정통화·안정화하는 한편 안보공동체 또는 세력을 주도하고 있는 군부강경파를 견제하기를 기대하였다. 자유화정책의 추진과정에서 게이젤은 군부의 우익 강경파 장교와 민간 반대세력의 압력과 도전에 직면하게 되었다. 피게이레두와 골베리 장군의 보좌를 받은 게이젤은 적시의 정보와 전략을 적절하게 이용하여 그들을 견제하고 자유화정책을 주도적으로 추진하였다(정치자유화 과정에 대하여 Ⅱ장에서 보다 구체적으로 논의한다). 게이젤 대통령의 민간수석보좌관 골베리는 지성파 가스떼르 주의자이다. 그는 정치전략가로서 게이젤을 도왔다. 한편 피게이레두는 국가정보원장으로서 강경파 장교들과 민간 반대세력의 활동에 대하여 중요한 정보를 게이젤에게 제공하였던 것 같다. 그는 1973년 육군사령부에 의하여 게이젤과 함께 대통령 후보에 추천된 적이 있었다.[4]

---

4) 정치자유화정책에서 골베리(Golbery)의 역할: Alfred Stepan, 1988, pp.36~38, 40; Thomas Skidmore, 1988, pp.160~167. 피게이레두 (Figueiredo)의 역할: Alfred Stepan, 1988, p.35, 41; Thomas Skidmore, 1988, p.198.

피게이레두 자신이 게이젤 대통령의 후계자라는 주장이 이미 1976년 중반에 공공연히 알려지고 있었다. 게이젤의 반대에도 불구하고 대통령 후계자에 대한 논의가 1976년 10월 공식적으로 시작되었다. 게이젤은 1977년 1월 그 자신만이 후계문제에 대하여 책임을 갖고 있으며 그러나 아직은 논의의 시기가 아니라고 선언하였다. 그러나 잠재적인 후계자들은 대통령 후보가 되기 위하여 이미 경쟁하고 있었다. 군부 내에서 피게이레두에 대항하여 육군 장관 실비우 프로따(Sylvio Frota) 장군이 강력한 후보로 부상하였다. 프로따는 군부강경파의 지도자로서 공산주의 체제전복운동을 타도하기를 원하였고 정치자유화정책을 반대하였다. 대통령 군사 수석보좌관 우구 아브레우(Hugo Abreu) 장군과 연합한 프로따는 피게이레두를 대통령 후보에서 밀어내기 위하여 활발하게 활동하였다(Skidmore, 1988, 198~199).

게이젤 대통령이 1978년 1월까지 대통령 후보에 대한 논의를 금지하였지만 프로따는 군부 내외에서 자신이 대통령 후보가 되기 위하여 모든 노력을 경주하였다. 게이젤은 즉각적으로 육군 장관직으로부터 프로따를 해임하고 대신 페르난두 벨포르뜨 베르렘(Fernando Belfort Bethlem) 장군을 임명하였다. 게이젤의 전격적인 조치에 프로따는 군부강경파 지지자들을 동원할 기회를 갖지 못하였다. 브라질 군 최고사령부는 사전에 프로따의 해임을 게이젤과 의논하지 않았지만 게이젤의 결정을 지지하였다. 게이젤은 1977년 12월 대통령 후보로 피게이레두를 지지한다고 선언하였다. 아브레우 장군은 게이젤이 대통령 후보에 대하여 육군과 논의하지 않았다며 그의 결정에 항의하고 반대하였다. 그는 대통령 보좌관직을 즉각 사임하였다(Skidmore, 1988, 198~200).

대통령 후보 피게이레두에 대하여 군부의 반대는 거세었다. 아브레우와 반피게이레두 장교들은 야당 브라질민주운동(MDB) 대통령 후보에 군 출신 후보를 추천할 것을 촉구하였다. 야당은 에우레르 벤떼스 몬떼이루(Euler Bentes Monteiro) 장군을 피게이레두의 대항마로 선택하였다. 몬떼이루는 젊은 중견 장교들의 지지를 받고 있었다. 약 49명의 장교들은 그를 면담하고 적극적이고 공격적인 선거운동을 요청하였다. 그러나 선임 장교들 대다수는 군조직의 위기를 우려하여 피게이레두를 군의 단일 후보로 인정하고 있었다. 게이젤 대통령을 지지하고 있는 군사령부는 피게이레두를 다른 선임장군들에 우선하여 대장에 승진시켰다. 그리고 게이젤 대통령의 후계자로 지명하였다. 대통령 선거인단은 군부의 선택에 동의하였다. 피게이레두 대장과 민간 출신 아우레리아누 샤베스(Aureliano Chaves)가 각각 브라질 대통령과 부통령이 되었다(Skidmore, 1988, 202).

대통령 피게이레두는 게이젤의 정치자유화정책을 계속하여 추진할 것이라고 1981년 2월 재확인하였다. "내가 언급했고 또한 정치개방(abertura)은 나의 책임이기 때문에 민주화 과정은 계속될 것이다." 그러나 그는 현실적으로 자유화과정을 통제하지는 못하였다. 지지기반을 점차 확장하고 있는 반대세력과 좌절감을 느끼고 있는 군부강경파 사이에서, 즉 정치개방과 탄압정책의 선택에서 갈등하였다. 전임자 게이젤과 달리 피게이레두는 효과적인 리더십을 거의 발휘할 수가 없었다. 특히 군부의 파벌주의 또는 분열이 대통령 승계과정과 자유화 과정에서 더욱 심화되었기 때문이다. 또한 경기침체의 심화와 사회불안의 확산은 피게이레두의 정부와 군부체제의 존립기반을 위협하였다.

그러한 상황에서 피게이레두의 건강상태가 악화되었다. 그는 1981년 9월 심장마비로 2개월 동안 대통령의 업무를 수행할 수가 없었다. 민사수석보좌관 주아우 레이따우 디 아브레우(Joao Leitao de Abreu) 장군과 국가정보원장 온크따비우 메데이로스(Onctavio Medeiros)는 민간 출신 부통령 샤베스를 1967년 헌법에 따라서 대통령 대행에 지명하였다. 이 조치는 1969년 선례와는 외형적으로는 달랐다. 코스타 이 실바 대통령이 1969년 마비 상태로 직무를 수행할 수 없었을 때는 3군 장관들이 스스로 통치기구를 형성하고 민간 출신 부통령이 대통령직을 대행하는 것을 금지하였다. 그러나 이번에는 민간 출신 부통령의 대행체제를 인정하였다. 물론 대통령의 실질적인 권한은 정부의 3군 장관들의 몫이었다(Skidmore, 1988, 240).

군부집단들은 1980년대 중반까지 다음 대통령은 민간 출신이어야 한다는 합의가 형성되고 있었다. 피게이레두의 측근이 공개적으로 다음 대통령은 민간 출신 여당(PDS) 의원이 될 것이라고 공개적으로 밝히고 있었다. 전임 대통령 게이젤과 그의 정치적 동지 골베리 장군도 피게이레두 대통령의 견해를 지지하였다. 피게이레두는 대통령 후보 선출에 대하여 광범위하게 협의할 것을 1983년 9월 약속하였다. 그러나 그는 곧 그러한 조정자 역할을 포기하고 여당이 대통령 후보를 선출하도록 허용하였다. 이러한 조치는 1964년 후에 처음으로 군부가 대통령 선출과정에 불참하는 것이었다. 또한 궁극적으로 정치민간화와 민주화의 역사적인 출발점이었다고 볼 수 있다.

2) 아르헨티나[5]

아르헨티나 군은 1960년대 초에 콜로라도스(Colorados, 적파)와 아수레스(Azules, 청파)로 분열되어 있었다. 콜로라도스는 군의 정치개입과 페론이즘의 척결을 주장하는 반페론의 강경파 장교들이었다. 그들 대다수는 해군과 육군의 보병과 공병 소속이었다. 한편 아수레스는 군의 정치개입과 페론 개인을 반대하는, 주로 육군 기갑과 여타 기계화부대 소속의 온건파 장교들이었다(Rudolph, ed. 1985). 이러한 조건에서 후안 까르로스 온가니아(Juan Carlos Ongania) 장군은 육군총사령관으로서 아르헨티나 군과 정치에 막강한 영향력을 행사하고 있었다. 아수레스의 지도자인 온가니아는 아르뚜로 이이야(Arturo Illia)가 대통령에 선출된 1963 선거를 지지하였다. 그러나 그는 이이야 대통령이 정책실패로 무능함을 보이자 1965년 쿠데타 연합을 형성하였다. 군지도부는 페론주의자들의 재집권을 우려하였다. 페론주의자들은 이미 1965년 의회 선거에서 다수 의석을 차지하였기 때문이다(Rock, 1987, 346).

아르헨티나 군 내부에 반페론주의가 10여 년 이상 존재하고 있다. 군부는 1955년 후안 페론(Juan Peron) 대통령을 제거하였다. 그리고 1962년에는 페론주의자들이 총선에서 급부상하고 그들의 집권이 가시화되자 급진당의 아르뚜로 흐론디시(Arturo Frondizi) 대통령을 축출하고 정권을 장악하였다. 페론주의자들이 1965년 다시 득세하자 군부는 실력행사를 주도하였다. 군부는 1966년 전에는 반복적으로 집권당을 축출하고 다른 야당에게 정권을 이양하였다. 직접적으로 통치권을 장악하고 행사하지는 않았다. 그러나 1966년 쿠데타 연합을 구성한 군부는 직접 통치권을 행사하고 정치적·경제적 개혁을 주도할 것을 결심한 듯하였다. 준법주의자들인 주요 군지도자들의 반대에도 불구하고 온가니아가 이끄는 쿠데타 세력은 군부체제를 수립하였다. 아르헨티나 군은 역사적으로 정치적 중재자가 아닌 직접적인 통치자가 된 것이었다.

대통령 온가니아 총사령관은 아르헨티나 혁명법에 의하여 절대 권력자가 되었다. 정치적으로 야심적인 온가니아는 권력유지를 위하여 정치리더십을 강화하였다. 반면에 그에 대한 군부의 도전도 점차 거세졌다. 부에노스아이레스의 제10 보병여단장 에두아르도 라반까(Eduardo Labanca)를 지지하는 민족주의자 장교들이 1969년 반온가니아 쿠데타를 시도하였다. 라반까는 패루 군부의 민족주의적 대중주의와 사회주의 혁명을 지지하고 있었다. 더욱 강력한 도전자는 육군 총사령관 알레한드로 라누쎄(Alejandro Lanusse)와 그 지지자들이었다. 그들은 1969년

---

5) 아르헨티나 사례에 대하여 참조한 리포트: *Latin America:* "Argentina", 1968, 1968, 1970, 1971, 1972, 1975, 1976, 1977, 1978, 1979; "Argentina", 1980, 1981, 1982.

5월 꼬르도바(Cordoba)의 군중폭동 진압 과정에서 타협적인 해결책을 선호하였다. 반면에 온 가니아 대통령과 그 지지자들은 직접적인 대결을 통하여 제압할 것을 제안하였다. 이 정책적 갈등에서 라누쎄파가 우세하였다. 온가니아의 권력집착은 또한 군의 고위급 지도부를 소외시 켰다. 그는 군지도부의 권력배분과 점진적인 민주화에 대한 요구를 무시하였다. 군지도부는 1970년 온가니아 대통령을 축출하였다.

라누쎄와 군지도부는 로베르또 레빙스똔(Roberto Levingston) 장군을 새 대통령으로 추천하 였다. 레빙스똔은 궁극적으로 의회민주주의를 지지하는 아수레스(청파) 지도자이다. 레빙스똔 대통령은 공식적으로 군지도부와 권력을 공유하고 있었으나 라누쎄와 그 추종자들이 실질적 으로 권력을 행사하였다. 레빙스똔의 재임 동안 군부는 아르헨티나 정치와 그와 관련된 페론 과 페론주의에 대하여 합의하지 못하고 있었다. 특히 육군은 페론과 페론주의와 타협할 수 있 다는 장교들과 어떠한 타협도 거부하는 장교들로 분열되어 있었다. 뿐만 아니라 3군은 각각 정치개혁에 대한 계획을 준비하고 있었다. 정치계획에서 군부통치의 기간과 민주선거의 시기 가 주요 문제였다. 이에 대하여 다양한 의견들이 군부 내에 존재하였기 때문에 3군은 결국 합 의하지 못하였다.

꼬르도바에서 1971년 2월 다시 발생한 군중데모를 계기로 군지도부는 레빙스똔 대통령이 무능하다는 빌미로 9개월도 안 돼서 전격적으로 그를 퇴임시켰다. 레빙스똔 대통령이 육군사 령관 라누쎄와의 권력투쟁에서 패배하였다고 알려졌다. 그는 반복적으로 라누쎄의 해임을 시 도하였으나 해군과 공군 사령관의 지지를 얻지 못하였기 때문에 실패하였다는 것이다. 결과 적으로 육군사령관 라누쎄가 실질적인 최고 권력자로 부상하였고 대통령직도 겸임하게 되었 다. 반페론주의자, 자유주의자인 그는 정치계획위원회를 구성하였고 정권을 1974년 4월까지 민간 정치인들에게 이양하기로 결정하였다.

정권이양 과정에서 대통령 라누쎄 사령관은 그의 "대국민타협" 정책을 강력하게 반대하는 반페론주의자 군집단들이 시도한 여러 차례의 쿠데타에 직면하기도 하였다. 전임 대통령 온 가니아와 레빙스똔의 추종 집단들이 라누쎄의 축출을 도모하였다는 소문도 있었다. 레빙스똔 과 50여 명의 장교들이 1971년 군사반란 혐의로 체포되었다. 이러한 상황에서도 라누쎄는 단 호하게 선거를 통한 정권이양을 추진하였다. 그는 군사혁명의 심화를 요구하며 압력을 강화 하는 군부강경파에 굴복하지 않고 정권이행 과정을 주도하였다. 이는 특히 라누쎄의 효과적 인 리더십과 군부분열 때문에 가능하였다고 할 수 있다. 그는 육군총사령관이자 대통령으로서 군부와 정부를 합법적으로 통제할 수 있는 권한을 녹점하고 있었다. 그리고 군부는 정치적 파벌들 다수로 분열되었기 때문에 라누쎄와 그 추종자들을 압도할 수 있는 연합세력의 결집이 어려웠다.

라누쎄 대통령은 정권을 대선 당선자인 페론주의자 에또르 깜뽀라(Hector Campora)에게 이양하였다. 깜뽀라는 전임 대통령 페론의 대리인이었다. 그는 계획대로 즉각 사임하였고 보궐선거를 통하여 노쇠한 페론이 대통령이 되었으나 18개월 후에 그의 사망으로 부인이자 부통령인 이사벨 마르띠네스 데 페론(Isabel Martinez de Peron)이 대통령직을 계승하게 되었다. 페론정부는 리더십의 부재로 점차 극우파가 득세하는 상황에 직면하게 되었다. 그리고 납치와 살인 등 폭력적인 게릴라 활동이 급격하게 증가하였다. 국가경제도 1975년 갑자기 악화되었다.

페론 정부는 아르헨티나 사회로부터 빠른 속도로 고립되어 갔다. 이러한 상황에서 후수스 까뻬이이니(Jusus Capellini) 장군이 이끄는 공군 장교 집단이 군사반란을 일으키고 육군총사령관 호르헤 비데라(Jorge Videla) 장군이 집권할 것을 요구하였다. 그러나 선임 육군 장교들 중에서 로돌호 무히까(Rodolfo Mujica) 장군만이 공개적으로 군사반란을 지지하였으나 곧 고등군사학교장직에서 해임되었다. 쿠데타파와 준법파로 분열된 군부는 지배적인 쿠데타 연합을 아직 구성할 수가 없었다. 1976년 초반이 되어서야 비데라와 로베르또 비오라(Roberto Viola) 장군과 쿠데타파를 중심으로 쿠데타 연합이 우세한 세력으로 부상하게 되었다. 그해 3월 군부는 다시 민간정부를 타도하고 직접 통치권을 장악하였다.

대통령 육군사령관 비델라를 포함하는 3군의 최고 지도자로 구성된 군사위원회가 정부의 모든 권한을 행사하게 되었다. 군사위원회는 대통령의 임면권을 갖게 되었다. 군부강경파는 온건파 비델라의 정책을 반대하고 쿠데타를 시도하기도 하였다. 강경파는 장기간－12년에서 15년－의 군부통치와 "전복세력(subversion)"에 대한 탄압정책을 지지하였다. 특히 전복세력에 대한 온건정책에 항의하기 위하여 2명의 장군들이 쿠데타를 시도하기도 하였다. 그들은 즉각적으로 투옥되었고 예비역으로 강제 전역되었다.

해군대장 에밀리오 마쎄라(Emilio Massera)와 그 해군도 비데라의 리더십에 지속적으로 도전하였다. 해군은 대통령을 최고군사위원회에 종속시킴으로써 대통령의 권한을 축소하려고 시도하였다. 군사위위회의 삼군 총사령관들은 권력을 동등하게 공유하도록 할 계획이었다. 해군은 정부의 최고 결정구조에서 대통령을 최고결정권자가 아닌 4번째 참여자로 만들려고 노력하였다. 해군은 그들의 요구를 수용하지 않는 한 비데라가 계속하여 대통령직을 유지하는 것을 반대하였다. 마쎄라의 강력한 반대에도 불구하고 육군은 비데라가 육군총사령관직을 사임한다는 조건에서 그의 대통령 임기를 1978년 4월까지 연장하였다. 비오라가 육군총사령관에 취임하고 비데라를 승계하여 최고군사위원회에 참여하였다.

　군부는 첫 번째 군부체제에서와 같이 통치전략에 대하여 분열되어 있었다. 3군은 각각 통치전략에 대하여 대안을 준비하였다. 3군은 모두 정부에서 군의 지속적인 역할과 점진적인 정치민간화를 지지하였다. 그러나 군부는 구체적인 방법이나 시기에 대하여 다른 의견들을 갖고 있었다. 예를 들면 정부에서 군부의 역할은 무엇인가? 기존 정당들의 활동을 금지할 것인가? 새로운 국민운동이나 정당을 조직할 것인가? 군의 정치적 제안을 민간인들과 협의할 것인가? 언제 민간인들에게 권력이양을 할 것인가?

　비오라가 1981년 4월 비데라를 계승하여 대통령에 취임하였다. 비오라 대통령은 비데라의 정치적 동지로서 1976년 쿠데타의 지도자였다. 따라서 그의 승계는 이미 예견된 사건이었다. 그러나 대통령을 통제하려는 최고군사위원회의 노력 때문에 비오라의 권한은 제한되었다. 대통령 취임 전에 비오라는 주요 정치적 임명과 정책적 결정에 대하여 최고군사위원회와 협의할 것을 약속하였다. 비오라 대통령은 또한 육군에서 강경파 장성들이 진급하여 핵심적인 요직－총사령관, 제1, 2 군단 등－을 차지함으로써 그의 리더십에 대하여 강력한 도전을 받게 되었다.

　특히 육군총사령관에 취임한 레오폴도 갈띠에리(Leopoldo Galtieri)의 끈질긴 도전은 위협적이었다. 육군에서 비오라 대통령의 영향력을 약화시키기 위하여 육군총사령관 갈띠에리는 자신의 배타적인 권한 또는 관할권을 강조하였다. 그는 또한 비오라가 이미 선언한 정권이양 정책을 반대하였다. 그에 의하면 "국가재조직화 과정"을 통하여 국가적 삶의 구조조정이 성공적으로 이루어지지 않는 한 정치자유화는 없을 것이었다. 비오라 대통령의 심장기능이 1981년 11월 정상적으로 작동하지 않는다는 보도가 있을 때 육군 강경파의 지원을 받은 갈띠에리는 대통령직을 인수하려고 시도하였다. 비오라는 저항하였으나 역부족이었다. 갈띠에리는 결국 전임자 라누쎄나 비데라와 같이 육군사령관직을 유지하고 대통령에 취임하였다. 아르헨티나 최고의 권력자로 부상한 것이었다. 그는 즉시 민주체제 복귀가 그의 궁극적인 목표라고 밝히기도 하였다.

　갈띠에리의 집권 후에 아르헨티나의 정치, 사회, 경제 등 주요 부문의 상황이 급격하게 악화되었다. 특히 정당들은 반체제 공동전선을 형성하였고 노동자들은 파업들을 주도하고 참여하였다. 결과적으로 경제위기는 심화되었다. 이러한 상황에서 갈띠에리는 아르헨티나 주변의 남대서양에 위치한 영국령 말비나스 섬(Malvinas Islands)을 무력을 동원하여 점령하였다. 이는 갈띠에리의 정치적 도박이었다고 할 수 있다. 국내적으로 궁지에 몰린 그의 리더십과 군부체제를 유지하기 위하여 대외적인 도발을 감행하고 승리를 기대하였던 것이다. 그러나 영국의 단호한 저항에 아르헨티나 군은 패배하였다(Rock, 1987, 376~378).

전쟁 패배는 갈띠에리 리더십과 군부체제에 치명적인 결과를 초래하였다. 갈띠에리는 불명예스럽게 군부와 정부의 리더십을 상실하였다. 해군과 공군은 최고군사위원회로부터 그들의 사령관들을 소환하고 민간 대통령의 즉각적인 임명을 요구하였다. 리더십 와해의 조건에서 아르헨티나 군은 불안정과 불확실성으로 혼란스러운 상황에 놓이게 되었다. 전쟁 책임에 대한 조사가 진행되면서 더욱 그러한 상황이 심화되었다. 군지도부에 반대하는 젊은 장교들이 쿠데타를 음모하고 있다는 보도나 루머가 군 내부에서 지속적으로 떠돌기도 하였다.

육군최고사령부는 퇴임한 레이놀도 비그노네(Reynoldo Bignone) 장군을 2년 임기의 대통령에 임명하였다. 비그노네 대통령은 전후 과도정부를 이끌면서 정권이양을 준비하였다. 그의 리더십은 전적으로 육군최고사령관 끄리스띠노 니꼴라이데스(Cristino Nicolaides) 장군에 의존하고 있었다. 그의 정부에서 전쟁 패배와 그 책임에 대하여 조사가 이루어졌다. 조사결과 전쟁수행 과정에서 3군 사이에 전략적인 협의가 없었다는 사실이 밝혀졌다. 전쟁 패배의 책임문제로 각 군은 선임과 신임 장교들은 분열하였다. 특히 대령과 소장급 장성들 다수는 최고사령부가 전쟁 패배에 책임이 있다고 비난하였다. 그들은 고위급 장성들을 교체하고 군부의 부패문제를 조사할 것을 요구하였다. 육군사령관 니꼴라이데스의 리더십은 같은 세대의 선임 장교들 소수에 의존할 수밖에 없을 정도로 약화되었다. 해군과 공군의 사령관들도 1982년 9월에 조기 퇴임할 예정이었다.

해군과 공군 사령관들이 1982년 9월에 군사최고위원회에 다시 참여하였다. 이 위원회와 비그노네 대통령은 민간 정치인들에게 정권이양을 준비하였다. 그리고 민간 정부에서 아르헨티나 군의 제도적 위상과 이해관계를 보호할 수 있도록 노력하였다. 그러나 그들은 반대 정당들과 협상을 주도할 수 있을 정도로 유리한 입장에 있지 못하였다. 왜냐하면 군부는 전쟁패배를 포함하여 정치, 사회, 경제 등 여러 주요 분야에서 실패하였기 때문이다.

〈표 2.1.1〉 군부체제의 대통령: 브라질과 아르헨티나

국가	브라질	아르헨티나
군부통치 기간	1964년 4월~1985년 3월	1966년 6월~1973년 4월 1976년 4월~1983년 11월
군부통치 연수	20	14.6
대통령 수	5	7
대통령 임기(평균)	4	2.1
강경파 대통령 수	2	1
강경파 대통령 재임기간	7.5	0.5

2. 정치탄압

군부권위주의체제에서 정치탄압 정책은 군부를 분열시키는 중요한 변인이라고 할 수 있다. 군부체제는 특성상 정치탄압에 의존하는 경향이 강하다. 정치탄압을 직접적으로 주도하는 안보 및 정보 담당 세력－소위 안보공동체－들은 군부와 정부 내에서 발언권과 영향력을 확대한다. 일반적으로 안보공동체를 통제하고 있는 군강경파는 특히 "전복세력"에게 강력한 탄압정책을 주장하고 지지하는 경향이 있다. 안보공동체와 군강경파의 득세는 결과적으로 군조직의 위계질서와 기강을 와해시키고 군의 분열을 초래할 뿐만 아니라 군부체제의 안정과 생존을 위협한다.

1) 브라질[6]

브라질에서 1964년 쿠데타는 과거와 달리 군부체제의 제도화를 초래하였다. 군부는 정치적 중재자의 역할을 거부하고 스스로 통치자의 역할을 담당하였다. 국가발전이 실현되지 않으면 국가안보도 수호할 수 없다고 믿었다. 특히 쿠바혁명의 여파와 노동운동의 확산을 우려하였다. 쿠데타 리더들 중의 한 명이었던 게이젤 대통령은 그러한 군의 입장을 대변하고 있었다. "1964년 근대화혁명의 전략적 원칙은 발전과 안보의 두 기둥 위에 근거하고 있다. 물론 안보보다 발전이 지배적인(dominant) 목표라는 것을 인정한다(Loveman and Davies Jr., 1978, 193)." 군부는 국가안보의 최대의 적은 전복세력(subversives)이라고 판단하였다. 국가발전을 질서 있

---

6) 브라질 사례에 대하여 참조한 리포트: *Latin America*: "Brazil", 1967, 1968, 1969, 1974, 1975, 1976; *Latin America Weeekly Report*: "Brazi1", 1981, 1982; *Latin America Regional Report*: "Brazil", 1983.

게 추진하기 위하여 전복세력을 타도하는 것이 우선이었다.[7]

집권하자 군부는 곧 국가안보위원회와 국가정보국(SNI)을 신설하고 군과 경찰 내에 안보 또는 정보 기구들을 조직하였다. 국가안보위원회는 1967년 군부체제 헌법에 근거하여 조직되었고 대통령, 각료, 3군사령관과 참모총장으로 구성되었다. 위원회는 안보 및 정보 기구들의 지원과 협조를 받아서 국가안보 문제를 논의하고 관련 정책들을 결정하는 권한을 부여받았다. 그러나 실질적으로 위원회는 국가의 모든 문제들에 대하여 정책결정 권한을 행사할 수 있었다. 국가와 안보와 직·간접적으로 관련되지 않은 문제는 거의 없기 때문이었다.

국가정보국은 골베리 장군이 "국가안보나 전복세력에 대한 정보와 역정보를 수집하고 분석하기 위하여" 조직하였다. 정보국은 국가안보위원회와 대통령의 직속기관이었다. 각료급의 정보국장은 대통령에게 막강한 영향력을 행사할 수 있었다. 메디치나 피게이레이두와 같은 정보국장들은 대통령이 되기도 하였다(Alves, 1985, 48~50). 국가정보원은 군과 경찰의 정보기구나 비밀요원들을 관할하였다. 육군중앙정보부(CIEX)와 안보작전처/정보작전부(CODI/DOI)는 육군관할이었다. 해군은 해군정보국(CENIMAR), 공군은 공군정보국(CISA)을 운영하였다. 경찰은 국가공안본부(DEOPS)를 통하여 정보수집과 첩보활동을 하였다. 또한 상파울루(São Paulo) 지역에서는 육군 제2군단과 연계된 첩보조직(OBAN)이 국내외의 실업가들의 지원을 받으면서 활동하기도 하였다(Alves, 1985, 128~131).

군의 안보 및 첩보 기구들은 군의 강경파와 연계되어 있거나 그들이 장악하고 있었다. 정보 접근에서 유리한 입장에 있는 강경파의 영향력은 커질 수밖에 없었다. 그들은 정부에게 더욱 강력한 탄압정책을 통하여 반대세력과 전복세력을 통제할 것을 빈번하게 요구하였다. 정부가 그들의 요구를 거부하는 경우에는 무력도발을 감행하거나 전복세력에게 직접 폭력을 행사하여 정부정책을 방해하기도 하였다. 특히 그들은 전복세력을 국가안보에 가장 위협적인 존재로 인식하였다. 그러나 그들은 전복행위를 독단적으로 규정하였다. 군부체제, 정부, 제도에 반대하는 모든 행위를 전복적이라고 판단하였다. 더욱이 국가안보위원회는 포괄적으로 1964년 "혁명"에 반대하는 행위를 포함시키기도 하였다. 결과적으로 그들은 전복세력과 행위가 브라질사회에 만연한다고 보았다. 그들의 주요 관심은 전복세력을 척결하는 것이었다. 강경파의 압력으로 제정된 제5 제도법에 의하면 "군의 사명은 국민의 전통에 반하는 전복행위와 이데올로기에 대항하여 투쟁하는 것"이었다(Sigmond, ed., 1970, 142).

---

7) 브라질 군부의 국가안보주의: Maria Helena Moreira Alves, 1985, pp.3~28; Alfred Stepan, 1971, pp.172~187.

1964년 쿠데타 직후에 군부는 "정화작전(operation clean-up)"을 통하여 브라질 전역에서 전복세력의 지도자들을 체포하였다. 가톨릭교회, 자선기관, 좌파정당, 농민운동조직, 군조직 등에서 수천여 명의 소위 '파괴분자'들을 체포하였다. 4백여 명 이상의 브라질 시민들은 정치적 권리 또는 사법적 권한을 상실하였다. 민간정부의 전임 대통령 굴라르, 자니우 꽈드로스(Janio Quadros), 주스세리누 쿠비체키(Juscelino Kubitschek)도 예외는 아니었다. 군부강경파는 애초에는 5,000여 명의 "적"들의 정치적 권리를 박탈하려고 계획하고 있었다. 대략 120여 명의 군 장교들은 군사쿠데타와 정부에 반대하였기 때문에 전역되었다(Skidmore, 1988, 23~37). 군부강경파는 정부가 전복세력과 반대세력에 대하여 탄압정책을 계속하도록 압박하였다. 예를 들면 급진민주동맹(LIDER)의 지도자 오스넬리 마르띠넬리(Osnelli Martinelli) 대령은 1965년 6월 정부가 모든 파괴분자들에게 더욱 강력한 탄압정책을 추구하지 않고 있다고 공개적으로 비판하기도 하였다(Skidmore, 1988, 47).

군부강경파는 정부가 1965년 10월 주지사선거를 실시하는 것을 반대하였다. 그들의 압력과 위협에도 불구하고 브랑쿠 대통령은 선거를 강행하였다. 구아나바라(Guanabara)와 미나스 제라이스(Minas Gerais) 주에서 두 명의 야당 후보가 당선되었다. 강경파 장교들 일부가 브랑쿠를 축출하려는 음모를 하고 있다고 알려지기도 하였다. 그들은 선거 결과를 무효화하고 더욱 강력한 독재정부를 수립하기를 원했던 것이다(Skidmore, 1988, 42~45). 브랑쿠 대통령은 정치적 양보를 조건으로 선거결과를 존중하였다.

브랑쿠 대통령은 제2호 제도법을 공포하였다. 제도법은 정부의 독단적인 권한을 확대하였다. 첫째, 정부는 기존 정당을 폐쇄할 수 있다. 둘째, 모든 유형의 선거를 간접선거로 할 수 있다. 셋째, 선출직 공무원의 임기를 취소할 수 있는 권한을 갖게 되었다. 넷째, 정치적 권리를 정지시킬 수 있다. 다섯째, 대법원의 판사를 16명으로 증원할 수 있다. 특히 대법원 판사를 증원한 것은 군부강경파가 기존의 대법원 판사들이 전복세력에 대하여 지나치게 온건하다고 판단하였기 때문이다(Skidmore, 1988, 45~47; Alves, 1985, 54~66).

군부강경파는 코스타 이 실바 대통령에게 프렌데 암쁘라(Frente Ampla)를 폐지하고 그 지도자 까르로스 라세르다(Carlos Lacerda)와 아직도 정치활동에 참여하고 정치권리 중지자(cassados)들을 처벌할 것을 요구하였다. 반대세력의 영향력과 발언권이 점차 강화될수록 온건(soft) 정부에 대하여 군부강경파의 불만과 압력도 점증하였다. 더욱이 군부강경파는 하원의원 마르시오 모레이라 알베스(Marcio Moreira Alves)의 의회연설을 용납할 수 없었다. 알베스는 군사정부의 무자비한 탄압과 고문을 비난하면서 독립일의 군사퍼레이드를 보이콧할 섯을 의회에 요청하였다. 그는 또한 브라질 여성들이 군인에 대한 호감을 갖지 말아야 한다고 주장하였다. 3군 각료들은 알베스의 면책특권 철회와 그의 모욕적인 연설에 대한 처벌을 요구하였다(Skidmore, 1988, 79~80).

브라질 의회는 군부강경파의 요구를 216 대 141로 거부하였다. 코스타 이 실바 대통령은 즉시 국가안보위원회를 소집하고 가장 독단적이고 탄압적인 제5호 제도법을 공포하였다. 브라질 의회도 폐쇄하였다. 그리고 반대세력을 억압하기 위하여 또 다른 제도법들과 추가적인 법령이나 포고령을 제정하였다. 제10호 제도법은 정치활동 중지자들의 공직진출을 금지하였다. 긴급명령 또는 포고령 477호는 사형제를 부활하였다. 한편 정부는 언론인, 의회의원, 대법원판사, 교수들을 체포, 정치권리 중지, 강제퇴직 등을 통하여 숙청하였다(Skidmore, 1988, 81~84). 정부의 강도 높은 정치탄압 정책은 군부강경파가 득세한 결과였다. 그 득세는 결과적으로 강경파 메디치 장군이 코스타 이 실바 대통령을 계승할 수 있게 하였다.

정치적으로 메디치 정부는 군부체제에서 가장 탄압적인 시기였다고 할 수 있다. 반면에 경제적으로는 성공적인 정부라고 평가할 수 있을 정도로 브라질은 지속적이고 빠른 경제성장을 경험하였다. 군사정부는 결국 정치적 고요와 경제적 발전의 두 마리 토끼를 잡은 듯하였다. 그러나 강도 높은 정치탄압은 비싼 정치적 대가를 요구하였다. 국내외로부터 반대와 비판을 초래하였다. 브라질민주운동당(MDB), 변호사, 가톨릭교회, 언론, 국가혁신연맹(ANR)의 자유파, 기업인 등이 탄압과 고문을 공개적으로 반대하였다. 국제적으로 영향력 있는 교황 파울(Paul) 6세도 브라질의 인권유린에 대하여 깊은 관심을 표명하였다.

게이젤 대통령이 집권하고 정치자유화 정책을 추진하자 군부강경파의 세력은 약화되었다. 자유화 과정 초기에 강경파의 반격은 격렬하였다. 1974년 11월 의회선거 직후에 상파울루 지역에서 대대적인 체포가 이루어졌다. 시민들 일부는 공산주의자들의 음모에 가담하였다고 체포되었다. 그들은 불법적인 공산당을 통하여 야당후보들을 재정적으로 도왔다는 것이었다. 또 다른 시민들은 공산당이나 민족자유행동조직과 연계되어 있다는 명목으로 체포 구금되었다. 이 과정에서 상파울루의 육군 2사단 병영―극우 강경파 에드나르두 다빌라 메루(Ednardo d'Avila Melo) 장군이 관할하고 있었던―에서 시민 2명이 사망하였다는 유명한 언론인 브라드미르 에르조그(Vladmir Herzog)가 1975년 10월에 사망하였고 또한 금속노동자 피엘 피루(Fiel Filho)가 1976년 1월 사망한 상태로 발견되었다. 군사정부에 대한 비판과 반대가 확산되었다.

단호한 리더십을 과시하기 위하여 게이젤 대통령은 육군최고사령관과 협의도 없이 즉각적으로 메루를 해임하였다(Skidmore, 1988, 176~178). 브라질 군의 최고사령부는 추후에 육군 제2사단의 숙정에 동의하였다. 이 과정에서 육군 장관 꼬에루 프로따(Coelho Frota)와 국가정보원장 피게이레두 장군은 게이젤의 결정에 동의하였다. 결과적으로 1976년 3월에 9명의 강경파 장군들이 퇴역하였다.

한편 게이젤 대통령은 강경파의 우려를 경감시키고 군통합을 유지하기 위하여 민간 반대세력에 대하여 보다 강경한 태도를 보였다. 그는 제5호 제도법에 근거하여 반대세력의 정치적 권한을 중지시켰다. 독재종식을 요구하였던 두 야당위원들의 정치적 권리를 철회하였다. 또한 브라질의 인권부재를 비난한 하원의 야당 지도자 아렌까르 푸르따두(Alencar Furtado)의 의원직과 정치적 권리를 박탈하기도 하였다(Alves, 1985, 98).

게이젤 대통령은 결국 1978년 말에 가장 억압적이었던 제5호 제도법을 폐지하고 정치범들에 대한 인신보호법을 재도입하였다. 이 정치자유화 정책은 군강경파에 대한 결정타였다. 탄압과 고문을 자행하였던 군강경파는 법적으로 무장 해제되었다고 할 수 있다. 좌절한 강경파는 점차 세력을 확대하고 있는 반대세력에 대항하여 테러행위나 비밀작전을 감행하였다. 1980년과 1981년 초에 브라질 전역에서 폭탄테러가 빈발하였다. 1981년 4월에는 좌파운동을 지원하기 위하여 콘서트가 열린 히우 센뜨롤(Rio Centrol) 극장의 주차장에서 폭탄이 폭발하기도 하였다. 육군안보/정보작전처 소속의 대위와 하사관이 연루되었다고 보도되었다. 육군 강경파는 폭탄테러의 개입을 은폐하려고 하였으나 실패하였다. 브라질 군은 결과적으로 더욱 분열되었다(Skidmore, 1988, 227~228).

군부강경파는 1982년 11월 전국선거에 대하여 분노하였다. 특히 민주노동당(PDT) 지도자 레오넬 브리조라(Leonel Brizola)가 리우 디 자네이루(Rio de Janeiro)의 주지사, 그의 보좌관 다르시 리베이루(Darcy Ribeiro)는 부주지사에 당선되었다. 군부는 오랫동안 그의 이데올로기와 스타일을 싫어하였다(Skidmore, 1988, 233~236). 강경파 장교들 일부는 군사반란을 일으켜서 브리졸라 추종자들을 체포할 것을 음모하였다. 그러나 피게이레두 대통령과 육군 장관 와우떼르 뻬레스(Walter Pires) 장군의 개입으로 실패하였다. 반대세력의 도전이 점차 거세지고 경제위기가 심화되면서 군부 강경파뿐만 아니라 군사정부의 입지도 불리해졌다. 군부는 결국 인권탄압의 유산을 남기고 결국 병영으로 복귀하였다.

2) 아르헨티나[8]

아르헨티나 군부는 국가발전과 안보에 관심을 갖고 있었다. 정치적 고요 또는 안정의 조건에서 국가발전을 실현하기 위하여 군부는 재차 쿠데타를 통하여 군부체제를 수립하고 권위주의 통치권을 행사하였다. 두 번의 통치기간에 군부는 반대세력과 전복세력에 대하여 탄압정책을 추구하였다. 두 번째 군부체제(1976~83)에서 군부는 전복세력과의 전쟁에 더욱 단호한 태도를 보였다. 특히 1970년대 중반에 게릴라운동이 급격하게 증가하였기 때문이었다. 군부는 1976년 쿠데타에서 "실정, 부패, 파괴적 재앙"으로부터 아르헨티나를 구하기 위하여 정치리더십을 장악하였다고 선언하였다. 군부는 "국가를 해치고 있는 악을 단번에 제거하기 위하여 가혹하게 권위를 행사할 것이다."라고 경고하였다. 군사통치위원회의 마쎄라 제독은 국가재조직 과정에서 전복세력 척결이 중요하다고 강조하였다.

첫 번째 군부체제(1966~73)에서 군부는 국가안보와 전복세력에 대하여 명확한 입장을 공식적으로 밝히지는 않았다. 그러나 두 번째 군부체제에서와 같이 탄압적이었다. 군부는 집권 직후에 정당활동을 포함하여 모든 정치적 활동을 금지하였다. 국립대학의 공산주의자 학생과 교수들을 축출하고 노조를 탄압하였다. 육군은 1969년 5월 꼬르도바의 학생과 노동자 시위에 대처하는 방법에 대하여 내부적으로 분열하였다. 대통령 온가니아 지지파는 직접적인 군사행동을 통하여 해결하자고 주장하였다. 반면에 육군사령관 라누쎄 지지파는 폭력적인 대결보다 평화적인 타협을 선호하였다. 이 갈등에서 라누쎄 지지파가 우세하였고 결과적으로 라누쎄와 그 지지파가 득세하였다(Rock, 1987, 347, 349).

라누쎄 대통령은 반대세력과 게릴라들에 대하여 단호하고 효과적인 리더십을 보여 주지 못하였다. 반대세력의 정치인들에게 민간체제로 회귀할 것을 요구하였다. 게릴라집단들이 1971년 2월 꼬르도바 시위를 사주하였다고 알려지기도 하였다. 라누쎄는 지방정부에 시위자들의 요구를 들어주라고 지시하는 한편 시위주동자 노동자와 학생들을 체포하였다(Rock, 1987, 356~357). 인플레와 전기료 2배 인상 등에 의하여 야기된 1972년 4월 멘도자(Mendoza) 대규모 폭동에서 육군은 초기에 무자비한 진압을 시도하였다. 이에 항의하여 주지사가 사임하기도 하였다. 공군도 시위대의 탄압을 반대하고 폭동진압에서 공군 병사와 기지를 사용하는 것을 거부하였다.

---

8) 아르헨티나 사례에 대하여 참조한 리포트: Foreign Broadcast Information Service, *Argentina*, 1976, 1977, 1979, 1983; *Latin America*: "Argentina", 1972, 1974, 1976; *Latin American Political Report*: "Argentina", 1979; *Latin America Weekly Report*: "Argentina", 1983.

좌우세력의 폭력적 갈등과 대결이 심화되는 상황에서 군부는 페론정부를 타도하여 두 번째 군부체제를 수립하였다. 그리고 군부는 전복세력에 대한 전면전(all-out war)을 선언하였다. 과거와는 달리 군부의 태도는 더욱 명확하고 단호하였다. 군에 저항하는 게릴라활동이 점증하고 있었기 때문이기도 하다. 게릴라집단(ERP)은 반군 활동을 전개하였다. 결과적으로 직접적으로 자극을 받은 군부는 전복세력의 타도를 결심하였고 전복세력에 대한 전쟁에서 재량권을 발휘하였다. 육군 제3사단장 벤하민 메넨데스(Benjamin Menendez) 장군은 공개적으로 "비데라가 통치하는 동안 나는 살해할 것이다."라고 선언하였다. 또 다른 장군은 더욱 노골적으로 강경파의 입장을 대변하고 있다고 알려졌다. "우리는 우선 모든 전복분자들을 처단하고, 다음에는 그 협조자, 동조자, 무관심자를 차례로 살해하고, 마지막으로 우리를 두려워하는 자들을 죽일 것이다(Rock, 1987, 444)."

군부는 전복세력, 특히 "이념적 침투세력(ideological infiltration)"에 대하여 대규모 작전을 전개하였다. 해군의 안보작전부대는 바이아 블랑카(Bahía Blanca) 주에 있는 남부대학의 경제학과 교수진을 체포하였다. 육군 제5사단장은 17명의 교사와 정치운동가들을 검거하기도 하였다. 군부의 계속된 작전으로 정치인 수감자들과 인권탄압 피해자들도 급격하게 증가하였다. 군부체제는 국내외적으로 비판과 반대에 직면하게 되었다.

정치탄압에 대하여 군의 안보첩보작전 부서들이 일차적으로 책임을 맡고 있었다. 그 부서들은 각 군의 총사령관의 관할권에 귀속되어 있었으나 실제적으로 강경파 장교들이 직간접적으로 통제하고 있었다. 그 부서들 중에는 육군첩보 601대대, 해군첩보부대(SIN), 공군첩보부대(SIA) 등이 있었다. 군은 전역에 200여 개의 유치장을 직접 운영하고 있었고 그곳에서 심문과 고문을 자행하였다. 군은 전복세력에 대한 작전을 원활하게 수행하기 위하여 여러 첩보부대로부터 차출된 요원들로 특수 수사대를 구성하기도 하였다.[9]

탄압과 고문이 초래하는 막대한 인간적·정치적 대가에도 불구하고 군부 강경파는 전복세력에 대한 전쟁을 계속하여 수행할 것을 지지하였다. 따라서 민간 정치인들에게 조기의 권력이양을 반대하였다. 강경파는 대통령 비데라와 육군사령관 비오라의 정책에 반대하였다. 그들은 민간체제로의 이행을 지지하였고 전복세력에 대하여 다소 온건한 태도를 보였기 때문이다. 군사정부가 1979년 9월 언론인 자꼬부 띠메르만(Jacobo Timerman)의 석방을 결정하자 루시아노 메넨데스(Luciano Menendez) 장군이 군사반란을 시도하였다. 그는 "전복세력의 타도

---

9) 아르헨티나 군부체제의 탄압과 고문: The Argentine National Commission on the Disappeared, 1986, *Nunca Más*; Alfred Stepan, 1988, pp.24~25.

<표 2.1.2> 군부체제의 증발자: 브라질과 아르헨티나

국가	브라질	아르헨티나
증발자	125	8,960
인구(1975, 백만)	125	28
증발자(100,000명당)	0.1	32.0

출처: Alfred Stepan, *Rethinking Military Politics: Brazil and the Southern Cone*(1988, 70); Thomas E. Skidmore, *The Politics of Military Rule in Brazil, 1964~1985*(1988, 269).

임무는 아직 달성되지 않았다.”고 선언하였고 비오라의 즉각적인 사임을 요구하였다. 그의 시도는 군에서 광범위한 지지를 받지 못하고 실패하였다. 그는 90일 동안 구금되었다가 전역되었다. 군사반란은 강경파가 아직도 전복세력의 타도에 대하여 깊은 관심을 갖고 있다는 사실을 보여 주었다.

말비나스 섬 전쟁 후에 인권단체와 다른 반체제단체들은 군사정부에 정치구금자들을 석방하고 증발자(disappearances)에 대한 정보를 제공할 것을 요구하였다. 군부는 전복세력을 척결하기 위하여 전개한 소위 “더러운 전쟁(dirty war)”을 옹호하고 변명하였다. 군부는 1983년 4월 “전복세력과 테러에 대한 투쟁에 관한 군사최고위원회의 최종 문서”를 공식적으로 발표하였다. 군부는 문서에서 과거의 실수나 오류를 부분적으로 인정하였으나 과거의 전반적인 행동과 증발자에 대하여 직접적인 책임을 부정하였다. 민주 기초선거 1개월 전에 군부는 또한 일방적으로 사면법을 공포하였다. 군부는 더러운 전쟁에 직접적으로 참여한 안보/첩보 군사요원들을 보호하려고 하였기 때문이다(Rock, 1987, 386). 이와 같이 군부는 피 묻은 더러운 손을 씻어 내려고 노력하였으나 민간지도자들의 동의를 이끌어 내지는 못하였다. 군부는 과거의 과도한 행위에 대하여 아르헨티나 민주정부와 시민의 결정을 기다릴 수밖에 없었다.

3. 정치경제

경제위기는 빈번하게 군사쿠데타의 중요한 조건이 된다. 군은 쿠데타와 통치권을 정당화하기 위하여 경제위기를 해결할 것을 약속한다. 그러므로 군부체제에서 경제적 정책성과는 체제정통성과 직결되어 있다고 할 수 있다. 경제정책의 실패가 반복적으로 야기된다면 체제안정성이 약화될 것이고 궁극적으로 체제붕괴로 귀결될 것이다.

1) 브라질10)

브라질 군부가 집권하였을 때 경제안정과 성장의 문제에 대하여 깊은 관심을 갖고 있었다. 이 시각에서 대중주의자 굴라르는 실패한 대통령이었다. 그는 1963년 사회적 불안이 브라질을 휩쓸었을 때 임금수준과 신용대출을 통제할 수가 없었다. 그의 지지자들이 불이익을 받아서 소외되는 것을 두려워하였기 때문이다. 브라질 경제는 결과적으로 점차 악화되었다. 인플레는 거의 100%에 이르렀으며 정부의 재정적자는 더욱 확대되었다. 외채도 급격하게 증가하여 30억 달러가 되었다. 브라질은 해외의 신용경색으로 거의 채무불이행(default)을 선언해야 될 지경이 되었다.

이러한 상황에서 군부는 경제안정화와 성장이 군사정부가 최우선적으로 다루어야 할 과제라고 판단하였다. 군부체제 첫 번째 대통령 브랑쿠(Branco)는 취임사에서 "인플레와 후진성이 지금 단번에 공격할 문제들이다."라고 선언하였다(Sigmond, ed., 1970, 134). 그 후에도 그는 국가경제에 대하여 특별한 관심을 표명하였다. "가장 긴급한 과제들은 일반 물가의 급등을 통제하는 것, 국가경제를 위하여 최소한의 질서를 회복하는 것, 자신감의 위기를 극복하는 것, 기업가와 노동자의 생산활동에 필요한 평안함, 고요함(tranquility)을 회복하는 것 등이다(Loveman & Davies, Jr., ed. 1978, 193)."

브라질 군부는 우선적으로 경제안정화에 대하여 분명한 사명감을 보여주었다. 특히 인플레 억제와 질서와 평안으로 규정된 국가안보 실현이 급선무임을 인식하고 있었다. 그러나 군부는 그러한 사명을 완수하기 위하여 필요한 전문지식과 경험을 갖고 있는 전문 인력이 거의 부재하였다. 그들은 경제, 재정, 기획 부문 등에서 국내외에서 교육과 훈련을 받은 우수한 민간 전문 관료나 지식인들에 의존하였다. 그들에게 정부의 관련 부처를 배분하여 책임지게 하고 관련 분야의 정책결정 권한을 위임하였다. 소위 민간기술 관료가 득세하게 되었다. 그들의 영향력은 경제나 재정분야에 국한되지 않고 직간접적으로 관련되어 있는, 다른 정책분야에도 확대되었다. 군부체제에서 그들의 위상과 권위는 군 출신 각료들이 시기할 정도로 높아졌다.

군부체제 20여 년 동안에 3, 4명의 민간각료가 국가발전계획을 마련하고 집행하는 경제팀을 이끌었다. 브랑쿠 정부에서는 경제전문가이면서 외교관 출신인 로베르뚜 깜뽀스(Roberto Campos)가 경제기획조정부 장관이 재정부 장관 옥따비우 고우베이아 디 부로에스(Octavio

---

10) 브라질 사례의 경제데이터에 대하여 참조한 리포트: Thomas Skidmore, 1988; Inter-American Development Bank, *Economic and Social Progress in Latin America, Annual Reports*: 1963-1985; James W. Wilkie, David E. Lorey & Enrique Ochoa, eds., 1984; 1986; 1988.

Gouveia de Bulhoes)와 함께 경제팀을 관한하였다. 그들은 "정부경제행동계획: 1964-1966"을 작성하였고 그 후에는 국가경제사회발전 10개년 계획을 수립하였다. 인플레를 통제하기 위한 수단으로 "물가연동제(indexation)"를 실시하기도 하였다(Skidmore, 1988, 29~33, 55~56; 1976, 3~46).

캄푸스-부로에스(Campos-Bulhoes) 팀의 경제정책은 어느 정도 성공적이었다. 애초의 목표였던 연 10% 이하로 인플레를 낮추지는 못하였다. 그러나 인플레는 1964년 100%에서 1967년 25%로 하락하였다. 그리고 국제수지의 개선으로 더 이상 외채지불을 재조정하지 않게 되었다. 반면에 반인플레 정책으로 산업활동이 침체되었고 실질임금은 25%나 감소하였다. 캄푸스-부로에스 팀의 경제정책 성과는 결과적으로 절반의 성공이었다고 볼 수 있다(Skidmore, 1988, 58~63).

코스타 이 실바 대통령은 새로운 경제팀을 구성하였다. 재무부장관 Antonio Delfim Neto 과 기획부장관 에리오 벨뜨라우(Helio Beltrao)가 공동으로 그 경제팀을 주도하였다. 특히 네또는 곧 경제정책 분야에서 가장 영향력 있고 뛰어난 리더가 되었다. 그는 낮은 인플레의 조건에서 급진적인 경제성장을 지향하였다. 물가통제를 위하여 정부물가통제위원회를 조직하였다. 공적·사적 부문에서 일어나는 모든 가격인상은 사전에 정부의 허가를 받도록 하였다(Skidmore, 1988, 68~71. 89~93). 네또는 계속하여 메디치 정부에서도 재무부 장관으로 재임하였다. 그는 1972년 "국가발전계획(PND; Plano Nacional de Desenvolvimento) Ⅰ: 1972-1974"를 입안하였다. 정치적 탄압과 "고요(calm)"의 조건에서 소위 "브라질 기적"을 일으켰다. 브라질은 제2차 세계대전 후에 가장 높은 경제성장을 경험하였다(Skidmore, 1988, 138~144). 국내총생산(GDP)의 실질 성장률은 연평균 10%였고 1인당 성장률은 7%에 이르렀다. 실질 제조업 생산은 130% 확대되었고 또한 부분적으로 1차 산업 생산품과 비전통적인 상품의 수출로 인하여 수출총액이 3배나 증가하였다. 브라질은 결과적으로 중남미국가들의 국내총생산의 34.2%를 차지하게 되었다. 이는 29%를 기록한 1970년도에 비교하여 주목할 만한 성장이었다.

게이젤 대통령은 1974년 전직 경제학교수 마리우 엔히크 시몬센(Mario Henrique Simonsen)을 재무장관에 임명하고 경제정책에 대하여 전권을 위임하였다. 시몬센 팀은 "제2차 국가발전계획: 1975-1979"을 마련하였다. 그는 원칙적으로 "외채주도(debt-led) 성장전략"을 채택하였다. 외채에 의존하여 국가의 고속 경제성장을 실현하고자 하였다. 게이젤과 군부는 그러한 경제성장이 결과적으로 정치자유화와 체제안정에 기여할 수 있다고 믿은 것 같았다. 브라질 기적이 계속되기를 기대하였다고 볼 수 있다(Skidmore, 1988, 178~180).

그러나 그들의 기대와 달리 1973년 석유 파동은 세계경제를 침체시켰고 결과적으로 브라질의 수출입 소득은 급감하였다. 브라질의 수출주도 경제는 붕괴되었고 경제성장은 지체되었다. 석유소비량의 75%를 수입하는 브라질에서 국제유가의 3배 상승은 수입총액의 급격한 증가와 국제수지의 심각한 악화를 초래하였다. 이 상황에서 게이젤 정부는 외국자본으로 고속 경제성장을 유지하고 무역수지 적자를 해고하려고 노력하였다. 브라질의 외채는 1974년 62억에서 119억 달러로 급격하게 증가하였고 1978년에는 435억 달러까지 급증하였다. 국민총생산은 브라질 기적의 시기에 연평균 10.8%였으나 1977년에 5.4%, 1978년에는 4.8% 대폭 감소하였다. 인플레도 기적의 시기에 연평균 19.3%에서 1977년에 38.8%, 1978년에는 40.8%로 급등하였다(Skidmore, 1988, 206~209).

세계경제위기는 점차 심화되고 있었다. 국제시장에서 1970년대 말에 또 다른 석유파동이 일어났고 유로달러의 이자율이 급등하였다. 시몬센 재무장관은 고속 경제성장 정책을 더 이상 계속할 수 없다고 선언하였다. 피게이레두 대통령은 그를 전임 재무장관 네또로 교체하였다. 브라질 기적의 주역이었던 네또는 아직도 성장정책이 가능하다고 믿었다. 그는 야심적으로 "국가발전계획 III: 1980-1986"을 마련하고 시행하였다. 그러나 세계와 브라질의 경제가 악화되면서 브라질 기적을 다시 일어나게 할 수는 없었다(Skidmore, 1988, 215~217).

브라질은 1980년부터 심각한 경기침체기에 들어섰다. 인플레는 100% 이상 급등하였고 국제수지 적자는 급격하게 증가하였다. 외채는 1982년 급격하게 870억 달러로 불어나서 세계 최대의 채무국이 되었다. 브라질은 더 이상 외채의 원금을 상환할 수가 없게 되었다. 이러한 경제적 상황의 악화는 군사정부와 체제의 정통성을 지속적으로 약화시켰다. 군부는 결과적으로 정치자유화 과정과 그 결과를 통제하기가 어렵게 되었다(Skidmore, 1988, 236~240).

결론적으로 브라질 군부체제는 궁극적으로 고질적인 경제문제를 해결하지 못하였다. 군부가 20여 년 전 집권할 당시의 명분과 약속을 지키지 못한 것이었고 할 수 있다. 군부체제에서 군사정부의 경제적 성과는 일시적이었고 치명적인 정치적 대가를 필요로 하였다. 특히 정치탄압, 외채, 소득불평등 등의 문제는 심각하게 더욱 악화되었다. 군부체제는 체제이행의 기로에 서게 되었다.

<표 2.1.3> 브라질 군부체제의 정치경제, 1961~1985

연도	국내총생산(GDP, %)	인플레(%)	외채		정치경제 사건
			이자(%)	원금상환+이자(%)	
1961	10.3	32.3			
1962	5.2	51.2			
1963	1,6	70.8			
1964	2.9	91.4			쿠데타/Branco 대통령
1965	2.7	65.9			
1966	3.8	41.3			
1967	4.9	30.4			Costa e Silva 대통령
1968	11.2	22.0			AI-5/브라질 경제 기적
1969	9.9	22.7			Medici 대통령
1970	8.8	22.3			
1971	13.3	20.2			
1972	11.7	16.5			
1973	13.7	12.7			세계석유 파동
1974	9.8	27.6			Geisel 대통령/자유화
1975	5.7	29.0			
1976	9.0	42.0			
1977	4.7	43.7	18.9		
1978	6.0	38.7	24.5		AI-5 폐지
1979	6.4	52.7	31.5		Figuereido 대통령
1980	7.2	82.8	34.1	59.4	
1981	-1.9	105.6	40.4	64.5	
1982	1.5	98.0	57.1	86.0	총선거
1983	-2.6	142.1	43.5	61.0	군부체제붕괴
1984	4.9	197.0	38.7	45.2	체제이행
1985	8.3	226.9	43.5		민주체제 수립

출처: James W. Wilkie, ed., *SALA* Vol.24(1984, 667 & 814); Vol.26(1988, 66 & 834); Inter-American Development Bank, *Economic and Social Progress in Latin America*, annual reports(1983, 172); (1984, 244); (1985, 210); (1986, 220); (1987, 246). 외채/이자(%)는 수출총액에 대하여 외채에 지불되는 총 이자액의 비율이고 외채/원금상환+이자(%)는 수출총액에 대비하여 외채에 지불된 원금과 이자의 총액의 비율을 의미한다. AI-5는 제5호 제도법을 뜻한다.

2) 아르헨티나[11]

아르헨티나 군부는 1976년 3월 쿠데타 포고문에서 국가경제에 대하여 깊은 관심을 갖고 있다는 사실을 분명하게 보여 주었다. 아르헨티나는 "국가경제의 관리에서 명백하게 무책임성

---

11) 아르헨티나 사례의 경제 데이터에 대하여 참조한 리포트: 아르헨티나 경제 데이터: David Rock, 1987; Inter-American Development Bank, *Economic and Social Progress in Latin America, Annual Reports*: 1963–1985; James W. Wilkie, David E. Lorey & Enrique Ochoa, eds., 1984; 1986; 1988; Foreign Broadcast Information Service, *Daily Report*, 24 March, 1976: "Proclamation on Coup", p.B1.

을 드러내고 있다. 그러한 무책임성은 생산기제의 파괴, 투기, 부패확산 등을 초래하였다." 최고군사위원회 리더 비데라 장군은 공식적인 연설에서 특별히 외채상환, 경기침체, 실업 등의 문제들을 언급하고 그 해결을 약속하였다. 그는 또한 "안보와 발전의 주요 부문에 대하여 정부가 통제권을 행사하면서 국가자원의 개발에서 개인과 자본이 잠재성과 창의성을 최대한 발휘할 수 있도록 필요한 조건을 제공하겠다."고 선언하였다. 이러한 관심은 아르헨티나가 1970년대 중반에 경험하고 있는 경제적 상황을 군부가 심각하게 받아들이고 있었다는 것을 의미한다.

군부는 1966년 6월 집권과정에서는 국가경제에 대하여 특별한 관심을 보이지 않았으나 1965년부터 고질적인 인플레 압력과 정부의 재정적자 문제에 대하여 우려하고 있었다(Wynia, 1978, 168~172). 국내총생산은 1966년 급격하게 감소하여 성장률은 0.6%로 낮아졌다. 인플레는 1964년 22.4%에서 30%로 이상으로 높아졌다. 정부의 재정적자는 해결될 기미를 보이지 않았다. 이 상황에서 민간체제의 마지막 대통령 이-이아는 경제긴축정책을 실행할 수가 없었다. 그는 노동자 파업이 점차 증가하자 노동임금을 동결하지 못하였다. 투자자들의 신뢰가 급격하게 무너졌고 주식시장도 거의 마비되었다. 이러한 경제적 불안정과 함께 1965년 3월 총선에서 페론주의자들의 득세는 결국 군부의 정치개입을 초래하였다. 온가니아와 군부는 특히 인플레를 통제하여 경제안정화를 이루고 경제발전을 실현할 것을 결심하였다(Rock, 1987, 345~346).

아르헨티나 군부는 1976년 3월에도 페론 정부에서 국가경제가 악화되고 있다는 사실에 부분적으로 자극을 받았다고 할 수 있다. 유럽공동시장이 아르헨티나 생산 쇠고기 수입을 금지하였기 때문에 수출이 급격하게 감소하였다. 농산물 작황도 기후변화로 좋지 않다. 수출소득은 결과적으로 25%나 적어졌다. 수입액은 1973년 석유파동으로 유가가 3배 상승하였기 때문에 급증하였다. 국제수지 적자는 10억 달러에 달하였고 외환보유고는 50% 이상 축소되었다. 소비자 물가는 치솟아 인플레는 1974년 23.5%, 1975년 182.3%로 급등하였다. 국민총생산의 증가율은 1974년 6.1%에서 1975년 -0.9%로 급락하였다. 군사쿠데타 리더 비데라 장군은 그러한 경제상황을 극복하겠다고 선언하였다. "우유부단하고 비현실적인 경제리더십이 경기침체와 실업을 야기하였고, 그 결과로 고뇌와 실망감이 초래되었다. 이것이 우리가 물려받은 유산이며 그 유산을 극복할 것이다."[12]

---

12) Foreign Broadcast Information Service, *Daily Report*, 31 March, 1976, p.B2.

<표 2.1.4> 아르헨티나 군부체제의 정치경제, 1961~1983

연도	국내총생산 (GDP, %)	인플레 (%)	외채		정치경제 사건
			이자(%)	원금상환+이자(%)	
1961	7.1	14.0			
1962	-1.6	28.1			군사쿠데타
1963	-2.4	24.0			
1964	10.3	22.1			
1965	9.1	28.5			
1966	0.6	31.7			군사쿠데타/군부체제 I
1967	2.7	29.4			Ongania 대통령
1968	4.3	16.1			
1969	8.6	7.7			
1970	5.4	13.6			Livingston 대통령
1971	4.8	34.8			Lanusse 대통령
1972	3.1	58.4			
1973	6.1	61.2			세계 석유파동/선거
1974	6.1	23.5			페론 정부
1975	-0.9	182.3			
1976	-1.7	443.2			군사쿠데타/군부체제 II
1977	4.9	176.1	7.6		Videla 대통령
1978	-3.9	175.5	9.6		
1979	6.7	159.5	12.8		
1980	0.7	100.8	22.0	58.3	
1981	-6.7	104.5	35.2	84.2	Viola 대통령
1982	-6.2	164.8	56.8	107.7	Galtieri 대통령/전쟁
1983	3.0	343.8	58.2	127.0	Bignone 대통령/체제붕괴

출처: James W. Wilkie, ed., SALA Vol.24(1984, 782); Vol.26(1988, 667, 787 & 832); Inter-American Development Bank, Economic and Social Progress in Latin America, annual reports(1983, 143); (1984, 244); (1984, 212); (1985, 178); (1986, 188); (1987, 214). 외채/이자(%)는 수출총액에 대하여 외채에 지불되는 총 이자액의 비율이고 외채/원금상환+이자(%)는 수출총액에 대비하여 외채에 지불된 원금과 이자의 총액의 비율을 의미한다.

군부는 1966년 6월 집권하자 경제정책 분야의 리더십을 민간 기술관료와 경제전문가에 위임하였다. 온가니아 대통령은 1967년 1월 경제장관을 크리에게르 바세나(Krieger Vasena)로 교체하였다. 바세나는 포괄적인 경제정책을 기획하고 3월에 "대변혁" 정책프로그램을 공개하기도 하였다. 그 목적은 인플레를 통제하고 국제수지를 향상시키며 산업성장을 도모하고 경제적 효율성을 증진시키는 것이었다(Wynia, 1978, 168~172). 그의 정책적 성과는 일시적으로 나타났을 뿐이었다. 오히려 2년 임금동결과 같은 긴축정책은 1969년 5월 꼬르도바 폭동의 주요 원인이 되었다. 온가니아는 군부와 반대세력의 비판과 압력에 직면하자 바사나(Vasena)를 해임하고 경제전문가 조세 마리아 다그니노 빠스또레(Jose Maria Dagnino Pastore)를 임명하였다. 군부는 특히 임금동결을 반대하였다(Rock, 1987, 347~351).

로베르투 마르세로 리빙스폰 대통령은 취임 직후에 경제전문가 까르로스 모야노 이에레나(Carlos Moyano Llerena)를 경제장관에 임명하였다. 그는 10월에 공공사업부 장관 알도 훼레르(Aldo Ferrer)로 교체되었다. 훼레르는 경제긴축과 안정화정책보다 더욱 민족주의적인 팽창적인 정책을 선호하였다. 훼레르는 국내산업과 수출을 확대함으로써 연평균 8%의 경제성장을 이룩하려고 시도하였다(108).

라누쎄 정부도 온건한 민족주의적 정책을 계속하여 추진하였다(Wynia, 1978, 188~191). 군부는 정권이양을 준비하면서 인기 없는 경제안정화 정책을 포기한 듯하였다. 경제상황은 그리 좋은 편은 아니었다. 국내총생산의 실질성장률은 1970년 5.4%에서 1972년 3.1%로 낮아졌다. 인플레도 1970년 13.6%에서 1972년 58.4%로 급등하였다.

아르헨티나 군부는 1976년 재집권하였을 때는 국가의 정치와 경제부문을 재조직하기 위하여 외과수술적 접근방법을 채택하였다. 전복세력에 대하여 전면전을 전개하였고 또한 국가경제의 급진적인 재구조화를 통하여 경제적 부실관리, 불안정, 비효율성을 근절하기를 원하였다. 군부는 근본적인 경제개혁을 추진할 준비가 되어 있는 민간 경제전문가들을 충원하였다. 호세 아 마르띠네스 데 오스(Jose A. Martinez de Hoz)는 정부의 경제정책 결정 과정에서 가장 저명하고 영향력 있는 각료였다. 그와 그의 동료들은 모두 극단적인 시장주의자 또는 신자유주의자들이었다. 그들은 시장의 공개적인 자유경쟁, 경제적 탈민족주의와 탈중앙화, 외국자본의 활용을 지지하였다. 그들은 곧 모든 정부보조금을 폐지하였고 공산품 대부분에 대하여 관세를 인하하였다. 인플레를 낮추고 투자자의 신뢰를 높이려고 통화규제를 통하여 경제안정화정책을 집행하였다(Rock, 1987, 369~370). 그러나 석유파동으로 세계경제의 침체가 심화되면서 데 오스의 경제정책의 효과도 점차 쇠퇴하였다.

아르헨티나는 1980년 말 대통령 승계와 미래 경제정책의 불확실성이 커지는 상황에서 금융공황을 경험하였다. 은행들 다수가 파산하였고 상당한 액수의 자본이 국외로 유출되었다. 아르헨티나는 결과적으로 금융 붕괴의 지경에 이르렀다. 외채는 1979년 85달러에서 1981년 253억 달러로 급증하였다. 이는 국내총생산 기준으로 볼 때 14%에서 42%로 외채부담이 3배 증가한 것이었다. 국내총생산의 실질 성장은 주로 산업생산의 축소로 인하여 6.1%로 낮아졌다. 페소의 가치는 1981년 600% 이상 하락하였고 실질임금은 19.2% 감소하였다(Rock, 1987, 369~374).

<표 2.1.5> 군부체제의 경제성과: 브리질과 아르헨티나

국가	브라질	아르헨티나
군부체제 집권기간(년)	20	13
국내총생산(연평균, %)	6.6	2.5
인플레(연평균, %)	55.7	106.5
외채(연평균, %)	36.1(63.2)	28.9(94.3)

출처: James W. Wilkie, ed., *SALA* Vol.24(1984, 782, 784); Vol.24(1988, 667, 787, 832); Inter-American Development Bank, *Economic and Social Progress in Latin America*, Annual Reports(1983, 143); (1984, 244, 172); (1984, 212, 244); (1985, 178, 210); (1986, 188, 220); (1987, 214, 246). 〈표 Ⅱ-D-3, 4〉의 데이터에 근거하여 각 부문의 변화율을 연평균으로 계산하였다. 군부의 집권 연도와 권력이양 연도는 군부체제의 성과로 보기에는 다소 무리가 있는 것 같아 연평균 계산에서 제외하였다. 외채에서 (괄호) 안의 수치는 수출총액에 대하여 외채 이자와 원금상환분(amottization)을 합한 액수의 비율이다.

경제적 상황은 계속하여 악화되었다. 아르헨티나 노조는 파업을 준비하고 있었다. 군부는 군부체제의 유지를 위하여 영국과의 전쟁을 감행하였으나 패배하고 말았다. 전쟁패배로 인하여 군부체제는 거의 붕괴되었고 정치적 리더십은 실종되었다. 경제 불안정과 위기는 더욱 심화되어 갔다. 국내총생산의 실질 성장은 5.2%로 떨어졌다. 인플레는 200% 이상으로 상승하였고 외채는 급증하여 1982년 390억 달러에 이르렀다. 결론적으로 군부는 집권 시 약속한 대로 아르헨티나의 고질적인 경제문제들을 해결하지 못한 것이었다. 군부는 정치적 군사적 전선에서뿐만 아니라 경제적 전선에서도 패배하였다고 할 수 있다.

Ⅱ. 군부권위주의체제의 정치자유화

군부체제에서 군사정부는 군부의 이해관계에 따라서 정치자유화정책을 추진할 수도 있다. 군부는 일반적으로 제한적인 정치자유화를 통하여 군부체제의 정통성과 안정성을 제고하려고 한다. 또한 군강경파의 득세를 견제하여 군제도의 위계질서와 단합을 회복하려고 한다. 군부의 이해관계에서 자유화과정은 제한적으로 시작되지만 그 과정은 군부의 전략과 그에 대한 반대세력의 결집과 대응의 수준에 따라서 진행된다. 자유화과정은 집권세력의 통치능력과 반대세력의 도전능력의 균형에 따라서 진행되는 변증법적 투쟁이라고 할 수 있다. 집권세력은 제한적인 자유화를 통하여 체제정통화와 안정화를 원한다. 반대로 반대세력은 세력균형에 따라서 완전한 자유화 또는 민주화를 실현하기를 기대한다. 그러므로 자유화 과정은 군부의 의지와 다르게 진행될 수 있고, 누구도 그 결과를 예측할 수 없을 것이다. 자유화과정은 체제수준에서 제한될 수도 있지만 체제붕괴나 또는 민주화가 진전될 개연성도 있다.

1. 브라질: 정치자유화 동기[13]

게이젤 대통령은 1974년 3월 각료회의에서 공식적으로 정치적 풍향을 변화시키겠다고 밝혔다. "우리는 브라질 정치에서 점진적이고 확고한 민주주의 발전을 향하여 전개되는 진지한 활동을 환영합니다. 동시에 정직하고 상호 존중하는 대화를 확대하며 책임 있는 엘리트와 일반 국민들의 더 많은 참여를 격려할 것입니다. 그러므로 기본적인 합의의 분위기를 조성하고 1964년 혁명의 원칙들의 제도화가 이루어지도록 이끌어 나갈 것입니다(Loveman & Davies, Jr., 1978, 195)." 이 선언은 게이젤과 군부온건파 가스떼리스따(Castelista)들이 주도하는 정치자유화정책의 시작을 알리는 것이었다.

가스떼리스따(Castelista)는 브랑쿠 대통령의 추종자들로서 고급군사대학(ESG)과 관련을 맺었던 군지도자들이었다. 그들은 궁극적으로 민주적 원칙에 충실하였으나 예외적으로 조건에 따라서 군부통치의 필요성도 인정하고 있었다. 군부체제 초기에 그들은 대통령 승계투쟁에서 성공하지 못하였으나 마침내 그들의 지도자 게이젤이 대통령이 되었다. 그들은 군부강경파 출신 코스타 이 실바와 메디치 정부에서 잃었던 정치적 영향력을 회복하게 되었다(Skidmore, 1988, 21~22, 160~161). 강경파 대통령 재임 시에는 군부강경파가 득세하였다. 브랑쿠를 계승한 코스타 이 실바가 권위주의 통치의 기반을 닦았다면 메디치는 노골적으로 강력한 "반정치(anti-politics)"를 실천하였다. 메디치는 억압적인 제도법과 포고령 등에 근거하여 고문, 숙청, 검열 등을 통하여 사회정치적인 침묵을 강요하였다. 총제적인 탄압은 반대세력을 거의 무력화시켰다. 노조는 두려움으로 보다 적극적인 파업보다는 간헐적이고 소극적인 노동운동에 만족해야만 하였다(Skidmore, 1988, 204).

메디치는 1972년 초까지 도시게릴라를 제거하였다. 도시게릴라는 1968년 말부터 준동하기 시작하였다. 그들은 투옥된 게릴라의 구출 자금이나 그 외의 활동을 위한 자금을 확보하기 위하여 은행 강도, 군사시설이나 병영 공격, 외교관 납치 등을 자행하였다. 히우-상파우루(Rio-Sao Paulo) 지역에만 민족해방행동(ALN)과 민중혁명전선(VPR)을 포함하여 약 6개 게릴라 집단이 활동하고 있었다. 민족해방행동은 브라질 공산당(PCB) 출신 지도자들이 이끌고 있었

---

13) 브라질 사례에 대하여 참조한 리포트: *Latin America*: "Brazil", 1973; *Latin America*, 2 January, 1976(X-1): "Latin Letter", "Guerrilla Movements in Latin America"; 9 July, 1976(X-27): "Latin Letter", "The Last Brazilian Guerrillas."

고 민중혁명전선은 상파울루 지역의 마르크시스트들이 조직하였고 육군 대위 까르로스 라마라(Carlos Lamara)도 추후에 참여하였다. 군안보부대의 공세에 게릴라 지도자들 다수가 사망하면서 게릴라운동은 점차 쇠퇴하였다. 특히 라마라가 바이아(Bahia) 주 오지에서 살해되자 도시 게릴라운동은 종식되었다. 군은 또한 1975년까지 아마존지역에서 나타나기 시작하였던 농촌 게릴라운동도 진압하였다(Skidmore, 1988, 117~125).

군부체제는 경제전선에서도 가시적인 성과를 거두었다. 메디치 정부에서 브라질은 지속적이고 급속한 경제성장과 저인플레, 소위 "브라질 기적"을 경험하였다(Alves, 1985, 106~114). 그러한 경제적 성과에 대하여 군부체제는 높은 정치적·사회적·군사적 비용을 지불해야만 하였다. 첫째, 정치탄압의 조건에서 경제정책의 성과는 가능하였다고 할 수 있다. 정치탄압은 결과적으로 군사정부에서 안보공동체의 득세를 초래하였다. 억압기구는 군강경파의 직접적인 관할권에 있거나 또는 직간접적으로 연계되어 있었다. 군제도 내부에서 분열이 심화되었을 뿐만 아니라 계급적 위계질서도 점차 약화되었다.[14]

둘째, 군부체제에서 정치탄압은 브라질 시민들 다수를 소외시켰고 반대세력에 참여하거나 지지하게 만들었다. 그들은 정치인, 군 장교, 학생, 교수, 노동자, 판사, 언론인, 관료, 신부 등 다양한 사회지도급 인사들을 포함하고 있었다. 군부는 1964년 쿠데타 직후 "정화작전"에서 수천여 명의 소위 공산주의자나 친좌파 인사들을 체포하였다. 1,408명의 관료와 1,228명의 군 장교를 숙청하였다. 583명의 정치인들－연방, 주, 지역의 의회의원들과 주지사, 시장 등－이 1964년과 1973년 사이에 그들의 직책에서 퇴출되었다.

메디치 정부에서는 4,660명이 활동이 금지된 정당조직이나 무장활동에 참여하였다는 이유로 고소되었고 군사법정에서 재판을 받았다(Skidmore, 1988, 23~27, 125~135; Alves, 1985, 41, 42, 97, 98; Dassin, ed., 1986, 77~80).[15] 특히 제5호 제도법이 선포된 1968년 말 이후부터는 브라질 시민 모두가 실질적으로 정치탄압의 희생자들이었다고 할 수 있다. 그들은 독단적인 정부로부터 보호받을 권리와 언론과 표현의 자유 등 기본적인 권리와 자유를 상실하였다. 노동자, 학생 등 반대세력은 두려움에 적극적이고 공격적인 활동을 자제하였다. 로마 가톨릭교회는 예외적으로 군사정부에 도전적이었다(Skidmore, 1988, 135~138).

셋째, 정치탄압은 결과적으로 강력한 비판과 반대를 국내외적으로 초래하였다. 그러한 반대와 비판이 고조되면서 군부체제와 군사정부의 정통성이 약화되었다. 특히 가톨릭교회는 반

---

14) 2장, 1절, Ⅰ의 1. "권력투쟁"과 3. "정치경제"를 참조.
15) 2장, 1절, Ⅰ의 2. "정치탄압"을 참조.

대세력의 전위대 역할을 담당하였다. 주교(bishop)들은 사제와 신도들을 탄압으로부터 보호하려고 노력하였다. 뿐만 아니라 군사정부가 교회지도자, 노조원, 학생, 언론인들에 대하여 광범위하게 폭력을 행사하고 있다고 공개적으로 비난하였다. 그들은 정치범들과 그 가족을 보호하고 돕기 위하여 "평화정의위원회"를 조직하였다. 군부체제에 대하여 가장 비판적인 대주교들인 상파울루 구역의 돔 빠우루 에바리스뚜 아른스(Dom Paulo Evaristo Arns)와 오린다-레시페(Olinda-Recife) 구역의 돔 엘데르 까마라(Dom Helder Camara)는 군사정부의 탄압, 고문, 사회적 불공정을 강력하게 비난하기도 하였다(Skidmore, 1988, 135~138, 180~185; Alves, 1985, 155~159).

가톨릭교회는 브라질의 인권침해에 대하여 국제적인 관심과 압력을 고조시키려고 노력하였다. 로마 교황청과 미국과 유럽의 가톨릭공동체들과 접촉하고 브라질의 인권실태를 알렸다. 미국과 유럽의 언론은 탄압적인 통치에 대하여 브라질 정부를 비판하였다. 로마 교황청은 남미의 인권상황에 대하여 깊은 관심과 우려를 표명하였다고 알려졌다. 국제사면기구(AI)는 1969년 12월 브라질에서 자행되고 있는 고문에 대하여 비난하였다. 예수회 간행물(Civilita Cattolica)과 국제법률가위원회도 군사정부를 비판하였다. 또한 미국정부도 정치탄압에 대한 깊은 관심을 브라질정부에 표명하였다. 또한 미국의 정치적·종교적·학술적 단체들도 브라질의 탄압과 사회적 불공정에 대하여 비판적인 태도를 갖고 있다고 알려졌다. 국제사면기구는 1972년 9월 1,076건의 고문이 브라질 군부체제에서 자행되었다고 보고하였다. 국내외의 압력에 직면한 메디치 정부는 인권침해를 조사하기 위하여 인권위원회를 구성하였다. 그러나 정부는 계속하여 인권침해에 대한 비판이나 비난을 수용하지는 않았다. 메디치는 1972년 7월 시민의 자유는 전복세력의 지속적인 위협이 상존하기 때문에 계속하여 제한될 것이라고 선언하였다(Skidmore, 1988, 154~156).

메디치 정부의 성장주도 경제모델과 그 사회적 결과-소득불평등과 실질임금 감소 등-도 비판의 대상이 되었다. 야당(MDB) 지도자들은 네투(Neto)의 경제정책이 부유층과 빈곤층의 소득격차를 확대시켰고 부당하게 외국투자자에게 유리하다고 주장하였다. 저명한 경제전문가 아렌까르 푸르따두(Alencar Furtado)는 "우리는 소수에게 혜택을 주는 반면에 수백만 명을 희생시키는 경제에 살고 있다."고 강조하였다. 가톨릭교회도 경제 불평등과 사회적 불공평을 비판하였다(Skidmore, 1988, 138~144). 고위 성직자들은 기독교인들은 삶의 조건을 개선하고 정치적 권리와 자유를 위하여 투쟁할 것이라고 선언하였다. 메디치 정부는 국제적인 비판이나 압력도 피할 수 없었다. 세계은행 총재 로버트 맥나마러(Robert McNamara)는 브라질 정부가 빈곤층의 복지를 고려하지 않고 경제성장을 추구하고 있다고 비난하였다. 뉴욕 타임지(The New York Times)도 1972년, 74년에 억압을 통한 경제성장의 규범적 정당성에 대하여 의문을 제기하기도 하였다(Skidmore, 1988, 143, 155~156).

메디치 정부에 대하여 제기된 국내외의 비판은 경험적인 근거를 갖고 있었다. 브라질의 사회경제적 불평등은 더욱 심화되고 있었다. 브라질에서 1972년까지 경제활동 인구의 빈곤층 50%가 국민소득 11.3%를 차지하고 있었고 1960년 수준에서 6.1% 감소한 것이었다. 반면에 부유층 10%는 국민소득 52.6%를 점유하고 있었고 1960년 수준에서 13% 증가한 것이었다(Alves, 1985, 272). 군사정부는 소위 브라질 기적의 시기에 공중보건과 교육의 예산을 계속하여 축소하였다. 공중보건 부문에 1968년 연방정부 예산의 2.7%가 할당되었으나 1974년에는 1% 이하로 감소하였다. 또한 공공교육 부문도 1968년 7.74%에서 1974년 4.95%로 축소되었다. 같은 기간에 최저실질임금도 8%까지 하락하였다. 결과적으로 최저임금 노동자들은 최저분의 식량을 구입하기 위하여 1974년에는 1개월에 약 60시간―1968년에 비교하여―을 더 많이 노동을 해야만 하였다(Alves, 1985, 106~114, 116). 소위 브라질 경제기적을 통하여 결과적으로 소수 부유층은 기회와 풍요를, 반면에 다수 빈곤층은 고통과 박탈감을 경험하였다고 할 수 있다(Berger, 1974, 151~163).

브라질 군부체제는 1973년 후반에는 10여 년의 권위주의 통치가 초래한 긴장과 압력의 축적으로 거의 정치적 질식의 상태에 이르게 되었다. 군부는 정치체제를 개방할 필요성을 실감하기 시작하였다. 메디치의 집권이 끝날 무렵에 군사정부는 이미 정치개방 또는 정치자유화에 대하여 관심을 보였다. 대통령의 민간부문 수석보좌관 레이따우 디 아브레우(Leitao de Abreu)와 재무부장관 네투 등을 포함하는 정부의 고위급 관료들이 미국의 저명한 정치학자 헌팅턴(Samuel Huntington)을 초청하여 브라질의 정치상황을 논의하기도 하였다. 헌팅턴은 추후에 그들이 기본적으로 정치적 개방을 지지하고 있었다고 확인하였다. 이 시기에 브라질에서 정치적 개방 또는 "완화(decompression)"에 대하여 공개적인 논쟁이 시작되었다(Skidmore, 1988, 67).

2. 브라질: 정치자유화 과정[16)

브라질 군부의 온건파 까스떼리스따(Castelista)들이 1974년 3월 브라질 정치의 주도세력으로

---

16) 브라질 사례에 대하여 참조한 리포트: *Latin America*: "Brazil", 1973, 1974, 1975, 1976; *Latin America Political Report*: "Brazil", 1977, 1978, 1979, 1980, 1981.

다시 부상하였다. 군부는 그들의 지도자 게이젤을 대통령에 추대하기로 합의하였다. 게이젤은 고급군사대학(ESG) 교수 출신의 장군으로 민주주의 원칙을 궁극적으로 지지하고 있었다. 고급군사대학은 군사이데올로기의 지적 산실이었으며 특히 국가안보론을 제창한 곳이기도 하였다. 게이젤은 군부체제의 첫 번째 대통령 브랑쿠의 지지자였다. 그는 브랑쿠의 군사부문 수석보좌관을 역임하였고 그 후에는 최고군사재판소에서 판사로 재직하기도 하였다. 그리고 브라질 국영 석유독점 기업 뻬뜨라브라의 사장이 되었다. 그는 강경파 지도자 코스타 이 실바가 대통령이 되는 것을 반대하기도 하였다(Skidmore, 1988, 160~161).

대통령 게이젤이 정치자유화정책을 추진하는 과정에서 적시에 효과적인 리더십을 발휘할 수 있게끔 결정적인 도움을 주었던 2명의 정치적 협력자가 있었다. 그들은 골베리와 피게이레두 장군들이었다. 지정학 전문가인 골베리는 국가안보론 이론가로서 고급군사대학(ESG)과 관계가 있는 까스떼리스따였다. 군사쿠데타 직후 그는 브랑쿠 정부에서 국가정보국(SNI)을 조직하고 첫 번째 국장을 역임하였다. 그는 코스타 이 실바 대통령이 메디치를 자신의 후계 정보국장으로 임명하는 것을 반대하였다. 군부가 메디치 대통령의 후계자로 게이젤을 지명하는 과정에서 중심적인 역할을 수행하였다. 게이젤 대통령의 정치자유화정책의 주요 전략가였다(Skidmore, 1988, 67, 162; Alves, 1985, 49).

한편 국가정보국장 피게이레두는 메디치 대통령의 군사 수석보좌관을 역임하였지만 기본적으로 가스떼리스따라고 할 수 있다. 그는 골베리와 친밀한 관계를 갖고 있었다. 골베리가 1964년 국가정보국장을 역임할 때는 그의 휘하에서 리우 디 자네이루 지역의 국가정보국을 관할하고 있었고 1969년에는 국가안보위원회에서 골베리를 보좌하였다. 피게이레두는 1973년 대통령 선출 과정에서 육군 장관 올란두 게이젤과 골베리와 함께 게이젤을 지지하였다. 그 후에 게이젤 대통령은 군부강경파의 반대에도 불구하고 그의 후계자로 피게이레두를 지명하였다(Skidmore, 1988, 162, 210; Stepan, 1988, 35).

대통령 게이젤이 정치자유화 과정을 어느 정도 주도할 수 있었던 효과적인 리더십은 그의 다양한 경력, 우수한 정치적 제휴자, 정치권력 독점 때문에 가능하였다고 볼 수 있다. 특히 게이젤 대통령은 제5 제도법에 근거한 독재권력을 필요에 따라서 행사할 것이라고 공식적으로 선언하기도 하였다. 대통령 당선자 게이젤과 그의 정치전략가 골베리는 1974년 2월 자유화정책을 시도하려고 준비하였다. 그들은 가톨릭교회 지도자들을 반복하여 면담하였다. 그중에는 군부체제의 탄압, 고문, 사회적 불평등을 공개적으로 비판하였던 추기경 아른스도 포함되어 있었다. 공식적으로 취임한 게이젤 대통령은 각의에서 "점진적이고 확고한 민주적 발전"을 환영할 것이라고 단호하게 선언하였다. 또한 그가 점진적으로 정치적인 개방 또는 자유화를 수행할 수 없다면 사임할 것이라고 정치인들에게 약속하였다(Skidmore, 1988, 166~167).

게이젤 대통령이 정치자유화에 대하여 강력한 의지를 공개적으로 표명하자 브라질 정치권에서는 정치적 낙관주의가 팽배하게 되었다. 반대집단들은 인권탄압에 대한 우려를 표출하기 시작하였다. 브라질변호사협회(OAB)는 1974년 8월 법치회복, 정치범 권리보장, 인신보호 영장제 도입, 정치사면, 그리고 제5 제도법 철회를 요구하였다. 추기경 아른스는 1974년 7월 골베리에게 22명의 행방불명자들을 찾아 줄 것을 요청하였다. 야당(MDB)은 정치범들에 대하여 정부에 문의하기도 하였다(Skidmore, 1988, 169, 186).

정치적으로 다소 완화된 분위기에서 야당(MDB)은 1974년 11월 총선에서 주목할 만한 성과를 거두었다. 하원에서 165석을 상원에서는 20석을 획득하였다. 한편 여당(ARENA)은 하원 199석, 상원 46석을 확보하였다. 야당은 브라질의회에서 아직도 소수당이지만 더욱 강력한 세력으로 부상하게 되었다. 야당의 부상은 정치자유화의 조건에서 가능하였다고 할 수 있다. 총선에서 야당은 사회적 불공평, 정치탄압, 경제국유화의 문제를 제기하면서 상대적으로 자유롭게 대중매체에 접근할 수 있었다. 게이젤은 주요 신문사-"O Estado de Sao Paulo"와 "O Journal da Tarde"-에 대한 사전검열을 중지시키기도 하였다(Skidmore, 1988, 174).

게이젤 대통령은 반대세력의 영향력이 점증하고 군부강경파의 폭력적 대응이 우려되는 시점에서 경고하였다. "본인이 인계받은 비상수단을 포기하지 않을 것이다. 본인이 적적하다고 보일 때마다-특히 민주주의 규칙에 도전하는 자들에 대하여-그 비상수단을 사용할 것이다." 게이젤의 경고에도 불구하고 군부강경파는 게이젤의 자유화 조치에 대하여 분노하였고 저항하였다. 그들은 1974년 총선 후에 전복세력 소탕작전을 더욱 강화하였다. 안보부대는 상파울루의 가톨릭 대학생 700명 이상을 체포하였다. 언론인 에르조그(Herzog)와 금속노동자 피루(Filho)가 육군 제2사단 병영에서 사망한 사실도 발견되었다(Skidmore, 1988, 18).

군부강경파의 극단적인 저항은 오히려 군 통제에 대하여 게이젤 대통령의 의지와 명분을 강화하였을 뿐만 아니라 또한 반대세력을 자극하여 급진화시켰다. 브라질변호사협회와 언론인연합은 군사정부에 에르조그의 사망을 조사할 것을 요구하였다. 상파울루의 42명의 주교들은 폭력사용에 대하여 정부를 비난하였다. 상파울루 대학에서 학생과 교수들이 3일 동안 파업을 하였다(Skidmore, 1988, 176). 반대운동이 확대되고 거세지자 게이젤은 군부강경파의 우려를 진정시키기 위하여 반대세력에 대하여 더욱 강경한 태도를 취하였다. 그는 자주 제5 제도법에 근거하여 반대세력의 정치인들의 권리를 정지시켰다. 그의 대통령 재임기간에 연방하원 의원을 포함하여 12명의 정치인들이 숙청되었다(Alves, 1985, 98).

게이젤은 또한 1976년 6월 총선에서 대중매체의 사용을 제한하는 "팔까우(Falcao)법"을 제정하였다. 그는 1974년 총선에서와 같이 야당이 반복하여 득세하는 것을 보고 싶지 않았기 때문이다. 그는 1977년 4월 추가적으로 여당(ARENA)이 의회에서 과반수 의석을 차지할 수 있도록 헌법 개정안－"4월 법안(April package)"－을 마련하기도 하였다. 개정안에 의하면 모든 주지사와 의회상원의 1/3은 여당이 거의 통제할 수 있는, 각 주의 선거인단에 의하여 선출될 것이었다. 그리고 의회에서 2/3가 아닌 단순 과반수 의원이 헌법을 개정할 수도 있었다(Skidmore, 1988, 189~192; Baloyra, 1987a).

반대세력을 통제하려는 게이젤 대통령의 노력에도 불구하고 시민사회에서 반대운동은 계속하여 확산되고 강화되었다. 브라질과학진흥회(SBPC)는 1976년, 1977년 연례 총회에서 정치범 사면과 민주체제 회복을 요구하였다. 브라질변호사협회(OAB)는 의회에서 여당의 과반수 의석을 보장하기 위하여 게이젤이 제안한 헌법개정안을 반대하였고 권력분립을 주장하였다. 협회는 1978년 "브라질변호사 선언"을 채택하고 법치복귀, 정치범 사면, 노동법 개정, 신헌법 제정 등을 요청하였다. 10,000명 이상의 학생들도 1977년 정치범 사면, 자유선거, 정치탄압 종식 등을 실시하라고 정부에 요구하였다. 이는 1968년 이후에 가장 규모가 컸던 학생집회였다. 베루 오리존떼(Belo Horizonte)의 전국학생회의에서 학생들은 그들 지도자들의 체포에 저항하였다. 약 800여 명의 학생들이 체포되었다(Skidmore, 1988, 180~188).

주요 기업인들도 1977년 초에 반대운동에 참여하기 시작하였다. 상파울루 지역의 기업인 대표들은 민주체제 회복을 요청하였다. 그해 11월 그들은 정부가 정치자유와 경제 탈중앙화의 조건에서 효과적으로 실행될 수 있는, 사회경제적 발전 프로그램을 새롭게 만들어야 한다고 주장하였다. 또한 상파울루에서 2,500명의 금속노동자들도 연좌파업에 돌입하였다. 그 파업에 90여 개 기업에 근무하는 약 50,000명의 노동자들이 추가적으로 참여하였다. 그리고 다른 부문의 노동자, 버스기사, 미화원, 교사, 공무원 등의 파업이 연이어서 일어났다. 파업이 1979년에만 113회 일어났다(Skidmore, 1988, 204~206).

정치사회에서도 반대운동은 더욱 강화되었다. 야당(MDB)은 군사정부의 정치탄압과 독재정치를 비난하였다. 게이젤이 헌법개정안을 제안하였을 때 야당은 신제헌회의를 소집할 것을 요구하고 광범위한 민주저항운동을 주장하였다. 야당은 1977년 9월 전국회의에서 제헌의회 소집을 위하여 광범위하고 애국적인 운동을 주도할 것을 결의하고 정치범 사면을 요구하였다. 야당은 1978년 여당 대통령 후보 피게이레두 장군에 대항하기 위하여 야당후보로 에우레르 벤떼스 몬페이루(Euler Bentes Monteiro) 장군을 지명하였다. 대선과정에서 야당은 브라질의 주요 현안으로 정치탄압과 사회적 불공평 문제를 제기하고 논의하였다. 야당(MDB)은 1974년, 1978년 선거에서 불리하게 조작된 선거제도에도 불구하고 의회의 강력한 반대세력으로 부상하였다(Skidmore, 1988, 202).

게이젤 대통령은 1978년 말에 제5 제도법을 폐지하였다. 이 조치는 정치자유화 과정에서 역사적인 돌파구가 되었다. 특히 제5 제도법은 코스타 이 실바 대통령이 1968년 11월에 제정한, 군부체제에서 가장 억압적이고 가혹한 법령이었다. 사형제와 종신제도 함께 폐지되었다. 정치범과 관련된 인권보호영장제가 부활되었다. 라디오와 텔레비전에 대한 사전검열제도 철회되었다. 국가보안법을 수정하여 국가안보 관련 범죄와 처벌을 재규정하기도 하였다. 게이젤은 또한 120여 명의 정치망명자들─소수의 저명한 정인들을 제외하고─의 본국귀환을 허용하였다. 게이젤은 후임자 피게이레두 대통령은 1979년 정치탄압과 고문의 희생자와 가해자들 모두에게 일반적인 정치사면을 단행하였다(Skidmore, 1988, 203, 217~219). 단계적으로 정치자유화정책을 추진하였던 군사정부는 반대세력, 특히 야당의 득세를 우려하였다. 군사정부는 1979년 11월 기존의 양당체제를 폐지하고 정치인들에게 1979년 말까지 새로운 정치활동 규칙에 따라서 정당을 재조직할 것을 강요하였다. 이러한 조치는 야당 및 반대운동을 분열시키려는 목적에서 이루어졌다(Skidmore, 1988, 219~222). 이 정당재조직을 통하여 결과적으로 다당제가 나타났다. 기존 여당(ARENA)은 사회민주당(PDS)이 되었다. 기존 야당(MDB)의 당원들 대다수는 브라질민주운동당(PMDB)에 참여하였다. 그 외 야당들에는 브라질노동당(PTB), 민주노동당(PDT), 노동당(PT), 민중당(PP)이 있었다.

이와 같이 야당이 분열되자 군사정부는 주지사와 상원의원의 직접선거를 허용하는 헌법개정안을 의회에 상정하여 1980년 11월 통과시켰다. 군사정부는 여당이 일반선거에서 승리할 수 있다고 믿은 것 같았다. 1982년 11월 총선결과는 피게이레두 대통령의 예상이 부분적으로 틀렸다는 것을 보여 주었다. 여당(PDS)은 상원과 대통령 선거인단의 과반수를 획득하였다. 그러나 하원에서는 야당들이 투표자 59%의 지지를 얻어서 240석을 획득하였던 반면에 여당은 235석을 차지하였다. 군부체제에서 야당의 최대 승리였다. 군사정부는 자유화과정에서 야당을 더 이상 일방적으로 무시할 수 없는 상황에 직면하게 된 것이었다(Skidmore, 1988, 233~236; Selcher, 1985, 60~67).

1982년 선거에서 야당이 승리할 수 있었던 이유는 부분적으로 반대운동의 확산과 경제적 상황의 악화 때문이었다고 할 수 있다. 인플레 급등과 실질임금 감소 때문에 노동자 파업이 1979년부터 1981년까지 브라질 전역을 휩쓸었다. 모든 생산과 서비스 부문의 브라질 노동자들은 임금손실을 벌충하기 위하여 투쟁하였다. 그 투쟁에 언론인, 교사, 산업, 건설, 항만, 사탕수수 부문의 노동자, 택시, 버스 기사, 농민, 공무원, 미화원 등이 참여하였다. 가톨릭교회는 공정한 소득을 요구하는 그들을 지지하고 지원하였다. 교회 목회자와 신도들은 1979년 3월 파업에 참여하고 있던 노동자들에게 음식과 회의장소, 재정적 지원 등을 제공하였다(Skidmore, 1988, 212~215).

진보파 노동 지도자들 1979년 6월 야당(MDB)의 정치인들을 면담하고 모든 반대집단들의 단합을 요청하였고 그들은 함께 정치자유, 정치범 사면, 제헌회의 소집을 요구하였다. 야당들은 1980년 4월 상파울루 교외의 산업단지(ABC) 기술노동자들의 파업을 지지하였다. 32명의 지식인, 기업인, 정치인, 군 장교들이 함께 소위 "민족선언"을 발표하였다. 그들은 기존의 국가경제모델과 정책결정에 과도하게 미치는 국외의 영향력을 비판하였다.

1982년 11월 선거 이전에 4개 야당들은 공동선언문을 통하여 문맹자의 선거권 부여, 노조의 자율성 확대, 파업의 합법화, 소득격차 축소, 다국적기업과 대기업의 특혜 철회 등을 주장하였다. 야당의 온건파 지도자들─탄크레두 네베스(Tancredo Neves), 우리쎄스 길마라스(Ulysses Guilmaras)─도 그 선언문을 지지하였다. 야당들의 세력은 1982년 선거에서 더욱 강화되었다. 정치사면이 집행되면서 36명의 정치인들이 정치권리를 회복하고 그들에게 동참하였기 때문이었다(Skidmore, 1988, 233).

반대운동이 점차 확산되고 집결되면서 정부의 리더십은 위축되었다. 군사정부에서 대통령의 정치자유화정책을 보좌하는 정치전략가 골베리는 1981년 8월 군강경파의 압력으로 각료직을 사임하였다. 피게이레두 대통령은 그해 9월 심장마비로 건강상태가 좋지 않았고 1983년 8월에는 심장 수술을 받기도 하였다. 그의 리더십도 약화될 수밖에 없었다. 브라질 경제도 계속하여 쇠퇴하여 인플레 급등, 외채 급증, 경기 침체, 실업 증가 등으로 경제위기는 심화되고 있었다. 군사정부는 브라질 경제기적의 마술사 네투를 다시 재무부장관으로 임명하였으나 두 번째 기적은 일어나지 않았다. 브라질 전국에서 노동자 파업과 폭동이 빈발하였다.

이러한 상황에서 피게이레두 대통령과 정부는 긴장과 압력에 짓눌려 방향 감각을 상실하고 당황한 듯이 보였다. 분열된 군부는 정치개입에 대하여 실증을 느끼기 시작한 것 같았다. 군사정부는 결과적으로 정치자유화 과정에 대하여 리더십과 주도권을 상실하였다고 볼 수 있다. 자유화과정은 반대세력에 유리하게 전개되어갔다. 1982년 선거결과는 브라질 유권자들이 반대세력을 지지하는 것으로 나타났다. 그들은 군부가 정치자유화를 통하여 군부체제를 정당화 또는 제도화하려는 시도를 거부한 것이었다.

3. 아르헨티나: 정치자유화 문제[17]

아르헨티나 군부는 군부체제에서 정치적 계획과 전략에 대하여 깊이 분열하였다. 군부는 정치적 합의를 도출할 수 없었기 때문에 그 정치적 리더십도 불안정할 수밖에 없었다. 군부체제의 정책적 성과도 미미하였다. 그러므로 브라질 군부와 같이 권위주의적 군부체제의 정통화와 군조직의 재건을 위하여 정치자유화를 추진할 수 있는 입장에 놓여 있지 않았다. 아르헨티나 군부는 단기간에 군부체제 종식을 결정하고 새로 선출되는 민간 민주정부에 대하여 정권이양을 준비하고 대비하였다. 이 과정에서 민주적 체제이행 또는 민주화를 전제로 정치자유화가 단기간에 이루어졌다고 볼 수 있다.

첫 번째 군부체제(1966~73)에서 라누쎄 육군사령관이 1971년 대통령에 취임하자 권력이양을 전제로 정치자유화정책을 실시하였다. 그는 군파벌 집단들의 반대와 압력에도 불구하고 조건 없는 민주선거를 통하여 1973년 정권이양을 실행할 것을 결심하였다. 그는 1972년 5월 신선거법을 공포하고 6월에는 신정당조직법에 따라서 정당을 결성하는 것을 허용하였다. 페론주의자들과 급진주의자들은 라누쎄의 정치적 조작에 대응하기 위하여 정치동맹("La Hora del Pueblo")을 형성하기도 하였다. 라누쎄(Lanusse)는 1972년 7월 입헌정치 회복을 위하여 대국민화합(Gran Acuerdo Nacional)을 제안하였다(Rock, 1987, 357~358; Wynia, 1978, 191~194). 라누쎄의 정치자유화정책에 반대하는 군사반란이 여러 곳에서 발생하였고 군사쿠데타에 대한 소문도 계속하여 났다. 군부는 1973년 2월 최종적으로 민주적 체제이행에 대하여 공식적으로 합의하였다. 라누쎄 대통령은 분열된 군부로부터 정권이양에 대한 합의문서를 요구하고 수령하였다.

---

17) 아르헨티나 사례에 대하여 참조한 리포트: *Latin America*: "Argentina", 1971, 1973; Foreign Braodcast Information Service, *Daily Report*: "Latin America", 1982, 1983.

아르헨티나 군부는 두 번째 군부체제(1976~1983)에서도 마찬가지로 정치계획과 일정에 대하여 분열되었다. 군부는 미래의 정치적 대안과 선택에 대하여 연속적으로 논의를 하였으나 합의에는 이르지 못하였다. 비데라와 비오라 장군을 포함하는 군부온건파는 민간체제로의 조기복귀를 지지하고 민간정치인들과 대화를 시작하였다. 갈띠에리 장군과 그 강경파 지지자들은 궁극적으로 민간체제 복귀를 반대하지 않았으나 군부통치의 장기화가 필요하다고 주장하였다. 갈띠에리 지지파는 단기간에 정권이양을 실현하려고 하는 비오라 대통령을 축출하였다. 그리고 대통령 갈띠에리는 군부체제와 정부의 정통성을 회복하기 위하여 영국령 말비나스 섬을 군사적으로 점령하는 모험을 감행하였다.

아르헨티나 군부는 전쟁패배와 그 책임문제로 더욱 분열하였고 사기도 저하되었다. 갈띠에리는 사임하였고 과도정부의 대통령에 비그노네 장군이 임명되었다. 군사최고위원회는 1983년 10월 민주선거를 실시하겠다고 발표하고 민주선거 실시에 필요한 조치들을 실행하였다. 새로운 정당조직법을 1983년 5월 공포하였고 정당제를 정상화하였으며 제도법들에 근거하여 취해졌던 규제조치들도 철회되었다. 이와 같이 정치자유화는 민주화 과정, 특히 군부체제의 붕괴와 민주체제 수립의 체제이행 과정의 일환으로 이루어졌다.

아르헨티나 군부는 브라질 군부와 달리 정치자유화를 주도할 수 있을 정도로 정치적 입지가 공고하지 못하였다. 첫째, 군부체제의 정책적 성과가 미미하였다. 브라질과 같이 사회정치적 고요도 경제적 기적과 안정도 일어나지 않았다. 두 번째 군부체제에서는 게릴라운동을 진압하였지만 그 대가는 아르헨티나 시민들 다수의 육체적 정신적 고통과 희생이었다. 공식적으로 8,960명의 아르헨티나 시민들이 흔적도 없이 증발하였다. 정치탄압에 대하여 국내외적으로 표출된 반대와 압력은 군부체제의 정통성을 훼손시켰다.

둘째, 아르헨티나 군부는 정당정치를 유리하게 통제하고 조작할 수 없었다. 반페론주의자인 군부는 페론당이 지배하는 정당정치를 혐오하였다. 정당참여 금지조건이 없는 선거에서는 페론주의자들이 득세하였기 때문이다. 군부는 역사적으로 페론주의자들의 집권을 막기 위하여 수차례 정치개입을 시도하기도 하였다. 페론주의자들에 대한 군부의 정치적 대안은 급진주의자들이었다. 그러나 급진당은 당원과 조직에서 열세였기 때문에 단기적인 대안일 뿐이었다. 군부의 개입이 없으면 페론주의자들은 반복적으로 득세하였고 아르헨티나 정치를 주도하였다. 아르헨티나 군부가 그러한 조건에서 정치적 기술(engineering)을 발휘할 여지가 거의 없었다. 군부체제에서 브라질 군부가 시도한 것과 같이 형식적인 정당정치를 제한적이나마 허용할 수가 없었던 것이다. 민간 정치인들의 정치참여를 전면적으로 배제하였다. 이러한 관점에서 아르헨티나 군부체제는 민주적 장식(trappings)이 없었던 적나라한 군부체제라고 할 수 있다.

반면에 브라질 군부체제는 다소 '위장된(disguised)' 체제였다고 할 수 있다. 아르헨티나 군부는 브라질 군부와 같이 장기적인 정치자유화 과정을 주도할 수 있는, 안정적이고 단호한 리더십을 확립하지 못하였다. 군부체제에서 군사최고위원회가 군사정부의 대통령을 선임하고 통제하였다. 대통령의 정치적 리더십은 군사위원회의 지지를 받지 못하면 무력화될 수밖에 없었다. 이는 대통령의 정치적 기반이 군부에 국한되어 있었기 때문이다. 그렇다고 군부의 전체의 지지를 획득할 수 있는 것도 아니었다. 특히 삼군은 기능적으로나 정치적으로 이해관계를 달리하였을 뿐만 아니라 각 군은 또한 내부적으로 파벌화되어 있었기 때문이다. 군사정부의 정치적 리더십은 그렇게 협소하고 분열된 지지기반에 근거하고 있었기 때문에 미약할 수밖에 없었다. 결과적으로 아르헨티나의 군부체제는 상대적으로 단기간 동안 지속되었고 불안정하였다.

III. 군부권위주의체제의 붕괴

군부체제 붕괴의 주요 원인은 무엇보다도 정치적 비정통화와 군조직의 분열에 있다고 할 수 있다. 정치적 비정통화는 일반적으로 중첩적인 정책실패, 지배엘리트의 분열, 반대세력의 결집의 총합적인 결과이다. 군부체제와 정부의 정통성이 약화되는 과정에서 군부는 장기적인 정치개입의 여파로 그 조직적 규범과 원칙의 쇠퇴를 경험하게 된다. 이 상황에서 군부는 궁극적으로 군제도와 조직의 재건을 위하여 정권이양과 병영복귀를 결심한다고 볼 수 있다.

1. 브라질[18]

브라질 유권자 4천5백만 이상이 1982년 11월 연방 상하의원과 주지사를 선출하는 총선에 참여하였다. 이 선거는 실질적으로 군부체제와 정치자유화를 평가하는 국민투표였다고 볼 수

---

18) 브라질 사례에 대하여 참조한 리포트: *Latin America Weekly Report*: "Brazil", 1981, 1983, 1984; *Latin America Regional Report*: "Brazil", 1982.

있다. 브라질 유권자 대다수는 야당을 지지하였다. 그들은 군부체제와 제한적인 자유화정책을 반대한 것이었다. 군사정부는 더 이상 자유화과정을 통제할 수 있는 리더십을 행사할 수 없었을 뿐만 아니라 정치적 파산의 지경에 놓이게 되었다. 반면에 야당들은 현실적으로 정치적 거부권—주도권은 아니지만—을 행사할 수 있는 세력으로 부상하였다. 야당은 연방의회 하원의 과반수의 의석을 장악하였다. 또한 야당은 브라질 인구의 60%를 차지하는 상파울루, 리우 디 자네이루, 미나스 제라이스 주에서 지사를 당선시켰다. 여당은 상원과 대통령 선거인단에서 우세하였지만 군사정부는 더 이상 야당들에게 일방적으로 그 정책적 의지를 관철할 수 없게 되었다(Skidmore, 1988, 233~236; Selcher, 1985, 60~67).

군부는 강경파의 반대에도 불구하고 대체적으로 피게이레두 대통령의 지속적인 정치자유화정책을 지지하였다. 군부는 1983년 8월 피게이레두 대통령이 심장수술을 위하여 미국에 가 있는 동안 민간인 부통령 아우레리아누 샤베스(Aureliano Chaves)가 대통령직을 대행하는 것을 허용하였다. 군부는 그 당시에 민간 대통령에 대하여 우호적인 태도를 갖고 있었고 피게이레두의 복귀를 반대하기도 하였다는 보도도 있었다. 이는 주목할 만한 군부의 행태 변화라고 할 수 있었다. 군부는 1981년 9월 피게이레두 대통령이 심장마비로 쓰러졌을 때도 샤베스 부통령이 대통령 대행직을 수행하도록 절차적으로 허용하였다. 그러나 실질적으로는 군부가 샤베스를 무시하고 직접 군사정부의 리더십을 행사하였다.

군부가 피게이레두 대통령과 정치자유화정책을 확고하게 지지하고 있었다. 육군최고사령부는 강경파 꼬에루 네투(Coelho Neto) 장군을 퇴역시키기로 결정하였다. 그가 4성 육군대장으로 승진하는 것을 원하지 않았다. 그가 승진하면 강력한 대통령 후보가 될 가능성이 있다고 믿었기 때문이었다(Skidmore, 1988, 241). 전임 대통령 게이젤은 1981년 7월 다음 대통령은 민간인이 될 수도 있다고 주장하였다. 그의 정치적 동료 골베리 장군도 선거인단에 의하여 민간 대통령이 선출될 수 있다고 동의하였다. 브라질 언론은 1982년 중반에 군부의 잠재적인 대통령 후보들의 명단을 발표하였다. 국가정보국장 옥따비우 디 아귀아르 메데이루(Octavio de Aguiar Medeiro)와 육군 제3사단 사령관 레오노다 뻬레스 곤깔베스(Leonoda Pires Goncalves) 장군들이 포함되어 있었다.

대선과정에서 유력한 여당 후보 3명이 부상하였다. 연방 하원의원 파울루 마루프(Paulo Maluf)와 부통령 샤베스(Chaves)는 민간 정치인이었고 내무부 장관 마리우 안드레아짜(Mario Andreazza)는 대통령 코스타 이 실바와 메디치 정부에서 교통부 장관을 역임한 예비역 대령이었다(Skidmore, 1988, 244~250). 군부 자체는 특정 후보를 추천하거나 지지하는, 가시적인 노력을 하지 않았다. 이는 군부의 과거 행태와는 다른 것이었다. 군부는 대통령 승계과정에 깊이 관여하였고 특정 후보를 추대하기 위하여 내부적으로 분파적인 갈등과 분열을 경험하기도 하였다. 군사정부의 대통령은 자신의 정치적·정책적 성향과 관심에 따라서 군부 내의 특정 후보를 지지하거나 거부하기도 하였다. 피게이레두 대통령은 1983년 그의 후계자를 추천하는 과정에서 그의 역할에 대하여 동요하였다. 그는 1983년 초에 안드레아짜를 선호하는 듯하였다. 그러나 심장수술 후에 대통령직에 복귀한 그는 광범위한 협의를 통하여 후계자를 추천하겠다고 약속하였다.

여당(PDS)은 대통령 후보의 추천문제로 분열되어 있었다. 피게이레두 대통령이 대통령 선출과정을 통제할 수가 없을 정도의 상황이었다. 그의 선택을 강요할 수도 없었다. 피게이레두가 여당의 불복종에 대하여 화를 참을 수 없었다는 보도도 있었다. 대통령의 리더십이 정치자유화 과정에서 약화되었다는 증거이기도 하였다. 그는 결과적으로 1984년 1월 대통령 여당후보의 추천과정에 개입하는 것을 공식적으로 포기하였다. 그는 이미 1983년 말에 그 추천과정에서 조정자 역할을 하지 않을 것을 암시하기도 하였다(Skidmore, 1988, 244~250). 대통령 선출과정에서 군부와 군사정부 대통령의 불개입은 브라질에서 군부정치의 종식과 정치민간화의 출발을 의미하는 역사적인 사건이었다고 할 수 있다. 군부는 마침내 대통령을 선출할 수 권한을 민간 정치인들에게 되돌려 주었다. 대통령 선출은 더 이상 군부의 배타적인 선택의 문제가 되지 않았다.

정치적 퇴각을 결정한 군부는 정치자유화 과정이 점차 군부체제 붕괴와 민주적 체제이행으로 표류하여 가는 것을 관망하고 있었다. 자유화과정에서 반대세력은 수적으로 확대되었고 결집을 통하여 그 영향력을 강화하였다. 특히 주요 사회경제적 엘리트집단들은 차례로 반대운동에 참여하였다. 그들은 변호사, 가톨릭 신부, 언론인, 지식인, 학생, 기업인들이었다. 그들은 군사정부의 오류들, 탄압, 고문, 사회적 부정의, 경제적 집중화와 종속 등에 대하여 항의하고 공표하였다. 그들의 거침없는 비판과 반대는 반대세력의 입지를 유리하게 만들었다. 이 조건에서 군사정부는 자유화과정에서 효과적인 리더십을 발휘하여 통제할 수가 없었다. 반대세력의 강화와 군부체제의 비정통화는 1982년 총선에서 야당의 득세에 결정적인 도움이 되었다. 야당들의 괄목할 만한 성과는 군사정부의 선거법 조작에도 불구하고 얻은 의미 있는 결과였다고 할 수 있다.

1970년대 말과 1980년대 초 사이의 경기침체와 그 사회경제적인 불안은 또한 결과적으로 군부체제의 비정통화와 불안정화를 더욱 악화시켰다. 군사정부는 인플레의 급등, 외채급증, 실업증가, 소득격차 심화 등의 경제적 문제들에 직면하게 되었다. 정책적 선택의 여지가 거의 없는 상황에서 군사정부는 고도의 사회정치적 비용을 지불해야 하는, 국제금융기금(IMF)의 긴축조건을 수용할 수밖에 없었다. 결과적으로 노동자파업의 물결이 1979년부터 1981년까지 브라질을 휩쓸었다. 노동자들의 요구는 더 이상 공정한 임금과 노동조건의 개선에 국한되지 않았다. 그들은 정치적 자유와 사면을 요구하였다. 다른 반대집단들은 노동자들의 파업과 요구를 지지하고 지원하였다.

이러한 상황에서 대통령 피게이레두는 확고한 리더십을 행사할 수가 없었다. 특히 군부강경파의 압력에 그의 리더십은 더욱 약화되었다. 강경파의 요구로 그는 리우 센뜨로 폭발과 관련하여 육군안보부대의 연루설을 무마하기도 하였다. 그는 또한 그의 정치적 동지이자 전력가인 골베리 장군을 대통령 보좌직에서 해임하였다. 그 대신에 강경파와 긴밀한 관계를 맺고 있는 조아우 레이따우 디 아브레우(Joao Leitao de Abreu)를 임명하였다. 피게이레두의 건강문제도 그의 정치적 리더십 행사에 걸림돌이 되었다. 그는 결국 대통령 승계과정에 개입하는 것을 포기하고 군부의 정치적 퇴각(retreat)을 인정할 수밖에 없었다.

2. 아르헨티나[19]

아르헨티나 군부체제는 1973년, 1983년 붕괴하였다. 첫 번째 군부체제에서 라누쩨 대통령은 1973년 3월에 특정 정당 참여를 금지하는 조건 없이 민주선거를 실시하겠다고 1971년 3월에 발표하였다. 그리고 1974년 4월까지 체제이행을 실현하겠다고 약속하였다. 이러한 조치에 반발하는 군사반란이 연이어 발생하였고 쿠데타 음모설이 지속적으로 보도되기도 하였다. 군부는 1973년 최종적으로 체제이행에 대한 분열을 극복하고 합의에 이르렀다. 현역의 모든 장군은 합의문서에 서명하였다. 그 문서에 의하면 현행법을 준수하는 모든 시민들이 선거과정에 참여할 수 있도록 허용한다는 것이었다. 또한 군부는 진정한 민주주의의 실현을 위하여 모든 공화국의 제도들이 완벽하게 효과적으로 작동할 수 있도록 보장한다는 것이었다. 그리고 군부는 민간정부의 각료회의에 참여함으로써 정치권력을 공유할 것이었다. 이는 군부가 보통

---

19) 아르헨티나 사례에 대하여 참조한 리포트: Foreign Broadcast Information Service, *Daily Report*: "Latin America, Argentina", 1983; *Latin America*: "Argentina", 1969, 1971; *Latin America Weekly Report*: "Argentina", 1980, 1981, 1982, 1983.

선거를 통하여 민주적 체제이행을 실현하겠다는 역사적인 결정이었다고 할 수 있다.

군부는 두 번째 군부체제에서 첫 번째와 다르게 정치적 일정을 미리 제시하고 합의를 도출하는 기회와 여유가 거의 없었다. 군부는 치욕적인 전쟁 패배로 단기간에 그 정치리더십이 무력화되었기 때문이다. 영국과 전쟁을 주도한 강경파 갈띠에리 장군은 의례적인 절차도 없이 대통령직을 사임하였다. 해군과 공군 사령관들도 군사최고위원회에서 철수하면서 민간정부에 정권을 이양할 것을 요구하였다. 홀로 정부에 대한 책임을 지게 되었던 육군은 과도정부를 구성하고 대통령에 비그노네 장군을 임명하였다. 군부는 1982년 9월 군최고위원회를 재구성하고 10월 소위 공조(concertación)라는 정치협약을 제안하였다. 군부는 그 협약에서 민간정부가 자신들의 전쟁행위, 경제정책, 인권침해에 대하여 조사하지 않을 것을 요구하였다. 군사최고위원회는 11월 공조의 주요 지침을 발표하였다. 우선 군최고위원회를 해체하고 과도정부의 대통령을 교체하는 것이었다. 군부의 제안들은 반대세력에 의하여 거부되었다. 군부는 일방적으로 정치적 퇴각을 준비할 수밖에 없었다. 군사최고위원회는 결국 1983년 10월 민주선거를 실시하고 90일 후인 1984년 1월 민간정부를 수립하겠다고 밝혔다. 이 결정에 대하여 군부의 가시적인 반대나 저항의 행태는 나타나지 않았다.

아르헨티나 군부체제는 왜 두 번이나 붕괴하였는가?

첫 번째 군부체제에서 군부는 이미 쿠데타 실행, 정치탄압, 대통령 승계, 정치적 프로그램 등에 대하여 분열하고 있었다. 특히 라누쎄 대통령의 체제이행 계획은 군조직과 파벌 사이에 정치적 갈등을 더욱 심화시켰다. 라누쎄는 국민대화합의 명분으로 페론주의자들을 포함하는 정치인들의 정당활동을 허용하였다. 특히 페론주의자들의 정당활동은 지난 18년 동안 금지되었다. 군부의 반페론주의자들은 라누쎄의 결정에 반발하였다(Rock, 1987, 357~358).

한편 반대운동은 1969년부터 과격화되었다. 학생과 노동자들은 꼬르도바, 호사리우(Rosario), 꼬리엔떼스(Corrientes) 등과 같은 산업중심 지역에서 군사정부의 대통령 온가니아가 즉시 사임할 것을 요구하면서 봉기하였다. 군사정부를 반대하는 가톨릭교회도 그들을 지지하였다. 정당들은 1970년 12월 국민시대("Hora del Pueblo")의 공동성명서를 통하여 민간정치의 즉각적인 회복을 요구하였다. 노동자의 파업사태가 1971년 광범위하게 확산되었고 꼬르도바에서는 수차례 폭력적인 파업이 발생하였다(Rock, 1987, 349~355).

이러한 상황을 더욱 악화시켜서 군사정부를 더욱 곤경에 몰아넣었던 것은 무장 게릴라운동이었다. 게릴라집단들은 아르헨티나 기득권층에 대하여 납치, 은행 강도, 암살, 기타 폭력행위

등을 감행하였다. 몬또네로스(Montoneros) 페론무장세력(FAP), 혁명무장세력(FAR), 민중혁명군(ERP) 등이 주요 게릴라 집단들이었다. 민중혁명군은 트로츠키(Trotsky) 정당인 노동혁명당(PRT)의 무장투쟁 노선을 지지하는 급진파 비페론주의자 집단이었다. 그 외에 다른 게릴라집단들은 페론주의자였다. 이들의 게릴라운동은 우파의 반게릴라운동을 야기하였다. 특히 우파 집단 마노(Mano)는 학생지도자, 노동운동가, 페론주의자나 좌파 인사 등에 대하여 폭력을 행사하였다. 결과적으로 아르헨티나는 1971년 초 정치폭력이 악순환하는 상황에 이르게 되었다(Rock, 1987, 352~355).

이러한 상황에서 라누쎄 사령관이 대통령에 취임하였고 1973년 말까지 권력이양을 위하여 준비할 것을 준비하였다. 군부, 특히 강경파는 그의 결정에 대하여 반발하였다. 라누쎄는 거의 2년여 동안 군부를 설득하여 정치적 합의를 도출하기 위하여 노력하였다. 군부는 마침내 그의 정치적 프로그램과 일정을 수용하는 것에 합의하였다.

군부는 두 번째 '군부체제에서도 권력배분, 대통령 승계, 정치탄압, 정치프로그램과 일정 등에 대하여 분열되었다. 비데라 대통령은 임기 말에 내무부장관 알바노 아르그린데끼(Albano Hargrindequy) 장군에게 민간 정치인들과 대화를 시작할 것을 지시하였다. 그의 후계자 비오라 대통령도 정치적 합의를 위하여 민간 정치인들과 대화를 재개하였다. 그러나 강경파 장군들은 정치개방과 조기 정권이양을 반대하였다. 그들의 지도자 육군사령관 갈띠에리가 비오라를 대체하여 대통령에 취임하였다.

강경파 대통령 갈띠에리는 1982년 말비나스 섬 전쟁을 도발하였다. 그 전쟁의 표면적인 목적은 영토분쟁의 무력적인 해결이었다. 갈띠에리는 전쟁승리를 통하여 궁극적으로 군부체제의 정통성 제고와 군부통치의 연장을 기대하였던 것 같다. 마리오 메넨데스(Mario Menendez) 장군이 이끄는 아르헨티나 지상군은 1982년 6월 스탠리(Stanley) 항에서 영국군에게 무조건 항복하였다. 갈띠에리의 기대와는 달리 영국군은 자국의 주민을 보호하기 위하여 단호하게 대응하였다. 미국도 영국의 입장을 지지하였다. 무엇보다도 아르헨티나 군의 전쟁준비는 미흡하였고 3군 사이에 전략적인 협조도 이루어지지 않았다(Rock, 1987, 374~383). 군부는 전쟁 패배로 더욱 분열되었고 사기도 저하되었다. 군부는 특히 전쟁 패배에 대한 책임문제로 내부 갈등이 3군 사이와 각 군의 선임과 하급 장교 사이에 더욱 심화되었다. 결과적으로 군조직은 거의 와해의 지경에 이르게 되었다.

한편 시민 반대운동은 반군부체제 활동을 강화하였다. 반대운동의 선봉에서 인권운동은 계속하여 군부체제의 정통성과 안정성을 약화시켰다. 군부는 '전복세력과의 전쟁'에서 탄압과 고문을 통하여 수많은 아르헨티나 시민들이 신체적·정신적으로 희생되었다. 거의 9,000여 명이 공식적으로 흔적 없이 증발하였다. 군부체제에 대하여 국내외의 비판과 반대는 점차 거세졌다. 국내외로 널리 알려진 "마요 광장의 어머니(Mothers of the Plaza de Mayo)"는 매주 대통령궁(Casa Rosada) 앞의 광장에서 침묵시위를 정기적으로 열었다. 그 참여자들은 증발자들의 어머니들로서 군부체제의 탄압과 공포정치의 상징이 되었다. 그들은 특히 국외의 많은 관심과 동정을 받았다. 결과적으로 군부체제의 정통성 기반은 더욱 협소해졌다.

한편 "정치범과 증발자 위원회"나 노벨평화상 수상자 페레스 에스키벨(Pérez Esquivel) 등도 적극적으로 인권활동에 참여하였다. 그들은 군사정부에 정치범들을 석방하고 증발자에 대하여 책임을 질 것을 요구하였다. 군사정부는 1982년 라디오와 텔레비전에서 증발자에 대하여 논의하는 것을 금지하였다. 이에 인권운동가들 수천여 명은 집회를 개최하고 항의하기도 하였다(Rock, 1987, 384~386). 가톨릭교회도 인권운동을 지지하고 민간체제의 복귀를 주장하였다. 아르헨티나 주교들은 1982년 8월 소위 "화해의 길(the path to reconciliation)" 선언문을 통하여 민간정부의 수립과 증발자 문제의 해결을 요구하였다. 교회는 또한 12월 전쟁 사망자와 탄압과 고문의 희생자들을 위하여 국가기도의 날을 주도하였다.

반대세력의 주요 집단인 노동총동맹(CGT)도 1982년 3월 경제긴축과 인플레에 따른 임금손실에 항의하기 위하여 대규모 집회를 주도하였다. 경찰은 파업노동자들을 억압하고 노동연맹의 최고 지도자 사울 우발디니(Saul Ubaldini)를 체포하였다. 이 사태는 갈띠에리가 말비나스 섬 전쟁을 도발하기 직전에 일어났다. 전쟁이 끝난 후에는 노동총연맹의 반대운동이 더욱 강화되었다. 노동연맹의 강경파(CGT-Brazil)는 1982년 9월 반정부 총파업과 집회를 성공적으로 주도하였고 10월에는 군부가 제안한 타협안(공조)을 반대하는 대중집회를 조직하였다. 또한 노동연맹의 온건파(CGT-Azopardo)는 1일 총파업을 주도하여 광범위한 지지를 받기도 하였다. 기업인 연합체들 일부도 그들은 지지하기도 하였다.

정당들도 군사정부에 대항하기 위하여 정치동맹(multipartidria)을 구성하였다. 급진주의자, 페론주의자, 개발주의자(desarrollistas), 비타협주의자(intransigentes), 기독교 민주주의자들 등이 참여하였다. 정치동맹은 애초에 비오라 대통령과 정치적 대화를 진행하기 위하여 조직되었다. 정치동맹은 헌정회복, 정치활동과 노조운동에 대한 규제철폐 그리고 완전한 인권존중을 군사정부에 요구하였다. 그들은 1982년 8월 군사정부가 1983년의 민주선거 일자를 결정할 것을 강

요하였고 정부가 제안한 "공조"를 거부하였다. 그리고 12월에 150,000여 명이 참여하는 대중
집회를 열었다. 노동총연맹의 강경파, 인권단체, 공산주의자와 다른 좌파단체들 등이 그 집회
에 참여하였다. 그들은 대통령궁 광장으로 행진하였다. 경찰과의 폭력적인 충돌에서 1명의 시
위자가 총상으로 사망하였고 80여 명이 중상을 당하였다(Rock, 1987, 384).

　이러한 상황에서 아르헨티나의 경제도 인플레 급등과 외채급증 등으로 위기국면으로 심화
되어 갔다. 반대운동은 더욱 확대되고 급진화되었다. 결과적으로 군사정부는 1982년 말까지
수세적인 입장에 몰리게 되었고 통치에 대한 자신감을 상실하였다. 비그노네 대통령은 민주
선거를 10월 30일에 실시하겠다고 재확인하였다. 그리고 군사정부는 민간정부 수립과정에 관
여하지 않겠다고 약속하였다.

제2절 민주주의 체제화: 브라질과 아르헨티나[1]

민주화는 민주주의 체제화와 공고화 또는 제도화를 포괄한다. 민주주의 체제화(regimization)는 정치적 협약에 근거하여 기초 민주선거를 통하여 신민주정부를 선출하고 그 정부가 과거 군부체제의 유산을 정리하면서 신민주헌법 제정을 포함하여 민주적 제도개혁을 실현하는 과정이라고 할 수 있다. 특히 군부체제 붕괴 후에 진행되는 민주주의 체제화는 특히 민군관계의 성격에 따라서 그 범위와 심도가 결정된다고 할 수 있다. 신민주체제에서 민군관계는 과거 군부체제가 주도하였던 인권탄압의 강도와 범위, 그리고 신민주정부가 받은 신탁의 질적 양적 수준에 따라서 그 성격이 결정될 개연성이 크다고 할 수 있다.

I. 신민주정부의 수립

민주정부 수립은 민주주의 체제화의 부분적인 과정이다. 시민들이 자유 공명선거 – 기초 민주선거 – 를 통하여 정부를 선출하는 과정이다. 군부체제 후에 실현되는 신민주정부 수립과정에서 특히 민군관계의 성격이 중요하다. 특히 과거의 군부통치 유형과 군부의 정치적 위상과 영향력이 신민주정부의 수립과정과 그 성격을 규정하는 경향이 있다.

1. 브라질[2]

브라질 군부는 대통령 선출에서 공식적으로 군 출신 후보를 더 이상 추천하지 않고 대통령을 종전과 같이 선거인단에 의한 간접선거로 선출하기로 결정하였다. 1982년 선거에서는 대통령을 제외한 모든 선거직은 직접 보통선거로 선출되었다. 군부는 대통령에 좌파의 민주노동당(PDT) 지도자 레오넬 브리조라(Leonel Brizola)와 같은 인사가 당선되는 것을 우려하였다.

---

1) Yang, Dong-Hoon, 1989, "The Military in the Politics of Democratization in South America: A Comparative Study", Ph. D. Dissertation, The University of Texas at Austin, U. S. A., pp.221~291.

2) 브라질 사례에 대하여 참조한 리포트: *Latin America Monitor*: "Brazil", 1984, 1985; *Latin America Regional Report*: "Brazil", 1983; *Latin America Weekly Report*: "Brazil", 1983, 1984, 1985.

군부는 아직은 그러한 결과를 수용할 준비가 되어 있지 않았다. 군부는 군 자체의 이익과 특권을 보호하여 줄 수 있는 여당(PDS) 후보의 당선을 기대하였다. 군부는 대통령 후보 지명권을 여당에 위임하였다. 여당은 이미 대통령 선거인단의 과반수의 지지를 확보하고 있었다. 선거인단은 연방의회 상하원 의원과 주의회 대표들로 구성되었다. 불공평하게 왜곡되어 있는 선거절차 때문에 선거인단 선출에서 여당에 유리하게 되어 있었다. 투표자 59%의 지지를 받은 야당들은 총 330명을 선거인단에 당선시켰으나 여당은 356명을 확보하였다(Skidmore, 1988, 233~236; Selcher, ed., 1985, 127).

야당들은 그러한 결과를 예상하고 1983년의 대통령 선거방법의 변화를 모색하였다. 야당(PMDB)의 하원위원 단떼 디 오리베이라(Dante de Oliveira)는 1985년에 대통령 직접선거를 위하여 헌법개정을 제안하였다. 추기경 아른스와 브라질 국가주교회의(CNBB)도 대통령 직선제를 지지하였다. 이와 같은 직선제 개헌에 대한 지지에 고무된 야당(PMDB)은 대중집회를 연이어 개최하고 군사정부와 의회를 압박하였다. 직선제 운동은 1983년 6월에서 1984년 4월 사이에 전국적으로 확대되었다. 브라질민주운동당(PMDB), 민주노동당(PDT), 노동당(PT), 변호사협회가 직선제 운동을 주도하였다. 브라질 시민들 다수의 관심도 텔레비전 그로부(Television-Globo)와 같은 주요 대중매체의 관련 방송을 통하여 광범위하게 더욱 고조되었다. 총선이 가까워 오면서 시민들의 직접적인 참여도 증가하였다. 상파울루에서는 시민 1,000,000, 리우 디 자네이루에서는 500,000, 고이아나아(Goiania)와 빠르또 아레그레(Parto Alegre)에서는 각각 200,000여 명 이상이 참여하였다(Skidmore, 1988, 240~244).

반면에 군부는 대통령 직선제를 확고하게 반대하였다. 군부는 직선제 선거에서 대중영합주의자 브리조라가 당선될 가능성이 크다고 확신하였다. 군부는 그의 정치적 성향과 스타일을 싫어하였기 때문에 그의 당선을 원하지 않았다. 군부를 대표하는 정부각료들과 참모총장은 피게이레두 대통령에게 각서를 전달하였다. 그들은 대통령 직선제의 조기 실시를 반대한다는 것이었다. 그들은 특히 야당 출신 대통령이 군부체제의 부패와 탄압을 조사할 것을 우려하였다. 아르헨티나 군부가 신민주체제에서 직면하고 있는 사태를 경각심을 갖고서 주시하고 있었다(Skidmore, 1988, 243).

대통령 직선제를 위한 개헌안은 984년 4월에서 통과 정족수에서 22명이 부족한 298명의 의원들이 찬성하였으나 결국 부결되었다. 군사정부의 반대와 압력에도 불구하고 55명의 여당의원들도 야당과 같이 직선제를 찬성하였다. 그러나 야당은 직선제 개헌에서 패배하였지만 대통령 간접선거에서 무시할 수 없는 세력으로 부상하였다. 특히 대통령 후보 지명과정에서 여당 내의 분열은 야당과 그 후보에 유리한 상황을 조성하였다(Skidmore, 1988, 244). 여당후보 지명과정은 부통령 샤베스, 내무부장관 안드레짜, 하원의원 파울루 마루프의 3파전으로 전개되었다. 부와 영향력을 이용하여 공격적으로 선거운동을 하였던 마루프가 최종적으로 여당 (PDS)의 후보가 되었다. 그러나 그러한 마루프의 선거운동은 결과적으로 여당의 주요 지도급 인사들ㅡ상원의원 조세 사르네이(Jose Sarney)와 마르꾸 마르시엘(Marco Marciel), 부통령 샤베스 등ㅡ을 자극하고 소외시켰다. 그들은 탈당하여 자유전선(FL)을 조직하였다.

한편 최대 야당(PMDB)은 미나스 제라이스 주지사, 탄끄레두 네베스(Tancredo Neves)를 대통령 후보로 지명하였다. 네베스는 존경받을 수 있는 노회한 온건파 정치인이었다. 야당(PMDB)은 자유전선(FL)과 "민주동맹"을 조직하고 그 지도자 사르네이를 부통령 후보로 지명하였다. 사르네이는 최근까지 군부체제의 여당 지도자였다가 대통령 후보 선출과정에서 탈당하여 자유전선을 조직한 인물이었다. 특히 육군첩보국(CENIMAR)은 1984년 9월 공개적으로 야당 대통령 후보 네베스를 공개적으로 반대하였다. 정보국은 네베스에 대한 허위정보를 유포하는 비밀작전에 관여하고 있다고 알려지고 있었다. 군최고사령부는 군부강경파의 그러한 공세에 단호하였다. 사령부는 네베스의 낙선을 음모하고 있다고 알려진 브라질 수도 브라실리아 (Brasilia) 지역의 사령관 네우똔 크루스(Newton Cruz) 장군을 행정직으로 전출시켰다. 또한 군 각료들은 쿠데타설을 일축하였다. 육군 장관 볼떼르 삐레스(Volter Pires)는 육군에게 쿠데타 발생의 가능성을 묻는 것은 "모욕적인" 것이라고 선언하였다. 그는 육군은 선거인단의 어떠한 결정도 존중할 것이라고 확언하였다.

대통령 후보 네베스는 군부가 그 자신에 대하여 갖고 있는 태도를 우려하고 있었다. 그가 군부의 쿠데타에 대비하여 비상계획을 수립하였다는 보도가 있었다. 그는 또한 유군장관 삐레스 장군을 만나서 군부의 과도한 과거행위를 조사하지 않겠다고 약속하기도 하였다. 또한 민간정부에서 군부에 대한 "보복정책(revanchismo)"은 없을 것이라고 군 각료들을 안심시켰다. 육군 장관 삐레스와 해군 장군 카람(Karam)에게 민간정부에서도 연임하여 줄 것을 요청하였다. 네베스의 유화적인 태도는 그의 대통령 당선을 반대하는 군부를 무마하기 위한 전략이었다고 볼 수 있다(Skidmore, 1988, 251).

대통령 선거가 1985년 1월 실시되었고 선거인단 480명의 지지를 획득한 네베스-사르네이 야당 팀이 180표를 확보한 마루프 여당 후보를 압도적인 표차로 누르고 승리하였다. 선거인단의 여당 대표자 166명도 네베스 팀을 지지하였다. 선거인단 간접선거를 주장하였던 군부는 의외의 선거결과에 당혹하였지만 수용할 수밖에 없었다. 군 각료들은 야당과 민주동맹을 결성한 여당 탈당자들과 야당 후보를 지지한 여당 대표자들을 비난하였다. 그러나 그들에 대하여 그 이상의 조치는 취하지 않았다. 네베스의 압도적인 승리와 유화적인 태도가 어느 정도 군부의 강력한 반발을 부분적으로나마 극복할 수 있게 만들었다고 할 수 있다.

2. 아르헨티나[3]

기초 민주선거에서 민간 정치인들은 군부체제의 과도한 행위와 오류들을 비난하였다. 선거에서 페론주의자의 정의당(P)과 급진주의자의 급진시민연맹(UCR)은 유권자들에게 정치폭력, 고문, 검열을 종식시키고 인권을 존중하며 군에 대하여 민간우위의 민군관계를 실현하겠다고 약속하였다(Rock, 1987, 386~389). 대통령 후보로 급진시민연맹은 라울 알폰신(Raúl Alfonsín)을, 정의당은 이딸로 루데르(Italo Luder)를 지명하였다. 급진시민연맹의 분파 "개혁과 변화"의 지도자 알폰신은 중도 좌파의 정치인으로 반군부 정당연합체(multipartidaria)를 이끌기도 하였다. 그는 "민주주의와 반민주주의"의 구호를 외치며 역동적인 선거운동을 전개하였다. 루데르는 과거 민간체제에서 상원의원과 대통령 대행직을 역임하였던 페론주의자로 정의당의 다양한 분파들이 합의 추대한 후보였다(Hopkins, ed., 1985; Rock, 1987, 386~389).

알폰신과 급진시민연맹이 1983년 10월 선거에서 승리하였다. 특히 세 가지 사건이 그 승리에 결정적으로 기여하였다고 추측할 수 있다: (1) 군부와 페론주의자들 사이의 비밀협약(Pacto Militar-Sindical); (2) 페론주의자들의 당내 파벌주의; (3) 선거운동의 폭력화. 첫째 총사령관 크리스띠노 니꼴라이데스(Christino Nicolaides) 장군과 정의당의 우파 지도자 로렌소 미구엘(Lorenzo Miguel)이 비밀협약을 맺었다고 알려졌다. 협약에 의하면 군부는 선거에서 페론주의자들을 지지한다는 것이었다. 그 대가로 페론주의자들은 집권하면 군부의 인권탄압을 조사 공개하지 않겠다는 것이었다. 이 비밀협약설은 어느 정도 신빙성이 있는 듯하였다. 우파 페론주의자들과 니꼴라이데스 측근의 육군 장교들이 1982년 10월 정치연합을 구성하였다고 보도되었다. 그러나 비그노네 대통령은 1983년 4월 그러한 보도를 "어리석고 무모하다(reckless)."고 일축하였다. 그는 군부는 어느 후보도 지지하지 않겠다고 부언하였다(Rock, 1987, 388~389).

---

3) 아르헨티나 사례에 대하여 참조한 리포트: *Latin America Weekly Report*: "Argentina", 1982, 1983; Foreign Broadcast Information Service, *Daily Report*: "Latin America", "Argentina", 1983.

정의당의 페론주의자늘은 당파적으로 분열되어 있었기 때문에 대통령 후보들 선출하기도 어려웠을 뿐만 아니라 통합적인 선거운동도 효과적으로 진행할 수가 없었다. 뿐만 아니라 그들은 선거운동을 하면서 알폰신의 이름과 급진시민연맹의 당기로 장식된 관을 태우기도 하였다. 전국적으로 방영된 그러한 과격한 선거운동은 온건파 시민들 다수를 정의당으로부터 소외시켰던 것 같았다. 또한 루데르와 비교하였을 때 알폰신은 여러 면에서 상대적으로 우월하였다. 특히 그의 자부와 같은 이미지, 역동적인 연설, 정력적인 선거운동 등이 득표에 도움이 되었다고 할 수 있다(Hopkins, ed., 1985, 269~270).

한편 군부는 전복세력과의 전쟁－소위 "더러운 전쟁(dirty war)"－을 옹호하였다. 군최고위원회는 1983년 4월 "전복세력과 테러리즘과의 투쟁에 대한 최종 문서"를 공포하였다. 그 최종문서에서 군부는 전복세력과 테러리즘에 대항하여 전개한, "전면적이고 결정적이며 그리고 승리를 거둔 공격을 결정한 것을 정당화하였다." 군부는 더러운 전쟁에서 과도한 행위와 오류를 인정하였으나 그 비극적인 결과에 대하여 군부만이 책임을 져야 한다는 주장을 거부하였다. "3군은 반전복세력 활동의 계획과 집행에 대하여 역사적인 공동의 책임을 진다. 그러나 군부는 다른 정부기관이나 국가부문 또는 제도들의 책임까지 수용하지 않는다. 증발자들 다수는 테러리스트들의 작전방법 때문에 발생한 사례들이다. 모든 활동은 각 군의 적절한 지시나 명령에 따라서 수행되었다." 군부는 최종적으로 국민화해를 제안하였다.

군부는 최종문서를 공포한 후에 제도법을 포고하였다. 그 제도법에 의하면 "테러리스트 소탕작전은 군사령부와 최고위원회가 동의하고 감독하였던 작전계획에 따라서 수행되었다." 군부는 1983년 9월 최종적으로 사면법－"국민화해법"－을 공포하였다. 사면법은 탄압과 고문 책임자를 사법적 기소와 처벌로부터 보호하려는 목적에서 만들어졌다(Rock, 1987, 386). 모든 정당과 언론은 군부가 일방적으로 공포한 최종문서와 사면법을 비판하고 반대하였다. 최종문서는 "더러운 전쟁 후의 '더러운 세척(dirty wash)'으로 보았다. 주요 대통령 후보들은 당선되면 그것들을 철회하겠다고 약속하였다(Hopkins, ed., 1985, 270)."

군부는 한편으로 말비나스 섬 전쟁에 대한 책임문제로 내분에 휩싸였다. 퇴역과 현역 사령관들이 상호 비방하는 사태가 일어났다. 전직 대통령 갈띠에리 육군 참모총장은 공개적으로 군의 전쟁수행 태도를 비판하였다. 특히 군사령관이자 말비나스 섬의 총독이었던 벤하민 메넨데스(Benjamin Menendez) 장군을 지적하였다. 메넨데스는 육군사령관 니꼬라이데스에게 갈띠에리에 대하여 직접적인 행동을 취할 것을 요청하였다. 갈띠에리는 결과적으로 45일 동안 가택에 연금되었다. 또한 전직 해군 사령관은 전쟁수행과 관련하여 해군사령관 호르헤 이사 아크 아나야(Jorge Isaac Anaya) 총독을 비난하였다. 아나야는 체포되었고 재판을 받았다.

민주체제로의 이행 과정에서 특히 신민주정부 수립과정에서 군조직은 깊이 분열되어 있었고 군 사기는 저하되어 있었다. 군부가 연루된 인권침해와 부패 사례들의 폭로와 치욕적인 전쟁패배는 군제도와 조직의 와해를 초래할 지경이었다. 이 상황에서 군부는 정치적으로 의미 있는 영향력을 행사할 수가 없었다. 군부는 오히려 아르헨티나 사회로부터 점차 고립되었다.

II. 신민주정부의 민주신탁

민주신탁은 신민주정부를 지지하는 유권자의 양적 범위와 질적 심도를 의미한다. 체제이행 과정의 초기에 신민주정부의 신탁은 어느 조건보다도 중요하다고 할 수 있다. 신탁의 범위와 심도가 신민주정부 수립 후에 이루어지는 민주주의 체제화의 방향과 내용에 결정적인 영향을 미치기 때문이다. 특히 초기 민주신탁은 신민주정부와 군부의 관계설정에 중요한 요인이라고 할 수 있다.

1. 브라질4)

대통령 당선자 네베스는 1985년 1월 연방의회에서 승리의 연설을 하였다. "시민들 다수가 희망을 잃고 견디기 어려운 고난을 겪은 후에 온 국민이 완벽한 희망을 갖고서 민주주의로 향하는, 만족스럽고 역사적으로 검증된 길을 재발견하였습니다." "본인은 국민주권을 보호하고, 민주주의를 회복시키며 인플레를 낮추기 위한 합의를 도출하겠습니다." 네베스는 더욱이 국민화합을 요청하면서 "완전 민주주의, 경제성장, 국민복지에 기초한 신공화국"을 건설할 것을 약속하였다.5) 대통령 네베스의 선출은 브라질의 정치발전에서 역사적인 분수령이었다고 할 수 있다. 20여 년의 군부통치 후에 민간 정치인이 불리하게 왜곡된 선거방법을 극복하고 대통령이 된 것이었다. 따라서 그는 완벽한 민주주의의 회복에 대하여 역사적인 사명감과 책

---

4) 브라질 사례에 대하여 참조한 리포트: *Latin America Weekly Report*: "Brazil", 1982, 1984, 1985; Foreign Broadcast Information Service, *Daily Report*: "Latin America", "Brazil", 1985.

5) Foreign Broadcast Information Service, *Daily Report*, "Latin America", 16 January, 1985, "Brazil", pp.D1~D7.

임감을 갖고 있었던 것 같았다.

네베스의 승리는 특히 야당(PMDB)의 결집과 여당(PDS)의 분열에 기인하였다고 할 수 있다. 대통령 선거인단에서 원래 여당의 대표자들이 야당의 대표자들보다 355 대 331로 우세하였다. 그러나 1985년 대통령선거에서 야당후보인 네베스는 480표를 획득하였고 여당 후보인 마루프는 180표를 얻었다. 여당 대표자들은 분열하여 166명은 네베스를 지지하였고 174명은 마루프에 투표하였다. 네베스는 결과적으로 거의 선거인단의 70% 지지를 획득하였다. 이는 네베스와 야당의 압도적인 승리인 반면에 마루프와 여당 그리고 군부의 굴욕적인 패배였다(Selcher, ed., 1985, 131).

이와 같은 간접선거에서는 직접적인 민주신탁의 범위와 강도를 가늠하기가 어렵다. 대통령 선거인단 전부가 유권자들에 의하여 직접 선출되지 않았기 때문이다. 선거인단은 연방의회 상하의원과 주의회 대표자들로 구성되었다. 연방 상하의원들은 1982년에 이미 직선으로 선출되었다. 그러나 각 주의 대표자들은 그 주의회의 다수당에 의하여 간접적으로 추천되었다. 그렇게 선출된 대표자들은 대부분 여당 지지자들이었다. 여당이 상대적으로 더 많은 주의회를 장악하고 있었기 때문이었다. 여당이 결과적으로 선거인단에서 수적으로 우세할 수 있었다. 그러므로 브라질의 대통령 선거인단제는 유권자의 의사를 정직하게 반영할 수가 없었다. 여당에게 유리하게 조작되었기 때문이었다. 이 조건에서 1985년 선거에서 네베스 리더십에 대한 민주신탁을 가늠하는 것은 용이하지 않았다. 1982년 총선에서 대통령을 직선제로 선출하였다고 가정하면 야당후보가 거의 투표자의 59% 지지를 얻을 수 있었을 것이다. 이는 야당들이 총선에서 총 59%의 지지를 받았기 때문이다(Skidmore, 1988, 234). "희망의 대통령" 네베스는 불행하게도 그의 역사적 사명을 실현할 기회를 갖지 못하였다. 그의 예기치 못한 질환과 사망은 브라질의 험난한 민주주의의 여로를 예고하는 듯하였다. 부통령 사르네이가 네베스를 대신하여 대통령에 취임하였다. 그러나 사르네이는 민주세력이 기대하였던 리더는 아니었다. 그는 여당(PDS)의 전직 의장과 상원의원을 역임하였던 군부체제 지지자였다. 여당의 대통령 후보 선출과정에서 소외되었던 그는 탈당하여 "자유전선"에 참여하였고 자유전선은 야당(PMDB)과 1985년 민주동맹을 구성하였다. 민주동맹은 브라질민주운동당(PMDB)의 네베스를 대통령 후보, 자유전선의 사르네이를 부통령 후보에 지명하였다.

이와 같은 사르네이의 전력 때문에 브라질 시민들 다수는 그를 "기회주의적인 변절자(turncoat)"로 보았다. 그러나 대통령 계승에 대하여 그의 헌법적인 권리를 부정할 수는 없었다.

〈표 2.2.1〉 브라질 신민주정부의 민주신탁(1985)

정당	Neves	Maluf	기권	불출석	합계
PDS/LF	166	174	15	1	356
PMDB	275	2	1	2	280
PDT	27	1	1	1	30
PTB	9	3	0	0	12
PT	3	0	0	5	8
합계	480	180	17	9	686

출처: Abraham F. Lowenthal, ed., *Latin America and Caribbean Contemporary Record* Vol.V. 1985–1986(New York: Holms & Meier Publishers Inc., 1988): Brazil, p.B50.

그는 공식적으로 1985년 4월 22일 브라질 대통령에 취임하였다. 군부통치 20여 년 만에 민간 정치인이 대통령이 된 것이었다. 군부체제 지지자였던 사르네이 대통령이 네베스 가 약속하였던 민주주의 회복을 얼마나 실현할 수 있을 것인가라는 의문이 남았다(Skidmore, 1988, 252). 대통령 사르네이 자신도 브라질에서 민주주의의 실현이 얼마나 어려운 사명인가를 절감하였다. 그는 1986년 브라질의 열악한 경제적 상황에 대하여 솔직하게 고백하였다. "본인은 원하지도 않고 또한 준비할 시간도 없이 지구상에서 최대의 채무와 외채를 짊어진 사람이 되었습니다(Skidmore, 1988, 261)."

2. 아르헨티나[6]

급진시민연맹(UCR)의 알폰신(Raúl Alfonsín) 박사가 거의 10여 년 만에 민주선거를 통하여 수립된 민간정부의 대통령이 되었다. 그는 취임사에서 민주주의 혁명을 주도하겠다는 신념과 열정을 보였다. 권위주의적인 사고와 관행을 비난하면서 과거의 과도한 행위와 오류를 바로 고치고 "완전한(full)" 민주주의를 회복시키겠다고 약속하였다. 그리고 그는 선언하였다. "우리는 공동의 목표를 갖고 있습니다. 이 땅에 살고 있는 모든 사람의 생명, 정의, 자유를 지키는 것입니다. 우리는 공동의 계획을 갖고 있습니다. 아르헨티나를 위한 민주주의입니다."[7]

대통령 알폰신은 민주주의를 국가가 독립적인 역할을 수행하는 다원주의적 자유주의로 규정하였다. 그에 의하면 민주주의는 우선 "다원주의적"이다. 이는 상이한 사회적 계급과 부문

---

6) 아르헨티나 사례에 대하여 참조한 리포트: Foreign Broadcast Information Service, *Daily Report*: "Latin America", "Argentina", 1983, 1984, 1985; *Latin American Regional Report*: "Southern Cone", "Argentina", 1984.

7) Foreign Broadcast Information Service, *Daily Report*, "Latin America", 16 January, 1985, "Brazil", pp.B4~B15: 대통령 취임사.

들, 다수의 이념들, 다양한 삶의 양식들이 모두 공존한다는 의미이다. "다원주의직 민주주의는 각각의 요소에게 어느 정도의 자율권을 허용하는 체계를 수용한다. 결과적으로 정부와 정당의 갱신과 사회의 진보적인 변화를 가능하게 한다." 더욱이 그는 "확실하게 수평적이고 수직적인 민주화 운동을 통하여 역동성, 효과적인 참여, 시민동원화의 특징을 갖는 민주주의를 건설하는" 자신의 역사적인 사명과 신탁을 인정하고 수용하였다.[8]

알폰신의 민주신탁은 아르헨티나 투표자들 과반수의 지지에 근거하고 있었다. 그는 대통령 선거인단의 600명의 대표자 중에서 317명의 지지를 받았다. 이는 일반 투표자들의 51.8%가 알폰신을 지지하였다는 것이다. 반면에 페론주의자 이따로 루데르(Italo Luder)는 선거인단 259명, 일반투표자 40.2%의 지지를 받았다. 선거인단은 600명의 대표자(delegate)로 구성되었고 그 대표자들은 모든 선거구에서 직선으로 선출되었다(Hopkins, ed., 1985, 271~272; Rudolph, ed., 1985). 급진시민연맹은 의회선거에서도 과거에 비하여 괄목할 만한 성과를 기록하였다. 하원의 254석 중에서 과반수 129석을 획득하였다. 하원에서는 총 46석에서 단지 18석만 차지하였다. 반면에 페론주의자들은 하원 111석 상원 21석을 확보하였다. 알폰신과 그의 정당은 중산층, 여성, 젊은 세대, 노동자들의 지지를 받았다. 반면에 루데르와 정의당은 아르헨티나의 낙후되고 인구가 적은 북동지역에서 더 많은 지지를 얻었다(Rock, 1987, 272). 결과적으로 급진시민연맹의 의회 영향력은 압도적이거나 절대적이라고는 할 수는 없었다. 알폰신과 그의 정당은 민주주의 사명을 수행하기 위하여 페론주의자들의 협력을 어느 정도 필요하였다(Hopkins, ed., 1985, 272).

아르헨티나 정치에서 1983년 기초 민주선거는 역사적인 사건이라고 할 수 있다. 페론주의자들은 전통적으로 당원, 조직, 득표력 등에서 급진주의자들을 압도하였다. 당원 수는 2배로 약 3백만에 달하였다. 그들은 1973년 선거에서 투표자의 49.56% 지지를 획득하였다. 반면에 급진시민연맹은 21.29% 지지를 얻었다. 그러나 1983년 12월 선거에서는 역전되었다. 급진주의자들은 특히 대통령과 하원의원 선거에서 분열된 페론주의자들을 패배시켰다(Hopkins, ed., 1985, 272; Maolain, 1985, 8~9, 12~13). 알폰신의 역동적인 리더십, 루데르의 상대적인 특성적 단점, 페론의 사망과 페론주의자들의 분열, 페론정부(1973-1976)의 실패, 페론주의자들의 폭력적 선거운동, 군부와의 비밀협약 등이 알폰신과 급진주의자들의 집권을 가능하게 하였던 주요 요인들이라고 할 수 있다.

---

8) 알폰신(Alfonsin) 대통령은 취임사에서 "민주주의", "민주적", "민주화"를 34번이나 언급하였다.

〈표 2.2.2〉 아르헨티나 신민주정부의 민주신탁(1983)

주요 정당	지지 투표	지지율	하원	상원
급진신민연맹(UCR)	7,660,000표	52.0	129명	18명
페론주의자(PJ)	5,937,000	40.0	111	21
비타협당(PI)	344,000	2.5	3	-
통합개발운동(MID)	170,900	1.2	-	1
기타 정당	668,000	4.3	11	6
합계	14,779,900		254	46

출처: Jack W. Hopkins, ed., Latin America and Caribbean Contemporary Record Vol.Ⅲ, 1983-1984(New York: Holmes & Meier Publishers, Inc., 1985): Argentina, p.B272.

〈표 2.2.3〉 브라질과 아르헨티나 신민주정부의 민주신탁

국가	브라질		아르헨티나
대통령	Tancredo Neves(PMDB)		Raúl Alfonsín(UCR)
부통령	Jose Sarney(FL)		Victor Martinez(UCR)
정당	PMDB+FL	PMDB	UCR
선거인단	70	39.8	52.8
일반투표	-	43	51.8
주지사	-	39	70.8
연방의회 하원	60.3	41.8	50.8
연방의회 상원	60.9	31.9	39.1
투표자/인구 비율	-	35.8	52.0
득표수/인구 비율	-	15.4	26.9

주. 브라질 데이터는 1985년 1월 대통령선거, 1982년 11월 총선의 결과와 1985년 6월 연방의회 하원 정당분포에 대한 자료에 근거하여 작성된 것이다. 아르헨티나 데이터는 1983년 10월 총선 결과를 정리한 것이다.
출처: Jack W. Hopkins, ed., Latin America and Caribbean Contemporary Record, Vol.Ⅲ: 1983-1984(New York: Holms & Meier, 1985), p.272; Abraham F. Lownethal, ed. Latin America and Caribbean Contemporary Record Vol.V: 1985-1986(New York: Holms & Meier, 1988), p.B50; Wayne A. Selcher, ed., Political Liberalization in Brazil: Dynamics, Dilemmas, and Future Prospects(Boulder and London: Westview Press, 1986), p.127 & 133. James W. Wilkie, ed., Statistical Abstract of Latin America(Los Angeles: UCLA Latin American Center Publications, 1988), Vol.25(1986), p.869 and 872; Vol.26(1988), p.204.

Ⅲ. 신민주정부의 민군관계

민주화-민주주의 체제화와 공고화-과정에서 무엇보다도 민군의 세력균형 관계가 결정적인 조건이라고 할 수 있다. 특히 과거청산과 민주개혁의 역사적인 과제에 직면한 신민간정부와 과거의 통치자 군부 사이에 필연적으로 긴장과 갈등이 존재한다. 이 긴장과 갈등의 관계가 어떻게 해소 또는 완화되고 안정되는가가 민주주의 체제화의 최우선적인 조건이다. 신민간정

부의 리더십에 도전하는 군부의 의지와 역량이 클수록 민주수의 체제화의 범위, 속도, 심도가 제한될 개연성이 크다고 할 수 있다.

1. 브라질[9]

브라질 군부는 신민간정부에서도 정치과정에서 참여와 압력을 통하여 무시하지 못할 영향력을 행사하고 있었다. 군부지도자들이 정부의 각료로 각의에 참여하였다. 대통령 당선자 네베스는 처음에 정부 각료를 20명에서 27명으로 증원하였다. 그들 중에서 육군, 해군, 공군 장관, 국가정보원장, 군사내각의장 등 5명은 군부를 직접적으로 대표하는 각료였다. 그들은 정부의 정책결정 과정에 직접적으로 참여하였다. 특히 육군 장관과 국가정보원장은 대통령 사르네이와 직접 면담을 통하여 정책적 영향력을 행사할 수 있었다. 그들은 관심과 이해관계에 따라서 군사정책뿐만 아니라 다른 분야의 주요 정부정책에도 관여하였다.

신민주정부에서 군의 헌법적인 역할에 대한 열띤 논쟁이 1987년 제헌의회와 주요 정치집단에서 있었다. 첫 번째 신헌법 초안에 군의 전통적인 역할이었던, 법과 질서의 수호를 포함시키지 않았다. 기존의 헌법들-1946, 1967, 1969년-은 군에게 국가방위와 헌법적 권력의 보장과 함께 법과 질서를 수호하는 책임을 인정하고 부여하고 있었다. 신헌법위원회-알폰수 아리노스(Alfonso Arinos) 위원회-는 군이 국내의 질서유지에 대한 책임을 갖는 것을 반대하였다. 특히 군이 국내 문제에 개입하는 것은 군의 이미지를 훼손시킬 뿐만 아니라 민간정부의 권한을 침해할 수 있기 때문이었다. 또한 군에게 법과 질서를 수호할 헌법적인 책임을 부여하지 않는다면 군부가 정치개입-군사 쿠데타를 포함하여-을 법적으로 정당화할 수 없을 것이기 때문이었다(Skidmore, 1988, 271).

군부가 신헌법 초안에 법과 질서의 수호 조항을 포함시키지 않은 것에 대하여 분노하였다는 보도가 있었다. 육군 장관 곤깔베스(Goncalves)는 1987년 민간 정치인들이 "군을 배신하였다."고 주장하며 신헌법초안을 수용할 수 없다고 선언하였다. 그는 이미 1985년 명백하게 "군의 사명은 국가방위와 헌법적 권력, 법과 질서의 보장이며 그 사명은 브라질 국민을 위하여 유효하다고 선언한 바가 있었다. 사르네이 대통령도 군부의 입장을 지지하고 있었다." 군은 외부의 적

---

9) 브라질 사례에 대하여 참조한 리포트: Foreign Broadcast Information Service, *Daily Report*: "Latin America", "Brazil", 1985, 1987, 1988; *Latin America Weekly Report*: "Brazil", 1985, 1986, 1987, 1988; *Latin American Regional Report*: "Brazil", 1987.

으로부터 영토를 방어하고 국내질서를 수호하는 책임을 갖고 있다고 할 수 있다. 왜냐하면 모든 공화국 헌법에 그렇게 규정되어 있으며 발전도상국가들이 지지하고 있기 때문이다.

군의 역할을 규정하는 문제가 주요 국가적 논쟁의 주제가 되었다. 제헌의회 청문회에서 1987년 찬성과 반대의 주장들이 제기되었다. 30여 명의 육군 장교들이 로비활동을 통하여 제헌의원들을 설득하기에 바빴다. 육군은 군 임무의 제한, 국방부 설립, 국가안보원칙 폐기, 자원병제 채택 등을 반대하였다. 제헌의회는 결국 군부의 강력한 반대와 압력에 굴복하였다. 제헌의회는 1988년 4월 신헌법에 동의하였다. 신헌법의 규정에 의하면 군은 국내외의 국가안보를 책임지고 의무병제는 계속하여 유지될 것이었다. 군의 헌법적 역할에 대한 수년간의 논쟁은 군의 승리로 일단락되었다.

한편 브라질 의회는 1985년 10월 군부체제에서 정치적 이유로 전역된 2,600여 명의 장교들의 직급을 회복시키고 그 급료를 지불하는 법안을 통과시켰다. 그러나 신정부는 군부의 압력을 받고서 그 법을 무효화시켰다. 제헌의회도 1987년 그와 유사한 법안을 제안하였다. 군부는 다시 강력하게 반대하면서 의회가 그 법안에 동의하여도 거부하겠다고 선언하였다.

군부는 신정부의 예산 배분과 급료 지급 등에서도 강력한 영향력을 발휘하였다. 통치자의 짐을 벗은 군부는 군 전문화와 현대화에 관심을 갖고 있었다. 그들은 "육군-90(FT)" 계획을 통하여 군대와 장비를 재정비하여 개선할 것이었다. 육군을 296,000명까지 증원하고 현대 군사 장비를 구입할 것이었다. 이 계획의 실행을 위하여 육군은 2015년까지 매년 2억 5천만 달러의 정부예산을 받을 것이었다(Skidmore, 1988, 273). 군부는 또한 고도의 인플레에서 정부를 압박하여 군 급료 인상을 위한 예산을 받아 냈다. 군 각료들은 1987년 10월 사르네이 대통령에게 실질임금의 21.5% 인상을 요구하였다. 정부의 긴축정책을 고려하여 사르네이는 처음에는 그 요구를 터무니없다고 반대하였다. 대신에 9% 인상을 제안하였다. 군 각료들의 위협으로 사르네이는 결국 정부의 10% 인상 원칙을 지키지 못하고 최종적으로 19.5% 인상을 허용하였다. 빠라나(Parana)의 아푸까라나(Apucarana)에서 소규모의 군사반란이 일어난 직후에는 사르네이는 즉각적으로 전군에 대하여 100% 이상의 특별 급료인상에 동의하였다.

군부는 비군사 부문의 정부정책에도 강력한 영향력을 행사하였다. 군부는 1986년 농지개혁개발부 장관 넬슨 히베이루(Nelson Ribeiro)가 수립한 농지 관련 계획을 반대하였다. 국가안보위원회가 군부를 대신하여 농지개혁 정책을 다시 마련하였다. 기본적으로 농지 식민지화에 대한 계획이었다. 군부는 그 개혁안을 민간내각의 이름으로 발표할 것을 요구하였다. 또한 군부는 육군대령 뻬느투 단따스(Pedro Dantas)를 주무장관인 히베이루와 사전 논의도 없이 농지 개혁의 책임자로 임명하였다. 그리고 히베이루의 사임을 강요하였다.

군부는 또한 제헌의회가 논의하고 있는 다양한 헌법조항들에도 관심을 갖고 있었다. 항공장관 옥따비우 모레이라(Octavio Moreira) 준장은 군부의 입장을 명료하게 대변하였다. "제도로서 군은 헌법초안이 만들어지고 있는 미묘한 시기에 사회적 재공식화(reformualtion)에 무관심할 수가 없는 것이다." 군부는 우선 의회제 채택을 반대하였다. 의회제에서 군사부문 관련 장관 또는 각료들은 의회에 직접적으로 종속될 수밖에 없기 때문에 현재와 같은 위상과 영향력을 상실할 것을 우려하였다. 애초에 다수가 의회제를 지지하였던 제헌의회는 군사 쿠데타설에 대통령제 유지에 동의하였다. 이 조건에서 사르네이 대통령의 5년 임기도 보장되었다.

사르네이 신정부는 애초부터 군부의 압력이 영향력을 견제하려는 의지와 능력이 미약하였다. 고급군사대학(ESG)의 교장이 1985년 8월 정부의 공산당 합법화와 농지개혁 정책을 공격하였으나 정부의 징계조치가 없었다. 사르네이 대통령은 또한 1985년 12월 군 장교들이 정부를 비판할 수 있는 권리를 인정하였다. 퇴역 장교들은 공식적으로 정당정치에 대한 발언권을 갖게 되었다. 군부체제에서는 장교들이 정부와 정치에 대하여 공개적으로 발언할 수 없었다. 사르네이 정부에서 군부의 간접적인 정치개입이 가능하게 되었다.

군부는 원칙적으로 민주적 체제이행을 지지하는 듯하였다. 군사부문의 장관들은 군의 정치개입을 배제할 것을 결심한 것 같았다. 육군 장관 곤깔베스는 1988년 5월 그들과 회의를 마치고 체제변화에 대한 그들의 견해를 밝혔다. "체제이행에 따른 위기를 경험하고 있지만, 우리의 최대의 정치적 관심은 가능한 최고로 조용하게 민주적 이행을 성공적으로 수행하는 것이다."

2. 아르헨티나[10]

알폰신 대통령은 역사적으로 유례없는 기회를 활용하여 군부의 영향력을 견제하고 완전한 민주주의를 실현하려고 노력하였다. 민군관계에서 민간우위의 원칙을 확고하게 믿고 있었다. 그는 아르헨티나 군을 주도적으로 광범위하게 재조직하고 개혁하였다. 또한 그는 민간법원의 인권재판을 통하여 군부체제의 인권침해에 연루된 군지도자들에게 사법적 책임을 묻기도 하였다.

---

10) 아르헨티나 사례에 대하여 참조한 리포트: Foreign Broadcast Information Service, *Daily Report*: "Latin America", "Argentina", 1986, 1987, 1988; *Latin America Weekly Report*: "Argentina", 1984, 1985, 1986, 1987, 1988; *Latin American Regional Report*: "Southern Cone", "Argentina", 1984, 1987.

알폰신 대통령은 신민주정부에 국방부를 신설하고 민간인을 그 장관에 임명하였다. 국방부 장관은 합동참모부를 관할하고 그 참모부에는 각 군을 대표하는 사령관이 참여하였다. 국방부는 방위, 방산, 예산조정 등 세 부서로 구성하였고 각 부서의 책임자로 민간인 부장관을 임명하였다. 결과적으로 군지도자들은 내각에 직접적으로 참여하지 않았다. 국방부는 새롭게 군이 소유하고는 산업체 지분, 군사복합단지, 해군공동주택을 관리하는 책임을 맡기도 하였다.

알폰신 대통령은 군의 역할을 재규정하려고 노력하였다. 신국가안보법안에서 "국외적 성격의 공격이 있을 때" 군의 개입을 허용하였다. "국내적 공격"의 경우에는 군의 역할을 명시하지 않았다. 군부는 국내의 공격에 대하여도 직접적인 행동을 취할 수 있도록 의회가 법안을 수정하여 주기를 원하였다. 군부와 우익 페론주의자들을 무마하기 위하여 급진시민당의 상원의원들은 "압도적인(overpowering)" 조건을 제안하였다. 국내의 전투에서 적이 경찰의 화력을 압도하는 상황에서 군의 개입을 허용하자는 것이었다. 의회는 1988년 4월 안보법안에 동의하였다.

법안에 의하면 "국방의 군사적 도구로서 군은 국내안보에 관련된 상황에 개입할 수 없다." 따라서 "국방에 관련된 문제를 다룰 때는 국방과 국내안보를 구분하는 기본적인 차이점을 항상 고려해야 된다." 그리고 대통령은 최고사령관으로서 국방조직을 이끌며 "직면한 상황을 극복하기 위하여 필요한 행동계획을 준비하고 조정한다." 대통령은 그러한 업무수행에서 국방위원회의 지원을 받을 수 있다.[11]

알폰신은 민간통제와 탈정치화의 원칙에 근거하여 군의 재조직과 개혁을 실현하기 위하여 다른 조치들을 취하였다. 첫째, 그는 상대적으로 하위급 장교들을 고위직에 임명함으로써 고위급 장성 49명을 전역시켰고 장성의 수도 60명에서 25명으로 축소하였다. 둘째, 군구조의 탈중앙화를 시도하여 군을 권력의 중심부에서 떨어진 지역에 재배치하였다. 부에노스아이레스(Buenos Aires)에 주둔하고 있던 육군 1군단의 시설을 지역대학에 양도하게 하고 그 소속 부대들을 해체하거나 내륙지역으로 이동시켰다. 군이 수도지역에서 비밀리 운영하고 있었던 구치소도 대서양 해변지역으로 옮기도록 하였다.

셋째, 5만여 명의 징집병을 전역시켰다. 넷째, 신정부의 국방부가 군의 관할권에 있던 해안경비대와 국경경찰대를 관할하게 하였다. 다섯째, 군 장성이 아닌 민간기술자가 군산복합체를 관리하게 하였다. 여섯째, 정부의 군사예산도 대폭 삭감되었다. 군부체제에서 군사지출은

---

11) Foreign Broadcast Information Service, *Daily Report*, "Latin America", 20 November, 1987, "Argentina", p.23; *Latin America Weekly Report*, 28 April, 1988(WR-88-16), "Argentina."

한때 국내총생산(GDP)의 8%를 차지하기도 하였다. 군사시출은 신정부 수립 후에는 매년 예외 없이 축소되었다. 1983년에는 5.89%, 1984년에는 3.71%에 이르렀다. 군부의 불평에 대하여 알폰신은 경제상황 때문에 불가피하다고 주장하였다. 이 외에도 더 많은 군 개혁 조치들을 추진할 것이었다. 국방부장관은 1987년 초 신정부가 군의 탈정치화와 전문화를 위하여 더 많은 계획들을 논의하고 계획하고 있다고 확인하였다.

알폰신 정부가 추진하고 있었던 인권재판과 군 개혁 정책은 군의 저항을 초래하였으나 알폰신 대통령은 단호한 리더십으로 대응하였다. 그는 1984년 7월 육군 3사단장을 포함하는 3명의 장성을 해임하였다. 그들은 공개적으로 군 예산 삭감, 인권재판, 군수공장의 군 소속 기술자 교체 등에 대하여 불평하였기 때문이었다. 그들의 공개적인 반정부 비판에 대하여 육군최고사령관은 전역을 강요당하였다. 또한 알폰신은 1985년 3월 군 예산 삭감을 비판하였던 참모총장 후리오 훼르난데스 또레스(Julio Fernandez Torres)도 해임하였다. 더욱이 자신의 군통제 정책에 공개적으로 비판하였다는 이유로 고위급 육군 장성 6명을 퇴임시켰다. 그는 1985년 12월 오라시오 사라띠에기(Horacio Zaratiegui) 제독을 가택 구금하였다. 그의 군사정책에 반대한 제독은 군 행사에서 그에게 경례하지 않았기 때문이었다.

알폰신과 신민주정부에 대한 군의 저항은 언어적 반대나 비판으로 끝나지 않았다. 군강경파 일부는 폭탄테러나 군사반란을 주도하였다. 알폰신이 1986년 5월 꼬르도바의 육군 3군단을 방문하였을 때 폭탄이 폭발하였다. 또한 주요 도시에 있는 여당 급진시민동맹의 빌딩에 대하여 폭탄공격 – 군의 우익 집단이 주도하였다고 알려진 – 도 있었다. 군의 우익집단의 저항을 우려한 알폰신은 군지도부에 지시하여 정치적 발언에 대하여 엄벌에 처하도록 하였다. 인권재판을 반대한 리꼬 중령은 군사반란을 주도하였다.

육군 지도부가 반란진압에 실패하자 알폰신이 직접 설득하였다. 군사반란의 여파로 고위급 육군 장성들이 예비역으로 전역되었다. 알폰신은 호세 까리디(Jose Caridi) 장군을 육군 참모총장에 임명하였으나 그의 리더십을 신뢰할 수 없었던 하위급 장교들이 반대하기도 하였다. 군은 또한 반란진압을 거부하였던 연대장의 전임에 저항하였다. 군사반란에 대한 재판에 불만을 갖게 되었던 리꼬는 1988년 1월 두 번째 반란을 주도하였다. 300여 명의 장교들이 리꼬의 반란에 동참하여 군지도부와 신정부에 저항하였다. 그러나 친정부 군대가 그 반란군을 진압하였다.

〈표 2.2.4〉 브라질과 아르헨티나 신민주정부의 민군관계

구분	브라질	아르헨티나
군의 역할	국내외 안보문제 개입	국제적 안보문제만 개입
정부리더십과 군	군통제력 미약	군통제력 우월
내각참여	직접/다수	간접/통합
군 개혁	현대화, 전문화, 인력증강	탈정치화, 전문화, 재조직화
군 예산	대폭 증가	대폭 감소
군 급료	대폭 증가	다소 증가
군 반란	부재	수차례 발생
군과 정치	정부 비판 허용	정치적 발언 금지
군과 민주체제	조건적 지지	소극적 지지
민군관계	군 우월/민간 타협	민간 통제/타협

아르헨티나 군부는 결국 알폰신 정부의 지시에 따라서 민주주의와 아르헨티나 헌법을 수호하겠다고 정식으로 맹세하였다. 에르네스또 크레스뽀(Ernesto Crespo) 준장은 1988년 3월 선언하였다. "나는 조건 없이 정부를 지지한다. 그것이 나의 의무이기 때문이다. 내가 공군 참모총장에 재임하는 동안에는 쿠데타가 없을 것이다."[12]

Ⅳ. 신민주정부의 인권유산 정리

신민주정부는 군부체제에서 발생하고 피해 시민들과 그 지지자들이 제기하고 있는 인권침해에 대하여 무관할 수가 없었다. 무엇보다도 신민주정부의 신뢰와 지지, 즉 정통성에 직접적으로 관련된 문제이기 때문이다. 군부가 주도한 인권탄압의 범위와 강도는 특히 민군관계의 성격에 영향을 준다. 민군관계의 성격에 따라서 민주주의 체제화의 범위와 깊이가 어느 정도 결정된다고 할 수 있다. 군부체제의 인권탄압 또는 침해가 광범위하고 심각하였을수록 군부의 명예와 특권이 약화되고 민간정부에 대한 영향력도 감소한다. 그러므로 군부체제에서 야기되었던 대규모의 인권침해는 결과적으로 신민주정부가 민주주의 체제화를 주도할 수 있게 한다.

---

12) *Latin America Weekly Report*, "Argentina", 7 April, 1988(WR-88-14).

1. 브라질[13]

사르네이 신정부는 군부체제의 인권탄압에 대하여 정책적 주도권 또는 재량권을 거의 행사할 수 없었다. 피게이레두 군사정부가 이미 1979년 별다른 저항을 받지 않고 사면법을 선포하였다. 사면법은 인권탄압의 가해자 또는 참여자, 특히 고문자들도 사면대상에 포함시켰다. 대통령 선거운동에서 야당후보 네베스는 신정부에서 보복정책이 없을 것이라고 군지도부에 약속하였다. 그는 군부가 선거결과-그의 당선-를 거부할 것을 우려하였다. 브라질 군부는 아르헨티나 군부가 신민주정부에서 과거 인권침해의 문제로 법정에 서는 것을 우려스럽게 보고 있었다. 급사한 네베스 대통령 당선자를 계승한 사르네이 대통령은 군부체제의 여당 지도자였다. 그는 군부에 대하여 기본적으로 타협적인 태도를 갖고 있었다. 또한 그의 리더십은 신정부에 참여하고 있는 군사각료들의 견제를 받았다. 군사각료들은 고문자 처벌을 반대하였다.

브라질 정부는 1985년 4월 자까란다 대령의 계급을 박탈하였다. 그는 1972년에 리우 디 자네이루 주정부의 교통장관 브란다우 멘떼이루(Brandao Menteiro)의 고문에 가담하였다. 자까란다는 인권침해와 관련하여 재판받고 처벌된 최초의 군 장교였으나 그에 대한 재판과 경미한 처벌은 별다른 주목을 받지 못하였다. 군부체제에서 정치탄압의 희생자였던 주지사 브리졸라와 그의 주인권위원회도 이의를 제기하지 않았다. 정부는 일반적으로 고문 연루자들에 대하여 온건한 태도를 보였다. 법무장관은 연방경찰청장 루이즈 아렌까르 아라리뻬(Luiz Alencar Araripe) 대령을 해임하였다. 강경파로 알려진 아라리뻬는 두 고문자를 연방경찰의 지역 책임자 또는 감독관으로 임명하였다고 기소되었다. 정부는 두 감독관의 임명을 철회하였다. 정부는 1986년 말에 법무장관이 관할하는 인권보호위원회를 구성하였다. 위원회는 특히 군부체제에서 증발한 125명의 행방을 조사할 것이었다. 그러나 정부는 인권유산 정리에 대하여 소극적이었기 때문에 위원회의 활동을 통하여 가시적인 결과를 기대할 수도 없었다.

브라질 정부는 인권유산 정리-"과거 청산"-과정에서 군부의 강력한 반대와 압력에 직면하였다. 저명한 언론인과 국가정보국 요원의 사망과 관련하여 군지도자들 수명이 기소되었다. 육군 장관 곤깔베스는 전임 국가정보국장 옥따비우 메데이로스(Octavio Medeiros) 장군을 경찰 심문에서 증언하는 것을 면제하도록 하였다. 그와 국가정부국장 이반 멘데스(Ivan Mendes) 장

---

13) 브라질 사례에 대하여 참조한 리포트: Foreign Broadcast Information Service, *Daily Report*: "Latin America", "Brazil", 1985; *Latin America Monitor*: "Brazil", 1984, 1985; *Latin American Political Report*: "Brazil", 1979; *Latin American Regional Report*: "Brazil", 1984, 1987; *Latin America Weekly Report*: Brazil, 1984, 1985, 1986, 1987, 1988.

군은 경찰에 지시하여 군의 이미지를 손상하지 않는 방법으로 심문하도록 하였다. 또한 군사최고위원회는 처음에는 국가정보국의 요원 사망사건과 관련하여 법무장관이 주요 증인을 병영에서 면담 조사하는 것을 금지하였다. 관련 장교들은 증언을 통하여 그들의 연루설을 일축하였다.

군부는 고문에 연루되었다고 알려진 군 장교들에 대하여 정부가 사법적인 행위를 추구하지 못하도록 지속적으로 노력하였다. 군부는 육군첩보부대가 연루된 히오 센뜨루(Rio Centro) 극장 폭발사건에 대한 재조사를 반대하였다. 정부가 우루과이 몬테비데오(Montevideo)의 브라질 대사관에 파견된 무관 알베르뚜 브리란떼 우스뜨라(Alberto Brilhante Ustra) 대령을 소환 전직하려고 하자 육군 장관 곤깔베스가 압력과 영향력을 행사하여 무산시켰다. 연방하원 의원 베떼 멘데스(Bete Mendes)는 우스뜨라를 그녀 자신을 1970년에 고문하였던 군 장교로 지목하였다. 육군 장관은 우스뜨라를 옹호하였다. "그는 절대적인 신임을 받고 있으며 그의 임기가 끝날 때까지 무관으로 재임할 것이다." 또한 그는 전복세력과 테러리즘에 대항하여 투쟁한 사람들은 그들의 성공적인 작전에 대하여 존중되어야 한다고 주장하였다(Skidmore, 1988, 268~269). 그는 또한 9월 장교들에게 하원의원 후벰 빠이바(Rubem Paiva)의 1971년 증발에 대하여 "절대적(absolute) 침묵"을 명령하였다. 전직 군의관인 빠이바(Paiva)가 리우 데 자네이루의 육군병영에서 무자비한 고문으로 사망하였다고 폭로하였기 때문이었다.

우스뜨라 대령은 1987년 4월 퇴역을 앞두고 상파울루의 심문센터에서 그의 역할을 옹호하기 위하여 저서 『침묵을 깨뜨리며(Rompendo o Silencio)』를 발간하였다. 군부는 그의 저서를 "정당한(legitimate) 변론"이라고 호의적으로 평가하였다. 유사한 저서, 『브라질, 언제나(Brasil, Sempre)』가 이미 1986년 7월 육군 남부사령부의 허가를 받아서 발간되어 있었다. 마르꾸 뽈루 지오다니(Marco Pollo Giodani) 중위는 저서에서 군부체제의 보안 또는 첩보 부대를 칭찬하고 그들의 역할을 정당화하였으며 또한 "혁명운동"에 의하여 사망한 것으로 알려진 92명의 보안요원들에 대하여 기록하였다.

『브라질, 언제나』는 가톨릭교회의 지원으로 1985년 5월 발간되었던 『브라질, 이제 그만(Brazil, Nunca Mais)』에 대하여 군부가 공식적으로 유사한 방법으로 대응한 것이었다고 할 수 있다. 상파울루 지역의 가톨릭신자들이 1964년에서 1979년 사이에 보안세력이 폭압적인 방법으로 인권을 침해하였던 사례들을 군사법정의 자료들에서 비밀리에 조사하여 공개하였다. 그들은 인권탄압의 희생자들뿐만 아니라 그 가해자-고문자들을 포함하여-들을 확인하고 그들의 야만적인 행위를 폭로하였다. 고문자들이 사용한 다양한 비인간적인 고문방법을 기술하고 고문피해자들의 충격적인 경험을 소개하기도 하였다. 또한 11월에는 군부체제의 국가정보원장을 포함하는 444명의 고문자들의 명단을 발표하기도 하였다(Skidmore, 1988, 268~269; Dassin ed., 1986).

『브라질, 이제 그만』의 발간은 인권과 사회정의의 실현을 추구한 가톨릭교회의 투쟁과정에서 역사적인 정점이었다. 가톨릭교회는 군부체제를 일관되게 공개적으로 비판하였다. 군부체제에서 정치자유화 과정이 진행되고 있을 때 상파울루 교구의 신도들이 군사법정의 공문서를 비밀리에 조사하여 인권침해 사례들을 체계적으로 기록하였다. 민간정부 수립 1개월 후, 1985년 4월에 그 기록인『브라질, 이제 그만』을 공개하였다. 이와 같이 인권탄압의 실상을 공개한 것은 신민간정부에 대한 정면적인 도전이라고 할 수 있었다. 정부는 고문에 연루되었다고 알려진 군요원들에게 보복정책을 추진하지 않겠다고 약속하였기 때문이다. 군부의 실력행사를 우려한 정부는 인권침해 사례들에 대하여 소극적이고 조심성 있게 대응하였다. 브라질 군부는 아르헨티나의 민군관계의 변화를 예의주시하고 있었다. 아르헨티나에서 신민주정부가 군부체제의 인권탄압과 관련하여 군부의 주요 지도자들을 기소하고 사법적 처벌을 추진하고 있었다.

브라질 연방의회는 민군관계에서 오히려 도발적이었다. 노동당(PT) 하원의원 호세 제노이누(Jose Genoino)는 의회에서 221명의 민간과 군 출신의 고문자들을 공개하였다. 하원의원 끄리스띠나 따바레스(Cristina Tavares, PMDB)는 사르네이 대통령에게 외국의 브라질 공관에 재직하고 있는 고문자들을 조사할 것을 요구하기도 하였다. 이 요구는 멘데스 하원의원이 공개적으로 우스뜨라 대령을 그녀의 고문자로 지목한 직후에 제기되었다.

군부는 군이 연루된 인권침해 사례들이 빈번하게 공개되는 것에 대하여 우려하였다. 반군부운동이 전개되고 있다고 확신한 육군 장관 곤깔베스는 과거를 잊자고 호소하였다. "내가 과거를 잊자고 호소하는 것은 민주적 공존의 분위기를 조성하기 위한 것이다." "선의를 갖고 있는 사람들, 애국자들, 책임감을 갖고 있는 사람들이 그러한 입장을 이해하지 못한다는 것이 가능한가?"[14] 다른 군지도자들은 인권사례를 집중적으로 다루고 있는 언론매체들을 비난하였다. 국가정보원장 이반 멘데스(Ivan Mendes) 장군과 군사수석보좌관 바이마 데니스(Bayma Denys) 장군은 인권침해와 관련하여 군 장교들을 기소하는 정책이 군 내부에 불안감을 조성하

---

14) Foreign Broadcast Information Service, *Daily Report*, "Latin America", 27 August, 1985, "Brazil", p.D2.

고 있다고 대통령에게 보고하였다.

이에 대하여 사르네이 대통령은 그의 보좌관들에게 인권침해 사례들을 신중하게 접근할 것을 지시하였다. 그리고 1979년 사면법의 상호주의에 근거하여 인권문제에 대한 논의를 피해줄 것을 의회에도 권고하였다. 하원의장 우리쎄스 기마라에스(Ulisses Guimaraes, PMDB)는 특별히 제노이노 의원에게 브라질은 스웨덴이 아니라고 경고하였다.

신민간정부는 초기에 인권유산을 망각이나 타협을 통하여 정리하려는 듯하였다. 사르네이 정부는 1979년 사면법의 상호주의를 수용함으로써 군부를 자극하지 않으려고 노력하였다. 군부는 정치적으로 유효한 영향력을 유지하고 있었기 때문이었다. 한편 군부도 군부체제의 과도한 행위가 잊히기를 원하였다. 민주적 공존을 위하여 망각이 최고의 방편이라고 믿었던 것이었다. 가톨릭교회도 『브라질, 이제 그만』의 서문에서 군부에 대한 보복정책을 명백하게 거부한다고 밝히고 있다. "브라질의 누렘버그(Nuremberg)에 제시하기 위하여 증거자료를 수집하는 것이 아니다. 우리의 동기는 복수심이 아니다. 브라질 사람들은 보복하고자 하는 심정으로 정의를 추구하지 않았다(Dassin, ed., 1986, 8)."

2. 아르헨티나[15]

아르헨티나의 신민주정부는 인권탄압에 책임이 있는 사람들을 조사하고 처벌할 것을 명백하게 천명하였다. 알폰신 대통령은 취임사에서 완전한 인권존중과 군부가 일방적으로 선포한 "국가평화법"의 철폐를 약속하였다. 그는 인권침해자들의 처벌에서 법원의 역할을 강조하였다. 법원은 적절한 수단을 통하여 반전복세력 투쟁에서 정책을 결정하고 명령한 사람, 명령을 추종한 사람, 명령 수행과정에서 과도한 행위를 저지른 사람들을 동일한 기준으로 판단하지 않고 차별화하여 처리할 것이라고 언급하였다. 그리고 신민주정부는 모든 실종자의 신분을 밝혀내겠다고 선언하였다.

알폰신이 대통령에 취임하고 즉시 국가평화법을 도덕적으로 용납할 수 없다고 철회하였고 인권침해 문제에 대하여 확고하고 신속한 행동을 주도하였다. 그는 군부에게 최고위원회를 구성하고 군부체제의 "살인, 불법적인 자유박탈, 수감자에 대한 가혹행위"에 대하여 군사정부

---

15) 아르헨티나 사례에 대하여 참조한 리포트: Foreign Broadcast Information Service, *Daily Report*: "Latin America", "Argentina", 1983, 1986, 1987; *Latin America Monitor*: "Argentina", 1984, 1985; *Latin American Political Report*: "Argentina", 1979; *Latin American Regional Report*: "Southern Cone", "Argentina", 1987; "Latin America Weekly Report": "Argentina", 1984, 1985, 1986, 1987, 1988.

의 지도자들을 기소하고 재판하라고 지시하였다. 그리고 아르헨티나 대법원은 군사최고위원회가 주관한 재판의 기록을 조사할 권한이 부여되었다(Rock, 1987, 394). 알폰신 대통령은 인권유산 정리 과정에서 당사자인 군에게 우선권을 부여한 것이었다. 이 정책에 대하여 "영구인권회의(Permanent Assembly for Human Rights)"와 "마요 광장의 어머니들"과 같은 주요 인권단체들이 비난하고 반대하였다. 알폰신은 실종자의 소재를 조사하기 위하여 국가위원회를 구성하였다. 실종자 위원회는 9개월 기간의 조사를 통하여 50,000쪽에 달하는 인권보고서-『아르헨티나, 이제 그만』-를 작성하였다. 위원회는 8,961명의 실종자를 확인하였고 정치범들에게 범죄적인 가혹행위를 저지른 1,300명의 경찰과 군 장교들을 밝혀냈으며 또한 아르헨티나 전역에 산재하고 있는 300여 개 이상의 비밀 구치소를 공개하였다(The Argentine National Commission of the Disappeared 1986; Rock, 1987, 394~395).

아르헨티나 인권보고서(Nunca Más)를 통하여 군부체제에서 소위 "국가재조직"을 위하여 인권탄압이 조직적으로 이루어졌다는 사실이 명백하게 밝혀졌다. 이와 같이 군부체제의 불법성과 비도덕성이 공개적으로 고발되었음에도 불구하고 군사최고회의-군사최고법원-는 결론적으로 군사체제와 군사정부를 옹호하였다. 과거 군사정부의 지도자들은 "적"에 대하여 국가를 방위하였다. 그들의 명령과 포고령은 정당하였다고 주장하였다.

민간법원은 군사최고회의의 주장을 수용할 수가 없었다. 과거 군사정부의 지도자들이 연루된 인권침해 사건이 연방 항소법원으로 송치되었다. 연방법원은 9명의 군사정부 지도자들을 공개 재판을 진행하였다. 연방검사는 군사정부 지도자들이 테러리즘에 대항하기 위하여 전복세력들보다 더 많은 "납치, 고문, 살해"를 자행하였다고 기소하였다. 군사정부 지도자들은 소위 "더러운 전쟁"에서 다소의 과도한 행위와 오류가 있었으나 범죄적 행위를 하지 않았다고 주장하였다. 그들의 변호인은 검사 측 증인들은 테러분자이거나 그 동조자들이기 때문에 그들의 증언은 유효하지 않다고 변론하기도 하였다.

연방법원은 1985년 12월 군부체제 통치자들에게 최종 판결을 내렸다. 비데라 장군과 마쎄라 제독은 종신형을 선고받았다. 그리고 비오라 장군에게 17년 징역형, 아르만도 람브루쉬니(Armando Lambruschini) 제독에게 8년 징역형, 오란도 아고스띠(Orlando Agosti) 준장에게 4.5년 징역형을 판결하였다. 그 외 다른 군사정부 지도자들을 사면하였다. 대법원은 1987년 1월 비데라, 마쎄라, 람브루쉬니의 최종 판결을 확정하였다. 그러나 비오라와 아고스띠에 대하여 각각 6, 9개월 징역형으로 감형하였다.

한편 인권침해에 연루된 하위 장교들에 대한 재판은 지체되었고 군 내부에 심각한 불안과 저항을 야기하고 있었다. 군사법정은 1,700여 건의 살해, 고문, 납치 등에 관련되었다고 알려진 300여 명의 하위 장교들에 대하여 법적 절차를 진행하고 있었다. 그러나 가시적이고 명확한 결과를 도출하지 못하고 있었다. 재판이 무기한 지연될 것을 우려한 알폰신 대통령은 1986년 4월 군사법정에서 미결로 남아 있는 인권침해 사건들에 대하여 조사와 재판을 신속하게 진행할 것을 검사들에게 지시하기도 하였다.

또한 인권재판을 신속하게 진행시키고 군의 불안감을 완화시키기 위하여 알폰신 대통령은 첫째 기소종결(punto final)법을 제정하였다. 그 법에 의하면 인권침해 관련 장교들이 60일 내에 피해 관련자들에 의하여 고발되지 않으면 기소면제 처분될 것이었다. 또한 연방 상고법원이 군사 최고회의에서 미결로 남아 있는 모든 인권사건을 인수할 것이었다. 결과적으로 연방법원이 인권재판의 절차와 일정을 통제하고 신속하게 진행시킬 수 있을 것이었다. 이 상황에서 민간법원과 군사법원 사이의 줄다리기가 시작되었다. 연방 항소법원은 군사최고회의에게 모든 미결의 인권사건을 이송할 것을 지시하고 신속하게 재판을 진행하기 위하여 노력하였다. 반면에 군사최고회의는 연방법원의 인권재판을 반대하였다. 최고회의는 "승자가 아닌 패자만이 재판을 받아야만 한다. 군은 전복세력과의 전쟁에서 승자가 되었다." 이 사법적 갈등에서 아르헨티나 대법원은 민간법원을 지지하였다.

둘째로 알폰신 대통령은 1987년 6월 복종의무면책(obedience debida)법을 통하여 인권침해 사건을 수적으로 축소하려고 시도하였다. 원래 인권침해 행위에 가담한 시기의 계급이 중령 이하였던 군 장교들을 면책하려고 하였다. 그 하위급 장교들은 정당한 복종원칙의 조건에서 상급 장교들의 명령을 수행하였다고 전제하였기 때문이다. 그러나 추후에 군부의 강력한 압력으로 대령과 준장도 면책의 대상에 포함시켰다. 그들도 상급자들의 명령을 수행하였을 뿐, 그 명령을 상급자들과 함께 기획하지는 않았다고 인정한 것이었다. 결과적으로 인권침해로 기소되었던 군 장교는 234명에서 50명으로 감소하였다. 알폰신은 결과적으로 인권재판에 대하여 불만을 표출하였던 군부에게 다소 양보하였던 것이다.

군부는 인권재판의 공개에 대하여 분노하였다. 군의 사기는 점차 약화되었고 군의 명예 또한 크게 훼손되었다. 그러나 군부는 신민주정부에 대하여 조직적인 행동을 취할 수가 없었다. 특히 말비나스 섬 전쟁에서 패배한 군은 리더십 교체와 재조직화를 경험하고 있었기 때문이었다. 인권재판이 진행되는 과정에서 군사반란이 몇 번 일어났다. 육군소령 에르네스또 바레이로(Ernesto Barreiro)는 인권재판을 거부하고 꼬르도바 연대의 보호를 받았나. 육군중령 알도 리꼬(Aldo Rico)와 그 군지지자들은 깜뽀 데 마요(Campo de Mayo)에서 군사반란을 주동하고 인권재판의 종식을 요구하였다. 군부가 반란의 진압을 거부하자 알폰신 대통령 자신이 직접 반란군을 만나서 설득하여 무마하였다.

리꼬 반란 직후인 1987년 5월에 알폰신은 복종의무면책법안을 의회에 제출하였다. 그는 점증하는 군부의 압력에 굴복하는 것 같이 보였다. 초안을 변경하여 대령과 소장들까지도 명령수행 사유의 면책범위에 포함시킨 것은 알폰신의 리더십이 약화되고 있다는 명백한 증거이기도 하였다. 반면에 군부는 전복세력과의 전쟁에서 그들의 역할이 정당하였다고 더욱 강력하게 주장하였다. 육군 참모총장 조세 까리디(Jose Caridi)는 군은 "실행 가능한, 유일한 방법을 택하였다. 국가의 생존을 수호하기 위하여 테러리즘을 격파하였을 뿐이다." 다른 군 장교들도 까리디의 주장에 공감하고 되풀이하였다.[16] Rico는 첫 번째 군사반란에 대하여 재판을 받는 동안 두 번째 반란을 주도하였다. 300여 명 이상의 육군 장교들이 반란에 참여하였다. 리꼬는 자신의 재판에 불만을 갖고서 까리디의 리더십을 부인하였다. 그러나 그는 3일 만에 조건 없이 까리디의 군대에 항복하였다.

〈표 2.2.5〉 브라질의 정치체제와 대통령, 1964~2011

정치체제	대통령	재임 기간	집권 방법	주요 정책
군부체제	Humberto de Alencar Castelo Branco	1964~67년	군사쿠데타	제2호 제도법 (정당제 폐지)
	Artur da Costa e Silva	1967~69년	군부추천/의회 동의	제5호 제도법
	Emilio Garrastazu Médici	1969~74년	"	경제 성장
	Ernesto Geisel	1974~79년	"	정치 자유화
	João Figueiredo	1979~85년	"	정치 민간화
과도체제	Tancredo Neves	1985년	선거인단 간선제	당선/사망
	José Sarney	1985~1990년	헌법적 승계	신헌법 제정
신민주체제	Fernando Collor de Mello	1990~1992년	자유 직선제	부패혐의 사임
	Fernando Henrique Cardoso	1995~2003년	"	경제 안정화
	Luiz Inácio Lula da Silva	2003~2010년	"	복지 확대
	Dilma Rousseff	2011년~현재	"	?

---

16) *Latin America Weekly Report*, 28 May, 1987(WR-87-20), "Argentina"; 4 June, 1987(WR-87-21), "Argentina"; 11 June, 1987(WR-87-22), "Argentina."

<표 2.2.6> 아르헨티나의 정치체제와 대통령, 1966~2011

정치체제	대통령	재임 기간	집권 방법	주요 정책
군부체제	Juan Carlos Onganía	1966~70년	군사쿠데타	쿠데타주도/축출
	Roberto Marcelo Livingston	1970~71년	"	무능/축출
	Alejandro Agustín Lanusse	1971~73년	"	정권이양
민간체제	Héctor José Cámpora	1973년	제한 직선제	제한선거 폐지/사임
	Juan Domingo Perón	1973~74년	자유 직선제	사망
	Maria E. Martinez de Perón	1974~76년	부통령/승계	축출
군부체제	Jorge Rafael Videla	1976~81년	군사쿠데타	"더러운 전쟁"
	Roberto Eduardo Viola	1981년~	"	정권이양 추진/축출
	Leopoldo Galtieri	1981~82년	"	말비나스 섬 전쟁
	Reynaldo Bignone	1982~83년	"	과도정부/정권이양
신민주체제	Raúl Alfonsín	1983~89년	자유 간선제 (선거인단)	인권유산 정리/군 개혁
	Carlos Menem	1989~95년	자유 간선제/ 직선제	군부체제 지도자 사면
	Fernando del Rúa	1999~2001년	자유 직선제	금융위기/부패 사임
	Adolfo Rodriguez Saá	2001년	의회 간선제	과도정부
	Eduardo Duhalde	2002~3년	"	과도정부/국가부도/ 환율자유화
	Nésto Kirchner	2003~7년	자유 직선제	대법원/군부개혁
	Cristina Ferdnández de Kirchner	2007년~현재	"	인권유산 정리 경제성장/복지

군 내부의 불안과 저항은 결과적으로 알폰신의 인권유산 청산에 대한 초기의 결의를 다소 약화시켰다. 그럼에도 불구하고 그는 신민주정부가 특정한 조건에서 군부체제의 인권탄압에 대하여 최소한 군부 지도자들에게 사법적 책임을 물을 수 있다는 사실을 세계에 보여 주었다.

제3절 비군부권위주의체제: 멕시코[1]

Ⅰ. 문제제기

범대륙적인 민주화현상은 세계 정치학계의 주요 관심과 논의의 주제가 되어왔다.[2] 특히 1970년대 후반부터 남부유럽과 남미의 정치체제 변화에 대한 진지한 논의가 활발하게 이루어지고 있다. 특히 비교정치 학자나 지역정치 연구자들이 정치체제 변화의 원인, 과정, 전망에 대하여 경험적 또는 이론적 연구에 활발하게 참여하고 있다. 시대적인 정치변화에 따라서 학문적 연구 주제와 시각이 변화하였고 또한 주요 가설도 수정되었다. 1950, 60년대는 근대화와 민주주의, 1970년대는 민주체제 붕괴와 권위주의 또는 조합주의, 1980년대의 권위주의체제의 붕괴와 민주화가 논의 연구되었다.

앞으로는 민주화와 민주주의와 관련하여 다양하고 심도 있는 연구가 계속하여 이루어지리라고 기대된다. 이러한 경향은 특히 제3세계의 군부권위주의체제의 몰락과 사회주의권의 일당독재체제의 붕괴의 영향이라고 할 수 있다. 민주화와 민주주의에 대한 논의는 정치적 측면 또는 차원뿐만 아니라 사회적·경제적 차원까지도 광범위하게 포괄할 것이다. 생존, 자유, 인권, 번영의 실현이 인류가 변함없이 지향하는 목표들이라고 한다면 삶의 모든 영역에서 민주주의 실현은 21세기에도 계속하여 인류의 노력과 희생을 요구할 것이다. 이러한 의미에서 민주화와 민주주의에 대한 연구는 시대적 과제라고 할 수 있다.

민주화 과정에 대한 선행 연구는 사례 또는 사례 비교연구를 통하여 정치체제 변화에 대한 이론적·경험적 이해를 제고하였다. 군부권위주의체제로부터 민주화에 대한 연구가 일반적으로 다수이다. 그러한 경향은 남미지역의 관련 연구에서 더욱 두드러진다. 반면에 비군부통치 권위주의체제로부터 민주화에 대한 연구는 상대적으로 희소하다. 이는 중남미국가들 대다수에서 군부가 장기간 통치권을 행사하였고 군부체제의 붕괴와 함께 민주화가 진행되고 있다

---

1) 양동훈, 1992, 「권위주의로부터의 정치변화: 멕시코의 경우」, 『한국라틴아메리카학회 논총』 제5호, 한국라틴아메리카학회, 215~259. 이 논문은 부분적으로 수정됨.

2) 권위주의체제로부터 정치변화 – 자유화·민주화 등 – 에 대한 이론적·경험적 논의에 대하여 관련 학자들 다수가 참여하였다. 오도넬, 슈미터, 화이트헤드(O'Donnell, Schmitter & Whitehead, 1986)가 편집한 *Transitons from Authoritarian Rule: Prospects for Democracy*가 그 대표적인 결과물이다. Middlebrook(1986)은 논문, 「Political Liberalization in an Authoritarian Regime: The Case of Mexico」를 기고하고 있다. 그는 주로 1977년 멕시코 연방 선거법 개정과 그 직접적인 원인과 단기적인 결과에 대하여 서술하고 있다. 본 논문에서는 민간(비군부)통치 권위주의체제로부터 정치변화의 특성을 비교적 관점에서 체계적으로 분석 논의한다.

는 역사적 사실에 기인한다. 이러한 경험 때문에 관련 학자 다수가 민주화에 대한 연구에서 군부통치 요인을 별도의 변수로 구분하지 않는 것 같다.

선행 연구의 이론적 문제점을 극복하고 민주화에 대한 이해를 제고하기 위하여 무엇보다도 비군부통치 권위주의체제로부터 정치변화에 대한 심도 있는 사례연구가 필요하다. 그리고 군부통치 권위주의체제로부터 민주화를 경험하고 있는 사례들과 체계적인 비교분석을 통하여 정치체제 변화에 대하여 이론적 이해를 높인다(양동훈, 1989, 8~18).

민간통치 권위주의체제로부터 정치변화와 관련된 사례로서 멕시코가 비교적인 관점에서 적절하다고 할 수 있다. 군부통치 권위주의체제로부터 민주화를 경험하고 있는 남미의 주요 국가들-브라질이나 아르헨티나 등-과 비교한다고 전제할 때 동일한 국제적 환경, 역사적 경험, 그리고 유사한 사회적·경제적·문화적 조건을 갖고 있기 때문이다. 멕시코는 1940년 대부터 정치제도화를 통하여 주요 정치세력의 군부를 통제하고 문민우위 원칙을 실현하였다. 멕시코의 경험은 제3세계에서 예외적인 경우이다. 역사적으로 폭력적 사회혁명을 경험한 멕시코 정치엘리트는 군부를 포함하는 모든 영향력 있는 세력들을 포괄하고 통제하는 제도혁명당(PRI)을 조직하고 정치적 헤게모니를 장악하였다. 군부는 제도혁명당의 지도적 집단으로 1940년대 후반부터 권위주의체제의 유지와 안정에 기여하였다.

그러나 현대 권위주의체제의 모순과 종속적 발전의 사회경제적 위기는 멕시코 제도혁명당의 통치엘리트에게도 예외 없이 새로운 정치적 게임을 강요하였다. 정부는 1970년 후반부터 선거법을 개정하여 반대세력의 정치참여의 기회를 확대하여 정치체제의 개방을 시도하였다. 제한적이고 점진적인 정치자유화를 통하여 일당 장기집권으로 누적된 정치적·사회적 긴장을 해소하고 체제의 정통성을 제고하려고 노력하였다.

결론적으로 멕시코는 현재 주요 남미국가들이 경험하고 있는 민주화 과정에 있는 것이 아니라 장기적이고 점진적인 정치자유화 과정을 경험하고 있는 것이다. 권위주의체제 내부의 정치자유화가 체제해체와 민주체제 수립, 즉 민주화 과정으로 이행되기 위해서는 추가적 상황과 조건이 전제되어야 한다. 멕시코의 일당 권위주의체제가 근래 경험하고 있는 정치자유화의 원인, 과정, 결과를 브라질의 군부 권위주의체제가 경험하였던 정치자유화와 비교적인 관점에서 분석한다. 첫째, 멕시코의 정치자유화의 원인은 무엇인가? 둘째, 브라질과 비교하여 멕시코의 정치자유화의 특성은 무엇인가? 셋째, 멕시코 정치자유화의 특성의 원인 또는 배경은 무엇인가? 넷째, 멕시코 정치자유화의 결과 또는 전망은 무엇인가? 이러한 의문을 논의하기 위하여 우선 멕시코 국가의 정치체제와 민군관계의 성격을 규명한다.

Ⅱ. 멕시코의 관료적 권위주의

멕시코 정치체제의 성격은 다면적이고 복합적이다. 따라서 멕시코 정치체제의 기본적인 성격을 규명하는 것은 용이하지 않다. 멕시코 체제는 민주적 제도와 절차, 권위주의적 규범과 관행, 조합주의적 대중동원 등 모순적인 요소들을 내포하고 있기 때문이다. 관련 학자들도 멕시코 체제의 기본적인 성격을 민주주의, 제한적 다원주의, 권위주의, 조합주의, 또는 혼합체 등으로 시각에 따라서 다양하게 평가하고 있다. 그들 다수는 일반적으로 멕시코 체제의 권위주의적 성격에 동의하고 있으나 구체적인 특성에 대하여는 다른 주장을 제시하고 있다.

오도넬(O'Donnell)과 카우프만(Kaufman)은 멕시코체제를 "배제적 권위주의", 즉 1960년대에서 1980년대 사이에 브라질과 아르헨티나가 경험한 탄압적인 관료적 권위주의체제로 보고 있다(O'Donnell, 1978, 6; Kaufman, 1977, 195~196).[3] 레이너(Reyna)도 이에 동의하는 듯하다. 그러나 그는 멕시코는 제도화된 관료적 권위주의체제이고 브라질 군부체제는 권위주의적 상황(situation)이라고 구분하였다(Reyna, 1977, 161).[4] 퍼셀(Purcell)은 오도넬의 특성적 규정에 대하여 구조적·도덕적 기준을 혼동하고 있다고 비판하고 있다. 그에 의하면 멕시코체제는 제한적 다원주의와 "전통적 통치권(patrimonial rulership)", 통치엘리트 응집력 등의 특성을 갖고 있는 비탄압적인 "융합적 권위주의체제"이다(Kaufman, 1977, 3, 7, 8). 스티븐스(Stevens, 1977, 227)는 멕시코체제를 세속주의·합리주의·자유주의에 근거하여 정통성을 갖고 있는 "세속적 권위주의체제"의 전형으로 보았다. 또한 그는 제도혁명당은 형태적으로 조합주의적 구조를 갖고 있지만 원시적이고 불완전하기 때문에 신조합주의체제라고 할 수 없다고 주장하고 있다. 이에 대하여 레이나는 조합주의화(corporationalization)하고 있다고 주장하고 있다(Reyna, 1977, 156). 레비(Levy)와 스제켈리(Szekely)는 멕시코체제를 권위주의체제와 다원주의체제의 혼합형으로 보았다. 멕시코 국가는 무소불능의 중앙집권적 권력체가 아니며 제한적이지만 권력의 다원화가 실현되어 있고 개인적·조직적 차원의 자유가 존재하고 있기 때문이다. "다원주의

---

3) 멕시코에서 산업화 초기에 관료적 권위주의체제가 수립되었기 때문에 주요 정치경제적 혼란 없이 산업화 심화시기로 진입할 수 있었다고 주장한다.
4) 멕시코와 브라질의 경우 제도화와 조합화(관료화)의 측면에서 다르기 때문에 체제(regime)와 상황(situation)으로 구분하였다.

는 멕시코의 특권계층들로 구성된 정치적 하부체제를 특정 짓는 반면에 권위주의는 비특권계층들의 하부체제를 규정한다(Levy & Szekely, 1983, 115~116, 118)."

멕시코 체제는 이중적인 성격을 갖고 있다고 인정하여도 기본적으로 권위주의체제이다. 린츠(Linz)에 의하면 권위주의체제의 속성은 "제한적이고 책임부재의 정치적 다원주의"이다(Linz, 1975, 264). 따라서 레비와 스제켈리의 혼합형 분류는 개념적으로 무의미하다고 할 수 있다. 현대 멕시코체제는 과거 전통적 또는 민중주의적 권위주의체제와 상이하다. 반면에 1960년대에서 1980년대 사이에 남미의 브라질, 아르헨티나, 우루과이, 칠레 등에서 출현한 소위 관료적 권위주의체제와 유사한 특성을 공유하고 있다. 멕시코도 그들 국가들과 유사한 산업화 경제성장 정책들—수입대체, 기술집약, 외국자본을 통한—을 추구하였다. 이 정책들을 위하여 "배제적" 또는 억압적인 조합주의에 의존하였다는 점도 유사하다.

이러한 이유에서 카우프만은 체제생성의 시기는 다르지만 멕시코도 배제적 관료적 권위주의체제라고 보았다(Kaufman, 1977, 195~196). 반면에 퍼셀은 멕시코체제는 배제적이기보다는 오히려 "융합적" 권위주의체제라고 규정하였다. 멕시코 노동자, 농민의 조합주의적 정치동원화와 상대적으로 강도가 낮은 정치탄압이 그 주장의 근거이다(Purcell, 1975, 3, 7, 8). 그러나 멕시코 국가가 조직화하고 동원화한 노동자, 농민 소수는 실질적으로 부패한 지도자들과 국가권력의 피동적인 정치적 도구에 불과하였다. 한편으로 노동자, 농민 다수는 정치적으로 배제되고 제도화된 정치권력의 위세로 무력화되었다. 실질적으로 억압적인 탄압정책을 추구할 명분과 기회는 상대적으로 적었다. 퍼셀은 그러한 상황을 국가권력의 비탄압성과 합법성으로 해석하였다. 그러나 멕시코 체제는 기본적으로 제도혁명당에 의한 회유와 탄압에 근거하고 있다. 또한 현재 빈곤계층의 확대와 소득불균형의 심화는 멕시코체제의 배제성을 증명하는 사실이다. 이는 오히려 특성적으로 스테판(Stepan)의 "배제적 국가조합주의"와 유사하다.

그렇다면 멕시코에서 언제 관료적 권위주의체제가 생성되었는가? 멕시코에서는 군부의 정치적 개입과 같은 극적인 계기가 없었기 때문에 그 생성시기를 가늠하기가 쉽지 않다. 남미에서는 관료적 권위주의체제는 일반적으로 소비재 수입대체산업화가 완료되고 "산업적 심화"가 시작되는 시기에 출현한다고 관련 학자들이 주장하고 있다. 멕시코에서 수입대체 산업화는 대략적으로 1950년까지 진행되었고 그 후에 침체기를 경험하고서 1956년 또는 1958년에 산업적 심화—중간재와 자본재의 수입대체산업화—가 시작되었다고 보고 있다(O'Donnell, 1978, 128~129; Villarreal, 1977, 72, 88, 89; Kaufman, 1977, 225).[5] 그러면 멕시코에서 1950년대 후반에 관료적 권위주의체제가 생성되었을 것이라고 추론할 수 있다. 보다 정확하게 1958년을 그 생성 연도라고 보는 것이 타당할 듯하다.

마떼오스(Mateos)가 1958년에 새 정부의 대통령에 취임하였다. 전임 대통령들은 모두 내무부장관 출신이었으나 마떼오스 대통령만이 유일하게 노동부장관 출신이었다. 이는 우연이 아니라 제도혁명당 정권이 의식적으로 정책적 변화를 추구한 결과라고 할 수도 있다. 관료적 권위주의체제의 목적이 산업적 심화를 통한 자본축적이라고 한다면 노동통제 문제가 주요 정책적 관심사이다. 따라서 노동문제에 경험이 있는 정치리더십의 등장은 관료적 권위주의체제의 본격적인 시작을 의미한다고 생각할 수도 있다. 마떼오스 정부는 거시경제에 직접 개입하거나 통제하였다. 해외자본을 적극적으로 유치하기 시작하였고 해외자본을 유인하기 위하여 이자율을 높이고 달러교환을 자유화하였다. 한편 정부는 자주노동운동을 억압하였다. 특히 철도노조의 전국적인 파업을 저지하기 위하여 1959년 군대의 개입을 허용하기도 하였다. 결론적으로 멕시코에서 관료적 권위주의체제는 1958년 평화적인 정부교체와 정책전환을 통하여 출현하였다고 주장할 수 있다.

1. 통치 엘리트

멕시코 국가는 대통령을 정점으로 그를 보좌하는 내각과 행정 관료로 구성되어 있으며, 그들은 제도혁명당, 군부, 국영기업 등의 지지집단들에 근거하여 통치권을 행사하고 있다. 그 지지집단들은 국가의 외곽에 별도로 존재하고 있는 것이 아니라 국가에 구조적으로 통합되어 있다. 멕시코의 통치엘리트는 그 집단들의 리더십을 장악하고 그 조직을 통제하고 있다. 통치엘리트의 구성요소는 시대의 요구에 따라서 변화하고 분열하였다.

멕시코는 1960년대까지 주로 전통적인 정치인(politico)들의 집단인 소위 "혁명가문(familia revolucionaria)"이라고 불리는 정치엘리트에 의하여 통치되었다. 그들은 공적·사적 부문의 지도자들이다. 그들의 정치적 이념은 다양하여 보수주의로부터 좌익성향까지 포괄한다. 그들은 현직 대통령과 그 측근 보좌관, 주요 이익집단 지도자, 정부관료 등의 주요 세 집단으로 구성되어 있다(Brandenburg, 1970, 27).

---

5) 오도넬(O'Donnell 1978): 1956년부터 산업적 심화의 단계가 시작되고 멕시코 국가, 부르주아 국제자본의 3자연합이 긴밀하게 조직되기 시작하였다. 빌러리얼(Villarreal, 1977): 1950년까지 일차 소비재 수입대체산업화가 완료되고 그 후에는 산업화의 침체기에서 이어지고 1958년에 본격적으로 중간재, 자본재의 수입대체산업기에 진입하였다. 커프만(Kaufmann, 1977): 브라질, 아르헨티나, 멕시코 모두 1950/55년에서 1970/75년 사이에 수입대체산업화를 경험하였고 관료적 권위주의체제가 생성되었다.

1960년대 후반부터 점차 새로운 유형의 통치엘리트가 등장하기 시작하였다. 즉, 기술관료 (tecnicos) 또는 제도가문(familia institucional)의 정치적 부상이다. 이들은 고등교육을 받고 혁명을 직접 경험하지 않은 젊은 세대로서 상호 사회적 관계를 맺고 있다. 주로 정부의 고위직 행정이나 대통령 자문을 담당하고 있는 비교적 협소하게 구성된 집단으로 국가중심적이고 기술관료적인 시각을 갖고 있다. 그들은 출세와 영향력 행사를 위하여 전통적인 정치인들보다 상대적으로 국가에 더욱 의존하고 있다(Ronfeldt, 1986, 231~232). 에체베리아(Echeverria) 정부부터 현재까지 계속하여 정권의 핵심 세력으로 군림하고 있다. 무엇보다도 멕시코 대통령은 1976년부터 계속하여 기술관료 출신이다. 뽀르띠-오(Portillo, 1976~1982)는 재무부장관, 마드리드(Madrid, 1982~88)는 예산기획부장관, 살리나스(Salinas, 1988~1994)는 기획예산통제부장관 출신이다.

멕시코 기술관료의 정치적 부상은 급속하게 진행되고 있는 산업화의 논리적 결과라고 할수 있다. 멕시코 산업화는 외국자본 유치, 수출 촉진, 기획정책 수립, 경제운영 합리화 등을 통하여 추진되었다. 이는 국가경영에서 관료적 합리화를 요구하였고 기술관료―경제, 경영, 회계, 기술 부문의 전문가―들이 중용되는 계기를 제공하였다. 기술관료의 부상은 결과적으로 1970년대 전에 정부의 리더십을 장악하였던, 제도혁명당의 전통적인 정치인들―주로 법률가의 배경을 갖고 있는―의 입지와 영향력을 약화시켰다. 전통적인 정당정치인 출신인 에체바리아 대통령이 기술관료를 중용하기 시작하였다. 그가 재무각료였던 뽀르띠요를 후계자로 지명한 후부터 기술관료의 세력과 영향력이 계속하여 증가하였다. 기술관료 출신인 마드리드 대통령의 재임기간에는 정부 고위직에 경제전문 관료가 법률가 출신보다 많았다. 전통적인 정당정치인들은 기술관료들을 비판하기도 하였다. 그들은 정치적 경험이 부족하여서 국민의 고통과 생각을 이해할 수 없다는 것이었다.[6]

정권의 핵심에서 소외된 전통적 정당정치인들 소수는 1986년 제도혁명당 안에서 "민주경향(tedencia democrática)"에 참여하였다. 그들은 당내 민주화의 일환으로 대통령 후보를 선출하는 절차를 공식화하고 공개하라고 요구하였다. 헤게모니 정당인 제도혁명당의 대통령 후보는 6년마다 실시되는 대선에서 당선이 보장되었다. 현직 대통령과 그 측근 소수 집단이 관례적으로 비밀리에 대통령 후보를 결정하였다. 근래에 그렇게 지명된 대통령 후보들은 모두 전문 기술관료 출신이었다.

---

6) *Latin America Weekly Report*(WR-86-02), January 10, 1986: "Tecnicratus vs. Politicos."

제도혁명당의 대통령 후보 선출과정과 기술관료의 득세에 대하여 소외감과 불만을 갖고 있는 "민주경향"의 지도자들, 특히 포르피리오(Porfirio)와 카르데나스(Cardenas) 등은 반정부세력을 조직하고 결집하여 제도혁명당 집권세력에게 도전하였다. 제도혁명당의 전임 의장이고 상원의원인 포르피리오는 좌파 민주혁명당(PRD)을 결성하였다. 주지사를 역임한 카르데나스는 1988년 좌파 정당연합의 대통령 후보로 제도혁명당의 살리나스 후보에 도전하였다. 결론적으로 사회혁명의 신화와 전통에 근거한 멕시코 통치엘리트의 정치적 일체성이 와해되고 있는 것이다. 이 상황은 정치체제의 변화 과정-정치자유화-에 결정적인 영향을 미칠 것이다. 정치자유화와 관련하여 다음 장에서 논의한다.

2. 국가와 자본

관련 학자들은 일반적으로 멕시코에서 국가와 자본의 관계를 불균형의 조건에서 제한적인 협력관계로 보고 있다. 멕시코 국가의 기본적인 목표는 자본주의적 성장과 발전이다. 이는 자본의 근본적인 이해관계와 일치하지만 정책적으로 항상 일치하는 것은 아니다. 국가와 자본의 정책적 불일치는 그 관계를 단기적으로 긴장시킨다. 이러한 상황에서 국가의 논리와 이해관계가 지배적인 요소로서 작용하게 되고 자본은 수세적인 입장에 놓이게 된다.

멕시코 국가의 정통성은 궁극적으로 사회혁명의 민중적 신화와 전통에 기초하고 있기 때문에 국가가 자본의 이해관계를 일방적으로 옹호하는 정책을 지속적으로 추구할 수는 없다. 통치엘리트, 특히 "혁명가문"은 1940년대에 노동자, 농민을 제도혁명당에 독립부문으로서 동원하였으나 자본가는 배제시켰다. 이 조건에서 멕시코 국가는 노동자, 농민을 위하여 이념적 구호와 함께 가시적인 정책과 그 성과를 수시로 도모해야 하는 것이다. 다시 말하면 국가는 권력재창출과 유지, 사회 안정이라는 그 자체의 이익을 실현하기 위하여 자본의 이익-자본축적-을 경우에 따라서 희생해야 한다는 것이다. 이러한 의미에서 멕시코 국가는 자본의 맹목적인 도구나 포로이기보다는 오히려 자본과의 "이익동맹(profit alliance)" 체제에서 우월한 동반자라고 할 수 있을 것이다.

멕시코 국가와 자본의 관계를 극적으로 드러낸 사건이 1970년대 초반에 일어났다. 급등하는 인플레이션을 우려한 노동의회(CT)-주요 노동조합 지도자 연합체-는 에체베리아 대통령에게 가격통제, 임금인상, 주 40시간 근무제 등을 포함하는 정책을 요구하였다. 그리고 노동의회는 기업들과 협상을 시도하였으나 실패하고 전국적인 파업을 선언하였다. 군부 지지를 확신한 에체베리아는 노동의회의 입장을 지지하고 기업의 압력에 대항하기 위하여 소위 "민중동맹"을 제창하였다. 제도혁명당은 멕시코시티에서 집회와 시위를 조직하였다. 전국적인 파업을 우려한 기업들은 결국 20% 임금인상에 동의하였다.

제조 산업부문의 상공회의소를 제외한 모든 사기업 단체들은 자유기업체제를 보호하기 위하여 1975년 기업조정위원회(CCE)를 설립하였다. 위원회는 대통령에게 사유재산 보호, 사기업에 국영기업 매각, 외국자본의 직접투자 조건 완화 등을 요구하였다(Levy & Szekely, 1983, 64~65). 이 요구들은 멕시코 자본의 이해관계가 궁극적으로 어디에 있는가를 극명하게 보여주고 있다. 그 요구들은 1917년 멕시코혁명 헌법의 정신과 원칙을 위배하고 있다. 그러나 멕시코 경제가 전반적으로 안정화되면서 사리나스 정부가 금융부문을 포함하는 공기업 다수를 과감하게 사유화하고 자본시장을 더욱 개방하고 있다. 이 정책은 국가와 자본의 본질적인 관계를 보여 준다고 할 수 있다.

3. 국가와 노동

멕시코의 경제활동 인구의 40%, 대략 1천만 명—1990년대 초에—이 노동조합에 가입하고 있다. 모든 노동조합들은 실질적으로 제도혁명당의 범 노동조직인 노동의회 소속이다. 노동의회는 1966년 제도혁명당 내부의 권력투쟁에서 분열하여 파생한 노동연합체들을 결집시키기 위하여 만들어졌다. 주요 노동연합체들은 멕시코 지역 노동연합(CROM), 멕시코 노동자연합(CTM), 멕시코 노동자 농민 혁명연합(CROC) 등이다. 이 연합체들은 노동부문의 이익을 대변하는 조직이라기보다는 국가권력과 정부정책을 지지, 지원하기 위하여 동원화된 조직들이다. 노동연합체 지도자들은 정부의 하수인으로서 권위적이고 부패하였다. 따라서 노동파업은 경제상황과 관계없이 특정 제도혁명당 정부 또는 대통령이 노동부문에 대하여 취하는 태도에 따라서 증가 또는 감소하기도 하였다.

멕시코 노동자들의 축적된 불만과 경제위기의 심화, 학생운동 확산, 대통령의 정치개혁은 1970년대 소위 "노동조합 반란"을 초래하였다(Harris, 1982, 13~15; Spalding, Jr., 1977, 94~150). 노동자 수만 명이 자주노동조합을 결성하기도 하고, 기존 노동조합들을 일반 조합원들의 요구에 부응하여 민주화하려고 시도하거나, 또한 비조합 노동부문의 조직화를 주도하기도 하였다. 대중 집회와 파업들이 연달아 빈번하게 일어났다. 초기에 유연하게 대응하였던 성부는 결국 회유와 탄압정책을 통하여 노동반란을 진정시켰다. 적극적으로 활동하였던 좌익 노동조합들도 회유되거나 그들의 직장과 함께 해체되었다.

멕시코 정부는 노동조합을 계속하여 통제하고 비조합 노동부문은 소외시켰다. 예를 들면 정부가 1985년 예산삭감 때문에 행정직 공무원 51,000명을 감원할 때 28,000명의 비노동조합원은 즉시 파면하고 나머지 23,000명의 제도혁명당 소속 조합원에게는 다른 업무부서로 전임시켜 줄 것을 약속하였다. 이러한 방법 외에도 다양한 정책과 수단을 동원하여 노동부문을 견제, 통제하였다: 노동조합 결성과 노동쟁의의 적법성 결정, 노동조합 지도자에 대한 회유와 탄압, 노조에 대한 재정적 지원, 노동운동의 분열 조장, 특정 노조와 대통령의 긴장관계 등. 그 결과 노동운동이 전반적으로 침체되었고 자주 또는 독립 노조들은 무력화되었다. 제도혁명당과 연계된 노동조합 내부에서 기존 리더십에 반대하는 운동이 전개되고 있으나 아직은 결정적인 계기를 만들지 못하고 있다. 결론적으로 멕시코 노동부문은 체제 위협적인 세력이 되지 못하고 있다. 멕시코 노동자의 최대 관심사는 아마도 체제적 노동투쟁보다는 노동기회의 확보가 아닐까.

4. 국가와 농민

멕시코 농민의 전통적인 관심사는 토지소유권의 회복에 있다. 식민지시대부터 흔히 불법적이고 강압적인 압력을 통하여 정복자, 대지주, 대자본가 등이 농민의 토지를 강탈하였다. 토지는 농민에게 삶의 터전으로 토지손실은 생사를 좌우하는 중대한 문제이다. 마데로(Madero)가 1910년 "상 루이스 뽀또시 계획(Plan of San Luis Potosí)"에서 농민의 토지소유권 회복을 약속하였을 때, 농민은 과감하게 혁명에 참여하였다. 그리고 마데로가 그 약속을 저버렸을 때 농민 지도자 사파타(Zapata)는 마데로 타도를 외쳤다. 결과적으로 혁명헌법(1917)은 농민을 위한 토지개혁을 약속하였다. 그 후에 역대 제도혁명당 정부는 제한적인 토지개혁 정책을 실시하였다.

좌파 까르데나스 대통령(1934~1940)은 광범위한 토지개혁—44백만 에이커(acre)의 토지에 대하여—을 실시하였다. 또는 제도혁명당을 조직하여 농민을 노동자와 함께 독립적인 단위체로 참여시켰다. 제도혁명당의 농민부문은 공식적으로 전국조직인 전국농민연합(CNC)을 통하여 조직되어 있다. 농민연합은 주로 농촌공동체(ejidos) 토지를 경작하는 농민들이 명목상 구성원으로 참여하고 있다. 그 지도자들은 농촌 출신이 아닌 중산층이나 그 상위계층 출신으로 궁극적으로 국가나 정부의 이익을 대변하고 있다. 정부가 지도자 선출에 직접 개입하기도 하고 그 적법성을 판단, 결정한다. 이는 이미 정치적으로 동원된 농민을 회유하고 통제하기 위한 국가조합주의적 정책이다.

제도혁명당 정부는 토지개혁에서 구조적인 해결보다는 단기적이고 형식적인 정책으로 일관하고 있다. 토지개혁 정책을 통하여 실질적으로 혜택을 받은 농민가족은 소수에 불과하였다. 토지배분도 농촌공동체를 중심으로 실시되었기 때문에 개인적인 차원에서 농민의 요구는 충족되지 않았다. 또한 배분된 토지는 대부분 경작에 부적합하였고 후속적인 영농지원—종자 분양, 비료공급, 영농기술 지도, 수로건설 등—도 미미하여 배분받은 토지도 효율적으로 이용할 수가 없었다. 결과적으로 경작토지에 대한 농민의 욕구와 소득증대에 대한 기대는 충족될 수가 없었다. 이러한 상황에서 절망적인 농민들은 대도시로, 또는 국경을 넘어서 미국으로 떠났다. 그리고 나머지 농민들 다수는 농촌 노동자나 소작농으로 생계를 해결하고, 간헐적으로 농민반란이나 불법적인 토지점거에 참여하기도 하였다.

멕시코 정부는 농민운동의 분열을 획책하거나 그 지도자들을 탄압하였다. 전국농민연합 내부에서 1963년 조직된 자주농민중앙회(CCI)의 지도자들은 정부와의 협력문제와 관련하여 분열하였다. 그들 중에서 두 지도자는 정부에 협력할 것을 선언하였으나 반대하는 다른 지도자는 투옥되었다. 사파타 지역의 농민운동 지도자 하라미이오(Jaramillo)와 가족은 군인들에게 사살되었다. 자주농민중앙회는 1974년까지 전국농민연합과 공식적으로 동맹관계를 수립하고 정부의 통제를 받게 되었다.

멕시코 정부의 회유와 탄압에도 불구하고 무토지 농민들은 사유 토지를 무단 점거하여 토지분쟁을 일으키고 지주들은 폭력적으로 대응하였다. 더욱이 식량 자급자족에 실패한 살리나스 정부는 농업부문의 생산성을 향상시킨다는 명분으로 헌법 개정을 통하여 토지분배 정책을 중단하였다.[7] 그리고 생산단위 확대를 위하여 공동체 토지를 경작자가 임의로 처분할 수 있게 하였다. 또한 개인의 토지소유는 계속하여 제한되었지만 사기업의 농지소유권—토지규모를 포함하여—에 대한 일반적인 규제도 철폐하였다. 그러한 멕시코 기업에 대하여 외국자본이 49% 이하의 주식투자를 하여도 경영권 참여를 허용하였다. 이러한 정책은 침체한 농업부문에 자본투자를 촉진하여 토지를 효율적으로 이용하려는 정책이다. 그러나 기업자본—특히

---

7) 1917년 혁명헌법에 명시된 농촌개혁법에 의하여 멕시코 정부는 지속적으로 토지분배 정책을 실시하였다.

외국자본과 제휴한—과 경쟁 과정에서 중·소규모의 농업생산에 종사하는 농민들이 몰락할 개연성이 커진다. 무토지 농민이 증가하고 이농현상이나 도시화가 더욱 빠르게 진행될 것이다. 결과적으로 "농촌이 더욱 빈곤하게 될 것이고 결국 사회적 폭발이 일어날" 개연성이 커질 것이다.[8]

Ⅲ. 멕시코의 군부와 정치

군부의 정치화 또는 정치의 군사화는 라틴아메리카에서 정치체제 변화의 최대 변수이다. 라틴아메리카의 정치발전이나 변화를 이해하기 위하여 군부의 정치참여와 그 동기를 논의하고 이해하는 것이 우선이다. 라틴아메리카 국가들은 대부분 역사상 군부의 정치적 개입 또는 "참여"와 군부통치 체제를 경험하였다. 1980년대 초반까지 주요 국가들에서 직접적인 군부통치가 실시되었다. 민주화 과정에서 군부는 통치권을 민간 정치지도자들에게 이양하였지만 정치적 영향력을 유지하고 행사하고 있다. 멕시코는 예외적으로 군부의 통치권 행사를 경험하지 않았다. 사회혁명의 정통성에 기초하여 제도혁명당이 헤게모니 정당으로서 60여 년 이상을 지속적으로 통치권을 독점, 행사하였다. 멕시코 군부는 제도혁명당 정권의 충직한 지지집단으로서 대외적으로 국방을 책임지고 국내적으로 사회적 위기나 소요를 해소하는 역할을 수행하였다.

멕시코 군은 1990년 약 150,000명 정도의 병력을 갖고 있고 528만 달러—1985년 US달러 기준으로—의 군사비를 지출하여 병력 일인당 약 6달러를 지출하고 있다. 1985년 기준으로 병력은 15% 증가하였고 군사비는 57.5% 감소하였다. 멕시코의 군사비는 라틴아메리카 국가들과 비교하여 상대적으로 적다. 라틴아메리카에서 멕시코는 병력 일인당 3달러를 지출하고 있는 브라질과 아이티 다음으로 가장 적은 군사비를 지출하고 있다. 국내 총생산(GDP)에 대하여 군사비 비율에서도 역시 멕시코는 0.3%로 0.2%인 브라질 다음으로 적다. 멕시코의 군사비는 라틴아메리카 국가들 대부분과 같이 감소하는 추세를 보이고 있다.[9]

멕시코 군이 브라질 군과 같이 상대적으로 적은 군사비를 지출하고 있는 이유를 여러 조건

---

8) *Latin American Regional Report*: "Mexico & Central America", December 5, 1991, pp.2~3.

9) *Latin American Special Report*: "Conflict and Stability", October 1991, pp.2~3.

과 연계하여 생각해 볼 수 있을 것이다. 첫째, 멕시코의 경제상황이 어렵기 때문에 정부의 재정적 자원이 적다. 둘째, 대외적 긴장과 갈등이 완화됨으로써 군의 방위와 안보 역할이 상대적으로 과소평가되고 있다. 셋째, 군부의 정치적 영향력이 상대적으로 약화되고 있다. 멕시코 군은 사회혁명의 이상과 전통의 수호자로서 민족주의적 정서가 특히 강하다. 다른 중남미국가들 대다수와 달리 대미 군사관계에서 자주적인 경향을 보인다. 멕시코 군은 국가의 주권과 독립 수호, 헌법과 법질서 보호, 국내질서 유지 등을 책임지고 있다. 특히 국내질서─또는 제도혁명당 체제─유지에 충실한 역할을 수행하여 왔다. 제도혁명당 정권의 효율적인 도구로서 반체제세력을 탄압하였다. 파업노동자들을 강제적으로 해산시키고, 게릴라운동을 폭력적으로 진압하였으며, 또한 시위학생들을 공격하고 학교를 폐쇄시켰다. 멕시코 군은 체제위기의 상황에서 정치경찰의 임무를 단호하게 수행하였다고 볼 수 있다.

멕시코 군은 정치경찰 역할 수행에 대하여 점차 회의적인 태도를 보였다. 군부는 1970년대 대규모 마약소탕작전에 참여하는 것을 거부하였다. 그리고 중미 피난민들이 남부 멕시코 국경으로 유입하는 것을 차단하는 임무를 반대하기도 하였다. 제도혁명당 정권의 압력에 군부는 결국 경찰 등 다른 정부기관들과 협력하여 그러한 임무를 수행하기는 하였으나 반대의 입장은 더욱 강화되었다. 군부는 일반적으로 정치경찰의 역할을 혐오하였으며 정부도 군부의 입장을 알고 있었다. 이는 제도혁명당 정권의 전통적인 회유와 탄압의 통치전략에 제약이라고 생각할 수 있다. 새로운 통치전략의 선택이 요구되었고 그 선택은 결과적으로 점진적인 정치자유화였다.

멕시코의 역사적 경험에서 군의 탈정권화의 조건은 무엇이었나?[10] 멕시코 군부의 탈정권화의 역사적 과정에서 멕시코가 라틴아메리카의 국가들과 다른 역사적 경험을 하였다는 사실을 알 수 있다.[11] 첫째, 사회혁명으로 기존의 정규군이 해체되었다. 둘째, 폭력적인 독립전쟁과 사회혁명의 영향으로 지방에 무장집단들이 할거하여 중앙 권력의 기반이 상대적으로 취약

---

10) 군의 탈정권화 개념: 군의 정권화는 군이 폭력적·불법적 쿠데타를 통하여 기존의 정권을 축출하고 그 대신 직접적 또는 간접적으로 통치권을 장악하고 행사하는 과정을 뜻한다. 군의 정치적 개입과 통치권 행사를 함의하고 있다. 군의 탈정권화는 군의 정치적 개입행위뿐만 아니라 통치 권력 행사의 부재를 뜻한다. 그러나 군이 통치력을 행사하기 위하여 우선 정치개입을 시도하기 때문에 군의 탈정권화는 단순히 군의 정치적 개입행위의 부재만을 뜻할 수도 있다. 군의 정치개입은 일상적인 정치 과정─사회적 가치들의 권위적 배분 과정─에 참여를 의미하는 것이 아니다. 쿠데타와 같은 비합법적이고 폭력적인 방법으로 기존의 지배적인 과정과 행태에 도전하는 행위이다. 전자를 정치참여(participation)라고 한다면 후자를 정치개입(intervention)이라고 할 수 있다. 그러므로 '군의 정치화'는 개념적으로 모호할 수 있다. 군의 정치참여 또는 정치개입을 뜻하는가? 군은 거의 모든 사회에서 '정치화'되어 있다고 볼 수 있다. 따라서 군의 탈정치화는 군의 사회적 존재성을 부정하는 개념화로서 비논리적이다. 군의 (탈)정치화보다는 정치개입의 의미를 포괄하는 (탈)정치권력화 또는 (탈)정권화가 개념적으로 보다 명확하고 유용하다고 할 수 있다. 결론적으로 멕시코 군부의 정치적 역할에 대하여 "비정치적(apolitical, non-political)"이라고 표현하는 것은 모호하다. 오히려 탈정권적 또는 "비개입적(non-interventionist)"이라고 하는 것이 보다 명확하다고 할 수 있다.

11) 멕시코 군부정치와 탈정권화 참조: Edwin Lieuwen, 1965, pp.101~121; Roger D. Hansen, 1971, pp.133~172.

하였다. 셋째, 중앙 정권의 강화를 위하여 혁명군 출신의 정치지도자들이 군의 전문화, 세대교체, 제도개선을 지속적으로 추구하였다. 넷째, 혁명 사회세력인 노동자, 농민이 부분적으로 동원화·조직화 또는 무장화되고 주요 정치세력이 되었다. 다섯째, 사회혁명의 전통과 신화에 근거하여 노동자, 농민, 민중부문이 공식적으로 참여하는, 국가조합주의적 패권정당인 제도혁명당이 조직되었고 정권을 독점하였다. 여섯째, 제도혁명당은 일반선거를 통하여 정치지도권과 정부를 정기적으로 교체하는 정치적 관례를 수립하였다. 일곱째, 제도혁명당 정권은 1940년대에서 1960년대까지 정치안정과 경제성장의 정책적 성과를 통하여 체제정통성을 제고하였다.

라틴아메리카에서 군의 정권화가 1960, 70년대에 급격하게 확산되었음에도 멕시코 군은 예외적으로 제도혁명당 정권을 변함없이 지지하고 있었다. 이에 대하여 마지오터(Margiotta, 1974)는 강력한 제도혁명당의 존재와 점진적인 정치개방과 함께 다양한 이유를 논의하고 있다. 첫째, 군의 직접적인 정치참여가 허용되고 있다. 군 장교는 정부나 제도혁명당의 관료로 임명될 수 있고 선거에 출마하여 주지사나 의회의원도 될 수 있다. 둘째, 대규모의 급진적인 게릴라운동이 희소하여 군이 국내문제에 적극적으로 개입할 기회가 상대적으로 적었다. 셋째, 군 장교들 다수는 상대적으로 높은 소득과 다양한 복지혜택으로 체제만족도가 크다. 넷째, 제도혁명당 정권과 그 대통령이 군의 정치적 충성에 대하여 물질적 보상을 제공할 뿐만 아니라 관심과 호의를 보여 준다. 다섯째, 군 장교들은 고립되지 않고 사회적인 역할을 통하여 사회의 다른 집단의 구성원들과도 접촉한다. 정부나 사회에서 행정, 교육, 건설 등의 분야에 참여하고 능력을 발휘할 기회가 열려 있다. 여섯째, 승진, 보직 등에서 군의 조직적 자율성이 어느 정도 보장되어 있다.

파이너(Finer)는 민군관계에서 탈정권화의 기본적인 필요조건은 군이 민간우위 원칙을 수용하는 것이라고 주장하고 있다(Finer, 1962, 25~32). 파이너의 시각에서 멕시코 군부는 결과적으로 민간우위원칙을 인정하고 있다고 볼 수 있다. 그렇다면 그 이유는 무엇인가? 멕시코 군은 사회혁명의 전통과 신화에 기초한 헤게모니 정당, 제도혁명당 정권의 정통성에 도전할 정도의 명분과 역량을 갖추고 있지 못하다. 제도혁명당 정권의 정통성은 적어도 사회혁명, 정치적 절차, 정책적 성과 등에 기초하고 있다.

첫째, 제도혁명당은 멕시코 혁명의 정통성을 독점하고 있는 유일한 정치집단이다. 사회혁명의 이념과 전통에 근거하여 노동자, 농민, 민중부문을 동원화하고 조직화하는 반면에 자본부문은 제도적으로 제외하였다. 제도혁명당은 사회혁명에서 이미 동원화·조직화된 대중세력을 제도권으로 흡수, 통제하고 그 대중세력의 참여와 지지로부터 정통성을 확보하였다. 따라서 제도혁명당과 경쟁할 만한 또 다른 정당의 출현은 용이하지 못하다.

둘째, 제도혁명당의 정통성은 특정한 개인이나 집단의 재선 또는 재집권을 금지하는 정치적 절차를 통하여 추가적으로 더욱 강화되었다. 재임 동안 절대적인 권위와 영향력을 행사하는 대통령의 법정 임기는 6년 단임제(sexenio)로 하고 있다. 1934년부터 예외 없이 실현되고 있는 대통령 6년 단임제는 정권의 사유화, 이권화, 독점화, 권력계승 투쟁 등의 문제를 어느 정도 해소하였다고 할 수 있다. 단임 대통령은 재집권의 기회가 없으므로 정치적 영향력을 유지할 수 없기 때문에 후임 대통령에게 정치적 부담이 거의 되지 않는다.

제도혁명당은 대선에서 전국적인 유세활동을 통하여 노동자, 농민 등 유권자를 동원한다. 이미 당선이 확실한 당 후보를 소개하고 지지를 호소한다. 이러한 선거 전략은 형식적인 선거에 어느 정도 실질적인 의미를 부여하는 것으로 정권의 절차적 정통성을 높여 준다. 멕시코는 그러한 절차적 과정 때문에 민주적 국가로 인식 또는 평가되기도 한다. 멕시코 군 장교들도 유사하게 남미의 권위주의 국가들에 비교하여 멕시코가 민주적이라고 생각한다.

셋째, 제도혁명당 정권은 1950, 60년대에 정치안정과 경제성장에서 이룩한 정책적 성과를 통하여 정책적 효율성과 효과성을 과시함으로써 그 정통성을 제고하였다. 제도혁명당 정권은 제3세계에서 처음으로 올림픽을 유치하여 개최할 정도로 국가적 자신감을 갖고 있었다. 멕시코 시민 다수도 제도혁명당 정권이 국민생활 향상에 기여하였다고 생각하고 있었다.

멕시코는 1960년대 후반과 1970년대에 간헐적으로 사회소요와 경제위기를 경험하기도 하였고, 그 때문에 체제의 생존이 위협받기도 하였다. 그러나 군부는 끝내 개입하지 않았다. 도시 중산층을 대표하는 학생들의 반정부운동이 1968년 발생하고 확산되었다. 그 후 1970년대에 들어서면서 경제위기 상황에서 지방도시나 주에서 시민저항운동과 민주노동운동들이 지속적으로 일어났다. 한편 농촌에서는 농민운동과 토지 불법점용 등으로 사회정치적 불안정이 극도로 심화되었다. 특히 1975년과 1976년 대통령 선거와 계승논쟁, 경제위기 심화는 군부 쿠데타설의 근거가 되었다. 제도혁명당 정권의 총체적인 위기에서 군부 쿠데타의 가능성이 공개적으로 제기되었다. 그러나 멕시코 군부는 군은 국가제도에 충성하고 있고 대통령 계승문제에 개입하지 않을 것이라고 선언하였다.[12]

---

12) Foreign Broadcasting Information Service, *Daily Report*, Vl.3, April 1975, p.M1: 국방장관 디아스(Diaz) 장군은 쿠데타 가능성은 없다고 선언하였다: "쿠데타 시대는 역사적으로 지나갔다." 에체베리아 대통령 퇴임 직전 - 1976년 후반 - 에 강력한 쿠데타 유인설이 있었으나 루머로 끝났다.

군부의 비개입적 태도는 군부 자체의 정치적 의지와 영향력이 상대적으로 약하다는 사실에서도 기인된다고 할 수 있다. 멕시코는 근래 국방과 안보에서 심각하게 위협적인 상황에 직면한 적이 없다. 북으로는 세계의 초강대국 미국과 2,000마일의 국경을 접하고 있다. 남으로는 약소국 과테말라와 접경하고 있다. 동과 서는 해양으로 접경 국가가 없다. 이러한 지정학적 조건에서 멕시코 군의 역할은 상대적으로 중요성이 적을 수밖에 없다. 우선 미국과 과테말라와 군사적으로 경쟁관계에 있지 않다. 멕시코의 입장에서 볼 때 미국은 군사적으로 절대적으로 강한 반면에 과테말라는 절대적으로 약하다. 따라서 미국이나 과테말라와의 관계에서 멕시코 군이 의미 있는 역할이나 기능을 기대하기가 어렵다. 남미의 브라질이나 아르헨티나와 같이 지역적 패권주의를 경쟁적으로 추구하거나 주변 국가들과 영토분쟁이나 전쟁을 일으키는 경우에는 군의 정치적 위상이나 영향력이 상대적으로 높아질 개연성이 존재한다. 멕시코는 그러한 상황에 놓여 있지 않다.

멕시코 군의 최대 관심사는 국내질서의 안정이다. 군 병력의 40%가 수도 멕시코시티와 쁘에블라 외곽에 주둔하고 있는 반면, 국경지역에는 주목할 만한 수준의 병력이 배치되어 있지 않다. 남미의 주요 국가들과 달리 멕시코 게릴라운동은 상대적으로 미약하였다. 단기적이고 간헐적인 게릴라운동은 군의 개입을 정당화할 정도는 아니었다. 멕시코 군은 학생시위, 노동파업, 농민 토지 분규 등 사회의 소요사태에 가끔 개입은 하였으나 그 역할은 제한되고 부차적으로 지원하는 수준에서 이루어졌다. 제도혁명당 정권은 회유정책을 우선하고 폭력적인 탄압정책을 가능한 자제하였기 때문이다. 정부는 국가나 체제적 차원에서 심각한 사태라고 인식되는 상황에서만 선별적으로 군의 개입을 요청하였다. 결과적으로 멕시코 군부는 국내외 관계에서 정치적 위상과 영향력을 높일 수 있는 기회를 자주 갖지 못하였다. 1975, 6년과 같은 국가적 위기상황에서도 제도혁명당 정권에 도전할 만한 정치력을 발휘하지 못하였다.

Ⅳ. 멕시코의 정치자유화

멕시코 군의 탈정권화는 라틴아메리카에서 예외적인 현상이다. 멕시코가 관료적 권위주의 국가이지만 남미의 군부 관료적 권위주의 국가들—브라질, 아르헨티나, 우루과이, 칠레 등—과 다른 정치적 변화과정을 경험하고 있다. 남미국가들에서는 이미 정치체제 이행을 통하여 민주화 과정으로 진행되고 있지만 멕시코는 점진적이고 장기적인 체제변화-정치자유화-를 경험하고 있다. 비교의 관점에서 군부의 탈정권화의 조건에서 이루어지는 정치변화 과정의 특성은 무엇인가? 멕시코의 정치자유화는 민주화 과정으로 이행될 개연성이 있는가?

정치자유화는 비민주체제-권위주의체제-에서 시민의 정치적 기본권이나 자유가 회복되거나 확대되는 과정이다. 결과적으로 소수 반대세력이 제한적이나마 정책적 비판과 대안제시를 할 수 있다. 그러나 정치체제 차원의 반대와 도전은 허용되지 않는다. 따라서 민주화와 개념적으로 구별된다. 민주화는 민주주의의 기본 원칙들-책임정부, 대의정부, 정치참여, 정치경쟁, 평등시민권, 정치적 갈등의 평화적 해소 등-에 근거하여 민주체제를 준비하고 수립하는 과정이다. 정치자유화는 정치체제 내부의 변화를 뜻하고 민주화는 정치체제 사이의 변화를 의미한다. 정치체제는 지배자 또는 통치자와 피지배자 사이의 관계뿐만 아니라 정치제도, 역할, 과정 등의 기능과 관계를 규정하는 규범과 규칙들의 총체적 구조이다. 정치자유화는 기존 체제의 긴장과 위기를 극복하고 체제를 유지하려는 통치엘리트-"자유파(liberals)"-의 전략적 선택이다. 정치탄압의 대안적 정책이라고 할 수 있다. 정치탄압을 통한 권력유지 또는 권력재창출의 비용이 상대적으로 높을 경우에 통치엘리트 다수는 정치자유화를 포함하는 개혁정책을 지지하는 정치연합을 형성할 개연성이 크다.

정치자유화의 과정과 결과는 가변적인 상황과 조건에 따라서 달라질 수 있다. 자유화정책은 무엇보다도 통치세력 자체의 정책적 갈등과 분열을 조장할 수 있다. 반면에 반체제세력의 동원화과 조직화를 고무시킬 수도 있다. 결과적으로 반체제세력에 대한 통치세력의 견제능력이 약화되는 반면, 통치세력에 대한 반체제세력의 도전능력이 강화된다. 이러한 경우에 자유화는 통치엘리트의 의도와는 달리 기존 체제의 몰락과 민주화로 귀결될 수도 있다. 또는 통치세력의 자유파 연합이 와해되고 강경 보수파의 득세로 잠정적으로 자유화정책이 취소되고 기존 비민주체제로 회귀할 수도 있다. 또한 반체제세력이 정치적 자원, 조직, 지도력에서 상대적으로 미약할 경우에는 통치세력은 제한적이고 점진적인 자유화정책을 주도하며 장기적으로 체제유지를 도모할 수도 있다. 요약하면 정치자유화는 비민주체제의 통치세력의 자유파와 보수파, 반체제세력의 정치적 갈등 과정이다(양동훈 1989, 27~31).

정치자유화정책의 동기나 목적은 그 과정과 결과에 일치하지 않는다. 그 과정과 결과는 관련 세력의 능력-지도력·자원 동원력·조직력·전략적 창의력-과 그 능력에 결정적으로 영향을 주는 국내외의 상황 변화에 따라서 달라질 수 있다. 특히 민주화는 자유화 과정의 필연적이고 유일한 결과가 아니라 여러 가능한 결과들 중에서 하나이다. 자유화정책의 동기가 애초부터 민주화이고 그 정책이 장애 없이 실천된다고 가정할 경우에만 민주화는 유일한 결과일 수 있다. 이러한 조건에서 정치자유화와 민주화는 동시적으로 진행될 수도 있고 자유화와 민주화의 구분이 모호할 뿐만 아니라 무의미할 수도 있다. 그러나 그러한 조건이 충족되지 않을 경우에는 자유화를 민주화 과정의 부분으로 보는 것은 타당하지 않다. 민주화는 비민주체제의 자유화와 그로 인한 체제해체를 전제로 하는 정치적 대안이기 때문이다. 민주화는 정치체제화로 민주체제를 수립하기 위한 준비와 수립 과정, 과거 체제의 유산 정리, 민주적 개혁 등을 포괄하는 장기적인 변화 과정이다(양동훈, 1989, 11~13).

멕시코 권위주의체제에서 정치자유화 과정은 비교의 관점에서 점진적이고 장기적이다. 제도혁명당 집권세력의 견제능력이 반대세력의 도전능력을 능가하기 때문이다. 제도혁명당의 정치적 정책적 이중성이 반대세력의 결집과 단결을 더욱 어렵게 한다. 제도혁명당 정권은 기본적으로 자본주의적 발전을 추구하지만, 한편으로 토지 수용과 분배, 산업국유화 등 사회주의적 정책을 실시한다. 경제구조의 국제화를 도모하는 반면에 민족주의를 내세워 외국기업을 국유화하기도 한다. 자본의 이익을 우선하지만 노동자, 농민을 조직화·동원화하고 그들의 대변자를 자처한다. 실질적으로 일당 독재체제를 유지하면서 직접선거를 통하여 정기적으로 대통령을 교체하고 있다. 또한 군부는 제도혁명당 정권의 유지와 안정에 핵심적으로 기여하고 있지만 직접적인 정치개입은 자제하고 있다.

제도혁명당 정권의 이중성은 단순한 적대적인 권력투쟁을 어렵게 만든다. 이념의 차원에서 사회주의 대 자본주의, 민족주의 대 국제주의, 권위주의 대 민주주의의 개념적인 경계가 모호하다. 또한 세력의 차원에서 자본 대 노동, 독재 대 민주, 군부 대 문민의 이분법적 구분은 실천적인 의미를 갖기가 어렵다. 반대세력이 일시적으로 내부적으로 다양한 이념적·정책적 이해관계를 극복하고 단일의 정치적 명분과 기치로 결집하고 단결할 개연성이 상대적으로 적다. 이러한 경우에 반대세력의 도전능력은 제한될 수밖에 없는 반면, 정치적 자원과 조직에서 우월한 제도혁명당 정권은 견제능력을 통하여 정치자유화 과정을 지속적으로 주도할 수 있을 것이다. 멕시코에서 자유화과정이 민주화로 이행되려면 반대세력의 도전능력이 집권세력의 견제능력을 능가할 정도의 상황과 조건이 전제되어야 한다.

1. 정치자유화 동기

멕시코에서 정치자유화는 제도혁명당 정권이 정치조직 및 선거 제도와 절차에 대한 관련 법률 등을 주도적으로 개정함으로써 개시되고 진전되어 왔다. 제도혁명당 정권은 선거법을 1963년부터 수차례－1972, 1973, 1977, 1982, 1984, 1990－개정하여 점진적으로 반대세력 소수가 정치참여를 하도록 유도하였다. 특히 선거법 개정을 포함하는 1977년 "정치조직과 선거 관련 연방법"은 상대적으로 포괄적이고 보다 진전된 정치개혁 정책이라고 평가될 수 있다. 이 정치개혁법이 멕시코 정치변화의 분수령이 되었다고 볼 수 있다.

정치개혁법(1977)은 정당의 조건부 등록제를 허용하였다. 반대세력이 공식적으로 정당을 조직하는 것이 더욱 용이하게 되었다. 정치연합이나 선거동맹을 허용함으로써 반대세력의 전략적 선택의 폭이 크게 확대되었다. 의회 의석을 늘려서 반대 정당의 참여의 기회를 보장함으로써 정책토의 또는 의회활성화의 가능성이 커졌다. 또한 모든 정당이 정기적으로 텔레비전이나 라디오를 통하여 공약이나 후보에 대하여 홍보활동을 할 수 있도록 허용하였다. 선거과정의 공정성을 높이기 위하여 모든 정당이 선거관리와 감독에 참여할 수 있도록 허용하였다. 선거운동과 간행물 발간 등을 포함하는 정당 활동을 재정적으로 지원하도록 하였다. 주정부에서도 반대정당의 비례대표권을 보장하도록 하였다. 이러한 개혁은 제도혁명당 정권이 어느 때보다도 정치자유화에 대하여 진지한 관심을 갖고 있다는 사실을 보여 주고 있다(Middlebrook, 1986, 135~136).

멕시코 제도혁명당 정권은 1977년에 왜 상대적으로 포괄적인 정치자유화를 추구하였을까?

제도혁명당 체제에서 1970년 초반 정치, 사회, 경제부문에서 동시 다발적으로 긴장과 위기의 징후가 나타났다. 일당 권위주의체제가 점차 쇠퇴하고 있다는 가시적인 신호로서 통치엘리트의 정책적 변화를 강요하였다. 정책적 선택의 문제는 통치엘리트의 갈등과 분열을 야기하였다. 제도혁명당 정권의 실세인 대통령의 강력한 지지를 배경으로 자유파 또는 온건개혁파는 야당과 여론의 지지를 얻는 한편, 보수파의 반대와 공세를 정치적 타협을 통하여 극복하였다. 수세의 보수파는 정치자유화정책의 당위성을 반대하기보다는 그 실행범위를 축소하려고 노력하였고, 결국에는 제한적인 자유화정책을 지지하였다. 보수파는 시대적 대세에 동참함으로써 정치적 패배와 소외보다는 타협과 참여를 통하여 어느 정도 기득권을 유지하려는 전략을 선택하였다고 볼 수 있다.

멕시코 통치엘리트 내부에서 자유파가 득세하게 된, 결정적인 계기는 1968년 학생운동과 "뜨라떼롤코 학살(Tlatelolcó Massacre)"이다. 학생운동에 대한 폭력적인 탄압으로 수백 명의 사상자가 희생되었다. 전통적으로 회유정책을 선호하여 온 제도혁명당 정권에 치명적인 상처를 입혔고, 그 대가는 컸다. 국내외의 비판과 반대, 그리고 체제정통성에 대한 의구심이 확산되었다. 학생들은 탄압적 분위기를 더 이상 참을 수 없다고 선언하고 정부에 정치탄압 중지와 정치범 석방을 요구하였다. 전국파업위원회는 노동자, 농민, 학생의 삼자동맹을 제창하였다. 위원회의 주장에 의하면 제도혁명당의 "정부는 모든 멕시코인의 정부가 아니다." 또한 "제도혁명당은 민중에게 사기, 위협, 협박을 통하여 그 후보를 지지할 것을 강요하고 있다."

멕시코 경제는 1960년대 후반에 인플레, 실질임금 하락, 재정적자, 외채 증가, 식량생산 감소, 실업, 자본유출 등으로 그 위기가 심화되었다. 경제위기의 직접적인 희생집단인 노동자, 농민은 제도혁명당의 조합주의적 기제의 허구성을 절감하고 스스로 개혁운동에 참여하고 궁극적으로 기본권과 이익을 찾으려고 하였다. 사회운동이 1970년대 초반에 활발하게 나타났다. 자주노동조합이 새로이 결성되었고 기존의 제도혁명당 계열 노동조합은 민주화를 통하여 조합원의 이익을 대변하려고 하였다. 또한 노동조합들은 비조합원을 가입시키려고 노력하면서 대중 집회와 파업을 주도하였다. 사회경제적 상황에 대하여 항의하고 부패한 지도자의 횡포를 비난하기도 하였다. 농촌에서는 농민의 토지무단점용 사태가 빈번하게 일어났고 급진적인 노동운동이 조직되기도 하였다.

에체베리아 정부는 민중주의적 회유정책으로 대응하였다. 민주적 개혁을 약속하기도 하고 사회복지 예산을 확충하기도 하였다. 또한 보수적인 자본가 집단을 비난하기도 하고 지주들의 이익에 반하여 실질적으로 토지를 배분하기도 하였다. 그러나 노동자, 농민의 누적된 불만을 해소하지는 못하였다. 노동자, 농민은 정치적으로 조직화하고 반체제운동을 전개하였다 (Middlebrook, 1986, 127). 제도혁명당에 대한 지지율도 계속하여 감소하였다. 상대적으로 민족행동당(PAN) 등 야당에 대한 지지율은 증가하고 있었다. 유권자 투표기권율도 1958년부터 지속적으로 30% 이상으로 기록되고 있다. 멕시코시티 주민의 여론조사(1977)에 의하면 67.2%가 정치에 참여하지 않는다고, 89.4%는 정치참여의 자유가 없다고 응답하였다.

제도혁명당 정권은 새로운 정치를 준비하고 있었다. 차기 대통령 후보 결정 과정에서 뽀르띠오를 지명하였다. 그는 전임 대통령들과는 다른 배경과 경험을 갖고 있는 새로운 유형의 대통령(후보)이었다. 전통적인 정치인(politico)도 아니고 전직 내무장관 출신도 아니었다. 그는 전임 에체베리아 대통령의 재정장관 출신의 온건한 기술관료(tecnico)였다. 그의 부상은 통치엘리트의 전략적 변화를 강력하게 암시하는 것이었다. 멕시코에서 전통적으로 제도혁명당의 대통령 후보 선택은 비밀리에 이루어지지만, 그 결과는 항상 체제의 시대적 변화와 문제를 반영하였다(Sanderson, 1983, 316~317). 뽀르띠오도 경제안정과 정치개혁이 요구되는 시점에서 제도혁명당의 시대적 선택이었다고 볼 수 있다. 그는 선거운동 기간-1975년부터 1976년-에 측근 보좌관들과 정치개혁에 대하여 논의하였다. 대통령 취임 후에는 내무장관 에로레스(Heroles)는 다양한 집단의 지도자들과 정치개혁의 내용에 대하여 논의하였다. 그리고 정부는 1977년 4월 공식적으로 정치개혁에 대한 의지를 밝혔다. 제도권의 보수세력과 타협하고 형식적이나마 야당과 여론의 의견을 수렴하고서 1977년 12월에 정치개혁법을 공표하였다.

왜 제도혁명당 정권은 1977년 광범위한 정치개혁을 선택하였는가? 미들브룩은 세 가지 정치적 동기를 제시하고 있다(Middlebrook, 1986, 58~59). 첫째, 통치엘리트의 자유파는 1968년 학생운동 후에 제도혁명당 체제가 정치적 정통성을 상실하고 있다는 사실을 인식하고 있었다. 둘째, 에체베리아 대통령의 "민주적 개방" 정책은 새로운 정치단체들의 출현을 초래하였고 기존의 정당체제는 붕괴의 위기에 직면하였다. 자유파는 그 정치단체들을 제도권에 참여시킴으로써 체제정통성을 제고하려고 하였다. 셋째, 비경쟁적인 선거제도와 사회경제적인 변화 때문에 야기된 제도혁명당의 쇠퇴-동원능력 감소, 내부조직 이완, 농촌 지지기반 상실, 경험부재 후보선출 등-를 극복하려는 정책을 추구하였다. 요약하면 자유파의 현실적 인식에 의하면, 체제정통성, 비제도권 정당 출현, 제도혁명당 쇠퇴 때문에 기존 정치체제가 긴장과 위기의 징후를 보이고 있다는 것이다. 그 해소책은 정치자유화라는 것이다. 자유파는 지속적인 정치탄압 정책에 대하여 회의적이었고 포괄적인 정책변화의 필요성을 절감하고 있었다고 볼 수 있다.

제도혁명당 정권은 전통적으로 탄압정책-반대세력의 지도자 회유와 선별적 탄압, 정치과정의 절차적 왜곡, 비조직화 세력의 배제 등-을 추구하였다. 통치엘리트의 자유파가 인식하였듯이 탄압정책의 정치적 비용은 누적되고 증가되어서 제도혁명당의 긴장과 위기가 고조되었다. 정치탄압의 고비용 문제를 명확하게 가시적으로 보여 준 사건이 1968년 학생운동 탄압이었다. 사상자 수백 명이 발생하여 국내외의 여론을 악화시킴으로써 제도혁명당 체제의 혁명적 전통성을 훼손하였다. 특히 1970년대 초반에는 학생, 노동자, 농민을 포함하는 반대세력의 동원화・조직화・과격화가 제도혁명당 체제의 존립 기반을 위협하기도 하였다. 이러한 조건에서 통치엘리트-자유파-는 정치적 관용 또는 자유화의 정책을 선택하였다고 볼 수 있다. 왜냐하면 기존의 탄압정책의 정치적 비용이 상대적으로 정치적 관용의 비용보다 클 것이라고 판단하였을 것이다(Dahl, 1971, 14~16; O'Donnell, 1973, 186~187; 양동훈, 1989. 28).[13]

정치개혁법(1977)은 제도혁명당 정권의 새로운 통치전략을 예고하는 사건이었다. 정치개혁법의 실시는 통치엘리트 자유파가 보수파를 견제할 수 있는 지지기반을 구축하는 데 성공하였다고 볼 수 있다. 정치개혁과 관련된 통치권의 갈등을 실증적으로 증명할 만한 논의나 자료가 희소한 상황에서 심도 있는 분석이 어렵다. 그러나 정치자유화정책과 그 내용, 실시범위, 시기 등에 대한 통치권의 긴장과 갈등이 있었다는 사실은 명백하다고 볼 수 있다. 뽀르띠오 대통령과 그의 자유파 주요 각료들이 정치자유화정책을 주도하였다. 반면에 멕시코 노동자연합, 전국농민연합, 민중조직 전국연합의 보수세력은 주지사와 지역 정치보스들과 함께 자유화정책 자체를 반대하거나 가능한 그 내용이나 범위를 축소하려고 노력하였다.

특히 노동자연합은 제도혁명당 체제에서 강력한 조직과 지도력을 갖고 있었다. 따라서 재도혁명당 정권의 핵심적인 지지세력으로 정치적 영향력이 상대적으로 컸다. 정치자유화정책은 결과적으로 노동자연합의 기득권과 영향력을 위축시킬 수도 있었다. 선거과정이 경쟁적으로 활성화되고 제도혁명당 체제가 어느 정도 정통성을 얻을 수 있게 된다면, 노동자연합의 정치적 역할-정권의 지지기반으로-이 상대적으로 축소되고 영향력도 적어질 수 있다. 또한 노동자연합은 선거과정에서 좌파 정당들의 "조건부 등록" 후보들과 노동자 지지를 얻기 위하여 불가피하게 경쟁하게 될 가능성이 있다. 결과적으로 노동자연합의 지지기반이 분열, 위축될 수도 있다. 한편 지방의 정부 지도자와 전통적인 정치보스들도 자유화개혁을 반대하였다. 그들은 지역정치에서 제도혁명당의 패권주의에 의존하고 있었다. 비례대표제가 실시되면 야당들의 정치과정 참여가 확대될 수 있기 때문에 그들의 정치적 위상과 영향력이 위축될 수도 있었다(Middlebrook, 1986, 132~133).

통치엘리트 보수파는 1963년과 같이 통치권에 정면으로 도전할 수가 없었다. 대선과정을 통하여 득세한 뽀르띠오 대통령과 그 자유파에 대한 도전은 정치적 패배와 소외를 자초할 개연성이 높아 보였다. 보수파는 자유파와 정치적 타협을 모색하였고 결과적으로 정치개혁의 범위를 다소 축소하는 데 만족해야만 하였다. 예를 들면 멕시코 의회 상원에서 야당의 비례대

---

13) 달(Dahl, 1971)에 의하면 탄압비용이 관용비용을 능가하면 경쟁적 정치체제가 출현할 가능성이 높다고 한다. 오도넬(O'Donnell, 1973)은 후에 고도의 근대화와 관료적 권위주의체제의 "선별적 친화성"을 설명하기 위하여 달의 모델을 채택하고 있다. 양동훈은 고도의 근대화 단계에서 자유화와 민주화의 가능성을 설명하기 위하여 오도넬의 모델을 확장하였다. 관료적 권위주의체제 후에는 다시 탄압비용이 급격하게 상승하기 때문에 관용비용을 능가할 가능성이 크다. 따라서 자유화와 민주화의 개연성도 커진다.

표권을 인정하지 않았다. 주정부가 개별적으로 야당의 비례대표권의 적용 또는 비적용을 결정할 수 있게 하였다. 야당 비례대표권은 주민이 적어도 30만 명 이상의 행정단위에만 인정하는 것으로 하였다. 그러면 결과적으로 인구가 적은 농촌에서 제도혁명당의 지지기반이 유지될 수가 있을 것이었다. 보수파는 그와 같은 조건들을 관철하는 대신에 "정치조직과 선거과정에 관한 연방법"-정치개혁법(1977)-에 최종적으로 동의하였다(Middlebrook, 1986, 134~135). 보수파는 양보와 타협을 통하여 시대적 대세에 동참하게 되었다.

2. 정치자유화 과정

뽀르띠오 정부는 정치개혁법(1977) 실시 후에 제도혁명당 정권은 1978년 정치사면법을 공포하고 정치범을 석방하기도 하였다. 뽀르띠오 후계자, 데 라 마드리드(de la Madrid) 대통령도 전문 기술관료 출신으로 예산계획부 장관을 역임하였다. 그는 1983년 지방 주요 도시 선거에서 야당의 승리를 공식적으로 처음 인정함으로써 정치자유화정책에 대한 실천적 의지를 보여주었다. 일부 지역선거에서 경제위기와 긴축정책 때문에 제일 보수 야당인 민족행동당이 다수의 지지를 받았다. 데 라 마드리드 정부는 대중의 사회경제적 불만이 정치적으로 증폭되는 것을 원하지 않았기 때문에 야당의 승리를 인정하지 않을 수 없었다. 그리고 다른 두 야당에게 조건부 정당등록을 허용하고 1985년 연방의회와 주정부 선거에 공식적으로 참여하도록 하였다. 정치자유화개혁은 데 라 마드리드 정부에서 더 이상 진전되지 못하였다. 경제위기 심화와 그에 따른 사회적 동요, 정치적 위기감, 보수파의 압력 등이 지속적인 정치개혁을 더욱 어렵게 만들었다. 이러한 상황에서 정부는 일부 지역에서 오히려 탄압적으로 야당의 정치적 공세를 견제하고 체제를 유지하려고 하였다.

1988년 대선에 출마할 대통령 후보 선출문제로 통치엘리트는 분열하였다. "민주경향(tendencia democrática)"은 전통적인 패쇄적 지명 절차에 반대하고 선출과정을 공개하고 일반 당원의 참여를 요구하였다. 이 요구는 전문 기술관료의 득세로 권력의 핵심에서 소외된 전통적인 정치인들의 불만에서 비롯되었다. 제도혁명당 지도부는 그들의 불만을 어느 정도 해소하고 당의 단결을 도모하기 위하여 역사상 처음으로 차기 대통령 후보의 명단을 공표하였다. 지명 후보들은 당지도부 앞에서 공개적으로 정견과 정책을 발표하였다. 결과적으로 전문 기술관료로서 하버드(Harvard) 대학 출신 39세의 사리나스(Salinas)가 대통령 후보로 선출되었다.

제도혁명당 대통령 후보 선출 절차와 결과에 승복할 수 없었던 민주경향의 지도자들은 발당하여 야당 지도자로 변신하였다. 특히 제도혁명당 의장을 역임하였던 카르데나스(Cardenas)는 좌파 멕시코혁명당(PARM)과 그 정치연합의 대통령 후보로 1988년 대선에 출마하였다.[14] 한편 제일 야당인 우파 민족행동당도 크로우티에르(Clouthier)를 출마시켰다. 치열한 세 후보의 선거전에서 제도혁명당의 사리나스 후보가 결과적으로 신승을 거두었지만 카르데나스와 그 좌파 연합은 기대 이상으로 선전하였다. 사리나스는 "일당의 시대는 끝났고 경쟁력 있는 야당의 출현으로 새로운 정치시대가 시작되었다."라고 선언하였다.[15]

제도혁명당의 사리나스 대통령은 3번째 전문관료 출신으로 민주발전, 경제성장과 발전을 정책목표로 제시하였다. 사리나스 정부는 수차례 정치개혁법의 개정을 주도하였다. 야당의 정치과정 참여의 기회를 확대해주는 대신에 제도혁명당의 장기집권을 보장하려는 것이었다. 연방선거에서 민족행동당을 위시한 야당들의 득표율이 다소 향상되었으나 1991년까지도 제도혁명당이 계속하여 다수당으로 군림하고 있었다. 그러나 대통령 후보 선출문제로 분열된 제도혁명당의 정치적 위상이 과거와 같이 확고하지는 않았다.

특히 민족행동당이 상대적으로 우월한 정치적 조직과 자원을 기반으로 제도혁명당의 실질적인 대안세력으로 대두하고 있었다. 1982년부터 계속하여 15% 이상의 지지를 얻고 있었다. 민족행동당은 1991년 2월에는 연방의회 하원의 20%인 102석을 차지하고 있었다. 또한 29개 시, 군을 장악하고 있으며 전국 군의회에 634명, 주의회에 91명의 대표를 진출시켰다. 그리고 역사상 처음으로 북 바하 깔리호르니아 주에 야당 주지사를 당선시켰다.

다수 야당의 출현과 집권을 두려워한 제도혁명당은 1992년 역사상 처음으로 야당과 타협을 통하여 "선거제도와 절차에 대한 연방조례"를 통과시켰다. 연방조례의 통치권 조항에 의하면 의회선거에서 35% 이상의 지지를 받는 정당이 자동적으로 다수 의석을 확보할 수 있다. 일당이 의회 의석의 2/3를 차지하는 것을 금지하여 일당이 단독으로 헌법을 개정할 수 없다. 선거 부정을 방지하기 위하여 개표 시 모든 정당이 선거위원회 컴퓨터에 접근할 수 있다. 새로운 선거인 명부와 유권자 사진첨부 증명서를 발급한다.[16] 이 선거개혁은 일당지배체제의 종말을 의미하는 것이다. 1977년부터 계속되어 온 정치자유화 과정에서 반대세력의 도전능력이 어느 정도 축적된 반면에, 제도혁명당의 견제능력이 한계에 이르렀다고 볼 수 있다. 결론적으로 멕

---

14) 카르데나스 대통령(Lazaro Cardenas, 1934~1940)의 아들로서 미초아깐(Michoacan) 주지사 역임하였다.

15) *Time*, July 18, 1988, p.30.

16) *Latin American Special Report*: "Electoral Calendar and Prospects", February 1991, p.5.

시코에서 정치체제 변화의 미래는 반대세력이 정치적 이해관계와 이념적 갈등을 극복하고 결집할 수 있는가에 달려 있다고 할 수 있다.

3. 브라질 군부권위주의체제와 비교[17]

선행연구에서 관료적 권위주의체제의 군사적 요소-특히 군부통치-가 희소하게 논의되고 있다. 특히 군부통치가 그 체제의 성격과 변화에 미치는 영향을 간과하고 있다고 볼 수 있다. 멕시코와 브라질은 어느 정도 관료적 권위주의체제의 특성을 공유하고 있다. 그러나 멕시코는 민간통치 체제인 반면에 브라질은 군부통치 체제이다. 두 체제의 비교분석을 통하여 다른 통치집단의 조건이 어떻게 권위주의체제의 구체적인 성격과 정치과정에 미치는가를 이해할 수 있을 것이다.

브라질과 달리 멕시코는 군부의 직접적인 통치를 경험하지 않았는가? 무엇보다도 멕시코 사회혁명의 신화와 전통을 계승하고 있는 제도혁명당이 패권정당으로 존속하고 있기 때문이다. 제도혁명당은 1950년대 후반까지 혁명적 정통성과 정책적 효율성-지속적인 경제성장-에 근거하여 안정적으로 정치체제를 유지하고 있었다. 제도혁명당 정권은 사회혁명으로 이미 동원화된 노동자, 농민을 조직화하고 회유와 탄압정책과 국가조합주의적 기제를 통하여 그들은 통제하였다. 제도혁명당과 경쟁 또는 도전할 수 있는, 대안적인 정치조직의 부재는 노동자, 농민 다수를 소외시키고 무력화시켰다.

멕시코에서 소비재 수입대체산업화가 대체적으로 완료되고 산업적 심화를 위하여 대외자본과 기술의 적극적인 유치가 요구되는 시기에 제도혁명당은 이미 노동부문을 제도적으로 통제하거나 소외시켰다. 브라질과 같이 민중주의체제에서 정치동원화된 노동부문을 탈정치화하기 위하여 군부의 직접개입이 필요하지 않았다. 브라질에서는 1964년 이전에 주요 정당들-비이념적·기회주의적·개인주의적-은 단독으로 또는 연합하여 유권자 과반수의 지지를 얻는 데 실패하였다. 따라서 집권하여도 통치권을 효율적으로 발휘하기가 어려웠다. 굴라르 대통령은 그러한 상황을 극복하기 위하여 민중동원을 시도하였다. 경제적 불안정과 위기 때문에 어려움을 겪고 있는 중산층은 민중동원화에 더욱 불안감을 갖게 되었다. 이 상황에서 브라질 군부는 정치개입을 결단하였고 통치자로서 정치탄압을 통하여 민중의 탈정치화, 경제안

---

17) 브라질의 정치자유화에 대한 주요 참조: Luciano Martins, 1986; Wayne A. Selcher, ed., 1985; William C. Smith, 1987.

정화, 경제성장 정책을 추구하였다.

결과적으로 멕시코에서는 제도혁명당이 정부와 군부를 통제하는 일당지배 권위주의체제가, 브라질에서는 군부가 정부와 정당을 통제하는 군부지배 권위주의체제가 수립되었다. 두 국가의 권위주의체제는 기본적으로 반대세력에 대하여 탄압정책을 추구하였다. 그러나 구체적으로는 상이한 정책을 구사하였다. 멕시코는 '궁극적인(ultimate)' 탄압정책을 시도하였다면, 브라질은 '즉시적인(outright)' 탄압정책을 추구하였다고 볼 수 있다. 멕시코 사회혁명의 민중 참여를 제도화한 제도혁명당은 일차적으로 직접적인 탄압정책에 의존할 수 없었다. 제도혁명당 자체의 혁명적 정통성을 스스로 부정하는 행위이기 때문이다. 따라서 제도혁명당은 전통적으로 회유(cooptation)와 탄압 정책을 병행하여 구사하였다. 반대세력들─특히 노동자, 농민─에게 일차적으로 물질적·정치적 보상을 제공하여 제도권으로 유인하는 한편, 그 보상을 거부하는 반대세력의 지도자들을 탄압하였다. 또는 뜨라떼롤꼬 학살(1968)에서와 같이 체제 "전복음모"라고 판단하였을 경우에는 일차적으로도 폭력적 탄압을 감행하였다. 제도혁명당 정권은 정치탄압을 상황과 집단에 따라서 선별적으로 구사하였다.

브라질 군부정권은 국가안보 논리에 근거하여 반대세력 대부분을 자의적으로 "전복세력"으로 규정하고 폭력적 탄압을 통하여 그들을 브라질 사회로부터 영원히 제거하려고 하였다. 전복세력은 정치체제뿐만 아니라 브라질 사회의 불필요한 해악이고 위협이라고 보았다. 군부 정권에게 전복세력은 브라질 사회로부터 일소해야 하는 '적군'이었다. 전복세력에게는 유인이나 보상보다는 탄압이 더욱 효율적이고 효과적인 정책이라고 판단하였을 것이다. 이러한 의미에서 브라질 군부체제의 탄압정책은 즉시적이라고 할 수 있을 것이다.

관료적 권위주의체제에서 탄압정책의 목적은 산업화과정에서 이미 사회적 동원화를 경험한 노동계층을 비롯한 대중세력을 정치적·경제적 과정에서 배제하려는 것이라고 할 수 있다. 이러한 조건에서 국가─통치엘리트, 군부, 관료─와 자본이 과두지배 체제를 수립하고 자본축적을 도모하려는 것이다. 결과적으로 국가, 자본, 대중 사이에 긴장과 갈등이 야기된다. 통제와 불평등을 강요하는 국가와 자본에 대하여 자유와 분배를 원하는 대중 다수는 잠재적인 저항심을 갖게 된다. 그 저항심은 정치적 냉소와 무관심으로, 때로는 집단행위로 표출됨으로써 체제정통성을 위협한다. 이 상황에서 체제위기를 극복하려는 통치엘리트는 정책적으로 자유파와 보수파 또는 강경파와 온건파로 분열하고 갈등한다.

멕시코와 브라질의 관료적 권위주의체제도 그와 같은 정치적 긴장과 위기를 경험하였다.

그러나 그 경험의 강도는 달랐다. 그 근원적인 이유는 혁명정당체제와 군부체제의 상이성에 있다고 볼 수 있다. 멕시코의 권위주의체제는 제도혁명당의 조직화와 제도화를 통하여 어느 정도 체제정통성을 유지할 수 있었다. 멕시코 사회혁명의 신화와 전통에 근거하여 제도혁명당은 노동, 노동자, 민중부문을 조직화하였다. 반면에 자본부문을 조직화에서 배제함으로써 제도혁명당이 본질적으로 대중정당이라는 사실을 과시하였다. 제도혁명당은 노동자, 농민 등 대중의 지지를 요구하였고, 그 지지에 대한 대가로서 정치적·정책적 보상－때로는 자본의 이익에 반하여－을 제한적으로 제공하였다. 또한 제도혁명당은 대통령의 6년 단임제(sexenio)를 실현하여 정권의 개인화를 사전에 방지하였다. 제도혁명당 지도자들은 혁명에 의한 독재자 디아스의 몰락에서 역사적 교훈을 잊지 않았던 것 같다. 제도혁명당은 선거과정에서 적극적으로 대중을 동원하여 새로운 대통령(후보)을 소개하고 대중적 지지를 이끌어 내려고 노력하였다. 그리고 제도혁명당은 즉시적 탄압정책보다는 궁극적 탄압정책을 추구함으로써 가능한 체제의 대중적인 이미지를 보호하려고 하였다.

반면에 브라질 군부정권은 대중의 정치참여를 배제하였다. 그들의 지지 대신에 정치적 고요나 침묵을 강요하였다. 급진 반대세력을 "전복세력"으로 규정하고 즉시적인 탄압을 통하여 소탕하였다. 브라질 군부는 대통령 선출도 외부의 민간 정치세력과 거의 단절된 상황에서 군 내부의 파벌들의 세력균형 변화에 따라서 이루어졌다. 여당과 의회는 단순히 군부의 결정을 사후에 추인하는 역할을 하였을 뿐이다. 브라질 군부체제는 멕시코와 달리 제도적 대중성이 부재한 소수지배 체제이다. 따라서 체제정통성이 상대적으로 미약하다고 할 수 있다. 군부체제 수립 후 3년부터 반대세력의 저항운동이 확대되었고 노동자파업도 상파울루 산업지역을 포함하여 전국에서 발생하였다. 게릴라운동도 1973년까지 주요 도시에서 전개되었다. 미국대사를 납치하여 정치범들과 성공적으로 교환할 정도로 대담하고 조직적이었다.

한편 멕시코에서 관료적 권위주의체제가 공식적으로 1958년－실질적으로는 1956년 전후－에 수립되었다고 한다면, 10년 후 1968년 학생운동을 출발점으로 대중적인 반체제운동이 시작되었다. 그 여파로 게릴라운동이 1971년부터 1974년까지 전개되었다. 그러나 브라질과 비교하여 그렇게 광범위하가나 강력하지는 않았다. 결론적으로 체제정통성에서 멕시코의 제도혁명당 일당체제가 브라질의 군부체제보다 상대적으로 다소 우월한 상태에 있었다고 볼 수 있다.

브라질 군부체제는 본질적으로 정통성 위기의 체제이기 때문에 즉시적인 탄압정책에 의존하여 체제유지를 할 수밖에 없었다. 지속적인 탄압정책은 체제정통성을 더욱 약화시키고, 결과적으로 체제유지 비용이 커진다. 특히 군부의 정치개입, 권력독점, 즉시적 탄압 등은 체제 자체의 정통성을 생래적으로 부정하는 행위이다. 또한 군부의 정치개입은 파벌집단화를 통하여 군을 정부군부와 제도군부, 강경파와 온건파, 전문 직업장교와 안보담당 장교 등으로 분열시킨다. 이와 같은 분열은 군제도 자체를 위협하고 궁극적으로 국가방위와 안보를 약화시킬 개연성이 크다. 브라질 군부체제는 즉시적 탄압정책으로 멕시코보다 더 많은 체제유지 비용을 지불해야만 하였다. 뿐만 아니라 별도의 군사적 체제비용-군조직의 와해-을 지불해야만 하였다.

브라질에서 관료적 권위주의체제가 생성된 10여 년 후 1974년에 군부의 주도로 정치자유화가 시작되었고, 그 결과는 체제붕괴와 민주화였다. 멕시코에서는 거의 20여 년 후, 1977년에 제도혁명당 정권이 정치자유화정책을 본격적으로 그러나 점진적으로 실시하였으나 계속하여 체제를 유지하고 있다. 브라질 군부체제는 추가적으로 군부 자체의 제도적 위기 때문에 더욱 불안정하게 되었다. 이 조건이 정치자유화를 주장하는 군부의 온건파 또는 자유파 지도자들의 지지기반을 확대하는 데 기여하였다. 브라질에서는 군부의 온건파 지도자 대통령 게이젤 장군, 한편 멕시코에서는 통치엘리트의 자유파 지도자 전문 관료 출신의 뽀르띠오 대통령이 자유화정책을 주도하였다. 멕시코의 자유화정책은 반대세력에게 정치참여의 기회와 폭을 넓혀서, 특히 1968년 이후에 도전받고 있는 일당체제의 정통성을 제고하려는 의도에서 실시되었다. 브라질 군부체제는 체제정통성 제고와 함께 추가적으로 군제도의 정상화를 위하여 정치자유화를 실행하였다. 군의 정치개입과 통치는 강경파 안보담당 세력의 정치적 위상과 영향력을 높였다. 군사정부의 통치권에 도전하였을 뿐만 아니라 특권과 특혜로 군의 위계질서를 파괴하였다. 온건파 군사정부는 온건 민간세력과 제휴하여 강경파 안보담당 세력을 통제하여 체제안정과 함께 군제도의 위계질서를 재확립하려고 하였다(Stepan, 1988).

브라질 군부체제에서 게이젤 대통령이 1974년 정치자유화정책을 실시하였을 때, 의회선거에서 야당세력이 군부의 지지를 받고 있는 여당을 압도하였다. 제일 야당인 브라질민주운동 (MDB) 단독으로 하원에서 165석, 상원에서 20석을 확보하였다. 반면에 여당인 민족혁신동맹 (ARENA)은 각각 199석과 46석을 획득하였다. 이에 당황한 군사정부는 수차례 여당에게 유리하게 선거법을 개정하거나 위협적인 선거분위기를 조성함으로써 야당세력의 득세를 견제하려고 하였다. 그러나 브라질민주운동을 중심으로 반체제세력의 결집과 확대는 정치자유화 실시 10여 년 만에 군부정권의 퇴진을 불가피하게 하였다.

멕시코에서 정치자유화(1977) 후에 실시된 1979년 하원선거 제도혁명당이 거의 70%의 지지를 획득한 반면에 제일 야당인 민족행동당은 약 11%의 지지를 얻었다. 결과적으로 단일후보 과반수 득표제 선거구에서 겨우 4석을 차지하였다. 선거개혁법(1977)에서 야당에게 하원의 총 400석 중에서 100석을 의무적으로 할당하였기 때문에 하원의 야당의석은 104석이 되었다. 브라질과 비교하여 멕시코에서는 반대세력의 도전능력이 상대적으로 미약하였다고 볼 수 있다. 이와 같은 상황에서 제도혁명당은 1980년 후부터 자유화과정을 주도적으로 통제하여 왔다. 제도혁명당은 우월한 자원동원 능력과 조직력과 함께 혁명성·대중성·제도성·복합적 이념성을 갖추고 있었기 때문이다. 그러나 경제위기와 제도혁명당 분열의 상황에서 실시된 1988년 대통령 선거부터 반대세력의 득세가 급진적으로 이루어졌다. 제도혁명당이 야당세력과 타협 없이 통치권을 행사하는 것이 더욱 어렵게 되었다. 1991년 의회선거에서 야당이 하원의석 36%를 차지하였고, 처음으로 상원에서 1석을 확보하였다.

결론적으로 멕시코에서 점진적인 정치자유화 과정이 민주화로 귀결되려면 야당세력이 내부의 다양한 이념적 경향과 단기적 이해관계를 극복하고 결집하고 확대해야 한다. 결과적으로 제도혁명당 정권에 대한 도전능력을 강화하고 제도혁명당의 대안으로 인식될 수 있도록 정치적 신뢰성과 효율성에 근거한 정치리더십을 발휘해야 할 것이다.

제3장

민주화와 권위주의체제 유산

제1절 민주화와 권위주의체제 유산의 문제[1]

Ⅰ. 선행연구의 개념적 문제

민주주의 공고화의 문제가 1990년대 후반에 민주화, 민주주의 연구에서 중심적 주제로 제기되고 활발한 논의가 이루어지고 있다. 관련 학자들이 주장하듯이 민주주의 공고화에 있어서 역사적·사회구조적·경제적·문화적 조건들이 중요하다는 것은 재론의 여지가 없다. 그러나 그러한 조건들과 함께 민주정부를 포함하는 민주 개혁세력들의 의지, 능력, 정책 등도 또한 중요하다. 특히 장기간의 권위주의통치를 경험한 사회에서는 초기 민주정부가 권위주의체제의 정치적 유산문제를 어떻게 인식하고 처리 또는 청산하는가가 중요하다. 이는 청산문제에 대한 초기 민주정부의 인식과 정책이 결과적으로 민주주의 공고화에 결정적인 영향을 미치기 때문이다. 그러므로 민주주의 공고화와 관련하여 초기 민주정부들의 청산정책에 대하여 체계적이고 심도 있는 연구―경험적·개념적·비교적―가 중요하다.

허쯔(Herz, 1978b)는 민주화 과정에서 비민주주의체제―전체주의나 권위주의―의 정치적 잔재나 유산의 청산문제에 대하여 체계적인 사례 비교연구의 중요성을 주장하였다. 그는 비민주주의체체가 붕괴되고 민주정부와 민주주의체제가 수립되는 과정에 있어서 여러 국가들의 정치적 경험이 유사하다는 사실에 주목하면서 그것에 대한 비교연구가 희소하다고 지적하였다(Herz, 1978b, 559~560). 그러한 허쯔와 함께 11명의 학자들(Herz, 1982)은 새 민주정부의 비민주주의체제 유산에 대한 청산정책들을 역사적으로 고찰하였다.[2] 린츠(Linz, 1978)도 민주주의체제 붕괴과정의 연구에서 초기 민주정부의 보복정책이나 정치체제 상징의 급진적 변화는 새로이 수립되는 민주체제의 안정과 공고화에 도움이 되지 못한다고 주장한다(Linz, 1978, 40~49). 그는 급진적인 체제단절(ruptura)보다는 점진적인 체제개혁(reforma)이 민주체제의 안정과 공고화를 위하여 상대적으로 바람직하다고 결론짓고 있다(Linz, 1978, 35).

---

1) 양동훈, 1996a, 「민주화와 권위주의체제 유산의 청산문제: 개념적 분석」, 『한국정치학회보』 30집 1호, 한국정치학회, pp.135~150. 이 논문은 부분적으로 수정됨.

2) 허쯔(Herz)와 그의 동료학자들의 경험적 사례들은 독일, 이탈리아, 오스트리아, 프랑스, 스페인, 포르투갈, 그리스, 일본 등이다. 그들은 사회구조적 상이성 때문에 제3세계 국가들을 의도적으로 연구대상에서 제외하였다. 허쯔와 참여 학자들에 의하면 그러한 국가들의 초기 민주정부들은 일반적으로 비민주주의체제 유산의 청산과 민주주의에 대한 긍정적인 이미지의 제고에 소홀하였다. 그 이유는 민주주의정당들이 권력을 획득하거나 유지하려는 목적에서 비민주주의체제 추종자들의 협조 또는 지지를 얻고자 하였고 또한 사회적·경제적 정책문제들에 대하여 내적으로 분열하였기 때문이라고 주장하였다.

한편 스테판(Stepan, 1988)과 헌팅턴(Huntington, 1991)도 허쯔와 린츠와 비견할 만한 중요한 학문적 기여를 하였다. 주로 유럽 국가들의 역사적 민주화 경험에 관심을 갖고 있었던 허쯔나 린츠와는 달리 스테판과 헌팅턴은 남미, 아시아 또는 아프리카의 제3세계 국가들의 민주화 경험도 포함하는 체계적인 비교연구를 하였다. 헌팅턴의 연구는 남동부 유럽과 제3세계의 다양한 국가들을 포함하는 30여 개 국가들의 민주화 경험에 근거하고 있다(Huntington, 1991). 반면에 스테판은 민군관계와 관련하여 남미의 브라질과 아르헨티나, 우루과이, 칠레의 초기 민주화 과정을 체계적으로 비교 논의하였다(Stepan, 1988). 이들과 함께 자고스키(Zagorski, 1992), 개러턴(Garreton, 1994), 러브만(Loveman, 1994) 등도 권위주의체제 유산의 청산문제-특히 인권문제와 민군관계-에 대하여 남미의 지역적 국가적 경험을 단편적으로 기술하고 있다.[3]

허쯔(1978)가 지적한 바와 같이 비민주주의체제 유산의 청산에 관한 체계적인 연구-특히 사례 비교연구-가 주제의 중요성에 비하여 희소하다. 뿐만 아니라 기존연구들은 관련학자들의 시각에 따라서 다양한 시각과 개념적 이해에 근거하고 있기 때문에 연구대상과 범위도 다르다. 이것은 비민주주의체제 유산의 청산문제에 대하여 다양한 견해와 지식을 제공하고 있는 반면에 궁극적인 현실이해와 문제해결을 위하여 필요한 이론적 축적에 기여하고 있지 못하다. 근래 수적으로 증가하고 있는 경험적 사례들의 체계적인 비교연구를 위하여 개념적 논의-주요 관련개념들을 정립하고 그것들의 관계를 밝히는-가 필요하다.

또한 기존연구는 민주화 과정에서 초기 민주정부의 성격이 청산문제와 정책에 미치는 영향을 소홀히 다루고 있다. 관련 학자들 대부분은 비민주주의체제의 성격이나 유형과 정치체제 이행 과정-비민주주의체제 붕괴와 민주정부 수립 과정-이 민주정부의 청산문제와 정책에 절대적인 영향을 미친다고 전제하고 있다. 반면에 초기 민주정부 자체의 역할이나 영향에 대하여는 상대적으로 무시하거나 소홀히 다루고 있다. 허쯔는 과거청산의 주요 변수들은 비민주주의체제 붕괴유형과 정치체제 이행 유형이라고 결론짓고 있다(Herz, 1982, 276).

린츠는 권위주의 청산에 있어서 초기 민주정부의 온건한 개혁정책이 중요하다고 명백히 인정하고 있으나 그러한 정책이 어떻게 실현 가능한가에 대하여는 논외로 하고 있다(Linz, 1978, 40~49). 헌팅턴은 청산문제-고문자들과 집정관주의-에 있어서 경험적으로 정치권력의 배분과 민주정부의 역할과 정책의 중요성을 인정하고 있으나 그것들의 구체적인 동기나 원인들을 심도 있게 논의하고 있지는 못하다(Huntington, 1991, 215, 228, 243). 스테판은 군부의 정치

---

3) Brian Loveman, 1994, pp.1~91; Manuel Antonio Garreton M., 1994, pp.221~234; Paul W. Zagorski, 1992.

적 역할과 영향력을 축소하기 위하여 민주정부의 지도력의 중요성을 인정하고 "민주직 능력화(democratic empowerment)"를 주장하고 있지만 그것의 실현을 위하여 필요한 조건들을 논의하고 있지는 않다(Stepan, 1988, 68~127)

그러나 민주화 과정에서 초기 민주정부의 성격도 다른 조건들과 함께 또한 중요하다. 초기 민주정부의 수립은 가장 중요한 정치적 계기이다. 민주화 과정에서 이루어진 주요 정치집단들의 협약의 실질적 실현이자 앞으로 민주주의 체제화와 공고화를 담당할 민주화정부의 창출이다. 그러한 민주정부의 지도력, 도덕성, 조직적, 제도적 지지기반, 정책적 효능성과 효과성, 시민의 지지도 등은 권위주의 유산의 청산에서뿐만 아니라 결과적으로 민주주의 체제화와 공고화에도 결정적인 조건이 된다.[4] 초기 민주정부가 체제이행 과정에서 강요되는 여러 제약과 조건들을 극복하고 개혁적 지도력을 발휘할 수 있을 때 민주화 과정의 지속적인 심화와 발전, 민주주의 공고화가 가능하다.

또한 기존연구들의 연구대상이나 범위가 매우 제한적이다. 허쯔가 과거 청산의 다양한 연구주제들을 제시하고 있다(Herz, 1978, 560~562; 1982, 7~10). 그러나 헌팅턴을 포함하는 관련 학자들 대부분은 주로 인권문제와 민군관계만을 경험적으로 논의하고 있다.[5] 비민주주의체제 유산의 청산문제는 인권문제와 민군관계를 포함하는 보다 포괄적 또는 광의적으로 규정 논의되어야 한다. 헌법, 선거법, 정당법, 언론법, 보안법 등 기존의 법제도 개폐, 체제적 정책노선 조정, 교육과 언론의 역할 재정립, 정치적 관행 불식, 사회구조 개선 등도 과거청산의 주요 문제들이다. 이 문제들도 분명히 과거의 비민주주의체제에서 유래하는 동시에 민주주의 공고화와도 직결되어 있다. 따라서 그것들도 청산문제의 일부로서 심도 있게 연구되어야 한다.

Ⅱ. 민주화 과정과 권위주의체제 유산

권위주의체제 유산의 청산문제는 과거의 정치와 미래의 정치에 동시에 연관되어 있다. 청산문제는 과거의 권위주의 정치로부터 미래의 민주주의 정치로 전환하느냐 또는 못하느냐를

---

4) 린츠(Linz, 1978, 16~23)는 민주주의체제 붕괴의 중요한 요소로서 정통성(legitimacy)과 함께 효능성(efficacy)과 효과성(effectiveness)의 개념에 대하여 논의하고 있다. 정치체제(정부)의 효능성은 시민들 다수가 해결하기를 원하고 있는 현안들을 찾아내는 능력이다. 효과성은 그 현안들을 실질적으로 해결할 수 있는 능력이다.

5) 헌팅턴(Huntington, 1991, 208~279)은 "체제이행 문제들(transition problems)" 중에서 특히 "고문자문제(the torturer problem)"와 "집정관주의문제(the praetorian problem)"를 강조 논의하고 있다. 이 점에 있어서 다른 학자들 대부분도 예외는 아니다.

결정짓는 정치적 개혁의 문제이다. 그것은 정치적 과거에 대한 현재의 대응일 뿐만 아니라 정치적 미래의 방향과 내용을 규정하는 현재의 결단이다. 따라서 권위주의체제 청산은 특정한 시점의 단기적·고립적 현상이 아니다. 오히려 민주주의 공고화를 포괄하는 민주화 과정의 장기적 시각에서 인식 논의되어야 한다.

민주화 과정에서 특히 민주정부의 수립은 중요한 계기이다. 초기 민주정부 수립은 민주적 정치협약의 실질적인 실현으로써 민주정부의 성격에 따라서 민주화 과정의 방향과 내용—특히 민주주의 체제화와 공고화—이 달라질 수도 있기 때문이다. 초기 민주정부는 정부와 정치체제의 차별화와 정통화를 위하여 민주주의 체제화를 주도한다. 이것은 정치체계의 영역과 그 단위나 요소들의 비민주적 관계들을 폐기 또는 개정하는 것을 전제로 한다. 기존 정치적 역할과 관계의 주요 규범, 규칙, 관습 등이 계속적으로 유지되는 상황에서는 새로이 공식적으로 선언되고 수립된 정치적 역할이나 관계가 효율적·실질적으로 작동하기 어렵기 때문이다.

1. 권위주의체제의 정치적 유산

권위주의체제 유산의 청산문제는 권위주의체제의 통치관계가 궁극적으로 소수 지배집단의 임의적인 권력행사, 특히 정치탄압에 근거하기 때문에 일어나는 문제들이다. 권위주의체제에서 통치권력을 견제할 수 있는 제도적 장치가 취약 또는 부재하거나 반대세력이 탄압으로 무력화되어 있기 때문에 권력유지에 집착하는 통치집단이 권력을 남용하거나 오용할 가능성이 크다. 권위주의체제의 통치집단은 일반적으로 시민들의 기본권과 정치적 자유를 무시 또는 위협하고 법령, 제도, 조직, 정책 등을 정치적 목적을 위하여 자의적으로 만들거나 개폐하고 정부정책을 패쇄적으로 결정한다.

또한 특정 지지세력에게 정치적 특권 또는 경제적 특혜를 주어 통치관계를 부패시키고 권력획득과 유지를 정당화하기 위하여 이데올로기적 동원화를 시도하거나 그것의 지배논리를 사회에 강요하기도 한다. 이러한 행위들은 권위주의체제의 정통성을 스스로 부정하게 되고 결국 체제붕괴를 초래한다. 초기 민주정부들은 정부와 정치체제의 차별화와 정통화를 위하여 그러한 행위들이 초래한 결과, 즉 권위주의체제 유산을 어느 정도 청산해야 한다.

권위주의체제 유산은 개념적으로 1) 행태적, 2) 정책적, 3) 제도적, 4) 관행적, 5) 이념적, 6) 구조적 유산 등으로 구분될 수 있다.[6]

1) 행태적 유산

행태적 유산은 권위주의체제에서 통치집단이 정권의 획득과 유지를 위하여 저질렀던 비합법적 또는 범죄적·비윤리적 행위와 역할 그리고 그것들의 희생자들에 관련된 문제이다. 구체적으로 쿠데타, 권력남용 또는 오용, 정치탄압, 부패, 정책실패 등에 관여한 개인이나 집단들, 그 피해자들, 권위주의체제 지도자들과 추종자들에 대한 문제이다. 초기 민주정부(세력)는 정부와 정치체제를 차별화하고 정통화하기 위하여 가능한 한 그들의 비합법적 또는 비윤리적 행위와 역할에 대하여 절차적으로 책임소재를 가려서 처리하려고 한다.

청산정책은 초기 민주정부가 권위주의체제의 통치행위와 관계를 어떻게 인식하고 있는가에 따라서 내용적으로 달라진다(Herz, 1978, 561; Herz, 1982, 7). 권위주의체제의 정치적 정통성을 인정하지 않을 경우에는 민주정부는 권위주의체제의 모든 행위와 관계를 완전히 부정하고 법적 제재와 회복을 시도할 것이다. 반대로 권위주의체제의 정통성을 인정할 경우에는 부분적으로 월권적이거나 과도한 행위에만 관련하여 법적·정치적·윤리적 책임을 물을 것이다. 그러나 어느 경우에도 초기 민주정부의 정치적·법적 평가나 판단이 구체적으로 실현되려면 무엇보다도 초기 민주정부의 개혁지향적 의지, 능력, 정책이 선행되어야 한다.

2) 제도적 유산

제도적 유산은 권위주의체제가 근거하고 있었던 비민주적 법과 제도 그리고 통치조직이나 기구들의 비민주적 역할과 관계에 관한 문제이다. 이 체제유산은 권위주의체제 헌법을 비롯하여 정당법·선거법·정부조직법·보안법 등 그것의 통치행위와 관계를 정당화 또는 합법화하기 위해 만들어진 법제도뿐만 아니라 그러한 법제도를 실행하였던 관련조직들과 그들의 공식적인 관계도 포함한다. 구체적으로 권위주의체제에서 공식적으로 허용되고 실행되었던 정부와 정당의 역할과 관계, 대통령 또는 행정부와 의회나 사법부의 역할과 관계, 정당들의 상호 관계, 정당들의 내부조직과 운영, 중앙정부와 지방정부의 역할과 관계 그리고 군부지도자와 안보조직의 정치적 역할을 포함하는 민군관계 등을 제도적 유산이라고 할 수 있다.

---

6) 권위주의체제의 유산과 관련하여 개러턴(Garreton, 1994, 222~223)만이 권위주의체제 유산의 유형을 다소 세분화하였다. 그는 소위 "권위주의적 고립영역(authoritarian enclaves)"은 인권문제, 제도적 유산, 군부지지 행위자, 권위주의적 정향 등으로 구분될 수 있다고 한다. 그러나 이러한 구분은 전통적인 권위주의적 유산과 이행 과정의 권위주의체제의 유산을 구별하지 않고 있으며 또한 권위주의체제의 다양한 정치적 유산을 논의하기에는 다소 적절하지 못하다.

3) 정책적 유산

정책적 유산은 권위주의체제에서 그것의 지배적인 통치관계를 유지하고 강화하려는 특정한 동기에서 통치집단이 의도적으로 추구하였던 정책들이다. 이 정책들은 국내정책들뿐만 아니라 대외정책도 포함할 수 있다. 예를 들면 특정 지역이나 사회집단들에 대한 정부나 체제정당의 특혜정책, 정부의 경제적 통제정책, 노동규제 또는 탄압 정책, 체제정통화를 위한 경제성장 정책, 특정 국가나 지역과의 협력 또는 적대관계를 강조하는 외교정책 등이다. 이러한 정책들은 특별히 체제특성적이고 체제유지적이기 때문에 정치체제 변화와 함께 후계 민주정부들이 재평가하고 수정 보완하거나 전환해야 하는 정책들이다.

4) 관행적 유산

관행적 유산은 권위주의체제에서 법제도나 정책 등에 의하여 공식화되지 않았지만 실질적인 통치관계에 직접적으로 관련되고 반복적으로 실현되었던-경우에 따라서는 불법적이기도한-체제특성적인 정치행위이다. 예를 들면 정치지도자를 포함하는 통치집단들이 우상화나 특권화를 통하여 다른 사회집단이나 계층들에 대하여 우월적인 특권의식 또는 권위의식을 갖고서 실행하는 통치행위, 정부나 체제정당이 경제적 개입이나 통제를 통하여 비공개적으로 사적(private) 권력과 체제유지를 위하여 정치적 비용이나 자원을 조달하고 배분하는 행위, 정부나 체제정당의 관료들이 관련 이익집단들에게 유리한 정책결정이나 정책절차를 이유로 뇌물을 수수하는 행위, 정치인들이나 정당원들이 유권자들을 매수 동원하는 행위, 체제지지 기반을 유지 확보하려는 목적에서 정치집단들이 지역적·계층적 또는 인종적 편견을 부추기는 행위 등이다.

5) 이념적 유산

이념적 유산은 권위주의체제에서 통치집단이 통치행위를 정당화하기 위하여 의도적으로 조작하고 이용하는 이념적·규범적·정향적 개념체계이다. 이는 구체적으로 체제이데올로기, 체제노선, 체제문화와 그것들에 근거한 통치규범, 태도, 정향 등을 포괄한다. 권위주의체제 정부나 정당이 지배 통제하는 선전기구, 교육기관, 대중매체 등이 그러한 이념적 체계들을 조작하고 교육하고 선전한다. 그러므로 이념적 유산은 그러한 기구나 매체들의 체제유지적 역할과 관계를 새롭게 정립하는 문제와도 관련이 있다.

6) 구조적 유산

구조적 유산은 권위주의체제의 통치집단이 오로지 권력획득과 유지를 목적으로 추구한 통치행위가 결과적으로 새롭게 야기하거나 또는 심화시킨 사회구조적 문제들이다. 구체적으로 경제적 빈곤과 불평등, 사회적─지역, 인종, 이데올로기 등의─갈등, 인플레, 외채 등을 포함한다. 이러한 문제들은 정치체제 변화와 관계없이 사회에 상존할 수도 있는 문제들이다. 그러나 이 문제들은 체제특성적 통치행위와 관계에 따라서 악화 또는 완화될 수도 있다. 따라서 이것들도 체제유산이라고 할 수 있다. 또한 과거에는 존재하지 않았던 사회구조적 문제가 권위주의체제를 경험한 후에 초래되었을 경우에도 명백하게 체제유산이라고 할 수 있다.[7]

2. 권위주의체제 유산의 청산문제

민주주의 체제화와 공고화와 관련하여 권위주의체제 유산의 개별적 유형들의 정책적 중요성은 권위주의체제의 유형과 특성에 따라서 상대적으로 다르다. 1인(one-person)체제 붕괴 후에 이루어지는 민주화 과정에서는 행태적 유산의 청산문제가 민주주의 체제화와 공고화를 위하여 우선적으로 중요하다. 일인체제가 장기간 지속되었을 경우에는 또한 초기 민주정부는 어려운 관행적·구조적 유산문제들에도 직면하게 될 가능성도 높다. 한편 1당(one-party)체제는 통치행위와 관계가 기본적으로 제도적·이데올로기적 기반에 근거하고 있었기 때문에 후계 민주정부는 민주주의의 체제화와 공고화를 위하여 행태적 유산문제뿐만 아니라 제도적·이념적 유산문제들도 함께 청산 또는 처리해야 한다. 물론 일당체제의 통치기간과 정책 등에 따라서 민주정부에서 관행적·구조적 유산문제들도 중요한 정책적 과제가 될 수 있다.[8]

---

7) 헌팅턴(Huntington, 1991, 209~210)은 민주화 과정과 관련하여 3가지 문제를 개념적으로 구분하고 있다: "이행문제(transition problems)", "환경적 문제(contextual problems)", "체계적 문제(systemic problems)." 그는 환경적 또는 구조적 문제들은 정치체제와 관계없이 사회에 계속적으로 존재한다고 보고 있다. 그러나 그러한 문제들도 정치체제의 성격에 따라서 악화되거나 또는 개선될 수도 있다. 그러므로 경우와 문제에 따라서는 그것들을 체제유산의 일부라고 할 수 있다.

8) 헌팅턴(Huntington, 1991, 110~121)은 제3의 민주화물결에 있어서 권위주의체제를 네 가지 유형 ─ "일인체제", "일당체제", "군부체제", "종족과

한편 군부체제의 붕괴 후에 이루어지는 민주화 과정에서는 초기 민주정부가 무엇보다도 제도적 유산문제, 특히 군부의 역할과 영향력을 포함하는 민군관계를 재정립하는 것이 중요하다. 군부체제에서 군부의 정치화와 특권화가 심화되면서 직업주의와 조직적 위계질서가 와해되고 군부의 제도적 존립이 위태롭게 되기 때문에 그것의 본래적인 역할－국가방위와 안보－을 효율적으로 수행하기가 어렵게 된다. 이 경우에는 특히 민주주의 체제화와 공고화는 초기 민주정부가 군부의 탈정치화, 민주적 직업주의 강화, 군부특권 축소, 전문화, 현대화 등을 어느 정도 추진하느냐에 달려 있다. 이와 함께 민주정부가 행태적 유산문제, 즉 군부체제 지도자들의 불법적·특권적 권력남용과 부패, 정책적 실패 등에 대하여 책임소재를 밝히고 처리할 수 있을 때 민주주의체제 공고화의 가능성이 보다 높아진다. 그리고 다른 유형들의 체제유산－정책적·이념적·관행적·구조적－과 관련하여 초기 민주정부가 직면하게 되는 정책적 중요성은 과거 군부체제의 통치기간, 통치행태, 정부정책 등에 따라서 다소 다르게 나타날 수 있다.

민주화 과정에서 권위주의체제 유산의 유형들의 정책적 중요성은 곧 그것들의 실질적인 청산을 의미하지는 않는다. 왜냐하면 권위주의체제 유산의 청산문제는 다양한 요소들에 의하여 영향을 받을 수 있기 때문이다. 청산과정을 포함하는 민주화 과정 자체는 주변적 환경이나 조건들에 의하여 영향을 받는다. 경제적 상호 의존이 확대 심화되고 있는 국제사회의 변화－세계화와 지역화－가 민주화 과정의 방향과 내용에 영향을 미친다. 예를 들면 특히 세계적인 경제파동이나 경제성장, 시대정신(zeitgeist)의 변화, 범세계적인 교회조직이나 강대국 외교정책을 통하여 인권을 포함하는 민주적 가치와 규범의 세계적 확산, 민주화현상의 과시효과 등이 다수 국가들의 민주화 과정에 지대한 영향을 미친다.[9]

한편 이러한 국제적 환경의 변화에 대응적으로 또는 동시에 이루어지는 국내의 사회적 변화도 민주화 과정에 직접적인 영향을 준다. 특히 권위주의체제의 정통성을 위협하는 경제위기, 지속적인 경제성장과 발전에 따른 사회계층구조의 변화와 함께 중산계층의 증가, 문화적 또는 이데올로기적 갈등과 변화 등이 민주화 과정의 성격을 어느 정도 결정한다. 또한 국제적·사회적 환경의 영향에 노출되어 있는 정치체계도 민주화 과정의 또 하나의 중요한 조건이다. 사회적 가치들의 권위적 배분이 반복적으로 이루어지는 정치체계의 구조와 성격은 무엇보다

두체제"－으로 구분하여 각각의 유형을 체제이행 과정의 성격－"변환(transformation)", "대체(replacement)", "변위(transplacement)"－과 관련하여 논의하고 있다

9) 헌팅턴(Huntington, 1991, 33~34, 45~46)은 제3의 민주화물결의 국제적·국내적 원인들에 대하여 경험적으로 논의하고 있다.

도 정치사적인 경험과 학습, 전통적 정치문화와 관행 그리고 국제적·국내적 환경 등에 의하여 규정된다.[10]

뿐만 아니라 민주화 과정의 단계들—권위주의체제 붕괴, 민주협약, 민주선거, 민주정부 수립, 권위주의체제 청산, 민주주의 체제화와 공고화—은 서로 영향을 준다. 예를 들면 권위주의체제의 성격과 체제붕괴, 민주협약, 민주선거, 민주정부 수립이 권위주의체제 유산 청산의 절차와 내용, 그리고 민주주의 체제화에 영향을 끼친다.[11] 결과적으로 이러한 모든 조건들은 앞에서 논의한 국제적·사회적 환경과 정치체계와 함께 궁극적으로 민주주의체제 공고화의 가능성을 결정한다. 특히 권위주의체제 유산의 청산문제에 대하여 (1) 권위주의체제의 성격, (2) 정치체제 이행 과정의 특성, (3) 초기 민주정부의 성격이 개별적으로 또는 조합적으로 직접적인 영향을 끼친다. 관련 학자들은 일반적으로 (1)과 (2)의 조건들을 강조 논의하고 있는 반면에 (3)의 조건을 상대적으로 무시하거나 소홀하게 다루고 있다.[12]

그러나 (3)의 조건이 청산과정뿐만 아니라 민주주의 체제화와 공고화에 있어서 다른 조건들만큼 중요하다고 할 수 있다. (1), (2)의 조건들이 계속하여 역동적인 민주화 과정을 결정적으로 규정한다고는 볼 수 없다. 그것들이 초래하는 정치적 조건과 상황은 다양한 정치집단이나 세력들의 이해관계와 전략적 태도 변화 때문에 유동적일 뿐만 아니라 초기 민주정부의 성격에 따라서 어느 정도 변화될 수도 있기 때문이다.

초기 민주정부는 지도력과 도덕성, 조직적·제도적 지지기반, 정책적 효능성과 효과성, 시민의 지지도 등에 따라서 권위주의체제 특성과 정치체제 이행 과정이 초래하는 제약적 조건과 환경을 다소 완화 또는 극복하고서 민주화 과정을 어느 정도 심화 발전시킬 수도 있을 것이다. 특히 민주화 과정에서 초기 민주정부 수립은 가장 중요한 계기이다. 이는 주요 정치집단과 세력들이 합의한 민주협약의 공식적이고 실질적인 실현이고 동시에 앞으로 권위주의 청산, 민주주의 체제화, 공고화를 주도적으로 담당할 민주화정부의 수립이기 때문이다.

---

10) 이스턴(Easton, 1979, 3~33, 153~243)은 국제적 환경, 국내적 환경, 정치체계, 정치체제의 개념에 대하여 체계적이고 구체적인 논의를 하고 있다. 그에 의하면 정치체계(political system)에서 사회적 가치들의 권위적 배분이 이루어지며 정치체계의 구성요소들은 정치공동체(the political community), 체제(the regime), 권위체(the authorities)들이다. 한편 정치체제(political regime)는 가치(values), 규범(norms), 권위구조(structure of authority) 들로 구성되어 있다.

11) 이에 대한 자세한 논의는 헌팅턴(Huntington, 1991, 109~279)과 양동훈(1994)을 참조.

12) 예외적으로 스테판(Stepan, 1988, 139)은 과거청산—군부의 정치적 특권과 영향력 축소—에 있어서 초기 민주정부의 리더십이 중요하다고 인식하고 있다. 또한 메인웨어링(Scott Mainwaring), 오도넬(Guillermo O'Donnell), 바렌주엘라(J. Samuel Valenzuela)가 1992년 편집한 *Issues in Democratic Consolidation: The New South American Democracies in Comparative Perspective*에 참여한 학자들 대부분도 예외적으로 (1)의 조건과 관련하여 민주화 과정을 논의하고 있다. 그들의 중심적인 관심은 민주정부 수립 후에 진행되는 "제2 이행(the second transition)" 과정이다. 그러나 민주정부의 과거청산에 대한 직접적이고 체계적인 논의라기보다는 민주주의체제 공고화에 대한 논의이다.

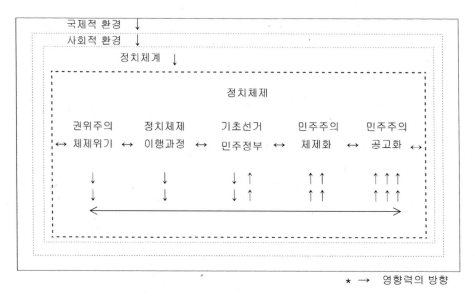

〈그림 3.1.1〉 권위주의체제 유산의 청산문제에 미치는 영향13)

또한 초기 민주정부의 역할이 중요한 것은 일반적으로 민주화 과정에서 초기 민주정부 수립의 전후시기에 권위주의 청산을 포함하는 민주적 개혁에 대한 다수 시민들의 관심, 요구, 기대가 상대적으로 높기 때문이다. 초기 민주정부가 민주적 개혁을 위하여 그러한 시민들의 적극적인 기대와 지지를 효율적으로 동원화하여 권위주의적 수구 및 보수 세력들을 견제할 수 있을 때 민주화 과정이 보다 안정화, 심화될 가능성이 높아진다.

3. 신민주정부와 권위주의체제 유산 청산

권위주의체제 유산의 청산문제는 앞에서 논의한 조건이나 환경과 함께 초기 민주정부의 성격에 의하여 영향을 받는다. 청산문제는 일반적으로 민주적 개혁세력과 권위주의적 보수세력의 정치적 균형관계와 밀접하게 직결되어 있다. 그들의 세력균형 관계는 특히 권위주의체제의 정책과 그 붕괴과정을 포함하는 정치체제 이행 과정에 의하여 부분적으로 규정된다. 그렇게 규정된 상호관계는 또한 초기 민주정부의 성격에 따라서 어느 정도 변화한다. 그 민주정부의 성격은 1) 정치적 지도력과 도덕성, 2) 조직적 지지기반, 3) 정책적 효능성과 효과성, 4) 시민의 지지도 등이 조합적으로 결정한다.

---

13) 양동훈, 1994, pp.451~481; Samuel P. Huntington, 1991, pp.31-279; David Easton, 1979, pp.3~33, 153~243.

1) 정치적 지도력과 도덕성

초기 민주정부의 정치적 지도력과 도덕성은 과거청산의 방향과 내용에 직접적으로 영향을 주는 첫 번째 조건이다. 스테판(Stepan)의 주장과 같이 어떠한 유형의 지도자들이 민주정부를 구성하느냐가 청산정책의 성패를 결정적으로 가름한다. 스테판은 군부정책과 관련하여 민주정부 지도자를 세 가지 유형으로 구분하였다. "소극적" 지도자와 "부정적" 지도자 유형들과 함께 새로이 군부의 역할을 정립하는 데 "긍정적으로" 개입하는 지도자유형을 제시하고 있다 (Stepan, 1988, 139). 다양한 정치적 집단과 세력들의 이해관계를 조절하면서 과거청산의 문제, 범위, 방법, 절차 등에 대하여 구체적인 합의를 도출 실현해야 한다. 그러나 민주화 과정에서 과거청산에 대하여 정치적 합의를 이끌어내는 것은 그렇게 용이한 일은 아니다. 정치적 자유와 다원성을 전제로 하는 민주체제에서 정부는 권위주의 체제의 협력자나 지지자들ー경우에 따라서 소수 지도자들을 제외하고ー도 대부분 청산과정을 포함하는 민주화 과정에 참여를 허용해야 하기 때문이다.

특히 권위주의적 보수세력은 민주정부의 청산정책에 대하여 저항하거나 소극적일 가능성이 크다. 따라서 민주정부는 그들을 견제 또는 소외시키면서 한편으로는 다양한 민주세력들로부터 최대한의 합의와 협력으로 얻어내야 한다. 이러한 지지를 얻기 위하여 우선적으로 민주정부 지도자들이 윤리적으로 또는 정치적으로 문제가 없어야 한다. 부패하거나 비민주세력의 일부 또는 협력자이었던 지도자들은 민주세력들의 광범위한 지지를 받기가 어렵고 오히려 권위주의적 보수세력의 공격 또는 음모의 대상이 될 수 있기 때문에 결과적으로 민주화의 걸림돌이 될 가능성이 크다.

2) 조직적 · 제도적 지지기반

민주정부의 개혁적 지도력은 또한 조직적 · 제도적 지지기반을 어느 정도 갖고 있느냐에 달려 있다. 조직적 지지기반은 민주정부가 근거하고 있는 정치조직의 형태를 뜻한다. 반면에 제도적 지지기반은 개혁정책의 실현을 지지 협력하여 줄 수 있는 정부 내의 기구들ー예를 들면 의회나 법원ー을 의미한다. 일반적으로 시민 다수의 지지를 획득한 일당단독 민주정부는 권위주의 청산에 있어서 연립정부보다 상대적으로 유리하다. 연립정부는 청산정책을 결정, 수행함에 있어서 제휴정당들의 다양한 이해관계 때문에 정치적 갈등과 분열을 경험할 가능성이 크다. 반면에 일당단독 정부는 안정된 조직적 기반에 근거하여 지속적으로 청산정책을 일관되게 추진할 수 있다. 그 정부는 또한 야당의 중도 민주세력들과 정책적 연합을 주도적으로 도모할 수도 있을 것이다. 이러한 연합은 권위주의적 보수세력과 급진적 민주세력을 견제 또는 소외시키면서 청산정책의 추진에 기여할 수도 있을 것이다.

한편 주요 정부기구들의 지도적 구성원들이 민주정부의 청산 의지와 정책을 뒷받침하여 주어야 한다. 그렇지 않으면 민주정부의 청산정책은 실질적으로 실현될 가능성이 적다. 따라서 효과적인 청산정책을 위하여 우선적으로 주요 정부기구들의 비민주세력이 민주세력으로 교체되어야 한다.[14]

3) 정책적 효능성과 효과성

정책적 효능성과 효과성은 민주주의체제 붕괴의 중요한 요소로서 정통성(legitimacy)과 함께 효능성(efficacy)과 효과성(effectiveness)의 개념에 대하여 논의하고 있다. 정치체제(정부)의 효능성은 시민들 다수가 해결하기를 원하고 있는 현안들을 찾아내는 능력이다. 효과성은 그 현안들을 실질적으로 해결할 수 있는 능력이다. 권위주의체제가 남긴 경제사회적 문제들에 대하여 시민 다수의 기대에 부응하려는 민주정부의 정책적 의지와 노력, 그리고 그 결과가 그것의 청산정책의 성패를 좌우한다(Linz, 1978, 16~23).

민주정부는 초기에 얼마 동안은 기존의 경제적·사회적 문제들에 대하여 권위주의체제에 책임을 전가할 수도 있다. 그러나 무한정 그렇게 할 수만은 없다. 그것은 민주정부의 무능과 무책임성을 드러내는 것이다. 오히려 민주정부가 새로운 정책적 대안을 구체적으로 제시하고 그것의 실행을 시도하여 보는 것이 정치적으로 중요하다. 이는 시민 다수의 기대감을 어느 정도 충족시키어 민주정부에 대하여 시민의 지지도를 유지 또는 높일 수 있기 때문이다.

또한 민주정부의 단기적이고 가시적인 정책성과도 시민의 지지도를 높이고 결과적으로 그것의 청산능력도 크게 한다. 따라서 민주정부는 우선적으로 단기적이고 가시적인 효과를 보여 줄 수 있는 정책들을 선별적으로 수행할 필요가 있다. 한편 민주정부는 심각한 경제적·사

---

14) 허쯔(Herz, 1982, 287)는 정부기구의 숙청이 제대로 이루어지지 않았기 때문에 민주정부들이 반민주세력들을 효과적으로 통제할 수 없었다고 결론짓고 있다.

회적 문제들을 극복하기 위하여 주요 사회세력들이 참여하는 소위 "사회계약"을 시도할 수도 있다. 물론 이것은 민주정부가 지도적 유연성과 포용력을 발휘할 때 가능하다. 그 사회계약은 민주정부의 정책적 부담과 책임을 어느 정도 완화시켜서 민주정부가 보다 효율적으로 청산정책을 추진할 수 있는 조건을 제공한다.

4) 시민의 지지도

민주정부는 권위주의 청산과 관련하여 시민의 정서, 관심, 기대 등 여론에 민감할 필요가 있다. 우선적으로 시민 다수의 지지를 받을 수 있는 유산유형들의 청산문제들과 정책들을 선별하여 실행하는 것이 중요하다. 민주정부가 시민의 정서, 관심, 기대 등 여론을 무시하고 정치적 이해관계에 따라서 청산정책을 추진할 경우 청산과정에서 시민 다수를 소외시킬 위험이 있다. 이러한 상황에서 민주정부는 권위주의적 보수세력을 포함하는 야당들의 정책적 반대나 저항에 빈번하게 직면할 가능성이 크다. 이것은 민주정부의 정치적 고립을 의미하는 것으로 결과적으로 민주정부가 청산정책을 효과적으로 추진하기가 어려워진다. 민주정부의 독단적인 청산정책은 정치적 지지기반의 협소화를 초래하고 권위주의적 보수세력의 정치적 입지를 강화하여 민주화 과정의 역행을 초래할 가능성도 있다.

결론적으로 민주정부는 청산문제와 정책들의 적절한 선택과 실행을 통하여 청산과정에서 시민의 지지를 유지 또는 확대할 수 있다. 뿐만 아니라 앞에서 논의한 정치적 지도력과 도덕성, 조직적·제도적 지지기반, 정책적 효능성과 효과성 등도 궁극적으로 민주정부에 대한 시민의 지지도에 직접적·긍정적 기여를 한다. 이러한 경우에 민주정부는 반대 또는 비판세력을 무력화하고 주도적으로 청산정책을 추진할 수 있을 것이다.

제2절 신민주정부와 권위주의체제 유산: 브라질과 아르헨티나[1]

브라질과 아르헨티나의 초기 신민주정부들이 시도하였던 청산정책을 비교분석한다. 그들의 정치적 성격 또는 특성을 밝히고 그것들이 권위주의체제 유산—특히 행태적·제도적 유산—의 청산정책과 과정에 어떻게 영향을 미쳤는지를 경험적으로 비교분석한다. 이러한 분석을 통하여 초기 민주정부의 청산정책과 과정이 민주주의체제 공고화에 대하여 갖고 있는 함의를 모색하여 본다.[2]

Ⅰ. 브라질의 사르네이(Sarney) 정부

브라질 군부체제(1964~1985)는 본질적으로 억압적이고 폐쇄적인 권위주의체제였다. 민주화는 군부체제의 집권 개혁세력이 정통성 위기와 군부조직 와해 위기를 극복하기 위하여 주도적으로 정치자유화를 시도한 결과였다. 정치자유화는 시민사회의 "부활"을 초래하였고 군부체제가 "체제양보와 사회정복의 변증법적 과정"을 통하여 붕괴되고 민간주도 정부가 20년 만에 간접선거에 의하여 수립되었다(O'Donnell & Schmitter, 1986, 48~56; Stepan, 1988, 45~46). 이 변화는 과거 통치집단인 군부의 막강한 영향력의 조건에서 진행되었기 때문에 민주개혁—권위주의체제 유산의 청산과 민주주의 체제화—을 위한 민주세력들의 정치적 입지가 협소하였다. 결과적으로 민주화 과정 초기에 '보수적 민주주의체제'가 수립되었다. 이러한 체제이행은 변환(transformation)이다(양동훈, 1994, 471~472).

---

1) 양동훈, 1996, 「민주화와 권위주의체제 유산의 청산문제: 브라질과 아르헨티나 비교」, 『라틴아메리카연구』 9권, 한국라틴아메리카학회, pp.171~194. 이 논문은 부분적으로 수정됨.

2) 브라질과 아르헨티나는 시기적으로는 다소 다르지만 공통적으로 고도의 근대화단계에서 탄압적인 군부주도의 "관료적 권위주의체제"를 경험하였고 그 이후에는 민주화 과정—민주정부 수립과 민주정부 교체, 민주주의 체제화—을 경험하고 있는 남미의 "신흥공업국가"들이다. 그들은 비교분석에서 "가장 유사한 사례들(the most similar cases)"이라고 할 수 있다. 권위주의체제의 정치적 유산은 다양하지만 이 논문에서는 행태적 유산과 제도적 유산에 대한 정책만을 논의한다. 그 유산들이 군부체제로부터의 민주화에 있어서 상대적으로 중요하기 때문이다. 이 연구에서 민주화 과정의 초기 민주정부는 적어도 제1, 2기 신민주정부를 포함하나 지면제약 때문에 각 국가의 제1기 신민주정부의 성격과 청산정책만을 비교 논의한다.

1. 사르네이 정부의 성격3)

브라질의 제1대 민주정부(1985. 4.~1990. 3.)의 대통령은 호세 사르네이 코스타(Jose Sarney Costa)였다. 사르네이는 1985년 4월 20년 만에 첫 번째 민간 출신 대통령으로 취임하였다. 그는 원래 1985년 대통령선거에서 자유전선당(PFL)과 브라질민주운동당(PMDB)이 결성한 "민주동맹"의 부통령 후보였다. 군부체제의 여당 사회민주당(PDS)의 분파세력인 자유전선당은 주요 야당인 브라질민주운동당의 탄크레두 네베스 데 알메이다(Tancredo Neves de Alameida)를 지지하는 대가로 부통령 후보에 사르네이를 추천하였다. 대통령 당선자였던 네베스가 취임 직전에 갑자기 사망하자 사르네이는 브라질 헌법에 의하여 대통령직에 취임하였다.4) 온건 민주세력의 지도자, 네베스의 급서는 역사적인 체제이행을 기대하고 있던 다수 브라질 시민들에게 충격적인 사건이었다.

네베스를 대신하여 대통령에 취임한 부통령 당선자 사르네이는 보수적인 군부체제 지지자였다. 군부통치의 첫 번째 대통령 꼬스뗄로 브랑쿠(Castello Branco) 장군의 지지를 배경으로 마랑아우(Maranhao) 州지사를 역임하기도 하였다. 그 후에 연방 상원에 진출하여 군부체제 대통령들과 긴밀한 유대관계를 유지하였다. 군부체제의 마지막 대통령 피게이레두[조앙 바띠스따 디 오리베이라 피게이레두(Joao Batista de Oliveira Figueiredo)] 장군은 그를 군부체제의 여당 국가개혁동맹(ARENA)의 의장에 지명하기도 하였다. 그 후에 그는 국가개혁동맹의 후계정당인 사회민주당의 의장을 역임하기도 하였다. 사르네이는 사회민주당이 파울루 말루프(Paulo Maluf)를 대통령 후보로 지명하자 소속의원들과 분당하여 자유전선당을 조직화하고 브라질민주운동당과 민주동맹을 결성하고 부통령 후보가 되었다. 사르네이와 자유전선당은 네베스와 브라질민주운동당과 연합하여 대통령선거에서 군부가 지지하는 사회민주당의 말루프를 결정적으로 패배시켰다. 그러나 그들은 원천적으로 군부체제 지지세력들이었기 때문에 브라질 정치의 민간화와 민주화를 주도하기에는 상대적으로 취약한 입장에 있었다.

대통령 사르네이의 지도력을 더욱 약화시킨 것은 부분적으로 대통령 임기가 처음부터 결정

---

3) 브라질에 대한 경험적 논의에서 다음 자료들을 참조하였음: Latin American Newsletters, *Latin American Regional Report:* "Brazil Report", 1988.1.7~1990.12.1; Yang Dong-Hoon, 1989; Peter Calvert, ed., 1991; John Coggins and D. S. Lewis, eds., 1992.

4) 급서한 네베스(Neves)는 군부를 비롯한 보수와 개혁 정치세력들 다수로부터 신뢰를 받았으며 민주정부 수립을 위한 협상 과정에서 지도력을 발휘하였던 노련한 정치인이었다. 그는 군부체제에서 야당 브라질민주운동(MDB)의 상원과 하원의원을 역임하였고, 1981년에는 군부체제 반대세력들의 결집을 호소하여 브라질민주운동당을 조직하는 데 중심적인 지도력을 발휘하였다. 그는 1982년 선거에서 미나스 제라이스(Minas Gerais) 주지사로 당선되기도 하였다. 그는 대통령 당선 연설에서 민족적 화해를 통하여 "완전한 민주주의", 경제성장, 국민복지를 실현하기 위하여 신공화국을 건설하자고 호소하였다(Foreign Broadcast Information Service, *Daily Report:* "Latin America", 16 January, 1985: "Brazil", pp.D1~D7.

되지 못하고 임기 후반 신민주헌법 논의 과정에서 결정되었기 때문이다. 브라질 의회는 초기에 사르네이의 임기 4년을 지지하였다. 그러나 사르네이는 임기 4년 대신에 장래 민주정부의 대통령들과 동등하게 5년을 원하였다. 그는 대통령의 지위를 이용하고 군부의 지원에 의존하여 제헌의회 의원들을 회유하고 위협하였다. 브라질민주운동당의 일부 의원들은 사르네이가 5년 임기에 대하여 과도하게 집착하고 고객주의적 수단과 방법을 이용하는 것을 용납하지 않았다. 그들 45명의 상하의원들은 브라질사회민주당(PSDB)을 새로이 조직하였다. 신당에는 특히 브라질민주운동당의 의회지도자들, 마리우 꼬바스(Mario Covas)와 페르난두 엔히크 카르도주(Fernando Henrique Cardoso) 등이 참여하였다. 그들은 부패척결, 사회정의, 경제발전, 토지개혁, 환경보호, 의회제 등을 지지하였다.

이는 집권연합세력의 분열로서 사르네이 통치기반의 치명적인 약화를 의미하는 사건이었다. 대통령 사르네이는 민주동맹과 브라질민주운동당이 분열되고 그것의 지지를 기대할 수 없게 되자 점차적으로 자유전선당, 군부체제의 국가개혁동맹, 군부 등 보수세력의 인물들을 내각 등 정부고위직에 임명하였다. 그리고 그는 다른 정치세력들과 타협 또는 협상을 통하여 정부정책을 시행하기보다는 대통령비상입법권(medidas provisórias)을 통하여 독단적으로 처리하였다(Power, 1994, 5~8). 이는 그의 정치적인 고립을 촉진시켰다.

한편 사르네이 정부는 군부체제가 물려준 심각한 사회 경제적 문제들—절대빈곤, 소득불균형, 외채, 초인플레, 정부예산적자 등—에 직면하고 있었다. 우선적으로 그러한 문제들을 어느 정도 개선하거나 해결함이 없이는 정부는 민주개혁—민주주의 체제화—을 위한 지지기반을 확보할 수가 없었다. 그러나 그 문제들의 개선이나 해결은 20년 만에 집권한 민간정부에게는 용이한 과업이 아니었다. 사르네이대통령은 집권 초기에 다음과 같이 토로하기도 하였다: "원하지도 준비하지도 않고서 지구상에서 국내외적으로 가장 빚이 많은 채무책임자가 되었다(Skidmore, 1988, 261). 그의 정부는 특히 경제안정화를 위하여 수차례 주요 긴급정책들을 입안 실시하였다. 이 정책들은 처음에는 고질적인 인플레를 다소 진정시키고 노동자들의 임금인상과 기업인들의 가격인상 요구를 일시적으로 무마시켰다. 그러나 그 정책들은 결과적으로 근본적인 해결책이 되지 못하였고 단기적인 미봉책으로 드러났다. 1988년 말에 인플레는 연간 1,000%에 이르렀고 노동자 임금투쟁 파업은 전국에서 빈발하였다.[5] 이러한 상황에서 사르네이

---

5) 사르네이 대통령의 주요 경제정책으로 "Plano Cruzado(1986년 2월)"과 "Novo Cruzado(1987년 6월)" 등이 있었으며 인플레와 임금요구와 관련하여 1988년 말에 발생한 파업은 983건에 달하였고 참여 노동자들은 3,500,000명 정도나 되었다.

는 인플레정책을 위한 정치협약을 주요 정치세력들에게 제안하기도 하였으나 실패히였다.

2. 사르네이 정부의 권위주의 유산 청산

1) 행태적 유산

사르네이 정부는 군부체제가 선포한 사면법(1979)을 인정하였으며 군부체제의 인권탄압과 관련하여 매우 소극적이고 타협적인 태도와 정책을 유지하였다. 정부는 초기에 예외적으로 과거 반체제인사의 고문에 참여한 장교의 계급을 박탈하기도 하였고 고문자들을 지역경찰 책임자로 임명한 연방경찰청장을 해임하기도 하였다. 또한 125명 증발자를 조사하기 위하여 공식적으로 인권보호위원회를 만들기도 하였다. 그러나 정부가 인권탄압 관련자들에 대하여 주도적으로 문제를 제기하고 정치적이나 법적으로 처리하지 못하였다. 이는 무엇보다도 군부의 적극적인 저항과 반대 때문이었다. 고문자들에 대한 정부의 조사행위를 군부는 특권과 영향력을 이용하여 의도적으로 방해하고 저지하였다. 또한 군부는 군부체제의 인권탄압을 국가안보를 위한 "애국적인 행위"로 기회가 있을 때마다 정당화하고 관련자들을 옹호하였다.[6]

특히 『브라질: 영원히』는 1985년 민간정부가 수립된 직후에 가톨릭교회가 공개한 인권보고서, 『브라질: 이제 그만(Brasil: Nunca Mais)』에 대한 군부의 공식적이고 체계적인 반응이었다. 이 인권보고서에서 상파울루(Sao Paulo) 가톨릭신도 지도자들은 군부체제 군사법정의 공식적인 기록에 근거하여 1964년과 1979년 사이에 군부체제에서 저질러겼던 인권탄압과 고문실태를 기록하였다(Dassin, 1986). 그것과는 별도로 그들은 국가정보부(SNI)장이었던 옥따비우 아귀아르 디 메데이로스(Octavio Aguiar de Medeiros) 장군을 포함하는 444명 고문자들의 명단을 공개하기도 하였다.

이러한 상황이 군 장교들을 자극하고 있다고 정보부장 이반 멘데스(Ivan Mendes)와 각료급 군참모장 등이 사르네이 대통령에게 보고하였다. 사르네이는 보좌관들에게 인권문제를 신중하게 다루도록 명령하고 의회 지도자들에게도 군부체제 사면법(1979)을 인정하고 인권문제를 다루지 않도록 충고하였다. 브라질의회는 그의 충고에 유의하였다. 군부체제의 또 다른 희생자들, 군부체제에서 정치적 이유로 군부로부터 축출된 약 2,600명 장교들에 대한 문제도 군부

---

6) 군 장교들은 『공개냐 침묵이냐(Rompendo o Silencio)』와 『브라질: 영원히(Brasil: Sempre)』 등을 출간하여 그들의 과거 행위를 정당화하기도 하였다.

의 반대로 처리되지 못하였다. 의회가 그들을 위한 계급과 급여보상법을 1985년 10월에 의결하였으나 정부는 군부의 강력한 반대에 직면하자 그 법안을 철회하고 말았다. 1987년에도 제헌의회가 유사한 법안을 제안하였으나 역시 군부의 강력한 반대로 통과시키지 못하였다. 군부는 그 법이 의회를 통과한다고 하여도 무시할 것이라고 공공연히 선언하기도 하였다. 그러한 군부에 대하여 사르네이 정부는 묵종의 정책으로 일관하였다.

2) 제도적 유산

군부체제의 행태적 유산처리에 소극적이었던 사르네이 정부에서 새로이 구성된 제헌의회는 거의 1.5년에 걸친 열띤 토론과 협상을 통하여 군부체제의 제도적 유산인 군부체제 헌법(1969)을 대신하여 1988년 9월 246조의 신민주헌법을 압도적으로 통과, 공포하였다. 이 헌법은 정부의 권한을 제한하는 한편 궁극적으로 시민들의 기본적 인권과 정치적 권리와 자유를 보장하고 노동파업권을 무제한 인정하는 등의 민주헌법이었다. 이것은 정치적 이해관계를 달리하는 다양한 집단들의 구체적인 타협의 산물이었다. 제헌의회에서 각 헌법조항 논의과정에서 이해집단들은 활발한 로비활동을 통하여 자신들의 입장을 관철하려고 적극적으로 개입하였다. 그들 중에서 특히 군부의 활동과 영향력은 민주헌법의 기본적인 규범과 원칙을 무시할 정도까지 위협적이었다.

군부체제 헌법에 의하면 군부는 국가를 방위하고 헌법 권력기구들을 보호하며 국내의 법과 질서를 유지하는 역할을 담당한다. 그러나 제헌의회 헌법기초위원회는 처음에는 군부의 대내적 역할을 초안에서 제외시켰다. 이는 군부가 국내문제에 개입할 경우 군부 자체의 명예를 손상할 뿐만 아니라 정부의 권위를 침해할 가능성이 높기 때문이었다. 이에 대하여 군부는 적극적으로 반대하고 위협하였다. 사르네이 대통령도 그러한 군부의 입장을 지지하였다. 제헌의회에 군부가 제출한 "헌법주제, 부록(temas constitucionais, subsídios)"에서 군부는 군 역할 축소, 국방부 신설, 국가안보원칙 타기, 군 복무 자원제 채택 등을 강력하게 반대하였다. 결과적으로 군부의 입장이 거의 대부분 헌법에 관철되었다.

그리고 신헌법에 따라서 군부체제 억압통치를 위하여 조직되었던 국가안보위원회는 해체되었고 그 대신에 국가국방위원회가 신설되었다. 그러나 사르네이 대통령은 국가안보위원회 조직과 인원을 그대로 국가국방위원회에 귀속시켰기 때문에 실질적인 변화는 없었다. 또한 군부는 제헌의회에서 논의되고 있던 다른 문제들에 대하여도 관심을 갖고 영향력을 행사하였다. 특히 군부는 사르네이 대통령의 5년 임기 보장과 대통령제 유지를 지지하였다. 이는 제헌의원 다수 의견과 상반되는 것이었다. 그러나 제헌의회는 최종적으로 사르네이의 임기 5년 보장과 대통령제 유지를 의결하였다. 이 결과는 정부와 군부의 압력, 회유, 위협이 주효하였기 때문이다.

이와 같이 사르네이 정부에서 군부는 직접적인 통치권 행사를 제외하고는 군부체제에서와 거의 동일한 군부의 영향력과 특권을 계속하여 유지하고 있었다. 이는 부분적으로 정부의 소극적인 태도와 정책 때문이었다. 사르네이 정부에 삼군의 지도자들이 계속하여 각각 각료로서 참여하였고 그 외 국가정보부장, 군무 장관들도 현역 장성 출신이었다. 그들의 재임기간은 민간 출신 각료들보다 상대적으로 길었으며 그들은 빈번히 사르네이 대통령에게 직접 의견을 개진하기도 하고 비군사적 정책결정에도 직접 관여하였다. 군부가 정부정책의 명목으로 농업개혁 정책을 입안 실행하기도 하였고 농업개혁기구의 책임자에 육군 장교를 관련부서 민간 출신 장관과 의논하지도 않고 임명하였다. 또한 석유노동자들의 26% 임금 인상 요구에 대하여 군부와 정보부는 15%를 제시하고 받아들이도록 강요하였고 정부소속 제철노동자들의 파업에 직접적으로 개입하기도 하였다. 이러한 개입적인 군부의 요구로 사르네이 대통령은 현역 장교들이 정부를 비판할 수 있는 권리를 인정하였을 뿐만 아니라 퇴역 장교들도 정치에 대하여 공개적으로 논의할 수 있도록 허용하였다. 이는 군부의 간접적인 정치개입을 의미하는 것이었다.

사르네이 정부에 대한 군부의 지속적인 영향력은 급여문제에서도 나타났다. 1987년 10월 군부는 21.5% 급여 인상을 요구하였을 때 정부는 초인플레 압력과 정부재정 긴축을 이유로 9%를 제안하였으나 군부각료들의 적극적인 개입과 위협으로 19.5% 인상을 동의하였다. 또한 소규모 군사반란(1987)이 일어난 후에는 군부 전체에 대하여 일괄적으로 100% 급여 인상을 단행하기도 하였다. 이와 같이 군부는 사르네이 정부에서 계속하여 정치적 군사적 특권과 영향력을 유지하였을 뿐만 아니라 과거 군부 쿠데타와 체제를 국가안보를 이유로 공개적으로 정당화하였다. 군부 내에서는 1964년 쿠데타를 기념하는 행사를 갖고 인권유린 혐의의 예비역 장교에게 훈장을 수여하기도 하였다. 이러한 군부의 역할과 행위는 결론적으로 사르네이 정부가 민주적 민군관계-민간의 군통솔권과 민주적 직업주의-의 정립에 실패하였다는 명백한 증거였다. 사르네이 정부는 신민주헌법 제정 노력에도 불구하고 군부체제의 제도적 유산 처리에 궁극적으로 실패하였다고 할 수 있다. 이는 제2대 민주정부가 민주주의 체제화와 공고화를 위하여 극복해야 할 정치적 걸림돌로 계속하여 남았다.

II. 아르헨티나의 알폰신(Alfonsin) 정부

아르헨티나 민주화는 지속적으로 불안정한 군부체제(1976~1983)가 급격하게 붕괴되면서 시작되었다. 군부체제는 정치부재, 정책실패, 인권탄압 등 때문에 정통성 위기에 직면하게 되었다. 군부는 정통성 위기를 극복하기 위하여 대외전쟁을 도발하였고 전쟁 패배는 급격한 체제붕괴를 초래하였다. 군부는 전쟁에서 조건 없이 패하였듯이 정치에서도 요구 조건을 관철하지 못하고 패배하였다. 무조건의 군부퇴진과 미약한 군부체제 지지세력은 초기 민주정부와 세력들에게 민주개혁을 위한 유리한 입지와 기회를 허용하였다. 초기 민주정부는 주도적으로 권위주의체제의 행태적 유산을 법적 절차를 통하여 처리하고 민주주의 체제화를 이루려고 노력하였다. 결과적으로 초기 민주화 과정에서 '경쟁적 민주주의체제'가 수립되었다. 이러한 체제이행이 대체(replacement)이다(양동훈, 1994, 468~472).

1. 알폰신 정부의 성격[7]

아르헨티나의 제1대 민주정부(1983. 12.~1989. 6.)의 대통령은 라울 알폰신(Raúl Alfonsín)이었다. 알폰신은 1983년 12월 군부체제 재수립 후 약 7년 만에 민주선거를 통하여 대통령직에 취임하였다. 그는 대통령 취임사에서 민주혁명에 대한 단호한 결의를 천명하였다. 권위주의적 사고와 관행을 비판하면서 과거의 잘못들을 바로잡고 "완전한 민주주의"를 회복할 것을 약속하였다. 그의 궁극적인 목표는 "모든 아르헨티나 국민들을 위한 생명, 정의, 자유"를 보장하고 민주주의를 실현하는 것이었다. 민주주의 실현은 "사회의 역동성, 효과적 참여, 민중동원"을 통하여 이루어질 것이었다. 알폰신은 급진시민연맹(UCR)의 "혁신과 변화" 계파 지도자로서 중도좌파 정치인이었다. 1966년과 1976년의 군부 쿠데타들을 강력하게 반대하였다. 또한

---

7) 아르헨티나에 대하여 참조한 자료: Latin American Newsletters, *Latin American Regional Reports:* "Southern Cone Report", 1988.2.4~1989.11.24; Yang Dong-Hoon, 1989; Peter Calvert, ed., 1991; John Coggins and D. S. Lewis, eds., 1992.

그는 정치탄압과 인권유린, 말비나스 섬(Malvinas Islands) 전쟁 도발과 관련하여 군부제제를 공개적으로 비판하였던 소수 정치지도자들 중의 한 사람이었다. 군부체제 말기에는 반군부 정당연합체(multipartidaria)의 유력한 지도자였다. 알폰신은 1983년 대통령선거에서 "민주주의와 반민주주의"의 구호를 통하여 민주화가 시대적 과업임을 선언하였고 자신이 민주화과업을 담당할 정통적인 민주주의자임을 강조하였다.

그러한 알폰신은 대통령선거에서 총 600명 선거인단 중에서 317표를 획득하여 259표를 확보한 정의당(PJ) 후보 이따로 루데르(Italo Luder)를 패배시키고 제1대 민주정부의 대통령에 당선되었다. 일반유권자 투표로는 알폰신은 51.8% 지지를 받은 반면에 루데르는 40.2%를 얻었다. 알폰신의 정당, 급진시민연맹도 의회선거에서 상당한 지지를 얻었다. 254석의 하원에서 129석을 획득하여 다수당이 되었다. 그러나 46석의 상원에서는 18석만을 얻어서 소수당에 머물렀다. 반면에 정의당은 하원과 상원에서 각각 111석과 21석을 차지하여 민주정부에서 제1야당이 되었다(Hopkins, 1985, 271~272).

이러한 선거결과는 도시 중간계층, 여성, 젊은 세대, 노동자 유권자들 다수가 알폰신과 급진시민연맹을 지지하였기 때문이었다. 특히 알폰신은 온화한 인상, 역동적인 연설, 정력적인 선거운동 등 때문에 유권자들로부터 많은 지지를 받았다. 이러한 대중적 지지는 대통령 취임 후에도 그의 단호한 지도력 행사와 과감한 권위주의체제 유산 처리정책 때문에 오랫동안 지속되었다. 전통적으로 소수당인 급진시민연맹이 특히 1983년 선거에서 역사적 승리를 하였던 이유는 (1) 루데르에 비교하여 알폰신의 역동적인 지도력, (2) 페론 사후에 페론주의자들의 분열, (3) 과거 페론 정부의 실정, (4) 페론주의자들과 군부의 비밀협상 소문 등 때문이라고 할 수 있다.

알폰신 정부는 초기에 과거 인권탄압 관련자 처벌, 군사예산 축소, 실질급여 인하 등을 단행하였다. 그러한 민주정부로부터 철저하게 소외된 군 장교들이 빈번하게 군사반란을 주도하였다. 이는 민주정부와 민주화 과정의 안정을 위협하였다. 이 상황에서 알폰신 정부의 경제안정화 정책도 별다른 효과가 있지 못하였다. 1986년까지 다소 진정되었던 인플레는 1987년 다시 상승하기 시작하였다. 외채는 계속하여 증가하고 국민생산량은 별다른 변화를 보이지 않았다. 1989년에는 경제위기가 심화되었고 결과적으로 사회적 긴장도 고조되어 약탈 등 사회적 소요사태가 빈발하였다. 알폰신 대통령은 이 위기를 해결하기 위하여 정치협약과 권력분담을 야당인 정의당에 제안하기도 하였다. 그는 끝내 임기 6개월 전 6월 30일에 사임할 것을 일방적으로 공표하였다. 이러한 알폰신 정부의 실책 때문에 급진시민연맹은 이미 1987년 의회선거에서 패배하였고 1989년 대통령선거에서는 다시 정의당에 패배하게 되었다.

2. 알폰신 정부의 권위주의 유산 청산

1) 행태적 유산

알폰신 대통령은 취임사에서 군부체제의 인권탄압 문제를 법적으로 처리하고 증발자 문제를 밝히겠다고 선언하였다. 알폰신(Alfonsin, 1994, 15~19)은 관련 책임자들의 처벌 자체보다도 누구도 법 위에 군림할 수 없다는 사실을 민족 양심에 각인하려고 하였다. 그는 우선적으로 군부가 그러한 문제들을 스스로 처리할 수 있는 기회를 주었다. 그는 군부에게 최고사법위원회를 구성하여 군부체제 지도자들을 인권탄압과 관련하여 조사하고 재판하도록 요구하였다. 알폰신 정부는 증발자 문제를 조사하기 위하여 국가증발자위원회(Comisión Nacional sobre Desaparición de Personas)를 조직하였다. 이 위원회는 인권보고서(Nunca Más)를 작성하여 공개하였다. 이 보고서에 의하여 8,961명 증발자들과 함께 정치범들에게 가혹행위를 하였던 1,300명 군 장교와 경찰들의 신분이 밝혀졌다.

이러한 공식적이고 공개적인 증거에도 불구하고 군최고사법위원회는 결론적으로 과거 군부체제 지도자들의 행위는 국가안보를 위하여 정당하였다고 주장하였다. 이를 인정하지 않았던 알폰신 정부는 연방 법원에게 군부체제 지도자들의 인권탄압에 대한 책임문제를 조사하도록 하였다. 연방법원은 공개재판을 통하여 9명의 군부체제 지도자들을 과거 인권탄압행위에 대한 책임으로 기소하고 처벌하였다. 1985년 12월 연방법원은 5명의 군부체제 지도자들에게 종신형에서부터 4.5년까지 실형을 선고하였다. 대법원은 1987년 1월 최종적으로 연방법원의 결정을 다소 수정하여 확정하였다.

한편 인권유린혐의를 받고 있는 일반장교들에 대한 군사재판은 신속하게 진행되지 못하였고 군부 내에서 불만, 반대, 저항만을 초래하였다. 이에 알폰신 정부는 인권유린에 대한 조사와 재판을 신속하게 진행하도록 군사법원에 지시하는 한편 2가지 조치를 단행하였다. 첫째는 "기소종결(punto final)"법으로 60일 이내에 공식적으로 제소되지 않을 경우 관련 장교들은 기소되지 않으며 연방 상고법원이 군사법원으로부터 인권관련 사건들을 인계하여 재판하는 것이었다. 둘째는 "복종의무(obediencia debida)" 면소법으로 상부명령 또는 지시에 따른 준장 이하 장교들에 대하여 인권유린 혐의를 조사하지 않는다는 것이었다. 이는 당초에 중령 이하 장교들에만 해당되었지만 군부의 반대로 알폰신 정부는 준장 이하로 양보하였다. 이 법에 근거하여 인권유린 혐의로 기소된 장교는 234명에서 50명으로 대폭 줄었다.

이러한 인권관련법들은 일부 군 장교들이 주도한 군사반란에 대한 알폰신의 타협책이었다. 주로 경제안정화정책의 미흡한 성과 때문에 점차 지지기반을 잃어 가는 알폰신 정부에게 장교들의 군사행동은 커다란 정치적 부담이었다. 특히 알도 리꼬(Aldo Rico) 중령의 두 차례 군사반란(1987년과 1988년)과 모하메드 알리 세이넬딘(Mohamed Ali Seineldin) 대령의 군사반란(1988)은 알폰신 정부의 안정을 위협하였다(Zargoski, 1992, 100~112).

2) 제도적 유산

알폰신 정부는 주도적으로 군부의 탈정치화와 민간통제를 목적으로 여러 가지 정책들을 과감하게 시행하였다. 알폰신 정부는 군부체제의 사면법-소위 "민족평화법"-을 폐기시켰다. 이 법은 군부가 퇴진 직전에 군부체제의 인권탄압을 정당화하고 인권유린 관련자들을 보호하기 위하여 일방적으로 선포한 것이었다. 또한 알폰신은 내각의 국방부에 민간 출신 각료를 임명하였다. 국방장관은 군지도자들이 참여하는 합동참모기구를 통솔하는 한편 방위전략, 방위생산, 군 예산 부문들을 각각 관장하는 민간 출신 차관들의 보좌를 받도록 하였다. 또한 국방부가 군부의 산업체 투자, 군수산업, 군주택협동조합 등을 관장하도록 하였다. 그리고 알폰신 정부는 1988년 4월 페론주의자들과 협의하여 국가보안법을 새로이 제정하였다. 그 법에 의하면 군부는 국내 안보문제에 개입할 수 없으며 대통령은 국가방위위원회의 지원을 받아서 총사령관으로서 군부를 지휘 통솔한다.

한편 알폰신 대통령은 취임하자마자 중하위급 장군들을 고위직에 임명함으로 49명의 고위급장성들을 현역에서 퇴역시켰고 장군들의 정원도 60명에서 25명으로 축소하였다. 또한 부에노스아이레스(Buenos Aires) 수도권에 주둔하고 있던 제1 군단을 일부는 해산시키고 일부는 내륙지방으로 이전시켰다. 뿐만 아니라 알폰신 정부는 군 예산 절감을 이유로 약 50,000명의 의무징집 병사들을 제대시켰고 군 예산을 대폭 삭감하였다. 군부체제에서 국내 총생산의 8%였던 군 예산이 1983년 5.89%, 1984년 3.71%로 감소되었고 그 후에도 군부의 강력한 반대에도 불구하고 계속하여 줄었다.

   이러한 민주정부의 군사정책을 반대 또는 비판하는 군부의 고위지도자들을 알폰신 대통령은 사임시키거나 퇴역시켰다. 특히 군부 우파세력을 우려한 알폰신은 정치적 발언을 하는 군인들을 엄하게 처벌하라고 군지도자들에게 지시하기도 하였다. 한편 군부지도자들의 불만과 직접적인 도전, 경제정책의 실효에 직면한 알폰신 정부는 군사반란을 주도하였던 장교들에 대하여 다소 타협적인 태도를 보였다. 특별법들을 통하여 인권유린 관련 장교 다수에 대한 기소를 중지하도록 하였고 세이넬딘 대령이 1988년 주도한 군사반란 직후에는 군 급여 20% 인상과 함께 동시에 95달러 보너스를 지급하기도 하였다. 또한 다수 중견장교들이 반대하는 육군참모장 호세 단떼 까리디(Jose Dante Caridi) 장군을 해임하기도 하였다.

   이와 같은 알폰신 정부의 '채찍과 당근'의 군사정책은 결과적으로 군직업주의에 근거하는 민간통제—"민주적 직업주의"—를 실현시키지는 못하였다(Stepan, 1988, 139; Hunter, 1994, 4—7). 이는 특히 경제정책의 실패와 지지기반의 상실 때문에 민주정부가 개혁적 지도력을 실질적으로 발휘할 수 없었기 때문이다.

제3절 신민주체제의 인권유산 정리[1]

Ⅰ. 과거청산의 문제

한국에서 민주화 이후에 "과거(사) 청산"이 지속적으로 논쟁적인 현안임에도 불구하고 그에 대한 체계적인 논의와 비교연구가 정치학계에서 희소하다.[2] 특히 관련 학자들은 과거청산의 민주적 함의와 민주적 결과에 대하여 개념적 또는 경험적으로 설득력 있게 논의하고 있지 못하다.[3] 선행 연구에서 과거(사) 청산의 개념은 포괄적이고 모호하다. 연구의 논지를 보다 적확하게 하기 위하여 과거사 청산 대신에 '인권유산 정리'－권위주의체제 인권탄압의 유산 정리－라고 개념화한다.[4]

인권유산은 과거 권위주의체제의 인권탄압 또는 인권침해에서 초래된 문제이다. 권위주의체제의 통치집단이 정치권력을 독점하고 국가폭력과 정치탄압에 의존하여 정치체제를 유지하였기 때문이다. 인권유산 문제는 신민주체제가 회피할 수 없는 정치적·사회적 현안이다. 권위주의체제 인권탄압의 희생자와 가족들이 경험하고 있는 정신적 고통과 물질적 손실은 민주화 과정에도 불구하고 계속적으로 존재하고 있다. 특히 희생자들 중에서 생사가 불확실한 실종자 가족의 상처, 고통, 좌절감은 깊고 처절하다. 인권유산은 인권침해 관련자를 찾아서 확인하고 책임을 묻는 견책(censure)의 문제인 동시에 인권피해 희생자를 인지, 복권, 보상하는 구제(redress)의 문제이다. 또한 인권유산은 국가폭력과 정치탄압이 결과적으로 초래한 희생,

---

1) 양동훈, 2008, 「신민주체제의 인권유산 정리와 민주주의: 비교분석」, 『한국정치학회보』 42집 2호(여름), 한국정치학회, 45~65. 이 논문은 부분적으로 수정됨.

2) 이내영·박은홍(2004, 15); Cesarina & Hite(2004, 329). 예외적으로 이내영, 박은홍(2004)의 「민주화와 과거청산: 한국, 필리핀, 태국의 비교연구」, 안병직(2005) 외 10명의 역사학자와 정치학자들이 참여한 「세계의 과거사 청산」, 양동훈(2006)의 「남미의 인권유산 정리 과정과 민주주의: 비교정치의 시각에서」, 양동훈(1996a)의 「민주화와 권위주의체제 유산의 청산문제: 개념적 분석」이 있다.

3) 권위주의 인권탄압의 유산 정리는 국내에서는 "과거(사) 청산"으로 해외에서는 "이행기 정의(transitional justice)" 또는 "고문자 문제(the torturer problem)"로 개념화하여 논의하였다. 이행기 정의는 포괄적으로 인권침해에 대한 망각, 용서, 기소, 보복 정책과 인권피해에 대한 회복, 보상 정책을 포함한다. 반면에 협의적으로 이행기 정의는 인권침해에 대한 기소, 재판, 처벌하는 결정과 희생자의 인정, 명예회복, 보상을 의미하기도 한다. 이행기 정의는 소급적 정의(retroactive justice)이고 보복적 정의(retributive justice)도 포함한다(Cesarini, 2004, 163).

4) "과거청산"은 권위주의 정권에 의해 조직적으로 행해진 인권침해나 국가폭력에 대한 처벌과 진상 규명 및 보상 작업을 의미한다(이내영·박은홍, 2004, 26). 신민주체제의 권위주의 유산 정리 또는 처리 문제 중에서 특히 권위주의 국가폭력과 인권탄압과 관련하여 한국학자들 대다수가 "과거(사) 청산"의 개념을 부정확하고 협소하게 사용하고 있다. "과거(사) 청산"은 학술적 개념으로는 적절치 않다(안병직, 2005, 14). 그 개념화는 모호하고 경험적으로 타당성이 미약하다. 첫째, 과거사 청산에서 어느 "과거" 또는 "과거사"를 의미하는지 명확하지 않다. 연구주제의 범위가 매우 광범위하거나 모호하기 때문에 논의의 초점이 흐려져서 중점적이고 심도 있는 연구가 어렵다. 둘째, 과거(사) 청산에 '청산(淸算, liquidation)'보다는 '정리(整理, settlement)'가 개념적인 타당성이 상대적으로 크다. 사전적 의미에서 청산이 과거사 문제의 전반적이고 완전한 해결을 의미한다면 정리는 과거사 문제의 부분적이고 불완전한 해결을 함의하고 있다. 따라서 과거사 '정리'가 상대적으로 보다 현실적으로 타당한 개념이라고 할 수 있다. 과거유산을 전반적으로 완벽하게 청산한 소위 민주주의 '청산국가'는 역사적으로 존재하지 않는다.

상처, 고통에 대한 개인적 또는 집단적 기억의 문제이기도 하다.

인권유산 정리는 신민주체제(neodemocracy)가 역사적으로 직면한 과제이다. 인권유산 정리는 과거 권위주의체제의 인권탄압에 대한 신민주국가의 전략적 접근방법이고 정책적 행위이고 정치적 과정이다. 인권유산 정리는 정치적 과거에 대한 신민주체제의 대응일 뿐만 아니라 정치적 미래에 영향을 미치는 결단이기도 하다. 인권유산 정리가 결과적으로 신민주체제의 민주주의 특성에 영향을 준다(Cesarini & Hite, 2004, 4).

신민주체제는 "제3 민주화물결"에서 새롭게 생성되고 있는, 새로운 유형의 정치적 질서이다. 신민주체제의 본질적인 특성은 정치적 이중성(duality)과 유동성(fluidity)이다. 첫째, 신민주체제는 과거의 권위주의적 질서와 새롭게 실현되고 있는 민주적 질서가 혼재하고 있는 이중적인 질서이다. 특히 인권유산을 포함하여 정치적 제도, 정책, 행태, 이념, 구조 등에서 다양하고 광범위한 권위주의 유산의 영향을 받는다(Herz, 1978b; 양동훈, 1996a; Harrop, 2004). 권위주의와 민주주의의 이념과 세력이 대립적으로 국가, 정치사회, 시민사회를 관통하고 있다. 권위주의적 보수세력과 민주적 개혁세력이 공존, 갈등, 타협의 조건에서 권위주의 유산을 정리하고 민주주의 체제화(regimizaiton)를 실현하고 있는 체제이다.[5]

둘째, <그림 3.3.1>의 개념적 틀(framework)과 같이 신민주체제는 필연적으로 자유민주주의체제로 이행하고 있는, 또는 자유민주주의체제로 공고화될 체제는 아니다(Huntington, 1997, 9; Carothers, 2002, 4). 신민주체제는 민주주의 체제화의 방향, 대상, 범위, 방법, 심도에 따라서 민주적 성격이 심화(deepening), 정체(stagnating), 또는 퇴화(regressing)될 수 있고 결과적으로 반(反)자유적(illiberal), 반(半)자유적(semi-liberal) 또는 자유적(liberal) 특성을 나타낸다.[6]

신민주체제에 잔존하는 권위주의 유산 중에서 가장 본질적이고 절박한 인권 유산의 문제도 신민주체제의 그러한 조건과 과정에서 정리될 수밖에 없다. 권위주의적 보수세력과 민주적 개혁세력의 상대적인 위상과 영향력 또는 실력에 따라서 정치사회 리더십의 역사의식과 정치적

---

5) 민주주의 체제화(regimization)는 신민주체제의 권위주의적·반자유주의적 속성과 세력을 축소 약화시키는 한편 동시에 민주적·자유주의적 속성과 세력을 확대 강화하는 과정이다. 구체적으로 권위주의 유산을 정리하는 한편 민주개혁을 통하여 시민권에 근거하여 민주적 자유주의적 질서를 수립하고 완성하는 과정이다. 민주주의 체제화는 개념화에 따라서 민주주의 공고화(consolidation)의 부분일 수도 있다. 즉, 민주주의 공고화를 선거민주주의 완성이나 심화로 정의하는 경우이다(Schedler, 1998, 98~100). 그러나 민주주의 체제화는 자유민주주의 공고화는 아니다.

6) 스미스(Smith, 2005, 263~284)는 신민주체제를 선거민주주의(electoral democracy)인 동시에 반자유 민주주의(illiberal democracy)로 규정하고 있다. 신민주체제의 유형: 1. 신민주 자유(liberal)체제는 상대적으로 광범위하고 실질적으로 심도 있게 실현되고 있는 민주주의 체제화의 결과이다. 신민주자유체제는 특성적으로 자유민주주의체제와 유사하다. 그러나 체제적 안정성과 공고성에 있어서 아직은 상대적으로 취약한 상태이기 때문에 자유민주주의체제라고 하기에는 다소 미흡하다. 2. 신민주 반(反)자유(illiberal)체제는 대상, 범위, 심도에서 제한적이며 협소하고 형식적인 민주주의 체제화의 결과이다. 권위주의적 규범, 제도, 행태가 광범위하게 잔존하고 있다. 군부를 포함하는 권위주의적 보수세력은 정치적 기득권과 영향력을 계속하여 유지하고 있다. 3. 신민주 반(半)자유(semiliberal)체제는 갈등적이고 유동적인 민주주의 체제화의 결과이다. 개혁세력의 우월한 정치적 위상과 영향력이 확고하지 못하다. 정치적 세력균형과 정치리더십의 성격에 따라서 민주주의 체제화의 방향, 대상, 범위, 방법, 심도가 달라질 수도 있다.

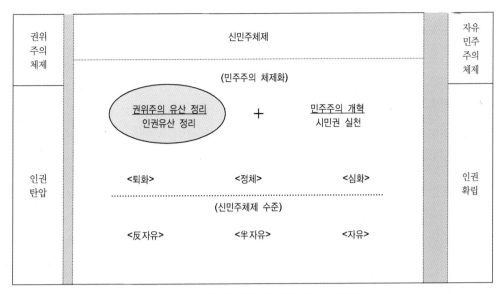

<그림 3.3.1> 신민주체제와 인권유산 정리: 개념화

분별(prudence), 도덕적 신념(imperative) 사이의 갈등과 타협의 조건에서 인권유산이 다양한 전략적 접근과 정책적 행위, 정치적 과정을 통하여 정리된다. 인권유산 정리는 전략적 차원에서 개혁적(reformist)·타협적(bargaining)·보수적(conservative) 접근방법으로 범주화할 수 있다. 정책적 차원에서는 기소(prosecuting), 관용(forgetting), 망각(forgetting), 은폐(covering)로 대별할 수 있다.[7]

인권유산 정리의 전략적 접근방법과 정책적 행위의 유형에서 각 범주 또는 유형의 특성은 무엇인가? 그 접근방법과 행위의 각 유형 사이에 어떠한 관계가 존재하는가? 인권유산 정리의 각 접근방법과 행위가 개념적 이론적으로 내포하고 있는 민주적 함의는 무엇인가? 신민주체제 국가들은 왜 다른 접근방법과 행위를 추구하였는가? 신민주체제가 근래 경험하고 있는 민주주의의 수준은 인권유산 정리와 어떠한 관련성이 있는가? 이러한 의문들에 대한 개념적 경험적 논의는 소수 사례국가 비교분석에 근거한다. 중심적인 사례국가는 개혁적인 기소정리의 아르헨티나, 타협적인 관용정리의 남아공화국, 그리고 보수적인 망각정리의 스페인이다.

---

7) 인권유산 정리에는 기억(remember)과 처벌(sanction)의 관점에서 "망각(forgetting)", "용서(forgiving)", "기소(prosecuting)", "보복(revenge)"의 대안적 정책이 있다(Forsberg, 2003, 70: Table 4.1): 이 정책적 행위들은 신민주체제에서 민주적 개혁세력이 승자의 입장에서 조합적으로 선택 추구할 수 있는 대안들이다. 그러나 권위주의적 보수세력의 실력과 영향력이 신민주체제의 생존을 위협할 수 있는 경우에는 유효한 대안이 될 수 없다. 오히려 은폐(covering) 정리만이 현실적으로 가능할 수 있다. 보복은 과거 행위에 대하여 진실규명 없이 일방적으로 앙갚음하려는 행위로서 민주주의 절차적 정당성을 결여하고 있기 때문에 신민주국가의 현실적인 대안이 되기 어렵다(양동훈, 2007, 7~10).

Ⅱ. 개혁적 접근: 기소(prosecuting)

1. 민주적 함의

기소를 통한 인권유산 정리(기소정리)는 사법적 규범, 절차, 수단을 통하여 이루어진다. 인권침해 관련자의 과거 행위를 법적 증거와 증인을 통하여 규명하고 사법적인 책임을 확인하고 처벌하는 "소급적 정의(retroactive justice)"를 실현하는 과정이다. 기소정리는 법정의의 실현을 우선하는, 사법적 성격을 갖고 있다. 기소정리에서 인권침해는 시공을 초월한 보편적인 범죄행위이고 그 범죄행위는 당연히 법적 처벌의 대상이다. 기소정리는 과거의 인권침해 행위에 대하여 사법적 정의를 실현함으로써 현재와 미래의 사법적 정의를 담보하려는 노력이다. 기소정리에서 법정의가 효율적이고 효과적으로 실현되려면 무엇보다도 민주적 법치(the democratic rule of law)의 조건에서 사법체계의 독립성·전문성·민주성이 확보되어야 한다.[8]

기소정리는 신민주체제에서 민주적 개혁세력이 권위주의적 보수세력보다 상대적으로 도덕적 위상과 정치적 영향력에서 우월한 경우에 가능한 개혁적 접근방법이다. 개혁세력의 상대적 우월성의 수준이 기소 정리의 원칙, 대상과 범위를 구체적으로 규정한다. 개혁세력의 상대적 우월성이 낮은 경우에는 권위주의체제에서 정치탄압과 국가폭력 행사를 의도적으로 지시하거나 묵인한 소수 최고 지도자들만 기소될 수도 있다. 반면에 개혁세력의 상대적 우월성이 높으면 최고 지도자뿐만 아니라 인권침해 행위에 직접적으로 지시하거나 개입한 중견 지도자나 그 하수인들도 함께 기소하고 처벌할 수도 있을 것이다. 개혁세력의 상대적 우월성이 약화되는 반면에 보수세력의 위상과 영향력이 회복되는 과정에서는 인권침해 수형자들(prisoners)이 감형이나 사면되기도 한다. 이러한 정리 과정과 함께 기소정리는 인권희생자와 그 가족에 대하여 손실회복(reparations)과 피해보상(compensations), 생계지원 등도 수반한다.[9]

기소정리 자체는 상대적으로 민주주의에 대한 함의가 크다. 첫째, 국가폭력과 정치탄압으로 인권침해를 경험한 희생자와 그 가족에 대하여 신민주정부가 도덕적 책무를 수행하는 과정이다. 둘째, 사법적 정의의 원칙에서 반인권적 범죄행위를 계획 주도 개입한 초법적인 개인이나 집단에 대하여 법적 책임을 묻고 응징하는 정책적 행위이다. 그러므로 인권유린의 재발

---

8) 오도넬(O'Donnell, 2005, 3, 7)은 일반적인 법치(estado de derecho)와 민주적 법치(estado democratico de derecho)를 구분하고 있다. 민주적 법치는 특히 정치적 권리와 시민의 자유, 책임의 메커니즘(mechanisms of accountability)을 확보한다.

9) 크리츠(Kritz, 1995b, 487~591)는 권위주의 인권탄압 희생자의 대우와 보상 문제에 대한 다양한 논의를 정리하고 있다.

정리	접근	진실	정의	용서	화해	보상	신민주체제
기소	개혁적	◎	◎	△	△	◎	半자유
관용	타협적	◎	△	◎	◎	◎	半자유
은폐	보수적	■	■	■	■	△	反자유
망각	합의적	■	■	◎	◎	■	자유

* ◎: 인권유산 정리 과정의 핵심적 또는 중심적 요소; ○: 부차적으로 수반할 수 있는 요소; △: 개연적으로 수반될 수 있는 요소;
■: 부재한 요소.

을 예방하려는 "눈까 마스(nunca más)"의 행위이다.[10] 이는 국가와 사법부의 신뢰를 회복시키고 결과적으로 민주적 법치의 실현에 기여할 수 있다. 셋째, 권위주의체제의 인권탄압의 역사적 진실을 밝히고 반인권적·억압적 성격을 부각시키고 반면에 인권과 시민권의 회복을 강조함으로서 신민주체제의 정통성을 확립하는 행위이기도 하다.

넷째, 기소정리는 신민주체제에서 권위주의적 보수세력을 견제하고 약화시키는 반면에 민주적 개혁세력의 위상과 정통성을 강화하는 행위이다. 이는 민주주의 체제화에 기여하고 궁극적으로 자유민주주의로의 도약(takeoff)을 가능하게 한다. 다섯째, 인권탄압 희생자와 그 가족들이 경험한 고통, 공포, 울분, 불신, 소외감 등을 해소하고 보상하는 과정이다. 이는 국가, 정치체제, 정부에 대하여 그들의 신뢰감을 어느 정도 회복하고 사회적 통합에 도움을 줄 수 있다. 결론적으로 기소정리는 신민주체제와 권위주의체제를 차별화하고 정치적 정통성과 법치의 조건에서 민주주의 체제화를 실현하고 자유민주주의체제로의 도약을 준비할 수도 있다.[11]

반면에 기소정리는 사회적·정치적 긴장, 갈등, 분열을 초래하고 심화시킬 가능성이 있다. 특히 국가의 특정 세력이나 집단이 법정의와 민주적 법치의 실현과 시민권 회복보다는 자신의 정치적 이해관계에 집착하고 기소정리를 추구하는 경우에 더욱 그렇다. 이 상황에서는 기소정리가 내포하고 있는 민주성이 효과적으로 발현될 수가 없을 것이다. 오히려 정치적 갈등만 심화시킬 개연성이 크다.

---

10) "눈까 마스(nunca más 또는 mais)"는 군부 권위주의체제에 대한 남미 국가 또는 시민단체의 인권보고서의 표제이다. 이제는 그만(no more)이라는 의미이다. 권위주의체제의 참혹한 정치탄압 특히 반인권적인 고문이 더 이상 재발되어서는 안 된다는 호소와 결의가 내포되어 있는 역사적 교훈을 간결하게 표현한 개념이다.

11) 니노(Nino, 1996)는 다음과 같이 인권유산의 청산이 민주주의에 기여한다고 주장하고 있다: (1) 민주주의 가치 보호, (2) 불법적 행태 방지, (3) 특정 집단의 초법적 행위 부정, (4) 법치 공고화, (5) 사회적 분열 치유, (6) 사법체계에 대한 신뢰회복(Cesarini, 2004, 171: 재인용).

2. 민주적 결과

기소정리는 가해자와 희생자를 엄격하게 구별하고 차별화한다. 법정의 실현을 위하여 인권탄압 관련 가해자를 사법적 제재를 통하여 사회적 역할과 활동을 제한하는 사법적 과정이다. 가해자의 입장에 놓인 권위주의적 보수세력과 희생자 입장을 대변하는 민주적 개혁세력 사이에 긴장, 갈등, 분열의 기회와 여지, 그리고 관계가 조성된다. 이 상황에서 정치사회는 민주주의를 확대하고 심화시키기 위한 민주적 개혁에 긴요한 합의와 협력을 실천하기가 어려워진다. 결과적으로 민주주의 체제화가 정체될 가능성이 크다. 특히 정치사회가 갈등하고 있는 상황에서 민주적 개혁세력이 우월한 입장에서 일방적으로 인권침해 관련자를 광범위하게 규정하고 사법적 책임을 묻는 기소정리는 권위주의적 보수세력의 반대와 저항을 초래할 가능성이 있다. 이러한 경우에는 민주주의 체제화가 지체될 개연성뿐만 아니라 역행할 위험도 존재한다.

신민주체제에서 기소정리가 성공적으로 추진되기 위하여 무엇보다도 민주적 법치의 실천과 사법체계의 독립성·전문성·효율성이 전제되어야 한다. 그러나 권위주의 유산의 그늘에서 법치의 실천력은 상대적으로 낮고 사법체계는 일반적으로 정치화 또는 이념화되어 있으며 사법요원의 전문성도 부족하고 인적·물적 자원도 미흡한 상황이다. 사법적 개혁을 통하여 그러한 문제들이 선결되지 않는 한 기소정리의 정당성이 도전받게 되고 궁극적으로 민주주의 체제화의 진정성도 의문시된다. 또한 장기간 진행되는 기소정리 과정은 인적·재정적 자원을 필요로 한다. 뿐만 아니라 인권탄압 희생자와 그 가족의 손실 회복과 피해 보상은 신민주체제의 또 다른 재정적 부담이 될 수도 있다.

기소정리가 실현되려면 우선 과거 인권침해 행위와 그 가해자에 대한 사실적 증거가 충족되어야 한다. 그러나 권위주의적 유산과 세력이 존속하고 있는 신민주체제에서 인권침해 관련 증거와 증인을 확보하는 것은 그렇게 용이하지 않다. 특히 민주적 법치와 사법적 독립성이 확립되지 못한 신민주체제에서 사법부는 수많고 다양한 인권침해 행위―과거에 조직적으로 비밀리에 이루어진―에 대하여 증거와 증인을 통하여 진실을 규명하고 기소, 재판, 선고 등을 해야 하기 때문이다. 검찰과 사법부가 효율적이지 못한 경우에는 더 많은 노력이 필요하다. 이는 관련 기관과 전문 인력을 확충하고 지원할 재원을 장기간 부담해야 한다는 것을 의미한다.

결론적으로 기소정리가 효과적으로 진행되었을 경우에는 초법적 집단의 불법적 행위를 견제 또는 방지하고 법치의 기초를 공고히 할 수 있다(Cesarini, 2004, 171: Nino, 1996 재인용). 그러나 그렇지 못한 경우에는 인권유산의 정리문제가 오히려 정치적 긴장, 갈등, 분열을 초래하여 민주주의 체제화에 걸림돌이 될 수 있다. 신민주체제 초기에는 민주적 개혁세력의 주도로 민주주의 체제화가 광범위하고 신속하고 심도 있게 실질적으로 진전될 수 있다. 그러나 인권유산 정리 과정에서 기소의 목적, 대상, 범위, 재정적 부담의 정도에 따라서 민주주의 체제화는 지체되거나 쇠퇴할 수도 있다. 결과적으로 신민주 반(半)자유체제(new-semiliberal regimes)가 생성될 가능성이 있다.

3. 아르헨티나 사례[12]

아르헨티나는 1983년부터 20여 년 이상 신민주체제를 경험하고 있다. 인권유산이 민주적 개혁세력의 주도로 기소와 사면 그리고 다시 기소의 과정을 통하여 정리되고 있다. 인권유산에 직접적으로 관련되어 있는 군부는 기소정리에 반대하고 저항하였다. 신민주정부는 타협하고 사면하였으나 인권탄압의 참혹한 실상, 특히 여성 수용자 자녀들의 납치사건이 폭로되자 정부는 다시 관련 책임자를 기소하고 처벌하고 있다.

아르헨티나 군부체제(1973~1983)에서 군부는 국가안보의 명목으로 소위 "파괴세력"에 대하여 "더러운 전쟁(dirty war)"을 감행하였다. 정치탄압과 국가폭력으로 공식적으로 9,000여 명 또는 비공식적으로 12,000여 명이나 실종되었다. 민간 정치인들은 군부체제 붕괴 후에 1853년 헌법을 회복시키고 1983년 대선을 통하여 급진시민연맹(UCR)의 알폰신(Raúl Alfonsín)을 대통령에 선출하였다. 알폰신은 초법적인 인권탄압 행위와 그 관련자를 징벌하기를 원하였다. 목적은 정치적 보복보다는 미래에 인권유린의 재발을 예방하는 것이었다(Alfonsín, 1994, 16). 그는 취임 직후 군부가 정권이양 직전에 발표한 사면법을 무효화시켰다. 그리고 대통령 직속 국가실종자위원회를 조직하여 8,960명의 실종자와 그 행방에 대하여 조사할 것을 요청하였다. 위원회 보고서(Nunca Más)는 실종자의 신원과 행방, 그들에 대한 고문실태와 함께 가해 책임자 1,300명의 군 장교와 경찰의 신분을 공개하였다.

알폰신은 인권탄압을 주도하고 참여한 군부 지도자와 관련 장교들을 군사법원에 기소하였다. 군사법원이 소극적인 태도를 보이자 민간 법원에 관할권을 이양하도록 조치를 취하였다.

---

12) 아르헨티나 참고자료: 양동훈, 1996b, 2007; Paola Cesarini, 2004; Neil J. Kritz, 1995c; The Report of the Argentine National Commission on the Disappeared, 1986, *Nunca Más*; Elin Skaar, 2000; http://www.freedomhouse.org/: Freedom in Argentina(2000-2007); http://www.hrw.org/: "Essential Background: Overview of human rights issues in Argentina(2000-2007)."

군부체제의 전직 대통령 7명과 함께 직접적으로 인권침해에 관련된 장교 다수를 기소하였다. 전임 군지도자들은 종신형에서 4, 5년의 실형을 선고받았다. 그러나 관련 장교들은 단지 상관의 명령을 수행하였을 뿐이라고 주장하면서 인권침해에 대한 책임을 부정하였다. 그들 일부는 세 번이나 무력을 동원하여 인권유산 기소 정리에 집단적으로 강력하게 저항하였다. 이에 알폰신은 타협적으로 기소종결법과 복종의무 면소법을 제정하여 법적으로 처벌될 장교들을 최소화하였다.

정의당의 카를로스 메넴(Carlos Menem)이 2대 신민주정부의 대통령(1989~2000)으로 취임한 직후에 시민들의 반대에도 불구하고 국민화합을 위한다는 명분으로 군부체제의 전직 대통령들과 인권침해 관련 220명의 군 장교를 전격적으로 사면하였다. 그렇다고 인권유산 문제가 완전히 해결된 것은 아니었다. 군 인사들의 진실고백(1995, 1998)으로 군부체제의 인권유린의 참상이 적나라하게 드러나자 인권유산 정리문제는 다시 정치화되었다. 아르헨티나 의회는 결국 1998년 기소종결법과 복종의무 면소법 폐지를 결의하였다. 아르헨티나 시민 80%가 의회 결의안을 지지하였다(Skaar, 2000, 13). 대법원은 2005년 의회결의안이 헌법에 배치되지 않는다고 판결하였다.

아르헨티나 정부는 법원의 판결에 따라서 약 15,000명의 사망과 실종자의 가족에게 정부는 각각 US달러 200,000의 보상금을 지불하였다. 그들 자녀(21세 이하)에게는 월 US달러 140의 연금을 지급하였다. 한편 정치적 구금자와 강제 망명자들에게는 일시금으로 보상하고 실종자 자녀에게는 군 면제, 주택 보조금 등의 혜택을 주었다.

아르헨티나에서 인권유산은 인권침해 가해자나 희생자 자신들의 문제에만 국한된 것이 아니었다. 군부체제에서 여성 수용자의 자녀들이 강제로 납치되고 행방불명된 사실이 드러났다. 의회는 1998년 조모(祖母)의 실종 어린이 수색과 구출작전을 지원하기 위하여 "역사보상기금"의 설립을 결의하였다. 법원은 군부체제의 전임 대통령, 비델라를 수용자 자녀의 납치사건과 관련하여 구금하였고 또한 194명의 어린이 실종과 관련하여 7명의 전임 군지도자들을 기소하였다.

메넴 대통령은 권위주의 인권침해 관련 법원의 판결과 활동을 우려하고 반대하였다. 그럼에도 불구하고 법원은 계속하여 과거 인권침해에 대하여 전직 군인과 경찰을 사법적으로 처리하고 있다. 네스토르 키르치네르(Néstor Kirchner) 대통령(2003~2007)은 해외의 인권침해 관련자들을 강제 송환하는 포고령을 선포하기도 하였다. 2005년 말까지 거의 1,000여 명의 전직 군부, 경찰 요원들이 권위주의 인권탄압과 관련하여 구금되거나 재판을 받고 있다. 20여 년 이상 신민주체제를 경험하고 있는 아르헨티나에서 기소를 통한 인권유산 정리가 아직도 진행 중이다.

아르헨티나와 유사하게 거의 20여 년의 신민주체제를 경험하고 있는 칠레와 한국도 기본적으로 기소를 통하여 인권유산 정리를 추진하고 있다. 칠레에서는 권위주의체제의 대통령이었고 군부의 실질적인 최고의 지도자 아우구스토 피노체트(Augusto Pinochet)가 런던에서 체포(1998)된 후부터 신민주정부는 인권침해 관련 군 장교들을 적극적으로 기소하고 사법적 책임을 묻고 있다. 칠레 육군사령관은 2004년 공식적으로 과거의 인권침해 행위에 대하여 육군의 책임을 시인하였다. 중도좌파의 베로니카 미첼레 바첼레트(Verónica Michelle Bachelet) 대통령(2006~2012)은 군부체제 사면법(1978)의 무효화를 명백하게 선언하고 군부체제의 살해와 고문 혐의자를 기소하고 있다. 한국은 군부체제의 최고 지도자와 소수 관련 고위급 군 인사─특히 광주민주화운동의 희생자와 관련하여─를 선별적으로 기소, 처벌하고 사면하였다. 그리고 정부와 협력하여 군, 검찰, 법원, 정보기관 등에서 자체적으로 역사적 진실규명을 진행하고 있고 공인된 인권희생자와 그 가족에게 보상도 이루어지고 있다. 신민주체제가 수립된 후부터 거의 20여 년 동안 아르헨티나, 한국, 칠레에서 인권유산 정리는 미완의 과제로 진행되고 있는 것이다.

<표 3.3.2>가 보여 주듯이 기본적으로 기소정리를 실행하고 있는 아르헨티나, 한국, 칠레는 민주주의의 선별적 구성변인(variables)─특히 정치 권리와 시민자유의 지수를 합하였을 경우에─에서 대략적으로 비슷한 정도의 지수(index)들을 보여 주고 있다. 기소정리를 단행한 그리스도 유사한 수준이다. 이것은 평균적으로 망각정리를 선택한 스페인이나 우루과이의 수준에 미흡하지만 은폐정리를 추구한 필리핀이나 브라질보다는 높은 수준이다. 한국이나 그리스처럼 국민소득 수준이 상대적으로 높은 경우에는 민주주의 수준이 높아질─신민주 반(半)자유체제에서 신민주 자유체제로─개연성이 있다고 추론할 수 있다.[13]

---

13) 민주화 국가 관련 데이터의 지표는 동일한 기관이 동일한 기준에 근거하여 측정된 것이 아니다. 민주주의 개념이 내포하고 있는 각 변인의 지표에서 대략적인 경향을 추론한다. 민주주의의 추세를 보다 정확하게 판단하기 위하여 보다 많은 관련 통계자료와 치밀한 분석이 요구된다.

III. 타협적 접근: 관용(forgiving)

1. 민주적 함의

관용을 통한 인권유산 정리(관용정리)는 과거 인권탄압 행위에 대하여 가해자의 진실고백과 사과, 반성의 조건에서 사면하는 동시에 진실고백을 거부하는 가해자들을 기소 처벌하는 과정이다. 관용정리는 일반적으로 기소 정리와 함께 진행된다. 관용정리는 진실된 기억과 고백에 근거하여 가해자와 희생자의 관계를 용서와 화해를 통하여 정리하고 새로운 협력관계를 재정립하려는 과정이다. 상대적으로 과거보다는 현재와 미래를, "소급적 정의(retroactive justice)"의 엄격한 실현보다는 타협, 화해, 평화를 통하여 협력의 관계 수립을 강조한다. 관용정리는 가해자와 희생자들의 상호 신뢰와 협력의 관계를 통하여 실현될 수 있다.

관용정리에서 가해자 진술의 자발적 진실성이 중요하다. 우선 가해자가 자신의 과거 인권침해 행위와 그 정치적 동기를 인정하고 사면에 대한 정부의 약속을 신뢰해야 한다. 또한 가해자는 진실고백이 사법적으로 또는 도덕적으로 가치가 있다고 인정하거나 침묵이나 은폐보다는 상황적으로 유리하다고 판단해야 한다. 이 조건에서 가해자는 자신의 인권침해 행위와 그 정치적 동기를 진술 고백하고 사면을 요구할 것이다. 관용정리는 인권피해 희생자와 그 가족을 위한 손실 회복과 피해 보상, 생계지원도 포함한다.

관용정리는 신민주체제에서 권위주의적 보수세력과 민주적 개혁세력이 정치적 위상과 영향력이 엇비슷한 경우에 협상과 타협을 통하여 추진될 수 있다. 개혁세력은 보수세력을 압도할 정도로 우월한 위상과 영향력을 갖고 있지 못하다. 뿐만 아니라 신민주국가의 건설과 경영에 보수세력의 참여와 협력이 절실한 상황이다. 따라서 개혁세력은 보수세력과의 갈등과 분열을 초래할 사법적 정의를 추구하기보다는 역사적 진실, 사회적 평화, 정치적 협력을 선택할 수밖에 없다. 그 대가는 과거의 인권침해 관련자에서 사법적 면죄부를 부여하는 것이다.

관용정리에서 인권침해 관련 개인이나 집단의 진실고백을 통하여 권위주의체제의 억압적이고 반인권적인 성격이 폭로된다. 이는 "눈까 마스(nunca más)"의 역사적 교훈이 될 수 있다. 결과적으로 민주화 이행 과정과 신민주체제를 정당화한다. 관용정리에서 용서는 조건적이다. 역사적 진실을 양심적으로 고백하는 조건에서 인권침해 관련 범죄행위를 정부가 사면하는 과정이다. 양심적인 진실고백을 개인적 또는 집단적인 과오에 대한 책임과 반성의 행위로 인정

<표 3.3.2> 신민주체제의 인권유산 정리와 민주주의(2006)

구분 / 국가	민주체제기간 ①	인권유산접근방법	인권유산정리	민주체제유형	정치권리 ②	시민자유 ③	언론자유 ④	부패인식 ⑤	국민소득(US달러) ⑥
✔아르헨티나	22	개혁적	기소	신민주 半자유	2.0	2.4	36.0	3.1	4,220
칠레	16				1.8	1.7	26.4	7.2	4,360
한국	18				1.9	2.4	27.8	4.4	12,030
그리스	32				1.2	2.3	28.8	4.6	13,230
✔남아공화국	12	타협적	관용	신민주 半자유	1.0	2.0	25.6	4.8	2,750
✔스페인	29	보수적	망각	신민주 자유	1.1.	1.7	18.8	6.4	17,040
우루과이	21				1.3	1.7	27.6	5.2	3,820
브라질	21		은폐	신민주 反자유	2.3	3.3	33.3	3.7	2,720
필리핀	19				2.7	3.2	37.1	2.8	1,080
미국 외 ⑦	(32) ⑧			자유민주주의	1.1	1.5	20.0	7.1	28,657

출처: http://www.freedomhouse.org: Freedom in the World Country Ratings Freedom of the Press Historical Data; Freedom in the World(2006). http://www.transparency.org: Perceptions Index 1995~2000. hrw.org: Human Rights Watch.

주. ① 민주화 과정에서 민주헌법의 제정, 개정 또는 회복한 연도가 신민주체제의 원년이다. ② 정치권리(Political Rights)의 연평균 지수: 7(최악)→1(최선). ③ 시민자유(Civil Liberties)의 연평균 지수: 7(최악)→1(최선). ④ 언론자유(Freedom of Press)의 연평균 지수: 100(최악)→1(최선). 언론자유 관련 통계지수는 1994년부터 조사하여 발표함. 남아공은 1996년 신민주체제 수립(신민주헌법)하였기 때문에 1996년부터 2006년까지 지수를 평균함. ⑤ 부패인식(Corruption Perceptions)의 연평균 지수: 1(최악)→7(최선). ⑥ 국민소득은 2006년도 각 국가의 개인별 소득액(GNI/Capita), 단위는 US달러. ⑦ 자유민주주의 7개국 – 미국, 영국, 독일, 프랑스, 이탈리아, 일본 – 의 연평균 지수. ⑧ 최초의 신민주체제가 그리스에서 수립된 연도, 1975년에서 2006년까지의 기간.

하고 사면하는 행위이다. 이는 사회의 긴장과 갈등을 가능한 축소하고 공동체적 질서, 안정, 번영을 위한 기반을 마련하는 것이다.

관용정리가 추구하는 타협(compromise)과 화해(conciliation)는 협상을 통하여 기존의 적대적 주장이나 관계를 끝내고 미래지향적 협력을 전향적으로 모색하는 행위이다. 타협과 화해는 가치, 이념, 세력의 다원성과 그 갈등을 인정하고 그 갈등을 상호 신념과 이익을 존중하는 조건에서 해소하는 행위이다. 이는 민주주의의 기본적인 행태적 규범이다. 그러므로 타협과 화해에 근거하는 관용정리는 민주적 규범의 실천적 행위라고 할 수 있다. 이는 신민주체제에서 사회적 통합과 정치적 협력의 기초가 될 수 있다.

관용정리는 양심적인 진실고백자에게는 사면을 추천하지만 역사적 진실을 외면하는 비양심적인 진실고백자나 진실고백 거부자들에게는 사법적 정의를 적용한다. 이러한 면에서 관용정리는 이중적인 또는 선택적인 정리 과정이다. 인권침해 관련자는 진실과 양심의 기준에서 자신의 과거 행위를 고백하든가 거부하든가 결정해야 한다. 그리고 그 결정의 결과로서 사면 또는 기소를 감수해야 한다. 관용정리는 기소정리를 조건적으로 수반하는 것이다. 그러나 엄격한 기소와 처벌에 근거하는 기소정리와 달리 관용정리는 진실, 양심, 사면, 화해를 우선시하고 강조한다. 이는 결과적으로 소급적 또는 보복적 정의를 주장하는 인권침해 희생자와 그 가족들의 입장에서는 미흡할 수도 있다. 그러한 시민이 다수이고 사회적 영향력이 클 경우에는 정치적 갈등과 분열이 야기될 수도 있다.

2. 민주적 결과

관용정리는 본질적으로 이중적인—정치적·사법적—성격의 준사법적 정리 과정이다. 진실고백을 전제로 사면하는 과정인 동시에 진실고백을 거부하는 인권침해 관련자는 기소 처벌하는 과정이다. 문제는 고백한 진실의 진정성을 어떻게 확인하는가이다. 또한 진실고백을 거부한 인권침해 관련자를 확인하고 관련 증거와 증인을 확보하는 것이다. 민주적 법치의 조건에서 사법체계가 독립성, 전문성, 효율성을 확보하지 못하면 그러한 문제들을 설득력 있게 해결하는 것이 어렵다. 오히려 인권유산 정리 과정에서 사면 또는 기소에 대한 공정성의 시비가 야기될 수도 있다.

관용정리는 기소정리와 달리 법정의의 엄격한 실천보다는 권위주의적 보수세력과 민주적 개혁세력의 타협적 협력관계의 실현을 최우선적으로 고려한다. 그 협력관계의 수립에서 두 세력 사이의 상호 이해와 신뢰가 전제조건이다. 특히 두 세력의 지도적 인사나 집단이 적극적으로 참여하여 전범(model)을 가시적으로 보여주는 것이 중요하다. 이러한 조건이 충족되지 않으면 관용정리는 형식화되거나 무효화될 수도 있다. 관용정리 과정에서 진실고백을 전제로 과거 인권유린 행위에 대한 사법적 책임으로 자유로워진 관련자는 민주주의 체제화와 안정화에 동참하고 협력할 수도 있을 것이다. 그러나 그들의 과거 신분과 인권유린 관련 행위가 공개되고 윤리적·도덕적으로 심판받은 상황에서 그들의 위상과 영향력은 상대적으로 위축될 수밖에 없다. 이 조건에서 민주주의 체제화에 대한 그들의 참여와 협력은 다소 소극적일 수 있고 그 영향 또한 제한적일 가능성이 있다.

한편 관용정리에서 진실고백을 전제로 국가로부터 사면된 인권유린 관련자에 대하여 희생자와 그 가족들의 개인적인 차원의 분노와 불만은 해소되기 어렵다. 어떠한 유형과 수준의 명예회복과 손실보상도 그들의 고통, 상처, 기억을 치유하기에는 현실적으로 미흡하다. 결과적으로 그들은 신민주체제의 참여와 지지에 소극적이거나 냉소적일 수 있다. 그러한 시민이 수적으로 다수이고 계층적으로 광범위하게 존재하면 신민주체제의 정당성과 안정성은 위협을 받을 수도 있다. 이러한 조건에서 민주주의 체제화는 지체되어서 신민주 반(半)자유체제가 나타날 가능성 크다.

3. 남아공화국 사례[14]

남아프리카 공화국(남아공)은 1996년 수립된 신민주체제에서 예외적으로 관용정리를 추진하였다. 관용정리는 소수 백인정권과 다수 흑인 국민을 대표하는 아프리카 민족회의(ANC)를 비롯한 정치단체들이 협상한 결과였다. 협상과정에서 민족회의 대표는 국가재건을 위하여 혁명 대신 협상을 택하였다고 주장하였다(이남희, 2005, 164). 진실화해위원회(진화위, TRC) 위원장인 투투(Desmond Tutu) 대주교도 평화로운 체제이행을 위하여 정치적 협상과 협력이 필요하다고 선언하였다(이남희, 2005, 162).

아프리카 민족회의(ANC)가 주도하는 남아공 의회는 백인의 국민당과 합의하여 1994년 국가통합화해증진법(PNURA)을 제정하고 다음 해에 진실화해위원회(진화위, TRC)를 설립하였다. 진화위는 2000년까지 활동하는 동안에 1960년에서 1994년 사이에 백인 권위주의체제에서 감행되었던 인권탄압 행위를 조사하고 그 진실을 규명하려고 노력하였다. 진실고백을 조건으로 가해자를 사면하고 피해자는 보상을 통하여 위로하였다. 진화위는 인권침해 위원회, 보상과 회복 위원회, 사면 위원회로 조직되었고 300명의 직원과 3,500만 달러의 예산이 지원되었다. 진화위의 17명 위원 중에서 위원장에는 투투 주교가 임명되었다. 위원은 정치 경험 없는 인권운동가들의 신청을 받아서 의회에서 청문회식 인터뷰를 통하여 선출하고 대통령이 임명하였다.

진화위는 관련자 사면권·소환권·수색권·체포권·증인 보호권 등을 직접적으로 발동할 수 있는 강력한 준사법적 기구였다. 진화위는 포괄적으로 살인, 납치, 고문, 개인 학대와 그러한 행위를 위한 음모, 명령, 조장 및 유인 행위 등에 관련된 아프리카 민족회의를 비롯한 정당, 언론기관, 기업, 학계 등을 조사대상에 포함시켰다. 진화위는 2년여 동안 160여 회 청문회를 공개적으로 개최하고 피해자 2만 1천 명이 고문, 처형, 살인, 성폭행에 대하여 증언하도록

---

14) 주요 참고문헌: 이남희, 2005, 「진실과 화해: 남아공의 과거청산」; 안병직 외, 2005, 『세계의 과거사 청산』, pp.146~188; Priscilla B. Hayner, 2002, *Unspeakable Truths: Facing the Challenge of Truth Commissions*: Appendix 1 & 2, pp.305~344; http://www.freedomhouse.org/: Freedom in South Africa(2000-2007); http://www.hrw.org/"Essential Background: Overview of human rights issues in South Africa(2000-2007)."

하였다. 모든 청문회는 생방송으로 공개하였고 관련 조사 자료는 모두 공개하였다. 최종 보고서(2003)에 의하면 7,112명의 사면 신청자 중에서 1,200명이 사면되었다. 한편 16,000명 이상의 인권탄압 희생자에게 2004년 10월까지 일시불로 각각 4,600달러를 보상하였다.

<표 3.3.2>가 보여 주듯이 남아공의 민주주의 수준은 스페인이나 선진 민주주의국가와 비교하여 특히 시민자유와 부패 부분에서 낮다. 오히려 우루과이와 대략적으로 엇비슷한 수준이다. 그 외의 신민주국가들보다는 상대적으로 다소 높은 편이다. 특히 정치권리 영역에서 높다. 남아공의 민주주의 수준은 대략 평균적으로 기소정리 국가와 망각정리 국가들 사이의 수준이라고 볼 수 있을 것이다. 그러나 남아공은 신민주체제를 경험한 기간이 12년으로 다른 국가들에 비하여 절대적으로 짧기 때문에 그 민주주의 지수는 신뢰도가 상대적으로 다소 낮다.

Ⅳ. 보수적 접근: 망각(forgetting)

1. 민주적 함의

망각을 통한 인권유산 정리(망각정리)는 권위주의체제의 인권유린 행위에 대하여 모든 세력이 함께 잊어버리고 평화와 화합의 조건에서 국가발전과 민주주의 개혁을 실현하려는 행위이다. 망각정리에서 정치사회는 일차적으로 탄압과 폭력의 과거에 대한 공동의 책임을 인정하고 그 과거를 함께 매장하고 잊기로 합의한다. 정치사회는 불행한 과거를 되살리기보다는 국가건설과 민주개혁을 위하여 공동의 노력을 약속한다(Forsberg, 2003, 71).

망각정리는 합의적인 접근방법이다. 망각정리는 신민주체제에서 정치사회의 권위주의적 보수세력과 민주적 개혁세력의 합의를 통하여 실현된다. 합의의 근거는 무엇보다도 공통의 역사적 인식과 교훈이다. 망각정리는 정치사회가 권위주의체제의 역사적 경험에 대하여 부정적으로 평가하고 다수의 개인이나 집단이 과거에 대하여 어느 정도의 정치적 책임이나 부담을 갖고 있는 경우에 가능하다. 권위주의적 보수세력과 민주적 개혁세력은 과거 인권침해와 관련하여 서로 가해자인 동시에 희생자이다. 두 세력은 모두 과거의 적대적 폭력적 행위에 대한 책임으로부터 자유롭지 못하다. 또한 두 세력은 인권유산 정리 과정에서 과거의 정치적 갈등과 대립, 사회적 분열-무력이 동원될 정도로 심각하였던-이 재현될 수 있다고 우려한다.

역사적 교훈을 무시하는 경우에는 또다시 모두 폭력적인 인권유린의 공모자가 될 수도 있다고 공통적으로 인식하기 때문이다.

　망각정리가 최우선적으로 추구하는 상호 용서, 화해, 협력은 민주주의 규범의 핵심적인 가치이다. 반면에 망각정리에서 역사적 진실, 법정의, 회복과 보상은 외면된다. 역사적 진실에 대한 집단적 기억의 재정립 과정이 없기 때문에 체계적이고 심도 있는 역사적 인식과 성찰의 기회가 부재하다. 따라서 망각정리에서 권위주의체제의 폭력성과 억압성을 폭로하고 눈까 마스의 역사적 교훈을 각인시키며 신민주체제의 정통성을 강화할 수는 없다. 망각정리에는 진실과 정의를 최우선적으로 추구하는 기소 정리의 민주적 함축성이 결여되어 있다. 개인이나 집단, 세력이든 반인권적 범죄적인 행위에 대하여 진실과 책임을 묻지 않는다는 사실은 법정의 실천과 법치 실현에 부정적이다. 또한 공식적으로 역사적 진실이 매장된 조건에서 과거의 범죄적인 폭력행위에 대하여 상호 용서와 사면을 통하여 화해하는 행위는 일시적으로 유효할 뿐이다. 장기적으로 신민주체제가 자유민주주의체제로 도약하려면 역사적 진실과 평가, 성찰이 전제되어야 하기 때문이다.

　망각정리에서 역사적 진실이 부재한 상황에서 인권탄압 희생자와 그 가족들의 희생, 고통, 손실을 공식적으로 회복하고 보상하고 위로할 기회가 없다. 결과적으로 정치적 불신과 불만, 무력감, 냉소주의가 확산되고 심화될 가능성도 있다. 그러나 인권유산 정리의 과정에서 정치적 긴장과 갈등이 과거와 같이 희생, 고통, 손실을 다시 초래할 수도 있다는 우려와 위협에서 그러한 부정적인 성향은 개인적으로 집단적으로 어느 정도 통제될 수 있을 것이다. 시민사회도 정치사회와 역사적 인식과 교훈을 공유하고 평화와 안정, 그리고 민주주의를 희망할 경우에는 궁극적으로 정치사회의 망각정리에 대한 합의에 동의할 것이다.

2. 민주적 결과

　망각정리는 근원적으로 보수적인 접근방법이다. 권위주의적 보수세력이 민주적 개혁세력에 대하여 정치적으로 우월한 위상과 영향력 또는 실력을 유지하고 있다. 이 상황에서 보수세력은 과거의 인권탄압 행위를 일방적으로 은폐 또는 매장할 수도 있다. 반면에 개혁세력과 합의적으로 망각을 통하여 인권유산을 정리할 수도 있다. 문제는 보수세력의 역사적 인식과 정치적 판단이다. 보수세력이 역사적 과오를 인식하고 눈까 마스의 역사적 교훈에 유의하면서 민주주의를 실현하려는 실천적 의지를 갖고 있는가의 문제이다. 그럴 경우에 보수세력은 결과적으로 개혁세력의 정치적 요구를 수용하는 것이다. 이 조건에서 역사적 교훈을 공유하고 있는 약세의 개혁세력은 민주적 개혁을 위하여 과거를 잊을 수도 있는 것이다. 결과적으로 두 세력 또는 정치사회가 과거에 대한 정치적 부담을 덜고 미래지향적으로 민주주의 체제화에 동참하고 협력한다. 그들은 합의적으로 권위주의적 과거를 잊는 대신에 평화와 협력을 통하여 민주주의를 미래지향적으로 실현하려고 노력한다.

망각정리에서 과거에 대하여 상대적으로 더 많은 책임이 있는 권위주의 보수세력은 과거의 인권탄압 행위에 대한 부담에서 벗어나 거부할 수 없는 세기적인 민주화물결에서 민주주의와 인권을 요구하는 시민의 기대에 부응하면서 정치적 위상과 영향력을 재정립할 수 있다. 세력 균형에서 약세인 민주적 개혁세력은 강세의 보수세력의 민주적 진정성을 확인하고 민주주의 체제화를 목표로 망각을 수용하는 것이다. 이 상황에서 민주주의 체제화가 광범위하게 실질적으로 이루어질 개연성이 높다. 결과적으로 신민주자유체제(new-liberal democratic regimes)의 생성과 안정의 가능성이 커진다. 그러나 신민주자유체제는 망각정리를 통하여 자유민주주의 체제(liberal democracy)로 도약할 수는 없다. 자유민주주의체제로의 도약은 권위주의체제의 인권탄압에 대한 역사적 진실과 성찰을 요구하기 때문이다.

반대로 신민주체제의 세력균형에서 강세인 권위주의적 보수세력이 역사적 과오를 인정하지 않고 눈까 마스의 역사적 교훈도 외면하는 경우에는 인권유산은 은폐(covering)를 통하여 정리될 가능성이 크다. 보수세력은 우월한 위상과 실력을 이용하여 과거의 국가폭력과 인권탄압 행위를 일방적으로 정당화하고 은폐하려고 한다. 이 경우에 민주적 개혁세력에게는 선택의 여지가 거의 없다. 개혁세력은 신민주체제의 안정과 생존을 우선적으로 고려하여 군부와 보수세력을 자극할 문제제기를 자제하고 있다. 민주주의 체제화도 결과적으로 권위주의적 보수세력의 견제를 받기 때문에 신민주체제 수립 초기부터 정체 또는 지체될 가능성이 크다. 신민주 반자유(illiberal)체제가 생성될 가능성이 존재한다. 또는 "준권위주의체제(quasi-authoritarianism)"로 퇴화할 수도 있다.[15)

---

15) 준권위주의체제는 정통성 위기와 반체제 세력의 도전 때문에 통치집단의 자의적 정치권력 행사가 어느 정도 제한된, 결과적으로 체제 공고성이 약화된 체제이다(양동훈, 2002, 98).

3. 스페인 사례[16)

스페인은 개방적 진보세력과 민족적 보수세력의 첨예한 갈등으로 군부 쿠데타와 내전 (1936~1939), 프란시스코 프랑코(Francisco Franco)의 파시스트적 권위주의체제(1939~1975)를 경험하였다. 내전의 사망자는 35만여 명에 이르렀고 해외로 추방당하거나 망명한 인사가 30 여만 명이었다. 양쪽 세력의 테러로 희생자가 다수 발생하였다. 프랑코 체제에서 반체제, 반정 부 민주화운동의 지도자, 노동자, 학생 등이 다수 희생되었다.

스페인은 신민주체제 수립 과정에서 합의적으로 망각정리를 선택하고 20여 년 이상 유지하 였다. 민주중도연맹(UCD)의 아돌호 수아레스 곤살레스(Adolfo Suarez Gonzalez) 수상은 유산정 리와 관련하여 "어디에서 왔느냐를 묻기보다는 어디로 갈 것이냐를 묻는 것"이 중요하다고 주장하였다(Kritz, 1995c, 299). 그는 프랑코 지지자를 포함하는 주요 정치세력들과 사면법안을 합의하여 의회에 제출하였다. 그들은 사면법(1976) 서문에서 민주주의를 위하여 "형제애적 공 존 속에서 과거의 어떠한 차별적 유산도 잊어버리고 마무리할 시점에 도달하였다."고 선언하 였다(김원중, 2005, 274). 신민주의회는 90% 이상의 찬성으로 포괄적인 사면법을 최종적으로 1977년에 의결하였다. 모든 정치범들을 석방하고 그들의 과거 폭력적 행위에 대하여 법적 책 임을 묻지 않기로 합의하였다. 과거 인권탄압의 가해자인 권위주의 정부당국, 보안관리, 그 대 리인의 반인륜적 범죄적 행위도 동시에 사면하였다. 스페인 시민 다수도 사면법을 지지하였 다(김원중, 2005, 277).

스페인에서 인권유산이 망각을 통하여 합의적으로 신속하게 정리된 이유를 사회노동당의 전 수상(Felipe González)이 명확하게 제시하고 있다. "망각은 내전 승자와 패자 간의 화해를 가 능하게 하였다(김원중, 2005, 274)." "만일 역사적 기억을 회복하려고 했다면 재 속에서 꺼지지 않고 이글거리고 있던 원한의 불씨를 다시 흔들어 놓았을 것이다(김원중, 2005, 276)."

스페인에서 민주주의 체제화는 민주화 초기에 국왕의 리더십과 정치권의 타협과 합의를 통 하여 전반적으로 신속하게 이루어졌다. 스페인 국왕 후안 카를로스(Juan Carlos)의 신임과 지원 을 받은 수아레스 수상(1976~1981)은 초기에 민주주의 체제화를 신속하게 주도하였다. 정치 권의 협의를 통하여 신민주헌법을 제정하였을 뿐만 아니라 민주정치를 위한 정치개혁법과 선

---

16) 주요 참고문헌: 김원중, 2005, 「청산 없는 과거청산?: 스페인의 사례」; 안병직 외, 2005, 『세계의 과거사 청산』, pp.254~288; Juan J. Linz & Alfred Stepan, 1996, *Problems of Democratic Transition and Consolidation: Southern Europe, South America, and Post-Communist Europe*, pp.87~115; Neil J. Kritz, ed., 1995c, *Transitional Justice Vol. Ⅱ : Country Studies-Spain*, pp.297~322.

거법을 만들었다. 그리고 공산당 합법화, 정치범 사면, 비밀경찰(TOP) 조직 해체, 노조결성 허용, 지방자치 실시 등을 실현하였다. 이 과정에서 특히 군부는 공산당 합법화에 반대하였고 보안군은 쿠데타를 시도하기도 하였다. 스페인은 사회노동당 정부에서 1986년 유럽공동체(EC)의 회원국이 되었다. 스페인 시민은 2005년 국민투표에서 유럽연맹(EU)의 헌법에 동의하였다

스페인의 합의적인 망각정리는 24년 동안 유지되었다. 그러나 스페인은 2002년부터 공식적으로 망각의 시기에서 기억의 시기로 전환하고 있다. 보수 국민당(PP)의 호세 마리아 아스나르(José María Aznar) 정부(1996~2004)는 사회노동당의 압력으로 2002년 2월 프랑코 권위주의체제가 불법적인 쿠데타를 통하여 수립되었다는 사실을 인정하였다. 의회도 1936년 7월 18일 사건을 군부 쿠데타라고 만장일치로 규정하였다. 또한 의회는 내전과 프랑코정부 시기에 집단학살 매장되었던 행불자들의 신원을 확인하고 그들을 장례의식을 갖추어서 재매장할 것을 결의하기도 하였다. 2004년 재집권에 성공한 사회노동당(PSOE)의 호세 루이스 사파테로(José Luis Rodríguez Zapatero)정부는 프랑코 체제와 내전의 희생자를 조사하기 위하여 정부 내에 "과거사 진상조사 위원회"를 조직하였다.

우루과이도 스페인 사례와 같이 망각정리를 실현하였다. 그러나 우루과이의 망각정리는 스페인과 달리 불안정하고 갈등적이었다. 우루과이 의회는 군부의 압력과 위협에 유의하여 콜로라도당과 국민당 의원의 과반수 지지로 1986년 국가특정범죄처벌권 무효화법(무효화법)을 의결하였다. 우루과이 대법원도 무효화법의 합법성을 인정하였다. 무효화법에 의하면 "국가는 사후에 군인이나 경찰이 정치적 이유나 업무수행 또는 상관의 명령에 복종하기 위하여 저지른 범죄에 대하여 형사처벌권을 포기한다." 민주화 이행 과정에서 소외된 좌파 개혁세력과 시민사회의 개혁세력은 무효화법에 대한 국민투표를 요구하는 무효화법 폐지운동을 주도하였다. 그러나 국민투표에서 우루과이 시민 다수가 정부의 무효화법을 지지하였다(양동훈, 2007, 22~23).

스페인의 보수세력은 공산당 합법화 등을 통하여 완전한(full) 화해와 민주주의를 추구한 반면에 우루과이 군부와 보수세력은 부분적인(partial) 화해와 조건적인(conditional) 또는 제한적인(limited) 민주주의를 원하였다. 국민투표 과정에서 우루과이 보수세력의 위상과 영향력이 상대적으로 다소 우월하다는 사실이 확인되었다. 개혁세력은 망각정리를 인내할 수밖에 없었다. 스페인과 달리 우루과이 신민주체제는 인권유산 정리 과정의 분열과 불안정 때문에 결과적으

로 민주주의 체제화의 속도와 범위가 다소 제한될 개연성이 있다.

　브라질과 필리핀의 신민주체제에서도 스페인 사례와 같이 권위주의적 보수세력이 민주적 개혁세력보다 우월한 정치적 위상과 실력을 갖고 있다. 그러나 스페인과 달리 합의적인 망각정리가 아닌 일방적인 은폐(covering)정리가 이루어졌다.[17] 민주화 과정을 주도하였던 브라질과 필리핀의 군부와 보수세력은 최대한 그들의 정치적 영향력과 기득권을 유지하려고 하였기 때문에 민주주의 체제화에 대한 의지가 애초부터 약했다. 반면에 신민주체제의 세력균형에서 약세에 있는 민주적 개혁세력은 신민주체제의 생존과 안정을 최우선적으로 고려하여 인권유산과 같이 군부와 보수세력에게 민감한 문제를 제기하는 행위를 삼가고 있다.

　<표 3.3.2>가 보여 주듯이 거의 30여 년의 신민주체제를 경험한 스페인은 평균적으로 선진 자유민주주의 국가의 민주주의 수준에 거의 근접하고 있다. 우루과이는 20여 년 이상 신민주체제를 유지하고 있고 민주주의 수준은 스페인보다는 다소 낮지만 남아공화국을 제외하고 다른 국가들과는 평균적으로 분명한 차이를 보여주고 있다. 따라서 인권유산에서 망각정리를 추진한 스페인과 우루과이의 민주주의 수준을 대략적으로 동일한 범주로 간주하여도 무리가 없을 것 같다. 반면에 은폐정리를 경험하고 있는 브라질과 필리핀은 민주주의의 수준에서 엇비슷하고 다른 국가들과 비교하였을 때 민주주의 수준과 함께 국민소득도 가장 낮다.

---

17) 은폐정리는 은폐(covering)를 통한 인권유산 정리이다. 신민주체제에서 국가가 인권유산에 대한 공식적인 논의와 그 책임을 회피하는 행위이다. 은폐정리는 신민주체제에서 권위주의적 보수세력이 민주적 개혁세력의 정치적 위상과 영향력을 효과적으로 견제할 수 있는 실력과 지지기반을 갖추었을 때 실현되는 보수적인 접근방법이다. 은폐정리는 기소정리나 관용정리가 함의하고 있는 민주성을 내포하고 있지 못하다. 정의, 진실, 양심, 화해도 모두 거부하고 오로지 힘의 논리에 근거하고 있다.

제4절 신민주체제의 인권유산 정리: 남미사례 비교[1]

제3 민주화물결 국가가 경험하고 있는 신민주체제의 인권유산 정리정책을 개념적·경험적 분석을 통하여 체계적으로 비교한다. 각 국가의 인권유산 정리 과정─정책, 그 원인과 조건─은 무엇인가? 또한 인권유산 정책의 변화를 초래한 주요 요인과 조건은 무엇인가? 왜 각 국가들은 다른 또는 유사한 정리 과정을 추구하였는가? 인권유산 정리정책이 신민주체제의 민주주의에 어떠한 영향을 미치는가?

비교 사례국가는 남미의 브라질, 아르헨티나, 칠레, 우루과이이다. 이들 국가는 비교방법론적으로 최대유사체계(most-similar systems) 국가들이다. 모두 제3 민주화물결을 경험하고 있는 국가로서 고도의 근대화단계에서 반동적(reactionary)이고 배제적(exclusionary)인 억압적 군부권위주의체제를 경험하였다(Smith, 2005, 103). 그리고 군부체제 붕괴 후에 모두 거의 20여 년 동안 신민주체제를 유지하고 있다. 각 국가는 신민주체제에서 다른 인권유산 정리 과정을 경험하고 있다. 신민주체제에서 인권유산 정리 과정은 민주주의 체제화(regimization) 또는 공고화(consolidation)에 영향을 미치고 있다.[2]

I. 인권유산 정리 과정

1. 인권유산 정리정책[3]

신민주체제에서 인권유산은 첫째, 과거사이자 현안이다. 인권탄압 행위는 과거에 일어났지만 그 결과와 영향은 현재의 정치적 선택과 과정, 미래의 변화를 제약한다. 둘째, 인권유산은 동시에 권위주의와 민주주의 문제이다. 인권유산이 권위주의체제 유지를 위한 억압행위의 결

---

1) 양동훈, 2007, 「남미의 인권유산 정리 과정과 민주주의: 비교정치의 시각에서」, 『라틴아메리카연구』 20권 4호, 한국라틴아메리카학회, pp.5~39. 이 논문은 부분적으로 수정됨.

2) 민주주의 체제화(regimization)는 개념적으로 민주주의 제도화(institutionalization)나 공고화(consolidation)와는 다르다. 민주주의 체제화는 개념적 정의에 따라서 민주주의 공고화의 부분일 수도 있다. 즉, 민주주의 공고화를 선거민주주의의 완성이나 심화로 개념화하는 경우이다(Schedler, 1998, 98~100). 그러나 민주주의 체제화는 자유민주주의 공고화는 아니다. 민주주의 체제화는 신민주체제의 권위주의적·반(反)자유주의적 속성과 세력을 축소 약화시키는 한편 동시에 민주적·자유주의적 속성과 세력을 확대 강화하는 과정이다. 구체적으로 권위주의 유산을 정리하는 한편 민주개혁을 통하여 시민권에 근거하여 민주주의적 질서를 수립하고 완성하는 과정이다.

3) 양동훈, 2008, 「신민주체제의 인권유산 정리와 민주주의: 비교분석」, 『한국정치학회보』 42집 2호, 한국정치학회(여름), pp.45~65.

과였다면 현재는 신민주체제가 지향하는 민주주의의 가치와 규칙을 정면으로 부정하는 반인권적인 행위의 상징이다. 셋째, 인권유산은 정치적 정통성의 문제이다. 권위주의체제에서 인권탄압은 정통성 위기를 극복하기 위하여 국가폭력과 정치탄압에 의존하면서 발생하였다. 신민주체제에서 인권유산은 체제정통성의 기반을 약화시킨다. 넷째, 인권유산은 권위주의체제에서 국가가 시민사회를 일방적으로 억압한 결과이다. 신민주체제에서 인권유산은 국가와 시민사회의 관계를 "소급적 정의(retroactive justice)"를 통하여 재정립할 것을 요구한다. 다섯째, 권위주의체제에서 인권탄압은 일방적인 인권침해와 인권피해의 양면적 행위이다. 신민주체제에서는 인권침해자의 책임문제와 인권희생자의 손실회복과 피해보상의 문제이다.

신민주체제에서 인권유산은 인권침해와 인권피해의 문제이고 그 정리정책은 과거의 인권침해와 인권피해에 대한 국가(정부)의 접근방법과 전략이다.[4] 인권유산 정리정책에는 "기억(remember)"－또는 진실규명－과 처벌(sanction)의 관점에서 "망각(forgetting)", "용서(forgiving)" 또는 관용, "기소(prosecuting)", "보복(revenge)"의 대안적인 정책이 있다.[5] 이 정리정책들은 신민주체제에서 민주적 개혁세력이 승자의 입장에서 조합적으로 선택 추구할 수 있는 대안들이다. 그러나 군부를 포함하는 권위주의적 보수세력의 실력과 영향력이 신민주체제의 생존을 결정적으로 위협할 수 있는 경우에는 유효한 정책이 되기가 어렵다. 오히려 은폐(covering) 정리정책만이 현실적으로 가능할 수 있다. 반면에 보복은 일방적인 앙갚음 행위로서 또 다른 동기의 인권유린 행위이기 때문에 민주적 정당성에 근거하는 신민주체제에서 인권유산 정리정책의 대안이 되기는 어렵다.

신민주체제에서 인권유산 정리정책의 현실적인 대안은 기본적으로 망각, 관용, 기소, 무위이다. 첫째, 망각 정리정책은 과거 인권탄압 행위에 대한 기억 또는 진실규명과 처벌 없이 인권유산을 정리하는 방법이다. 스페인과 같이 민주적 개혁세력과 권위주의적 보수세력이 합의적으로 과거를 매장하고 민주개혁을 추구하는 방법이다(Forsberg, 2003, 71). 망각정책은 인권

---

4) 권위주의 인권탄압의 유산 정리는 국내에서는 "과거(사) 청산"으로 해외에서는 "이행기 정의(transitional justice)"로 개념화하여 논의하였다. 이행기 정의는 포괄적으로 인권침해에 대한 망각, 용서, 기소, 보복 정책과 인권피해에 대한 회복, 보상 정책을 포함한다. 반면에 협의적으로 이행기 정의는 인권침해에 대한 기소, 재판, 처벌하는 결정과 희생자의 인정, 명예회복, 보상을 의미하기도 한다. 세사라니(Cesarini, 2004, 163)는 이행기 정의는 "소급적 정의(retroactive justice)"로서 "보복적 정의(retributive justice)"도 포함한다.

5) 과거정리 전략(Forsberg, 2003, 70: Table 4.1):

		처벌(sanctions)	
		O	X
기억(remember)	O	기소(prosecuting)	용서(forgiving)
	X	보복(revenge)	망각(forgetting)

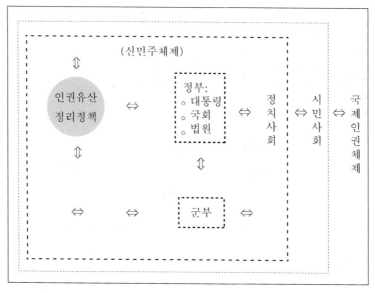

〈그림 3.4.1〉 신민주체제의 인권유산 정리정책: 개념화

유산 정리 과정에서 야기될 수 있는 정치적 갈등과 대립, 사회적 분열이 신민주체제의 생존과 안정을 위협할 수 있다는 우려에 근거하고 있다. 둘째, 남아프리카와 같이 관용 정리정책은 과거 인권탄압 행위에 대하여 가해자의 진실고백과 반성 또는 사과를 전제로 그에 대한 법적 처벌을 면제하는 정책이다. 이 관용정책은 특별 사면 또는 감형 정책도 포함한다. 또한 관용정책은 용서와 화해에 동의한 인권희생자를 위한 손실회복(reparations)과 피해보상(compensations)도 포함한다.[6]

셋째, 은폐 정리정책은 신민주체제에서 국가가 인권유산에 대한 공식적인 논의와 그 책임을 회피할 뿐만 아니라 관련 조치도 적극적으로 추구하지 않는 행위이다. 신민주체제가 근원적으로 군부를 포함하는 권위주의적 보수 집단과 세력의 선의와 동의에 의존하여 유지되고 있다. 권위주의 인권침해는 그들이 직접적으로 개입하였거나 관련된 문제이다. 따라서 과거 인권침해 문제를 거론하고 그 책임 소재를 밝히려고 할 경우에 신민주체제의 생존과 안정이 위협받을 가능성이 크다. 민주적 개혁세력은 결과적으로 정의실현보다는 우선적으로 신민주체제 유지와 안정을 고려하지 않을 수 없다.

넷째, 기소 정리정책은 사법적 절차와 수단을 통하여 인권유산을 정리하려는 방법이다. 인권침해 관련자의 과거 행위를 증거로서 규명하고 사법적으로 책임을 확인하고 처벌하려는,

---

6) 크리츠(Kritz, 1995b, 487~591)는 권위주의 인권탄압 희생자의 대우와 보상 문제에 대한 다양한 논의를 정리하고 있다.

즉 소급적(retroactive) 정의를 실현하려는 정책이다. 망각이나 관용 정책은 타협과 화해를 강조하는 정치적 성격이 강한 반면에 기소정책은 정의실현을 우선하는 사법적 성격을 갖고 있다. 기소정책은 관용정책과 함께 실시될 수도 있다. 관용정책에서 진실을 고백하지 않은 가해자를 기소할 수도 있다. 또한 기소정책으로 가해자를 사법 처리한 후에 감형 또는 사면할 수도 있다.

기소정책이 실현되려면 우선 과거 인권침해 행위와 그 가해자에 대한 사실적 증거가 충족되어야 한다. 그러나 신민주체제에서 인권침해 관련 증거와 증인을 확보하는 것은 그렇게 용이하지 않다. 인권침해에 직접적으로 관련된 권위주의 보수세력은 불리한 증거를 고의로 인멸하거나 증인을 압력과 위협을 통하여 침묵시키려고 하기 때문이다. 또한 신민주체제에서 법치의 기반인 사법부의 독립성·전문성·효율성이 상대적으로 취약하다. 다양하고 수많은 인권침해 행위에 대하여 증거와 증인을 통하여 진실을 규명하고 기소 처벌하는 활동은 상당한 시간과 노력을 요구한다. 이는 신민주체제가 관련 조직과 전문 인력을 장기간 지원할 재원을 부담해야 한다는 것을 의미한다. 또한 희생자들의 손실회복과 피해보상을 위한 재원부담도 추가적으로 충당해야 한다.

인권유산의 정리정책은 인권침해를 범한 가해자에만 관련된 것만은 아니다. 인권피해, 즉 인권침해의 희생자와 그 가족에 대한 손실회복과 피해보상, 그리고 인권제도 개선문제와도 관련되어 있다. 신민주정부는 권위주의 인권탄압의 진실을 규명하여 그 희생자들과 가족의 피해와 손실을 확인 인정하고 그들의 법적·정치적·사회적 권리와 명예를 회복시키고 경제적 손실과 정신적 피해를 보상하기도 한다(Cesarini, 2004, 163). 이 행위는 민주주의의 가치, 규범, 규칙에 근거하여 새롭게 재구성된 국가가 과거 국가폭력과 정치탄압을 반성하고 그에 희생된 인권과 시민권을 소급적으로 인정하여 회복시키는 행위이다. 이는 적극적인 의미에서 국가가 인권과 시민권을 보호하겠다는 의지의 표현이고 약속이기도 하다.

2. 인권정리 정책 요건

신민주체제에서 인권유산 정리정책의 결정에 직접적으로 영향을 미치는 주요 요인과 조건은 네 가지 차원에서 고려될 수도 있다: 1) 권위주의체제 유산; 2) 민주화 이행 과정; 3) 국제인권체제 압력; 4) 신민주체제 인권정치.[7]

첫째, 권위주의체제와 관련하여 두 가지 요인이 중요하다: (1) 인권탄압 수준−범위와 강도; (2) 경제정책 성과. 권위주의체제는 본질적으로 억압체제이다. 권위주의 통치세력은 체제와 리더십의 유지를 위하여 국가폭력과 정치탄압을 통하여 물리적으로 인권과 시민권을 계획적으로 억압한다. 군과 경찰의 안보집단이 조직적으로 반체제 반정부에 연루된 개인이나 집단을 체포, 구금, 고문, 학대, 학살 등을 감행한다. 그 희생자가 전체 인구와 권위주의체제 유지 기간에 비례하여 다수이고 그 출신배경이 다양할수록 신민주체제에서 인권유산 정리에 대하여 정부, 정치사회, 시민사회의 관심과 요구, 압력이 상대적으로 커진다. 따라서 기소 정리정책이 추진될 개연성이 커진다. 반대로 그렇지 않은 경우는 관용 또는 은폐 정리정책이 실현될 가능성이 상대적으로 크다.

한편 권위주의체제에서 경제발전, 정치안정, 경제발전 등 가시적인 정책성과가 실현되었을 경우에는 신민주체제에서 인권유산 정리에 대한 정부, 정치사회와 시민사회의 압력이 다소 완화될 수도 있다. 권위주의체제는 정책적 성과를 통하여 그 수혜자 집단의 동의와 지지를 획득하여 체제정통성을 확보할 수 있기 때문이다. 권위주의 통치세력은 가시적인 정책성과를 통하여 인권탄압을 어느 정도 정당화할 수 있다. 신민주체제에서 무엇보다도 인권탄압과 정책성과의 상호 관계의 측면에서 이익과 비용으로 권위주의체제가 평가될 수 있을 것이다. 권위주의체제에 대한 평가는 정책성과가 크고 인권탄압의 강도가 낮을수록 우호적 또는 긍정적일 것이다.

그러면 인권유산 정리에 대한 압력도 상대적으로 적을 것이다. 역으로 권위주의체제의 정책성과가 적고 인권탄압의 강도가 높으면 체제평가는 적대적 또는 부정적일 것이다. 따라서 인권유산 정리−특히 기소 정리정책−에 대한 압력도 커질 수 있을 것이다.

둘째, 민주화 이행 과정이 신민주체제의 인권유산 정리정책에 영향을 준다. 헌팅턴(Huntington, 1991, 121~163)은 민주화 이행 과정을 정치세력의 균형관계에 따라서 변환(transformation), 대체(replacement), 변위(transplacement)로 구분하였다. 변환 이행 과정에서는 군부를 포함하는 권위주의적 보수세력이 민주화 과정을 주도하기 때문에 결과적으로 신민주체제에서 인권유산 정리정책이 소극적으로 이루어질 가능성이 높다. 반면에 대체 이행 과정에서는 민주적 개혁세력이 민주화 과정을 주도하기 때문에 결과적으로 신민주체제에서 인권유산 정리가 적극적

---

7) 피언−버어린(Pion−Berlin, 1995)은 인권정책의 6가지 원인을 논의하고 있다: (1) 인권침해 유산, (2) 엘리트(리더십) 선호, (3) 군부와 정부의 세력 균형, (4) 조직화된 이익집단 압력, (5) 전략적 계산, (6) 국가 사이의 파급효과.

으로 신속하게 이루어질 가능성이 크다. 그러나 급진적인 인권유산 정리정책은 권위주의적 보수세력의 반대와 저항을 초래할 가능성이 있다. 변위 이행 과정에서는 권위주의적 보수세력과 민주적 개혁세력의 균형관계에 따라서 인권유산이 다소 적극적으로 또는 소극적으로 정리될 수 있다.

셋째, 국제인권체제−세계적·지역적−도 인권유산 정리정책의 결정에 간접적이지만 포괄적인 영향력과 압력으로 작용한다. 특정 국가가 인권유산 정리정책을 결정하고 추진하는 과정에서 인권선언과 국제법에 근거한 세계적·지역적 인권규범, 국제기구와 주변국가의 인권정책 등을 고려하지 않을 수 없다. 국제사회의 지배적인 가치와 규범에 반하는 인권유산 정리정책은 정당성이 상대적으로 취약하다. 그러한 정리정책은 국내외의 인권 집단과 세력의 비판과 압력에 직면하게 된다. 결과적으로 정리정책의 지속성과 신민주체제의 공고성이 위협받게 되고 신민주국가의 국제적 위상과 영향력도 약화될 수 있다.

넷째, 신민주체제의 제도적 특성과 관계, 사회적 압력이 인권유산 정리에 직접 영향을 미친다: (1) 정부; (2) 시민사회; (3) 군부. 신민주체제에서 정부−대통령, 의회, 법원−는 인권유산 정리정책의 결정자이고 집행자이다. 대통령은 도덕적 신념(moral imperative)과 정치적 분별(political prudence)의 갈등 속에서 인권유산 문제와 정책을 주도적으로 제기하기도 하고 의회에서 논의 합의 결정된 정리정책을 집행하기도 한다. 한편 의회는 대통령이 주도하는 정리정책에 대체적으로 협력적인 태도를 견지한다. 의회의 협력과 지지는 여당이 의회를 주도할 경우에 더욱 강화된다. 반면에 법원은 이념적 성격과 정치적 상황에 따라서 대통령과 의회의 정리정책을 지지하거나 반대 또는 침묵한다. 대법원이 대통령 정리정책과 의회 결의에 대하여 법적 정당성을 인정할 경우에는 인권유산 정리정책이 보다 효율적이고 효과적으로 실현될 수 있다. 특히 법원의 독립성과 전문성은 기소정책의 효율성과 효과성을 결정한다.

군부는 신민주체제에서 물리적 실력과 정치적 영향력을 유지하고 있다. 권위주의 인권탄압 유산은 군부가 권위주의체제의 통치집단으로 직접 주도하고 참여한 결과이다. 따라서 군부는 자신의 과거 인권탄압을 국가안보에 근거하여 정당화한다. 군부는 스스로 포고한 또는 강요한 사면법이나 정치협약을 통하여 인권유산에 대한 책임을 은폐 또는 회피하려고 한다. 군부는 특히 기소 정리정책에 민감하게 반대하고 저항한다. 그러므로 기소정책이 효율적·효과적으로 실천되려면 민군관계에서 문민우위(civilian supremacy)의 원칙이 우선 제도적으로 정립되어야 한다. 신민주체제에서 인권유산에 대한 시민사회의 인식이 중요하다.[8] 문제는 시민사회의 주요 집단과 세력이 인권유산에 대하여 역사적 문제의식을 공유하고 있는가에 대한 의문이다. 그렇지 않을 경우에는 인권유산 정리정책은 결과적으로 사회적 갈등과 분열을 초래한다. 이 조건에서 일관된 정리정책의 추구가 어려워진다. 또한 신민주체제에서 인권유산 정리정책에 대한 시민사회의 동의도 중요하다. 정리정책에 대한 시민 절대 다수의 동의는 그 정책적 정당성과 지속성·일관성을 보장하기 때문이다. 시민사회의 동의가 미흡한 경우에는 정책적 지지기반이 취약하기 때문에 정리정책은 유동적으로 표류할 가능성이 크다. 결론적으로 인권유산 정리정책은 망각, 관용, 기소, 은폐 정책으로 대별할 수 있다. 특정 국가의 인권유산 정리정책은 권위주의체제, 민주화 이행 과정, 국제인권체제, 신민주체제 등 네 가지 차원에서 이해될 수 있다. 각 차원의 요소와 조건들이 국가 특성적으로 조합되어서 결과적으로 정리정책이 결정된다. 특정 국가의 정책결정 과정에서 정부가 주도적 결정자이고 집행자이다. 정부에서 대통령, 의회, 법원이 주요 상호 관련 행위자들이다. 정부는 권위주의체제 유산, 민주화 이행 과정, 국제적 인권환경의 조건에서 군부, 시민사회와의 관계에 근거하여 인권유산 정리정책을 결정하고 집행한다. 그리고 군부, 정치사회, 시민사회의 태도와 역할, 관계가 변화하는 조건에서 정부의 리더십, 의회 세력분포, 법원 리더십 등이 변화하면 인권유산 정리정책도 변화될 개연성이 커진다.

II. 남미의 인권유산 정리 과정

1. 군부권위주의체제 유산

1) 인권탄압 수준

브라질, 아르헨티나, 칠레, 우루과이는 군부권위주의체제를 경험하였다. 모든 국가의 군부체제는 특성적으로 반동적이고 배제적인 억압체제였다. 정치탄압의 대상은 예외 없이 거의 모든 사회적 계층과 직업군을 포함할 정도로 광범위하였다. 그러나 정치탄압의 강도(intensity)

---

8) 시민사회(civil society)는 "국가로부터 상대적으로 자율적인 자치조직의 집단, 운동, 개인들"의 구성체이다(Linz & Stepan, 1996, 7). 신민주체제에서 인권유산에 대한 시민사회의 인식과 동의는 주요 시민단체나 시민운동의 영향을 받으며 투표나 여론에서 확인할 수 있다.

－군부체제 존속 기간과 총인구 비례－는 국가에 따라서 다르다.[9]

브라질의 고문보고서(Brasil: Nunca Mais)에 의하면 브라질 군부체제에서 15년(1964~1979) 동안에 공식적으로 125명이 실종되었다. 1,843명의 정치범들은 283가지 고문방법과 242곳의 비밀고문실, 444명의 고문자를 확인하였다(Dassin, 1986, x). 아르헨티나의 인권보고서(Nunca Más)는 군부체제(1976~1983)에서 7년 동안 "파괴세력"에 대한 "더러운 전쟁(dirty war)"으로 공식적으로 9,000여 명이 사망하거나 실종되었다. 칠레 군부체제(1973~1988)에서는 약 3,000여 명의 반체제, 반정부 인사가 살해되거나 실종되었다. 우루과이 군부체제(1973~1984)에서는 정치범 수가 전체 인구에 대비하여 세계에서 가장 많았으며 "라틴아메리카의 고문실"이라고 알려지기도 하였다.[10] 시민인권단체 "봉사, 평화, 정의"는 인권보고서(Uruguay: Nunca Más) 부록에서 군부체제에서 사망한 150명, 실종된 169명을 확인하고 있다(Servicio Paz y Justicia, 1989, 337~347).

2) 경제정책 성과

브라질과 칠레 군부체제는 아르헨티나와 우루과이군부체제에 비하여 상대적으로 높은 경제적 안정과 성장을 실현할 수 있었다.[11]

브라질 군부체제는 연평균 6.6%의 경제성장을 달성하였다. 특히 1968년과 1973년 사이에는 연평균 10%의 고도 경제성장－소위 "브라질 경제기적"－을 이룩하였다. 뿐만 아니라 인플레도 진정되었고 국제수지도 흑자를 기록하기도 하였다. 이는 결과적으로 에르네스토 게이젤(Ernesto Geisel) 군사정부가 주도적으로 정치자유화정책을 추진할 수 있는 토대를 제공하였다. 그러나 정치자유화 시기에는 경제상황이 다소 악화되었다. 민주화 이행(1985) 전 5년 동안 국내총생산 연평균 성장률은 3.1%, 인플레는 75.5%, 외채율(1984)은 39.6%이었다.[12]

칠레 군부체제는 광범위한 민영화정책을 통하여 국가개입을 대폭 축소하고 자유경제체제를 실현하였다. 국내외의 개인투자가 증가하고 인플레도 연평균 1,000%에서 10%대로 하락하

---

9) 남미의 인권보고서 참조: *Toture in Brazil: A Report by the Archdiocese of São Paulo*(1986); *Nunca Más: The Report of The Argentine National Commission on the Disappeared*(1984); *Report of the Chilean National Commission on Truth and Reconciliation*(1993); *Uruguay Nunca Más: Human Rights Violations, 1972–1985*(1982).

10) http://www.freedomhouse.org/"Freedom in the World"–"Uruguay": 2002.

11) 경제지수의 통계자료 참조: (1) Haggard & Kaufman, 1995, *The Political Economy of Democratic Transitions*; (2) Inter–American Development Bank, 1992, *Economic and Social Progress in Latin America*; (3) Calvert, ed., 1991, *Political and Economic Encyclopedia of South America and the Caribbean*.

12) 외채율 총 수출액의 이자상환액의 비율(interest payments due/exports of goods and non–factor services).

였으며 국내 총생산도 급격하게 증가하였다. 1984년 후부터 연평균 5% 경제성장률을 기록하였고 1989년에는 10%에 이르렀다. 1989년에는 개인당 국내총생산이 1981년 수준을 초과하여 증가하였다. 민주화 이행(1990) 전 5년 동안 국내총생산은 연평균 3.9%로 증가하였고 인플레는 23.5%에 머물렀다. 외채율은 1989년 18.5%였다.

반면에 아르헨티나 군부체제는 해외자본에 의존하는 경제정책을 추구하였으나 성장보다는 금융투기를 초래하였다. 결과적으로 군부체제에서 외채가 증가하였고 국가경제는 해외자본이나 국제금융기구에 의하여 통제되었다. 외채상환이 경제정책의 최우선적인 과제가 되었다. 1980년대 초에 아르헨티나 경제는 전반적으로 악화되었고 재정적으로 파산지경에 이르렀다. 말비나스 섬(Malvinas Islands) 전쟁 후에는 경제위기가 더욱 심화되었다. 국내총생산은 오히려 5.2% 감소하였고 인플레는 200% 이상으로 높아지고 외채도 더욱 증가하여 1982년에는 외채 비율이 53.6%에 이르렀다. 민주화 이행(1983) 전 5년 동안 국내총생산 성장비율은 연평균 2.4%, 인플레는 211.2%로 경제위기가 심화되었다.

우루과이 군부체제도 아르헨티나의 경우보다는 심각하지 않지만 경제위기에 직면하였다. 거의 10억 달러에 이르는 부채를 남겼을 뿐만 아니라 소득불균형도 심화시켰다. 외채율은 1984년 34.8%에 이르렀다. 1985년에는 외채가 급증하여 외채상환 불능의 지경에 이르렀고 인플레도 83%로 증가하였다. 민주화 이행(1985) 전 5년 동안 연평균 국내총생산 성장률 2.0%, 인플레는 45.6%였다.

2. 민주화 이행 과정

브라질과 칠레의 군부체제는 군주도의 변환(transformation) 과정을 통하여 신민주체제로 이행되었다. 아르헨티나는 군부체제가 급격하게 와해되고 문민세력이 주도하는 대체(replacement) 과정으로 신민주체제가 수립되었다. 우루과이는 군부와 민간 정치지도자가 민주협약을 통하여 변위(transplacement) 과정으로 민주적 체제변화가 실현되었다.

브라질 군부체제에서 경제성장, 정치안정, 사회질서 등의 정책적 성과를 이룩한 군사정부는 한편으로 체제정통성을 더욱 높이고 또 다른 한편으로는 군부 내의 안보세력을 견제하여 군제도의 위계질서를 확립하려는 목적에서 정치자유화정책을 추진하였다. 군사정부는 군부 강경파를 정치적으로 소외시키면서 정치자유화 과정을 통제하고 점진적으로 군부체제의 민간화와 민주화를 실현하였다. 군사정부는 1979년 전의 보안세력의 활동에 대한 소사와 보복을 금지시키기 위하여 사면법을 포고하였다. 민간 정치인들은 군부의 사면법을 수용하였다. 칠레 군부체제에서도 군사정부는 스스로 마련한 정치일정에 따라서 민주화 과정을 점진적으로 추진하였다. 피노체트(Augusto Pinochet) 대통령과 군사평의회는 1980년 민주화 일정을 포함하는 신헌법을 제안하고 불공정한 국민투표를 통하여 제정하였다. 신헌법에 따라서 군사평의회가 추천하는 대통령 후보, 즉 피노체트의 신임을 묻는 국민투표가 1988년 실시되었다. 피노체트가 국민투표를 통하여 지지를 받으면 1997년까지 대통령으로서 연임할 수 있고 결과적으로 군부체제가 지속되는 것이었다. 칠레 정당들은 정당연합(concertación)을 구성하고 불리한 조건에서 반대투표 운동을 전개하였다. 투표자의 거의 55%가 피노체트의 연임을 반대하였다. 결과적으로 민주 대선과 총선이 1989년 말에 실시하게 되었고 문민정부가 구성하게 되었다. 그러나 피노체트와 군부가 헌법에 스스로 보장한 그들의 정치적 특권과 영향력은 피노체트가 인권탄압 관련 혐의로 해외에서 체포되고 구금되고 국내로 송환될 때까지 유지되었다. 이 조건에서 칠레의 인권유산 정리는 제한적으로 조심스럽게 이루어질 수밖에 없었다.[13]

아르헨티나 군부체제는 거의 모든 영역에서 정책적으로 실패하였다. 뿐만 아니라 아르헨티나 시민 다수는 국가폭력과 정치탄압으로 사망하거나 실종되었다. 아르헨티나 사회로부터 고립된 군부는 말비나스 섬 전쟁을 통하여 체제유지를 시도하였다. 그러나 예기치 못한 전쟁 패배는 군부조직을 급격하게 와해시키고 군부체제를 급진적으로 붕괴시켰다. 결과적으로 민주적 개혁세력이 민주화 과정을 주도하게 되었다. 아르헨티나 군부는 1982년 민간 정치인들에게 권력이양을 위한 정치협약과 그 정책 지침을 제안 발표하였다. 군부는 협약에서 인권탄압을 포함하는 군부체제의 실정에 대하여 신민주정부가 조사하지 않을 것을 요구하였다. 그러나 신민주 의회는 군부가 정권이양 전에 일방적으로 발표한 정치협약과 정책지침을 폐지할 것을 결의하였고 대법원도 의회 결의의 합헌성을 인정하였다.

우루과이 군부체제도 칠레군부와 같이 민주화일정을 마련하고 1980년 국민투표를 실시하였다. 그러나 칠레의 경우와 달리 국민의 동의를 얻는 데 실패하였다. 민주화 과정을 주도할 명분을 상실한 군부는 정치사회와 시민사회의 민주화 요구에 직면하여 주요 정치지도자들과 정치협약(1984)−소위 "해군클럽협정(navy club pact)"−을 통하여 제한적 조건에서 기초선거를

---

13) 군사정부가 일방적으로 선포한 사면법도 그때까지 유효하였다. 피노체트 군사정부는 칠레 시민의 "재통합을 위하여" 게엄시기(1973. 9.~1978. 3.)의 범죄행위에 대하여 법적으로 책임을 묻지 않는다는 대통령포고령(Decree Law No. 2191, 1978)을 선포하였다.

실시할 것을 약속하였다. 국민당 지도자와 광역전선(broad front) 지도자, 공산당 등의 선거참여를 금지하는 제한선거 실시를 합의하였다. 이 협정—공식적으로 공개되지 않은—에서 민간 정치지도자들은 신민주체제에서 정부가 주도적으로 군부체제 인권탄압 관련 보안군을 처벌하지 않을 것을 약속하였다고 보도되고 있다. 반면에 시민이 민간법정에 인권침해 관련자를 기소하는 것은 막지 않겠다고 선언하였다고 한다.

3. 국제인권체제

세계인권체제는 기본적으로 국제연합(UN)의 인권선언과 협약, 관련 인권 조직과 기구들에 근거하고 있다. 주요 인권선언은 세계인권선언(The Universal Declaration of Human Rights, 1948)과 시민권과 정치 권리에 관한 국제협약(The International Covenant on Civil and Political Rights, 1966)이다. 주요 인권기구는 인권평의회(The Commission on Human Rights)와 인권위원회(The Human Rights Committee)가 있다.[14]

또한 국제연합은 특정 유형의 인권문제를 개선하기 위하여 협약과 조직, 기금을 통하여 노력하고 있다. 예를 들면 1984년 "고문과 기타 잔혹하고 비인간적인 또는 비열한 조치나 처벌 반대 협정(The Convention against Torture and Other Cruel, Inhuman or Degrading Treatment or Punishment)"을 체결하고 고문방지위원회(The Committee against Torture)를 조직하여 당사국들의 고문보고서를 검토하고 관련 문제의 개선을 권고하고 있다. 또한 고문 희생자를 위한 기금을 마련하여 세계의 비정부 인권단체들을 돕고 있기도 하다.

한편 세계 비정부 인권단체 중에서 특히 1961에 설립된 국제사면위원회(Amnesty International)는 국가들의 인권상황과 문제에 대하여 조사와 인권활동을 통하여 국제여론을 동원하여 인권침해 국가나 단체들에서 영향력을 행사하고 있다(Donnelly, 2003, 127~135). 국제 인권과 "선정(Good Government)" 단체들은 브라질의 페르난두 엔히크 카르도주(Fernando Henrique Cardoso) 대통령을 방문하여 인권문제를 논의하기도 하였다. 특히 국제인권감시단체(Human Rights Watch)는 인권정책의 실행에 소극적인 카르도주에게 인권개선을 촉구하는 공개서한을 보내

---

14) 인권평의회(The Commission on Human Rights)—2006년에 인권위원회(The Human Rights Committee)를 개명—는 국제연합이 주도하는 세계 인권체제의 심장부이다. 회원 국가의 대표들로 구성된 인권평의회는 1946년부터 국제인권 규범을 논의하고 타협하는 정치적 토론장이다. 개인들이 제기한 심각하고 체계적인 인권침해 사건을 조사하는 권한을 가지고 있다. 한편 인권위원회는 시민권과 정치 권리에 관한 국제협약 준수를 감시하기 위하여 18명의 인권전문가로 구성되어 있다. 위원들은 개인자격으로 협약 가입 회원국이 정기적으로 제출하는 인권보고서를 검토하고 그에 대한 견해를 밝힌다.

기도 하였다(Human Rights Watch, 13-5-1999).

세계인권체제가 국가의 인권정책의 포괄적인 환경인 반면에 국제지역인권체제는 지역 국가의 인권정책 결정에 보다 직접적이고 구체적으로 영향을 미친다. 아메리카대륙의 남미지역에 위치한 브라질, 아르헨티나, 칠레, 우루과이는 미주지역 인권체제 수립에 개별적으로 영향을 주기도 하는 반면에 그 인권체제의 개입과 영향에 구속되기도 한다. 미주지역 인권체제는 35개 회원국의 미주국가기구(OAS)를 중심으로 작동하고 있다. 미국을 포함하는 미주 21개국이 1948년 미주국가기구를 설립하였고 그들은 창립총회에서 "인간 권리와 의무에 관한 미주 선언(The American Declaration of the Rights and Duties of Man)"을 채택하였다.[15]

미주 인권협정(American Convention on Human Rights)은 1969년 체결되고 1978년 발효되었다. 이 협정은 개인적 · 법적 · 시민적 · 정치적 권리와 재산권에 대하여 규정하고 있다. 국가가 존중하고 보장해야 하는 인권을 규정하고 미주 인권재판소(Inter-American Court of Human Rights)를 설립할 것을 요구하였다. 결과적으로 인권재판소가 1979년 설립되었다. 미주국가기구는 개별적인 인권협약도 체결하였다. 고문 방지와 처벌에 대한 미주협약(The Inter-American Convention to Prevent and Punish Torture, 1985)과 실종자에 대한 협약(1994)을 체결하기도 하였다.

미주 인권위원회(Inter-American Commission on Human Rights)는 1959년에 설립되었다. 미주국가기구의 자율적 준사법적 전문조직으로서 총회에서 국가대표가 아닌 개인적 자격으로 선출된 7명의 인권전문가로 구성된다. 인권위원회의 설립과 활동은 미주국가기구 헌장(1948), 인간권리와 의무에 대한 미주 선언(1948), 미주 인권협약(1969)에 근거하고 있다. 인권위원회는 인권보호와 증진을 위하여 결의문을 채택하기도 하고 개인이나 집단이 제기한 인권침해 관련 사건을 접수 조사하기도 한다. 또한 개별 국가의 인권정책을 조사, 감시, 보고, 권고하는 역할을 수행하기도 한다(Donnelly, 2003, 141~143). 미주 인권위원회는 국민투표를 통과한 우루과이 사면법이 미주 인권협정을 위반하였다고 1992년 선언하였다(Servicio Paz y Justicia 1992, xxvi).

---

15) 세계 최초의 보편적인 국제인권선언으로 국제연합의 세계인권선언보다 6개월 전에 공포되었다.

4. 신민주체제의 인권정치

1) 신민주정부

브라질, 아르헨티나, 칠레, 우루과이에서 신민주체제의 인권유산 정리 과정에서 무엇보다도 정부-대통령, 의회, 법원-의 리더십이 결정적인 변수이다. 특히 집권세력-대통령과 여당-의 이념적 정향과 정치적 이해관계가 정리정책의 방향, 내용, 방법을 결정하는 과정에서 중요한 변수로 작용하였다. 정부교체에 따른 정치리더십의 변화는 인권유산 정리정책의 변화를 초래하기도 하였다. 정부 내에서는 대통령과 여당이 의회를 통하여 정리정책의 결정 또는 실행 과정을 주도하였다. 한편 법원의 독립적인 의지, 전문적인 능력, 헌법적 판단은 결과적으로 기소 정리정책의 효율적이고 효과적인 실행에 기여하였다.[16]

브라질은 신민주체제에서 5대 신민주정부를 경험하고 있고 집권세력은 3회 교체되면서 정치이념적으로 중도우파에서 좌파로 변화하였다. 그러나 모두 인권유산 문제를 공식적으로 논의하고 정리하려는 의지를 보이지 않았다. 사르네이 정부(1985~1990)는 실종자 조사를 위하여 인권보호위원회를 만들었으나 가시적인 활동은 없었다. 오히려 군부체제의 여당지도자였던 사르네이(José Sarney) 대통령은 군부의 반발을 우려하였다. 카르도주 대통령은 2000년 군부에게 "독수리작전(Operación Condor)"에 대한 기밀문서를 공개할 것을 요구하였으나 별다른 성과가 없었다.[17] 좌파 루이스 이나시우 "룰라" 다 시우바(Luiz Inácio Lula da Silva) 정부는 현재의 인권침해 행위를 방지하려는 정책을 추진하고 있으나 과거의 인권유산 정리문제에는 관심이 없는 것 같다.[18] 이 상황에서 브라질 의회나 법원도 인권유산과 관련된 논의나 활동이 부재하다. 단지 브라질 제헌의회가 국민투표를 통하여 제정한 신민주헌법(1988)의 임시조항에서 1946년과 1988년 사이의 정치범을 사면하고 있으나 소급적 보상을 금지하고 있다.

우루과이도 브라질과 같이 신민주체제에서 5대 신민주정부를 경험하고 있고 집권세력도 중도에서 보수, 좌파로 3회 교체되었다. 신민주정부는 "국가특정범죄처벌권 무효화법(Ley de Caducidad, 무효화법)"을 통하여 군부체제의 인권침해 행위에 대한 사법적 책임을 면제하였다.

---

16) 신민주정부의 인권유산 정리 정치와 정책에 대한 주요 참고 문헌과 자료: 양동훈, 2007, 1997, 1996b; Kritz, 1995b; Skaar, 2000; http://www.freedomhouse.org; http://www.hrw.org.

17) 독수리작전(Operación Condor)은 남미의 군부체제가 공동으로 반체제 정치인들을 납치, 암살하는 작전이었다.

18) 브라질의 좌파 룰라 정부는 2003년 국가인권활동가보호조정기구(NCPHRD)를 시민단체 지도자들과 함께 조직하고 인권침해를 감시하도록 하였다. 그리고 국가고문방지통제위원회를 설치하고 헌법개정(2004)을 통하여 인권범죄를 연방범죄로 규정하였다.

국민투표에서 우루과이 시민 다수기 정부의 무효화법을 지지하였다. 이는 징부리더십의 변화에 관계없이 인권유산 정리정책의 변화를 제한하는 공식적인 걸림돌이 되었다. 군부체제의 최대 피해자인 좌파 연합정부도 근래 무효화법에 저촉하지 않는 범위에서 인권유산 문제를 제기하고 정리하려고 노력하고 있다.

군부의 지지를 받은 콜로라도당(Colorados)의 후리오 마리아 상귀네띠 까이로로(Julio María Sanguinetti Cairolo)가 집권하자 군부체제가 재판 없이 구금하고 있는 정치범을 사면하고 정치 망명자의 귀환을 돕는 조치를 취하였다. 특히 군부체제의 모든 정치범을 사면하고 그들의 손해를 배상하기 위하여 민족화해법을 공표하였다. 한편 의회는 실종자조사위원회 구성을 의결한 반면에 군부의 반대와 압력에 유의하여 콜로라도당과 국민당 의원의 과반수 지지로 1986년 무효화법을 의결하였다. 이 법에 의하면 "국가는 사후에 군인이나 경찰이 정치적 이유나 업무수행 또는 상관의 명령에 복종하기 위하여 저지른 범죄에 대하여 형사처벌권을 포기한다." "행정부는 법원에 제소된 모든 증발자에 대한 주장을 조사하여 그 결과를 소송인에게 보고해야 한다." 대법원도 1988년 무효화법의 합헌성을 인정하였다.

콜로라도당의 호르게 루이스 바트이에 이바네스(Jorge Luis Batlle Ibánéz) 정부는 2000년 주요 시민지도자와 인권활동가를 중심으로 평화위원회를 구성하였다. 위원회의 목적은 군부체제에서 우루과이와 아르헨티나에서 실종된 164명의 행방을 조사하는 것이었다. 신민주체제의 전임 대통령, 콜로라도당의 상귀네띠와 국민당 라까이에(Luis Lacalle)는 바트이에 정부의 인권 유산 정리정책을 반대하였다. 그 정리정책이 무효화법을 위배한다고 주장하였다.[19]

좌파 광역전선연맹(broad front coaltion)의 따바레 바스께스 로사(Tabaré Vázquez Rosa) 정부는 무효화법에 저촉되지 않는 사건－해외망명자들의 사망과 실종－에 관련된 민간과 군인 관리들을 기소하려는 의지를 보이고 있다. 특히 바스께스 대통령은 취임사에서 아르헨티나에서 1976년 일어났던 망명 정치지도자 살해사건은 무효화법에 해당되지 않는다고 주장하였다. 그 사건과 관련하여 2005년에 군부체제 대통령(Juan María Bordaberry)과 외무장관은 살인죄로 기소되었다.

브라질과 우루과이와 달리 아르헨티나 신민주정부는 초기에 진실규명과 기소정책을 통하여 군부체제의 인권탄압 행위에 대하여 사법적인 책임을 물었다. 그러나 인권유산 정리정책은 일관되게 추진할 수가 없었다. 신민주정부의 포괄적인 기소정책에 불만을 가진 일부 군 장

---

19) http://www.freedomhouse.org/"Freedom in the World-Uruguay(2002)."

교들이 무장반란을 주도하였기 때문이다. 그리고 정부가 교체되면서 과거 정부에서 실형을 선고받았던 군부지도자와 장교들이 대폭 사면되기도 하였다. 그러나 근래 교체된 신민주정부는 인권유산 정리의 대상과 범위가 확대된 상황에서 다시 기소정책을 적극적으로 추진하고 있다.

아르헨티나 급진시민연맹의 "혁신과 변화" 계파의 지도자 알폰신(Raúl Alfonsín) 대통령은 국가실종자위원회를 만들어서 8,960명의 실종자와 그 행방에 대하여 조사할 것을 요청하였다. 위원회는 진실과 정의를 통하여 궁극적으로 국민화해를 실현하려는 목적으로 활동하였다. 위원회의 조사는 인권탄압 희생자 친족이나 생존자, 일부 가해자들의 진술과 증언에 기초하였다. 위원회의 인권보고서(Nunca Más)는 실종자의 신원과 행방, 그들에 대한 고문 실태와 함께 인권침해 관련자 1,300명의 군 장교와 경찰의 신분을 공개하였다. 그러나 개인 관련자의 법적 책임성에 대한 판단은 유보하였다. 그 판단은 법원의 몫이었다.

인권보고서는 결과적으로 군부체제(1976~1982)의 인권탄압에 관련된 군 인사를 기소할 수 있는 증거를 제공하였다. 군부체제 지도자 9명이 기소되었다. 법원은 5명에게 최고 종신형에서 최저 4, 5년의 실형을 선고하였고 나머지 4명에게는 무죄 판결하였다. 특히 1976년에서 1979년 사이에 군사정부의 지도자였던 육군사령관 호르게 비데라(Jorge Videla)와 해군제독 에미이이오 마쎄라(Emillio Massera)는 조직적인 인권탄압의 책임자로서 종신형을 선고하였다. 그러나 인권침해에 직접적으로 관련된 군지휘관들을 기소 처벌하는 것은 용이하지 않았다. 군 장교의 반대와 불만은 3회의 무장반란으로 나타났다. 알폰신 정부는 타협적으로 기소종결(punto final)법과 복종의무면소(due obedience)법을 제정하여 법적으로 기소될 장교를 수적으로 최소화하였다.

정의당의 카를로스 메넴(Carlos Menem) 대통령(1989~2000)은 취임 직후 과거 군부체제의 인권침해, 말비나스 섬 전쟁, 군사반란 관련 혐의로 실형을 선고받았던 280여 명의 군인들을 사면하였다. 그들 중에는 "더러운 전쟁(dirty war)"의 인권침해 관련자 39명의 군고위인사도 포함되어 있었다. 57명의 좌익 테러리스트들도 함께 사면되었다. 그 후 인권침해 관련 군 인사 12명이 추가로 사면되기도 하였다. 메넴은 법원이 수용자 자녀의 실종사건과 관련하여 전직 군 지도자를 구금하고 기소하는 것에 대하여 우려를 표명하고 반대하였다.

정의당의 좌파성향 네스또르 키르치네르(Néstor Kirchner) 대통령(2003~2007)은 메넴과 달리 인권유산에 대하여 보다 적극적으로 접근하였다. 인권침해 관련 전직 군 인사의 국내 송환을 강제하는 포고령을 선포하기도 하였다.

아르헨티나 정부는 법원의 판결에 따라서 약 15,000명의 사망과 실종자의 가족에게 각각 US달러 220,000의 보상금을 지불하였다. 그들의 21세 이하 자녀들에게는 월 US달러 140의 연금을 지급하였다. 한편 정치적 구금자와 강제 망명자들에게는 일시금으로 보상하고 실종자 자녀에게는 군 면제, 주택 보조금의 혜택을 주었다(Heyner, 2002, 330~331).

아르헨티나에서 메넴 대통령은 사면을 통한 관용정책을 추진하였지만 그 외의 대통령과 의회, 법원은 일관되게 기본적으로 기소정책을 추구하였다. 신민주의회는 군부가 정권이양 전에 일방적으로 발표한 정치협약과 정책지침-인권침해 군 관련자의 사면을 포함하는-을 폐지할 것을 결의하였다. 이에 대하여 대법원은 합헌성을 인정하였다. 또한 의회는 1998년 기소종결법과 복종의무면소법 폐지를 결의하였고 대법원은 최종적으로 그 결의를 합법적이라고 2005년 선언하였다. 의회는 조모(grandmother)의 실종 어린이 수색과 구출작전을 지원하기 위하여 "역사보상기금"의 설립을 1998년 결의하기도 하였다.

근래 아르헨티나 법원은 특히 여성 수용자들의 자녀 납치사건과 관련하여 군부체제 지도자들에게 법적 책임을 묻고 있다. 군사정부 대통령 비데라를 수용자 자녀들의 납치사건과 관련하여 1998년 구금하였고 또한 194명의 어린이 실종과 관련하여 7명의 전임 군지도자들을 기소하였다. 메넴대통령의 반대에도 불구하고 법원은 계속하여 과거 인권침해에 대하여 전직 군인과 경찰에게 법적 책임을 요구하였다. 결과적으로 2005년 말까지 거의 1,000여 명의 전직 군부, 경찰 요원들이 권위주의 인권탄압과 관련하여 구금되거나 재판을 받고 있다.

한편 칠레정부는 아르헨티나 신민주정부와 달리 피노체트와 군부의 실력과 영향력에 유의하였기 때문에 인권유산을 제한적 점진적인 접근방법을 통하여 정리하고 있다. 초기에는 인권유산 정리의 대상과 범위를 제한하고 주로 조사를 통한 진실규명을 추구하였다. 그러나 피노체트의 지도력이 약화되면서 정리 대상과 범위를 점차 확대하였고 군부체제의 사면법을 무효화하고 기소정책을 추진하고 있다.

민주주의 정당연맹(coalition of parties for democracy)의 빠뜨리시오 아일윈 아소까르(Patricio Aylwin Azócar) 대통령(1990~1994)은 취임사에서 군부체제의 인권탄압에 대한 전반적인 진상규명이 불가피하다고 역설하였다. 그는 진실과 화해 조사 위원회(진화위)의 조직과 활동을 재가(裁可)하였다. "진실에 근거해야만 정의에 대한 기본적인 요구가 충족될 수 있고 또한 효과적인 국민화해 실현을 위한 필수조건도 마련될 수가 있는 것이다(The Chilean National Commission on

Truth and Reconciliation 1993, 1)."

아일윈은 진화위의 공정성과 신뢰성을 확보하기 위하여 공평하게 개혁파 인사뿐만 아니라 보수파 인사들도 위원에 임명하였다. 진화위의 주요 목적은 인권침해 행위 중에서 특히 실종과 사망과 같은 중대한 결과를 초래한 사건만을 조사하는 것이었다. 1973년과 1990년 사이의 사망과 실종에 관련된 진정사건을 9개월 동안 조사하여 소위 "레틱보고서(Rettig Report)"를 작성하였다. 약 3,400명의 사망 실종사건을 조사하였고 641건의 사건을 제외하고 대부분의 사건에 대하여 명백하게 군부에게 책임이 있었다고 결론지었다. 그러나 가해자의 신원과 그 개인적 책임문제는 2016년에나 공개하기로 하고 보고서에는 포함하지 않았다. 또한 사망, 실종의 사례에 국한하여 조사하고 체포, 구금, 고문, 추방 사례들은 배제하였다.

진화위는 조사보고서를 범죄적 증거로서 대법원에 송부하였다. 대법원은 진화위가 밝힌 실종, 사망사건들—1978년 사면법이 적용된 사건을 포함하여—에 대한 재판을 재개할 것을 하위 법원에 지시하였다. 이는 대법원이 기존의 태도를 극적으로 바꾼 것이었다. 대법원은 그때까지 군부체제가 포고한 사면령(1978)의 합법성을 인정하고 있었다.

진화위는 사망, 실종자들에게 보상과 혜택을 부여할 것을 정부에 건의하였다. 정부는 국가보상화해공사를 설립하고 2,723명의 사망자와 실종자 가족 4,886명에게 매년 약 5,000달러 정도의 보상금을 연금형식으로 매월 지급하기로 하였다. 사망자와 실종자 자녀들에게는 교육비 지원, 병역면제 등의 혜택을 부여하였다(Hayner, 2002, 328~329). 이외에도 국가보상화해공사는 진화위가 시간적 제약 때문에 완결하지 못한 사건들을 계속하여 조사하도록 위임되었다.

민주주의 정당연합의 에두아르도 프레이 루이스 따그레(Eduardo Frei Ruiz-Tagle) 정부(1994~2000)는 권위주의 인권탄압 유산 정리에 대한 노력을 제한적이지만 계속하였다. 대법원은 처음으로 1995년에 과거 인권침해와 관련하여 전직 군 장성 2명을 칠레 외무장관과 비서 살해(1976)와 관련하여 실형을 최종적으로 선고하였다. 의회는 사법부의 독립성을 강화하는 대법원 개혁법을 1997년 의결하였다. 대통령의 주도로 대화위원회를 군부대표 4명, 인권변호사 4명, 종교계 인사 10명으로 1998년 구성하고 조직하였다. 군부가 연행실종자의 신원과 행방을 직접 조사하도록 하였다. 피노체트의 런던 체포(1998) 후에 40여 명의 퇴임 군 장교들이 살인, 납치, 고문 관련하여 구금되거나 기소되었다.

민주주의당(PPD)의 리까글도 라고스 에스꼬바르(Ricardo Lagos Escobar) 정부(2000~2006)는 피노체트와 군부의 특권과 영향력이 점차 축소되는 조건에서 과거 인권침해 정리를 보다 과감하게 진행하였다. 라고스 대통령은 군부체제에서 불법체포 및 구금 등을 직접적으로 경험한 피해자였다. 의회는 헌법개정(2005)을 통하여 군부의 정치개입과 특권을 배제하였다. 법원은 군부체제 인권침해 사건에 대한 관할권을 군사법원으로부터 이양받았다.

칠레 법원은 라고스 정부의 인권유산 정리정책에 부응하였다. 법원은 2000년 피노체트의 면책특권을 박탈하고 인권유린과 탈세혐의로 가택연금을 집행하였다. 또한 법원은 2001년 고문, 납치, 학살 등과 같은 반인륜적 범죄는 법원의 권한이라고 판결하였다. 따라서 군부체제에서 일방적으로 선포한 사면법(1978)에 적용되지 않는다고 주장하였다. 대법원은 2004년 피노체트는 콘도르(Condor) 작전 시기의 인권침해와 관련하여 면책될 수 없다고 판결하였다.

라고스 대통령은 2003년 정치구금 및 고문 국가위원회를 대통령 자문기구로 조직하였다. 위원회는 1973년과 1990년 사이에 정치적 이유로 구금되거나 고문을 받은 인사들의 신원과 피해를 확인 조사하였다. 신민주체제에서 처음으로 구금 및 고문 피해조사가 이루어졌다. 위원회는 2004년 조사결과를 발표하고 피해자들을 위한 보상 회복 정책을 발표하였다. 정부는 국가 인권기관을 설립하고 피해자들에게 종신연금을 주고 교육, 보건, 주택부문에서 지원과 우대 정책을 실시하기로 하였다.

최근 대다수 정당들은 고문 피해자에게 증언의 기회를 주어야 한다는 정치 구금 고문위원회의 제안에 동의하였다. 그러나 라고스 대통령은 모든 증언을 50년 동안 대외비로 할 것을 명령하였다. 대법원도 대통령의 명령을 합법적으로 판결하였다.

현재 집권하고 있는 중도좌파 민주연합연맹(concertación coalition)의 베로니카 미첼레 바첼레트(Verónica Michelle Bachelet) 대통령은 군사면법(1978)을 명백하게 무효화하고 군부체제의 살해와 고문 관련자를 기소하는 정책을 지속적으로 추진하고 있다.

2) 시민사회

인권유산 정리와 관련하여 브라질 시민사회의 지지와 압력은 천주교회의 인권활동에도 불구하고 상대적으로 미약하다(Dassin, 1986, xii). 반면에 아르헨티나, 칠레, 우루과이 시민사회는 인권유산 문제를 국가적 이슈로서 부각시켰고 그에 대한 정치적 논쟁에 참여하였다. 결과적으로 아르헨티나와 칠레는 국민적 관심과 지지에 근거하여 궁극적으로 기소정책을 추구하고 있다. 반면에 우루과이 국민 다수는 국민투표를 통하여 신민주정부의 사면법에 동의함으로써 군부의 인권탄압 행위에 대하여 공식적으로 면죄부를 주었다.

브라질 정부의 소극적인 태도와는 대조적으로 시민사회는 군부체제의 인권탄압에 대한 진실규명에 기여하였다. 브라질 천주교회는 군부체제의 정치자유화 시기에 인권탄압 실태를 비밀리에 조사하기 시작하였다. 상파울루(São Paulo) 천주교구의 신도 변호사들이 군사법정의 공식 기록－1964년과 79년 사이의 707건의 판결문－을 복사하여 35명의 연구팀이 5년 동안 분석 조사하여 군부체제의 고문실태를 밝혀냈다. 그들은 민간정부 첫해에 고문보고서를 공개하였다. 고문실태 조사는 군부체제의 군사법원이 기록한 공식문서에 근거하고 있기 때문에 그 신뢰성이 높다고 할 수 있다.

천주교회의 인권보고서 공개는 1985년에 주요 사건이었고 인권보고서는 몇 주 동안 인기 도서목록에 오르기도 하였다. 그럼에도 불구하고 시민사회에서 희생자 단체의 인권침해 조사 요구는 주목할 만한 지지를 얻지 못하였다(Dassin, 1986, x~xii). 신민주헌법(1988) 제정과정에서도 주요 이슈로 논의되지 못하였다. 단지 헌법 임시조항에서 1946년과 1988년 사이의 정치범을 사면하고 있으나 소급적 보상은 금지하고 있다.

한편 아르헨티나 시민사회는 군부체제의 인권탄압으로 어느 국가보다도 가장 많은 시민이 희생되었다. 인권유산 정리에 대한 시민사회의 관심과 압력은 상대적으로 컸다. 특히 세계적으로 주목을 받은 인권단체, "오월광장 어머니(Madres de la Plaza de Mayo)"는 특히 알폰신 정부가 군부의 무력적 압력에 굴복하여 타협적으로 기소종결법과 복종의무 면소법을 선포하였을 때 정부를 비난하였다. 또한 메넴 대통령의 사면정책에 다른 시민단체들과 함께 적극적으로 반대하였다. 의회가 기소종결법과 복종의무면소법의 폐지를 1998년 의결하였을 때 아르헨티나 시민 80%가 그 결의를 지지하였다(Skaar, 2000, 13).

칠레 시민사회는 1987년 국민투표에서 피노체트의 군부체제를 종식시켰다. 1989년에는 민주적 헌법개정을 압도적으로 지지하였다. 대법원이 처음으로 1995년에 과거 인권침해와 관련하여 전직 군 장성 2명을 칠레 외무장관과 비서 살해사건(1976)과 관련하여 실형을 최종적으로 선고하였을 때 시민 다수는－여론조사에서 65.8%－판결을 지지하였다(Skaar, 2000 15). 반면에 우루과이 시민사회는 인권유산 정리문제에 대하여 분열되었다. 정부의 군사면법을 반대하는 정치인들과 시민들은 국민투표 실시를 위하여 유권자 서명운동을 전개하였다. 헌법규정을 충족시키기 위하여 유권자 25%－555,000명 이상－이상의 서명을 받았고 국민투표위원회(Pro-Referendum Commission)가 최종적으로 확증하였다. 그러나 국민투표(1989)에서 투표자 58%

가 정부의 군사면법에 동의하였다. 결과적으로 반(反)사면세력이 패배하고 인권유산은 공식석으로 매장(burying)되었다.

신민주정부의 망각정책에도 불구하고 우루과이 시민사회는 진실규명에 기여하였다. 특히 시민인권단체 "봉사 평화 정의(SERPAJ)"는 국민투표 직전 1989년 3월에 군부체제의 인권탄압보고서(Uruguay: Nunca Más)를 공표하였다. 일단의 변호사, 의사, 인권전문가들이 인권희생자의 개인적인 증언을 토대로 군부체제의 인권탄압 실태를 분석하고 정리하였다. 이는 아르헨티나와 브라질 인권보고서의 영향을 받아서 작성되었다. 정부의 지원도 없고 정부보관 관련자료도 없는 조건에서 민간단체의 의지와 노력으로 이루어진 결과물이다. 그러나 보고서의 공개에도 불구하고 우루과이 유권자 다수는 국민투표에서 의회가 의결한 국가특정범죄처벌권 무효화법을 지지하였다.

3) 군부

스미스(Smith, 2005, 103)는 브라질과 칠레의 민군관계를 특성적으로 "조건적 군 복종(conditional military surbodination)"으로, 아르헨티나와 우루과이는 "민간통제(civilian control)"로 평가 구분하고 있다. 이는 신민주체제에서 브라질과 칠레의 군부가 아르헨티나나 우루과이에서보다 상대적으로 신민주정부에 대한 영향력이 크다는 사실을 의미하는 것이다.

브라질 군부는 천주교회의 고문보고서 공개와 그에 대한 조사 요구와 압력에 반발하였다. 군부는 군부체제의 인권탄압을 "애국적" 행위로서 정당화하고 관련자들을 옹호하였다. 그들의 입장과 주장을 합리화하기 위하여 『브라질: 영원히(Brasil: Sempre)』를 출간하기도 하였다(양동훈, 1996b, 183). 고문보고서와 고문자 명단이 공개되었지만 관련자들은 어떠한 제재도 받지 않고 계속하여 군 또는 정부에서 근무하였다(Dassin, 1986, xiii).

칠레 군부는 군부체제의 인권탄압에 대한 진실규명을 주장한 아일윈 대통령에게 군사면법(1978)의 폐지는 인정할 수 없다고 경고하였다. 그러나 군부의 최고지도자 피노체트의 지도력이 점차 약화되는 과정에서 군은 정부의 인권유산 진실규명 노력에 제한적이나마 협력하기 시작하였다. 피노체트는 1998년 25년 만에 군총사령관에서 사임하였고 수술을 받기 위해 머물던 영국병원에서 1년 이상 구금되었다. 스페인 법원이 자국민의 인권피해와 관련하여 발부한 체포영장 때문이었다.

<표 3.4.1> 권위주의체제 유산과 신민주체제의 인권유산 정리

체제유형 / 국가 구분	권위주의체제						신민주체제			
	체제유형			인권탄압	정책성과	붕괴방법	체제수립 (민주헌법)	체제지속 (2006)	인권유산 정리 접근	인권유산 정리 정책
	수립연도	붕괴연도	지속기간							
브라질	군부/제도			저	고	변환	1988	18	보수적	은폐 (침묵)
	1964	1984	20							
아르헨티나	군부/제도			고	저	대체	1983	23	개혁적	기소 (사면)
	1976	1982	6							
칠레	군부/개인			중	고	변환	1987	17	개혁적	(진실) 기소
	1973	1988	15							
우루과이	군부/제도			고	저	변위	1984	22	합의적	망각 (투표)
	1973	1984	11							

주. "인권탄압"은 군부체제의 실종, 사망자를 인구와 집권기간에 비례하여 상대적으로 대략 추산한 수준 – 저(Low), 중(Middle), 고(High) – 이다. "정책성과"는 군부체제의 경제적 정책성과의 상대적인 수준이다.

칠레 군부는 프레이 정부에서 대화위원회에 참가하고 6개월 동안의 자체조사를 통하여 180명의 실종자 신원을 확인하였고 그중 150여 명이 바다나 호수, 연못에 투기하였다고 밝혔다. 그러나 1,100여 명의 실종자의 행방을 확인하지는 못하였다고 보고하였다. 칠레 육군 사령관은 2004년 칠레 역사상 처음으로 육군이 국가기관으로서 과거 인권침해에 책임이 있다고 공식적으로 인정하였다. 대법원도 피노체트가 군부체제의 인권탄압에 책임이 있다고 판결하였다. 근래 권위주의 인권침해와 관련하여 35명의 전직 장군들이 기소되거나 또는 재판을 받고 있다. 피노체트는 2006년 사망하였다.

아르헨티나 군부는 알폰신 대통령의 인권유산에 대한 진실규명과 기소 정리정책에 반발하였다. 특히 중견 장교들은 군지도자들의 명령을 수행하였을 뿐이라는 이유로 군부체제의 인권탄압에 대하여 자신들의 책임을 부정하였다. 알폰신 정부에서 일부 장교는 세 차례 무장병력을 동원하여 군사반란을 기도하였다. 이에 알폰신은 타협적으로 기소정책을 대폭 완화하였다. 메넴도 군부의 불만과 저항을 우려하여 실형을 선고받았던 군부체제 지도자들을 포함하는 대폭적인 사면정책을 단행하였다. 그러나 인권침해 관련 일부 전직 군 인사들의 고백(1995, 1998)은 사면정책의 정당성을 약화시켰다. 의회는 기소종결법과 복종의무면소법을 폐지하였고 법원은 군부체제의 여성수용자 자녀 납치사건에 대하여 전직 군지도자를 구금 또는 기소하였다.

결과적으로 군부의 위상과 영향력은 더욱 축소되었다. 한편 우루과이 군부는 칠레나 아르헨티나의 군부와 달리 효과적으로 인권유산에 대한 법적 책임을 회피하였다. 군부체제 인권탄압의 민간 희생자들이 민사법원에 인권침해 관련군 인사를 고소하였다. 군부는 민사법원의 군 인사에 대한 소환권과 재판권을 거부하였다. 군부는 법원이 그들의 과거 인권탄압 행위에 대하여 취조하는 행위를 용납하지 않겠다고 선언하였다. 군부의 반대와 압력에 유의하여 우루과이 의회는 1986년 사면법－"국가특정범죄처벌권 무효화법"－을 의결하였다. 대법원도 1988년 그 합법성을 인정하였다. 그러나 최근 좌파 바스께스 정부는 해외망명자들의 사망과 실종에 관련된 민간 관료와 군 인사를 기소하려는 의지를 보이고 있다. 군 장교 단체는 사면법을 무효화하려는 시도가 예측할 수 없는 중대한 결과를 초래할 수 있다고 강력하게 경고하였다.[20]

---

20) http://www.freedomhouse.org/"Freedom in the world-Uruguay(2002) and (2006)."

제4장

민주화와 권력구조 개혁

제1절 민주화와 정부형태 논쟁[1]

I. 정부형태 논쟁의 문제

근래 미국, 유럽, 남미 등의 정치학자들 다수가 민주주의체제에서 정부형태 선택의 정치적 함의에 대하여 활발하게 논의 연구하고 있다. 1980년대 중반부터 최근까지 세계적으로 저명한 정치학자들－린츠(Linz), 스테판(Stepan), 레이프하르트(Lijphart), 사토리(Sartori), 바렌수엘라(Valenzuela) 등－이 민주정부의 형태에 대한 논의와 연구에 참여하고 있다. 한편 한국의 정치학계에서는 최근에 이르러서 민주정부 형태에 대한 논의와 연구가 다소 활기를 띠고 있다. 정부형태의 선택이 1997년 대선의 주요 이슈(issue)로 제기되고 있기 때문인 듯하다.[2]

외국 정치학계의 정부형태 논의 또는 논쟁에서 대체적으로 네 가지 지배적인 경향을 발견할 수 있다. 첫째, 신제도주의(new institutionalism)의 시각이다. 이는 정치제도를 개인적 정치행위의 동기 유발과 억제의 구조로 이해하는 입장이다. 둘째, 정부형태 선택을 정치발전－민주화－의 문제로 보기보다는 정치적 안정의 문제로 인식하고 있다. 셋째, 정부형태의 선택을 대통령제냐 의원내각제냐, 양자택일의 문제로 보는 경향이 강하다. 넷째, 이러한 유사한 또는 동일한 연구경향에도 불구하고 외국 정치학자들의 결론이 상반되고 있다.[3]

한편 한국의 정치학자들은 정부형태 선택의 문제를 거의 예외 없이 적실성의 시각－적실주의(適實主義)(?)－에서 접근 논의하고 있다. 그들은 한국의 특정한 목적들과 시기, 현실적 조건 또는 환경들에 근거하여 특정 정부형태가 한국에 적실하다고 주장한다. 또한 외국 정치학자들과 마찬가지로 그들은 정부형태 선택을 양자택일의 문제로 단순화하여 논의하고 있으며 그들의 결론 또한 상반되고 있다.[4]

---

1) 양동훈, 1998, 「대통령제 對 의원내각제 논쟁의 비판적 분석: 한국의 선택을 위한 함축성 모색」, 『논문집』 19집 1권, 경성대학교, pp.93~107. 이 논문은 부분적으로 수정됨.

2) 관련 주요 논문들이 근래 한국정치학회의 한국정치학회보(1997)와 하계학술대회 논문집(1990; 1992)에 소수 발표되었다. 이명남, 1997; 이행, 1992; 하봉규, 1992; 김호진, 1990.

3) 외국의 관련 학자들의 주장을 대별하면 린츠의 주장을 지지하는 의원내각제 지지파, 그의 주장을 비판하는 순수형 대통령제 지지파와 혼합형 지지파 등으로 다양하다.

4) 이명남(1997)과 김호진(1990)은 대통령제를 선호한다. 한편 이행(1992)과 하봉규(1992)는 대통령제의 대안으로 의원내각제를 주장한다. 그러나 이명남은 양당제에 결합된 내각책임제－영국식 모델(?)－를, 하봉규(1992)는 독일식 의원내각제를 선호하고 있다. 이들 모두는 문제의 접근시각에서 다소 다르지만 기본적으로 적실성－한국의 현실적 조건들－에 근거하여 대통령제와 의원내각제에서 양자택일하고 있다.

이와 같이 국내외 정치학계의 관련 논의는 한국의 정부형태 선택에 현실적으로 도움이 되지 않는다. 따라서 정부형태 선택의 문제는 새로운 시각에서 재조명되어야 한다. 첫째 신제도주의나 적실주의보다도 '선택적 실험주의'의 시각에서 정부형태 선택의 문제는 접근되어야 한다. 민주정부 형태의 선택은 정치공학적인 신제도주의의 문제만도 또한 현상유지적인 적실주의의 문제만도 아니다. 오히려 정치발전을 위한 개혁적 의지와 결단의 미래지향적·실험적 문제이기도 하다. 특히 높은 단계의 경제발전을 실현하고 또한 자부하고 있는 민주화 국가, 한국에서 더욱 그렇다.

따라서 둘째 정부형태의 선택은 정치적 안정보다는 장기적이고 포괄적인 정치발전의 관점에서 이루어져야 한다. 특히 민주화 과정, 민주주의 체제화와 공고화의 관점에서 고려되어야 한다. 셋째, 다양한 유형들의 정부형태를 구별하고 각 유형들의 제도적 특성과 그 정치적 개연성을 가늠, 비교해야 한다. 정부형태 선택을 양자택일의 문제로 단순화하는 것은 논리적으로 설득력이 약하며 현실적 선택에도 도움이 되지 못한다. 그리고 결론적으로 그러한 시각과 관점, 논의들이 한국의 정부형태 선택에 있어서 함축 또는 시사하고 있는 의미를 모색해야 한다.

II. 정부형태 논쟁의 성격

외국의 관련 정치학자들 다수는 정부형태에 대한 논쟁 또는 논의에서 정치제도의 선택이 정치적으로 중요하다는 사실에 동의하고 있다. 그들에 의하면 특정한 정부형태의 선택은 기본적으로 개인과 집단의 정치적 행위와 그들이 참여하는 정치과정에 다르게 영향을 미치기 때문에 결과적으로 다른 정치적 결과-특히 정치체제의 안정(지속성)-를 초래한다는 것이다. 이러한 시각, 신제도주의는 궁극적으로 두 가지 가정들을 전제하고 있다(Shugart & Carey, 1992, 14). 첫째 사람들은 합리적으로 행동한다. 둘째, 형식적인 제도나 게임의 규칙은 인간행위의 동기를 유발하거나 억제한다. 즉, 제도는 기본적으로 합리적 개인의 동기 유발과 억제의 구조이다. 따라서 정치제도의 선택과 조작을 통하여 개인과 집단의 정치적 행위를 어느 정도 통제하고 정치적 과정과 결과를 특정한 방향으로 유도할 수 있다는 것이다. 사토리에 의하면 "헌법공학(constitutional engineering)"이 가능하다는 것이다(Sartori, 1994b, 197~203).

신제도주의는 기본적으로 정치제도 자체와 인간의 정치적 합리성에 대한 높은 신뢰성에 근거하고 있다. 그러나 그 신뢰성은 선진 민주주의 국가의 정치학자들이 갖고 있는 편견일 수도 있다. 권위주의 청산과 민주화 과정을 경험하고 있는 제3세계의 민주화 국가들에서는 일반적으로 인간의 합리성과 정치제도에 대한 신뢰도가 상대적으로 낮다. 다시 말하면 정치제도가 합리적으로 행동하는 인간을 어느 정도 통제하기보다는 오히려 인간이 제도와 법을 이기적으로 경시 또는 이용하는 경향이 강하다. 따라서 제도나 법을 통한 헌법공학의 가능성이 상대적으로 취약하다고 할 수 있다.

신제도주의는 또한 정치제도의 인과성을 강조하고 있다. 그러나 신제도주의자들 대부분은 정치제도를 현실에서 독립변수로서 완전하게 분리하여 정치적 행위나 과정에 대한 그 인과적 영향을 가늠하지 못하고 있다. 예를 들면 대통령제가 정치적 불안정－쿠데타의 빈발－의 유일한 원인이라고 확신하기가 어렵다. 그 정치적 불안정은 다양하고 복합적인 원인들의 결과일 가능성이 크다. 대통령제를 포함하는 정치제도적 원인도 그중의 하나일 가능성이 높다. 그러나 그 제도적 원인의 상대적 비중을 가늠하는 것은 복잡하고 변화하는 현실에서 용이하지 않다. 이는 제도적 변수와 다른 독립변수들 사이의 관계와 그것들과 정치적 결과와의 관계를 현실적으로 밝히는 것이 어렵기 때문이다. 따라서 헌법공학의 결과는 확정적이 아니라 개연적이다. 이 개연성은 상대적으로 높지 않다. 그러므로 정부형태의 선택문제에 대한 신제도주의적 접근은 특히 제3세계의 민주화 국가에서는 설득력이 다소 약하다.

한편 한국의 관련 정치학자들은 시각의 차이들은 있지만 기본적으로 적실성에 근거하여 정부형태의 선택 문제를 논의하고 있다.[5] 그러나 한국의 문화적·정치적·행정적·경제적 조건들에 근거하여 한국의 정부형태 선택을 고려한다면 어느 민주정부 형태도 현재의 한국에는 적실하지 않을 수도 있다. 무엇보다도 몇몇 정치학자들이 정부형태의 선택을 위하여 진단한 한국의 현실은 전반적으로 민주주의의 실현에 미흡하다. 민주주의를 위한 일반적인 조건들이 현실적으로 충족되지 못하는 상황에서 민주정부 형태의 적실성을 논의한다는 것은 설득력이 약하다. 아직도 한국에서 민주적－민주성 또는 자유와 민주의 가치성을 갖고 있는－대통령제나 의원내각제의 실현을 위한 조건들이 마찬가지로 미흡하기 때문이다. 그들이 설명하고 있는 한국의 조건들에 근거하는 적실성의 시각은 결과적으로 소위 권위주의적 대통령제를 정당화할 수도 있다(Linz, 1994, 47). 따라서 현상유지적인 적실성의 시각에 집착하는 한 정치개혁과 정치발전을 위한 기회와 가능성이 적어질 수 있다. 또한 민주주의를 전제하지 않는 정부형

---

5) 가장 최근에 관련 논문을 한국정치학회보에 발표한 이남영(1997, 244)이 대표적이다. 적실성에 근거한 그의 주장은 김호진(1990)과 거의 일치한다.

태의 논의와 결론적 선택은 현실적으로 무의미하다.

그러므로 한국에서 현안으로 제기되고 있는 정부형태 선택의 문제는 적실성의 시각보다는 오히려 정치발전을 위한 의지와 결단의 관점에서 인식 접근되어야 한다. 특히 민주화 과정을 경험하고 있는 한국에서 민주주의체제 공고화 또는 제도화의 조건들을 복합적으로 고려하여 장기적·미래지향적 시각에서 정부형태의 선택이 이루어져야 한다. 특히 정치적으로 영향력 있는 집단들—정치지도자들과 참여적 시민들—의 의지와 역할이 중요하다.[6] 이들이 민주주의의 본질을 이해하고 그 실현과 공고화를 위하여 스스로 실천적 노력을 하지 않는 한 어떠한 형태의 민주정부 선택도 무의미하다. 특히 높은 단계의 경제발전을 실현하고 또한 자부하는 민주화 국가에서는 정부형태의 성패는 그 정치제도 자체나 환경적 현실보다 그 제도를 지지 선택한 정치지도자들과 참여적 시민들의 의지와 노력이 결정적이다.

Ⅲ. 정부형태와 민주주의 공고화

1. 정부형태와 민주주의체제

정부형태의 선택은 정치체제의 문제이다. 특히 정치체제의 네 가지 구성 영역들—명령, 동의, 이익, 권리—중에서 명령영역의 역할과 관계를 규정하고 조직하는 문제이다.[7] 정치권력의 배분과 행사에 대한 문제이다. 정부형태에 대한 유의미한 논의는 민주주의체제를 전제한다. 정치권력이 실질적으로 특정한 개인이나 집단에 집중되어 있는 비민주주의체제—권위주의 또는 전체주의 정치체제—에서는 정부형태는 정치적 정당화를 위한 허식(decoration)에 불과하다.

민주주의체제는 기본적으로 정치적 자유와 권리를 향유하는 시민들 다수의 정치적 참여와 동의에 근거하여 정치권력을 책임 있게 행사할 정부를 경쟁적으로 선출하는 체제이다. 민주주의체제의 정부는 보편적으로 입법, 사법, 행정 등 세 가지 기본적인 역할과 그 역할을 중심적으로 담당하는 별개의 제도들을 갖고 있다. 그러나 민주체제에서 그러한 역할과 제도들에

---

6) 이스턴(Easton, 1979)은 정치적으로 영향력 있는(influential) 또는 직접적으로 관련 있는(relevant) 집단의 역할이 정치체제의 안정에 결정적이라고 주장한다.

7) 매크리디스(Macridis, 1986)는 정치체제를 기본적으로 명령(command), 동의(consent), 이익(interests), 권리(rights) 등 구성요소들의 조직과 관계로 본다. 〈그림 4.1.1〉을 참조하시오.

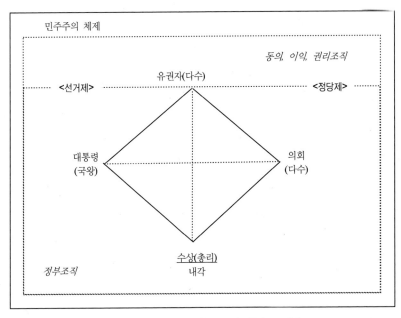

<그림 4.1.1> 민주정부의 주요 제도들과 그 관계

게 부여하고 있는 권한과 책임, 그리고 그것들 사이의 관계는 다양하다. 다시 말하면 민주주의체제의 정부형태는 다양하다. 각 민주정부 형태는 정부의 주요 역할과 제도들과 시민들 사이의 상호 관계에 의하여 규정된다. <그림 4.1.1>과 같이 민주정부의 형태는 일반적으로 대통령(국왕), 수상(총리)과 내각, 의회(국회), 유권자의 권한과 책임을 어떻게 배분하고 그들의 상호 관계를 어떻게 규정하는가에 의하여 결정된다. 그리고 그 정부형태의 작동과 그 정치적 결과에 정당제와 선거제가 조합적으로 영향을 미친다.

결과적으로 <표 4.1.1>과 같이 민주정부 형태는 기본적으로 대통령제와 의원내각제로 양분될 수 있다. 그리고 각 형태는 특성적으로 대별하여 순수형·혼합형·교체형으로 유형화될 수 있다. 뿐만 아니라 그렇게 세분화된 유형 내에서 순수 의원내각제의 경우와 같이 특성적으로 다소 상이한 형태들도 발견될 수도 있다.

2. 정부형태와 민주화 과정

정부형태의 선택은 민주화 과정에서 필연적으로 이루어지는 집단적 결정이다. 민주화는 비민주적 정치체제로부터 시민의 권리와 자유에 근거하고 정치적 참여, 경쟁, 책임의 정도가 상

<표 4.1.1> 민주주의체제의 주요 정부형태[9]

유형	대통령제	의원내각제
순수형	순수대통령제	순수 의원내각제 -수상 중심제 -정당 중심제 -의회 중심제
혼합형	혼합 대통령제	혼합 의원내각제
교체형	교체 대통령제	교체 의원내각제

대적으로 높은 민주주의체제를 실현하는 과정이다. 일반적으로 민주화 과정은 비민주주의체제 붕괴, 민주협약과 선거, 민주정부 수립, 비민주주의 청산, 민주주의 체제화, 그리고 민주주의체제 공고화의 단계와 계기로 이루어진다. 그러한 민주화 과정에서 정부형태의 선택문제는 중요한 이슈(issue)이다. 그것은 우선 초기 신민주정부 수립을 위하여 민주주의 세력들이 정치적 합의를 이루는 과정에서뿐만 아니라 민주선거를 통하여 집권한 초기 민주정부가 헌법을 제정 또는 개정을 시도하는 과정에서도 필연적으로 핵심적인 의제로 제기된다.[8]

현실적으로 초기 민주화 과정-비민주주의체제 붕괴, 민주선거, 민주정부 수립-에서 정부형태의 선택은 자주 정치집단들의 이해관계와 다수 시민들의 정치적 정향에 따라서 단기적 시각에서 이루어진다. 초기 민주화 과정은 정치체제의 전환기이기 때문에 정치적 유동성이 극대화된다. 그러한 상황에서 정치집단들은 무엇보다도 정치권력의 배분문제에 집착하게 된다. 그들은 기회주의적으로 가능한 한 더 많은 권력과 영향력을 확보하기 위하여 특정 정부형태를 선택할 가능성이 크다.

한편 오랫동안 비민주주의체제의 특정 정부형태에 익숙한 시민들 다수는 민주화 과정에서도 관행적으로 그 정부형태를 선호할 가능성이 높다. 따라서 초기 민주화 과정에서 어떠한 정부형태를 수립할 것인가보다는 어떻게 정부를 선출할 것인가가 주요 정치적 쟁점으로 부각되는 경향이 있다. 또한 정치지도자들이나 시민들은 과거에 비민주주의체제에서도 민주주의체제에서도 경험하지 못한 정부형태의 선택에는 일반적으로 소극적이다. 새 정부형태의 정치적 예상결과에 대하여 확신할 수 없기 때문이다.

---

8) 양동훈, 「제3세계의 민주화 과정: 개념화의 문제」, 『한국정치학회보』 28집 1호(1994), pp.451~481.

9) 혼합형은 절충형 또는 半(Semi-) 또는 이원집정부제(dual executive systems)라고 지칭되기도 한다. 슈거트와 케리(Shugart & Carey, 1992)는 혼합 대통령제를 수상-대통령제(premier-presidentialism)-로 개념화하고 있다. 혼합 대통령제(alternating or intermittent presidentialism)는 사토리(Sartori, 1994b)가 처음으로 제안하였다. 교체 의원내각제는 교체 대통령제의 對比的 유형이다. 사토리는 순수의원내각제의 하위유형들을 (1) 영국의 수상제 또는 내각제(premiership or cabinet system), (2) 프랑스 제3, 4 공화국의 의회정부(assembly government), (3) 정당주도 의회제(party-controlled parliamentarism)로 구분한다(Sartori, 1994a, 108; 1994b, 101).

그러므로 민주정부 형태의 선택은 민주주의 체제화와 공고화의 포괄적이고 장기적인 목직에서 재고되어야 한다. 그렇다면 어느 정부형태가 왜 민주주의체제 공고화에 유익한가? 이 질문에 답하기 위하여 우선적으로 주요 민주정부 형태들의 제도적 특성을 각각 요약하고 그 정치적 개연성을 분석 평가해야 한다.

Ⅳ. 정부형태의 특성과 그 정치적 개연성[10)]

1. 순수대통령제

1) 제도적 특성

관련 학자들은 일반적으로 순수대통령제의 제도적 특성으로 대통령의 직선제와 확정 임기제를 논의하고 있다(Linz, 1994, 6; Sartori, 1994a, 107; Shugart & Carey, 1992, 19; Lijphart, 1994, 92). 그러나 그와 같은 조건들은 순수대통령제의 핵심적인 특성이라고 하기 어렵다. 혼합 대통령제, 순수 의원내각제 등 다른 정부형태에서도 국왕이 국가원수의 역할을 상징적으로 수행하는 경우를 제외하고는 그러한 조건들이 혼합적으로 또는 별도로 시행되고 있기 때문이다. 오히려 순수대통령제의 핵심적 특징은 첫째, 정부에서 대통령직의 권한, 책임, 영향력이 다른 직책들에 비하여 절대적으로 크다는 사실이다.

둘째, 그러한 대통령직이 자연인 개인에게 위임되어 있다는 사실이다(Lijphart, 1994, 97). 헌법상 대통령은 집행부의 최고책임자로서 정부수반일 뿐만 아니라 또한 국가원수이다. 그는 정부의 최고결정권자로서 집행권과 함께 어느 정도 실질적인 입법권도 행사한다(Shugart & Carey, 1992, 19).[11)] 한 정당이나 정당연합의 지도자로서 특정 정치세력을 대표하는 정당인이다. 그의 정당이나 정당연합은 집행부뿐만 아니라 의회에서 그를 정책적으로 지원한다. 이러한 정치권력의 개인적 집중화는 직선제에 의하여 정당화되고 헌법이 규정하는 임기 동안에 보장된다.

---

10) 혼합 의원내각제와 교체 의원내각제는 논의에서 제외한다. 혼합 의원내각제는 혼합 대통령제와, 교체 의원내각제는 교체 대통령제와, 거의 유사한 정치적 결과들을 초래할 가능성을 갖고 있다.

11) 순수대통령제는 엄밀하게 말하자면 권력분립이 아니라 제도분립에 근거하고 있다(Verney, 1959, 184).

2) 정치적 개연성

순수대통령제에서 대통령의 권한, 책임, 영향력이 절대적으로 크고 일정 기간 그것들이 헌법상 보장되기 때문에 대통령의 개인적 성격과 능력에 따라서 강력한 정치지도력을 발휘할 가능성이 있다. 반면에 대통령이 재임 시기에 거의 배타적으로 권력을 행사할 가능성도 있다. 대통령의 막강한 권력행사를 일상적으로 감시 견제할 수 있는 제도적 장치가 일반적으로 미흡하기 때문이다. 대통령은 행정부의 최고책임자이며 정부수반이고 또한 국가원수이다. 더욱이 정당지도자로서 소속 정당이나 정당연합을 통하여 의회의 활동에 영향을 줄 수 있다. 사법부에 대하여도 임명권과 검찰권을 통하여 상당한 영향력을 미칠 수도 있다. 반면에 다수 정치세력들의 이해관계를 대표하고 있는 의회나 사법부는 대통령이 명백하게 위헌을 하지 않는 한 그에 대하여 효과적인 감시와 견제를 일상적으로 실현하기가 어렵다.

그러한 대통령직이 특정 기간 동안에 특정 개인에게 위임되기 때문에 결과적으로 정부운용 또는 일반적으로 정치가 특정 개인의 성격, 의지나 욕망, 사정에 의존하는 경향이 높다. 따라서 정치제도화의 가능성이 상대적으로 적고 오히려 인치(personal rule)의 가능성이 크다. 결과적으로 정치적 예측성의 근거가 상대적으로 약하다. 또한 정당의 활성화 및 제도화도 용이하지 않다. 대통령은 정치적 영향력을 확대하고 지도력을 발휘하기 위하여 그의 특권을 이용하여 정당들을 초월하여—경시하여(?)—지지세력을 확보하려는 경향이 있기 때문이다.

더욱이 대통령직의 막강한 권한과 책임을 헌법상 특정 개인에게 부여하고 있기 때문에 실질적인 권력배분이 어렵다. 따라서 정당들 사이의 정치적 연합이 용이하지 않고 그 연합이 이루어져도 느슨하고 한시적일 가능성이 높다. 특정 대통령과 협력적 관계를 통하여 다른 정당들이 얻을 수 있는 정치적 소득은 적으며 또한 불확실하기 때문이다. 오히려 대통령의 개인적 과오나 실책 때문에 연합정당들이 예상하지 못한 정치적 손실을 감수해야 할 가능성이 있다 (Mainwaring, 1993, 221) 따라서 다른 정당들은 대통령과의 정치적 타협과 협력보다 그의 실책을 부추기거나 관망할 가능성이 높다.

다당제에서는 대통령은 소수당 출신일 가능성이 크다. 따라서 야당들이 지배하는 의회의 강력한 견제 때문에 효율적인 정치지도력을 발휘하기 어렵다. 이 경우에 대통령은 무력화되거나 타협과 통합의 정치에 의존하기보다 독단적으로 권력을 행사할 가능성이 있다. 예를 들면 의회의 견제를 극복하고 정부운영을 주도하기 위하여 헌법에 보장된 대통령의 법령 선포권을 남용 또는 오용할 가능성이 있다(Mainwaring, 1993).[12] 그러나 다당제에서 절대다수제(결선투표제)에 의하여 대통령을 선출하는 경우에는 다수 정당들이 양대 연합으로 결집할 가능성이 높아 어느 정도 정치적 분열을 완화할 수 있고 소수당 출신 대통령의 정치지도력도 어느 정도 강화될 수 있다. 이 가능성은 의회선거와 대통령선거가 그와 같은 선거제에 의하여 동일한 시기에 실시되는 경우에는 높아질 수도 있다.[13]

2. 순수 의원내각제

1) 제도적 특성

순수 의원내각제에서는 다수 유권자들이 선출하고 그들을 대표하는 의회에 정치권력─입법권과 집행권─이 집중되어 있다. 의회를 장악하는 다수 정당 또는 정당연합이 의회 내에서 내각을 선출 구성한다. 내각은 의회 내 다수 세력의 소위 집행위원회라고 할 수 있다. 따라서 내각의 존립은 의회 다수 세력의 계속적인 지지 또는 신임에 의존한다. 내각은 그 다수 세력의 신임을 얻지 못하면 해체되고 새로운 내각이 구성된다. 반면에 수상은 의회의 내각 불신임에 대응하여 의회를 해산할 수 있다. 따라서 의회와 내각은 상호 의존 및 견제의 관계에 있다. 또한 내각은 본질적으로 수평적 집단체제라고 할 수 있다. 원칙적으로 수상은 정부수반으로 그의 권한과 책임을 내각의 구성원들과 집단적으로 공유한다. 그러나 수상의 지도자 역할이 강조되는 경향이 있다(Linz, 1994, 67). 한편 대통령이나 국왕은 일반적으로 국가원수로서 의전적 또는 명목적인 역할만을 수행한다.[14]

2) 정치적 개연성

순수 의원내각제에서 소수 정치지도자들이 정치권력을 과두적으로 행사할 가능성이 있다. 의회를 지배하는 다수 정당이나 정당연합이 내각을 구성하여 입법권과 집행권을 행사할 수

---

12) 메인웨어링(Mainwaring, 1993)은 특히 다당제와 대통령제는 서로 부합하지 않는다고 강조한다. 파워(Power, 1994)에 의하면 브라질의 민주(화) 정부 대통령들이 의회에서 다수 야당들의 견제를 극복하기 위하여 과거 군부 권위주의체제 대통령들과 같이 자주 대통령의 법령선포권 (presidential decree power)을 사용하였다.

13) 대통령제의 정치적 결과에 대하여 린츠(Linz, 1994)와 슈거트와 케리(Shugart & Carey, 1992, 28~54)를 참조하시오. 특히 린츠는 대통령제를 부정적으로, 반면에 슈거트와 케리는 긍정적으로 논의하고 있다.

14) 순수 의원내각제의 특성에 대하여 버니(Verney, 1959, 175-184)와 레이프하르트(Lijphart, 1994, 92)를 참조하시오.

있기 때문에 결과적으로 정당 지도자들의 영향력은 지대하다. 그들이 전략적으로 담합하여 정부와 그 정책을 좌지우지할 가능성도 있다. 또한 의회와 내각의 존립이 제도적으로 상호 의존되어 있기 때문에 정치적 불안정의 가능성도 있다. 의회가 내각을 불신임할 경우 대응적으로 수상은 의회를 해산할 수 있기 때문에 정부의 안정과 효율성이 일시적으로 위협을 받을 수 있다. 특히 다당제에서 그 가능성은 더 크다. 연립내각의 구성을 위하여 정당연합이 필요한 다당제에서 참여 정당들 사이에 정책적 갈등과 분열이 야기될 가능성도 있다. 이는 연립내각의 존립과 안정을 위협하고 결과적으로 그것의 정책적 효율성을 약화시킬 수도 있다.

그러나 순수 의원내각제에서는 시민들의 다양한 이해관계를 대표하고 있는 정당들이 의회를 중심으로 내각구성, 정책토론 등 중요한 정치적 역할과 활동을 수행한다. 따라서 민주주의 정치의 핵심인 의회정치의 활성화가 가능하다. 또한 의회에서 정치지도자들이 민주주의 정치의 기본적인 규범인 토의, 타협, 협력 등을 실천적으로 학습할 수 있다. 특히 다당제에서는 연립내각의 구성과 그 유지 때문에 그러한 민주적 규범들의 학습 기회가 많다. 그리고 의회에서 정당들과 그 소속 의원들의 행위나 활동은 거의 모두 내각 자체의 지지나 반대로 귀결되기 때문에 결과적으로 그 존립 또는 집권과 직결되어 있다. 따라서 연립내각 참여 정당들은 조직적 안정성과 기강을 유지하려는 노력을 할 것이다. 그러므로 의회의 정당과 소속 의원들은 책임성 있게 행동할 가능성이 있다. 즉, 정당들이 제도화될 가능성이 있다.

순수 의원내각제에서 정부의 주체는 내각이다. 내각의 정통성은 의회를 통하여 궁극적으로 다수 유권자들에 근거하고 있다. 내각은 원칙적으로 그 구성원들이 거의 동등한 권한과 책임을 갖고 있는 집단체제이다. 수상의 지도자 역할과 영향력이 강조되는 경향이 있지만 순수대통령제와는 다르게 내각에서 수상과 각료들의 관계는 본질적으로 수평적이다. 다시 말하면 정치권력이 특정한 개인이 아닌 내각참여 의회지도자들에 집단적으로 위임된다.

특히 다당제와 연립내각의 경우에는 정치권력은 내각내의 각료 개인들 사이에서뿐만 아니라 그들이 소속된 정당들 사이에서도 분배된다. 그러므로 정치권력 배분의 대상이 상대적으로 넓다. 그렇게 분산된 정치권력은 일상적으로 의회의 감시와 견제를 받으며 궁극적으로는 불신임을 받을 수 있다. 따라서 정치권력의 분산과 상호견제의 가능성이 상대적으로 높다. 반면에 정치권력의 분산은 결과적으로 정치적 타협과 협력을 방해할 가능성도 있을 수 있다. 그러나 집권과 권력배분이라는 최고의 정치적 보상을 전제하고 있기 때문에 정치적 타협과 협력의 가능성은 상대적으로 크다.[15]

3. 혼합 대통령제

1) 제도적 특성

혼합 대통령제는 순수대통령제에 순수 의원내각제의 특성적 요소들을 부가적으로 혼합 또는 절충한 제도이다. 이는 실질적인 이원집정부제이다.[16] 순수대통령제와 같이 대통령은 직선을 통하여 선출되고 헌법상 확정된 임기를 보장받고 있다. 그러나 대통령은 집행부의 권한과 책임을 내각과 수직적으로 분담 수행한다. 일반적으로 대통령은 최고통치권자이고 수상과 내각은 일반통치권을 행사한다. 대통령은 수상을 임명한다. 그러나 의회는 수상과 그의 내각에 대하여 불신임권을 행사할 수 있다. 반면에 대통령은 의회를 해산할 수 있다. 대통령은 의회로부터 독립적으로 존립하지만 수상과 내각은 의회의 신임에 따라서 교체된다(Sartori, 1994b, 132; Linz 1994, 48~50; Shugart & Carey, 1992 23; 김호진, 1990, 11~12).

2) 정치적 개연성

혼합 대통령제에서 집행부의 권한과 책임을 대통령과 내각 사이에 실질적으로 분배하기 때문에 권력의 집중화는 어느 정도 완화된다. 또한 집행부가 요구하는 역할과 업무를 그들 사이에 분담하기 때문에 각각 직무의 효율성을 높일 수도 있다. 반면에 집행부의 이원화는 현실적으로 정치적 책임의 소재를 모호하게 한다. 때로는 대통령과 수상이 그 책임을 서로 회피 전가할 가능성이 있다. 또한 그들 사이에 실질적인 권한과 영향력의 경쟁 때문에 정치적 갈등이 야기될 가능성이 있다. 일반적으로 대통령과 내각의 관계는 위계적이지만 그들의 지지 기반이나 정당들이 다를 경우—"동거정부(cohabitation)"—에는 그 갈등의 가능성이 높다(Suleiman, 1994, 150~151).[17]

특히 의회에서 소수 세력의 지지를 받는 대통령과 다수 정당 또는 정당연합의 신임을 받는 내각 사이에 그러할 가능성이 크다. 의회에서 다수 세력의 지지를 받고 있는 수상이 헌법상

---

15) 순수 의원내각제의 정치적 결과—특히 긍정적인—에 대하여 린츠(Linz, 1990, 1994)를 참조하시오.

16) 이원집정부제(dual executive systems)는 개념적으로 다소 모호하다. 엄격한 의미에서 순수 의원내각제도 집행부 내에 대통령(국왕)과 내각(수상)이 제도적으로 존재하기 때문에 이원집정부제이다. 그러나 대통령 또는 국왕이 정부 운영에 있어서 실질적인 권한과 책임이 거의 없기 때문에 명목상 이원집정부제라고 할 수 있다. 반면에 혼합형은 대통령과 내각이 실질적 권한과 책임을 분담하고 있다. 따라서 혼합형 정부형태는 실질적 이원집정부제라고 할 수 있다.

17) 동거정부의 가능성은 혼합의원내각제에서도 높다.

최고통치권자인 대통령의 리더십과 영향력에 도전할 수 있기 때문이다. 한편 대통령과 내각이 의회에서 동일한 다수 세력의 지지를 받을 경우에는 대통령의 리더십과 영향력이 상대적으로 커져서 어느 정도 권력집중화가 이루어진다. 이러한 정치적 결과의 가능성 때문에 두베르제(Maurice Duverger)는 혼합 대통령제를 본질적으로 대통령제적 단계와 의원내각제적 단계가 교체되는 제도라고 주장한다(Shugart & Carey, 1992 23).

혼합 대통령제에서 대통령이 수상을 임명하지만 수상과 내각은 의회의 신임에 의존하기 때문에 대통령 개인에 대한 정치적 충성심보다 정책적 책임성에 근거하여 국정을 운영할 가능성이 상대적으로 크다. 이는 결과적으로 정부의 책임성을 높일 수 있다. 뿐만 아니라 혼합 대통령제의 정부는 이중적으로 정치적 책임을 진다. 유권자들이 선출한 대통령은 그들에게 직접적으로 정치적 책임을 지는 동시에 수상과 내각은 유권자들의 대표자들에게 직접적으로 정책적 책임을 진다.

결론적으로 집행부의 권한과 책임 분담, 결과적인 행정적 효율성, 정부의 이중적 책임성은 민주주의체제 공고화에 기여할 수 있다. 또한 의회의 내각 불신임권과 대통령의 의회 해산권을 통하여 정치적·정책적 위기를 어느 정도 극복할 수 있는 가능성도 있다. 그러나 동거정부에서 대통령과 수상 또는 내각 사이의 갈등과 정치 과정의 유동성은 정치체제의 안정과 제도화를 위협할 가능성이 크다.[18]

4. 교체 대통령제

1) 제도적 특성

순수대통령제와 순수 의원내각제를 혼합 또는 절충하지 않고 각 정부형태의 고유한 특성을 그대로 유지시키면서 한 형태가 실패하는 경우에 다른 형태를 연동적으로 작동시키는 제도이다. 대통령과 의회의 선거시기와 재임기간이 동일하고 그것들 사이의 제도분립이 엄격하다. 대통령은 정치적 리더십과 정책적 능력에 따라서 무제한으로 연임할 수 있다. 동일한 헌법질서에서 두 제도는 잠재적으로 병립하고 상황에 따라서 교대로 작동된다. 교체 대통령제에서는 순수 의원내각제를 첫 번째로 작동시켜 의회가 일차 또는 이차로 내각을 선출하고 정부의 운영을 주도한다. 이 경우에 대통령은 순수 의원내각제의 대통령과 같은 역할—의전적 국가

---

18) 수레이만(Suleiman, 1994)은 프랑스의 역사적 경험에 근거하여 혼합 대통령제의 정치적 결과들을 분석하고 있다.

원수-을 수행한다. 그러나 일차 또는 이차로 구성된 내각이 의회의 불신임을 받는 경우에는 대통령이 내각을 직접 구성하고 잔여 임기 동안에 순수대통령제에서와 같이 국정을 주도한다. 이 경우에 의회는 순수대통령제의 의회와 같이 입법권을 행사하면서 대통령과 행정부를 견제하는 역할을 수행한다(Sartori, 1994b, 153~158).

이러한 교체 대통령제는 본질적으로 동시적이 아니고 연속적으로 점화되는 기관의 쌍둥이 발동체계이다. 기본적인 생각은 의회제에 자극을 주는 것이고 또한 만약 그렇지 못하면 대통령제에 의하여 그것의 해체와 교체로 응징하는 것이다(Sartori, 1994b, 153).

2) 정치적 개연성

교체 대통령제에서 의회와 같이 유권자 다수의 지지를 받고 헌법상 임기를 보장받은 대통령이 순수 의원내각제 시기 동안 의전적인 국가수반의 역할에 만족하고 기회를 기다릴 수 있는가? 오히려 정부운영의 주도권을 획득하기 위하여 내각의 불신임을 부추기거나 음모할 가능성이 있다. 특히 대통령과 의회 다수 세력의 지지기반이 다를 경우에 그 가능성은 더욱 커질 수 있다. 그러나 그 가능성은 대통령이 능력과 신망에 따라서 무제한으로 연임할 수 있기 때문에 적어질 수도 있다. 대통령이 헌법이 부여한 적절한 역할-명목적 역할일지라도-을 무난히 수행한 경우에 재선의 정치적 보상을 얻을 수 있기 때문이다.

한편 의회는 대통령에 정부운영의 주도권을 넘겨주지 않기 위하여 임기 말까지 내각의 능력에 관계없이 그것의 주요 정책들에 반대하는 것을 주저할 가능성이 있다. 정책적 반대는 내각의 불신임이 될 수도 있을 뿐만 아니라 의회 자체의 정치적 주도권을 상실하는 계기가 될 수도 있기 때문이다. 따라서 대통령과 의회는 정치적 협력보다 갈등을 야기, 조장할 가능성이 있다. 이 가능성은 대통령이 의회의 다수 정당이나 정당연합의 출신이 아닌 경우에 더욱 커진다. 그러나 교체 대통령제에서는 동일한 임기의 대통령과 의회가 동시에 선출되기 때문에 그 가능성은 상대적으로 적다. 대통령의 지지 세력이 의회의 다수 세력이 될 가능성이 높기 때문이다.

교체 대통령제에서 정부형태를 바꾸기 위하여 헌법질서의 변화나 위기를 경험하지 않고서 동일한 헌법질서 내에서 상황 또는 필요에 따라서 정부형태를 선택적으로 작동시켜서 정치적 위기를 효율적으로 극복할 수 있다. 순수형 정부형태를 상황에 따라서 교체하기 때문에 특정 집권 시기에 정부운영의 주체-내각 또는 대통령-와 그 책임이 명확하다. 동일한 임기를 가질 대통령과 의회를 동시에 선출하기 때문에 의회의 다수 정당 또는 정당연합에서 대통령이 선출될 가능성이 상대적으로 높다. 따라서 혼합형 정부형태의 동거정부 문제를 어느 정도 해결할 수 있다. 또한 순수 의원내각제나 혼합형 정부형태들과 같이 정치적 위기를 극복하기 위하여 일정한 임기 동안에 의회를 해산하고 선거를 실시할 필요가 없다. 따라서 선거에 따른 비용을 줄이고 정국의 과열화도 어느 정도 방지할 수도 있다(Sartori, 1994b, 158~159).

Ⅴ. 한국의 선택은?

신제도주의나 적실주의보다도 선택적 실험주의의 시각에서 정부형태 선택의 문제는 접근되어야 한다. 특히 제3세계의 민주화 국가에서는 민주정부 형태의 선택은 정치공학적인 신제도주의의 문제만도 또한 현상유지적인 적실주의의 문제만도 결코 아니다. 오히려 정치발전을 위한 개혁적 의지와 결단의 미래지향적 실험적 문제이기도 하다. 특히 높은 단계의 경제발전을 실현하고 또한 자부하고 있는 민주화 국가에서 더욱 그렇다. 따라서 한국에서 정부형태의 선택은 제도나 환경보다도 인간의 주체적인 시각에서 궁극적으로 민주주의 체제화와 공고화의 실현을 위하여 이루어져야 한다.

그러한 시각과 관점에서 우선적으로 순수 의원내각제의 선택도 가능하다. 그리고 의원내각제가 다른 유형들보다 개연적으로 민주주의 체제화와 공고화에 유리하다. 순수대통령제에서는 1인 통치(personal rule)의 가능성이 상대적으로 크다. 대통령과 의회의 지지 세력이 각각 다를 경우 대통령의 독재화 또는 무력화의 가능성이 있다. 그리고 혼합형 정부형태에서는 대통령과 수상 사이에 리더십 경쟁과 책임 전가 등의 정치적 갈등이 야기될 가능성이 있다. 특히 동거정부의 경우에 그 가능성이 크다. 반면에 순수 의원내각제에서는 의회가 내각을 통하여 정부운영의 주도권을 행사하고 궁극적으로 정치적 책임을 진다. 시민들의 다양한 이해관계를 대표하는 의회가 정치과정에서 토의와 타협의 場으로서 중심적·주도적인 역할을 담당한다. 따라서 의회정치의 활성화, 의회에서 정치지도자들의 학습과 훈련, 정당의 책임성 제고와 제도화, 내각의 집단체제와 연립내각을 통하여 정치권력의 분산, 내각(집행부)에 대한 의회의 일상적 감시와 교체 등이 민주주의체제 공고화에 도움이 될 가능성이 크다. 그리고 소수당 대통령이나 동거정부의 우려도 없다.

그러나 한국에서 순수 의원내각제는 대통령제에 비하여 다수 시민들이 이해하지 못히는 생소한 제도이고 또한 역사적으로 어쨌든 실패한(?) 제도이다. 따라서 순수 의원내각제를 실현하기 위하여 단편적인 정치적 구호나 주장보다는 그 제도에 대한 체계적이고 심도 있는 논의와 연구가 필요하다. 또한 순수 의원내각제가 효율적으로 작동하지 못할 것이라는 회의와 우려를 극복하기 위하여 그것을 견제, 대체할 수 있는 제도도 고려하여 볼 만하다. 이 점에서 사·토리가 처음으로 제안하고 있는 교체 대통령제를 현실적 대안으로 논의할 가치가 있는 것 같다. 교체 대통령제의 반복적인 실현은 궁극적으로 순수 의원내각제의 정착을 가능하게 하고 결과적으로 민주주의체제 공고화에 기여할 수도 있을 것이다.

결론적으로 의원내각제이든 교체 대통령제이든 정부형태의 성패는 특정 민주화 국가─특히 높은 단계의 경제발전을 실현하고 있고 또한 자부하는─의 정치제도 자체나 사회적·정치적·경제적·문화적 현실보다도 그 제도를 지지 선택한 정치지도자를 포함하는 정치집단들과 참여적 시민들의 의지와 노력에 달려 있다. 그들이 민주주의의 본질과 조건을 이해하고 그 체제화와 공고화를 위하여 스스로 실천적 노력을 하지 않는 한 어떠한 형태의 민주정부 논의와 선택도 무의미하다. 그들의 발전적 의지와 실천적 노력만이 새로운 정부형태의 제도적 개연성을 현실적 필연성으로 전환시킬 수 있을 것이다.

제2절 신민주체제의 대통령제: 브라질[1]

Ⅰ. 브라질 대통령제 연구의 전제

브라질은 한국과 같이 군부 권위주의 통치, 민주화정부 수립, 민주주의 체제화, 민주주의체제 공고화 등 민주화 과정을 비슷한 시기에 경험하고 있다. 특히 브라질은 제3세계 어느 국가들보다도 민주화 과정에서 정부형태의 선택문제 때문에 심각한 정치적 갈등과 치열한 정치적 논쟁을 거의 10여 년 동안 경험한 국가이다. 브라질 시민들은 1993년 최종적으로 국민투표를 통하여 대통령제를 선택함으로써 정부형태의 논쟁에 종지부를 찍었다. 그러므로 브라질의 사례연구는 민주화 과정에서 야기되는 대통령제 정부의 문제점들을 실증적으로 밝혀 줄 수 있을 것이다.

브라질의 사례연구는 다음과 같은 네 가지 전제들에 근거하고 있다.

첫째, 정부형태 선택의 문제는 신제도주의(new institutionalism) 또는 현실주의적 적실성의 시각보다는 선택적 또는 '개혁적 실험주의'의 시각에서 접근되어야 한다. 특히 근래 고도의 근대화를 실현하고 민주화 과정을 경험하고 있는 제3세계 국가들에서 그렇다(양동훈, 1997, 3~6).

둘째, 대통령제나 의원내각제 그리고 그것들의 유사형들 모두는 각각 어떻게 특징적으로 정의되어도 내재적으로 긍정적·부정적 개연성을 모두 가지고 있다. 민주화 과정―민주주의 체제화와 공고화―의 관점에서 각 정부형태의 정치적 개연성을 비교할 때 순수 의원내각제가 상대적으로 유리하다(양동훈, 1997, 9~19).

셋째, 그러나 제3세계의 많은 민주화 국가들은 브라질, 아르헨티나, 한국 등과 같이 역사적으로 자주 실패하였지만 대통령제 정부의 경험을 갖고 있으며 현실적으로도 그것을 선택 실현하고 있다.

넷째, 그러므로 가능하다면 민주화 과정에 있는 초기 민주정부의 대통령제에 대하여 그 문제점들을 검토하고 역사적 조건과 현실적 상황을 고려하여 그 개선책들을 모색해 보는 것이

---

[1] 양동훈, 1997, 「대통령제와 민주주의 공고화의 문제: 브라질의 경우」, 『사회과학연구』 제13집, 경성대학교 사회과학연구소, pp.5~21. 이 논문은 부분적으로 수정됨.

현실적으로 유익하다.

　이러한 전제들에 기초한 브라질의 사례연구가 궁극적으로 한국에 의미가 있으려면 비교적 접근방법이 필요하다. 그러한 접근방법은 정부형태의 선택 문제를 민주화 과정－민주주의 체제화와 공고화－의 포괄적인 시각에서 이해하고자 할 때 가능하다. 따라서 정부형태와 민주주의의 관계를 개념적으로 논의하고 특히 순수대통령제의 제도적 특성과 그 민주적 개연성을 우선 밝힌다. 그리고 경험적으로 브라질의 대통령제 정부가 민주화 과정에서 어떠한 문제점들을 왜 경험하였는가를 분석한다.

Ⅱ. 브라질 민주화와 대통령제

　브라질 군부체제(1964~1985)는 본질적으로 패쇄적이고 억압적인 권위주의체제였다. 민주화는 군부체제의 집권 개혁세력이 정통성 위기와 군부조직 와해 위기를 극복하기 위하여 1974년경부터 정치자유화를 주도적으로 시도한 결과였다. 정치자유화는 시민사회의 부활을 초래하였고 브라질은 체제 양보와 사회정복의 변증법적 과정을 통하여 1985년 20년 만에 민간 출신 대통령을 의회에서 선출하게 되었다.[2] 군 출신 전임 대통령들과 마찬가지로 의회가 대통령을 선출하였다. 그러나 브라질 시민들 다수는 대통령 직선제를 원하였다. 대통령 직선제의 실현을 위하여 1983년 브라질 곳곳에서 수십만에서 거의 백만 명에 이르는 시민들이 참여하는 대중집회들이 개최되었다. 그럼에도 불구하고 브라질의회는 1984년 대통령 직선제를 위한 헌법개정에 실패하였다.

　군부는 1985년 대통령선거에서 군 출신 대통령 후보를 추천하지 않기로 결정하였다. 브라질 의회에서 민주세력들의 결집으로 민주동맹의 탄크레두 네베스(Tancredo Neves)가 대통령에 선출되었다. 그러나 네베스는 대통령 취임 전 급서하였고 부통령 당선자 호세 사르네이(José Sarney)가 1985년 4월 대통령에 취임하였다. 사르네이 정부는 민주주의체제 수립을 위한 과도기 정부였다.[3]

---

2) 오도넬과 슈미터(O'Donnell & Schmitter, 1986, 48~56)가 "시민사회를 부활하기(resurrecting civil society)"에 대하여 논의하고 있다. 스테판(Stepan, 1988, 45~46)은 브라질의 자유화과정을 "체제양보와 사회정복의 변증법적 과정(a dialectic between regime concession and societal conquest)"이라고 보았다.

3) 관련 학자들 다수는 사르네이 정부의 성격을 민주정부로 평가하고 있다. 그러나 민주화정부라고 보는 것이 더 정확하다. 사르네이 정부는 기본적으로 군부체제 헌법에 근거하고 있었기 때문이다. 사르네이 정부는 군부체제에서 최초의 민간정부이다. 한편 신민주헌법(1988)에 의하여 구성된

사르네이 정부에서 새로이 구성된 제헌의회는 거의 1.5년 동안의 열띤 토론과 협상을 통하여 군부체제의 제도적 유산인 군부체제 헌법(1969)을 대신하여 1988년 9월 246조의 신민주헌법을 압도적으로 통과, 공포하였다. 이는 정치적 이해관계를 달리하는 다양한 집단들의 구체적인 타협의 산물이었다. 신민주헌법은 정부의 권한을 제한하는 한편 시민들의 기본적 인권과 정치적 권리와 자유를 보장하고 노동파업권을 무제한 인정하고 있다.

제헌의회에서 각 헌법조항 논의 과정에서 이해집단들은 활발한 로비활동을 통하여 자신들의 입장을 관철하려고 적극적으로 개입하였다. 특히 군부는 제헌의회에서 군 역할 축소, 국방부 신설, 국가안보원칙 타기, 군복무 지원제 채택 등을 강력하게 반대하였다. 또한 군부는 제헌의회에서 논의되고 있던 다른 문제들에 대하여도 관심을 갖고 영향력을 행사하였다. 군부는 사르네이 대통령의 5년 임기 보장과 대통령제 유지를 지지하였다. 이는 제헌의원 다수 의견과 상반되는 것이었다. 그러나 제헌의회는 결과적으로 사르네이의 임기 5년 보장과 직선 대통령제 채택을 의결하였다. 이 결과는 부분적으로 정부와 군부의 압력, 회유, 위협이 주효하였기 때문이었다. 이렇게 신민주헌법에서 일단 직선 대통령제가 채택되었다. 의회는 정부형태를 1993년 4월에 국민투표에 의하여 최종적으로 결정하기로 합의하였다.

신민주헌법(1988)에 의하여 30여 년 만에 직선 대통령, 페르난두 콜로르 디 멜루(Fernando Collor de Mello)가 1989년 선출되었다. 그러므로 콜로르 정부가 실질적으로 군부정권 이후 최초의 민주정부라고 할 수 있다. 그러나 그는 부패혐의로 탄핵되어 1992년 사임하고 부통령 이타마르 프랑쿠(Itamar Franco)가 잔여 임기 동안(1992. 10.~1994. 12.) 대통령직을 수행하였다. 1993년 4월 정부형태에 대한 국민투표가 예정대로 실시되었다. 브라질 시민들은 최종적으로 직선 대통령제를 유지할 것을 결정하였다(Von Mettenheim, 1997, 153). 결정은 대통령제 민주정부가 정치부패와 경제위기 때문에 정책적 효율성과 효과성을 제고하지 못하고 있는 상황에서 이루어졌다. 그리고 1994년 대통령선거에서 정권교체가 이루어졌다. 브라질사회민주당(PSDB)의 페르난두 엔히크 카르도주(Fernando Henrique Cardoso)가 대통령에 선출되었다. 그는 원칙적으로 의원내각제 지지자이다. 민주정부의 교체는 브라질의 허약한 대통령제 민주주의체제가 서서히 공고화되어 가고 있다는 역사적 경험이다.

___

콜로르 정부는 군부체제 이후 최초의 민주정부이다.

III. 브라질 대통령제의 특성

신민주헌법(1988)은 브라질 대통령에게 예외적으로 강력한 사후적(reactive) · 사전적(proactive) · 입법적 권한을 부여하고 있다. 사후적 입법권으로 대통령은 의회가 통과시킨 법안을 전체 또는 부분적으로 거부할 수 있다. 이 거부권은 의회 양원의 합동회의에서 절대다수의 동의로 무효화될 수 있다(제66조). 또한 대통령은 군대규모, 주요 공공부문의 고용과 임금, 연방지역의 정부조직과 예산, 내각과 행정부의 기능과 조직 등에 대하여 고유한 입법제안권을 갖는다(제61조). 그리고 대통령은 배타적 예산작성권을 갖고 있다. 의회는 대통령 예산안에 없는 계획이나 사업을 단독적으로 제안할 수 없다(제167조). 한편 대통령은 사전적 입법권으로 비상법령권(medidas provisórias)을 행사할 수 있다(재62조). 적절하고 시급한(relevance and urgency) 경우에 대통령은 의회의 동의 없이 30일 동안 법적 효력을 갖는 비상법령을 집행할 수 있다. 대통령의 비상법령은 의회에서 30일 내에 논의 통과되지 않으면 자동적으로 취소된다. 그러나 대통령은 그 법안을 비상법령권을 발동하여 다시 선포 실현할 수 있다. 결과적으로 대통령의 비상법령은 의회가 명백히 거부하지 않는 한 법적으로 계속하여 유효하게 될 수 있다(Mainwaring, 1997, 60~63).[4]

그러한 대통령의 헌법적 특권과 함께 대통령은 신민주헌법에 의하여 의회에 대하여 회기일정 조정권, 법안 긴급토의 요청권, 특별회기 소집권 등을 행사할 수 있다. 의회에서 논의되지 못한 대통령의 비상법령은 자동적으로 의회일정의 첫 번째 의안이 된다(제62조). 대통령이 긴급하다고 선언한 법안에 대하여 의회는 45일 내에 투표해야 한다. 그렇지 못한 경우 의회 일정의 첫 번째 의안이 된다(제64조). 대통령이 제안한 안건들을 다루기 위하여 대통령은 의회의 특별회기를 요청할 수 있다(제57조)(Mainwaring, 1997, 64~65).

브라질의 정당체제는 매우 분열된 다당제로서 매우 유동적이고 분열되어 있다.[5] 1990년 총선에서 19개 정당이 하원에 진출하였다. 일반적으로 노동당(PT)이나 민주노동당(PDT) 등 소수

---

4) 신민주헌법의 정치제도적 내용: John M. Carey, Octavio Amorim Neto, and Matthew Soberg Shugart, compiled, 1997, Appendix: Outlines of Constitutional Powers in Latin America, Argentia, Brazil; Scott Mainwaring and Matthew Soberg Shugart, eds., 1997, *Presidentialism and Democracy in Latin America*, pp.443~444.

5) 브라질의 정당들과 정당체제: Scott Mainwaring, 1995, "Brazil: Weak Parties, Feckless Democracy", Scott Mainwaring and Timothy R. Scully eds., *Building Democratic Institutions: Party Systems in Latin America*, pp.354-398; Scott Mainwaring and Timothy R. Scully, "Introduction: Party Systems in Latin America", Scott Mainwaring and Timothy R. Scully, eds., *Building Democratic Institutions: Party Systems in Latin America*, p.30: 효과적인 정당(effective parties) 지수가 1986년과 1990년 사이에 평균 5.70이다. 특히 1990년에는 하원 8.69, 상원 5.540이다; p.17: 정당체제의 제도화 지수는 4.5로 아르헨티나 9.0의 절반이다.

좌파 정당들을 제외하고 대다수 정당들은 정당의 조직적 결속력과 이념적 일체성에 있어서 약하다. 그러나 브라질 정당들 다수가 조직적 결속력이 낮고 이념적 정체성 또는 일체감이 모호한 통합정당(catchall parties)들이다. 다양한 이념적 시각과 정치적 이해관계를 갖고 있는 정치지도자들과 그 지지자들이 정치적 상황의 변화에 따라서 자의적으로 조직한 정당들로서 사회적 지지기반이 취약하다.

브라질은 개방적 정당명부제(open-list systems)를 채택하고 있기 때문에 정당이 선거의 후보명부를 작성하지만 그 순위를 결정하지 않고 개개 후보자들의 득표수에 따라서 그 순위가 결정되고 그 결과로 당락이 결정된다. 이것은 일반적으로 선거운동을 포함하는 정치활동에서 개인화를 조장하여 정당 구성원들의 결속력을 약화시킨다. 또한 정당 구성원들이 소속 정당을 바꾸려는 동기를 억제할 만한 제도적 불이익이 전혀 없다. 그리고 정당들은 텔레비전과 라디오 등 대중매체의 시간을 어느 정도 무료로 사용할 수 있다. 그러므로 새로이 조직된 정당들도 용이하게 유권자들에게 접근하여 그것들의 후보와 정책들을 홍보, 선전할 수 있다. 이는 정당의 조직과 활동을 용이하게 함으로써 정당의 난립을 조장하는 경향이 있다.

브라질은 대통령선거에서 절대다수제를 채택하고 있다. 대통령 후보들 중에서 유효투표의 절대다수 득표자가 없을 경우 상위 두 최다 득표자들에 대하여 결선투표를 실시한다. 의회 선거구는 26개주와 1개 연방구로 총 27개 선거구이며 각 선거구에서 8명 이상 다수의 하원의원이 비례대표제에 의하여 선출된다. 정당 또는 정당연합이 하원의 의석을 배분받기 위하여 필요한 최저 득표율이 매우 낮게−전국 투표의 0.04%−되어 있다. 대통령선거와 하원선거는 1985년부터 1990년까지는 다른 시기에 실시되었다. 이러한 선거 관련 절차나 조건들은 결과적으로 극심한 다당제를 조장하는 경향이 있다.

브라질의 극도로 분열된 다당제와 함께 강력한 연방제(robust federalism)는 권력분산을 더욱 강화하고 있다(Mainwaring, 1997, 83~84). 1988년 헌법에 의하여 주 및 지방 정부들은 상당한 권한과 자원을 획득할 수 있으나 그것들에 상응하는 책임을 갖고 있지는 않다. 특히 주지사들은 영향력 있는 정치지도자들로서 주민들의 여론을 주도하기도 하고 연방의회에서 주 출신 의원들을 포함하는 지지자들을 통하여 지역적 이익을 실현하기 위하여 정책과정에 영향력을 발휘할 수도 있다. 반면에 연방정부도 정치적·자의적 고려와 판단에 따라서 상당한 자원을 지방정부에 배분할 수 있는 어느 정도의 재량권을 갖고 있다.

Ⅳ. 신민주정부의 대통령 권력행사

1. 대통령선거(1989)

1989년 11월 대통령선거에서 39세의 콜로르가 유력한 좌파 후보들을 물리치고 2차 결선투표에서 당선되었다. 1989년 대통령선거는 1985년 선거와는 달리 신민주헌법에 따라서 직선제와 결선투표제로 실시되었다. 대통령선거 과정에서 상대적으로 늦게 부상한 콜로르는 사르네이 정부와 기성 정치인들의 무능과 부패를 비난하고 정치개혁을 약속하여 1차 투표에서 유권자 30.5%의 지지를 획득하여 약 17.2%를 얻은 노동당 후보 루이스 이나시우 다 시우바 "룰라(Lula, Luis Inacio da Silva)"와 약 16.5%를 확보한 민주노동당 후보 레오넬 브리졸라(Leonel Brizola)를 크게 앞섰다. 결선투표에서는 콜로르가 53.0% 지지를 획득하여 "룰라"에게 승리하였다(Coggins & Lewis, 1992, 57).

콜로르는 1960년 자니우 꽈드로스(Janio Quadros) 대통령 이후 30여 년 만에 직접선거와 결선투표로 선출된 첫 번째 대통령이었다. 그는 군부체제에서 1978년 28세에 정치에 입문한 알라고아스(Alagoas) 주의 언론재벌 가문 출신이다. 1985년에 콜로르는 사르네이의 적극적인 지원으로 민주동맹의 브라질민주운동당(PMDB)이 참여하게 되었고 알라고아스 주지사선거에 출마하여 당선되었다. 그는 이미 군부체제 여당들인 국가재건연맹당(ARENA)과 민주사회당(PDS)에도 참여한 경력을 갖고 있다. 그는 대통령선거에 출마하기 위하여 스스로 국가개혁당(PRN)을 새로이 급조하였다. 그러나 국가개혁당은 중앙기구나 전국적인 대중조직을 갖추지 못하였을 뿐만 아니라 정치적 경험과 능력 있는 당원들도 부재하였다. 따라서 콜로르는 선거공약 정책들을 개발 준비하기 위하여 브라질민주운동당, 브라질사회민주당, 노동당 등 다른 주요 정당들의 정치인들로부터 도움을 받지 않을 수 없었다. 대통령선거에서 그는 민중주의적 공약을 제시하고 사르네이 정부와 기성정치인들의 무능과 부패에 대하여 신랄하게 비판하였다. 특히 텔레비전을 통한 선거운동은 다수 유권자들에게 무명의 젊은 콜로르를 신선하고 깨끗한 개혁후보로 부각시켰다.

2. 콜로르(Collor) 대통령

대통령 콜로르는 2차 대통령선거 결선에서 획득한 유권자 절대다수의 지지가 그에게 정당과 의회 없이도 통치할 수 있는 정당성을 주었다고 믿었던 같았다. 그는 브라질민주운동당을 포함하는 주요 5개 정당소속 인사들이 참여하는 연립내각을 구성하였다. 그리고 대통령 비상법령권을 집권 초기부터 적극적으로 행사하였다. 집권 60일 동안에 37개의 비상법령들을 선포하였다. 콜로르가 선포한 다수의 비상법령들은 법적으로 논란의 여지가 있었다. 그럼에도 불구하고 콜로르는 30일 내에 의회가 논의하지 않는 대통령 비상법령들을 재선포하라고 보좌관들에게 지시하였다. 1990년 5월 의회가 반대를 결의한 비상법령 185－임금인상 금지안－와 거의 동일한 비상법령 190을 선포하였다. 이에 대하여 대법원은 위헌으로 판결하기도 하였다. 콜로르는 1990년 100개 이상의 비상법령들을 선포하였다(Mainwaring, 1997, 95, 96; Power 1994, 9~10).

그러한 통치행태는 적어도 두 가지 요인들에 기인한다고 할 수 있다. 첫째, 콜로르가 대통령선거 2차 결선투표에서 획득한 투표자의 과반수 지지에 대하여 과신하고 있었던 것 같다. 둘째 그러한 투표자의 지지도에 비하여 의회에서 그의 지지기반은 절대적으로 취약하였다. 1989년 총선에서 콜로르의 국가개혁당은 연방의회에 소속의원 20명을 진출시켰다. 이는 의회 전체의석의 4.2%만을 차지하는 매우 미미한 소수 집권당의 존재였다. 2차 대통령 결선투표에서 국가개혁당과 함께 선거연합에 참여한 정당들의 의석을 합하여도 과반수에 못 미치는 39.6%에 불과하였다. 그러나 대통령 재임 초기－1990년 중반까지－에는 부분적으로 과감한 경제안정화 정책과 그 단기적인 효과 때문에 콜로르에 대한 여론의 지지가 대체적으로 높았다. 또한 브라질민주운동당과 브라질사회민주당을 비롯한 주요 중도우파 정당들도 초기에는 콜로르 정부를 잠정적으로 지지하기도 하였다. 그러나 1990년 말부터는 정부에 대한 여론과 의회의 지지가 급격하게 줄어들기 시작하였다.[6]

브라질 의회는 이미 콜로르의 대통령 비상법령권 남용에 대하여 불만을 갖고 있었다. 초기에 콜로르 정부를 지지하였던 의회의 중도우파 정당들도 일찍이 정치적·정책적 이해관계 때문에 지지를 철회하였다. 한편 집권 국가개혁당은 의회 소수당으로서 콜로르의 정책을 효과

---

6) *Latin America Regional Report*: "Brazil Reprot", 9 January 1992, p.6: 콜로르의 취임 100일이 지나자 지지율 71%에서 36%로 떨어졌다. Scott Mainwaring, 1997, p.15: 여론조사에 의하면 콜로르 지지율이 1990년 3월에 71%, 1990년 6월에 36%, 1991년 3월에 23%, 1992년 2월에 15%로 하락하였다.

적으로 지원할 수가 없었다. 이 상황에서 콜로르 대통령은 정치적 타협 또는 협상보다 비상법령권의 적극적인 행사를 통하여 반인플레 경제안정화, 공기업 사유화 정책 등을 집행하였다. 이에 대하여 하원은 1991년 초에 대통령의 비상법령권을 제한하는 결의안을 압도적으로(415 대 13) 지지함으로서 콜로르의 독단적인 권력행사에 대하여 반대와 견제를 표면화하였다.[7] 결과적으로 1991년에는 대통령의 비상법령이 8개에 불과할 정도로 콜로르의 정치적 주도권이 크게 약화되었다.

한편 콜로르 측근들의 부패와 오직 혐의가 공개되기 시작하였다. 그 결과로 주요 주지사선거에서 콜로르를 지지하였던 후보들이 낙선하였으며 1992년 초에는 부패혐의 장관들을 교체하기 위하여 대대적인 내각개편을 단행하기도 하였다. 부패와 오직 혐의는 그의 측근과 각료에만 국한되지 않았다. 그의 부인과 결국에는 그 자신도 부패혐의를 받게 되었다. 정부의 복지기구(LBA)의 책임자였던 콜로르 부인은 인척들에게 특혜를 주었다는 혐의를 받았다. 또한 콜로르 대통령 자신은 친동생 뻬드루 콜로르(Pedro Collor de Mello)의 폭로에 의하면 그의 측근인 빠우루 세사르 파리아스(Paulo Cesar Farias)의 독직 혐의에 관련되어 있었다.[8] 의회는 특별조사위원회를 구성하여 콜로르의 관련 혐의를 조사하였다.

그러한 상황에서 콜로르는 영향력 있는 주지사들의 지지를 얻기 위하여 전통적인 고객주의적 후견정치(clientilism)를 시도하였다. 1991년 12월 강력한 주지사들과 그들의 의회 지지자들의 지지를 얻기 위하여 지방정부들이 연방정부에 지고 있는 거의 600억 달러를 차환(借換)하여 주기도 하였다. 브라질재단 은행은 콜로르의 재임 마지막 3개월 동안에 750건의 선심성 지급요구들을 처리하였다. 이는 그의 초기 재임 27개월 동안의 700건에 비하여 엄청난 증가였다(Mainwaring, 1997, 96~97). 결과적으로 그러한 특혜정치는 콜로르 정부가 독단적으로 추진하였던 주요정책들, 특히 1990년의 브라질 신계획(Plano Novo Brasil)과 1991년의 제2차 콜로르 계획(Plano Collor Mark II) 등과 같은 경제안정화정책을 전면적으로 부정하는 것이었다. 초인플레, 빈곤, 외채, 경기침체 등 사회 경제적인 문제들은 점차 악화되었다. 결과적으로 콜로르는 정치적으로 고립되었다. 의회는 부패혐의로 대통령 콜로르를 압도적으로 탄핵하여 사임시켰다. 1992년 9월 하원은 441 대 38로 대통령직 수행을 정지시키고 상원에서 재판하기로 결의하였다. 12월 상원에서는 81명의 의원들 중에서 76명이 탄핵에 동의하였다.[9] 결국 콜로르는 사임하였다.

---

7) Timothy J. Power, 1994, pp.8~14. 1991년 3월 하원은 대통령 비상법령권을 제한하는 법안(Johim Bill)을 토의 표결하였으나 과반수에서 5표 부족으로 통과시키지 못하였고 상원에서도 처리되지 못하였다.

8) *Latin American Regional Report*, "Brazil", 4 June 1992, p.6.

3. 프랑쿠(Franco) 대통령

부통령 프랑쿠가 콜로르를 계승하여 잔여 임기 2년 동안 대통령직을 수행하였다. 전임 대통령 사르네이와 비슷한 정치적 운명을 맞이하게 되었다. 그러나 사르네이는 대통령 당선자를 계승하였지만 프랑쿠는 임기 중에 탄핵되어 사임한 대통령의 계승자였다. 61세 2선의 미나스 제리아이스 주 출신 상원의원 프랑쿠는 어느 정파와도 긴밀한 관계를 갖고 있지 않은 무색의 정치인이었다. 그는 임기 초기에 정직성과 성실성 때문에 다소 지지를 얻기도 하였다.

대통령 취임 후 프랑쿠는 다양한 주요 정당 출신들로 새로운 내각—거국내각—을 구성하였으며 일시적으로나마 경제안정정책에 대하여 의회의 19개 정당들로부터 지지를 확보하기도 하였다. 그러나 프랑쿠 내각은 지도력 부재, 이념적 갈등, 부패혐의 등 때문에 분열되고 안정되지 못하였다. 그는 대통령 취임 후 일 년 동안에 20회나 개각을 단행하였다. 특히 부패혐의로 조사받고 있던 연방예산국장 조세 깔로스 알베스 도스 상또스(Jose Carlos Alves dos Santos)의 폭로는 정부와 정치인들에 대한 시민들의 낮은 신뢰와 지지를 더욱 약화시켰다.[10] 따라서 프랑쿠를 포함하는 정부지도자들에 대하여 여론이 악화되면서 의회에서 정당들의 태도 또한 비판적이 되었다.

선거를 통한 정통성도 없고 또한 자신의 정치적 지지기반이 거의 없었던 대통령 프랑쿠는 경제위기의 상황에서 비상법령권에 의존하였다. 1994년 2월 1일까지 1달에 평균 7.2개의 비상법령을 선포하였다. 이는 거의 4일마다 비상법령 1개씩을 선포한 것이 된다. 이는 콜로르의 경우를 훨씬 능가하는 것이었다.[11] 프랑쿠도 콜로르와 마찬가지로 그의 정책을 지지하는 대가로 관련 정치인들에게 대통령의 특권을 이용하여 빈번하게 공공자금을 사용하였다. 이는 경제안정화 정책을 역행하는 행위였다.

한편 프랑쿠 정부에서 군부의 특권과 영향력은 오히려 상대적으로 확대되었다. 프랑쿠 정부는 급여와 예산에 대한 군부의 요구에 대하여 예외적이었다. 초인플레와 재정적자 때문에 정부가 국가예산을 전반적으로 삭감해야 하였을 경우에도 군 예산은 삭감하지 않았고 정부기구들 사이의 급여 동등화를 위하여 일반 공무원에 대하여는 12.9%에서 16.5% 수준으로 올리

---

9) *Latin American Regional Report*, "Brazil", 22 October 1992, p.6; 7 January 1993, p.3.

10) *Latin American Regional Report*: "Brazil Report", 5 May 1994(RB-94-04), p.2.: 직업별 신뢰도에 대한 여론조사에 의하면 정치인, 7%; 관료, 23%; 군인, 24%; 소방관, 56%로 나타났다. *Latin American Regional Report*: "Brazil Report", 7 January 1993, p.5; 21 October 1993, p.4: 프랑쿠의 인기도 1993년 말에는 36.1%에서 14.5%로 하락하였다.

11) 대통령 재임 시 선포한 비상법령 수는 프랑쿠, 505; 콜로르, 160; 사르네이, 147개이다(Mainwaring, 1997, 63).

는 한편 군부의 급여는 35%를 인상하기도 하였다. 결과적으로 프랑쿠 정부의 경제안정화 정책은 실효를 거두지 못하고 경제위기와 사회동요가 더욱 심화되었다. 브라질 북동지역에서는 가뭄과 빈곤으로 주민소요와 상점약탈 등이 빈발하였다. 인플레는 1992년에 이미 1,000%를 1993년에는 2,000%를 훨씬 넘어섰다.[12]

브라질 시민들의 기대 속에 출발하였던 첫 번째 대통령제 민주정부(콜로르/프랑쿠)는 민주화 과정에서 브라질이 직면하였던 정치적·경제적·사회적 위기를 극복하지 못하였다. 브라질의 민주화 과정이 지체 또는 역행할 것인가? 브라질 시민들은 대통령제 유지와 정권교체를 통하여 브라질 위기를 극복하기로 결정하였다. 브라질 시민들은 1993년 4월 국민투표에서 대통령제 유지를 결정하였다. 그리고 1994년 대통령선거에서 브라질사회민주당의 카르도주를 선택하여 정권교체를 실현하였다. 이는 브라질에서 민주주의 공고화의 역사적인 시발점이었다.

V. 브라질 대통령제와 민주주의 공고화

브라질 신민주헌법은 대통령에게 상대적으로 막강한 권한과 책임을 부여하고 있다. 그러나 현실적으로 브라질 대통령은 항상 강력한 리더십을 발휘하지 못하였다. 상황에 따라서 무력한 대통령으로 전락하여 정부 또는 정치체제의 위기를 초래하기도 하였다. 이는 브라질 대통령제의 몇 가지 특성들에서 기인한다고 할 수 있다. 브라질에서는 거의 조직적인 지지기반이 없는 대통령 후보가 현실적으로 대통령이 될 수 있다. 브라질의 정당체제는 정치지도자들의 시기적 이해관계에 따라서 분열되는 매우 유동적인 다당제이다. 이 조건에서 대통령 후보의 정당(연합)은 선거에서 상대적으로 중요하지 않다. 정당의 조직적·이념적 지지기반보다는 대중매체—특히 텔레비전—를 통하여 대중적 이미지를 조작 확산하고 여론이 지지하는 선거공약을 제시하는 선거 전략이 더욱 중요하게 되었다.

그러므로 브라질 대통령의 정치적 정통성과 정책적 리더십은 궁극적으로 다수 유권자들의 지지—또는 일반적으로 여론의 지지—에 근거하고 있다. 다수의 유권자들이 지지하는 동안 대통령은 강력한 리더십을 발휘할 수 있다. 유권자들 다수가 대통령과 그 정부를 지지하면 정당, 의회 등 정치세력들도 정치적 협력 또는 타협을 통하여 어느 정도 대통령을 지지하기 때

---

12) *Latin American Regional Report*: "Brazil Report", 3 June 1993, p.6; 13 January 1994, p.7.

문이다. 반대로 여론의 지지도가 낮아지면 대통령 소속의 정당을 포함하는 대부분의 정치집단들은 비판 또는 반대 세력이 된다. 결과적으로 대통령은 무력화될 수밖에 없다. 그러므로 대통령은 그의 리더십과 영향력을 유지하기 위하여 여론정치에 집착한다. 그러나 문제는 여론이 매우 가변적이라는 사실이다. 대통령선거에서 대통령을 지지하였던 유권자들이 재임 동안 계속하여 그를 지지한다는 보장이 없다. 대통령과 그 정부에 대한 여론의 지지도는 상대적으로 대통령 재임 초기에 가장 높다. 유권자들 다수가 초기 민주정부에 대한 기대심리 때문에 대통령을 지지하고 있다. 그리고 도덕성, 리더십, 정책 등과 관련하여 그를 현실적으로 평가할 수 있는 현실적인 근거도 아직은 없다. 그러한 시기가 지나면서 대통령과 그 정부에 대한 여론의 지지도는 상대적으로 낮아진다. 유동적인 민주화 과정에서 민주화정부는 다양한 사회적 정치적 세력들을 포용하면서 과거의 정치적 유산을 청산하고 민주주의를 체제화하며 사회경제적 위기를 극복해야 한다. 이는 민주화정부가 정치적 리더십과 정책적 성과를 실현하는 것을 어렵게 한다. 그러므로 제도적 지지기반이 취약한 대통령의 여론정치는 불안정할 수밖에 없다.

안정적이고 지속적인 제도적 지지기반이 이미 취약한 대통령은 여론의 지지도가 낮아짐에 따라서 재임의 어느 시점에서 무력한 대통령이 된다. 그러나 그의 임기는 헌법상 보장되어 있기 때문에 어쨌든 나머지 기간 동안에 대통령직을 수행해야 하는 딜레마에 놓이게 된다. 이러한 상황에서 브라질 초기 민주정부의 대통령 콜로르와 프랑쿠는 대통령의 특권을 이용하는 포고령정치(decree politics)와 후견정치(clientilism)에 의존하였다. 의회나 정당들과 정치적 협상보다는 대통령 비상법령권을 남용 또는 오용하여 주요 정책들을 일방적으로 포고 실행하였다. 한편 콜로르와 프랑쿠는 정치적으로 영향력 있는 주지사들에게 지역적 요구들을 충족시켜 주는 대가로 그들과 그들의 추종자들의 지지를 요구하였다. 이는 전통적으로 브라질의 정치지도자들이 정치체제에 관계없이 의존하였던 관행이다. 이렇게 민주화 과정의 초기 민주정부 대통령은 과거의 정치로 회귀하였고 결과적으로 민주주의 공고화의 걸림돌이 되었다.

브라질 의회의 대통령 탄핵 절차와 콜로르의 사임은 도덕성, 리더십, 정책 등 때문에 이미 무력화된 대통령을 교체하는 계기가 되었다. 그러나 그를 승계한 부통령 프랑쿠도 곧 무력화되었다. 프랑쿠는 브라질 유권자들이 직접 선택한 대통령이 아니었기 때문에 그에 대한 여론의 지지는 애초부터 상대적으로 낮았다. 그리고 독자적인 정치적 지지기반이 거의 없는 대통령이었다. 뿐만 아니라 프랑쿠는 부패하고 무력화되었던 콜로르 대통령을 헌법상 승계하였기 때문에 그것에 따른 정치적 부담을 갖고 있었다. 따라서 프랑쿠 대통령의 정치적 정통성은 형식적 또는 절차적이었고 그의 정책적 리더십은 콜로르의 경우보다도 더욱 취약하였다. 결과적으로 프랑쿠 대통령은 포고령정치와 후견정치에 더욱 의존하게 되었다. 그리고 전통적으로 정치적인 브라질 군부에 대하여 나약한 태도를 보였다. 이러한 프랑쿠 대통령의 정치는 명백히 민주주의 공고화 과정에 역행하는 것이었다.

브라질의 대통령제 민주정부의 경험은 다음과 같이 시사하고 있다. 첫째, 대통령제는 경우에 따라서 매우 취약한 민주정부의 형태일 수도 있다. 둘째, 대통령제가 어느 정도 효율적으로 작동하기 위하여 대통령은 선거에서의 유권자 지지뿐만 아니라 적정한 수준의 정치적·제도적 지지기반-정당 또는 정당연합-에 근거해야 한다. 셋째, 대통령을 지지하는 정당 또는 정당연합은 어느 정도의 조직적·정치적 결속력을 발휘해야 한다. 넷째, 그러한 정당이나 정당연합은 의회에서 최소한 정책적 협상을 주도할 수 있을 정도의 주요 집단이 되어야 한다. 다섯째, 그 정당이나 정치연합에 근거한 대통령제 실현을 위하여 정당의 난립을 방지할 수 있는 정치적으로 합의된 제도적 장치들이 필요하다. 여섯째, 그러한 제도적 장치는 현실적 조건들을 고려하여 정당제, 선거제, 연방제(지방자치제) 등의 구체적 절차와 규칙들을 조작함으로써 어느 정도 마련될 수 있다.

결론적으로 민주정부의 대통령제는 개연적으로 모든 것일 수 있다. 대통령의 개성에 따라서 강한 리더십의 정부형태일 수도 있고 또한 무력한 리더십의 정부형태일 수 있다. 시각과 목적에 따라서 좋은 정부형태일 수도 있고 나쁜 정부형태일 수도 있다. 주변적 조건이나 상황에 따라서 성공한 정부형태일 수도 있고 실패한 정부형태일 수도 있다. 정책에 따라서 효율적인 정부형태일 수도 있고 비효율적인 정부형태일 수 있다. 그러므로 대통령제는 현실적으로 기회일 수도 있고 문제일 수도 있다. 개연적으로 모든 것일 수 있고 문제일 수 있는 대통령제가 현실적으로 특별한 것이 되고 기회가 되기 위해서는 선택적 결단뿐만 아니라 그 유지와 개선의 노력이 필요하다. 특히 민주주의 공고화를 지향하는 정치지도자들과 참여적 시민들의 공동적 의지와 실행이 무엇보다 중요하다.

제3절 신민주체제의 대통령제: 아르헨티나[1])

I. 아르헨티나와 정부형태 논쟁

아르헨티나는 한국과 유사하게 군부권위주의 통치, 민주화정부 수립, 민주주의 체제화, 민주주의체제 공고화 등 민주화 과정을 경험하고 있다. 아르헨티나에서 1983년 군부권위주의체제가 붕괴되고, 구 민주헌법(1853)에 근거하여 1번째(1983), 2번째(1989) 대통령제 민주정부가 수립되었다. 그 사이에 역사적인 평화적 정권교체가 이루어졌다. 그리고 두 번째 민주정부에서 여야의 정치적 타협을 통하여 기본적으로 대통령제를 유지하는 범위 내에서 개헌이 실현되었다. 이러한 아르헨티나의 경험은 민주화 과정에서 야기되는 대통령제정부의 문제점들과 그 현실적 개선책을 실증적으로 제시하여 줄 수 있다.

특히 대통령제를 근본적으로 문제가 있는 정부형태로 인식하고 그 대안으로 의원내각제를 선호, 주장하는 학자들이나 정치인들에게 의미하는 바가 크다. 대통령제의 폐기와 의원내각제의 대안적 교체보다는 현실적으로 채택하고 있는 대통령제의 개선을 통하여 민주주의 공고화를 접근하는 것이 보다 현실적일 수 있다는 것을 아르헨티나 사례가 시사하고 있기 때문이다. 따라서 아르헨티나 대통령제의 사례연구는 중요하다.

아르헨티나는 근래 민주화 과정을 경험하고 있고 민주주의 공고화를 지향하고 있는 제3세계 국가이다. 민주화 과정에서 1853년 헌법이 회복되고 그것에 의거하여 첫 번째 민주정부가 1983년 수립되었다. 미국과 유사한 대통령제 정부였다. 대통령선거인단 과반수의 지지를 획득한 급진시민연맹(UCR)의 알폰신(Raúl Alfonsín) 대통령은 과거청산과 군부개혁 정책을 적극적으로 추진하였다. 그러나 군부의 저항과 그에 따른 정국불안, 심화되는 경제위기에 책임을 지고 헌법에 보장된 6년 재임기간 6개월 전에 사임하였다.

정의당(PJ) 카를로스 사울 메넴(Carlos Saúl Menem) 당선자가 알폰신을 계승하여 두 번째 민주정부가 수립되었다. 역사적인 평화적 정권교체가 이루어진 것이다. 메넴 대통령은 과거청산 관련 군지도자들을 사면하는 한편 군의 도전에 대하여 단호한 지도력을 발휘하여 민군관

1) 양동훈, 1999, 「대통령제와 그 정치적 개연성의 문제: 아르헨티나 사례」, 『사회과학연구』 15집, 경성대학교 사회과학연구소, pp.67~87. 이 논문은 부분적으로 수정됨.

계를 안정시켰다. 그리고 유능한 경제장관을 발탁하여 경제안정화정책을 효과적으로 실현하였다. 이러한 조건에서 메넴과 정의당은 그의 연임을 허용하기 위하여 개헌일정을 주도적으로 추진하였다. 주요 야당인 급진시민동맹당은 애초의 반대 입장을 철회하고 그 지도자이며 첫 번째 민주정부의 대통령이었던 알폰신이 주도하는 정치적 협상을 통하여 헌법개정에 동의하였다.

신헌법에서 대통령의 연임을 허용하는 대신 대통령의 권한을 축소, 제한하고 국민 다수의 의사가 보다 직접적으로 반영될 수 있도록 개정하였다. 특히 대통령 직선제가 채택되었고 대통령 연임은 허용되었지만 임기는 6년에서 4년으로 단축되었다. 그리고 대통령 긴급법령선포권은 특정한 경우에만 허용되었고 의회의 동의를 받도록 하였다. 이 헌법에 의하여 메넴 대통령은 1995년 재선되었고 4년 임기의 대통령직을 1999년까지 수행할 수 있게 되었다.

이와 같이 아르헨티나는 대통령제 민주정부를 경험하였고 그 과정에서 야기된 문제들을 기본적으로 대통령제를 유지하는 범위에서 주요 야당과의 정치적 타협을 통하여 보다 민주적으로 개선하였다. 따라서 아르헨티나의 경험은 대통령제 논쟁에서 제기된 주장들 또는 가설들을 경험적으로 평가할 수 있는 근거가 될 수 있다. 또한 대통령제의 문제들을 대통령제 개선을 통하여 타협적으로 해결하였다는 사실은 유사한 대통령제 문제들을 경험하고 있는 국가들에 대하여 유의미한 시사점을 가지고 있다. 특히 대통령제의 문제들을 나열하고 그 대안으로 의원내각제나 또 다른 정부형태의 채택을 주장하는 학자나 정치인들에 대하여 자신들의 입장을 재고할 것을 요구하고 있다.

왜냐하면 역사적으로 생소한 다른 정부형태의 채택은 오히려 현재의 대통령제보다 더 많은 문제들을 야기할 가능성이 있기 때문이다. 다시 말하면 정치적 위험부담이 상대적으로 크다. 특히 민주주의를 위한 조건들이 일반적으로 미흡한 제3세계 국가에서 정부형태의 변화는 더욱 그렇다. 뿐만 아니라 국민 다수가 정서적으로 생소한 정부형태에 대하여 거부감을 갖고 있고 오히려 역사적으로 익숙한─대통령제에 대하여 오해와 좌절을 경험하여 왔지만─대통령제를 선호하고 있다. 이러한 경우에 대통령제의 대안적 변화는 비현실적인 선택이다. 오히려 대통령제의 내적 개선이 현실적이다. 아르헨티나의 대통령제 개선은 현실적 선택의 경험적 사례이다.

Ⅱ. 아르헨티나 대통령제의 특성

1. 헌법적 권한

1853년 헌법에 의하면 아르헨티나 대통령은 의회에 대하여 법률거부권을 갖고 있다. 이 거부권은 상대적으로 강력하다. 의회가 대통령의 거부권을 무효화시키기 위해서는 양원에서 각각 2/3 의원들이 합의해야 한다. 또한 의회는 양원에서 각각 2/3 의원들이 동의하면 대통령에 대하여 탄핵권을 행사할 수 있다. 한편 대통령은 외국의 공격이나 계엄 상태에서 대통령은 긴급명령권을 행사할 수 있다. 또한 긴급명령권은 의회폐회 기간에 발생한 국내 소요사태의 경우에도 의회가 소집될 때가지 발동될 수 있다. 이러한 경우에 시민권은 제한되고 행정부는 법원의 명령 없이 체포할 수 있다. 그러나 이 상황에서도 대통령의 입법권 행사는 법적으로 제한된다. 대통령은 규칙제정, 헌법적 대통령 권한 행사, 의회위임 사항 실행에 관련하여 법령을 선포할 수 있을 뿐이다(Rubio & Gorettio, 1998, 33). 공식적으로 입법권은 의회의 고유한 권한이다. 헌법은 대통령의 긴급포고법권(decretos de necesidad y urgencia)에 대하여 규정하고 있지 않다. 그러나 역사적으로 대통령들, 특히 메넴은 긴급법령 포고권을 이용하여 입법과정에서 의회를 무력화시키고 주도적인 역할을 하였다.

2. 정당제와 정당

아르헨티나는 급진시민연맹과 정의당이 주도하는 양당지배체제이다. 급진시민연맹은 1891년, 정의당은 1945년에 각각 조직되었고 1945년 이후 50여 년 동안 정권획득 과정에서 반복적으로 주요 경쟁정당들이 되어 왔다. 따라서 아르헨티나의 정당체제는 어느 정도 '제도화된' 양당지배체제이다.[2] 한편 주요 2개 정당들과 함께 지방정당들을 포함하여 제3의 군소정당들이 존재한다. 특히 1983년과 1991년 사이에 그들은 의회선거에서 평균 20%의 지지를 획득하였고 결과적으로 의회의 소수세력으로 주요 입법과정에서 어느 정도 영향력을 행사하였다(McGuire, 1995, 225). 그러나 대통령제, 집행부지배 권력구조, 대통령과 의회의 동시선거가 아르헨티나의 사회

---

[2] Scott Mainwaring and Timothy R. Scully, 1995, p.17, 19; Ernesto Cabrera, 1994, pp.1~2; Mark P. Jones, 1997, p.264, 268. 아르헨티나의 효과적인 의회정당의 수는 2.50이다(The Laakso and Taagepera effective number of parties, 1983-1989); James W. McGuire, 1995, p.229; Scott Mainwaring and Timothy R. Scully, 1995, p.30.

정치적 균열구조에서 발전된 양당지배체제를 강화하는 경향이 있다(McGuire, 1995, 228).

정의당과 급진시민연맹의 중앙당조직은 각각 강력한 영향력을 행사한다. 중앙당은 지역구의 정당 조직이나 운영에 개입할 수 있다. 지역구의 선거 후보명단과 그 순위 결정에도 영향력을 미친다. 특히 중앙당 지도자가 대통령일 경우에는 그 영향력은 절대적이다. 대통령은 지역의 정당지도자들에게 재정적·행정적 보상 또는 중앙정부의 개입을 통하여 강력한 영향을 미칠 수 있다. 따라서 의회의원들의 정치적 장래-의원으로서 또는 정부 관리로서-가 정당과 그 지도자에게 달려 있다고 해도 과언이 아니다. 결과적으로 의회에서 정당의 조직적 기강(discipline)이 상대적으로 높다(Mainwaring and Scully, 1995, 16; Jones, 1997, 271-272, 278, 279).

3. 선거제

대통령은 대통령 선거인단의 과반수에 의하여 간접적으로 선출된다.[3] 대통령 선거인단은 각 주의 선거구에서 비례대표제로 각 정당이 제시한 대통령선거인단 명부에서 선출한다. 이는 유권자 다수의 지지를 받은 대통령 후보가 낙선할 개연성도 있으며 후보들이 선거인단의 과반수 지지를 획득하기가 용이하지 않다(Cabrera, 1994, 13).[4] 그리고 선거구의 대표성 편차가 극심하기 때문에 선거구 크기와 그 대통령 선거인단의 수가 비례하지도 않는다(Cabrera, 1994, 11, 13).

한편 의회선거는 대통령선거와 동시에 실시된다. 하원의원들은 24개 선거구(23개 주와 연방 수도)에서 2명에서 35명의 의원이 인구비례에 따라서 선출된다. 임기 4년인 하원의원들의 절반인 257명은 매 2년마다 폐쇄적 정당후보명부(closed party lists)에 근거하여 비례대표제로 선출된다. 정당이 의회의석을 획득하려면 등록된 투표자의 3% 이상의 지지율을 받아야 한다. 한편 9년 임기의 상원의원들 1/3은 매 3년마다 각 주에서 2명씩 주의회가 선출되고 연방 수도에서는 선거인단이 선출한다(McGuire, 1995, 228, 229; Jones 1997, 263).[5] 주지사와 주의회는 주법에 의하여 선출 구성된다. 1987년 25년여 만에 처음으로 임기 4년의 주지사들이 민주적 직접선거로 선출되었다(Cabrera, 1994, 1; Jones, 1997, 263~264).

---

3) 아르헨티나 대통령 선거제도는 미국의 제도와 유사하다. 대통령 선거인단은 600명이고 연방지역구과 지방지역구에서 정당에 의하여 추천되어 직접선거로 선출된다.

4) 20세기에 미국에서는 투표자 50% 이하 지지를 받은 대통령 후보가 각주에서 선거인단 다수의 지지를 받은 후보가 그 주의 모든 선거인단표를 독식하기 때문에 20세기에 미국에서는 전국적으로 투표자 50% 이하 지지를 받은 대통령 후보가 당선된 적이 없었다. 그러나 아르헨티나에서는 그런 경우가 1916년과 1963년에 2회 일어났다. 이는 후보자들의 득표율에 비례하여 각 주의 선거인단을 각 후보들에게 배분하기 때문이다.

5) *Latin American Regional Report*: "Southern Cone Report", 30 May 91: 1991년부터 모든 연방 선거직은 동시선거로 선출한다.

4. 연방제

아르헨티나는 기본적으로 연방체제이지만 주정부의 자치권이 제도적으로 현실적으로 제한되어 있다. 연방정부와 주정부는 징세권을 공동으로 행사할 수 있으며 연방정부는 필요에 따라서 주정부에 개입하여 그 활동을 제한할 수도 있다. 그럼에도 불구하고 아르헨티나 연방제는 지방자치의 영역에서 대통령제의 승자독식의 경향을 어느 정도 약화시킨다(Jones, 1997, 261~262, 280, 283). 주정부 지도자들은 특정 지역 주민들에게 상당한 자원을 배분하고 취업 기회를 제공할 수 있다(McGuire, 1995, 229). 이를 통하여 정치적 입장과 상황에 따라서 대통령과 연방 중앙정부의 정책에 지지 협력할 수도 있고, 또한 반대 비판하고 협력하지 않을 수도 있다. 특히 대통령과 주지사가 동일한 정당의 출신일 경우에는 협력적 관계가 가능하지만 그렇지 않을 경우에는 갈등적 관계의 가능성이 크다.

위와 같은 제도적 특성들을 갖고 있는 아르헨티나 대통령제의 정치적 결과를 평가하기 위해서는 특정 대통령의 현실적 리더십과 정책적 결과를 연구해야 한다. 특정 대통령이 어떠한 정치적 기반 위에서 정책 관련 권력기관과 집단들과 어떠한 관계를 설정하여 그의 지도력과 영향력을 확보하고 어떠한 주요 정책을 어떻게 추진하였는가를 분석해야 한다. 구체적으로 대통령선거, 대통령과 정부정책 관련 정부기관이나 사회단체들－정당, 의회, 주, 내각, 법원, 이익단체 등－과 대통령과의 관계, 그리고 대통령의 주요 정책과 그 결과를 밝혀야 한다.

III. 아르헨티나 대통령의 권력기반과 정책

1. 알폰신(Alfonsín) 대통령

1) 알폰신 대통령(1983년 12월~1989년 6월)의 권력기반

알폰신은 급진시민연맹의 "혁신과 변화" 계파 지도자로서 중도좌파 정치인이었다. 1966년과 1976년의 군부 쿠데타들을 강력하게 반대하였다. 또한 그는 정치탄압과 인권유린, 말비나스 섬(Malvinas Islands) 전쟁 도발과 관련하여 군부체제를 공개적으로 비판하였던 소수 정치지도자들 중의 한 사람이었다. 군부체제 말기에는 반군부 정당연합체(multipartidaria)의 유력한 지도자였다. 알폰신은 1983년 대통령선거에서 "민주주의와 반(反)민주주의"의 구호를 통하여 민주화가 시대적 과업임을 선언하였고 자신이 민주화과업을 담당할 정통적인 민주주의자임을 강조하였다. 그는 대통령선거에서 총 600명 선거인단 중에서 317표를 획득하여 259표를 확보한 정의당 후보 이따로 루데르(Italo Luder)를 패배시키고 제1대 민주정부의 대통령에 당선되었다. 일반유권자 투표로는 알폰신은 51.8% 지지를 받은 반면에 루데르는 40.2% 얻었다 (McGuire, 1995, 242). 급진시민연맹의 알폰신 당선은 페론주의자들의 선거패권의 신화를 종식시켰다(Torre, 1993b, 76).[6]

그러한 선거 결과는 도시 중간계층, 여성, 젊은 세대, 노동자 유권자들 다수가 알폰신과 급진시민연맹을 지지하였기 때문이었다. 특히 알폰신은 온화한 인상, 역동적인 연설, 정력적인 선거운동 등 때문에 유권자들로부터 많은 지지를 받았다. 이러한 대중적 지지는 대통령 취임 후에도 그의 단호한 지도력 행사와 과감한 권위주의체제 유산 처리정책 때문에 오랫동안 지속되었다. 1983년 선거는 특히 알폰신과 급진시민연맹에게 정치적 약진의 역사적 계기였다.

알폰신 대통령의 급진시민연맹도 1983년 의회선거에서 상당한 지지를 얻었다. 254석의 하원에서 129석을 획득하여 과반수가 넘는 의석을 차지하는 다수당이 되었다. 한편 46석의 상원에서는 18석을 얻었다. 이는 상원에서 거의 40%에 이르는 의석을 차지하는 것이기 때문에 특정 법안을 통과시키기 위하여 소수 정당들이나 정의당이나 소수 정당들의 의원들과 협상을 통하여 정책적 연합을 시도해야 하였다. 반면에 정의당은 하원과 상원에서 각각 111석과 21석을 차지하여 강력한 제1 야당이 되었다. 그러나 1987년 하원선거에서 여당 급진시민연맹은 과반수 의석을 획득하는 데 실패하여 의회 소수세력으로 전락하였다. 알폰신 정부는 '분할정부'가 되었다. 이는 무엇보다도 과거청산에 따른 군부 저항과 함께 정국과 경제의 불안정이 심화되고 있었기 때문이다(McGuire, 1995, 244, 246; Jones, 1997, 265~266; Torre, 1993, 83~84).

의회에서 정의당 의원들은 그들의 정책적 정체성을 상실할 것을 우려하여 입법 과정에서 알폰신과 여당에 협조적이기보다는 적대적이었다. 뿐만 아니라 하원에서 제3당들의 영향력도 커져서 입법 과정에서 정부의 무시하지 못할 협상대상 세력으로 부상하였다(Torre, 1993, 76; McGuire, 1995, 225).[7] 알폰신 대통령의 정치적 지지기반이 축소되었고 효과적으로 리더십을

---

6) 페론주의자(Peronista)들의 정의당은 전통적으로 당원, 조직, 득표율에 있어서 급진시민연맹을 압도하였다. 당원은 통상적으로 정의당이 약 3백만 명이었고 반면에 급진시민연맹은 1.5백만 정도였다. 1973년의 일반선거에서는 페론주의자들의 연합체, 해방정의전선(FREJULI)이 49.56%, 급진당은 21.29% 지지를 얻었다. 그러나 10년 후 1983년에는 알폰신과 급진시민연맹이 정의당을 패배시키고 집권하였다. 그 이유는 (1) 루데르에 비교하여 알폰신의 역동적인 지도력 (2) 페론 사후에 페론주의자들의 분열, (3) 과거 페론 정부의 실정, (4) 페론주의자들과 군부의 비밀협상 소문 등 때문이라고 할 수 있다.

발휘하기가 어렵게 되었다. 한편 급진시민연맹 지도자들은 당령을 개정하여 공식적으로 알폰신 대통령이 계속하여 정당지도자로 남게 하였다. 급진시민연맹은 여당으로 의회입법 과정에서 알폰신 대통령의 확고한 지지기반이 되었다. 그러나 급진시민연맹은 사회의 조직적 지지기반을 갖고 있지 못하였기 때문에 알폰신의 지도력을 뒷받침하는 데는 한계가 있었다.

알폰신 대통령은 페론주의 노동조합들을 통제하지도 협력관계를 수립하지도 못하였다. 그는 노동조합의 민주화를 통하여 그에게 비판적인 노동계 지도자들의 교체를 시도하였다. 이에 반발하여 노동자총연맹(CGT)은 알폰신의 경제계획(Austral Plan)에 반대하는 전국파업을 13번이나 주도하였다. 이 상황을 타개하기 위하여 알폰신 대통령은 노동장관에 노동조합 지도자를 임명하였다. 그러나 그 노동장관과 다른 경제 관련 장관들 사이에 정책적 갈등이 끊이지 않았다. 결과적으로 알폰신 대통령의 리더십과 그 정부의 신뢰성과 효율성에 의문이 야기되었다(Torre, 1993, 79, 81~82; Linz & Stepan, 1996, 193).

또한 알폰신 대통령의 지도력과 정책적 실효성에 장애가 된 것은 지방 주정부와 그 지도자들이다. 알폰신 정부에서 주지사들 대다수가 정의당 출신들이었다(Jones, 1997, 281). 특히 그들은 자신들과 정의당을 지지하는 주민들에게 주정부의 물질적 자원과 특혜적 기회를 제공하면서 경제안정화를 위한 알폰신 정부의 긴축정책에 협조하지 않았다(Torre, 1993, 80).

2) 알폰신 대통령의 주요 정책과 그 결과(양동훈, 1996, 186~190)

알폰신은 1983년 12월 군부체제 재수립 후 약 7년 만에 민주선거를 통하여 대통령직에 취임하였다. 그는 대통령 취임사에서 민주혁명에 대한 단호한 결의를 천명하였다. 권위주의적 사고와 관행을 비판하면서 과거의 잘못들을 바로잡고 "완전한 민주주의"를 회복할 것을 약속하였다. 그의 궁극적인 목표는 "모든 아르헨티나 국민들을 위한 생명, 정의, 자유"를 보장하고 민주주의를 실현하는 것이었다. 민주주의 실현은 "사회의 역동성, 효과적 참여, 민중동원"을 통하여 이루어질 것이었다.[8] 그는 특별히 군부체제의 인권탄압문제를 법적으로 처리하고 증발자 문제를 밝히겠다고 선언하였다.

알폰신 대통령은 취임 초기에 군부에 대하여 탈정치화와 민간통제 정책을 주도적으로 추진

---

7) 제3당들은 알폰신 정부(1983~1989)에서 하원투표에서 11%(14석)에서 25%(44석)로 그들의 영향력이 커졌다.
8) Foreign Broadcast Information Service, *Daily Report*: "Latin America", 12 December 1983, B4~B15.

하였다. 그는 내각의 국방부에 민간 출신 각료를 임명하였다. 국방장관은 군지도자들이 참여하는 합동참모기구를 통솔하는 한편 방위전략, 방위생산, 군 예산 부문들을 각각 관장하는 민간 출신 차관들의 보좌를 받도록 하였다. 1988년 4월 페론주의자들과 협의하여 국가보안법을 새로이 제정하였다. 그 법에 의하면 군부는 국내안보문제에 개입할 수 없으며 대통령은 국가방위위원회의 지원을 받아서 총사령관으로서 군부를 지휘 통솔한다. 또한 알폰신 대통령은 정부의 군사정책을 반대 또는 비판하는 군부의 고위지도자들을 사임시키거나 퇴역시켰다. 특히 군부 우파세력을 우려한 알폰신은 정치적 발언을 하는 군인들을 엄하게 처벌하라고 군지도자들에게 지시하기도 하였다.

한편 군부의 과거 인권탄압 관련자 처벌, 군사예산 축소, 실질급여 인하 등을 단행하였다. 알폰신 정부는 증발자 문제를 조사하기 위하여 국가증발자위원회(CONADEP)를 조직하였다. 위원회는 인권보고서(Nunca Más)를 작성하여 공개하였다. 보고서에 의하여 8,961명 증발자들과 함께 정치범들에게 가혹행위를 하였던 1,300명 군 장교와 경찰들의 신분이 밝혀졌다. 알폰신 정부는 연방 법원에게 군부체제 지도자들의 인권탄압에 대한 책임문제를 조사하도록 하였다. 연방법원은 공개재판을 통하여 9명의 군부체제 지도자들을 과거 인권탄압행위에 대한 책임으로 기소하고 처벌하였다. 1985년 12월 연방법원은 5명의 군부체제 지도자들에게 종신형에서부터 4.5년까지 실형을 선고하였다. 대법원은 1987년 1월 최종적으로 연방법원의 결정을 다소 수정하여 확정하였다.

알폰신 정부로부터 철저하게 소외된 군 장교들은 빈번하게 알폰신과 그 민주정부에 직접적인 행동으로 저항하였다. 특히 3차례(1987, 1988, 1989) 군사반란은 알폰신 정부의 안정과 민주화 과정을 위협하였다. 또한 이 상황에서 알폰신 정부의 경제안정화 정책도 별다른 효과가 없었다. 1986년까지 다소 진정되었던 인플레는 1987년에 다시 상승하기 시작하여 1988년 중반에는 초인플레 현상이 나타났다. 또한 국가생산량도 정체되었고 무역수지의 악화로 외채도 계속하여 증가하였다. 1989년에는 경제위기가 심화되었고 결과적으로 사회적 긴장도 고조되어 약탈 등 사회적 소요사태가 빈발하였다.

이와 같은 정책적 실패는 알폰신 정부의 지지기반을 급격히 약화시켰고 다수 시민들은 정국에 대하여 불안을 느꼈다. 아르헨티나 국민의 12%만이 알폰신 정부를 지지하였고 49%는 군사 쿠데타의 가능성이 있다고 생각할 정도이었다(Linz and Stepan, 1996, 194). 알폰신 대통령은 군과 야당에 대하여 보다 타협적인 태도를 취하였다. 특별법을 제정하여 인권유린 관련 다수 장교들에 대하여 기소를 중지하였다. 한편 정의당에 정치협약과 권력분담을 제안하기도 하였다. 그러나 알폰신의 노력은 위기 해결에 별다른 효과가 없었다. 결국 알폰신 대통령은 임기 만료 6개월 전에 퇴임하는 결단을 내렸다.

2. 메넴(Menem) 대통령

1) 메넴 대통령(1989년 6월~1995년 12월)의 권력기반

1989년 5월 대통령선거에서 야당 정의당의 메넴 후보가 대통령선거인단의 과반수를 넘는 지지를 획득함으로써 60여 년 만에 처음으로 민주적 정권교체가 이루어지게 되었다. 메넴은 임기 만료 6개월 전에 퇴임하는 급진시민동맹의 알폰신 대통령으로부터 정권을 이양받았다. 메넴은 좌익 페론주의자로 군사정부에 저항하였고 그 때문에 두 차례 수년 동안의 구금생활을 경험하였고 주(La Rioja)지사를 2회 역임한 정의당 지도자이다. 메넴은 1989년 대통령선거에서 총 600명의 선거인단에서 310명, 일반투표자 48.5%의 지지를 받고 각각 211명과 37.1%를 획득한 급진시민연맹 후보를 패배시키고 제2대 민주정부 대통령에 당선되었다(Coggins & Lewis, eds., 1992, 13).

여당 정의당은 메넴 대통령의 6년 재임 동안 정기적인 의회선거에도 불구하고 계속하여 의회의석의 과반수를 차지하였다. 정의당은 하원에서는 평균 50.7%, 상원에서는 평균 57.0%의 의석을 확보하여 의회의 입법 활동을 주도하였다(Jones, 1997, 265). 특히 메넴 대통령의 재임에 대한 지지도를 가늠하는 선거였던 1993년 하원선거에서 정의당은 투표자 42.3%의 지지를 얻어서 결과적으로 하원에서 8석을 더 얻어서 126석을 차지하게 되었다. 반면에 30% 지지를 받은 급진시민연맹은 1석을 잃었다.[9]

정의당은 의회에서 절대다수 세력으로 그 지도자인 메넴 대통령의 정책을 적극적으로 지원하였다. 그리고 경제위기 극복의 명분 아래서 정의당지배 의회는 대통령에게 상당한 입법권한을 위임하였다. 대통령의 초법적 입법권행사에 방관적이었다. 반면에 주요 야당인 급진시민연맹은 메넴 정부에서 지속적으로 그 지지율이 하락하였다. 또한 정치적·정책적 이해관계 때문에 의회의 군소정당들과도 야당연합을 주도할 수도 없었다. 따라서 메넴 정부와 의회의 정의당을

---

9) *Latin American Weekly Report*, 7 Oct 93, 458; 14 Oct 93, p.469.

효과적으로 견제할 수가 없었다(Jones, 1997, 265; McGuire, 1995, 244). 뿐만 아니라 대법원은 메넴 지지자들이 과반수를 차지하고 있었고 대다수 주정부는 정의당 주지사들이 장악하고 있었다.

이러한 조건과 경제위기의 상황에서 메넴 대통령은 초법적이고 독단적인 "긴급포고령"을 통하여 권력을 자의적으로 행사하였다. 1853년 헌법에는 대통령의 긴급법령 포고권에 대하여 어떠한 규정도 없었다. 그러나 메넴 대통령은 정책의 중요성이나 긴급성 또는 합법성에 관계 없이 긴급법령 포고권을 빈번하게 행사하였다. 그는 첫 번째 재임 동안 336개의 긴급법령을 선포하였다. 그러나 그중에서 불과 28개만이 의회에서 동의되었거나 부분적으로 개정되었을 뿐이다. 나머지 긴급포고령에 대하여는 의회가 전혀 개별적인 논의와 대응적 조치를 취하지 않았다. 또한 의회는 대통령의 긴급포고권을 통한 입법행위를 반대하는 법안을 합의, 통과할 수도 또는 그렇게 할 의지도 없었다. 반면에 메넴 대통령은 재임기간 동안 의회가 통과한 법안에 대하여 거부권을 빈번하게 행사하였다(Jones, 1997, 287).

정의당은 1990년 9월 메넴 대통령을 당총재로 선출하였다. 메넴 대통령의 형제인 상원의원 에두아르도 메넴(Eduardo Menem)이 부총재를 맡아서 대통령을 대신하여 당지도권을 실질적으로 행사하였다. 그리고 또 다른 형제인 무니르 메넴(Munir Menem)은 당사무총장직에 임명되었다. 정의당은 메넴 지지파, 주류 쇄신파, 좌익급진파로 구성되어 있었으나 메넴 형제들의 당권 장악으로 메넴지지파가 당의 핵심세력으로 부상하였다.[10]

메넴 대통령의 내각에서는 경제장관 도밍고 까바이오(Domingo Cavallo)가 '실질적인 수상'으로서 정부정책의 조정과 의회관계를 통할하였다. 또한 대통령의 측근으로서 내각의 인적 충원과 직책배분에 영향력을 행사하였다.[11] 그러한 그의 역할과 영향력에 대하여 다른 부처의 장관들은 불만을 갖고 있었다. 그의 권한과 영향력을 견제하려는 장관들 때문에 내각에서는 갈등과 분란이 빈번히 야기되었다.[12]

한편 메넴 대통령은 '포고령통치'에 법적 걸림돌이 될 수도 있는 대법원도 개혁하였다. 1990년 대법원 판사 수를 5명에서 9인으로 확대 개편하는 법안을 의회에 제출 통과시켰다. 증원된 판사들을 자신의 지지 인물로 임명하였고 또한 재임 중인 판사가 사임하자 친여적 인물로 그 자리를 채웠다. 결과적으로 대법원의 과반수 판사가 메넴이 임명한 인물들로 구성되게 됨으로써 대법원은 사법부의 중립적인 기능을 수행하기 어렵게 되었다. 급진시민연맹은 그러

---

10) *Latin American Regional Report*: "Southern Cone Report", 13 Sept, 1990(RS-90-07), p.4.

11) *Latin American Regional Report*: "Southern Cone Report", 14 Mar 91, p.2.

12) *Latin American Regional Report*: "Southern Cone Report", 21 Nov 91, pp.2~3.

한 상황에 대하여 "사법적 불안정"으로 규정하고 헌법개정 과정에서 합리적이고 덕망 있는 판사들을 대법원에 교체 임명할 것을 요구하였다.[13]

메넴 대통령의 재임기간 동안 평균적으로 거의 69%의 주지사들이 정의당 출신이었다(Jones, 1997, 281). 따라서 정의당의 지도자인 메넴 대통령은 재임 동안 지역적으로도 확고한 지지기반을 갖고 있었다. 주지사들은 지역의 정치지도자들로서 중앙정부의 정책에 대하여 주민들의 지지를 이끌어 낼 수 있을 뿐만 아니라 중앙정부와 협력하여 그 정책을 지역에서 효과적으로 실현하는 데 기여할 수도 있었다.

뿐만 아니라 정의당은 1994년 4월 제헌의회선거에서 투표자 36%의 지지로 총 305석의 과반수에서 15석 부족한 138석을 획득하여 제헌의회에서도 최대정당이 되었다. 반면에 야당인 급진시민연맹은 1983년 민주정부 수립 이래로 최악인 20% 지지밖에 받지 못하였다.[14] 제헌의회는 대통령 연임을 허용하는 메넴-알폰신 개헌협약을 단일 상정안으로 만들어 가부투표로 통과시켰다.

그리고 신헌법에 의하여 1995년 5월 민주화 과정의 세 번째 정부의 4년 임기 대통령에 메넴이 재선되었다. 신헌법은 대통령 후보들이 45% 이상의 지지를 받지 못하면 2차 결선투표를 하도록 규정하고 있다. 정의당 후보 메넴은 투표자 49.5%의 지지로 1차 투표에서 압승하였다. 그 지지율은 2위 후보(29.6%)를 무려 거의 20%나 앞선 것이었다. 현직 대통령의 재선은 아르헨티나에서 후안 도밍고 페론(Juan Domingo Perón) 이래 44년 만에 이루어진 것이었다.

2) 메넴 대통령의 주요 정책과 그 결과

메넴 대통령이 직면한 가장 중요한 현안은 알폰신의 임기 전 퇴임과 정권교체의 주요 원인이었던 경제위기의 심화였다. 그 경제위기의 해결은 다수 아르헨티나 국민들이 메넴 대통령과 그 정부에 기대하는 가장 우선적인 과제이었다. 메넴 대통령의 강력한 리더십을 배경으로 경제장관 까바이오(Cavaio)는 과감한 신자유주의적 경제개혁정책을 추진하였다. 결과적으로 1990년대 초기에 아르헨티나 경제구조는 공기업의 사유화와 정부규제의 대폭적 완화를 통하여 국가주도경제에서 민간자유경제체제로 전환되었다. 그리고 어느 정도 경제안정과 성장이

---

13) *Latin American Regional Report:* "Southern Cone Report", 18 Nov 1993, p.3.

14) *Latin American Weekly Report,* 21 Apr 94, 157; *Latin American Regional Report:* "Southern Cone Report", 28 Aril 94(RS-94-03), p.1.

이루어졌다.

알폰신 대통령 재임 시 계속 하락하였던 국내생산이 1989년부터 점차 상승하기 시작하였다. 1991년에서 1993년 사이에는 대략 평균 8% 경제성장이 실현되었다. 또한 1989년 4,924%의 기록적인 인플레는 1990년 1,342%, 1991년 84%, 1992년 17.5%, 1993년 10.7%로 지속적으로 급격히 떨어졌다. 1991년에는 국외자본의 유입이 국내자본 유출을 능가하게 되었다. 그리고 1993년 4월에는 수년간 지체되었던 외국은행들과의 외채협상도 타결되어서 정부에 의하면 외채의 35%가 경감되었다. 그 결과 국제자본시장에의 참여도 가능하게 되어 외국자본의 투자와 재정지원이 확대되었다. 따라서 과거 11년 동안 경제성장에 걸림돌이 되어왔던 외채위기가 어느 정도 해결되었다. 1994~1995년에는 실업률은 극적으로 상승하였으나 다른 거시경제 지표들은 계속하여 향상되었다. 인플레도 지속적으로 진정되고 수출은 급격하게 늘고 수입은 줄어서 무역수지도 크게 향상되었다. 결과적으로 아르헨티나는 1994년에 중남미 20개국에서 경제위험도가 2위로 가장 낮은 국가가 되었다.[15]

한편 메넴 대통령은 과거 군부정권의 인권유린, 말비나스 섬 전쟁(1982), 군사반란에 연루되어 알폰신 정부에서 법적인 제제를 받았던 280명의 군인들을 1989년 10월 사면하였다. 그들 중에는 1970년대 소위 "더러운 전쟁"에 참여한 39명의 인권유린 관련 고급장교들과 말비나스 섬 전쟁의 패배에 책임이 있는 3명의 군부정권 지도자들, 알폰신 정부에서 일어난 군사반란 지도자들이 포함되었다. 57명의 좌익 테러리스트들도 그들과 함께 사면되었다. 그 후에 추가로 더러운 전쟁 관련 12명의 군인들을 사면하였다.

그리고 메넴 대통령은 그해 12월 육군본부와 해안경비대본부에서 일어난 군사반란에 대하여는 그에 대한 정치적 도전으로 판단하고 단호하게 대처하였다. 그는 즉시 계엄령을 선포하고 육군참모총장에게 "완전히 소탕할 것"을 명령하였다. 정부군은 약 427명이 참가한 반란군을 제압하였다. 반란지도자들에 대한 처벌은 군최고위원회에 일임하였다. 군최고위원회는 3명의 반란지도자들에게 무기형을 선고하였고 연방법원은 그 선고를 지지하였다. 이렇게 메넴은 화해와 단호한 리더십으로 군에 대한 최고통수권을 확립하고 민군관계를 안정시켰다(Huser, 1994, 33~35).

이와 같이 국가경제와 민군관계가 어느 정도 안정되어가자 1853년 헌법이 금지하고 있는

---

15) *Latin American Regional Report*: "Southern Cone Report", 27 May, 1993; *Latin American Special Report*, August 1993(SR-93-04), 8; *Latin American Weekly Report*, 21 April 1994, 161; Gerardo L. Munck 1994, 10; *Latin American Regional Report*: "Southern Cone Report", 27 May, 1993, 5, 10. 1위는 칠레, 3위는 브라질이다.

대통령 연임을 적극적으로 추진하였다. 1992년 7월 페론주의자 지도자들과 의회의원들이 공개적으로 메넴 대통령의 연임을 지지하고 나섰다. 대통령 연임을 위한 개헌안에는 대통령 연임뿐만 아니라 대통령직선제, 대통령 재임기간을 6년에서 4년으로 단축, 수도 부에노스아이레스(Buenos Aires) 시장 직선제 등이 포함되었다. 특히 대통령 연임에 반대하는 야당 급진시민연맹의 지지를 받기 위하여 "정무수석장관(Coordinating Minister)"제가 추가되었다.16)

메넴 대통령은 1993년 2월 1853년 헌법의 부분적 개헌에 대하여 토의를 개시할 수 있도록 상원에 '긴급법령안'을 제출하였다. 상원은 10월 개헌의 긴급성을 선언하는 법안을 통과시켰다. 이 법안은 바로 법으로 선포되도록 대통령에 직접 전달되었다. 이 과정에서 상원의원 2/3(32표)의 지지를 확보하기 위하여 정부의 개헌안은 88개 조항에서 25개로 대폭적으로 축소되었다. 그리고 메넴 대통령은 11월 개헌에 대한 국민투표를 실시한다는 긴급법령안에 서명하였다. 국민투표는 개헌을 반대하는 야당을 압박하기 위한 정치적 조치였다. 한편 하원 헌법위원회는 10월 개헌문제를 입법의안으로 채택할 것을 의결하였다.17)

메넴 대통령은 급진시민연맹이 개헌안을 협상하는 데 동의한다면 국민투표를 추진하지 않겠다고 선언하였다. 그러나 개헌협상은 기본적으로 대통령제를 유지하는 범위에서만 가능하다고 선언하였다. 급진시민연맹 지도자 알폰신은 국민투표를 실시하지 않고, 자신의 정부가 1988년 마련한 개헌안을 수용한다는 조건에서 메넴 대통령과 11월 극적으로 타협하였다. 알폰신이 메넴과 타협한 이유는 첫째, 그와 야당이 반대하여도 개헌이 이루어질 가능성이 높다고 판단하였기 때문이다. 개헌 과정에서 소외되는 것보다 타협을 통하여 영향력을 미치는 것이 유리하다고 판단하였기 때문이다. 둘째, 국민투표가 실시되는 경우에 급진시민연맹이 패배할 것이 분명하였다. 셋째, 전직 대통령 알폰신은 그의 정치지도력을 과시하고자 하였다.18)

합의된 최종 개헌안은 정부통령 직선 결선투표, 대통령 연임, 수석장관 임명, 선거구당 상원수 2명에서 3명으로 증원, 상원의원 직선과 재임기간 9년에서 6년으로 축소, 대법원의 탈정치화, 정부감사기구에 야당 참여 보장, 대통령의 긴급법령 포고권 헌법적 인정과 제한, 대통령 긴급포고령을 위한 의회양원합동위원회 상설, 대통령과 내각의 법률안 연서, 수도 시장의 직선 등을 포함하고 있다.19)

---

16) *Latin American Weekly Report*, 9 July 92, p.3; 25 Feb p.93, 93; 29 July 93, p.340.

17) *Latin American Regional Report*: "Southern Cone Report", 15 April 1993; *Latin American Weekly Report*, 4 November 1993, p.505; *Latin American Regional Report*: "Southern Cone Report", 23 December 1993, 7; Latin American Weekly Report, 11 November 1993, p.527.

18) *Latin American Weekly Report*, 11 November 1993, p.527; 25 November 1993, p.542.

19) *Latin American Weekly Report*, 2 December 1993, p.563; 22 September 1994, p.424.

<표 4.3.1> 알폰신과 메넴 대통령의 권력기반과 정책

구분 / 대통령		알폰신 대통령	메넴 대통령
소속 정당		급진시민연맹(UCR)	정의당(PJ)
재임 기간		1983년 12월~1989년 6월	1989년 6월~1995년 12월
대통령선거 지지비율	유권자 51.8%		48.5%
	선거인단 52.8		51.7
여당 의회 의석 비율	하원(회기평균) 49.4		50.7
	상원(") 39.1		57.0
여당 주지사 비율		20.5	69.1
주요 정책		과거청산	경제개혁
		인권관련자 처벌	인권관련자 사면
		군부개혁(탈정치화)	헌법개정(대통령 연임)
정책적 권한		긴급법령포고권 10회	336회
		법률안 거부권 49회	109회
정책적 결과		정국불안정(군부반란)	민군관계 안정화
		경제 불안정	경제안정화
정치적 결과		조기퇴임	개헌과 연임

Ⅳ. 아르헨티나 대통령제의 시사점

대통령제의 정치적 개연성은 헌법적 권한과 책임뿐만 아니라 특정 대통령과 그를 지지하는 정치세력—정당 또는 정당연합—이 현실적으로 국가의 권력배분에 어떠한 위치를 차지하고 또한 영향을 미쳤는가에 달려 있다. <표 4.3.1>에서와 같이 알폰신과 메넴 대통령은 현실적으로 다른 권력배분에 근거하여 대통령직을 수행하였고 그 정책적·정치적 결과도 대조적이었다. 알폰신 대통령의 현실적 권력기반은 재임기간 동안 상대적으로 불안정하였고 또한 점차 약화되었다. 그는 가능한 민주적 절차를 존중하면서 과거청산정책을 주도하였고 인권탄압 관련 군 장교들을 처벌하였으나 결과적으로 정치적·정책적 위기 때문에 조기 사임을 통하여 권력을 이양하였다. 반면에 메넴 대통령은 재임 동안 계속하여 국가의 권력배분에서 절대적인 우위를 유지할 수 있었다. 그는 인권탄압 관련 군 장교들의 사면과 단호한 리더십을 통하여 민군관계를 안정시켰고 "포고령통치"를 통하여 경제개혁과 경제안정화를 실현하였다. 이 정책적 성과를 근거로 메넴은 헌법 개정을 주도하고 연임에 성공하였다.

그러므로 대통령제는 극단적으로 대조적인 정치적 개연성을 내포하고 있는 기회적인 정부 형태이다. 특히 제3세계 민주화 과정에서 현실적 조건과 상황에 따라서 대통령이 무력, 무위 (無爲)의 존재로 전락하여 정국의 불안정과 정치적 위기가 초래될 가능성이 있다. 또한 대통령이 절대권력자로 변신하여 무소불능의 권력을 행사할 가능성도 있다. 이 결론과 함께 아르헨티나의 경험은 관련 학자들이 주장한 대통령제의 주요 문제점들에 대하여 몇 가지 추가적 결론들을 또한 시사하고 있다.

첫째, 대통령제에서는 헌법적으로 보장된 대통령 재임 동안에 야기될 수 있는 정치적 위기 상황을 해소할 수 있는 법제도적 메커니즘(mechanism)이 결여되어 있다. 따라서 그 상황에서 군부 쿠데타의 가능성도 있다. 알폰신 대통령은 군부 쿠데타설이 있는 가운데 조기퇴임과 대통령 당선자에게 권력이양이라는 결단을 통하여 정치적·정책적 위기상황을 해소하였다.

둘째, 대통령제에서 다수제의 승자독식 또는 권력집중의 결과가 초래될 수도 있으나 항상 그렇지만은 않다. '통합정부'의 경우에는 그러한 결과가 나타날 가능성이 크다. 그러나 '분할정부'의 경우에는 항상 그렇다고는 할 수 없다. 메넴 정부에서 정의당이 대통령뿐만 아니라 의회와 주정부도 지배하였기 때문에 그러한 결과가 나타났다. 그러나 통합정부와 분할정부가 존재하였던 알폰신 정부에서는 그렇지만은 않았다.

셋째, 대통령제에서 대통령과 여당에 대하여 정치적·정책적 책임성이 명백하게 인지되고 그 책임성에 대한 유권자들의 판단에 따라서 대통령과 정당의 정치적 운명이 결정된다. 국가적 위기에 따른 알폰신 대통령에 대한 여론지지율 급락과 그의 사임, 급진시민연맹의 의회소수당으로 전락, 그리고 메넴의 정책적 성공, 정의당의 의회지배, 헌법개정을 통한 메넴대통령의 연임 성공 등이 그러한 결론을 정당화한다.

넷째, 대통령제는 논리적으로 다당제보다는 양당 또는 양당지배체제에서 상대적으로 효율적으로 작동할 가능성이 크다. 그러나 '어느 정도 제도화된' 양당 또는 양당지배체제에서도 문제는 있다. 급진시민연맹처럼 한 정당이 정치적·정책적 실패로 인하여 그 지지율이 급락하고 오랫동안 그 지지를 회복하지 못하였을 경우에는 다른 정당이 비슷한 실패를 경험하지 않는 한 일당지배체제와 권력독점이 나타날 가능성이 있다. 양당 또는 양당지배체제에서 대통령제가 효율적으로 작동하기 위한 전제는 두 정당의 지지율과 의회의석이 비슷한 수준에서 유지되는 것이다.

다섯째, 대통령제에서는 극단적인 여론정치의 가능성이 있다. 대통령선거에서 상당한 지지를 받은 대통령도 정책적 성과가 미흡할 경우에는 그 지지기반이 급격하게 와해된다. 이는 여당에도 영향을 미치어 의회선거에서 여당은 불이익을 감수해야만 한다. 이 경우에 의회에서 여당이 소수당으로 전락할 가능성이 크다. 따라서 분할정부가 될 가능성이 있다. 분할정부에서는 대통령과 야당지배 의회와의 갈등이 커진다. 대통령은 의회와 타협하거나 또는 의회를 무시하고 여론정치에 의존해야 한다. 그러나 타협의 정치문화가 성숙하지 못한 경우에는 가변적이고 불안정한 여론이 대통령의 유일한 지지기반이 된다. 제도적 지지기반이 결여된 대통령의 리더십은 예측성이 약하기 때문에 정국의 불안정이 초래될 가능성이 크다.

결론적으로 민주적 대통령제는 제도적으로 권력분립과 견제와 균형의 원칙에 근거한 정부형태이다. 그러나 현실적으로 다른 정치적 제도들─정당제·선거제·연방제─과 그 제도들이 기반하고 있는 사회적·경제적·정치문화적 상황들의 조합에 따라서 절대 권력이나 권력공백이 나타날 개연성이 높은 '위험한' 제도이다. 대통령제의 그러한 극단적인 개연성을 방지하고 민주성을 유지, 발전시키는 것은 궁극적으로 대통령제를 선택한 정치지도자들과 시민들의 몫이다. 대통령제가 보다 민주적·효율적·효과적으로 작동하기 위해서는 정치지도자와 시민들이 그러한 부정적인 개연성을 초래하는 조건과 상황들을 고려하여 대통령제를 타협적으로 개선해야 한다.

이 점에서 아르헨티나의 경험이 중요하다. 민주화 과정에서 대통령제의 극단적인 개연성을 모두 경험한 정치지도자들과 정당들이 타협적으로 현직 대통령의 연임을 허용하는 조건에서 대통령제정부가 보다 민주적 효율적으로 운영될 수 있도록 개헌에 합의하였기 때문이다. 이제 아르헨티나에서 보다 민주적이고 효율적인 대통령제정부를 위한 개헌, 제도적 노력이 어떠한 현실적·정치적 결과를 초래하였는가를 평가하는 것이 중요하다. 대통령제의 제도적 개선이 현실정치의 변화를 초래할 수 있는가? 그렇다면 어떠한 변화가 초래되었는가? 이에 대한 답은 메넴 대통령의 1기(1989~95)와 2기(1995~99) 정부의 정치적 변화와 성과를 비교함으로써 얻을 수 있다. 이 비교연구는 특히 대통령제를 채택하고 있고 그 유지를 통하여 민주주의 공고화를 실현하려는 국가들에 유의미한 작업이 될 것이다.

제4절 신민주체제의 대통령제: 한국[1]

I. 한국대통령제의 권력집중과 그 결과

국내외 관련 논의에서 다수 학자들은 대체적으로 두 가지 조건을 충족하면 대통령제 정부형태로 분류하는 것에 동의하고 있다. 첫째 조건은 행정수반인 대통령이 국민에 의하여 의회와는 별도로 직접 선출되는 것이다. 둘째 조건은 대통령의 임기가 헌법에 의하여 확정되어 있다는 사실이다(Linz, 1994, 6; Sartori, 1994a, 8; Shubert & Carey, 1992, 19; Lijphart, 1994, 92). 이두 가지 조건에 의하면 한국의 정부형태는 명백히 대통령제이다(Linz, 1994, 30~31). 그러나 한국의 대통령제는 민주적 대통령제를 규정하는 대 전제조건인 권력분립의 원칙에 근거하고 있지 않다. 특히 대통령은 헌법이 보장한 법안제출권을 주도적으로 행사할 수도 있기 때문에 국회의 입법권을 무력화시킬 수도 있다.

뿐만 아니라 국회법에 의하여 국회의원들은 국무총리나 국무위원을 겸직할 수도 있다. 그러므로 국회의원들─특히 여당지도자들─은 대통령의 의지에 따라서 내각에도 참여할 수 있다. 이는 민주적 대통령제의 권력분립 원칙을 정면으로 위배하는 것이다. 그러한 상황에서 헌법적 정부기구들 사이의 견제와 균형이 효과적으로 이루어질 수 없는 것이다. 순수대통령제는 시민의 자유와 권리를 적극적으로 보호하기 위하여 정치권력을 다원적으로 분리하고, 그 분리된 권력 사이에 견제와 균형이 실현되도록 고안된 민주주의 제도이다. 이러한 의미에서 한국의 정부형태는 결코 순수 또는 민주적 대통령제가 아니다. 오히려 권위주의적 대통령제 또는 '대통령 군림제'이다.[2]

한국의 권위주의적 대통령제는 현실적으로 민주주의 체제화와 공고화에 걸림돌이 되고 있다. 지금(1999)까지 한국은 3대 민주화정부─노태우, 김영삼, 김대중 정부─를 경험하고 있다. 그러나 권위주의적 대통령과 현실적 권력집중, 분할정부와 작위적 정계개편, 국회와 정당의 무력화, 지역감정의 심화 등과 같은 정치적인 문제들이 거의 반복적으로 나타나고 있다.[3]

---

1) 양동훈, 1999, 「한국 대통령제의 개선과 대안들에 대한 재검토」, 『한국정치학회보』 33집 3호, 한국정치학회, pp.91~109. 이 논문은 부분적으로 수정됨.

2) 김만흠, 1997, 「민주화의 권력구조: 지역주의적 군주권력에서 민주적 시민권력으로」, 국제평화전략연구원 엮음, 『한국의 권력구조 논쟁』, pp.68~75: 한국의 대통령제를 지역주의적 군주권력에 근거한 "초대통령제"라고 주장한다.

1. 대통령의 헌법적 우월성

김영삼 대통령은 재임기간 동안 그의 리더십에 대하여 지속적으로 비판을 받았다. 그의 대통령 리더십은 빈번하게 "문민독재", "신권위주의", "일인통치" 등으로 규정되었다. 이는 그의 "승부사적 성취형"의 리더십이나 권위주의적 관행 때문이라고 할 수 있다.[4] 그러나 보다 근본적인 이유는 헌법적으로 정치권력이 대통령에 집중되어 있기 때문이다. 대한민국 헌법에 의하면 주요 헌법적 국가기구로서 국회, 정부, 법원을 구분하고 있다. 그리고 정부는 대통령과 행정부로 구성되어 있다. 행정부에는 국무총리와 국무위원, 국무회의, 행정각부, 감사원이 있다.

대통령은 행정수반이지만 국무총리가 그의 "명을 받아 통할하는" 행정부와는 별도의 헌법기구로서 정부 내에 존재한다.[5] 그리고 동시에 국가원수이고 국가수호자이며 평화통일 수행자, 국군통수권자이다. 대통령은 그러한 역할과 함께 행정권을 포함하는 삼권에 대하여 막중한 구체적 권한을 행사할 수 있다. 특히 국회 법률안 제출권, 거부권, 대법원 구성권, 사면권, 긴급명령권, 긴급재정경제 처분 명령권, 계엄선포권 등을 행사하여 경우에 따라서 다른 헌법기구들을 거의 무력화시킬 수도 있다.

특히 대통령은 헌법적으로 정부 내의 행정부를 구성하고 있는 국무총리와 국무위원들을 임면할 권리를 갖고 있다. 국무총리의 임명은 국회의 동의를 받아야 하고 반면에 국회는 그들에 대하여 해임을 대통령에게 '건의'할 수 있다. 그러나 대통령의 소속 정당이 국회의 다수당인 경우 현실적으로 국무총리와 국무위원들을 독단적으로 임면할 수 있다. 지금까지 대통령들의 의지에 따라서 국무총리와 국무위원들이 임명되었다. 그러나 그들의 권한은 법제도적으로 현실적으로 제한되어 있다.

국무총리와 국무위원들은 헌법적으로 대통령의 행정 '보좌관'들이다. 대통령에 모든 정책 결정권과 책임이 실질적으로 집중되어 있기 때문에 국무총리와 국무위원들의 정책적 권한과 책임은 상대적으로 미약하다. 대통령들은 현실적으로 그들보다는 대통령 비서실에 의존하여 정책을 결정하고 지시하였다. 그리고 소위 대통령의 "통치권"을 내세워 국무총리의 실질적인 권한을 인정하지 않았다. 결과적으로 국무총리와 국무위원들은 무력화되었고 국무회의는 형식화되었다.

---

3) 그러한 문제들을 특히 과거 군사정부들과 차별하기 위하여 "문민정부"를 자처한 김영삼 정부(1993. 2.~1998. 2.)를 중심으로 논의한다. 권위주의 군사정부에 30여 년 동안 저항한 민주화운동의 정치지도자이며, 다선의 의회지도자였던 김영삼 대통령의 정부는 그러한 문제들을 상대적으로 보다 뚜렷하게 부각시켜 줄 수 있기 때문이다.

4) 김호진, 『동아일보』, 1993년 9월 1일; 김영삼 대통령의 리더십 특성을 "승부사적 성취형"으로 규정하고 있다.

5) 대한민국헌법(제9차 개정 1987. 10. 29. 공포) 제86조.

그럼에도 불구하고 정책 또는 정국에 대한 실질적 책임은 빈번하게 국무총리와 국무위원들에게 돌아갔다. 위기정국 또는 정책실패가 야기될 때마다 거의 예외 없이 개각이 이루어졌다. 대통령들은 개각을 정치적 위기를 극복하고 새로운 정치적 분위기를 조성하는 수단으로 이용하였다. 헌법에서 5년의 임기를 보장받고 있는 대통령은 재임기간 동안 국무총리와 국무위원들을 정치적 편의에 따라서 수시로 '소모'하였다. 행정부를 구성하는 국무총리와 국무위원들은 현실적으로 대통령을 위한 '방탄내각'일 뿐이었다.6)

한편 헌법은 입법권이 국회에 속한다고 명시하고 있다. 그러나 대통령이 입법권의 주도적 행위자이다. 반면에 국회는 소극적 입법권자일 뿐이다.7) 국회는 1987년 6·29선언과 헌법개정 이후에도 과거와 마찬가지로 무력하다. 헌법적으로 대통령에 권력이 집중되어 있고 현실적으로는 국회가 입법권을 효율적·효과적으로 행사하기 위하여 최소한 필요한 제도적·인적 자원들이 결여되어 있기 때문이다.

대통령과 국회의 권한들을 비교 평가해 보면 국회의 입법권은 대통령의 입법 관련 권한들에 의하여 거의 무력화될 수 있다. 예를 들면 대통령은 필요에 따라서 법안을 국회에 제출할 수도 있고 거부할 수도 있다. 대통령이 거부한 법안은 국회의 재적의원 과반수 출석과 출석의원의 '2/3 이상'의 찬성으로 법률로 확정되기 때문에 국회가 대통령의 거부권을 무효화하기는 용이하지 않다.8) 특히 현실적으로 여당이 국회의 과반수 의석을 차지할 경우 국회는 여당의 최고지도자인 대통령에 의하여 주도될 수밖에 없다. 이 경우 국회의 대정부 견제기능은 상실되게 된다. 그리고 국회의 입법 및 대정부 견제기능을 위한 조직적·인적·재정적 기반이 대통령과 행정부에 비하여 상대적으로 미약하다. 국회는 정책분야별로 다양한 위원회를 두고 있으나 소속위원들이 전문화되어 있지도 않으며 그들에게 전문적 지식과 정보를 제공할 조직적·인적 자원이 취약하다. 따라서 대통령과 행정부에 의하여 제출되는 다수의 법안들을 국회가 별다른 논의 없이 무더기로 통과하고 있다.9) 결론적으로 국민의 대의기관인 국회가 입

---

6) 김영삼 정부에서 6명의 국무총리가 교체되었고 총 28번의 개각을 통하여 120여 명의 국무위원들이 교체되었다. 대부분 국무총리와 국무위원들은 정책적 또는 도덕적 책임 때문에 퇴임하였고 이회창 총리는 국가안보정책 결정과정에서 대통령과의 갈등 때문에 4개월 10일 만에 물러났다. 김영삼 대통령은 1997년 3월 5일 임기 말에 개각을 단행하면서 고건 신임 총리에게 "내각을 총리의 책임 아래 통할하라."고 지시하였다(『동아일보』, 1997년 3월 7일). 이는 대통령이 공식적으로 국무총리의 역할을 인정 강조하였다고 평가할 수 있다. 그러나 실질적인 권력분담이라고 보기는 어렵다. 누적된 정책실패, 노동법파동, 한보사태, 재임 말기 등으로 거의 무력화된 대통령의 필연적인 선택이었다고 볼 수 있다.

7) 대통령은 국회 법률안 제출권·선포권·거부권·긴급명령권·긴급재정경제 처분 및 명령권·계엄선포권 등을 갖고 있다. 반면에 국회는 입법권 이외에 국정감사 및 조사권, 국무총리 임명동의권, 국무총리와 국무위원 해임건의권, 대통령, 국무총리, 국무위원 탄핵소추권, 긴급명령, 긴급재정경제 처분 및 처분 승인권 등을 갖고 있다.

8) 대한민국헌법 제53조 제4항.

9) Seng-Ho Lim, 1998, "Divided Government & Representative Democracy in Korea", p.7, 8, 10: 13대 국회(1988. 5. 30.~92. 5. 29.)는 3당 합당 전 시기(1988. 5. 30.~1989. 12. 29.)와 3당 합당 후 시기(1990. 2. 17.~1992. 5. 29.)로 구분할 수 있다. 3당 합당 전 시기에는 여소야대

법권을 효율적·효과적으로 행사하지 못하고 있는 것이다.

2. 권력분립 원칙의 현실적 폐기

　대통령은 개각 시 빈번하게 국회의원을 국무총리나 국무위원들에 임명하였다. 김영삼 정부에서 이수성 국무총리의 재임기간에 의원겸직 국무위원이 6명이 되었고 고건 국무총리가 임명되었을 때는 5명이었다. 국회법에 의하여 국회의원은 국무총리나 국무위원을 겸직할 수 있다.[10] 이는 의원내각제적 요소이다. 권력융합을 전제한 의원내각제에서는 의회 다수당 또는 다수연합이 정부를 구성하기 때문에 수상(총리)을 비롯한 내각이 의원을 겸직하는 것은 타당하다. 수상(총리)은 실질적인 행정수반으로서 내각과 함께 정책을 논의 결정하고 공동으로 책임을 진다. 그러나 권력분립의 원칙에 근거한 민주주의 대통령제에서는 입법부의 국회의원이 국무총리나 국무위원으로 행정부에 참여하여 대통령을 '보좌'하는 것은 논리적으로 모순이다. 권력분립을 정면으로 부정하는 것이다.

　또한 국민의 대표자가 또 다른 국민(주민)의 대표자를 공직에 편의적으로 임면할 수 있는가. 국회의원도 대통령도 국민을 대표하는 헌법적 기관이다. 일반적으로 국회위원들은 주민의 대표자이다. 그러나 주민도 분명히 국민의 일부이고 다양한 주민들을 대표하는 다수의 국회의원들로 구성된 국회도 국민의 대표기구라고 할 수 있다. 그러한 면에서 대통령도 국민의 다수를 대표하는 헌법기구이다. 따라서 국회의원이 행정부에 참여하고 대통령의 "명을 받아" 국정수행을 보좌할 수 있는가. 만약에 대통령과 국회가 정책적으로 갈등관계에 있을 경우에는 국회의원인 국무총리나 국무위원들은 어떻게 행동할 것인가. 대통령의 명을 따를 것인가. 국회의 다수 의견을 따를 것인가. 이러한 국민대표성 중복과 그에 따른 갈등의 문제는 국회가 대통령을 그것보다 우월적인 국민의 대표기구로서 인정하였기 때문에 야기된다. 대통령의 권력에 굴복한 국회가 권력분립과 견제와 균형의 원칙을 스스로 포기하고 자초한 국회의 종속화 또는 시녀화의 결과인 것이다.

의 상황에서 국회가 주도적으로 입법권을 행사하였기 때문에 국회발의 법안수가 상대적으로 많다.

10) 대한민국 국회법 제29조, 제39조 제4항.

3. 대통령(여당)의 정치적 책임성 부재

국회의원 선거(총선)가 종료된 후에 집권 여당은 국회에서 과반수 의석(150석)을 확보하기 위하여 총선의 결과에 관계없이 당선자들을 영입하거나 과반수 확보가 불가능할 경우에는 정계개편을 추진하였다. 이 경우 여당과 야당과의 관계는 경직되었고 결과적으로 대화정치가 상실되었고 국회는 장기간 마비되었다.

1987년 12월 대통령과 1988년 4월 국회의원 선거는 극단적인 분할정부의 가능성을 확인하였다. 무엇보다도 한국적 상황과 선거방식과 선거 시기 때문이었다고 할 수 있다. 지역감정에 근거한 정치지도자들과 그들의 정당이 대통령선거에 참여하였고 단순다수제(the "first past the post" plurality system)에 의하여 민정당의 노태우 후보가 유권자의 36.6%의 지지를 받고서 대통령에 선출되었다. 소선거구 다수제와 전국구 비례대표제를 지역구 다수당에 유리하게 혼합한 국회의원선거에서도 민정당은 비슷한 수준의 유권자 지지(34%)를 받아서 국회의 재적의석의 42%, 125석을 획득하였다. 국회에서 야당들이 과반수 의석을 차지하게 되었고 대통령의 정치적·정책적 주도권과 지도력은 도전을 받게 되었다. 노태우 대통령은 그러한 정치적 딜레마를 '3당 합당'의 정계개편으로 해결하였다. 김영삼 정부에서 실시된 15대 총선(1996년 4월 11일)에서 여당 신한국당은 국회의 과반수 재적의석에 미달하는 139석을 획득하였다. 신한국당은 총선 후 10여일 만에 무소속 의원당선자들을 차례로 입당시키어 과반수 의석(150)을 확보하였다. 3당 통합과 같은 정개개편이든 국회 과반수 의석 확보를 위한 야당이나 무소속의 국회의원들의 영입작업이든 어느 경우에도 총선의 결과는 무시되었기 때문에 야당들의 반대와 저항은 격렬하였다.

이 문제는 원천적으로 대통령에 정치권력이 법제도적으로 집중되어 있기 때문이다. 그 권력의 실현은 국회에서 과반수 의석의 확보를 전제하고 있다. 그 과반수 의석을 확보하면 대통령은 현실적으로 무소불능의 권력을 행사할 수 있다. 따라서 대통령과 여당은 국회의석 과반수 확보에 집착하게 된다. 온갖 명분과 구실 그리고 모든 수단과 방법을 이용하여 과반수 의석을 차지하려고 한다. 이 과정에서 결국 총선에서 표출된 '민의'는 왜곡 또는 실종될 수밖에 없다. 대통령과 여당의 이해관계에 따른 '작위적인' 국회의석의 재배분은 특히 민주적 책임성(accountability)의 가치와 원칙을 무시하는 정치적 편의주의의 행위이다.

4. 대통령에의 정당 종속화

김영삼 대통령도 민자당과 신한국당의 총재이었다. 노태우 대통령도 여당 민정당의 총재였으며 3당 합당 후에는 민자당의 총재가 되었다.[11] 이와 같이 대통령은 여당의 총재직을 겸임하고 있다. 당총재로서 대통령은 국가원수, 궁극적으로는 국가수호자 그리고 평화통일의 의무자로서 국가적 책무를 수행하는 동시에 정당지도자로서 여당의 조직과 활동을 통제하고 지시한다. 정당은 총재인 대통령을 정점으로 위계적으로 조직 운영되고 있기 때문에 대통령의 지도력은 절대적이다. 대통령은 실질적으로 정당조직 관리와 운영, 선거활동에 필요한 재정적 자원을 동원 지원한다. 뿐만 아니라 정당의 대통령 후보자와 총선후보자들을 지명 추천하는 과정에서 절대적인 영향력을 행사한다. 따라서 여당 정치인들은 당총재 대통령의 의지와 지시에 지극히 민감할 수밖에 없다.

또한 대통령은 다른 정당들과의 협상 과정에 깊숙하게 개입, 지시하고 최종적인 결정권을 행사한다. 결과적으로 여당은 대통령의 막강한 권력의 행사를 현실적으로 가능케 하는 '대통령에 의한 대통령을 위한' 정치도구적 집단에 불과하다. 이러한 조건에서 정당의 자율성이나 민주성은 기대하기 어렵다. 대통령은 국가적 위상과 권력을 배경으로 여당의 절대적인 지도자로 군림하기 때문에 여당의 국회지도자들은 야당들과의 관계를 유연하게 이끌어 가기가 어렵다. 대통령 개인의 의지에 따라서 대야관계의 성격이 거의 결정되기 때문이다.

그러한 대통령에의 정당종속화와 함께 앞에서 논의한 법제도적 권력집중은 결과적으로 지역감정을 더욱 야기, 심화시켰다. 6·29선언과 헌법 개정 후에 실시된 선거들ー13대, 14대 대통령, 국회의원선거ー에서 변함없이 지역적 투표행위가 지배적이었다.[12] 대통령선거는 국민의 대표를 선출하는 과정이 아니라 최고/최대 권력자를 배출하는 처절한 투쟁과정이다. 반칙과 음모가 난무하는 권력의 제로-섬(zero-sum) 게임이다. 특정 지역 출신 대통령은 그의 정당이 국회의 과반수 의석을 차지하는 경우에는 그 자신과 그 지역 출신들이 거의 핵심적 권력을 독점할 수 있다.[13] 반면에 다른 지역의 세력들은 적어도 5년 동안 철저하게 권력의 주변부로

---

11) 13대에서 민정당, 통일민주당, 신민주공화당이 합당하여 민자당이 되고 민자당은 14대 국회에서 신한국당으로 당명을 바꾸었다.

12) 박찬욱, 1994, 「선거과정과 의회정치」, 안청시 외, 『전환기의 한국민주주의(1987-1992)』, p.186, 177; 구범모, 1992, 「14대 총선의 정치사회학적 의미」, 『선거와 한국정치』, 한국정치학회, p.11.

13) 노병만, 1997, 「김영삼 정권 권력엘리트의 특성 분석」, 『한국정치학회보』 31집 2호(여름), pp.151~168: 김영삼 정부에서 지역장관급 이상, 차관급, 여당핵심 정치엘리트, 측근 엘리트에서는 경남지역 출신이 가장 많이 충원되어 김영삼 정부의 지배적인 충원지역이 되었다. 다음으로 경북지역 출신이 많았다. 결과적으로 경상도 지역이 주요 충원지역이었다.

소외될 수밖에 없다. 따라서 국회의원선거도 대통령선거와 마찬가지로 제로-섬 게임의 성격을 띠게 되고 그 과정은 과열된다. 대통령과 여당은 여당 국회의원후보들을 당선시키어 국회의 과반수 의석을 확보하기 위하여 온갖 수단과 방법을 동원하게 된다. 무엇보다도 특히 지역정서를 정치적으로 자극 이용함으로써 지역감정을 심화시킨다. 특히 선거과정에서 불리해지면 주저하지 않고 원시적 지역감정과 지역갈등에 호소하기 때문이다.

II. 한국대통령제의 개선

1. 대통령에의 제도적 권력집중 완화

Ⅰ장에서 논의한 문제들을 해결하기 위하여 무엇보다도 대통령의 제도적 권력집중과 현실적 권력독점을 해소해야 한다. 제도적으로 민주적 대통령제가 실현되기 위해서는 그 전제조건인 삼권분립과 견제와 균형의 원칙에 근거하여 대통령의 헌법적 위상과 권한이 재조정되어야 한다. 그리고 현실적으로 정당(여당)이 대통령으로부터 정치적 자율성을 확보할 수 있어야 한다.

1) 대통령의 법률안 제출권 제한: 정부(대통령과 행정부)는 국회에 대하여 법률안 제출권과 함께 법률안 거부권을 갖고 있다. 이는 정부수반인 대통령이 입법 과정에서 주도적인 역할과 영향력을 행사할 수 있다는 의미이다. 그러나 법률안 제출권과 함께 거부권을 행사할 수 있다는 것은 절차적으로 모순이다. 대통령의 법률안 거부권은 국회의 고유한 입법권의 전제에 근거한다. 국회가 거의 독점적으로 입법권을 행사하는 경우에 대통령이 그 국회를 견제하기 위한 소극적인 수단이다. 따라서 대통령의 법률안 제출권은 긴요, 긴급한 경우를 제외하고 대폭 제한되어야 한다. 또한 국회만이 법률안 제출권을 가질 수도 있을 것이다. 이 경우에 대통령과 행정부는 필요에 따라서 여당을 통하여 국회에 법률안을 제출할 수 있다. 그러면 여당은 입법 과정에서 소외되지 않고 정책정당의 몫을 어느 정도 담당할 수도 있을 것이다. 그러한 여당에 대항하기 위하여 야당들도 정책정당으로 거듭날 수도 있을 것이다.

2) 국회의원의 국무위원(총리) 겸직 금지: 국회의원들이 대통령을 보좌하는 국무총리나 국무위원을 겸직할 수 있다는 사실은 삼권분립의 원칙을 정면으로 부정하는 법제도이다. 입법

부의 일부가 행정부에 참여하여 행정수반의 명에 따라서 정책을 집행하고 있는 것이다. 이것은 권력융합에 근거한 의원내각제적 성격이라고 할 수 있으나 권력분립에 근거한 순수대통령제는 결코 아니다. 오히려 그것은 대통령 또는 정부가 국회보다 우월한 헌법기관이라는 인식에 근거하고 있는 것 같다. 따라서 대통령제에서는 국회의원들의 국무총리나 국무위원의 겸직은 헌법에서 명백하게 금지하는 것이 바람직하다.

3) 국무총리직의 폐지 또는 강화: 국무총리직의 위상과 권한에 대하여는 두 가지 해결책을 고려해볼 수 있다. 첫째는 국무총리직을 폐지하는 것이다. 둘째는 현재 정치 과정에서 거의 무의미한 국무총리직을 유의미한 제도로 발전시키는 것이다. 첫 번째 방법은 국무총리직을 없애고 대통령 스스로가 행정수반으로서 행정부를 직접 책임지고 통할하는 체제의 수립이다. 이 경우에 대통령의 과다한 책무를 분담할 수 있는 상대가 없다는 점이 우려된다. 그러나 국무위원들과 행정부처들의 조직과 자원을 적절히 이용하여 대통령을 보좌할 수도 있을 것이다. 선임 국무위원이나 가장 중요한 부처를 책임지고 있는 국무위원 또는 대통령이 지명하는 국무위원이 수석 국무위원으로 대통령을 보좌하는 경우도 고려할 수 있다. 그리고 대통령은 가능한 한 많은 권한과 책임을 국무위원들에게 실질적으로 분배하고 그들과 함께 실질적으로 국정을 논의하고 정책을 결정 집행하고 그 결과에 대하여 직접 책임을 지는 것이다. 이는 주로 보고, 명령, 지시에 의존하는 권위주의적 '군림형' 대통령이 아니라 민주적 '실무형' 대통령이 되는 것이다.

두 번째의 경우를 위하여 국무총리에게 대통령에 집중되어 있는 권한, 특히 행정 분야의 권한과 책임을 제도적으로 국무총리에게 위임하는 것이다. 그 권한의 행사에 있어서 국무총리는 대통령의 '명'을 받지 않고 '협의와 동의'를 통하여 결정할 수 있게 한다. 그러나 그것은 법제도적으로는 가능하지만 현실적으로 실현되기가 어렵다. 왜냐하면 대통령은 궁극적으로 국민의 지지에 근거하여 정통성을 획득한 직책인 반면에 국무총리는 대통령의 임면권에 의존하고 있다. 따라서 법제도적으로 국무총리에 권한을 부여한다고 하여도 대통령은 실질적으로 그것을 무력화시킬 수 있을 것이다. 그러므로 실세 국무총리직을 유지하려면 법제도적 권한과 함께 국무총리도 정치적 기반을 갖도록 해야 한다. 이는 현 대통령제의 대안으로 혼합 대통령제 또는 이원집정부제의 채택을 의미한다.

4) 대통령과 정당의 분업: 대통령이 여당의 총재를 겸임하는 것을 금지해야 한다. 대통령은 국가와 국민을 대표하고 있다. 정부의 막강한 권한과 막중한 책임을 지고 있고 과도한 업무와

역할을 수행하고 있다. 따라서 대통령이 여당의 총재로서 정당의 절대적 지도자의 역할과 업무까지 수행한다는 것은 대통령에게 또 다른 부담이 된다. 뿐만 아니라 대내외적으로 국가와 국민을 대표하는 대통령이 동시에 일부 정치적 세력의 지도자 역할을 담당한다는 것은 모순적이다. 그러므로 대통령은 적어도 공식적으로 정당의 어떠한 직책도 맡지 않아야 된다. 대통령은 모든 당직을 포기하고 오직 국가와 국민의 대표자가 되어야 한다. 정당은 그 이외의 다른 지도자들-예를 들면 국회의 여당지도자들-이 책임지고 이끄는 것이 타당하다. 그러면 대통령에 대하여 여당의 종속화를 다소나마 완화할 수 있을 것이다. 궁극적으로는 정국의 유연성도 기대해 볼 수 있을 것이다.

2. 분할정부의 딜레마 해소

대통령의 정당(연합)이 국회에서 과반수 의석을 획득하지 못하였을 때 소위 분할정부(divided government)의 문제가 나타난다. 대통령과 여당은 작위적으로 분할정부를 통합정부(unified government)로 변화시키려고 시도하였다. 선거에서 실현하지 못한 국회의 과반수 의석을 확보하기 위하여 야당 또는 무소속 국회의원들을 여당에 가입시켰다. 또는 그 방법으로 목적을 달성할 수 없을 경우에는 야당과의 정당통합으로 정당구도를 바꾸고 국회의 과반수 의석을 확보하였다. 대통령과 여당이 정치적 이해관계와 편의를 위하여 다수 유권자들의 선택을 왜곡시켰던 것이다.

분할정부의 문제를 완화 또는 해결하기 위하여 두 가지 방법을 고려할 수 있다. 첫째 분할정부의 작위적 개편을 제한하는 것이다. 둘째 '극단적인' 분할정부의 가능성을 적게 하는 것이다.

1) 분할정부의 작위적 개편 제한: 민주주의에서 국민 다수의 의사와 결정은 절대적이며 궁극적이다. 그들의 의사와 결정은 가능한 한 왜곡되지 않고 대표되어야 하는 것이다. 통합정부뿐만 아니라 분할정부도 국민 다수의 의사이고 결정이다. 대통령과 여당은 그 분할정부의 구도를 그대로 받아들이고 그들에게 위임한 법제도적 권한을 행사하고 그들의 정치적 역량을 발휘하여 그 분할정부를 원칙적으로는 대화와 타협, 전략적으로는 정당협력이나 연합을 통하여 운영하는 것이다. 그러므로 국회의원 선거 후에는 국회의원들이나 그 당선자들의 당적 변경을 법률로서 금지하는 것이다. 특정 선거 과정에서 사용한 당적 또는 무소속을 다음 선거까

지 유지하는 것이다. 따라서 국회에 진출한 정당들은 다음 선거기간까지 또는 최소한 다음 선거 1년 전까지 그 정당을 해산하거나 새로운 정당을 창당하거나 정당의 명칭을 바꾸어서 정당과 그 소속위원들에게 변화를 초래하는 행위를 하여서는 안 된다. 일단 선거에서 유권자들에게 약속하고 평가받은 정당소속과 정당정책을 최소한 지키는 것이 민주적 책임성이다.

2) '극단적인' 분할정부의 가능성 감소: 극단적인 분할정부에서는 정치적 불안정, 정책적 책임성과 효과성의 약화 등이 초래될 수 있을 뿐만 아니라 최악의 경우에는 체제붕괴의 가능성도 있다(Jones, 1995, 33). 따라서 여당이 국회에서 과반수 의석 또는 그에 근접하는 다수 의석을 확보하는 것이 무엇보다도 중요하다. 그러면 대통령과 여당은 효율적으로 정국을 책임 있게 주도할 수 있을 것이다. 그러므로 유권자들의 의사와 결정을 최대한 존중 반영하는 범위 내에서 여당에게 국회의 다수 의석을 보장하여 줄 수 있는 제도적 방법이 모색되어야 한다. 우선 대통령이 가능한 한 많은 유권자의 지지를 받아서 선출되어야 한다. 그리고 그의 정당이 가능한 한 많은 국회의석을 차지해야 한다. 따라서 대통령과 국회의원 선출방법을 재고해야 한다.

(1) 대통령선거: 단순다수제는 무엇보다도 대통령의 대표성과 정통성의 문제를 제기한다. 그것은 소수 유권자의 지지 — 예를 들면, 노태우 대통령의 36.6% — 만을 받은 대통령이 국가, 국민, 정부 모두를 대표하는 것을 가능하게 한다. 대통령 후보자의 수와 그들의 지지기반의 특성에 따라서 소수가 다수를 대표하게 되는 비민주적 가능성이 상존한다. 이 단순다수제의 문제를 극복하기 위하여 절대다수제에 근거한 결선투표제(second ballot systems)나 선택투표제 (alternative voting systems)를 채택할 수도 있을 것이다. 또한 그것들보다 다소 현실적인 절대다수제의 조건을 완화한 특정다수 결선투표제 — 예를 들면 코스타 리카(Costa Rica)의 40% 득표율 하한제 — 나 특정다수 선택투표제도 대안적으로 고려할 수도 있다(Shugart & Carey, 1992, 217).

그러나 절대다수 또는 특정다수 결선투표제를 채택하면 경우에 따라서 적어도 2번 이상 투표를 해야 한다. 이는 정치 과정의 과열화와 양극화, 다당화, 정치의 고비용화 등을 초래할 가능성이 크다. 특히 다당화는 결과적으로 여당의 왜소화를 초래하여 분할정부의 가능성을 크게 할 수 있다. 반면에 절대다수 선택투표제는 투표자가 모든 후보자들의 선호순위를 결정 표기하고 일차적으로 최소 득표자의 2순위 득표수를 다른 후보들에게 이양해야 한다. 이 과정이 절대다수의 선호투표를 획득하는 후보가 나올 때까지 몇 차례 반복된다. 그러나 선택투표제는 대통령 당선자 결정 과정이 절차적으로 다소 복잡하지만 2차 투표와 그에 따른 정치적 과정과 비용이 필요하지 않다. 그러므로 선택투표제가 결선투표제보다 상대적으로 유리하다고 할 수 있다.

특히 당선 조건을 특정 다수—예를 들면 40% 이상—로 하는 선택투표제가 보다 현실적이다. 특정 다수의 조건은 대통령의 대표성과 정통성을 다소 약화시키지만 단순다수제에 따른 최악의 결과를 제도적으로 차단할 수도 있고 한편으로는 당선자 결정이 상대적으로 용이하고 투표자의 의미 있는 선호순위 매김에 근거할 수 있다. 다수 후보자들 중에서 절대다수 득표자를 찾기 위하여 투표자들의 선호도의 차이가 별다른 의미를 갖지 못하는 4 또는 5순위 이하까지 계산해야 한다. 다수 투표자들은 아마도 3 또는 4 선호순위까지는 명확하게 차별화할 수 있을 것이나 그 아래의 순위에 대하여는 모호할 것이다. 따라서 투표자들의 부담을 덜어 주고 의미 있는 차별적 선택을 위하여 3 또는 4 후보까지 선호를 표시하게 하는 방법도 고려해 볼 만하다. 결론적으로 대통령선거에서 '특정다수 제한적 선택투표제'가 대표성·민주성·효율성에서 상대적으로 유리하다고 할 수 있다.

(2) 국회의원선거: 선거방법의 선택에서 국회의 대표성, 국회의 효율성과 다당화, 분할정부의 가능성을 고려해야 한다. 국회의 대표성 문제와 관련하여 다수대표제보다는 비례대표제가 유리하다는 것은 이론의 여지가 없다. 다수대표제는 결과적으로 유권자 다수의 가치와 이해관계만을 반영하므로 대표성이 약하다. 그러나 국회의 양당 또는 양극 세력화를 촉진하기 때문에 국회의 효율성을 높이고 분할정부의 가능성을 줄일 수 있다. 한편 순수 비례대표제는 일반적으로 국회의 다당화를 초래하기 때문에 결과적으로 국회의 효율성을 떨어뜨릴 가능성이 크다. 국회에 정당이 많으면 많을수록 법안처리 또는 그 통과에 더 많은 노력과 시간이 소요되기 때문이다. 그리고 국회의 다당화는 극단적인 분할정부의 가능성을 크게 한다. 결론적으로 다수대표제든 비례대표제든 내재적으로 문제들이 있기 때문에 결국 선택적 결정은 어떻게 관련 가치들을 균형적으로 조화시키는가에 달려 있다.

대통령제에서 의회의 대표성을 어느 정도 현실화하고 그러면서도 분할정부의 가능성을 적게 하려면 첫째로 다수대표제와 '제한적' 비례대표제의 혼합제나, 둘째로 제한적 비례대표제를 고려해볼 수 있다. 혼합제는 다수제로 소선거구 의원을 선출하고 동시에 제한적 비례대표제를 통하여 중 또는 대선거구의 정당명부제에 근거하여 의원을 선출하는 방법이다. 이 경우에 유권자는 2표를 행사한다. 하나는 지역구 후보에게 또 하나는 정당명부 비례대표 후보들에게 투표하게 한다. 유권자가 2표를 행사하는 것은 소선거구에서 1명의 의원을 선출할 때의 유권자 선택기준과 중, 대선거구에서 정당명부에 의하여 다수 의원을 동시에 선출할 때의 유권자 선택기준이 본질적으로 다르다는 이유 때문이다. 소선거구에서 1인의 의원을 선출하는 경우에는 후보의 개인적 품성이나 정책적 성향이 강조된다. 반면에 중대선거구에서 정당명부에 투표하는 경우에는 정당의 성격, 정책 등이 후보개인들의 문제들보다 중요시된다.[14]

국회의원선거의 2표 혼합제는 기본적으로 소선거구 다수제에 근거하기 때문에 여당을 포함하는 주요 정당들에 유리하다. 결과적으로 분할정부의 가능성을 적게 된다. 한편으로 동시에 중, 대선거구 정당명부식 비례대표제에 근거하기 때문에 상대적으로 국회의 대표성을 향상시킬 수도 있다. 그러나 대통령제에서는 유권자들이 대통령선거에서는 1표를 행사하고 국회의원선거에서는 2표를 행사한다면 혼란해질 수 있다. 따라서 혼합제보다 제한적 비례대표제의 채택이 다소 유리하지 않을까. 예를 들면 총투표의 5/100 이상을 획득한 정당들에게 6~12명의 의원을 정족수로 하는 중선거구별 득표율에 따라서 그 선거구별 정당명부에 의하여 의원을 선출하는 방법이다. 이 경우 다양한 국회의석 분배 방식들 중에서 특히 다수당에 유리한 최다득표순위법의 분모수열(d'Hondt)법이 극단적인 분할정부의 위험을 상대적으로 줄일 수 있을 것이다(김광수, 1997, 235~246; Jones, 1995, 123). 그리고 정당명부제는 유권자의 자율적 순위선택을 가능하게 하는 "단기단순강제식"이 바람직하다. 유권자가 정당명부자체에 투표할 수도 있고 그렇지 않으면 정당명부의 특정후보자에 투표할 수 있기 때문이다.

또한 극단적인 분할정부의 가능성을 줄이기 위하여 대통령선거와 국회의원선거를 동시에 또는 적어도 1년 내-"허니문(honeymoon)선거"-에 실시하는 것이 유리하다. 대통령제에서는 대통령선거가 국회의원선거에 직접적으로 지대한 영향을 미치기 때문이다. 따라서 대통령선거에서 대통령을 배출한 정당이 국회의원선거에서 상대적으로 더 많은 유권자 지지와 국회의석을 배정받을 가능성이 높다. 특히 대통령 임기의 중간에 실시되는 국회의원선거는 대통령과 그 정부에 대한 국민의 평가적 의미를 강하게 띤다. 일반적으로 중간선거에서는 대통령과 그 정당의 지지율이 낮아지고 분할정부의 가능성이 높아진다(Shugart & Carey, 1992, 259~272; Jones, 1995, 103~118). 이러한 가정은 한국의 경우에는 지역감정의 강력한 영향 때문에 다소 경험적 근거가 약하나 그 영향이 약한 지역이나 경우에는 어느 정도 유효하다.

---

14) 그러나 한국의 국회의원선거제도는 그러한 차이점을 무시하고 있다. 유권자가 지역구후보에 투표하여 그 결과로 지역구의원과 전국구 비례대표 의원을 함께 선출하고 있다. 이는 유권자의 개인후보와 정당 선택이 항상 일치한다는 모순된 관점에 근거하고 있기 때문이다. 국회의원 선거 지역구 5석 이상 또는 유효투표의 5/100 이상을 득표한 정당에 득표비율에 따라서 전국구 의석을 배분한다. 그리고 유효투표의 3/100에서 5/100를 획득한 정당에도 전국구 1석을 할당한다.

3. 선거제의 정치적 지역성 극복

대통령과 국회의원의 선거제도 개선 또는 선택에 있어서 추가적으로 고려해야 할 중요한 조건은 지역적 분열정치의 현실적 문제이다. 13대 대통령선거에서 각 지역 출신 대통령 후보들이 경쟁하였기 때문에 지역적 투표성향이 가장 적나라하게 나타났다. 그 당시 경북지역과 그 출신 유권자들의 지지와 정권변화를 두려워하는 보수적 기득권계층의 지지를 받은 노태우 후보가 36.6% 득표로 대통령에 당선되었다. 15대 대통령선거에서는 국민회의 김대중 후보가 40.3% 득표로 대통령에 당선되었다. 이는 각각 지역적 지지기반이 다른 국민회의와 자유민주연합이 연합한 결과였다. 이 선거결과들에 의하여 최소한 40% 이상의 특정 다수제를 통하여 대통령을 선출해야 한다는 결론을 추론할 수 있다. 특정 지역 출신 대통령 후보가 40% 이상의 득표를 하려면 다른 지역의 비지역적 성향의 투표자의 지지나 후보자부재 지역의 지지를 받아야 한다. 그러면 적어도 협소한 지역중심적인 단독정부는 피할 수 있을 것이다.

국회의원선거의 소선거구 다수대표제는 지역적 분열정치를 강화시키는 경향이 강하다. 특정 지역에서 특정 정당의 국회의원들만이 선출된다. 정당들이 전국정당으로 발전하지 못하고 특정 지역의 이해관계에 집착하는 지역적 정당이 된다. 결과적으로 국회는 국가적 차원에서 정책을 토의 결정하기보다는 지역적 이해관계에 따라서 행동하게 된다. 지역적 대립과 갈등이 정치적으로 증폭될 가능성이 커진다.

한편 중대선거구 비례대표제는 정당들의 지역성을 어느 정도 완화할 수 있다. 특정지역에서 특정 정당뿐만 아니라 다른 정당들도 국회의원을 배출할 가능성이 상대적으로 크다. 유권자의 투표가 극단적으로 특정 정당에 몰리지 않고 여러 정당들에게 어느 정도 분산되는 경우에는 그 가능성은 더욱 커진다.

Ⅲ. 한국대통령제의 대안

앞장에서는 현 한국대통령제의 기본적인 제도적 틀을 유지하는 조건에서 민주성·대표성·효율성을 제고하고 지역성을 약화시키는 방향에서 그 개선방법을 모색하였다. 더 나아가서 그러한 조건 없이 현 대통령제를 대체할 수 있는 대안적 정부형태로서 '혼합대통령제'와

'교체대통령제'를 한국적 적실성의 관점에서 검토한다.

1. 혼합대통령제

혼합대통령제는 한국대통령제의 문제들을 어느 정도 해소할 수 있는 정부형태이다.

첫째, 대통령과 국무총리(수상)와 내각의 권력분담을 통하여 대통령의 권력집중을 완화시킬 수 있다. 그리고 수상(국무총리)과 내각의 실세화를 통하여 수상의 지도력과 내각의 능력을 검증할 수 있다. 국가지도자들을 소모하는 대신 그들을 배출하는 기회를 제공할 수 있다. 이는 혼합대통령제에서 직선 대통령이 수상(국무총리)과 내각과 집행부의 역할과 권한을 헌법적·현실적으로 분담 수행하기 때문이다. 헌법상 대통령은 일반적으로 국가원수로서 외교, 안보, 국방 등 국가적 또는 대외적 업무를 관할 통제 수행한다. 한편 수상은 그 외의 분야에 대하여 정부수반으로서 내각과 함께 거의 독립적으로 권한을 행사하고 책임을 진다. 이러한 수상과 내각의 헌법적 권한의 행사가 현실적으로도 가능한 이유는 수상과 내각이 의회에서 다수세력의 지지에 근거하고 있기 때문이다. 대통령에 대하여 국무총리와 내각이 무력화·종속화될 여지가 없다.

둘째, 작위적으로 의회의석을 재배분하거나 정계개편을 시도할 필요가 없다는 것이다. 대통령이 헌법상 의회 해산권을 행사할 수 있기 때문이다. 대통령이 만일 의회의 세력분포와 그 정치적 결과에 대하여 불만스러운 경우에는 의회를 해산하고 선거를 통하여 유권자의 판단에 따라서 새로운 의회를 구성할 수 있다. 혼합대통령제를 채택하였을 때 가장 우려되는 상황은 대통령과 수상이 다른 정당의 출신인 경우, 소위 "동거정부(cohabitation government)"이다(Suleiman, 1994, 150~151). 실질적인 권한과 지지기반을 갖고 있는 두 정상의 지도자들이 정당이 다르기 때문에 정치적·정책적 이해관계를 달리한다면 그 대립과 갈등의 여지와 심도가 상대적으로 클 것이다. 동거정부는 대통령의 정당이 의회에서 다수세력을 실현하지 못한 결과이다. 이는 대통령제의 분할정부와 유사하다. 그러나 그 정치적 과정과 결과는 다르다. 혼합대통령제에서 대통령은 의회 해산권을 통하여 동거정부의 해체를 시도해 볼 수 있다. 그러나 순수대통령제에서는 그러한 헌법적 수단이 없고 전적으로 대통령의 지도력의 문제로 귀결된다.

셋째, 의회가 수상과 내각에 대하여 불신임권을 행사할 수 있기 때문에 의회는 집행부를 보다 효과적으로 견제할 수 있다. 의회의 다수 세력이 수상의 지도력이나 내각의 정책에 대하여 반대하면 대통령은 의회의 다수 세력이 지지할 수 있는 수상을 지명해야 한다. 궁극적으로 수상과 내각은 의회의 신임 또는 지지에 근거하고 있다. 한편 한국대통령제에서 국회는 국무총리와 국무위원들에 대하여 해임을 건의할 수 있다. 그러나 그 해임건의안은 '건의안'에 불과하기 때문에 대통령에 대하여 구속력이 거의 없다. 국무총리와 국무위원들의 임면은 국회가 아닌 대통령의 신임의 정도에 따라서 이루어진다.

넷째, 대통령과 의회가 대립할 때는 의회의 지지를 받고 있는 수상이 조정역을 맡을 수 있다. 또한 수상과 내각이 의회와 갈등할 경우에는 대통령이 조정하거나 또는 국회해산을 통하여 그 갈등관계를 해소할 수도 있다. 한국대통령제에서는 대통령과 국회가 대립할 경우에는 국무총리가 조정역을 담당할 수 있는 여지가 거의 없다. 그는 오로지 대통령의 사람이기 때문이다.

다섯째, 대통령과 수상 사이에 실질적으로 권력분담이 이루어지기 때문에 어느 정도 지역적 권력분배와 지역갈등의 완화가 가능하다. 다른 지역 출신의 정치지도자들이 대통령과 수상으로 권력을 실질적으로 분점하는 것이 가능하다. 대통령과 다른 지역의 실세 수상의 등장은 그 지역의 정치적 소외감을 약화시킬 수도 있다. 한국에서 대통령이 국무총리를 임명할 때 출신지역을 고려한다. 그러나 허세 국무총리의 출신지역은 정치적으로 거의 무의미하기 때문에 지역적 소외감을 완화하지 못한다.

이와 같이 혼합대통령제는 한국대통령제의 문제들을 어느 정도 완화하거나 해결하여 줄 수 있다. 그러나 혼합대통령제를 채택하였을 경우 가장 우려되는 상황은 역시 동거정부이다. 대통령이 의회해산을 통하여 동거정부의 해체를 시도하여 볼 수는 있다. 이 점에서 순수대통령제나 한국대통령제보다는 유리하다. 그러나 의회해산이 동거정부의 해체를 보장하지는 않는다. 왜냐하면 선거에서 유권자들이 동거정부를 다시 택하였을 경우에는 대통령은 여론이 변할 때까지 그 결정을 현실로 받아들여야 한다. 그러므로 혼합대통령제에서도 가능한 한 선거에서 대통령이 다수의 지지를 받고 그의 정당이 의회에서 다수세력을 주도적으로 형성할 수 있게 하는 것이 중요하다. 따라서 III장에서 순수대통령제의 분할정부의 가능성과 관련하여 논의한 대통령과 국회의원의 선거방법과 그 정치적 논리가 혼합대통령제의 경우에도 유효하다.

2. 교체대통령제

교체대통령제는 순수대통령제와 순수의원내각제를 동일한 헌법 구조 내에서 병렬적으로 작동시키는 정부형태이다. 의원내각제가 작동 실패—2회 이상의 내각 불신임권 행사—하는 경우에 대통령제를 잔여기간 동안 작동시키는 것이다. "기본적인 생각은 의회제에 자극을 주는 것이고 또한 만약 그렇지 못하면 대통령제에 의하여 그것의 해체와 교체로 응징하는 것이다(Sartori, 1994a, 153)." 이는 기본적으로 대통령제의 실제적인 운영은 의원내각제의 첫 번째 작동과 실패를 전제하고 있다. 대통령제는 의원내각제의 효과적인 운영을 위한 임시방편에 불과하다. 그렇기 때문에 대통령제 유형으로 범주화하기는 어렵다.

그러나 교체대통령제는 대안적 시사점을 갖고 있다. 동일한 헌법에서 2가지 정부형태의 병렬과 순차적 작동을 설계해 볼 수도 있다는 것이다. 순수대통령제와 혼합대통령제를 동일한 헌법 내에 공존시키고 순수대통령제를 첫 번째로 작동시키고 헌법에 명시된 상황과 조건에 따라서 혼합대통령제를 두 번째로 작동시키는 것이다. 예를 들면 순수대통령제가 작동 유지되는 시기에 중대한 국가적·정치적·정책적 위기가 있을 경우를 고려해볼 수 있다. 이 경우에 의회가 대통령의 권한을 제한할 것을 2/3의 찬성으로 결의하고 수상지명과 내각구성에 개입한다. 그리고 대통령의 제한된 권한을 내각에 부여하고 대통령의 잔여임기 동안 국정을 주도하게 한다. 이는 위기상황으로 거의 무력화된 대통령의 정치적 정책적 부담을 덜어 주는 것이다. 그러나 대통령의 완전한 실권보다는 대통령과 내각의 권력분담을 통하여 위기극복을 시도하는 것이다. 순수대통령제의 1원집정부에서 혼합대통령제의 2원집정부로 변화되는 것이다. 이것을 '교체대통령제'라고 유형화하는 것이 개념적으로 타당하다.

그렇다면 그 교체대통령제가 한국의 대안으로도 유효한가? 김영삼 대통령의 재임 말기를 생각해 볼 수 있을 것이다. 국회의 노동법 날치기 통과, 한보사태, 아들의 국정개입 등의 문제들에 직면한 대통령은 국정쇄신을 위하여 대규모 개각을 단행하였다. 이때 1997년 3월로 대통령 임기는 거의 1년밖에 남아 있지 않았다. 김영삼 대통령은 여섯 번째로 고건 국무총리를 임명하며 이례적으로 그의 책임 아래 내각을 통할하라는 지시를 하였다고 보도되었다. 그러나 9개월 후에 소위 외환위기가 일어났다. 이미 반복적인 정책실패 때문에 임기 말에 거의 무력화되었던 김영삼 대통령을 대신하여 국회가 개각을 주도하고 국무총리와 내각에게 정치적 지지와 지원을 하였다면 결과는 어떠하였을까? 적어도 외환위기는 피할 수 있었지 않았을까?

물론 이러한 추론은 국회가 대통령과 행정부보다 상대적으로 보다 합리적이고 효율적이라는 전제에서 출발한다. 따라서 국회의 개혁과 함께 교체대통령제 정부형태에 대하여 심도 있는 논의와 연구가 필요하다.

제5장
민주화와 정치부패, 반부패

제1절 신민주체제의 정치부패와 반부패[1]

I. 부패연구의 문제

근래 1990년대 후반기는 부패문제 연구의 '부흥기'라고도 할 수 있다. 1970년대에 비하여 보다 다양한 시각의 보다 많은 학자들이 특정 사례연구나 소수 또는 다수 사례비교를 통하여 활발하게 논의 연구하고 있다.

관련 학자들 대다수는 "정치부패"보다는 "행정부패" 또는 "관료부패"에 상대적으로 더 많은 관심을 갖고 논의를 하고 있다. 이는 국내외의 현실적인 경향과 무관하지 않다. 국제기구나 정부의 지도자들은 일반적으로 국제시장과 국가행정체계의 효율성과 국가경쟁력 제고의 중요성을 강조하면서 의식적으로 행정(관료) 부패 문제에 더 많은 정책적 관심과 의지를 표명하고 있다. 그러나 '정치부패'에 대한 본질적 이해와 적극적인 해결책 없이 행정부패를 방지하는 것은 현실적으로 어렵다. 행정부패는 독립적인 현상일 수도 있지만 또한 정치부패에 긴밀하게 관련되어 있는 현상일 가능성도 크다. 특히 정치적 제도화가 미흡한 "제3의 민주화물결"의 국가들에서 더욱 그렇다. 정치부패가 행정부패의 근원이고 조건인 경우가 빈번하기 때문이다.

그러나 신민주국가의 정부와 정치인들은 직접적인 이해관계 때문에 정치부패 문제를 의도적으로 회피하거나 그 해결에서도 소극적이다. 또는 정치부패를 행정부패나 일반적인 부패행위와 동일시하거나 함께 처리함으로써 그 본질적 성격을 희석시키고 왜곡한다. 따라서 정치부패를 보다 근원적인 차원에서 접근 방지하려는 노력보다 단순히 특정한 정치적 개인이나 집단을 일시적으로 처벌하고 구제하는 것에 집착하고 있다. 결과적으로 민주화 과정에서 "부패청산"의 명분으로 부패관련 법령, 기구, 강령 등이 양산되었다. 그러나 정치부패는 오히려 확산되고 있을 뿐이다. 이러한 상황에서 행정부패도 효과적으로 방지할 수 없을 뿐만 아니라 정부의 어떠한 부패방지 정책도 성공할 수 없다. 따라서 정치부패에 대한 정면적(frontal)이고 전면적(overall)인 관심과 논의가 중요하다.

---

[1] 양동훈, 2002, 「정치부패의 문제와 민주주의 공고화: 정치체제 접근」, 『한국정치학회보』 36집 2호(여름), 한국정치학회, pp.91~109. 이 논문은 부분적으로 수정됨.

또한 관련 학자들은 부패를 개인이나 집단의 특정 행위의 차원에서 규정하고 이해하려고 한다. 부패를 그 행위 자체의 차원에서 접근할 경우 부패현상은 개별적이고 고립적인 단발의 현상으로 이해될 개연성이 크다. 그리고 부패방지도 개인 또는 집단의 특정한 행위를 감시, 예방, 처벌하는 상대적으로 단순한 문제로 간주될 우려도 있다. 그러나 부패는 특정 행위자가 위치한 사회적 환경의 조건에서 발생되고 궁극적으로 그 사회 전체에 영향을 주는 현상이다. 따라서 부패행위 자체보다 그 행위가 발생하는 사회적 조건과 결과를 이해하는 것이 부패와 그 방지의 본질적 문제에 보다 용이하게 접근할 수 있다. 이러한 접근은 부패현상에 대한 보다 높은 차원의 조망과 이해를 가능하게 하고 부패방지의 문제에 대하여 보다 근원적이고 포괄적인 접근을 용이하게 한다.

한국과 같은 신민주국가들이 직면하고 있는 정치부패의 성격과 구조를 민주화 이행 과정에서 이해하고 그 근본적인 방지책을 민주주의 공고화와 관련하여 모색해야 한다. 정치부패는 본질적으로 정치적인 문제로서 정치적 조건의 고려 또는 이해 없이 의미 있는 논의가 불가능하다. 민주화 과정은 정치부패의 특성, 구조, 방지에 직접적으로 영향을 미치는 첫 번째 정치적 조건이라고 할 수 있다. 정치부패의 조건으로서 민주화 과정은 정치체제의 변화과정으로 이해될 수 있을 것이다. 민주화 과정을 권위주의체제에서 '준권위주의체제', '신민주체제', '민주주의체제'로의 변화로 개념화할 수 있다. 그리고 권위주의체제, 민주주의체제, 신민주체제와 각각 관련하여 정치부패의 문제들을 논의할 수 있다.

특히 신민주체제와 관련하여 정치부패의 특성, 구조, 방지에 대하여 중점적으로 논의하는 것이 중요하다. 신민주체제는 경험적으로 한국과 같은 제3 민주화물결의 국가들에서 빈번하게 나타나고 지속적으로 유지되고 있는 정치질서이다. 신민주체제는 특성적으로 권위주의체제와 민주주의체제의 정치적 구조, 제도, 행태들이 혼재되어 있는 이중적이고 유동적인 정치질서이다. 이러한 조건에서 정치부패의 문제는 정치적으로 보다 복합적이고 치명적일 수 있다. 또한 정치부패의 방지-"반부패"-는 보다 근원적이고 포괄적인 해결책, 민주주의 공고화를 위한 개혁이 우선적으로 고려 실현되어야 할 것이다. 그러므로 신민주체제의 조건에서 정치부패의 특성과 구조를 논의하고 정치부패 방지를 위한 규범적 제도적 개혁을 논의하는 것이 논리적이다.

이러한 관점에서 다음과 같은 주요 문제를 제기할 수 있다. 첫째, 정치부패는 개념적으로 어떻게 규정할 수 있는가? 둘째, 정치부패의 조건으로서 민주화 과정을 어떻게 이해할 수 있는가? 셋째, 권위주의체제와 민주주의체제에서 정치부패와 그 방지의 문제는 상대적으로 어떻게 다른가? 넷째, '신민주체제'에서 정치부패의 특성과 구조는 무엇인가? 다섯째, '신민주체제'에서 정치부패를 억제 또는 방지하기 하기 위하여 어떠한 정치적 조건이 우선적으로 충족되어야 하는가?

II. 정치부패와 민주화

1. 정치부패의 개념

부패는 선행연구에서 일반적으로 특정한 개인이나 집단이 사회적 역할을 수행함에 있어서 사적인 이해관계를 위하여 권력, 권위, 신탁, 의무, 직책, 이익 등 공적 가치나 자원을 의도적 또는 자의적으로 오용, 남용하는 행위로 규정하고 있다. 즉, 특정한 사적 동기의 공적 행위 자체를 부패라고 한다. 이러한 정의는 인간의 사회적 활동영역을 공(public)과 사(private)의 영역으로 양분하고 있다. 그리고 각 영역을 지배하는 가치, 규범, 규칙들이 별도로 존재한다고 암묵적으로 전제하고 가정한다. 따라서 부패는 개인 또는 집단이 사회적 역할을 수행함에서 공적 영역과 사적 영역의 경계가 모호한 경우, 특히 사적 가치, 규범, 규칙이 공적 가치, 규범, 규칙을 우선할 경우에 일어나는 현상이라고 보고 있다.[2]

부패는 사회적 조직의 문제이다. 개인이 추구하는 가치들의 실현을 위하여 특정한 사회적 조직에 참여하였다면 그는 조직이 요구하는 역할과 관계를 의무적으로 수행하고 조직으로부터 그 대가로 물질적·정신적·상징적 보상을 받는다. 이 조건에서 개인이 조직적 역할과 관계 수행에서 조직의 특정한 가치, 규범, 규칙을 의도적으로 왜곡하거나 또는 무시하고 개인적 이해관계를 실현하는 행위가 개별적인 '부패행위'이다. 그 부패행위는 조직의 가치, 규범, 규칙의 권위를 손상시키고 구성원들의 합의와 신뢰를 위배할 뿐만 아니라 조직 내부의 다른 모

---

2) 선행연구에서 부패의 개념적 준거: 1. 공적 권력: H. A. Brasz, 1978, p.42, 43: 재인용, Jeseph Senturia, 1931; Petter Langseth et al, 1999, p.128; John Girling, 1997, p.6; Paul Heywood, 1997, p.9; Barbara Geddes & Artur Ribeiro Neto, 1992, p.644: 재인용, V. O. Key. 2. 공적 권위: Alan Doig & Robin Theobald, 2000, p.3; Jacob Van Klaveren, 1978, p.38. 3. 공적 신탁: John Girling, 1997, p.vii; Syed Hussein Alatas, 1990, p.2; Robert C. Brooks, 1978, p.61. 4. 공적 의무: Donatella Della Porta & Alberto Vannucci, 1999, p.64: 재인용, Bryce, 1921, p.477~478; Robert C. Brooks, 1978, pp.58~59; Mark Philip, 1997, p.24. 5. 공적 직책: Mark Philip, 1997, p.29; Jacob Van Klaveren, 1978, p.39. 6. 공적 이익: Donatella Della Porta & Alberto Vannucci, 1999, p.30; Mark Philip, 1997, p.24, 25, 43; Arnold A. Rosgow & H. D. Lasswell, 1978, p.54.

든 역할과 관계의 수행에도 정도의 차이는 있지만 직접적·간접적으로 부정적인 영향을 미친다. 결과적으로 사회적 조직의 질서와 기능은 쇠퇴하고 조직의 효율성과 효과성도 낮아지며 궁극적으로는 조직의 생존까지 위협받게 된다.

그렇다면 정치부패는 사회에서 정치적 역할을 담당하는 조직의 질서와 기능의 쇠퇴이다. 사회에서 특별히 정치적 역할을 수행하는 조직은 일반적으로 정당, 정부, 국가이다. 정당, 정부, 국가 조직에서 구성원들이 부여된 역할과 관계를 수행함에 있어서 개인적·집단적으로 각 조직의 지배적인 가치, 규범, 규칙─기본적으로 동일한 이념과 체제에서 유래한─을 그들의 이해관계로 왜곡 무시하는 행위 때문에 각 조직의 질서와 기능이 쇠퇴하는 현상을 정치부패라고 할 수 있다. 따라서 정당의 부패, 정부의 부패, 국가의 부패를 개별적으로 논의할 수 있다. 그러나 세 조직은 사회적으로 공동의 목적─사회적 안정, 발전, 생존 등─을 실현하기 위하여 긴밀하게 상호 관계를 맺고 중첩적으로 작동하고 있기 때문에 각 정치적 조직의 부패는 다른 정치적 조직과 직접적으로 관련되어 있다. 정당 조직의 부패는 정부나 국가 조직의 부패의 직접적인 원인이 될 수 있고 또한 정부 조직의 부패는 정당이나 국가 조직의 부패로 확산될 수도 있다.[3]

정치부패는 정당, 정부, 국가의 지도자나 엘리트들에게 국한된 문제만은 아니다. 국가조직의 구성원인 일반 국민도 경우에 따라서 정치부패의 행위자가 될 수 있다. 예를 들면 국민 개인이 유권자로서 개인적 또는 집단적 이해관계 때문에 국가조직의 지배적인 가치, 규범, 규칙을 왜곡 위반하여 국가조직의 질서와 기능을 위협하는 경우도 정치부패라고 할 수 있다. 그러나 정당이든 정부든 국가든 정치조직에서는 일반 구성원들보다도 지도자를 포함하는 엘리트들의 부패행위가 각 조직의 질서와 기능에 상대적으로 보다 치명적인 영향을 미친다. 따라서 정치부패는 국가조직의 일반 구성원, 국민의 부패행위를 포괄하는 광의로 개념화할 수도 있지만 반면에 다소 협의적으로 정치지도자를 포함하는 정치엘리트의 부패행위와 그 조직적 결과에 국한시켜 논의할 수 있다.[4]

또한 정치부패와 관련하여 사회의 정치적 조직으로서 정당, 정부, 국가를 개별적으로 논의

---

3) 선행연구, 특히 김영종(1996)에서 논의되고 있는 "행정부패", "관료부패", "정치행정부패", "권력부패" 등도 광의로 정치부패의 범주에 속한다. 그 유형적 개념들은 대부분 정부나 국가와 관련하여 그 구성원들의 사적 동기의 공적 행위를 논의하고 있기 때문이다. 부패와 정치부패의 개념과 특성에 대한 논의: 양동훈(2001).

4) 정치엘리트는 사회의 정치적 조직─정치체계─에서 다른 구성원들보다도 권력과 권위를 상대적으로 더 많이 갖고서 사회적 가치와 자원의 배분과정에서 중심적·지도적·권위적 역할과 관계를 수행하는 소수 집단이다. 그들이 자신과 소수 지지자들의 이해관계에 따라서 정치지도력을 발휘한다면 사회적 가치와 자원의 배분과정은 그들에게 유리하게 왜곡되고 반면에 사회구성원 다수는 상대적으로 불리한 입장에서 소외되게 된다. 이는 결과적으로 사회적 갈등을 야기하여 정치체계와 사회의 질서와 안정을 위협한다.

하는 것보다는 정당, 정부, 국가를 기능적인 관점에서 개념적으로 포괄하고 있는 정치체계(political system)에 근거하여 논의하는 것이 분석적으로 보다 유용하다. 정치체계는 사회구성원들 사이에 "사회적 가치와 자원의 권위적인 배분"이 실현되는 상호 작용적 질서이다(Easton, 1979, 21) 그러한 권위적인 배분이 지속적으로 이루어지고 정치체계가 안정과 발전을 실현하기 위하여 주요 역할(기능)과 관계(구조)가 실현된다. 그 역할과 관계는 정치체계의 지배적인 가치, 규범, 규칙에 의하여 규정된다. 한편 그 가치, 규범, 규칙은 정치엘리트가 시대적으로 선택한-경우에 따라서 일반 구성원들의 동의와 지지를 고려하여-정치이데올로기와 그에 기초한 정치체제로서 구체적으로 구현된다.[5] 따라서 정치부패는 정치체계를 구체적으로 규정하는 정치체제의 가치, 규범, 규칙을 정치엘리트가 이해관계에 따라서 의도적 또는 자의적으로 왜곡 해석 적용하는 행위 때문에 정치체제의 질서가 변질되고 궁극적으로 정치체계의 기능-사회적 가치와 자원의 권위적 배분-이 왜곡되는 상황이라고 할 수 있다. 그러므로 정치부패는 정치체제와 변화에 직결된 문제이다.

2. 민주화 조건

정치부패는 본질적으로 정치적인 문제로서 정치적 조건 또는 환경의 고려 또는 이해 없는 논의는 무의미하다. 특히 제3의 민주화물결의 국가들에서 민주화 과정, 정치체제의 변화과정은 정치부패의 특성, 구조, 방지에 직접적으로 영향을 미치는 첫 번째 정치적 조건이라고 할 수 있다.

민주화는 비민주주의체제(권위주의체제)에서 민주주의체제로 변화하는 과정이다. 민주화 과정은 두 단계로 구분하여 개념화할 수 있다. 권위주의체제에서 준(quasi-)권위주의체제로의 이행(transition) 과정과 신민주체제에서 민주주의체제로의 공고화(consolidation) 과정이다. 이행 과정은 권위주의체제가 정통성 위기 때문에 약화, 붕괴되고 민주선거가 실현되는, 즉 민주정부의 수립이 준비되는 과정이다. 민주주의 공고화 과정은 민주정부 수립 이후에 민주주의 가치, 규범, 규칙이 정당화·제도화·일상화·안정화되어서 민주주의체제가 정치적 활동의 유일한 지배적인 질서로서 실현되는 과정이다(Sechdler, 2001, 6; 양동훈, 1994).

---

5) 정치체계(political system)는 "국가(the state)"와 유사하지만, 그 기능적인 측면을 강조하는 개념으로 볼 수 있고 정치체제(political regime)는 "정권"과 유사한 개념으로 이해될 수 있을 것이다. 정치체계와 정치체제에 대한 보다 구체적인 개념적 논의는 이스턴(Easton, 1979, 21~33; 191~194)과 맥크리디스(Macridis, 1986, 2~21)를 참조할 것.

민주주의체제의 가치는 민주주의가 지향하는 최고의 목적으로 자유, 정치적 평등, 인권 등이다. 민주주의 규범은 민주적 가치의 실현이 요구하는 행태적 범주로서 공개성·개방성·상대성·관용성·타협성·준법성 등을 의미한다. 민주주의 규칙은 민주적 질서의 실현이 요구하고 민주적 가치와 규범에 근거한 정치적 작동원리로서 주권재민, 국민토의, 대의제, 다수결, 법치 등을 포함한다.

민주화 과정에서 정치체제의 변화와 관련하여 정치부패 행위의 원인과 특성, 그 방지의 문제를 보다 명료하게 조명하고 비교 논의하기 위하여 우선적으로 민주주의체제, 권위주의체제를 정치체제 유형화의 이상형(ideal type)으로 이해한다. 민주주의체제나 권위주의체제 자체가 개념적으로 "공고한(solid)" 또는 "공고화된(consolidated)" 의미를 내포하고 있는 대조적인 두 극단의 정치체제 유형으로 보는 것이다.[6] 그리고 두 유형 사이에 체제특성적 가치, 규범, 규칙의 존재 여부와 그 혼합의 비중에 따라서 각각 '준권위주의체제(quasi-authoritarian regimes)'와 '신민주체제(new democratic regimes)'로 구분한다.

준권위주의체제는 국가적 위기-특히 정통성 위기-와 반체제 또는 반정부세력의 도전 때문에 정치지도자와 그 소수 지지집단의 정치권력의 독점적 자의적 행사가 어느 정도 제한된 경우로서 권위주의체제의 공고성이 상대적으로 약화된 체제이다. 그러나 정치적 역할과 상호관계가 기본적으로 정치적 억압과 특권에 근거하고 있는 위계적이고 교도주의적인 체제이다. 따라서 실질적이고 독립적인 정치적 반대집단의 영향력이 현실적으로 부재하거나 미미하다. 반면에 신민주체제는 민주주의 가치, 규범, 규칙이 주요 정치 제도와 정치 과정에서 부분적으로 실현되고 있는 새로운 정치질서이다. 특히 정기적으로 실현되는 경쟁적 민주선거-자유, 공명, 일반, 비밀선거-에 의하여 정부가 수립되는 체제이다.

그러나 그 외의 정치적 행위와의 관계에서는 오히려 권위주의적 의식과 관행이 상대적으로 영향을 미치고 있고 민주주의 가치, 규범, 규칙-특히 시민권과 관련하여-은 매우 피상적 제한적으로 실현되고 있는 체제이다. 민주적 "기초선거(founding elections)"는 준권위주의체제와 신민주체제를 구분하고 포괄적으로 이행 과정과 공고화 과정을 현실적으로 구분하는 시점이 된다. 그 기초선거는 시민의 정치적 권리와 자유가 보장된 조건에서 실현되는 자유, 평등, 비밀, 일반선거를 의미한다(Dahl, 1971, 3). 이러한 민주화 과정에서 기본적으로 정치권력의 독점

---

6) 린츠와 스테판(Linz & Stepan, 1996, 3~15)은 특히 "공고화된 민주주의체제(consolidated democracy)"의 다섯 영역들 – 시민사회, 정치사회, 법치, 국가기구, 경제사회 – 각각의 작동원칙과 그 관계들을 논의하고 있다.

적 구조에서 경쟁적 구조로 점진적으로 변화하기 때문에 정치자금의 동원화의 성격과 방법도 그 과정과 함께 달라진다. 결과적으로 정치부패의 원인과 성격, 그리고 부패방지 정책도 달라진다.

Ⅲ. 정치체제와 정치부패

1. 권위주의체제

정치부패는 권위주의체제에서 정치엘리트가 체제와 지도력 유지, 개인적 치부를 목적으로 정치권력 독점의 조건에서 야기하는 정치적 자원의 수탈적(extortive) 동원화의 결과이다. 그 동원화의 주요 대상은 사회적 가치와 자원을 독점하거나 상대적으로 많이 소유하고 있고 정부의 리더십과 정책에 민감한 사회경제적 집단들이다. 권위주의 엘리트는 그들로부터 정치적 가치와 자원을 자의적·강제적으로 동원하고 그들에게 반대급부로 사회의 가치와 자원의 배분과정에서 특권과 특혜를 부여한다.[7]

권위주의체제에서 정치엘리트는 일반적으로 절차적 정통성을 결여하고 있기 때문에 정책성과와 특정 집단이나 세력―지역적·정치적·사회적―의 지지에 의존하여 정부와 정치체제를 유지한다. 그들은 정치적 지지자들에게 자의적으로 특권과 특혜를 부여함으로써 사회적 가치와 자원의 배분과정을 의도적으로 왜곡한다. 그들은 정치부패를 통하여 정치적 자원을 동원하여 지지 집단과 세력을 규합, 유지, 확대하고 정치적 지도력과 체제를 유지한다. 따라서 정치부패는 권위주의 엘리트의 자의적인 통치수단이며 권위주의체제는 속성적으로 정치부패의 체제라고 할 수 있다.

권위주의체제에서 정치엘리트가 정치권력을 독점하고 있기 때문에 정치부패를 실질적·효과적으로 견제할 대안적 장치와 집단이 부재하거나 무효하다. 정치부패는 권위주의체제에서 정치엘리트의 개인적 집단적 의지와 실천의 문제로 귀결된다. 정치엘리트의 리더십이 스스로 정치부패를 규제하는 특정한 가치, 규범, 규칙을 규정하고 정치권력을 공평하고 엄격하게 행

---

7) 그러한 의미에서 권위주의체제는 "절도지배체제(kleptocracy)"와 유사하다. 절도지배체제: Susan Rose-Ackerman, 1999, pp.114~116; Syed Hussein Alatas, 1990, p.125. 권위주의체제의 정치부패는 "쌍무적 부패(transactional corruption)"보다 "수탈적 부패(extortive corruption)"의 성격이 상대적으로 강하다. 부패의 유형: Syed Hussein Alatas, 1990, p.3; Donatella Della Porta & Alberto Vannucci, 1999, p.212.

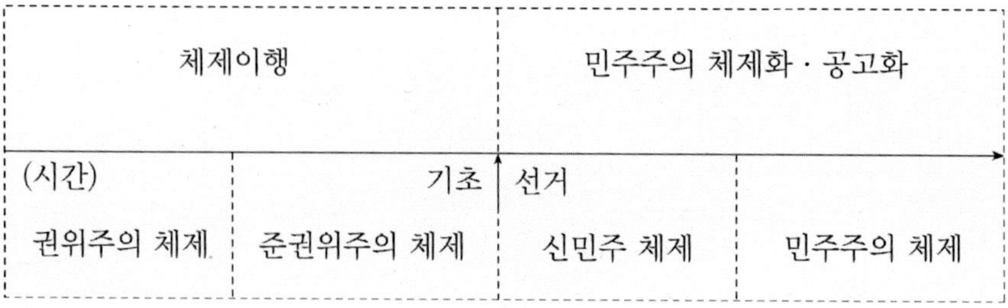

체제이행			민주주의 체제화 · 공고화	
(시간) 권위주의 체제	준권위주의 체제	기초 선거 신민주 체제	민주주의 체제	

〈**그림 5.1.1**〉 민주화 과정

사하지 않는 한 정치부패는 방지될 수 없다. 그러나 권위주의 엘리트는 속성상 권력독점을 추구하는 집단이기 때문에 그러한 경우는 매우 예외적이다.[8] 그들은 정치권력의 획득, 유지, 확대를 위하여 가능한 모든 기회와 방법을 동원하려는 경향이 강하다. 반면에 그 동원화를 실질적으로 견제 반대할 집단과 세력이 부재하거나 미약하다. 정치부패는 점차 확산 심화되고 결과적으로 정부와 정치체제뿐만 아니라 궁극적으로 사회의 질서와 안정까지도 위협한다.

권위주의체제에서 정부는 정치적 정통성과 정책적 성과를 제고하기 위하여 부패방지 정책을 추구하기도 한다. 그러나 부패방지 정책은 권력투쟁의 수단으로 이용될 가능성이 높다. 권위주의 엘리트는 권력독점 유지를 위하여 반대하는 개인, 집단, 세력을 제거하는 명분으로 부패방지 정책을 추구할 수 있다(Rose-Ackerman, 1999, 208). 이 정책은 정치권력 투쟁에서 반대자를 제거하는 한편 일시적으로 정치체제와 정부의 정통성을 높이는 효과가 있다. 이러한 부패방지 정책의 결과는 간헐적으로 발생하는 정치적 스캔들(scandal)에 불과할 뿐 권위주의체제의 부패를 근원적으로 해결하지는 못한다. 또한 부패방지 정책은 주로 관료들의 행정부패를 강조하고 소위 "서정쇄신" 차원에 국한된다. 행정부패와 관련하여 주로 하위직 관료들이 처벌되지만 고위직의 소수 관료들도 대표적인 희생양으로 처벌될 수도 있다. 그 처벌의 수준과 강도에 있어서 상대적으로 미미하다. 이는 고위직 관료들이 관련된 정치부패를 묵인 협조한 보상일 수 있다. 권위주의체제는 근본적으로 정치부패의 체제이고 행정부패는 빈번하게 그 종속적인 결과이기 때문이다.

---

8) 경험적으로 싱가포르가 그 경우에 해당될 수 있을 것이다.

2. 민주주의체제

정치부패는 민주주의체제에서 시민들이 잠정적으로 정치엘리트에게 위임한 권력과 권위를 민주주의 가치, 규범, 규칙에 의하지 않고 개인적 집단적 이해관계에 따라서 임의적으로 행사함으로써 결과적으로 정치체계의 질서와 기능을 쇠퇴시키는 것이다. 사회적 가치와 자원의 권위적 배분 과정이 일반 시민들의 보편적인 이해관계의 공평한 실현보다는 정치엘리트를 포함하는 특정한 사회적 집단이나 계층의 특혜를 위하여 왜곡되는 경우이다. 따라서 정치부패는 체제와 정부에 대한 시민들의 일반적인 기대, 동의, 지지를 무시하는 정치엘리트의 무책임한 권력행사의 결과이다. 이것은 민주주의체제의 주요 규범적 원칙—예를 들면, 시민의 법제도적 평등이나 정책결정의 공개 등—을 정면으로 부정하는 것이다(Porta & Vannucci, 1999, 9, 264~265; 1997, 121; Heywood, 1997, 5). 따라서 정치부패는 민주주의체제와 그 정부 자체를 부정하는 것이다. 결과적으로 "민주주의체제에서 부패는 항상 민주주의체제의 부패이다(Porta & Vannucci, 1999, 10)."[9]

민주주의체제에서 권위주의체제와 달리 정치권력의 다원화와 정치엘리트의 경쟁, 그리고 자율적 시민사회의 실현은 정치부패를 예방, 감시, 조사, 처벌할 수 있는 가능성, 기회, 수단이 정치체제 내에 존재한다.[10] 정치부패는 민주주의체제에서 내적으로 치유될 수 있는 병폐라고 할 수 있다. 다시 말하면 정치부패는 민주주의체제의 생존의 문제가 아닐 수도 있다는 것이다. 정치부패 문제에 대하여 정치엘리트는 정치적 경쟁과정에서 쟁점화할 수 있고 자유언론을 포함하는 자율적 시민사회는 문제제기와 정치적·정책적 압력을 행사할 수 있으며 독립법원은 권위적인 판단으로 부패정치인들에게 법적 책임을 물을 수 있다. 정치엘리트는 정치부패 행위에 대하여 법적·정치적·사회적인 책임을 회피하기가 어렵다.

민주주의체제에서 정치엘리트의 정당한 권력행사는 시민의 동의와 지지를 전제로 하여 경쟁적으로 작동하기 때문에 그 동의와 지지를 조직할 수 있는 정당과 그것을 확인할 수 있는 절차인 선거가 필요하다. 그들은 정당을 조직 운영하고 선거과정에서 후보선출과 선거운동을 통하여 경쟁한다. 이는 정치엘리트가 정치적 가치와 자원, 특히 필요한 정치적 비용을 경쟁적으로 동원해야 하는 것을 의미한다. 정치적 비용은 선거과정, 특히 정당과 후보자의 토론과

---

9) "Corruption in a democracy is always the corruption of a democracy."

10) 오도넬(O'Donnell 1999, 42)은 권력분립의 침해(encroachment)는 민주주의체제를 청산하지만 부패는 민주주의체제를 위협할 뿐이라고 주장한다.

광고의 대중매체화, 선거운동의 조직화와 전문화에 의하여 급격히 증대하고 있다. 정치엘리트는 재선을 통하여 정치체계에서 그들의 정치적 위상과 영향력을 유지하기 위하여 정치적 비용의 동원화에 집착한다. 정치적 비용의 충당은 그들의 최대의 관심사이자 과제이다.[11]

　민주주의체제에서 정치엘리트는 정치자금의 기회와 제공자에게 민감하게 반응한다. 정치자금에 대한 그들의 집착적 욕구와 그 욕구를 해결해 줄 수 있는 정치자금 제공자와 결탁의 가능성이 존재한다. 정치자금 제공을 통하여 그들의 욕구를 가장 효율적으로 충족시킬 수 있는 사회경제적 이익집단, 특히 기업집단과 정치엘리트의 담합과 유착의 가능성이 있다. 그러한 담합은 민주적 규범과 규칙, 다원적 정치권력, 자율적 시민사회 때문에 상대적으로 은밀하게 간접적 또는 우회적으로―"정치중개인(political broker)"을 통하여―이루어질 개연성이 크다.[12]

　그럼에도 불구하고 민주주의는 정치부패 방지 이념이고 민주주의체제는 완벽하지 않지만 기본적으로 정치부패 방지의 체제이다.[13] 민주주의 가치, 규범, 규칙에 근거하여 정치적 참여, 경쟁, 책임의 제도화와 공고화가 실현된 민주주의체제에서 정치부패의 기회와 가능성은 축소되고 체제 내적으로 감시, 견제, 처벌, 그리고 치유할 수 있는 일시적인 병폐가 되는 것이다. 이는 특히 법치, 정치적 책임, 권력분할 또는 분점, 권력의 견제와 균형 등의 민주주의의 기본 원칙들이 법제도적으로 실질적으로 실천되고 있기 때문이다.

Ⅳ. 신민주체제와 정치부패

1. 정치부패의 특성

　신민주체제는 민주화 과정에서 나타나는 정치적으로 혼합적 또는 중첩적인 질서이다. 권위주의와 민주주의의 행태적 제도적 요소들이 모순적·유동적으로 복잡하게 혼합되어 있는 새로운 질서이다. 과거의 권위주의적 질서와 새롭게 실현되고 있는 민주적 질서가 병존 또는 혼

---

11) 민주주의체제에서 정치부패의 원인으로 정당과 선거에 대한 논의: 1. 정당: Donatella Della Porta and Alberto Vannucci, 1999, p.26, 95; 2. 선거: Arnold J. Heidenheimer, 1978b, pp.361~362; Susan Rose-Ackerman, 1999, p.127.

12) 정치중개인을 또한 "political middleman", "mediator"라고도 한다. 그들의 역할을 공식화·제도화하는 데 어느 정도 성공한 미국에서는 "lobbyist"이다. 정치부패 관계에서 중개인의 유형과 역할: Donatella Della Porta and Alberto Vannucci, 1999, p.156, 161~165.

13) 민주주의체제가 정치부패 방지체제가 될 수 있다. "첫째 정치인들의 재선에 대한 욕구가 그들의 사욕을 제한하고 둘째 일반적으로 시민의 자유와 자유언론을 수반하는 민주선거 과정이 공개적이고 투명한 정부를 가능하게 하기 때문이다(Rose-Ackerman, 1999, p.113)."

재하는 유동적이고 불안정한 또 다른 유형의 정치체제이다. 이념적으로 민주적 지향성과 개혁성은 강력하고 민주적 개혁이 어느 정도 점진적으로 진전되어서 민주주의 가치, 규범, 규칙이 주요 정치적 역할과 관계에서 제한적으로 실현되고 있다. 동시에 권위주의적 가치, 규범, 규칙도 정치적 역할과 관계에 부분적으로 영향을 미치고 있다. 이는 권위주의적 현실과 민주주의 이론 사이의 갈등적 질서이고 권위주의 세력과 민주주의 세력이 타협과 공존의 조건에서 새롭게 생성하는 정치체제이다.[14)

신민주체제에서 시민의 정치적 자유와 권리가 최소한 어느 정도 인정 허용되고 복수 정당제와 경쟁적 선거제를 실현하고 있다. 다른 어느 조건보다도 시민의 동의 또는 지지의 수준과 범위가 정치체계에서 정치엘리트의 위상과 영향력을 결정하는 중요한 조건이 된다는 사실이다. 정치엘리트는 일반 시민의 신임과 지지를 지속적으로 유지해야만 그 자신의 정치적 생존을 확보할 수 있고 또한 정치적 리더십과 정당과 그 지도자의 지속적인 지원도 기대할 수 있다. 따라서 정치엘리트의 최대 관심사는 유권자의 지지를 동원하고 조직 유지하는 것이다. 그 실현을 위하여 정치엘리트는 각 정치체제의 모든 기회와 수단을 통하여 경쟁적으로 정치적 조직화와 동원화를 위한 막대한 정치적 비용을 충당해야 한다.

한편 신민주체제에서는 권위주의의 정치적 관행과 제도적 잔재가 존속하고 있고 민주적 규범화와 제도화가 미흡하고 유동적이다. 정치엘리트는 권위주의체제의 정치적 경험이나 관행 때문에 그들은 민주주의 정치에 대하여 무지하거나 모순적인 태도를 보일 수도 있다. 그들의 민주적 지향성과 구호성은 외면적으로 강하나 권위주의적·내면적 성향과 현실적 조건으로 그 실천성은 미약하다. 이 조건에서 정치엘리트에 의한 정치부패의 기회와 가능성은 커질 수 있다(정성진, 2000, 75).[15)

신민주체제에서 권위주의적 정치부패-특성적으로 독점적이고 수탈적인-의 기회와 가능성은 상대적으로 감소된다. 시민권의 정치적 자유와 권리를 전제로 정치적 참여와 경쟁의 기회가 제도적으로 실현되기 때문이다. 정치권력이 법제도적으로 분립되어 있기 때문에 정치엘리트의 독점적·자의적 리더십은 이념적으로 정당성을 상실하고 현실적으로도 어느 정도 견제될 수 있다. 또한 정치적 다원화와 경쟁을 제도화한 복수정당제와 민주적 선거제는 정치엘리

---

14) 오도넬(O'Donnell 1994)의 "위임민주주의체제(delegative democracy)"와 유사하다. 민주화 과정의 민주선거에서 시민 다수의 지지를 받은 정치적 리더십이 민주개혁에 대한 자신의 정치적 위임과 사명을 확대 해석하고 정치권력을 독단적으로 행사하는 정치적 책임성-특히 "수평적"-이 약한 새로운 유형의 민주주의체제이다.

15) "민주화는 중단기적으로 부패의 원천과 규모를 현실적으로 증대시켰으며, 그것을 상쇄할 수 있는 정치적 제도적 능력은 강화되지 못했다(재인용, Harris-White & Whites, 1996, 3)."

트가 경쟁적으로 시민들의 동의와 지지를 받을 것을 요구한다. 뿐만 아니라 정치적 자유와 권리에 기초한 시민권이 어느 정도 실현되어서 시민사회의 영향력이 상대적으로 제고된다. 이는 정치엘리트의 리더십이 과거와 달리 시민사회로부터 어느 정도 감시 견제될 수 있는 개연성을 의미한다. 따라서 정치엘리트의 부패행위는 공개적으로 쟁점화될 수 있고 다양한 사회적 집단과 세력에 의하여 감시와 반대의 대상이 될 수 있다. 결과적으로 정치부패가 노출과 처벌될 가능성이 상대적으로 커지기 때문에 부패 스캔들(scandal)이 빈번하게 나타난다.[16]

신민주체제는 공식적으로 민주주의체제와 같이 부패방지 체제이다. 그러나 민주적 제도와 절차들과 함께 권위주의적 관행과 질서가 현실적으로 공존하고 있기 때문에 정치부패에 대한 감시, 예방, 처벌에 있어서 정치적 정책적 일관성과 효율성, 그리고 결과적으로 효과성이 상대적으로 부족하다. 신민주체제가 현실적으로 보다 효과적인 부패방지의 체제가 되기 위해서는 우선적으로 민주주의 가치, 규범, 규칙의 규범화와 제도화가 보다 엄격하고 심도 있게 확대 실현되어서 민주주의체제로 이행되어야 한다.[17]

2. 정치부패의 구조

신민주체제에서 정치엘리트는 정치적 조직화와 동원화에 필요한 정치적 자원, 특히 정치자금을 동원하는 과정에서 특정한 집단이나 조직과 특권과 특혜의 관계를 수립할 개연성이 크다. 이 가능성은 특히 정치엘리트의 충원이 사회의 전문 집단보다는 정치를 전문적 직업으로 선택하는 "직업 정치인(professional politician)"들로 충원되는 경우에 더욱 커진다. 그들은 정치자금의 기회와 제공자들에게 상대적으로 더욱 민감하다. 직업정치인들은 정치적 활동을 통하여 사회적으로 권력, 명예, 부 등을 축적하여 계층적 신분상승을 추구하는 집단이기 때문이다. 그들은 그 욕구를 성취하기 위하여 특정한 사회경제적 집단이나 조직들과 보다 적극적으로 접촉하고 관계를 맺으려고 노력한다. 그 관계를 통하여 정치적 지식과 정보, 영향력을 제공하

---

16) 그렇다고 신민주체제에서 정치부패 행위 자체가 권위주의체제와 비교하여 증가하였다고 단언하기는 어렵다. 오히려 과거의 권위주의체제에서 관행적으로 묵인 무시되어 왔던 정치부패 행위가 민주화의 영향으로 보다 빈번하게 공개적으로 부각되는 것이다. 이러한 의미에서 신민주체제의 정치부패 스캔들은 역설적으로 "정치적 성숙화"의 현상이라고 볼 수도 있을 것이다(Rose-Ackerman 1999, 225). 그러나 정치부패 스캔들의 빈도수가 증가하면 신민주체제의 정당성이 약화되어서 오히려 정치적 쇠퇴 "권위주의적 퇴행(authoritarian regression)"이 초래될 수도 있다.

17) 민주주의 규범화는 민주적 가치에 근거한 정치적 행위의 원칙-법치나 정치적 책임성 등-을 모든 정치적 역할과 관계에 확대 적용하고 실천하는 과정이다. 민주주의 제도화는 민주적 가치, 규범, 규칙에 근거하여 모든 정치적 역할과 관계를 법제도적으로 실현하는 과정이다. 민주주의 공고화는 정치엘리트와 시민들 다수가 정치적 삶에서 민주주의 가치, 규범, 규칙이 다른 어느 것들보다도 중요하고 우월하다고 인정하고 수용하여 그것들에 근거하는 정치적 역할과 관계를 반복적으로 실현하는 과정이다. 이는 헌팅턴(Huntington, 1968, 12~24)의 "정치적 제도화(political institutionalization)"와 유사한 개념이라고 할 수 있다.

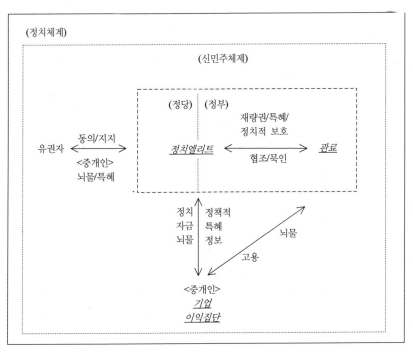

〈그림 5.1.2〉 신민주체제의 정치부패 구조[19]

고 그 대가로 정치자금을 동원할 가능성이 있다. 그 과정에서 그들은 불법적인 부패행위에도 의식적으로 관련될 수도 있다(Porta & Vannuci, 1999, 26, 85; Heywood, 1997, 12).[18]

한편 이익집단은 정치엘리트의 자원동원화에 대한 욕구를 충족시켜줄 의지와 능력을 갖고 있다. 집단적 이익의 실현을 위하여 스스로 조직화한 이익집단은 사회적 가치와 자원의 배분 과정에서 상대적으로 유리한 입장을 확보 또는 유지하기 위하여 그 과정에서 최고의 결정권과 최대의 영향력을 행사하는 정치엘리트에게 필요한 정보, 자원, 지지를 제공하려고 한다. 이러한 의미에서 이익집단은 정치체계의 영향력 있는 정치행위자이다. 이익집단들 중에서 특히 조직, 정보, 자원에서 상대적으로 우월한 기업집단이 정치엘리트와 그 정당의 욕구를 가장 효율적으로 충족해 줄 수 있다. 그러므로 정치엘리트와 정당은 기업집단으로부터 의도적 비공개적 불법적으로 정치비용을 충당하고 그 대가로 정부의 정책결정 과정에서 그들의 지위와 영향력을 통하여 정책적 특권, 특혜, 정보, 또는 정치적 보호를 제공한다. 정치엘리트와 기업집단과의 그러한 관계가 실현 유지되기 위하여 정부의 정책집행 과정에서 주도적인 역할을 담당하고 있

---

18) 전문 직업정치인을 또한 "기업정치인(business politician)", "직업정치인(career politician)", "이익정치인(gain politician)"이라고도 한다.

는 행정관료의 협조, 묵인, 방관, 그리고 경우에 따라서는 희생이 필수적이다. 정치엘리트는 그러한 행정 관료의 태도에 대하여 보상적으로 정치적 보호막을 제공하고 인사상 특혜를 주거나 또는 관료 자신의 비리행위를 묵인하여 줄 수도 있다. 뿐만 아니라 정치부패와 관련하여 법적으로 처벌을 감수해야만 할 경우에는 형집행 정지, 사면, 복권 등으로 사후적으로 구제하여 주기도 한다. 기업집단도 행정관료의 협조와 배려에 대하여 금전적 특혜나 고용기회를 제공함으로써 보상한다. 결과적으로 <그림 5.1.2>와 같이 정치체계에서 정당과 정부의 정치엘리트, 기업집단의 경영엘리트, 정부의 행정엘리트의 '삼각 정치부패 연합'이 실현될 가능성이 있다.

그러나 신민주체제에서는 정치부패 행위는 정치체제의 공식적인 가치, 규범, 규칙에 정면으로 배치되고 상대적으로 노출되기 쉽고 또한 비난 처벌받을 가능성이 크다. 그러한 노출과 처벌은 특히 정치엘리트에게 치명적이다. 그것은 곧 정치적 퇴출을 의미할 수도 있다. 그러므로 정치엘리트가 직접적으로 정치부패에 개입하는 것은 그렇게 용이하지 못하다. 오히려 간접적으로 개입할 가능성이 커진다. 그를 대신하여 이익집단을 접촉하고 정치적 자원과 정보를 동원하며 노출의 경우에는 침묵과 부정으로 그를 법적으로 정치적으로 보호해 줄 '신뢰할 만한' "정치중개인"의 중요성이 상대적으로 커진다.[20]

정치중개인은 또한 정치엘리트를 대신하여 유권자와의 고객주의적(clientilistic) 관계를 설정, 유지하는 역할을 담당하고 책임을 질 수도 있다(Porta & Vannucci, 1999, 22, 23, 262~263). 특히 유권자들이 정책적 합리성보다는 직접적·단기적 물질적인 특혜를 선호하는 경우에는 그러한 특혜를 부당하게 또는 불법적으로 제공하고 그 대가로 그들의 동의와 지지를 조직화할 수도 있다. 이 경우에는 더 많은 정치비용이 소요되고 정치엘리트의 정치적 자원의 불법적 동원화에 대한 유혹은 더욱 커진다.

---

19) 이스턴(Easton, 1979)의 정치체계론과 매크리디스(Macridis, 1986)의 정치체제론에 근거하여 포타와 바누치(Porta & Vannucci, 1999, 21~23, 53, 237)의 부패관계를 참조하여 수정 보완하였다.
20) 주 12를 참조할 것.

V. 신민주체제의 반부패

1. 규범적 개혁

신민주체제에서 정부는 권위주의적 잔재 또는 유산의 개선, 개혁 또는 청산을 권위주의적 세력들과 합의적으로 추구해야 하는 문제에 직면한다. 그렇지만 시민 다수의 동의와 지지를 통하여 구성된 신민주정부와 그 리더십은 민주주의 규범화와 제도화가 미흡한 조건에서 현실적으로 권위주의적 관행에서 탈피하기가 어렵다. 또한 정부의 리더십을 주도하는 정치엘리트 집단은 집권기간 동안 정치권력을 독점적으로 행사하려는 본성적인 유혹에 노출된다. 따라서 신민주정부는 스스로 합의한 민주적 수단, 절차, 과정을 빈번히 외면하고 독단적으로 정책을 결정 수행하려고 한다. 특히 그러한 신민주정부는 두 가지 이유로 그 권위주의적 리더십을 정당화하고 행사한다. 첫째, 선거에서의 승리가 일정기간 동안 독점적이고 자의적인 리더십을 정당화한다고 믿는 '선거 제일주의'이다. 둘째, 민주적 개혁정책이 그러한 리더십행사를 더욱 정당화한다고 믿는 '개혁 지상주의'이다.

신민주정부의 리더십은 결과적으로 민주적 견제와 감시의 제도와 절차를 형식화 또는 무력화시키고 실질적으로 법제도 위에 군림한다. 정치적 자유와 권리에 근거한 시민권은 정치체계의 주요 영역과 관계에서 제한적으로 또는 형식적으로 적용되고 있으나 정치엘리트는 시민권의 확대나 심화보다도 정치권력의 독점과 그 권위주의적 행사에 집착한다. 특히 권위주의적 관행에서 탈피하지 못한 신민주정부의 리더십은 개혁의 구호와 정책으로 오히려 시민권을 무시 억압하는 경향이 있다. 그 독단적 리더십을 유효하게 감시 견제할 수 있는 유일한 수단은 선거와 여론뿐이다. 이 경우에도 다수 시민의 이성과 합리적 선택을 전제하였을 때에만 유효하다.

신민주체제에서 정부의 리더십이 민주적 법제도를 현실적으로 왜곡하거나 무시하는 행위는 민주화 과정에서 합의된 민주적 계약과 그 실천에 대한 약속을 실질적으로 파기하는 것이다. 이는 반민주적 행위로서 곧 민주주의 자체를 정면으로 부정하는 것이다. 민주주의 정치에서 그 행위는 어떠한 정치적 정책적 목적이나 성과로도 정당화될 수 없는 것이다. 무엇보다도 민주주의 정치는 기본적으로 모든 정치집단과 세력의 참여 토론 합의 실천을 전제하고 있기 때문이다. 민주주의체제는 합의적·법제도적 질서와 그 질서의 자발적 실현에 대한 일반적인 기대에 근거하고 있는 것이다. 즉, 민주주의체제의 실현에 가장 기본적이고 우선적인 정치적 규범은 헌법주의(constitutionalism)에 근거한 법치(the rule of law) 원칙이라고 할 수 있다.[21] 법치의 강조와 그 실천은 민주주의 공고화의 우선적인 조건이다(Linz & Stepan, 1996, 10). 그 조건의 공평하고 엄격한 실천 없이 인간의 본능적인 권력집착과 경쟁적 제도와 비용에서 필연적으로 초래되는 정치부패 행위와 그 결과를 통제할 수 없다는 것은 명백한 사실이다.

정치부패와 관련하여 신민주체제의 규범적 문제는 정치적 책임성(accountability)이 현실적으로 미약하다는 것이다.[22] 정치적 책임성은 정부와 그 리더십이 그들의 행동과 결정을 시민에게 설명 정당화하고 관련 정보를 공개 제공하며, 그 과정에서 그들의 비위가 드러나면 법적·정치적 처벌을 감수하는 의무이다. 따라서 정치적 책임성은 정보공개, 정당화, 처벌의 문제이다(Schedler, 1999, 17). 정부와 그 리더십에 책임성을 요구하려면 그들에 대한 감시, 견제, 처벌을 실현할 수 있는 제도와 절차가 필요하다. 그 제도와 절차를 정부의 내부에 조직화할 수도 있고 또는 정부의 외부에 독립적으로 제도화할 수 있다. 민주주의 체제에서 정부는 원칙적으로 정치적 책임성을 두 가지 차원에서 진다. 내적으로 분립 분점된 권력기관들 상호 간에 책임을 지며, 한편으로는 외적으로 일반시민이나 사회집단들에게 책임을 지는 것이다.[23]

신민주체제에서 정부의 '외적 책임성'은 정기적인 민주선거를 통하여 어느 정도 제고될 수 있다. 선거는 가장 효율적인 정치적 수단이며 해결책이고 그 승리는 정치엘리트의 유일한 정치적 목적이 된다. 선거는 규칙적으로 실시되고 선거결과에 따라서 정부의 교체가 가능하며 정치엘리트는 일반적으로 선거결과에 승복하는 경향이 강하다. 선거운동과 선거비용과 관련하여 공평성과 준법성의 문제가 자주 제기되기도 하지만 민주선거의 제도화가 어느 정도 실현되고 있다고 할 수 있다. 그러므로 민주선거를 통하여 정부의 리더십에 대한 외적 책임성을 정기적으로 물을 수 있다. 물론 다수 시민들의 이성과 합리성의 수준에 따라서 그 정도가 다를 수도 있다.

신민주체제에서 정부의 내적 책임성은 상대적으로 미약하다. 신민주정부 리더십은 민주선거에서의 높은 지지율에 근거하여 시대적 사명과 그 사명을 실현할 권한을 전적으로 부여받

---

21) 도밍고(Domingo, 1999, 152)는 법의 지배를 "법에 의한 정부(government by law)이고 예측할 수 있고 현실적으로 작동하고 있는 법적 질서를 준수하는 것이다."라고 정의한다. 린츠와 스테판(Linz & Stepan, 1996, 19)은 "법의 국가(a state of law: rechtsstaat)로 이해한다. 특히 그들은 법치가 공고화된 민주주의체제의 필수적인 조건이라고 주장한다(Linz & Stepan, 1996, 18~20).

22) 정치적 책임에서 political 'accountability'와 political 'responsibility'는 개념적으로 다르다. 전자는 두 정치적 조직이나 집단 사이의 쌍방향적 관계를 의미하는 반면에 후자는 일방적인 관계를 뜻한다(Schedler, 1999, 19). 이 연구에서는 전자를 의미한다.

23) 민주주의 정부의 내적 책임성은 "수평적 책임성(horizontal accountability)", 외적 책임성은 "수직적 책임성(vertical accountability)"이라고 할 수 있다. 민주주의체제의 수평적·수직적 책임성에 대하여 쉐들러(Schedler, 1999, 23)와 오도넬(O'Donnell, 1999, 38)이 논의하고 있다.

았다고 자부하고 사회에서 가장 정통성이 높고 우월한 리더십이라고 믿는다. 그뿐만 아니라 신민주정부 리더십은 때때로 민주개혁의 구호와 정책이 법제도적 질서와 절차에 부합하지 않는 권력행사도 정당화된다고 믿는다. 따라서 리더십은 집권기간에는 개혁과 여론의 명분으로 스스로 합의한 법제도적 절차와 질서를 경시하고 권력을 독단적으로 행사함으로써 정부 내의 감시, 견제, 처벌의 제도와 절차를 실질적으로 형식화 무력화시킨다(O'Donnell, 1994).

그러므로 신민주체제에서 민주주의 공고화가 실현되고 정치부패의 기회와 가능성이 축소되기 위하여 무엇보다도 신민주정부의 내적 책임성의 제고가 필요하다. 우선 신민주정부 리더십이 스스로 동의한 감시, 견제, 처벌의 법제도적 질서와 절차를 이해 인정하고 그것들에 따라서 그 권력을 내외적으로 책임 있게 행사하고자 하는 의지와 노력이 중요하다. 즉, 법치원칙에 기초하여 신민주정부 리더십의 정치적 정책적 책임의식이 제고되어야 한다. 이를 위하여 정부 리더십의 권력행사를 규제하고 책임성을 강제할 수 있는 감시, 견제, 처벌의 법제도적 장치와 절차도 필요하다. 법제도적 장치와 절차의 효율성과 효과성은 정부 리더십의 권한과 영향의 범위에서 멀리 벗어날수록 커질 수 있을 것이다. 즉, 법제도적 독립성과 자율성이 그 효과를 극대화될 수 있다. 즉, 법치는 정치적 책임성, 특히 내적 책임성의 제고의 전제조건이다(Domingo, 1999, 151). 법치원칙의 엄격한 실천을 전제해야만 정치적 책임성, 특히 내적 책임성이 제고될 수 있고 결과적으로 정치부패도 억제될 수 있을 것이다.

2. 제도적 개혁

신민주체제에서는 정부 리더십은 본능적 권력욕과 권위주의적 관행을 선거 제일주의와 개혁 지상주의로 정당화하고 독단적으로 권력행사를 할 가능성이 크다. 그러한 독단적 권력행사를 제한할 수 있도록 집행부 내의 다양한 조직들 특히 관료, 검찰, 경찰, 군에게 제도적인 독립성과 그 조직 운영의 전문성과 자율성을 인정 확보해 주어야 한다. 그러므로 정치적 리더십의 이해관계에 따른 자의적인 판단과 행위가 정부 내적으로 어느 정도 견제될 수 있어야 한다. 또한 신민주정부에서 집행부의 독주를 효과적으로 견제할 수 있도록 입법부의 "능력화(empowerment)"도 선결되어야 한다. 입법부의 능력화는 입법과정 또는 정부정책 결정과정에서 입법부가 단순히 피동적 소극적인 역할보다도 주도적 적극적인 역할을 담당하게 하는 것이다. 의회가 소위 "통법부"를 탈피하기 위하여 입법부의 독립화·전문화·상설화가 선결되어야 한다.

첫째, 입법 활동에서 의원들이 자신의 정책적 판단보다도 정당과 그 지도자의 결정과 지시에 맹목적으로 따르게 하는 제도적 현실적 조건들을 개혁해야 한다(Rose-Ackerman, 1999, 135). 집행부 리더십은 일반적으로 정당의 지도자로서 공천권 행사와 선거자금의 지원 등을 통하여 소속 의원들에게 절대적인 영향력을 행사하고 있다. 따라서 입법부 다수 의원들은 그 지도자에게 종속되어서 자율적인 입법 활동에 참여할 여지가 거의 없고 개인적으로도 정책적 책임을 질 수가 없다. 둘째, 입법부가 집행부를 효과적으로 견제하기 위하여 입법기구의 전문화가 이루어져야 한다. 우선 의원 자신들 스스로가 특수 정책분야의 전문가가 되기 위한 노력이 선행되어야 한다. 그 노력이 실현되기 위하여 입법부의 조직적 개혁과 그에 대한 인적·물적 자원의 지원도 이루어져야 한다. 셋째, 입법부가 집행부를 효과적으로 견제할 수 있게 하기 위하여 의회의 상시화가 제도적으로 실현되어야 한다. 그래서 사회적으로 제기 요구되는 다양한 이슈들에 대하여 상임위별로 항시 문제점을 토의하고 그 대비책을 논의 준비함으로써 집행부의 정책을 전문적으로 감시 견제할 수 있어야 한다.

신민주체제에서 사법부의 위상과 권위는 민주선거로 구성된 집행부와 입법부에 비교하여 상대적으로 낮다. 특히 선거 제일주의와 개혁 지상주의에 의하여 독단적 권력행사를 정당화하는 집행부 리더십은 현실적으로 민주적 법제도를 무시 왜곡하고 사법부의 전문성과 독립성을 정치적 이해관계에 따라서 침해하려고 한다. 오히려 사법부의 인사권에 개입하고 사법부를 정치화하려고 한다. 이는 민주주의체제의 기초인 법치와 사법부의 제도적 분리 독립을 부정하는 행위인 것이다. 민주주의체제에서 사법부는 집행부와 입법부의 정치적 행위와 그들의 정치적 갈등에 대하여 법적으로 공정하게 판결하고 그 판결의 권위가 일반적으로 수용되게 함으로써 민주주의 질서를 유지한다. 사법부의 독립적 위상과 권위는 정치엘리트와 시민이 사법부의 판단을 궁극적으로 존중하고 수용하는 근거가 되기 때문이다(Rose-Ackerman, 1999, 174, 228; Domingo, 1999, 168~169).

삼권분립과 견제와 균형의 원칙에 기초한 민주주의 정부 실현과 함께 또한 정당제도도 개선되어야 한다. 정당의 민주화와 제도화는 민주주의 공고화의 주요 과제이고 정치부패를 방지하는 주요 방법이다. 민주정당은 시민의 다양한 이해관계를 수렴하여 공약화하고 정치화·정책화하는 정치집단이다. 민주주의 정당은 그 자발적 구성원들의 물적·인적 지원에 근거하여 그들의 의사와 결정에 따라서 후보를 추천하고 지원하는 활동체이다. 그러나 신민주체제에서 정당은 일반적으로 정치엘리트의 권력획득 수단에 불과하다. 소수 정치지도자들은 자신들의 정치적 이해관계에 따라서 정당을 조직, 해체, 통합하고 선거에서 정당 후보자들을 공천 지원하고 당선 후에는 그들에게 절대적인 영향력을 행사한다.

결과적으로 입법부는 소수 정당지도자들의 정치적 이해관계에 따라서 통제되기 때문에 의원들의 정책토론과 결정은 무의미하게 된다. 그 지도자가 정부 집행부의 리더십을 행사할 경우에는 입법부는 집행부의 종속적인 기관으로 전락될 수밖에 없다. 이러한 상황에서 정치부패의 기회와 가능성은 커진다. 소수 정당지도자들은 정당조직 운영과 후보추천 지원을 통하여 정당지도력을 유지 확대하고 정부리더십을 장악하기 위하여 막대한 정치적 자원을 동원해야 하기 때문이다. 따라서 정치부패의 개연성은 필연적으로 커진다. 정당조직의 민주화는 당원들이 지도자들의 전횡을 감시 통제할 수 있게 함으로써 그들에 의한 정치부패 행위의 개연성을 줄일 수 있다.

뿐만 아니라 선거 과정의 공정성도 실현되어야 정치적 경쟁에서 야기될 수 있는 갈등을 방지할 수 있고 정치부패의 주요한 근원을 제거할 수 있다. 선거과정이 참여 정당, 후보자, 유권자들에게 공정하다는 믿음을 주어야 그 결과가 이의 없이 수용되고 정치적 리더십의 정당성이 확보될 수 있다. 선거과정의 공정성은 선거방법, 선거기간, 선거비용, 선거운동 등에 대한 정치엘리트의 합의가 전제되어야 가능하다(Rose-Ackerman, 1999, 139~140). 그리고 그 합의를 엄격하게 실천하려는 의지와 노력도 있어야 한다. 특히 선거기간을 단기화하고 선거비용을 축소하며 선거비용 운용의 투명성을 높이고 이에 대한 합의를 위반한 경우에는 엄격하게 법적으로 처벌하는 것이 중요하다. 정치엘리트가 스스로 합의한 경쟁의 규칙을 위반하고 그 위반에 대하여 제재나 처벌을 거의 받지 않거나 차후에 무효화시키는 것은 민주주의 원칙들, 특히 합의정치와 법치를 정면으로 거부하는 반민주적 행태이다. 이는 정치엘리트가 불법적으로 선거자금을 동원 사용하여 리더십을 유지 확대하려는 동기를 유발시킨다.

그러므로 선거 과정의 공정성과 법적 엄격성을 실현시키기 위하여 선거관리위원회의 제도적 독립성은 물론 권위와 권한을 법적으로 강화하고 검찰의 제도적 지원책이 보다 확고하게 마련되어야 한다. 그러나 선거제의 개선 또는 개혁과 그 실현 과정에는 정치엘리트는 직접적인 이해관계 때문에 그 의지와 실천에 한계가 있다. 따라서 시민사회의 관련 전문집단들의 참여와 감시가 법제도적으로 보장되는 것이 중요하다.

결론적으로 민주주의의 기초적인 규범과 제도의 개선과 개혁, 그리고 그 실천이 전제되어야 다양한 부패방지 관련법, 제도, 강령 등이 효과적으로 실현될 수 있다. 민주주의 규범과 제도의 전제조건이 충족되지 못하는 상황에서는 부패방지법, 공무원 재산 공개법, 뇌물방지법, 자금 세탁법, 내부고발자 보호법 등의 부패 관련법들도, 또한 "반부패 특별위원회", "특별 검사제", "청렴계약제" 등의 부패방지 제도들도, 또한 "공무원 행동 강령"이나 "기업윤리 강령" 등의 부패방지를 위한 선언적 행동규칙도, 그리고 일반교육 과정에서 반부패 학습도 무력하고 무효하다. 무엇보다도 정치부패 방지를 위하여 민주주의 이념과 논리에 충실한 '신민주주의 헌법' 제정에 대한 논의가 우선되어야 한다. 그리고 교육 과정에서 민주주의에 대한 이론적 경험적 학습이 더욱 강조 강화되어야 한다.

제2절 신민주체제의 정치부패와 반부패: 브라질[1]

Ⅰ. 브라질의 정치부패

신민주체제에서는 권위주의적 타성과 관행, 제도적 잔재가 현실적으로 정치적 역할과 관계에 영향을 미치고 있다. 정치적 이상과 현실이 상충하고 모순적인 긴장 관계에 놓여 있는 것이다. 이 정치체제적 특성이 정치부패의 스캔들, 사이클, 사슬, 즉 부패폭발의 근원적 '조건'이 되는 것이다. 브라질 사례연구를 통하여 신민주체제의 정치부패의 폭발문제를 비교적인 관점에서 경험적으로 분석한다. 브라질은 한국과 유사하게 민주화의 이행 과정을 통하여 신민주체제를 경험하고 있는 제3세계 국가이다. 민주화 이행 과정에서 과거 군부권위주의체제와 달리 정치부패 스캔들이 보다 빈번하게 폭로되었고 부패 사이클은 지속되었으며 부패사슬은 확산되었다. 특히 민주화 과정에서 30여 년 만에 직선제로 선출된 대통령이 정치부패 관련 혐의 때문에 브라질 의회의 탄핵을 받았고 사임하였다. 브라질은 또한 국제사회의 부패인식도에서 한국과 비슷한 수준의 부패한 국가이다.[2]

브라질공화국의 출현(1889)부터 정치엘리트는 고객주의(clientilism)를 통하여 브라질 국민을 정치적으로 통제하여 왔다. 그들은 고객주의를 통하여 정치적 지지기반을 유지함으로써 자신들의 정치적 위상과 영향력을 확보하였다. 특히 선거에서 특정 지역의 보스(boss)는 관할 지역의 주민이 특정 주지사에게 집단적으로 투표하도록 긴밀한 상호 관계를 유지하였고 연방대통령은 그 주지사의 지지기반에 의존하여 정치적 리더십을 정당화하였다. 역사적으로 브라질의 구공화국(old republic)에서 지역의 보스인 "꼬로네우(coronel)"는 체제적으로 묵인되고 있는 부패행위보다도 관할지역에서의 정치적 패배를 가장 치욕적 또는 모욕적인 불명예 또는 수치로 믿었다. 그의 의무는 우선적으로 지지자들을 보호하고 지원하는 것이었고 또 한편으로는 적의 지지자들을 괴롭히는 것이었다. 따라서 그는 부패행위와 폭력의 위협을 통하여 그러한 의

---

1) 양동훈, 2003, 「브라질의 신민주체제와 정치부패의 문제: 정치체제 접근」, 『라틴아메리카연구』 16집 2호(11월), 한국라틴아메리카학회, pp.291~314. 이 논문은 부분적으로 수정됨.

2) 국제투명성기구(TI)가 매년 조사 발표하는 부패인식지수(CPI)에 의하면 브라질은 2000년에는 최고 10점을 기준하여 3.9점으로 90개 국가들에서 45위, 2001년에는 4.0점으로 91개 국가들에서 46위, 2002년에는 4.0점으로 102개 국가들에서 45위, 2003년에는 3.9점으로 133개 국가들에서 54위로 평가되었다. 한국은 2000년에 4.0으로 48위, 2001년에는 4.2로 42위, 2002년에는 4.5로 40위로 브라질에 비교하여 다소 향상되었으나 브라질과 같이 40위권의 부패국가로 인식되고 있다(http://www.transparency.org/documents). 그리고 2003년에는 4.3점으로 133개국 중에서 50위로 더욱 낮게 평가되었다(http://www.transparency.org/cpi/2003/).

무를 적극적으로 수행하였으며 자신의 정치적 위상과 영향력을 지속적으로 유지하고 주지사나 연방대통령의 정치적 보호와 특혜를 기대하였다(Fynn, 1978, 38~39).[3]

그러한 행태는 시대와 세대, 정치제제가 변하여도 정치적 유산으로 남아 있다. 브라질 역사에서 고객주의는 지속적으로 정치적 관행이 되었고 정치엘리트와 정부에 대하여 브라질 국민의 지지와 정통성을 확보하는 주요 수단이기도 하였다(Marinz, 1996). 그러나 브라질 정치에서 고객주의는 정치부패의 근원적 조건이 되어왔다. 고객주의 정치를 유지하기 위하여 정치엘리트는 일반적으로 공(public)·사(private)를 명확하게 구분하지 않고서 자신들에게 부여된 공적 역할이나 직책의 책임과 권한을 자신의 지지자들을 지원하기 위하여 자의적으로 또는 불법적으로 행사하였다. 이러한 "호혜정치"는 군부권위주의체제에서도 대규모의 정치부패를 초래하였다(Fleischer, 2002, 5). 민간인의 부패정치를 증오하고 척결하겠다는 명분으로 집권한 브라질 군부도 전통적인 고객주의와 부패의 굴레에서 벗어나지 못하였다.

브라질 민주화 과정에서 정치부패는 더욱 확산, 확대되었고 부패 스캔들은 언론에 빈번하게 폭로되었다. 신민주헌법의 제정을 통하여 시민권을 법제도적으로 회복한 브라질 국민은 더 이상 정치엘리트의 부패행위를 묵인하지 않았다. 브라질 신민주정부 ─ 특히 의회 ─ 는 여론의 압력에 따라서 반복적으로 정치인들의 부패행위를 조사하고 제제하였다. 그러나 정치부패 조사는 소극적이었고 법적 제제는 미온적이었기 때문에 신민주정부의 교체에도 불구하고 부패 사이클은 지속되었다. 브라질은 군부지배 권위주의체제(1964~1978), 준권위주의체제(1979~1988), 그리고 신민주체제(1988~2003)의 민주화 과정을 경험하고 있다.

브라질에서 군부지배 권위주의체제는 군부가 1964년 쿠데타로 집권한 시기부터 "제5 제도법령(Institutional Act No. 5)"이 공식적으로 폐지되었던 1978년 말까지 존재하였다고 볼 수 있다. 정부의 시각에서 보면 군부 출신 대통령들 ─ 브랑쿠(Branco), 코스타 이 실바(Costa e Silva), 메디치(Médici), 게이젤(Geisel) ─ 의 통치기간이다. 준권위주의체제는 1978년 말 제5 제도법이 공식적으로 폐지되고 정치자유화가 실현되었을 때부터 1988년 9월 제헌의회가 브라질 신민주헌법을 제정 공포하기 전까지 존재하였다. 정부의 차원에서 보면 피게이레두(Figueiredo)와 사르네이(Sarney) 정부(1985. 4.~1990. 3.)가 존재한 기간이다. 피게이레두 정부는 군사정부이었고 사르네이 정부는 민간정부였으나 두 정부는 기본적으로 "준권위주의"체제에 근거하였던 정부들이었다고 할 수 있다.[4]

---

3) 그러한 정치적 역할과 관계를 "coronelismo"라고 한다.

신민주체제는 브라질 제헌의회가 신민주헌법을 제정 공포한 1988년 9월부터 현재까지 존재하는 정치질서로 볼 수 있다. 정부의 관점에서 보면 페르난두 콜로르 디 멜루(Fernando Collor de Mello), 이타마르 프랑쿠(Itamar Franco), 페르난두 엔히크 카르도주(Fernando Henrique Cardoso) 정부의 시기에 존재하는 정치적 질서이다. 신민주헌법에서 다양한 정치세력들이 타협적으로 브라질 정부의 권한을 제한하는 한편 브라질 시민의 기본권과 정치적 권리와 자유를 보호하고 특히 노동권을 확대 보장하였다. 무엇보다도 시민권과 정치적 자유와 권리가 법제도적으로 보장된 조건에서 국민이 경쟁적 민주선거─자유, 공명, 일반, 비밀선거─를 통하여 정기적으로 정부 지도자와 의회 의원들을 직접 선출하고 그들의 정치적 리더십을 일정 기간 인정하는 체제이다.

반면에 신민주헌법과 선거법은 오히려 "극단적 다당제(extreme multi-partism)"와 정당의 기강 약화를 초래하도록 제정 또는 개정되었고 낙후지역의 의회대표권은 강화시켰다. 이는 신민주정부가 의회에서 안정적인 집권연합을 구성하기 위해서는 부패행위의 동기와 기회가 될 수 있는 "후견정치(pork-barrel politics)"를 실행해야 한다는 것이다. 또한 텔레비전 선거운동의 허용은 대규모 선거자금의 동원을 촉진시켰다(Geddes & Neto, 1999, 28). 신민주정부는 의회에서 집권연합 세력이 소수이거나 불안정할 경우에는 "포고령 정치(decree politics)"─신민주정부 대통령의 비상법령 선포권(medidas provisórias)을 통한 정부정책의 입법과 집행─에 의존할 수밖에 없었다. 결과적으로 그러한 신민주체제의 특성은 정치부패의 동기와 기회를 강화 확대하였던 반면에 반부패에 대한 신민주정부의 정책적 의지와 실천을 무력화시켰다.

II. 신민주체제의 정치부패와 반부패

1. 콜로르 정부(1990년 3월~1992년 9월)

브라질의 민주화 과정에서 콜로르 정부가 실질적으로 최초의 신민주정부라고 할 수 있다.

---

4) 사르네이(Sarney) 정부를 "신민주체제"가 아닌 "준권위주의체제"의 정부라고 보는 주요 근거: (1) 사르네이 정부에서 군부는 직접적인 통치권 행사를 제외하고는 군부체제에서와 거의 동일한 군부의 역할과 영향력을 계속하여 유지하고 있었다. 사르네이 정부에서 삼군의 지도자들이 계속하여 각각 각료로서 참여하였고 그 외 국가정보부장, 군무장관들도 현역 장성이었기 때문에 27명 각료 중에서 5명이 현역 고위 장성들이었다. 그들의 재임기간은 민간 출신 각료들보다 상대적으로 길었으며 그들은 빈번히 사르네이 대통령에게 직접 의견을 개진하기도 하고 비군사적 정책결정에도 직접 관여하였다; (2) 개입적인 군부의 요구로 사르네이 대통령은 현역 장교들이 정부를 비판할 수 있는 권리를 인정하였을 뿐만 아니라 퇴역 장교들도 정치에 대하여 공개적으로 논의할 수 있도록 허용하였다. 이는 군부의 간접적인 정치개입을 의미하는 것이었다(양동훈, 1996, 179~186).

신민주헌법(1988)에 의하여 1960년 자니우 꽈드로스(Jânio Quadros) 대통령 이후 30여 년 만에 직접선거와 결선투표로 1989년 선출된 첫 번째 대통령이었다. 대통령선거 과정에서 상대적으로 늦게 부상한 39세의 콜로르는 사르네이 정부와 기성 정치인들의 무능과 특권, 부패를 비난하고 정치개혁을 약속하여 1차 투표에서 유권자 30.5%, 결선투표에서는 53.0%의 지지를 획득하여 브라질 노동당 후보 루이스 이나시우 "룰라" 다 시우바(Luis Inácio 'Lula' da Silva)에게 승리하였다(Coggins and Lewis, 1992, 57). 콜로르는 대통령선거에 출마하기 위하여 스스로 국가개혁당(PRN)을 새로이 급조하였고 1989년 총선에서 연방의회에 소속의원 20명을 진출시켰다. 이는 의회 전체의석의 4.2%만을 차지하는 매우 미미한 소수 집권당의 존재였다. 2차 대통령 결선투표에서 국가개혁당과 함께 선거연합에 참여한 정당들의 의석을 합하여도 과반수에 못 미치는 39.6%에 불과하였다.

이 상황에서 콜로르는 정치적 타협 또는 협상보다 대통령 비상법령선포권의 적극적인 행사를 통하여 반인플레 경제안정화, 공기업 사유화 정책 등을 실행하였다. 콜로르는 집권 직후 60일 동안 37개 대통령 비상법령선포권을 행사하였다. 대통령 비상법령들은 선포 후 30일 내에 의회가 논의하지 않을 경우 법적 효력이 자동적으로 정지되었다. 그러나 콜로르는 법적인 논란에도 불구하고 이미 선포한 비상법령의 효력을 연장하기 위하여 유사한 법령을 재선포하기도 하였다.[5] 그는 1990년에는 100개 이상의 비상법령을 선포하였다. 이에 대하여 하원은 1991년 초에 대통령의 비상법령권을 제한하는 결의안을 압도적으로—415 대 13—지지함으로써 콜로르의 독단적인 권력행사에 대하여 반대와 견제를 표면화하였다(Mainwaring, 1997, 95~96; Power, 1994, 9~10). 결과적으로 1991년에는 대통령의 비상법령이 8개에 불과할 정도로 콜로르의 정치적 정책적 리더십은 크게 약화되었다.

한편 콜로르 측근들의 부패와 오직 혐의가 공개되기 시작하였고 결국에는 콜로르 자신과 그의 최측근 빠우로 세사르 파리아스(Paulo César Farias)도 정치자금과 관련하여 혐의를 받기 시작하였다. 그들의 불법적 정치자금 모금 활동은 사업적 경쟁자인 콜로르의 친동생, 뻬드루 콜로르 디 멜루(Pedro Collor de Mello)에 의하여 언론에 폭로되었다.[6] 콜로르는 1988년 대통령 선거를 준비하기 위하여 필요한 정치자금을 확보하기 위하여 그가 주지사를 역임하였던 알라고아스(Alagoas) 주 설탕업자들에게 주판매세를 면제해 주는 대신에 일정한 비율의 정치헌금

---

5) 1990년 5월 의회가 반대를 결의한 비상법령 185호 — 임금인상금지안 — 와 거의 동일한 비상법령 190호를 선포하였다. 대법원은 그러한 비상법령 선포를 위헌으로 판결하기도 하였다.

6) *Latin American Regional Report*: "Brazil Report", 4 June 1992, p.6.

을 요구하였다. 또한 대통령선거 경쟁 과정에서 선두 후보자의 위상을 이용하여 상파울루(São Paulo)를 비롯한 브라질 남부지역의 대기업들을 방문하여 정치헌금 기부 의사를 타진하기도 하였다. 뿐만 아니라 대통령에 당선된 후에는 2차적으로 정부의 공공사업에 참여할 브라질 또는 외국 기업들을 방문하여 정치헌금을 요구하기도 하였다(Fleischer, 1997, 5).

이러한 정치자금 모금활동은 콜로르의 최측근 선거자금 관리인 파리아스가 주도하였다. 파리아스는 상파울루에 위장기업을 설립하고 기업들에게 정부의 특혜와 관련하여 과거-10%에서 15%-보다 훨씬 높은 40% 배당을 정치헌금으로 요구하였다. 이러한 불법적이고 조직적인 정치자금의 모금을 위하여 콜로르 대통령은 취임 직후에 내각과 공기업에서 정책결정을 하는 주요 직책에 그의 공모자들을 임명하였고 각 정부부처와 연방기구의 내부 감사기관들을 폐지하기도 하였다.[7]

부패혐의와 함께 초인플레, 빈곤, 외채, 경기침체 등 사회 경제적인 문제들 때문에 콜로르 대통령은 점차 고립되었다.[8] 브라질 의회는 콜로르 대통령의 부패혐의를 조사하기 위하여 1992년 6월에 특별 조사위원회(CPI)를 구성하였다. 조사위원회는 헌법에 보장된 권한을 행사하여 관련 증인들을 소환하였고 관련 혐의자들의 은행계좌와 전화요금 청구서를 조사하였다. 결국 조사위원회는 콜로르의 부패 관련 혐의를 확인하고 탄핵할 것을 결정하고 하원의 전체 회의에 대통령 탄핵안을 상정하였다. 하원에서 탄핵안에 대한 투표는 호명(roll-call)방식으로 이루어졌고 텔레비전으로 전국에 중계되었다. 하원은 1992년 9월 441 대 36으로 대통령직 수행을 정지시키고 상원에서 탄핵 재판을 진행하기로 결의하였다. 결과적으로 콜로르는 6개월 동안 대통령 직무를 수행할 수 없게 되었고 상원의 탄핵재판이 시작되기 직전에 사임하였다. 그러나 상원은 재판을 진행하여 12월 30일 콜로르의 탄핵을 결의하였을 뿐 아니라 8년 동안 정치활동을 금지시켰다. 상원의원 총 81명 중에서 76명이 탄핵을 동의하였다.[9] 브라질 대법원(STF)은 1993년 12월 상원의 결정에 대한 합법성을 인정하였다.

그러나 콜로르와 그의 측근들은 법적인 제재는 거의 받지 않았다. 1994년 12월 브라질 대법원은 여론의 반대에도 불구하고 최종적으로 증거 불충분의 이유로-판사들의 5 대 3의 결정으로-콜로르의 부패혐의에 대하여 무혐의로 판결하였다. 파이라스와 다른 관련 부패혐의자

---

7) 콜로르의 부패행위는 그가 브라질 정치문화의 산물임을 보여 주는 것이다(Skidmore, 1999, 2).

8) 콜로르의 취임 100일이 지나면서 지지율 71%에서 36%로 떨어졌다(*Latin America Regional Report: Brazil Reprot*, 9 January 1992, p.6). 여론조사에 의하면 콜로르 지지율이 1990년 3월에 71%, 1990년 6월에 36%, 1991년 3월에 23%, 1992년 2월에 15%로 하락하였다(Mainwaring, 1997, 15).

9) *Latin America Regional Report*: "Brazil Report", 22 October 1992, p.6; 7 January 1993, p.3.

들도 마찬가지로 무혐의 판결을 받았다. 다만 파이라스는 부패혐의가 아닌 문서위조죄 - 은행 계좌 비실명 개설 - 로 7년 형과 25천 달러의 벌금형을 받았을 뿐이다.[10]

2. 프랑쿠 정부(1992년 10월~1994년 12월)

부통령 프랑쿠가 사임한 콜로르 대통령을 계승하여 잔여 임기 2년 동안 대통령직을 수행하였다. 61세 2선의 미나스 제라이스(Minas Gerais) 주 출신 상원의원 프랑쿠는 어느 정파와도 긴밀한 관계를 갖고 있지 않은 중립적인 정치인이었다. 그의 정부는 지도력 부재, 이념적 갈등, 부패혐의 등 때문에 1년에 20여 회 개각을 해야만 했을 정도로 분열되고 안정되지 못하였다. 그러한 조건과 경제위기의 상황에서 프랑쿠 대통령은 주도적으로 의회와 정부정책을 타협하고 합의를 도출할 수가 없었다. 따라서 프랑쿠도 전임자와 같이 대통령 비상법령 선포권에 의존하였다. 1994년 2월 1일까지 1개월에 평균 7.2개의 비상법령을 선포하였다. 이는 거의 4일마다 비상법령을 선포한 것이 된다. 이는 콜로르의 경우를 훨씬 능가하는 것이었다.[11]

한편 정부예산의 배분과 집행과 관련된 대규모의 부패 스캔들은 프랑쿠 정부를 더욱 무력화시켰다.[12] 부패혐의로 검찰의 조사를 받고 있던 주앙 아우베스(Joao Alves)는 1988년부터 공공부문 사업과 서비스 분야에서 연방정부의 예산배정 과정에서 대규모의 음모와 사기행위가 있었다고 폭로하였다.[13] 알베스는 콜로르 정부의 연방예산국장과 의회 예산위원회의 사무국장을 역임한 예산전문 관료였다. 브라질 의회의 특별조사위원회는 1993년 의회예산합동위원회 소속의 의원들과 관련 행정부처 - 특히 교통부와 사회복지부 - 의 고위 관료들, 그리고 기업연합체를 구성한 주요 건설 회사들이 연루되었음을 밝혀냈다. 그들은 불법적인 협력관계를 통하여 공공사업의 정책수립과 예산배정, 그리고 계약자 선정과 예산집행 과정을 독점적으로 통제하고 왜곡시켰다.

조사위원회는 공식적으로 3개월 동안 43명의 정치인들을 조사하였고 위원회는 결론적으로 의회에서 18명의 관련 의원들을 퇴출시키고 다른 14명에 대하여는 의회와 검찰이 보강 조사

---

10) *Latin America Regional Report*: "Brazil Report", 12 January 1995, pp.6~7.

11) 대통령 재임기간에 선포한 비상법령: 프랑쿠 505; 콜로르 160; 사르네이 147개(Mainwaring, 1997, 63).

12) 일명 "budgetgate"라고도 한다.

13) 직업별 신뢰도에 대한 여론조사에 의하면 정치인, 7%; 관료, 23%; 군인, 24%; 소방관, 56%로 나타났다(*Latin America Regional Report*: "Brazil Report", 5 May 1994, p.2). 프랑쿠의 인기도 1993년 말에는 36.1%에서 14.5%로 하락하였다(*Latin America Regional Report*: "Brazil Report", 7 January 1993, p.5; *Latin America Regional Report*: "Brazil Report", 21 October 1993, p.4).

를 하도록 권고하였다. 나마지 11명에 대하여는 무혐의로 결론을 내렸다. 그 결과 의원직 사퇴를 권고 받은 18명 중에서 4명은 스스로 사임하였고 7명은 퇴출되었다. 그러나 14명에 대한 추가 조사는 이루어지지 않았으며 상원은 관련 의원의 조사나 퇴출에 반대하였다. 이 상황에서 프랑쿠 정부도 콜로르 대통령이 폐지하였던 연방정부의 내부 감사국(SFCI)을 부활시키는 한편 정부특별조사위원회(CEI)를 구성하여 예산관련 부패혐의를 받고 있는 행정부처나 관료들을 조사하기도 하였으나 실질적인 성과 없이 카르도주 대통령에 의하여 해체되었다.

3. 카르도주 정부(1995년 1월~2002년 12월)

브라질 민주사회당(PSDB) 후보 카르도주는 1994년 10월 브라질 대통령선거 1차 투표에서 유효투표의 54.3%를 획득하여 결선투표 없이 당선되었다. 그에 대한 지지율은 가장 강력한 경쟁후보로서 27%의 지지를 얻은 노동당(PT) 후보, 룰라의 2배 이상이었다. 이 결과는 무엇보다도 카르도주가 프랑쿠 정부의 재정장관으로 헤알 계획(Real Plan)을 주도하여 브라질의 고질적인 인플레를 비롯한 경제적 불안정을 어느 정도 해소하는 데 성공하였기 때문이었다. 특히 경제적 안정과 발전, 그리고 사회경제적 불평등 완화를 기대하는 브라질 시민들 다수의 선택이었다. 그는 재임 4년 동안 그러한 기대를 저버리지 않았고 브라질 국민은 헌법개정과 재선으로 보답하였다. 카르도주는 1998년 대통령선거에서도 1994년과 거의 유사하게 1차 투표에서 53.1%의 지지를 받아서 결선투표 없이 재선되었다.

카르도주 소속의 브라질 민주사회당과 그 연합 정당인 자유전선당(PFL)은 1994년 브라질 의회선거에서 하원 총 517석 중에서 175석, 상원 총 81석 중에서 33석을 차지하였다. 브라질 사회민주당은 카르도주 정부와 의회에서 자유전선당(PFL) 이외에 브라질 민주운동당(PMDB), 브라질 노동당(PTB) 등과 집권 정당연합을 형성하였다. 그들은 하원에서 56%, 상원에서는 69% 이상의 의석을 차지하는 다수 세력이 되었다(Mainwring, 1997: 78). 1998년 의회선거에서는 카르도주의 브라질 민주사회당은 하원 99석, 상원 16석을 획득하였고 결과적으로 집권 연합 정당들은 하원에서 총 378석, 상원에서는 총 62석을 차지하여 절대적인 다수 세력으로 군림하였다(Regional Surveys of the World, 2001, 177).

카르도주 대통령은 재임 8년 동안 의회의 세력분포와 정책적 배려에 따라서 집권 연합정당들의 지도자들에게 내각을 배분하고 조정과 타협을 통하여 대통령의 권한을 행사하려고 노력하였다. 그는 1995년 집권하자 집권연합 정당지도자들과 정치적 전략을 협의하기 위하여 정치위원회(political council)를 조직하였고 내각의 정책들을 조정하기 위하여 정부위원회(government council)를 구성하였다.

그러나 카르도주 대통령은 의회와의 관계에서는 독선적으로 리더십을 행사하였다. 경제부문을 포함하는 개혁정책을 추진하는 과정에서 전임 대통령들보다도 비상법령 선포권을 더욱 적극적으로 빈번하게 행사하였다. 콜로르와 프랑쿠는 과거 5년 동안 비상법령권을 803회 발동한 반면에 카르도주는 재임 5년 동안, 1995년에서 1999년까지 무려 3,223회나 사용하였다 (EIU Country Report: Brazil, 2000: 1Q/16). 이러한 상황에서 의회, 특히 상원은 카르도주 대통령을 견제하기 위하여 대통령 비상법령의 효력을 60일로 제한하고 재선포를 방지하는 법률 개정안을 2000년 12월 의결하였으나 2001년 9월에는 다소 완화하여 1회에 한하여 재선포할 수 있도록 허용하였다. 결과적으로 대통령 선포 비상법령은 최고 120일까지 법적 효력을 갖게 되었다.

한편 집권연합 정당들은 정부 내에서 정치적 대표권과 정책적 영향력을 확보하기 위하여 상호 치열하게 경쟁하고 견제하였고 경우에 따라서는 분열하여 집권연합에서 탈퇴하기도 하였다. 그러한 상황에서 정당지도자들이 서로 부패행위에 연루되었다고 공개적으로 폭로하기도 하였다. 특히 집권 정당연합에 참여하고 있는 상원 지도자들의 정쟁 과정에서 폭로된 지역개발기금의 유용사건은 정치권에 광범위한 충격을 주었다. 아마존지역개발기구(SUDAM)와 북동지역개발기구(SUDENE)가 관리하고 있는 공적 개발기금에서 약 20억 헤알(Real)이 불법적으로 유용되었으며 몇몇 상·하의원, 주지사, 장관, 기업인들이 관련되어 있다는 사실이 공개되었다.

특히 빠라(Para) 주의 지사를 역임한 상원의장, 브라질 민주운동당의 자데르 바르바루(Jader Barbalho)는 지난 10여 년 동안 상당한 금액─17억 달러 이상─의 공적 자금 유용에 관여했다고 고발되었다. 그는 결국 상원 의장직을 사임하였다. 또한 주지사 호세아나 사르네이(Roseana Sarney)도 아마존개발기금에서 약 4천4백만 헤알을 유용하였다는 혐의를 받고서 대통령 출마를 포기하였다. 그녀의 자유전선당은 여당연합에서 탈퇴하였다. 그 외에도 정부가 개입되었다고 알려진 부패 스캔들은 카르도주 정부의 신뢰도를 더욱 약화시켰다. 아마존지역 전자감시체계(SIVAM)의 도입을 위한 브라질 정부와 미국회사(Raytheon)의 계약에 대통령 의장실장이 부당하게 개입하였다는 사실이 폭로되었고 그에 책임을 지고 공군 장관과 대통령 보좌관이 사임하였다. 또한 환경부와 기획부의 장관들을 포함하여 여당연합 소속의 일부 정치인들이

1989년 총선에서 이미 파산한 경제은행(Banco Econômico)에서 선거자금을 수수하였다는 사실이 폭로되기도 하였다.

또한 브라질 법원에서도 족벌주의, 행정기금 오용, 형량과 석방명령서 판매, 범죄조직 개입 등의 부패행위가 만연하였다. 특히 카르도주 정부와 긴밀한 관계에 있는 정치인과 관료들이 상파울루 노동법원의 건설을 위하여 과다하게 계상된 예산을 전용한 사실이 2000년 9월 밝혀졌다(Fleischer, 2002: 11). 관련 상원의원 루이스 에스떼바우(Luiz Estevão)는 상원으로부터 최초로 축출되었고 또한 관련 판사에게는 체포영장이 발부되었다. 뿐만 아니라 카르도주 대통령의 전임 비서실장과 예산부 장관 등 측근이 연루되었다는 주장도 공공연히 제기되었다.

카르도주 대통령은 재임 동안 개인적으로 부패혐의를 받은 적은 없지만 정치부패에 대하여 다소 모호한 태도를 보였다. 취임 직후 1995년 전임자 프랑쿠가 고위 관료들의 예산관련 부패혐의를 조사하기 위하여 설립한 정부특별조사위원회를 폐지하고 그 조사업무를 법무부와 재정부에 이관하여 계속 실행하도록 하였으나 그 후에 더 이상 어떠한 조치나 조사도 이루어지지 않았다(Fleischer, 2002, 28). 또한 사회복지부와 지역개발부를 폐지하기도 하였다. 정치인들이 특혜와 불법적 정치자금을 확보하기 위하여 두 부처에 대하여 치열하게 로비(lobby)를 하였기 때문이다.

한편 야당의원들과 일부 여당연합 소속 의원들이 21개 주요 부패 사건의 조사를 목적으로 의회의 특별합동조사위원회를 구성하려고 2001년 의원들에게 청원서에 서명할 것을 촉구하였다. 그러나 카르도주 대통령과 장관들, 그리고 의회 여당지도자들은 그러한 시도를 좌절시키려고 적극적으로 노력하였다. 그들은 의원들이 청원서에 서명하지 않도록 상당한 금액의 지원금(side-payments)을 약속하였다.

카르도주 대통령은 2000년 의회가 특별조사위원회를 구성하여 정부의 재정문제와 법원의 부패문제를 조사하려는 시점에서 공직 윤리강령(the code of public ethics)을 행정명령으로 공포하였다. 이는 만약에 의회가 공직자의 윤리문제를 제기하고 윤리법을 제정할 경우에는 법적으로 유효한 조사와 처벌이 보다 강력하게 이루어질 가능성이 있기 때문이었다(Fleischer, 2002, 27). 카르도주는 정치부패 문제로 집권연합이 분열하고 무력화될 것을 우려한 듯하다. 공직윤리강령에 의하면 고위 관료는 공직윤리위원회에 재산과 소득세 환급액을 보고해야 하며 일정액 이상의 선물과 사례금은 받지 말아야 하고 또한 공직 사퇴한 후에 6개월 동안 공직과 유사한 분야에 취업을 할 수 없다.

III. 브라질 사례의 시사점

브라질의 신민주체제에서 신민주정부의 교체에도 불구하고 정치부패의 스캔들은 지속적으로 폭로되었고 정치부패의 사슬은 광범위하게 확산되었고 정치부패의 사이클은 지속되었다. 이는 신민주체제의 이중적·모순적 특성에 기인한다. 첫째, 언론자유를 포함하는 인권과 시민권을 전제로 정치적 참여와 경쟁의 기회가 어느 정도 제도적으로 보장되었고 시민의 영향력도 상대적으로 제고되었다. 결과적으로 정치엘리트의 부패행위는 더 이상 묵인의 문제가 아니라 감시, 폭로, 처벌의 대상이 되었다. 따라서 정치부패가 노출과 처벌될 가능성이 상대적으로 커졌기 때문에 부패스캔들이 빈번하게 야기되었다. 그렇다고 신민주체제에서 정치부패 행위 자체가 권위주의체제와 비교하여 증가하였다고 결론짓기는 어렵다. 오히려 과거의 권위주의체제에서 관행적으로 묵인, 무시되어 왔던 정치부패 행위가 민주화의 영향으로 보다 빈번하게 가시적으로 공개되었다고 볼 수도 있을 것이다.[14]

둘째, 정치권력이 제도적으로 정부의 주요 기관들 사이에서 어느 정도 분산 다원화되어서 더 많은 정치엘리트들이 정부정책 결정과 집행 과정에 직접 참여하고 영향력을 행사할 역할과 기회가 상대적으로 증가하였다. 그러나 권위주의적 제도와 관행이 잔재하고 있고 법치(法治)와 정치적 책임성의 실천을 위한 규범적·제도적 조건이 미흡하였다. 셋째, 정치엘리트는 지지세력의 경쟁적 조직화와 동원화를 통하여 정치적 생존을 스스로 도모해야 하였기 때문에 그들은 정치적 가치와 자원의 동원에 민감하게 되었고 또한 집착하였다. 그들은 불법적 정치자금을 감시하고 금지하는 반부패정책에 소극적인 태도를 보여 주었을 뿐만 아니라 정치부패 관련 동료 정치인들의 정치적 법적 제재에 미온적이었다.

브라질의 정치부패의 빈번한 스캔들, 광범위한 사슬, 반복적인 사이클은 결과적으로 신민주정부가 시급히 추진해야 될 구조적 또한 헌법적 개혁정책을 지체시켰다(Geddes & Neto, 1999, 45).[15] 정치부패는 신민주정부의 제한된 정책적 관심과 자원을 소모시켰고 중도우파 집권연합을 분열시키거나 그 지지기반을 약화시켜서 의회에서 신민주정부의 개혁정책이 표류하였다. 결과적으로 신민주정부와 정치과정 전반에 대하여 브라질 국민의 신뢰도가 낮아졌다

---

14) 그러한 의미에서 신민주체제의 정치부패 스캔들은 역설적으로 "정치적 성숙화"의 현상이라고 볼 수도 있을 것이다(Rose-Ackerman, 1999, 225). 그러나 정치부패 스캔들의 빈도수가 증가하면 정치적 불안정과 불신이 확산, 심화될 가능성이 크다. 결과적으로 신민주체제의 정치적 정통성이 약화되고 "권위주의적 퇴행(authoritarian regression)"이 야기될 가능성도 있다.

15) 카르도주(Cardoso) 대통령은 그러한 결과를 가장 두려워했던 것 같다. 그는 브라질 의회의 부패조사를 적극적으로 반대하고 저지하였다.

(corruptionreport, 2002, 103).[16]

　　결론적으로 신민주체제에서는 현실적으로 권위주의의 정치적 관행과 제도적 잔재가 존속하고 있고 민주적 규범화와 제도화가 미흡하고 유동적이기 때문에 정치부패에 대한 감시, 처벌, 예방에 있어서 정치적·정책적 일관성과 효율성이 상대적으로 미흡하다. 신민주체제가 정치부패를 보다 효과적으로 방지하기 위하여 규범적으로 법치와 정치적 책임의 원칙이 우선적으로 전제되어야 하고 현실적으로 엄격하게 실천되어야 한다. 그러한 조건에서 정당제와 선거제가 시민의 정치적 자유와 권리를 가능한 제한하지 않는 조건에서, 그리고 정치비용을 최대한 축소하고 지원할 수 있는 방향으로 개혁되고 실현되어야 할 것이다. 이러한 조건에서만 부패방지 관련법, 제도, 강령 등이 효과적으로 실행될 수 있을 것이다.

---

16) http://corruptionreport.org 2002, p.103.

제3절 신민주체제의 정치부패와 반부패: 한국[1]

I. 신민주체제의 정치부패

부패문제는 특히 1999년부터 세계적인 주요 관심사이고 국가들이 실질적으로 해결해야 하는, 회피할 수 없는 과제가 되었다. "반부패라운드"를 주도하는 경제협력개발기구(OECD)는 회원국가에게 빠른 시일 내에 부패방지협약을 비준하고 해외뇌물방지법을 제정할 것을 요구하였다. 그 후 부패방지 관련 국제회의들이 세계 곳곳에서 개최되었다. 국제사회에서 부패한 국가로 평가받고 있는 한국정부도 1999년부터 적극적으로 부패방지를 위한 의지와 정책을 발표하였고 2003년까지 국제투명성기구의 부패지수로 평가되는 국가순위를 20위권으로 진입하도록 노력하기로 하였다.[2]

김대중 대통령이 1999년 8·15 경축사에서 부정부패 척결 의지를 밝히고 정부 여당은 부패방지 종합대책을 발표하였다. 우선적으로 행정개혁을 추진하기 위하여 대통령 직속의 중앙부패방지정책위원회를 설치하고 관련법과 공무원 행동강령(code of conduct)을 마련하고 시민의 참여도 유도하기로 하였다. 또한 대통령자문 민간기구로서 "반부패 특별위원회"를 구성하기로 하였다. 한편 한국의 시민사회도 1999년부터 시민단체들의 광범위한 연대를 통하여 부패방지 운동을 보다 조직화하고 적극적으로 전개하였다. 부패추방을 위한 시민연대를 결성하였고 정부에 부패방지법, 자금세탁법을 신속하게 제정할 것을 촉구하였다(이은영, 2000, 369). 결과적으로 2001년 "부패방지법"과 자금세탁 방지 관련법들이 의결 공포되었다.

한국은 1980년대 후반부터 군부권위주의체제로부터 민주화 과정을 경험하고 있다. 민주선거를 통하여 역사적인 정부교체도 실현하였고 시민권도 상대적으로 신장되었다.[3] 그리고 정치부패의 문제도 정치적 쟁점으로 부각되었고 민주화정부는 소위 "과거청산"의 명분으로 권

---

1) 양동훈, 2001, 「민주화 과정에서 정치부패의 문제: 한국의 사례와 관련하여」, 2001, 『21세기정치학회보』 11집 2호, 21세기정치학회, pp.129~144. 이 논문은 부분적으로 수정됨.

2) 국제투명성기구(TI)가 매년 조사 발표하는 한국의 부패인식지수(CPI)와 그 국가 순위는 1996년 이후 계속하여 하락하다가 2000년부터 다소 개선되었다: 96년 27위, 97년에는 34위, 1998년에는 4.2점으로 85개국 중 43위, 1999년에는 3.8점으로 99개국 중 50위, 2000년에는 4.0점으로 90개국 중 48위, 2001년에는 4.2점으로 91개 국가 중에서 그리스와 함께 42위이다. 아시아 국가들 중에서 싱가포르 9.2로 4위, 홍콩 7.9로 14위, 일본 7.1로 21위, 타이완 5.9로 27위, 말레이시아 5.0로 36위이다(http://www.transparency.org/documents).

3) 헌팅턴은 민주선거에 의한 정부교체가 2회 이루어지면 민주주의체제가 공고화될 수 있다고 주장하며 정부교체를 민주화 과정의 중요한 조건으로 보고 있다(Huntington, 1991, 267).

위주의 리더십에 의한 소위 "통치자금"의 불법적 모금을 법적으로 단죄하였다. 그러나 민주화 과정에서 정치적 경쟁의 심화와 정치비용의 증대는 정치자금의 모금을 민주화정부의 정치엘리트의 최대의 중요 문제가 되게 하였다. 그들 자신들도 부패행위를 통하여 선거자금을 포함하는 정치자금을 모금하였다. 그들은 민주화 과정에서 부패행위에 대한 감시와 노출의 위험성이 높아졌기 때문에 보다 간접적이고 은밀한 방법을 고안해야 했다.

민주화정부에서 부패 스캔들이 더욱 빈번하게 보도되었고 정부 리더십을 행사하는 정치엘리트와 그 측근들이 연루된 사실이 반복적으로 공개되거나 법적으로 규명되었다. 특히 주요 정당과 지도자들이 국회의원 선거나 대통령선거를 위하여 선거자금을 불법적으로 모금하였다는 사실이 공개되었다.

한국의 정치부패는 역사적으로 권위주의 체제와 정부의 리더십을 유지하기 위하여 제도화되고 심화되었다. 군부 권위주의체제의 박정희 정부는 1960, 70년대 "국가경제계획"을 통하여 소수 기업에게 금융, 외자도입, 건설수출, 중화학공업 육성 등에서 정책적 특혜를 주고 그 대가로 일정한 비율의 정치자금을 받았다. 박정희 대통령은 그 자금으로 지지세력을 지원함으로서 권위주의체제를 유지하고 그 기업들은 보상적 특혜로 대규모 기업집단인 "재벌"로 변모 성장하였다. 소위 "정경유착"에 근거한 정치부패가 권위주의 정부의 리더십에 의하여 주도적으로 이루어졌다. 또한 박정희 정부는 선거자금을 한국에서 활동하는 주요 일본 및 외국기업에서 스위스 비밀은행을 통하여 모금하였다.

이러한 관행의 정치부패는 전두환의 권위주의 정부에서도 거의 동일한 수단과 방법으로 계속되었다. 정치자유화를 어느 정도 실현하고 있었던 노태우 정부의 정치자금 모금에서는 다소 정부(대통령)의 강제성이나 일방성이 상대적으로 다소 완화되었다. 그러나 민주화정부에서 그들의 관행적 정치부패 행위는 법적으로 처벌되었다. 검찰의 발표에 의하면 전두환과 노태우 대통령은 각각 재임 중에 소위 재벌기업들에게 각종 정치적 보호와 정책적 특혜를 제공하고 수천 억 원대의 정치자금 또는 소위 "정치헌금"을 직접 강제적으로 모금하였다(장상환, 2000, 121, 125, 130~131).

민주화정부의 김영삼 대통령은 기업으로부터 정치자금을 받지 않겠다고 스스로 선언하였고 고위공직자 재산 공개법의 제정을 주도하였고 또한 전격적으로 금융실명제를 실시하기도 하였다. 민주화정부는 권위주의체제에서 관행적으로 정치자금을 불법적으로 모금한 전두환, 노태우 대통령에게 법적 책임을 묻고 처벌하였다. 그러나 민주화 과정에서 정치적 경쟁의 심화로 정치자금의 중요성과 필요성은 더욱 커졌다. 이러한 상황에서 김영삼 대통령은 정치자금을 조달하기 위한 또 다른 방법을 찾아야 했다. 대통령 자신보다는 친자를 포함하는 대통령의 측근들과 주요 정당지도자들이 비밀리에 소수 특정 기업들의 특혜와 청탁의 대가로 정치자금을 받았다. 특히 선거자금은 정부의 예산-안기부의 미사용, 미공개 비밀예산-을 전용하여 은행에서 세탁하고 정당과 후보자들에게 조달하였던 것으로 사후에 밝혀졌다. 이는 민주화정부가 찾아낸 또 다른 유형의 정치부패 행위였다.[4]

정치자금과 관련하여 김대중 정부도 의혹을 받고 있다. 검찰은 1997년 대통령 선거를 위한 자금 조성에 문제가 있었음을 확인하였다. 최근에는 매우 빈번하게 특정 기업에 대한 정부의 특혜문제가 언론에 제기되고 있고 정부 리더십의 측근들의 개입 관련 여부가 의심받고 있다.

결과적으로 한국의 시민 대다수가 정치와 행정 엘리트를 가장 부패한 집단으로, 그리고 정부, 특히 국회와 검찰이 가장 부패한 기관으로 인식하고 있다.[5] 한국 시민들은 일반적으로 정치와 정부를 불신 냉소하고 있는 것이다. 정치엘리트의 관행적인 부패행위와 그에 대한 국민의 인식이 결과적으로 한국의 정치체계와 사회에 불신과 불안정을 야기하고 있다. 정치엘리트와 그 리더십이 사회적 가치와 자원을 배분하는 과정에서 필연적으로 초래되는 긴장, 갈등, 혼란을 해결하는 권위 있는 중재자적인 역할을 수행하지 못하고 있는 것이다.

II. 신민주체제의 반부패

권위주의 정부들은 그 정통성을 유지하는 목적으로 부패방지 정책을 추진하였다. 그러나 정치부패 방지보다는 행정부패 방지에 정책적 비중을 두었다. 결과는 항상 소수 고위직 관료와 다수 하위직 관료의 부패행위를 공개하고 처벌하는 것으로 끝났다. 간헐적으로 정치부패 관련 정치인들을 처벌하기도 하였지만 소수 부패 스캔들에 한하여 이루어졌고 그것도 법제도적 이유보다는 정치적 억압의 수단으로 이용하였다는 의심을 받아 왔다.

반면에 민주화정부는 부패방지 정책을 과거의 권위주의 정부들과 달리 포괄적이고 다각적으로 추진되었다. 적어도 외면적으로는 행정부패뿐만 아니라 정치부패도 방지하려는 정부리

---

4) 이 정치부패 행위는 "국가뇌물(state-bribery)" 유형(Key Jr., 1978, 47)으로 권력관계 수립을 위한 공적 자산이나 자금을 오용하는 경우이다.

5) 동아일보, 1999년 6월 8일: 형사정책연구원 조사 자료; 『동아일보』, 1999년 6월 7일: 동아일보사/리서치 & 리서치의 「한국사회의 부패 및 청렴도 관련 국민의식 조사」.

더십의 의지와 노력이 있었다(김명수, 1997, 34~38). 그러나 정부와 정당 지도자들의 성치자금 불법조성은 그러한 의지와 노력을 무효화시켰다. 과거 권위주의 정부와 비교하여 방법이 달라졌을 뿐 정치부패를 통한 정치자금 조성은 변함이 없었다.

김대중 정부는 국제적으로 부패방지 운동이 확산되고 있는 가운데 여러 차례 부패척결 의지를 표명하고 정부가 부패방지 종합대책을 마련하고 범국가적 부패방지 운동을 주도하여 "21세기 깨끗한 한국(Clean Korea 21)"을 구현하겠다고 선언하였다. 부패방지법이 국회의 입법 과정에서 여야의 이해관계 때문에 표류하다가 시민사회와 국제사회의 압력으로 마침내 2001년 6월 국회에서 통과되었다. 이 법에 의하여 대통령직속 기구인 "부패방지위원회"가 2002년 1월 설치되어 부패행위와 관련된 신고 접수 및 제도 개선, 그리고 실태조사 등의 업무를 수행할 것이다.

이를 계기로 정부는 범국가적 부패방지 운동을 주도하기로 하였다. 자금세탁방지 관련법들도 정치자금 포함 여부와 금융정보 분석원(FIU)의 계좌추적권 부여 등 정치적으로 민감한 문제들 때문에 국회에서 결정이 지체되었다가 정치적인 타협으로 뒤늦게 통과되었다. "범죄수익"에 불법적인 정치자금을 포함하되 그 관련 정보는 금융정보분석원이 검찰총장이나 경찰청장이 아닌 '중앙선거관리위원회'에만 통보하도록 제한함으로써 관련 정치인이 사전에 자신에 대한 조사 사실을 인지할 수 있도록 배려하였다.[6]

이와 같이 민주화정부들은 공개적으로 부패방지에 대한 의지를 표명하고 부패방지 관련법들을 제정하였으나 그 법들은 태생적으로 정치인들에게 상대적으로 관대하고 정부는 관련법의 집행에 있어서 소극적이다. 정치부패 관련법―특히 선거법, 정치자금법, 뇌물관련법 등―을 위반한 정치인들은 법적보다는 정치적 고려에 의하여 기소되고 그 일부가 처벌되기도 한다. 그리고 법적 처벌을 받은 정치인들은 일정 기간이 지나면 사면 복권되고 다시 정치활동을 재개하기도 한다.

민주화와 정부교체에도 불구하고 이러한 과정이 반복되고 있는 것이다. 뿐만 아니라 그 위반자들 다수는 검찰의 기소와 법원의 재판을 "정치적 탄압"이라고 강변하며 불성실하고 비협력적인 태도로 보이기도 하였다. 정당들도 경우에 따라서 이에 동조하고 그들을 집단적으로

---

6) http://www.assembly.go.kr/현행법령: 「부패방지법(법률 제6494호)」은 2001년 7월 제정되었고 시행일은 2002년 1월 25일부터이다. 자금세탁방지 관련법은 「범죄수익 은닉의 규제 및 처벌 등에 관한 법률(법률 제6517호)」과 「특정 금융거래정보의 보고 및 이용 등에 관한 법률(법률 제6516호)」이다. 두 법률은 2001년 9월 함께 제정되었고 시행일은 2001년 11월 28일이다. 「특정금융거래정보의 보고 및 이용 등에 관한 법률(법률 제6516호)」 제7조 제3항에 의하면 "금융정보분석원장은 제1항 및 제2항의 규정에 불구하고 특정금융거래정보가 「범죄수익규제법」 별표 제15호에 규정된 죄와 관련된다고 인정되는 때에는 이를 중앙선거관리위원회에만 제공하여야 한다." 「범죄수익규제법」 별표 제15호에 규정된 범죄는 「정치자금에 관한 법률」 제30조 제1항 및 제2항의 범죄이다.

옹호 비호하려고 한다. 이에 대하여 검찰이나 법원은 정치적 이유를 내세워 소극적으로 대처하고 있다. 이것은 민주주의의 기초인 법의 지배원칙(the rule of law)을 정면으로 거부하는 반민주적 태도이다.

결론적으로 민주화 과정에서는 권위주의의 정치적 관행과 제도적 잔재가 존속하고 있고 민주적 규범화와 제도화가 미흡하고 유동적이다. 따라서 정치부패에 대한 감시, 방지, 처벌에 있어서 정치적·정책적 일관성과 효율성이 상대적으로 부족하다. 특히 선거 제일주의와 개혁 지상주의에 집착하는 민주화정부의 리더십은 민주화 과정에서 스스로 합의한 법제도적 장치와 절차를 왜곡하거나 무력화시킬 수 있다. 그러므로 정치부패를 보다 효과적으로 방지하기 위하여 규범적으로 법의 지배와 정치적 책임(accountability)의 원칙이 우선적으로 전제되어야 하고 제도적으로 현실적으로 엄격하게 실현되어야 한다. 그러한 조건에서 정당제와 선거제를 시민의 정치적 자유와 권리를 가능한 제한하지 않는 조건에서, 그리고 정치비용을 최대한 축소할 수 있는 방향으로 개혁하고 엄격하게 실천해야 한다. 그러나 그러한 규범적·제도적 개선 또는 개혁과 그 실현 과정에서 정치엘리트는 직접적인 이해관계 때문에 그 의지와 실천에 한계가 있다. 따라서 시민사회의 관련 전문집단들의 참여와 감시를 법제도적으로 보장하는 것이 중요하다.

제6장

민주화와 경제개혁, 경제통합, 정보화

제1절 신민주체제와 경제개혁: 브라질과 아르헨티나[1]

I. 민주화와 경제개혁 문제

1990년대 초 중반에 미국의 주요 비교정치 학자들은 민주화와 관련하여 경제위기, 경제개혁 등 경제적 현상에 대하여 활발하게 논의 연구하였다. 경제개혁과 민주주의의 관련성에 대한 선행연구에서 소수 학자들은 긍정적으로 평가하고 있는 반면에 다수 학자들은 부정적인 시각에서 논의하고 있다. 긍정론자 모두는 경제개혁 정책의 '성공'을 전제로 논의하고 있다. 대표적으로 넬슨(Nelson, 1995, 52~53)에 의하면 신민주정부는 시장개혁을 통하여 국민의 신뢰와 지지를 얻을 수 있기 때문에 정치적 안정을 실현할 수 있을 뿐만 아니라 반민주세력의 저항에 대응할 수 있는 능력을 제고할 수도 있다.

또한 경제개혁을 통하여 경제성장을 실현할 수 있고 경제적 자원에 대한 통제력을 확산할 수 있기 때문에 궁극적으로 "정치권력의 사회적 확산"을 초래한다. 그러나 민주화 과정의 경제개혁은 성공보다는 실패의 가능성이 상대적으로 높다고 할 수 있다. 왜냐하면 특히 "허약하고(fragile)" 불안정한 정치체제와 검증되지 않은 정치적 리더십의 조건에서 이루어지는 정책이기 때문이다. 소수 긍정론자는 그러한 상황적 조건에 대한 고려가 없이 경제개혁은 언제나 성공한다고 전제하고 있다.

한편 부정론자는 경제개혁 과정의 특정한 이유 때문에 민주주의 실현에 부정적인 영향을 준다고 주장한다. 그 이유는 다양하다: 경제개혁 정책의 관료적인 결정과 집행, 정치적 리더십의 통제력 강화, 정치적 리더십의 권력욕, 경제개혁 정책의 실패와 지속적인 경제위기, 사회경제적 비용의 부담, 경제개혁의 국제적 압력 등.[2] 그러나 부정론자의 논의는 적어도 두 가지 이유에서 설득력이 약하다.

첫째, 경제개혁 정책이 실행되는 정치적 조건, 특히 신민주체제와 신민주정부에 대한 관심

---

1) 양동훈, 2006, 「신민주체제의 경제개혁과 민주주의: 브라질과 아르헨티나의 사례」, 『라틴아메리카연구』 19권 2호, 한국라틴아메리카학회, pp.37~68. 이 논문은 부분적으로 수정됨.

2) 부정론자의 이유: (1) 경제개혁 정책의 관료적 결정과 집행: Joan M. Neslon, 1995; Adam Przeworski, 1991; Moises Naim, 1995; Jongryn Mo & Chung-in Moon, 1999; Afred Stepan & Kaufman, 1995. (2) 정치적 리더십의 통제력 강화: Weyland, 2002. (3) 정치적 리더십의 권력욕: Haggard & Stepan, 1995. (4) 경제개혁 정책의 실패와 지속적인 경제위기: Nelson, 1995. (5) 사회경제적 비용의 부담: Roxborough, 1992; Nelson, 1995; Kohli, 1993; Moran, 1996; Stephan Haggard and Robert R. Kaufman, 1995; Adam Przeworski, 1991; 모종린·임성학, 2002. (6) 경제개혁의 국제적 압력: Adam Przeworski, 1991.

과 논의가 소홀하다. 민주화 과정에서 경제개혁은 권위주의체제에서 유래되고 심화된 경제위기를 극복하기 위하여 신민주정부가 신민주체제의 조건에서 추진하는 정책이다. 따라서 경제개혁 정책이 결정되고 시행되는 조건으로서 신민주체제와 신민주정부의 성격이 우선적으로 밝혀져야 한다. 둘째 경제개혁의 민주적 함의를 신민주체제의 정치적 특성 및 경향과 관련하여 논의하고 있지 않다. 신민주체제는 태생적으로 권위주의적 유산, 관행, 세력과 민주적 구호, 제도, 세력이 복합적으로 혼재되어 있는 유동적이고 허약한 정치체제이다. 그러한 신민주체제에서 신민주정부가 주도하는 경제개혁의 정책적 결정이나 집행, 그리고 결과가 신민주체제의 정치적 특성이나 경향에 추가적으로 강화 또는 약화시키는가를 논의해야 한다.

민주화 과정을 경험하고 있는 제3세계 국가에서 경제개혁과 그 민주적 함의를 모색함에 있어서 선행연구와 같이 조건 없이 경제개혁의 정치적 함의를 논의하는 것은 무의미하다. 보다 의미 있는 논의를 위하여 우선적으로 민주화 과정에서 생성된 신민주체제와 신민주정부의 정치적 특성을 경제개혁의 결과와 관련하여 이해해야 한다. 문제는 신민주정부가 추진하는 경제개혁의 결과가 신민주체제와 신민주정부의 그 정치적 성격—이미 민주화 과정에서 형성되고 존재하는—을 긍정적 또는 부정적으로 강화 또는 약화시키는가를 밝히는 것이다.

II. 신민주체제와 경제개혁

1. 신민주체제와 정부

신민주국가에서 경제개혁의 민주적 함의를 보다 명료하게 조명하기 위하여 그 정치적 조건인 신민주체제와 신민주정부에 대한 이해가 우선적으로 필요하다. 신민주체제는 민주화 과정에서 장기간의 권위주의체제 또는 유사(quasi-) 권위주의체제가 정통성 위기 때문에 점차 약화, 붕괴되면서 신민주헌법에 근거한 기초선거(founding elections)를 통하여 나타나는 혼합적이고 불안정한 새로운 정치질서이다. 과거의 권위주의적 질서와 함께 새롭게 실현되고 있는 민주적 질서가 병존하거나 혼재되어 있는 새로운 유형의 정치체제이다.[3] 신민주체제는 "고도의

---

3) 민주화 과정과 관련하여 선행연구에서 신민주체제를 다양하게 개념화하였다: "허약한(fragile)", "선거(electoral)", "위임(delegative)", "비제도화된(uninstitutional)", "半(semi)" 민주주의체제. 쉐들러(Schedler, 2001, 6)는 허약한 또는 "공고한(solid)" 민주주의체제에 대하여 논의하였다. 헤이그와 해럽(Hague & Harrop, 2004, 35, 47)은 신민주체제를 권위주의 유산의 영향을 받는 이행 과정의 정치적 질서로서 민주주의가 유일한 대안이 아

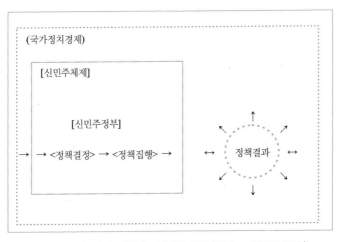

〈그림 6.1.1〉 신민주체제의 경제개혁 정책과정과 그 민주적 함의[4]

근대화" 단계에서 민주주의 가치, 규범, 규칙이 주요 정치제도와 정치 과정에서 부분적으로 실현되고 있는 새로운 정치질서이다(양동훈, 2002, 98). 특히 정기적으로 실현되는 경쟁적 민주선거─자유, 공명, 일반, 비밀선거─에 의하여 정부가 수립되기 때문에 정부교체의 가능성도 열려 있는 체제이다.

그러나 그 외의 정치적 행위와의 관계에서는 오히려 권위주의적 의식과 관행, 유산이 실질적으로 영향을 미치고 있고 민주주의 가치, 규범, 규칙─특히 "법의 지배" 원칙과 시민권과 관련하여─은 형식적이고 제한적으로 실현되고 있는 이중적이고 모순적인 체제이다. 정치엘리트는 장기간의 권위주의적 경험과 관행 때문에 민주주의에 대하여 모순적이거나 모호한 태도를 갖고 있다. 그들의 민주적 지향성과 구호성은 외면적으로 강하나 권위주의적 내면적 성향과 현실적 조건으로 그 실천성은 미약하다. 결론적으로 신민주체제는 권위주의적 현실과 민주적 이론 사이의 갈등적 질서이고 권위주의적 세력과 민주적 세력이 타협과 공존의 조건에서 새롭게 생성되는 유동적인 정치제체이다(양동훈, 2002, 102).

신민주정부는 신민주체제에서 신민주헌법의 원칙과 절차에 근거한 민주선거를 통하여 구성되는 정부이다. 신민주정부의 수립은 권위주의체제 붕괴 과정에서 이루어진 주요 정치세력들의 민주적 합의의 실질적인 실현이자 앞으로 민주개혁을 담당할 정치적 리더십의 창출이

닌 정치체제로 규정하고 있다. 신민주체제는 특성적으로 오도넬(O'Donnell, 1994)의 "위임민주주의(delegative democracy)"와 유사하다고 할 수 있다.

4) 모종린·임성학(2002, 35)의 〈그림 6.1.1〉 개혁과정 참조.

다. 신민주정부는 과거의 권위주의정부와 정치적 정책적으로 차별화하고 그 결과를 가시화하여 그 정통성과 안정성을 제고하려고 노력한다. 신민주정부는 정치적 세력균형의 현실적인 조건을 고려하여 개혁정책의 이슈, 방향, 방법을 결정하고 추진한다.[5] 신민주정부의 개혁능력은 리더십의 성격과 의지, 야당과의 관계, 시민의 지지도 등에 의하여 결정된다. 신민주정부의 개혁성과는 단기적으로는 정부와 그 리더십의 성격과 변화에, 장기적으로는 신민주체제의 성격과 변화에 영향을 미친다. 특히 신민주체제에서 개혁정책의 단기적이고 가시적인 성과는 신민주정부의 리더십에 대한 지지도와 영향력을 제고하여 정권유지뿐만 아니라 그 리더십에 의한 권력집중이나 권력 확대에 기여할 수도 있다. 이는 결과적으로 신민주체제의 권위주의적 성격과 관행을 더욱 강화할 수 있다.

신민주체제에서 제1대 신민주정부의 리더십은 어느 정부보다도 정치적으로나 정책적으로 상대적으로 보다 취약한 조건에 있다. 제1대 신민주정부는 권위주의체제에서 유래되고 그 붕괴 과정에서 심화된 또는 악화된 국가적 위기와 문제들—사회경제적 위기와 모순, 권위주의 유산 청산, 민주적 개혁 등—을 어느 정부보다도 제일 먼저 어느 정도 극복과 개선해야 하는 회피할 수 없는 과제에 직면하게 된다. 그러나 제1대 신민주정부의 개혁정책을 위한 법제도적 기반은 아직은 미흡하고 불안정하다. 오히려 권위주의적 타성, 관행, 세력이 정치사회 전반에 아직도 강력하게 영향을 미치고 있다. 특히 권위주의적 보수세력—군부를 포함하여—은 기득권의 유지를 위하여 정책결정과 집행 과정의 요소(要所)에서 기회주의적으로 개혁정책에 반대하거나 저항한다. 뿐만 아니라 신민주정부의 개혁정책으로 직접적인 피해를 감수해야 하는 이익집단들도 그 개혁정책에 반대, 저항하고 정부교체를 주장하기도 한다.

또한 제1대 신민주정부에 대한 시민의 기대는 비현실적으로 높고 강력하다. 민주화 과정에서 시민 다수가 신민주정부의 수립이 모든 문제의 "만병통치적 해결책"이라고 믿게 되었기 때문이다. 이러한 오해는 장기간의 권위주의 통치 후에 이루어지는 정치자유화와 민주화의 과정에서 권위주의의 대안으로서 민주주의가 이념적으로 확대, 과장, 선전되어 왔던 결과이다. 이는 민주화운동에서 다양한 반권위주의 세력들의 결집에는 기여하였지만 체제전환의 불안정한 조건과 시점에 놓여 있는 제1대 신민주정부에게는 과도한 압력으로 작용한다. 결과적으로 제1대 신민주정부는 체제전환의 시점에서 국가가 직면한 다양한 문제와 위기를 처음으로 개선하고 극복하려는 개혁정책을 추진하나 불안정한 정치적 조건, 미흡한 법제도적 기반,

---

5) 신민주정부의 주요 개혁정책은 권위주의 청산, 민주주의 제도화, 사회경제적 불안정과 갈등 해소 등과 관련이 있다(양동훈, 1994, 464~466).

리더십의 모호한 성격, 그리고 시민사회의 과도한 기대와 압력 등으로 그 정책적 성과는 미미하다. 결과적으로 제1대 신민주정부의 리더십은 무력화되고 그 지지기반은 와해될 가능성이 크다. 그러한 경험은 제2대 신민주정부와 그다음 정부들에게 다른 정책적 접근방법과 보다 강력한 리더십을 추구하도록 강요한다. 그 결과는 긍정적인 정책성과─부분적이고 단기적일지라도─와 정권연장의 기회이다.

2. 신민주정부와 경제개혁

신민주정부의 경제개혁은 본질적으로 "시장개혁(market reforms)"이다. 시장개혁은 이념적으로 신자유주의(neoliberalism), 정책적으로 워싱턴 합의(Washington Consensus)에 근거하고 있다.[6] 시장개혁의 핵심은 국가의 경제적 통제와 개입을 급격하게 축소함으로써 상대적으로 시장의 자율성을 보다 강화하는 정책에 있다(Nelson, 1995, 56). 시장개혁은 권위주의체제의 국가 주도 또는 개입의 경제발전 전략에 대한 부정적인 인식과 평가에서 출발하고 경제자유화를 통하여 궁극적으로 자유시장 경제의 실현을 지향한다.

신민주정부의 경제개혁은 기본적으로 두 가지 주요 정책, 국가경제의 안정화(stabilization)와 구조조정(structural adjustment)을 통하여 추진된다. 경제안정화는 거시경제의 균형과 안정을 실현하려는 단기적 정책이다. 재정, 통화, 환율에 대한 정책을 조율하여 초인플레를 감소시키고 정부의 재정적자를 축소하며 무역수지 적자를 감소시키려는 정책이다. 경제구조 조정은 보다 근본적으로 경제의 제도적 환경을 새롭게 조직하려는 정책이다. 특히 국가의 경제적 통제와 개입을 축소하고 시장의 자율성과 경쟁성을 제고하여 지속적자인 경제성장을 실현하려는 정책이다. 이는 구체적으로 무역자유화, 금융자유화, 물가 탈규제화, 조세법 개정, 공기업 민영화, 중앙은행 독립, 국가행정의 축소와 효율화 등을 위한 신정부의 정책이다(모종린·임성학, 2002, 32; Weyland, 2002, 14~15; Przeworski, 1991, 144).

신민주정부의 경제안정화 정책은 소수의 경제 관료에 의하여 일방적으로─빈번하게 "충격요법(shock therapy)"을 통하여─어느 정도 성공적으로 실행될 수 있다. 초인플레와 거시경제적 불안정은 모두에게 피해를 주기 때문에 영향력 있는 모든 이익집단들은 초기 경제안정화 정

---

6) 워싱턴 합의(Washington Consensus)는 국제경제연구소의 윌리엄슨(John Williamson)이 라틴아메리카의 경제성장을 위하여 1989년에 제시한 일단의 신자유주의 경제정책이다.

책에 크게 반대하지 않는다. 반면에 구조조정 정책은 보다 광범위하고 본질적인 개혁−의회, 중앙과 지방 정부기관의 제도적 법적 변화를 포함하는−을 목적으로 하기 때문에 결과적으로 정책추진 과정에서 신민주정부의 개혁적 의지가 약화되거나 정책 자체가 연기 혹은 무산될 가능성이 크다(모종린·임성학, 2002, 50~51). 구조조정 정책은 현상유지적인 주요 이익집단의 본질적인 이해관계와 첨예하게 충돌할 가능성이 있기 때문이다. 상대적으로 불리한 입장에 있다고 예상하는 이익집단들은 모든 수단과 방법을 동원하여 강력하게 저항할 것이다. 이 경우에 구조조정 개혁에 대한 기본적인 합의와 협력을 이끌어 내기가 어려워진다(모종린·임성학, 2002, 32~33).

신민주정부가 경제개혁 과정에서 일반적으로 현상유지적인 이익집단들의 강력한 반대나 저항에 직면할 가능성이 높다. 반면에 그에 대항하여 개혁정책을 지지하여 줄 수 있는 집단이나 세력은 개혁 자체와 그 결과에 대하여 확신을 하지 못하기 때문에 집단행동에 있어서 모호하고 소극적인 태도를 견지한다(Haggard and Kaufman, 1995, 19; Armijo et al., 1995, 228). 이 문제를 극복하기 위하여 신민주정부는 초기에 정치권력을 집중화·중앙화·관료화하여 자의적으로 개혁정책을 추진한다(Nelson, 1993, 434, 438, 443). 신민주정부는 소수의 고위 경제관료를 중심으로 개혁팀을 조직하고 경제개혁의 권한을 일임하는 한편 외부압력으로부터 그들을 보호한다(Nelson, 1993, 436). 이는 경제개혁의 긴급성과 효율성에 의하여 정당화된다(Mo and Moon, 1999, 152).

신민주체제에서 신민주정부가 경제개혁 정책을 통하여 위기적 상황을 어느 정도 효과적으로 극복하는 경우−예를 들면 경제적 안정과 성장의 실현−에는 최고 정치지도자의 개인적 리더십에 대한 시민의 대중적인 지지가 급증한다. 대중적인 지지를 이용하여 정치지도자와 지지 세력은 기회주의적으로 기존의 권력을 보다 확대 해석하고 강화할 뿐만 아니라 자신의 권력을 최대한 유지 연장하기 위하여 대안 부재의 반대세력과 타협적으로 신민주헌법의 개정을 도모하기도 한다. 이는 반대세력이 신민주정부와 그 지도자에 대한 대중적인 여론을 외면할 수도 없고 경제개혁에 대하여 효율적이고 효과적인 대안을 제시하고 설득할 수도 없기 때문이다.

반대로 신민주체제에서 경제개혁 정책이 부정적인 결과를 초래하고 경제적 위기상황이 지속되면 될수록 신민주정부의 권위주의적인 리더십은 정부교체를 통하여 점차 강화되는 경향이 있다. 이는 현실적으로 제1대 신민주정부보다는 2대, 3대 신민주정부의 권력이 상대적으로 더욱 집중화·중앙화·관료화될 수 있다는 것이다.[7] 이는 대통령제 신민주정부에서 대통령의 권력과 자율성의 증대에 기여하는 반면에 대통령을 견제해야 할 의회를 상대적으로 무력화시킨다.

또한 신민주정부의 경제개혁의 성과가 부정적일 경우에는 시민사회에 "권위주의 향수"나 정치적 냉소주의가 만연하게 되어서 그 지지기반이 위축될 수도 있을 것이다. 결과적으로 신민주정부는 권위주의 청산과 민주적 개혁정책에서 권위주의적 보수 세력의 보다 강력한 저항이나 반대를 경험할 것이다.[8] 이는 단기적으로 신민주정부의 정치적 무력화와 교체를 초래할 것이다. 그리고 신민주정부의 교체에도 불구하고 경제위기나 문제가 개선되지 못할 경우에는 장기적으로 신민주체제의 쇠퇴나 붕괴의 가능성도 점차 커질 것이다.

Ⅲ. 신민주체제: 브라질과 아르헨티나

1. 브라질

브라질은 고도의 근대화 단계에서 민주화 과정을 경험하고 있다. 정치체제의 수준에서 군부권위주의체제(1964~1978)와 준권위주의체제(1979~1988)를 거쳐서 현재 신민주체제(1988~2006)를 경험하고 있다.[9]

브라질의 신민주체제는 직선으로 선출된 제헌의회가 신민주헌법을 토의, 제정, 공포한 1988년 9월부터 현재까지 존재하는 정치질서로 볼 수 있다. 신민주헌법은 정부의 권한을 제한하는 한편 시민의 기본권과 정치적 권리와 자유를 보호하고 특히 노동권을 확대 보장하였다. 신민주체제를 정부의 관점에서 보면 국민재건당(PRN)의 페르난두 콜로르 디 멜로(Fernando Collor de Mello)/이타마르 프랑쿠(Itamar Franco), 브라질 사회민주당(PSDB)의 페르난두 엔히크

---

7) 브라질과 아르헨티나의 경우 그러한 경향은 신민주정부의 대통령이 점차 긴급법령 선포권에 의존하게 된다는 사실에서도 명백하게 나타난다. 신민주체제에서 경제개혁과 관련하여 대통령 긴급 법령 선포권(presidential decree)이 제2, 3대 신민주정부에서 더욱 빈번하게 사용되었다.

8) 오도넬과 슈미터(O'Donnell & Schmitter, 1986, 31)는 "권위주의적 향수(authoritarian nostalgia)"는 권위주의적 쇠퇴를 초래할 수 있다고 우려하고 있다.

9) 브라질에서 군부권위주의체제는 군부가 1964년 쿠데타로 집권한 시기부터 "제5 제도법령(Institutional Act No. 5)"이 공식적으로 폐지되었던 1978년 말까지 존재하였다고 볼 수 있다. 정부의 시각에서 보면 군부 출신 대통령들－브랑쿠(Humberto Castelo Branco), 코스타 이 실바(Artur da Costa e Silva), 메디치(Emílio Garrastazú Médici), 게이젤(Ernesto Geisel)－의 통치기간이다. 준권위주의체제는 1978년 말 제5 제도법이 공식적으로 폐지되고 정치자유화가 어느 정도 실현되었을 때부터 1988년 9월 제헌의회가 브라질 신민주헌법을 제정 공포하기 전까지 존재하였다. 정부의 차원에서 보면 피게이레두(João Baptista de Oliveira Figueiredo)와 사르네이(José Sarney Costa) 정부(1985. 4.~1990. 3.)가 존재한 기간이다. 피게이레두 정부는 군사정부였고 사르네이 정부는 민간정부였으나 두 정부는 기본적으로 "준권위주의"체제에 근거하였던 정부였다고 할 수 있다. 사르네이(Sarney) 정부를 "신민주체제"가 아닌 "준권위주의체제"의 정부라고 보는 주요 근거에 대하여(양동훈, 1996: 176~186).

카르도주(Fernando Henrique Cardoso), 그리고 현재 노동당(PT)의 루이스 이나시우 룰라 다 시우바(Luis Inácio Lula da Silva) 정부의 시기에 존재하고 있고 또한 앞으로 오랫동안 지속될 정치질서이다.

신민주헌법에 의하여 30여 년 만에 직선으로 국민재건당의 콜로르가 1989년 브라질 대통령에 선출되었다. 콜로르 정부는 실질적으로 군부권위주의체제 이후에 수립된 최초의 신민주정부이다. 그러나 콜로르 대통령은 개혁정책의 미미한 성과로 인하여 정치적으로 고립되었고 부패혐의로 탄핵되는 과정에서 사임하였다. 부통령 프랑쿠가 잔여 임기 동안(1992. 10.~1994. 12.) 대통령직을 계승하여 수행하였다. 대통령제 신민주정부가 정치부패와 경제위기 때문에 정책적 효율성과 효과성을 제고하지 못하고 있는 상황에서 1993년 4월 정부형태에 대한 국민투표가 예정대로 실시되었다. 브라질 시민들은 최종적으로 직선 대통령제를 유지할 것을 결정하였다(Von Mettenheim, 1997, 153). 그리고 1994년 대통령선거에서 브라질 사회민주당의 카르도주-프랑쿠 정부의 재무장관-가 대통령에 선출되었다. 그는 재임 동안 경제개혁을 어느 정도 효과적으로 추진하여 브라질 시민 다수의 지지를 받았다. 그 결과로 카르도주 대통령은 1997년 헌법개정을 통하여 연임에 성공하였다.

2 아르헨티나

아르헨티나도 브라질과 같이 고도의 근대화 단계에서 민주화 과정을 경험하고 있다. 정치체제의 수준에서 군부권위주의체제(1976~1982)와 준권위주의체제(1982~1983)를 거쳐서 현재까지 신민주체제(1983. 12.~현재)를 경험하고 있다.[10]

아르헨티나의 신민주체제는 민주화의 이행 과정에서 부활된 1853년 민주헌법에 기초하여 실시된 민주선거를 통하여 제1대 신민주정부가 수립된 1983년 12월부터 현재까지 존재하는 정치질서로 볼 수 있다. 정부의 관점에서 보면 급진시민연맹(UCR)의 라울 알폰신(Raúl Alfonsín), 정의당(PJ)의 카를로스 사울 메넴(Carlos Saúl Menem) 1기와 2기, 급진시민연맹의 페르난두 데

---

10) 아르헨티나에서 군부권위주의체제는 군부가 1976년 쿠데타로 재집권한 시기부터 말비나스 섬(Malvinas Islands) 전쟁의 패배에 대한 책임을 지고 군부 강경파 갈띠에리(Leopoldo Galtieri) 대통령이 1982년 6월 사임하는 시기까지 존재하였다고 볼 수 있다. 정부의 시각에서 보면 군부 출신 대통령들 - 비데라(Jorge Rafael Videla), 비오라(Roberto Viola), 갈띠에리 - 의 통치기간이다. 준권위주의체제는 1982년 6월 육군 총사령부가 퇴역 장군 비그노네(Reynoldo Bignone)를 2년 임기의 대통령에 임명하고 민간정부에 권력이양을 준비하는 시기의 정치적 질서이다. 비그노네 대통령은 취임 직후에 공식적으로 1853년 헌법을 회복하고 민주선거를 1983년 실시할 것을 선언하고 정치자유화 조치를 단행하였다. 아르헨티나 제헌의회는 1853년 헌법에서 정의, 평화, 국방, 복지, 자유의 실현을 선언하고 대통령제 대의정부를 채택하였으나 고질적인 정치적 불안정과 군부의 빈번한 정치개입은 헌법의 안정적 유지와 작동을 위협하였다.

라 루아(Fernando De La Rúa) 정부에서 현재 정의당의 네스토르 카를로스 키르치네르(Néstor Carlos Kirchner) 정부의 시기에 존재하고 있고 또한 앞으로 지속될 정치질서이다. 1853년 헌법은 1994년 경제안정화에서 어느 정도 정책적 효과성을 보여 준 메넴 1기 정부에서 개정되었다. 개정 헌법에서 대통령의 연임을 허용하는 대신 대통령의 권한을 다소 축소, 제한하고 국민의 의사가 보다 직접적으로 반영될 수 있도록 하였다. 특히 대통령 선거인단제 대신에 결선투표 직선제가 채택되었고 연임은 허용되었지만 임기는 6년에서 4년으로 단축되었다. 그리고 대통령 긴급법령 선포권은 특정한 경우에만 허용하였고 의회의 동의를 받도록 하였다. 또한 헌법 조항에 민주적 투표권과 정당제를 명시하였으며 주의회가 선출하였던 상원도 2001년까지 직선으로 구성하도록 하였다.

아르헨티나 신민주체제의 제1대 신민주정부, 급진시민연맹의 알폰신 정부는 권위주의 청산정책, 특히 군부의 인권유린, 정치개입, 말비나스 섬 전쟁에 대한 정책을 우선적으로 추진하였다. 그러나 군부의 불만과 저항은 정국의 불안을 초래하였고 아르헨티나 국민의 거의 50%는 군사 쿠데타의 재발을 우려하기도 하였다(Linz and Stepan, 1996, 194). 이러한 상황에서 경제적 불안정이 심화되었고 알폰신 대통령은 경제위기를 극복하지 못하고 결국 임기 6개월 전에 사임하였다. 역사적인 평화적 정권교체를 통하여 알폰신 정부를 계승한 제2대 신민주정부, 정의당의 메넴 정부는 경제위기의 극복을 위한 경제개혁 정책을 관행적인 대통령의 "긴급법령 선포권(decretos de necesidad y urgencia)"을 통하여 과감하게 추진하였다. 결과적으로 아르헨티나 경제는 어느 정도 안정되었다. 메넴은 대통령 연임을 허용하는 개헌을 주도적으로 추진하였고 1995년 재선되어 4년 임기의 대통령직을 2000년 1월까지 수행하였다.[11]

Ⅳ. 제1대 신민주정부와 경제개혁

1. 브라질: 콜로르/프랑쿠(Collor/Franco) 정부

브라질의 민주화 과정에서 콜로르/프랑쿠 정부(1990. 3.~1995. 1.)가 실질적으로 제1대 신민

---

11) 개정 헌법(1994)은 대통령 후보가 45% 이상의 지지를 받지 못한 경우에는 2차 결선투표를 규정하고 있다. 1995년 대선에서 1위 메넴은 총 투표의 49.5%, 2위 후보는 29.6%를 얻었다.

주정부라고 할 수 있다. 콜로르 대통령은 신민주헌법(1988)에 의하여 1960년 자니우 꽈드로스 (Jânio Quadros) 대통령 이후 30여 년 만에 결선투표 직선제를 통하여 1989년에 선출된 첫 번째 대통령이다. 브라질에서 신자유주의 경제개혁은 콜로르 정부에서 시작되었다(강경희, 2005, 75). 콜로르는 자신이 경제개혁 정책을 스스로 주도하겠다고 선언하였다(Weyland, 2002, 123). 취임 직후에 콜로르 대통령은 급진적인 경제안정화 정책-"콜로르 계획" 또는 신브라질 계획 (Plano Brasil Novo)-을 대통령 비상법령권(medidas provisórias)을 통하여 추진하였다. 무엇보다도 인플레이션의 통제를 목적으로 화폐공급량을 감축하기 위하여 저축이나 예금을 포함하는 단기 금융자산을 18개월 동안 동결하였다. 또한 임금과 물가도 동결하였고 통화단위는 끄루사두 노부(Cruzado Novo)에서 크루제이루(Cruzeiro)로 바꿨다. 수입, 수출, 농업 등에 대한 다양한 유형의 재정지원도 폐지하였다. 그리고 정부 재정을 엄격하게 조정하며 연방정부 소유 부동산을 매각하고 탈세자를 보다 강력하게 단속하는 조치도 취하였다.

콜로르 대통령은 그 외에도 무역자유화, 탈규제화, 민영화 등과 관련하여 비상법령을 선포하였다(Baer 2001, 180; Power, 1998, 207; de Souza, 1999, 52; Lopes, 1996, 201). 인플레이션은 일시적으로 낮아졌고 콜로르의 지지율도 81%까지 높아지기도 하였다(조돈문, 2003, 95). 그러나 인플레이션은 다시 급등하여 초인플레 수준으로 복귀하였고 지지도도 함께 급락하였다. 콜로르 정부는 1991년, 1992년에 경제장관을 교체하면서 반인플레 정책을 추진하였으나 결과적으로 가시적인 성과는 거의 없었다.

콜로르는 정치적 타협 또는 협상보다 대통령 비상법령 선포권의 적극적인 행사를 통하여 반인플레 경제안정화·공기업 사유화 등 경제개혁 정책 등을 실행하였다. 콜로르는 집권 직후 60일 동안 37개 대통령 비상법령 선포권을 행사하였다. 비상법령들은 선포 후 30일 내에 의회가 논의하지 않을 경우 법적 효력이 자동적으로 정지되었다. 일부 비상법령은 본래의 목적에서 벗어나 새로운 규제적 비상법령을 위반하는 개인이나 기업을 단속하는 목적으로도 남용되었다.

뿐만 아니라 콜로르는 법적인 논란에도 불구하고 이미 선포한 비상법령의 효력을 연장하기 위하여 유사한 법령을 재선포하기도 하였다.[12] 1990년에는 100개 이상의 비상법령을 선포하였다. 이에 대하여 하원은 1991년 초에 대통령의 비상법령권을 제한하는 결의안을 압도적으

---

12) 1990년 5월 의회가 반대를 결의한 비상법령 185호-임금인상금지안-와 거의 동일한 비상법령 190호를 선포하기도 하였다. 브라질 대법원은 그렇게 선포된 비상법령을 위헌으로 판결하였다.

로-415 대 13-지지함으로써 콜로르의 독단적인 권력행사에 대하여 반대와 견제를 표면화하였다(Mainwaring, 1997, 95~96; Power, 1994, 9~10). 결과적으로 1991년에는 대통령의 비상법령이 8개에 불과할 정도로 콜로르의 정치적 정책적 리더십은 크게 약화되었다. 콜로르는 결국 부패혐의로 의회에서 탄핵재판이 진행되는 과정에서 사임하였다.

부통령 프랑쿠가 사임한 콜로르 대통령을 계승하여 잔여 임기 2년 동안 대통령직을 수행하였다. 프랑쿠 정부는 지도력 부재, 이념적 갈등, 부패혐의 등 때문에 1년에 20여 회 개각을 해야만 했을 정도로 분열되고 안정되지 못하였다. 그러한 조건에서 프랑쿠 대통령은 경제개혁 정책 결정 과정, 특히 의회와의 관계에서 주도적인 역할을 수행하기가 어려웠다. 전임자 콜로르와 달리 민족주의적 성향의 프랑쿠는 정통적인 시장개혁에 적극적이지도 않았다. 기존의 공기업 민영화계획을 지체시킬 뿐만 아니라 새로운 민영화정책도 추진하지 않았다. 초기에는 정부예산을 삭감하지도 않고 오히려 공공부문의 임금을 인상하기도 하였다(Weyland, 2002, 212~213). 인플레이션을 억제하기 위하여 재정조정 정책으로 금융이동 특별세(IPMF)를 의회에 제안하여 동의를 얻었으나 대법원은 위헌이라고 선언하기도 하였다. 초기 8개월 동안에 4명의 재무장관을 교체하였지만 결과적으로 경제안정화에 성공하지 못하였다(Weyland, 2002, 217).

그러나 프랑쿠 대통령은 1993년 5월 재무장관에 카르도주를 임명하였다. 카르도주 재무장관은 브라질 경제의 재구조화를 위하여 헌법개정, 인플레 감소, 지속적인 성장, 사회개혁을 지향하는 "헤알 계획(Real Plan)"을 적극적으로 추진하였다(Flynn, 1996, 402). 그는 6월 긴축정책으로 "긴급행동 계획(immediate action plan)"을 추진하였다. 이 계획에 의하여 정부지출에서 60억 달러를 삭감하고 징세를 강화하였다. 또한 연방정부에 대한 주정부의 부채를 의무적으로 상환하도록 하였으며 주정부 소유 은행의 화폐 발행을 억제하는 조치도 취하였다. 1993년 12월에는 개헌을 통하여 "비상사회기금(FSE)"을 수립하였다. 이 기금은 신민주헌법에 명시적으로 규정된 연방정부의 예산 배정과 의무 지출-지방정부 지원금, 교육과 사회보장 등에 대한-부문을 긴급한 정책에 유연하게 사용하기 위하여 만들어졌다.[13] 이 기금은 정부가 유연하게 예산을 운영하는 데 도움을 주었고 결과적으로 1994년 정부의 운영예산은 흑자를 이루게 되었다(Flynn, 1996, 404).

또한 까루도수는 1994년 3월 신용도가 낮은 기존 통화단위, 끄루세이루(Cruzeiro)를 대용할 수 있는 새로운 회계단위, 실질가치단위(Unidade Real de Valor)를 소개하고 계약이나 세금 등

---

13) 신민주헌법(1988)에 의하면 지방의 주정부와 시정부에 대한 연방정부의 세수 분담금이 증가하였다(Baer, 2001, 193).

정부 관련 업무에 사용하기 시작하였다. 기본적으로 1달러의 가치에 해당하는 실질가치단위는 달러에 연계하여 매일 조정하였다(Weyland, 2002, 223). 그리고 7월에는 화폐개혁을 단행하여 실질단위가치를 새로운 통화단위 헤알(Real)로 대체하였다.[14] 헤알의 가치를 달러에 고정시키고 환율을 이용하여 물가를 안정시켰다(강경희, 2005).

결과적으로 초인플레는 1993년, 2,708.2%를 정점으로 점차 하락하기 시작하여 1994년에는 1,093.9%, 1995년에는 14.8%로 지속적으로 하락하기 시작하였다. 부분적이지만 다른 거시경제적 조건도 1993년부터 상대적으로 다소 개선되었다. 국내총생산(GDP) 성장률은 1993년 4.92%에서 1994년 5.85%, 실업률은 5.4%에서 4.96%, 제조업 실질임금은 127.3%에서 147.0%로 호전되었다(조돈문, 2003, 98). 이러한 성과는 카르도주 재무장관을 포함하는 프랑쿠 정부가 경제개혁을 위하여 무엇보다도 대통령 비상법령 선포권을 보다 적극적으로 사용한 결과이기도 하다.

콜로르 정부에서는 총 160여 개 대통령 비상법령이 선포된 반면에 프랑쿠 정부에서 총 505여 개의 비상법령이 선포되었다(Mainwaring, 1997, 63). 프랑쿠 대통령은 1994년 2월 1일까지 한 달에 평균 7.2개의 비상법령을 선포하였다. 이는 거의 4일마다 비상법령을 선포한 것이 된다. 이러한 독단적인 정책집행에도 불구하고 거시경제적 호전과 그에 대한 국민의 지속적인 기대는 재무장관 카르도주가 제2대 신민주정부의 유력한 대통령 후보로 부상하는 데 크게 도움이 되었다.

2. 아르헨티나: 알폰신(Alfonsín) 정부

알폰신은 1983년 12월 군부체제 재수립 후 약 7년 만에 민주선거를 통하여 대통령직에 취임하였다. 알폰신 대통령(1983. 12.~1989. 6.)은 취임 직후 경제개혁보다는 과거청산과 "완전한 민주주의" 실현을 강조하였다(Lewis and Torrents, 1993, 133). 군부체제 와해와 군부조직 쇠퇴의 조건에서 알폰신은 과거청산과 민군관계의 재정립을 통하여 군의 탈정치화와 민주주의의 실현을 선언하였다. 따라서 민주적 개혁에 대한 지지기반을 약화시킬 수 있는 정통경제 정책의 추진에 반대하였다(Lewis and Torrents, 1993, 147). 특히 정통경제 개혁정책은 어느 정도 사회적 갈등이나 저항을 감수해야 되기 때문이다. 오히려 거시경제의 부정적인 상황—인플레

---

14) 1Real=2,750Cruzeiro.

이션, 재정적자, 외채증가 등 - 을 고려하지 않고 성장정책을 추구하였다(김원호, 2005, 281). 그러나 1984년 인플레이션이 급등하여 600% 이상을 기록하였고 계속하여 악화되었다.

이 상황에서 1985년 알폰신 정부는 독단적으로 "아우스뜨랄 계획(Austral Plan)"을 발표하였다. 이는 비정통 경제정책으로 특히 국가의 경제개입을 축소하고 국가재정에 부담을 주는 비효율적인 공기업의 운영을 개선하려는 목적에서 실시되었다(박병수, 2004, 326). 임금, 물가 및 공공요금을 동결하는 한편 공공부문의 인력을 감축하였다. 또한 1,000 대 1의 비율로 화폐개혁을 단행하고 통화량도 감축하였으나 고정환율제는 유지하였다(Lewis and Torrents, 1993, 125). 아우스뜨랄 계획으로 인플레이션은 다소 하락하였으나 곧 상승하기 시작하였다. 그러나 알폰신 정부는 민주적 개혁을 위한 지지기반이 약화되는 것을 우려하여 경제안정화 정책을 강력하게 추진하지 못하였다. 그러나 인플레이션의 재상승으로 특히 노동부문과 중간계층의 실질임금이 하락하였고 그들은 알폰신 정부의 경제정책에 반대하였다(박병수, 2004, 328).

알폰신은 노동조합의 민주화를 통하여 그에게 비판적인 노동계 지도자들의 교체를 시도하였다. 이에 반발하여 노동자총연맹(CGT)은 알폰신의 아우스뜨랄 경제계획에 반대하는 전국파업을 13번이나 주도하였다. 이 상황을 타개하기 위하여 알폰신 대통령은 노동 장관에 노동조합 지도자를 임명하였다. 그러나 그 노동 장관과 다른 경제 관련 장관 사이에 정책적 갈등이 끊이지 않았다(Torre, 1993b, 79, 81~82; Linz & Stepan, 1996, 193). 또한 알폰신 대통령의 지도력과 정책적 실효성에 장애가 된 것은 지방 주정부와 그 지도자들이다. 알폰신 정부에서 주지사들 대다수가 정의당 출신들이었다(Jones, 1997, 281). 특히 그들은 자신들과 정의당을 지지하는 주민들에게 주정부의 물질적 자원과 특혜적 기회를 제공하면서 경제안정화를 위한 알폰신 정부의 긴축정책에 협조하지 않았다(Torre, 1993b, 80).

1986년까지 다소 진정되었던 인플레는 1987년에 다시 상승하기 시작하여 1988년 중반에는 초인플레 현상이 나타났다. 또한 국가생산량도 정체되었고 무역수지의 악화로 외채도 계속하여 증가하였다. 이러한 상황을 극복하기 위하여 알폰신 정부는 긴축정책을 추진하기도 하고 비정통적인 충격요법을 사용하기도 하였으나 효과는 거의 없었다. 아르헨티나 경제는 전반적으로 악화되었다. 알폰신 정부는 1989년 대통령선거를 앞두고 물가를 안정시키려는 목적에서 1988년 마지막으로 경제안정화정책(primavera plan)을 단행하여 물가 상승률을 월 평균 4%로 유지하고 환율 변동폭은 25% 범위에서 관리하였다. 그러나 인플레이션과 환율절하에 대한 기대심리가 국민 사이에 팽배한 상황에서 물가와 환율의 관리에 따른 효과를 기대하기가 어려웠다. 과대평가된 환율은 오히려 환투기와 초인플레를 조장하였다. 알폰신 정부는 결국 재정과 통화 관련 긴축정책을 포기하고 1989년 387% 환율절하를 단행하였다(김정렬, 2001, 14).

1989년에는 경제위기가 심화되었고 결과적으로 사회적 긴장도 고조되어 약탈 등 사회적 소요사태가 빈발하였다. 이는 알폰신 정부의 지지기반을 급격히 약화시켰고 다수 시민은 정국에 대하여 불안을 느꼈다. 아르헨티나 국민의 12%만이 알폰신 정부를 지지하였고 49%는 군사 쿠데타의 가능성이 있다고 생각할 정도였다(Linz & Stepan, 1996, 194). 결국 알폰신 대통령은 임기 만료 6개월 전에 퇴임하는 결단을 내렸다.

V. 제2대 신민주정부와 경제개혁

1. 브라질: 카르도주(Cardoso) 1기 정부

브라질 민주사회당(PSDB) 후보 카르도주는 1994년 10월 브라질 대통령선거 1차 투표에서 유효투표의 54.3%를 획득하여 결선투표 없이 당선되었다. 그에 대한 지지율은 가장 강력한 경쟁 후보로서 27%의 지지를 얻은 노동당(PT) 후보, 룰라의 2배 이상이었다. 이 결과는 무엇보다도 카르도주가 프랑쿠 정부의 재정장관으로 헤알(Real) 경제계획을 주도하여 브라질의 고질적인 인플레를 비롯한 경제적 불안정을 어느 정도 해소하는 데 성공하였기 때문이었다. 특히 경제적 안정과 발전, 그리고 사회경제적 불평등 완화를 기대하는 브라질 시민들 다수의 선택이었다. 그는 재임 4년(1995. 1.~1999. 1.) 동안 그러한 기대를 저버리지 않았고 브라질 국민은 헌법개정과 재선으로 보답하였다.

카르도주 대통령은 기본적으로 워싱턴 컨센서스(Washington Concensus)가 권고하는 신자유주의적 경제개혁 정책을 추진하였다. 첫째, 비관세장벽을 철폐하고 1998년에는 관세를 15.6%까지 대폭 인하하여 국내 시장을 개방하였다. 이는 외국 상품의 유통을 원활히 하여 결과적으로 국내 기업의 경쟁력을 높이고 물가도 안정시키려는 정책이었다. 상품시장뿐만 아니라 자본시장도 적극적으로 개방하였다. 외국의 자본을 유치하여 환율을 안정시키고 투자도 증대하기 위하여 광산이나 석유, 가스 개발과 같은 국내 주요 산업 부문에 외국자본의 국내 투자를 허용하는 헌법 개정을 단행하기도 하였다. 둘째, 공기업의 민영화는 콜로르 정부에서 시작되었으나 카르도주 정부－1996년 이후－에서 보다 적극적으로 추진되었다. 특히 광산, 통신, 전력, 도로, 철도 등 국가 기간 산업부문에서 민영화가 추진되었다. 카르도주 정부는 민영화를 통하여 공기업의 효율성을 높이고 정부의 재정적자도 해결하려고 하였다. 셋째 교육, 보건, 노동, 빈곤 등 사회복지 부문의 정부예산을 감축하였다. 이는 궁극적으로 국민생활에 대한 국가의 개입적인 역할이나 기능을 축소하려는 목적에서 이루어졌다. 사회복지 관련 정부지출이 국내 총생산량 대비하여 1995년 18.5%에서 1999년 13.2%로 적어졌다(조돈문, 2003, 100~101).

위와 같은 경제개혁 정책과 함께 프랑쿠 정부의 재무장관으로 카르도주가 주도한 헤알 계획은 결과적으로 그의 첫 번째 대통령 재임기간 동안에 가시적인 성과가 나타나기 시작하였다. 특히 인플레이션은 1994년 1,093.9%에서 카르도주 대통령 취임 첫해인 1995년에는 14.8%, 그리고 첫 번째 카르도주 정부의 마지막 해인 1998년에는 1.70%까지 급격하게 하락하였다. 그 외의 거시경제적 측면에서는 일반적으로 성과는 다소 부정적이거나 미미하였다. 경제성장, 무역수지, 정부재정, 실업, 소득불평등 등이 다소 악화된 반면에 생산성 대비 실질임금은 다소 향상되었을 뿐이다(조돈문, 2003, 101~103; 109~114). 이러한 경제개혁의 성과도 아시아(1997)와 러시아(1998)의 경제위기가 초래한 외환위기로 퇴색하였다(조돈문, 2003, 103).

카르도주 대통령은 특히 경제개혁 정책과 관련하여 비상법령선포권을 통하여 독선적인 리더십을 행사하였다. 경제개혁을 추진하는 과정에서 전임 대통령들보다도 비상법령 선포권을 더욱 적극적으로 빈번하게 행사하였다. 콜로르와 프랑쿠는 과거 5년 동안 비상법령권을 803회 발동한 반면에 카르도주는 재임 5년 동안－1995년에서 1999년까지－무려 3,223회나 사용하였다(EIU Country Report: Brazil 2000, 1Q/16). 카르도주 대통령의 비상법령은 의회에서 한 번도 부결된 적이 없으며 의회가 투표한 대통령 비상법령의 1/3만이 수정되었을 뿐이다(de Souza, 1999, 55). 이러한 카르도주의 "포고령정치(decree politics)"에도 불구하고 경제안정화에 어느 정도 성공한 카르도주는 1997년 헌법개정을 통하여 연임하게 되었다.

카르도주는 1998년 대통령선거에서도 1994년과 거의 유사하게 1차 투표에서 53.1%의 지지를 받아서 결선투표 없이 재선되었다. 카르도주 2기 정부(1999. 1.~2003. 1.)에서도 경제개혁 정책이 광범위하게 추진되었다.[15] 카르도주 대통령은 제한적인 변동환율제 채택, 은퇴 공무원의 사회보장기금 의무적 가입, 증세, 재정책임법(fiscal responsibility law) 제정 등을 실시하였다(Baer, 2001, 209). 그 외에도 무역, 외국자본, 민영화, 재정규제, 사회보장, 사회복지 등의 분

---

15) *Cepal Review* 73, April 2001, p.153: 〈그림 1〉 Brazil: A decade of reforms.

야에서 다양한 개혁정책이 실시되었다. 카르도주 대통령은 경제개혁을 추진함에 있어서 1기 신민주정부와 마찬가지로 의회를 통한 입법과정보다는 독단적인 대통령 비상법령 선포권에 빈번하게 의존하였다. 이 상황에서 의회는 대통령을 견제하기 위하여 대통령 비상법령의 효력을 60일로 제한하고 재선포를 방지하는 법률 개정안을 2000년 12월 의결하였으나 2001년 9월에는 다소 완화하여 1회에 한하여 재선포할 수 있도록 허용하였다.

2. 아르헨티나: 메넴(Menem) 1기 정부

1989년 5월 대통령선거에서 야당 정의당의 메넴 후보가 대통령선거인단의 과반수를 넘는 지지를 획득함으로써 60여 년 만에 처음으로 민주적 정권교체가 이루어지게 되었다. 메넴은 임기만료 6개월 전에 퇴임하는 급진시민동맹의 알폰신 대통령으로부터 정권을 인수받았다. 메넴 1기 정부(1989. 6.~1995. 12.)가 직면한 가장 중요한 현안은 알폰신의 조기 퇴임과 정권교체의 주요 원인이 된 경제위기-특히 초인플레-의 심화였다. 그 경제위기의 해결은 다수 아르헨티나 국민이 메넴 대통령과 그 정부에 기대하는 우선적인 과제이었다. 그는 국가를 재건하기 위하여 "강력하고 희생적인 고도의 구조조정"을 선언하였다(Weyland, 2002, 143, 재인용).16)

메넴 대통령은 경제안정화와 경제구조 조정을 위하여 소위 "민중 자유주의" 경제개혁을 단행하였다. "민중자유주의"-또는 "민중시장경제"-는 "민중민족주의"와 반대되는 정책으로 노동조직과 하층계층, 군부, 자본가 및 이념적 자유주의자의 지지를 기반으로 하는 친미 또는 친서방 신자유주의 정책이다(Leaman, 1994. 10; Lewis and Torrents, 1993, 154). 메넴은 취임 직후에 국가개혁법(1989)을 통하여 철도, 항공, 발전, 도로, 항만, 석유, 금융 분야의 공기업에 대하여 대대적인 민영화를 추진하였다. 이는 부족한 달러를 확보하고 정부재정 수입을 증대하고 공기업의 효율성을 제고하려는 목적에서 이루어졌다.

메넴은 민영화를 원활하게 추진하기 위하여 "행정비상령"을 의회에 요구하여 민영화된 기업에 대한 면세권, 그 기업의 채권행사 기간 결정권, 민영화에 저촉되는 법의 폐지권 등을 위임받았다(Rubio and Gorett, 1998, 40). 메넴 1기 정부에서 공기업의 98%에 해당하는 117여 개의 공기업이 매각되었다. 그러나 알폰신(1983~1989) 대통령 재임기간에는 4개 소규모 공기업이

---

16) "tough, costly, severe adjustment to abolish the privileges of whatever type and to re-found a state at the service of the people, not at the service of the bureaucracies(Weyland, 2002, 143, 재인용)."

민영화되었다(박병수, 2004, 336). 또한 경제긴급조치법(1989/9)을 통하여 외국인 투자법을 개정하여 외국인 투자에 대하여 사전 승인제도와 차별적 규제를 폐지하는 반면에 자본 소득세는 면제하였다(박병수, 2004, 334).

그 외에도 노동법 개정, 재정적자 축소, 세제개혁, 무역자유화, 금융자유화 등 다양한 개혁정책이 추진되었다. 특히 기존 노동법을 개정하여 기업이 경영이 악화되었을 경우에는 감원 및 임금 삭감을 할 수 있도록 하였다. 정부의 재정적자를 축소하기 위하여 근로자 연금과 사회보장 지원금을 대폭적으로 삭감하는 한편 소득세와 소비세를 인상하여 세수를 증대시켰다. 또한 수출세 폐지, 수입제한 철폐, 수입관세 인하 등의 무역자유화 정책으로 1990년 초에는 평균 관세율이 17%까지 낮아졌고 의약품, 식품, 무기류, 자동차 관련 일부 품목을 제외하고 수입이 자유화되었다(박병수, 2004, 334).

메넴 정부는 경제안정화와 구조조정을 위한 통화 개혁정책도 추진하였다. 특히 통화 안정을 실현하고 초인플레를 억제하기 위하여 1991년 4월 태환법(law of convertibility)을 제정하고 통화위원회를 조직하였다. 정부는 외환을 확보하여 국내 통화의 기반을 100% 지원하고 고정환율제 —10,000아우스뜨랄(Austral)/달러(Dollar)— 에 기초하여 외환과 국내 통화의 교환을 보장하였다. 1992월 1월에는 10,000아우스뜨랄을 1페소(Peso)로 전환하는 전격적인 화폐개혁을 단행하였다. 이러한 통화정책은 결과적으로 초인플레를 진정시켰다. 1990년 1,344%에 이르렀던 인플레이션이 1992년 17.5%, 1993년 7.4%, 1994년 3.9%로 계속하여 하락하였다. 이러한 인플레이션의 하락과 함께 경기가 어느 정도 회복되었으며 또한 세수도 증가하여 정부재정도 흑자를 기록하게 되었다(Frenkel and Rozenwurcel, 1996, 220~221). 국내총생산(GDP)도 1990년부터 점차 상승하기 시작하였다. 1991년에서 1993년 사이에는 대략 평균 8% 경제성장이 실현되었다.

1991년에는 해외자본의 유입이 국내자본의 유출을 능가하게 되었다. 그리고 1993년 4월에는 수년간 지체되었던 외국은행들과의 외채협상도 타결되어서 외채의 35%가 경감되었다. 그 결과 국제자본시장에의 참여도 가능하게 되어 외국자본의 투자와 재정지원이 확대되었다. 따라서 과거 11년 동안 경제성장에 걸림돌이 되어왔던 외채위기가 어느 정도 해결되었다. 1994~1995년에는 실업률은 극적으로 상승하였으나 다른 거시경제지표들은 계속하여 향상되었다. 인플레이션도 지속적으로 진정되었고 수출은 급격하게 증가한 반면에 수입은 감소하여 무역수지도 크게 향상되었다. 결과적으로 아르헨티나는 1994년에 중남미 20개국에서 경제위험도가 2위로 가장 낮은 국가가 되었다.[17]

메넴 대통령은 의회가 명시적으로 위임한 권한과 관례적인 대통령 비상법령권(need and urgency decrees)에 근거하여 경제개혁 정책을 추진하였다. 첫째, 의회가 법적으로 대통령에게 위임한 권한은 시기나 범위와 관련하여 모호하였다. 메넴은 그 모호성을 이용하여 정책의 긴급성과 관계없이 자의적으로 의회 위임 권한을 오용 또는 남용하였다. 뿐만 아니라 초법적이고 독단적인 대통령 "긴급법령 포고권"을 통하여 권력을 자의적으로 행사하였다. 헌법(1853)에는 대통령의 긴급포고권에 대하여 어떠한 규정도 없었다. 그러나 메넴 대통령은 정책의 중요성이나 긴급성 또는 합법성에 관계없이 긴급법령을 빈번하게 포고하였다. 메넴 1기 정부에서 336개의 긴급법령이 선포되었다(Levitsky, 2000, 50~51, 57).

그러나 그중에서 불과 28개만이 의회에서 동의를 받았거나 부분적으로 개정되었을 뿐이다. 나머지 대통령 긴급법령에 대하여는 의회가 전혀 개별적인 토의나 대응적인 조치를 취하지 않았다. 또한 의회는 대통령의 긴급법령을 통한 입법행위를 반대하는 법안을 합의, 통과할 수도 또는 그렇게 할 의지도 없었다(Rubio and Gorett, 1998, 53). 반면에 메넴 대통령은 재임기간 동안 의회가 통과한 법안에 대하여 거부권을 빈번하게 행사하였다(Rubio and Gorett, 1998, 38, 40~41, 46; Jones, 1997, 287).

한편 메넴 대통령은 경제개혁을 위한 비상법령의 위헌 판결을 우려하여 대법원을 확대하고 친정부 성향의 판사를 임명하였다. 1990년 대법원 판사를 5명에서 9명으로 확대 개편하는 법안을 의회에 제출 통과시켰다. 증원된 판사를 자신의 지지 인물로 임명하였고 또한 재임 중인 판사가 사임하자 친여적 인물로 그 자리를 채웠다. 결과적으로 대법원의 과반수 판사가 메넴이 임명한 인물들로 구성됨으로써 대법원은 사법부의 중립적인 기능을 수행하기 어렵게 되었다. 급진시민연맹은 그러한 상황에 대하여 "사법적 불안정"으로 규정하고 헌법개정 과정에서 합리적인 판사를 대법원에 교체 임명할 것을 요구하였다.[18]

메넴은 1994년에 개정된 신민주헌법(1994)에 의하여 1995년 5월 신민주체제의 3번째 신민주정부(1996. 1.~2000. 1.)의 4년 임기 대통령에 압도적인 지지로 재선되었다. 현직 대통령의 재선은 아르헨티나에서 후안 도밍고 페론(Juan Domingo Perón) 이래 44년 만에 이루어진 것이었다. 메넴의 재선은 1994년 말에 멕시코 재정위기에 따른 자본유출과 정부재정 악화, 고도의

---

17) *Latin American Regional Report*: "Southern Cone Report", 27 May, 1993(RS-93-04); *Latin American Special Report*, August 1993, p.8; *Latin American Weekly Report*, 21 April 1994, p.161; Gerardo L. Munck 1994, 10; *Latin American Regional Report*: "Southern Cone Report", 27 May, 1993, 5, 10. 1위는 칠레, 3위는 브라질이다.

18) *Latin American Regional Report*: "Southern Cone Report", 18 Nov 1993, p.3.

실업률, 부패 등의 부정적인 측면에도 불구하고 메넴 1기 정부의 경제안정화의 부분적인 성과 때문이었다. 메넴 대통령은 의회가 동의한 "행정특권법"을 통하여 공공부문의 구조개혁과 조세개혁을 추진하였다. 또한 재정적자를 감축하기 위하여 주정부와 재정협약(Facto Fiscal)을 체결하기도 하였다. 그리고 "재정전환법"을 통하여 점진적으로 정부예산의 균형을 실현하려고 노력하기도 하였다.

결론적으로 민주화 과정에서 생성되는 신민주체제의 조건에서는 경제개혁 정책의 성과는 특정 신민주정부와 그 최고 정치지도자의 정치적 운명과 보다 긴밀하게 직결되어 있다. 그리고 신민주정부의 경제개혁 정책이 긍정적 결과를 초래하든 부정적 결과를 초래하든 신민주체제의 권위주의적 성격이 강화될 개연성이 높다. 경제개혁의 긍정적인 성과는 신민주정부와 그 지도자의 권력을 유지하게 할 뿐만 아니라 그 권력을 초법적으로 확대하고 강화하는 것을 가능하게 한다. 한편 경제개혁의 부정적인 결과는 단기적으로는 특정 신민주정부와 그 지도자의 교체이며 장기적으로는 정부권력의 집중화·중앙화·관료화이다. 이는 신민주체제의 권위주의적 성격의 강화로서 민주화세력의 기대와는 다른 과정이고 결과이다.

제2절 신민주체제와 국제지역경제공동체: 남미공동시장(MERCOSUR)[1]

I. 경제통합의 정치

국제 "지역화"도 "민주화", "세계화" 또는 "지구화"와 함께 20세기 말의 중요한 세계적 현상이다. 지역화는 특정지역을 근거로 하여 지역 국가들이 협력하거나 통합을 시도하는 현상이다. 지역화는 일반적으로 경제협력과 통합을 통하여 이루어지고 있다. 지역화의 대표적인 사례는 물론 유럽공동체(EC)이다. 유럽공동체는 경제공동체(EEC)에서 정치공동체 – 유럽연합(EU) – 로 발전하는 과정에 있는 세계에서 가장 선진화된 지역공동체이다. 경제규모에 있어서 유럽공동체와 비교할 만한 지역경제공동체들 – 북미자유무역협정(NAFTA), 아시아태평양경제회의(APEC) – 이 최근 형성되었다. 미국을 포함하는 선진자본주의국가들과 소위 "제3세계" 국가들이 함께 참여하고 있는 그것들의 현실적 목적은 자유무역지대나 긴밀한 경제협력의 실현에 있다. 유럽공동체의 통합과정에 비하면 그것들은 현재 후진적 또는 초기적 단계에 머물고 있다고 할 수 있다.

경제규모에 있어서 그것들과 비교할 수는 없지만 경제통합 과정에서 상대적으로 발전된 단계 – 관세동맹 – 를 실현한 남미공동시장(MERCOSUR)은 제3세계에서 가장 발전되고 중요한 지역경제공동체이다. 브라질, 아르헨티나, 우루과이, 파라과이의 민주(화)정부 지도자들이 변함없는 의지와 노력으로 지역경제통합을 추진하였다. 그 결과로 국내외의 갈등과 회의를 극복하고서 불완전하지만 역내자유무역과 관세동맹을 1995년 1월 실현시켰다.

국제지역경제통합은 단순히 경제적인 현상이 아니다. 그것의 동기, 조건, 결과들과 관련하여 정치적·사회적·국제적·문화적·지정학적 등의 삶의 다양한 측면들의 영향을 받고 동시에 영향을 미친다. 특히 정치적 측면에서 그러하다. 왜냐하면 경제통합 과정에서 참여국 정부들이 주체적·중심적 역할을 수행하기 때문이다. 무엇보다도 그것들의 정치적 성격, 특정한 목적, 이해관계가 경제통합과정의 시작과 진퇴에 결정적으로 영향을 미치기 때문이다. 또

---

1) 양동훈, 1996, 「지역경제통합 과정과 민주화 과정의 관계: 남미공동시장(MERCOSUR)의 경우」, 『중남미문제연구』 15권, 한국외국어 대학교 중남미문제연구소, pp.145~169. 이 논문은 부분적으로 수정됨.

한 지역경제통합은 궁극적으로 국가의 정체성과 역할의 변화와 함께 새로운 국제사회 행위자의 출현을 의미한다. 이와 같이 경제통합은 경제적 목적ㅡ경제발전ㅡ의 실현을 위한 정치적 행위이다. 따라서 경제통합과정은 궁극적으로 경제통합이라는 공동의 목적을 이루기 위하여 참여국 정부들이 협의 타협하는 정치적 과정이라고 할 수 있다.

이러한 관점에서 국제지역경제통합에 대한 국내외 기존연구를 평가할 때 다소 만족스럽지 못한 면이 있다. 일반적으로 경제통합의 경제적 측면, 즉 경제적 동기와 조건들을 강조 논의하고 그것들에 근거하여 발전적 가능성을 탐색하고 있다. 특히 경제통합의 과정 자체보다는 특정협정이나 조약 또는 통합기구들을 소개 논의하고 있다. 또한 지역경제통합의 정치적 측면에 대한 논의도 희소하다. 예외적으로 스미스(Smith, ed., 1993)와 몇몇 학자들은 경제통합의 정치적 측면을 강조하고 정치적 동기나 조건, 문제들을 논의하고 있다. 그러나 그들은 민주주의가 지역경제통합과정의 중요한 조건임을 피상적으로 주장하고 있으나 그것들의 상호 관계 또는 영향을 체계적으로 밝히고 있지는 못하다.

남미에서 비슷한 시기에 진행된 민주화와 지역경제통합의 상호관계를 과정(process)의 시각에서 경험적으로 분석한다. 그러기 위하여 민주화과 남미공동시장의 과정을 단계 또는 시기별로 구분한다. 민주화의 '과정'은 일반적으로 권위주의체제 위기(정치자유화)와 붕괴, 민주정부 수립, 민주주의 체제화, 민주정부 교체, 민주주의체제 공고화 등의 정치적 계기와 단계들로 이루어진다.[2] 반면에 남미공동시장의 발전과정은 브라질과 아르헨티나의 갈등과 경쟁시기, 브라질-아르헨티나 경제통합과 협력계획(PICAB, 1986) 시기, 남미공동시장(MERCOSUR, 1991) 형성시기, 남미공동시장 관세동맹(1995) 시기로 구분될 수 있다.

II. 국제지역경제통합과 민주화

통합(integration)은 협력(cooperation)과 개념적으로 구별된다. 협력은 둘 이상의 단위들이 애초부터 갖고 있는 각각의 독립적 정체성과 자율적 권리를 그대로 유지하면서 공동의 이해관계 실현을 위하여 노력하는 현상을 의미한다. 반면에 통합은 참여 단위들이 각각의 고유한 정

---

2) 양동훈, 「제3세계의 민주화 과정: 개념화의 문제」, 『한국정치학회보』 28집 1호(1994), pp.451~481. 정치체제 변화를 과정(process)ㅡ구조(structure)보다도ㅡ의 시각에서 본격적으로 연구한 학자는 린츠(Linz, 1978)라고 할 수 있다. 그는 다양한 조건과 요소들이 복합적으로 작동하는 정치변화 과정의 역동성이 어떻게 민주주의체제 붕괴와 재수립으로 귀결되는지를 설명하려고 시도하였다.

체성과 권리를 어느 정도 제한 또는 양도하고 보다 포괄적인 제3의 단위를 새로이 조직하는 행위이다. 개별 단위가 국가이면 경제협력은 국가들이 개별적 정체성이나 주권을 유지하면서 공동의 경제적 목적이나 이해관계 - 경제개발, 통상증진, 기술이전 등 - 를 위하여 정책적 관계를 맺는 것이다.

경제통합은 두 개 이상의 국가들이 경제적 목적 - 시장 확대, 시장경쟁력 강화, 외자촉진 등 - 을 위하여 각각의 경제적 주체성을 극복하면서 궁극적으로 또 다른 포괄적인 경제주체를 이루어가는 과정이다. 이것은 개별적 국가경제체제와 구별되는 경제공동체를 형성하고 심화, 확대하여 변화하는 과정이다. 지역경제통합은 특정 지역을 근거 또는 중심으로 실현되는 지역화(regionalization) 현상이다. 지역화는 특정 지역을 전제로 국가들이 연합하여 특정 목적을 위하여 상호 협력하거나 통합을 시도하는 현상이다. 지역화는 국가들 사이의 협력이나 통합 행위를 모두 포함한다.[3]

국제지역경제통합의 범위와 깊이에 따라서 경제통합 과정을 다음과 같이 단계적으로 유형화할 수 있다: (1) 특허관세협정, (2) 부분자유무역지대, (3) 자유무역지대, (4) 부분관세동맹, (5) 관세동맹, (6) 공동시장, (7) 구분경제동맹, (8) 경제동맹.[4]

특혜관세협정은 참여국과 비참여국들 사이에 관세를 차별화하는 정책이다. 부분자유무역지대와 부분 관세동맹은 참여국들이 협상하고 합의한 통상품목들 중에서 예외 품목을 역내 자유무역이나 관세동맹에서 인정하는 반면에 자유무역지대와 관세동맹은 예외품목을 인정하지 않는다. 공동시장은 참여국들의 상품과 용역뿐만 아니라 생산요소들 - 원료, 자본, 기술, 노동 등 - 이 제한이나 차별 없이 역내에서 유통 교환되는 경우이다. 경제동맹은 경제정책 결정권의 중앙화 또는 집중화를 통하여 공동경제 주권을 실현하는 경제공동체이다. 그것이 부분적으로 실현된 경우가 부분경제동맹이다.[5] 이러한 단계들은 따라서 경제통합과정이 심화 발전될 수도 있으며 또한 반대로 역행할 수도 있다. 뿐만 아니라 특정 단계에서 무기한 정체될

---

3) 지역경제통합의 개념: Rolf J. Langhammer and Ulrich Hiemenz, 1990, p.2; Peter H. Smith, 1993, p.4, 5. 지역화의 개념: Van R. Whiting, Jr. 1993, p.20, 21.

4) 경제통합 과정의 단계는 정책범위, 통합깊이, 통합속도, 참여범위 등의 조합에 의하여 규정된다. 경제통합의 범위는 참여국들이 얼마나 많은 경제부문을 통합대상으로 포함시키는가의 문제이다. 경제통합의 심도는 그러한 통합대상 부분에서 참여국가들 사이에 이루어진 정책적 조정, 조화, 수렴의 정도를 뜻한다. 이것은 경제통합의 제도화 수준과 직결된 문제이다. 즉, 경제공동체의 제도들이 통합관련 부문에서 효율적으로 참여국들의 개별적인 정책들을 조정하고 그들 사이에 정책적 기강을 부여할 수 있을 경우에 경제통합 과정이 심화되었다고 평가할 수 있다. 경제통합의 속도는 통합 과정이 얼마나 빠르게 또는 느리게 진행되고 있는가의 문제이다. 통합속도는 참여국들의 정치적 리더십과 국제적 조건에 따라서 변화될 수 있다. 경제통합의 참여범위는 통합 과정에 얼마나 많고 다양한 국가들이 참여하고 있는가를 나타내는 차원이다. 참여국가의 수와 그 정치적·경제적 다양성에 따라서 경제통합의 성격, 진행속도, 결과 등이 달라질 수 있다.

5) 부분자유무역지대의 경우도 개념적으로 가능하다.

수도 있을 것이다. 경제통합의 단계는 참여국들의 목적, 이해관계, 국내외적 조건과 환경 등에 따라서 결정된다.

경제통합 과정은 기본적으로 경제적 현상이지만 그것의 동기, 조건, 결과는 단순히 경제 분야에 국한되지 않는다. 정치적・사회적・국제적・문화적・지정학적 조건과 상황들과 직・간접적으로 관련되어 있다. 특히 정치적 조건과 상황은 경제통합과정을 직접적으로 좌우한다. 경제통합의 주체는 참여국의 정부이다. 참여국 정부의 성격, 목적, 이해관계가 경제통합과정에 결정적으로 영향을 미친다. 또한 지역경제통합은 궁극적으로 국가의 정체성과 역할의 변화와 함께 새로운 국제사회 행위자의 출현을 의미한다. 따라서 경제통합과정은 궁극적으로 경제통합이라는 공동의 목적을 이루기 위하여 참여국 정부들이 협의하고 타협하는 정치적 과정이다.

국제지역경제통합 과정이 확대, 심화되기 위하여 최소한의 정치적 조건으로 민주정부-공명, 자유, 보통선거를 통하여 선출된 최고 및 고위 정책결정권자들-를 비롯하여 민주적 개혁세력이 존재해야 한다. 주권국가들이 참여하는 경제통합 과정이 심화되기 위하여 우선 각 국가의 정부와 시민들이 그들 국가들 사이에 평화와 안보가 가능하다고 공통적으로 인식하여야 한다. 그러므로 회원국의 정부성격, 전략, 정책, 여론 등에 대하여 적절하고 믿을 만한 정보가 서로 공개되어야 한다(Sorenson, 1993, 94). 이것은 최소한의 정치적 자유와 권리를 허용, 보장하는 민주정부에서만 가능하다. 이러한 조건에서 민주정부들은 서로 신뢰할 수 있는 관계를 수립할 가능성이 높다.

민주적 개혁세력은 자유와 평화를 중요한 공적 가치로서 선호하기 때문에 대외정책에서 상대적으로 더욱 우호적일 수 있다. 국내정치와 같이 국제적 분쟁을 전쟁과 같은 폭력적 방법에 의하여 해결하기보다는 타협적 또는 평화적으로 해결하려는 경향이 상대적으로 크다. 특히 분쟁 상대국가가 유사한 민주정부 또는 민주체제일 경우에 더욱 그러하다. 민주정부는 궁극적으로 국내외에서 자유와 평화를 지향 도모한다고 상호 인식하기 때문에 정책적 갈등을 타협을 통하여 해결할 수 있다고 믿는다.[6] 따라서 민주정부와 영향력 있는 민주적 개혁세력의 존재는 지역경제통합 과정의 확대 심화를 위한 전제조건이라고 할 수 있다.

반면에 지역경제통합 과정은 참여국의 민주화 과정에 직접적으로 영향을 미친다.[7] 첫째,

---

6) 칸트(Kant)의 "영구 평화론"에서 비롯된 민주주의와 국제평화의 관계에 대한 논쟁은 최근에도 계속되고 있다: Georg Sorenson, 1993, p.94, 95; Christopher Layne, 1994, pp.5~49; John M. Owen, 1994, pp.87~125.

7) 여기에서 민주화는 정치체제의 변화 과정이다. 비민주체제-권위주의체제-로부터 민주체제로 변화하는 과정이다. 즉, 정치적 자유와 시민권에

참여국 민주정부들이 서로 개별 국가의 정치적 퇴행을 감시 경고할 수도 있다. 참여국에서 정치적 퇴행이 초래되면 민주적 복귀를 위하여 다른 참여국 민주정부들이 공동체의 일원으로서 영향력을 행사하고 지원할 수 있을 것이다. 또한 참여국 민주정부들은 공동으로 별도의 정치적 선언이나 협약을 통하여 민주주의를 경제공동체의 최고의 규범으로 규정할 수도 있다. 둘째, 경제통합과정은 지역평화를 전제하기 때문에 결과적으로 국방과 안보의 개념을 질적으로 변화시킨다. 따라서 군부의 역할과 영향력이 조정될 가능성이 있다. 그 가능성은 역사적으로 지역분쟁이나 패권경쟁이 있었던 지역에서 상대적으로 크다고 할 수 있다. 특히 군부의 정치적 역할과 영향력이 축소될 개연성이 있다. 셋째, 경제통합 과정에 참여하려는 가입조건으로 민주화를 요구함으로써 기여할 수 있다. 넷째, 경제통합 과정에서 민주정부와 민주적 개혁세력의 집단들이 빈번한 상호 접촉과 연대를 통하여 지역공동체의 민주화 과정을 국제적으로 지지하고 지원할 수 있을 것이다.

결론적으로 민주화 과정, 특히 민주정부 수립은 지역경제통합 과정의 확대와 심화를 위한 전제조건이다. 반면에 지역경제통합 과정은 결과적으로 참여국의 민주화 과정, 특히 민주주의 체제화와 공고화에 기여한다.

Ⅲ. 정치체제 이행과 경제관계: 브라질과 아르헨티나

라틴아메리카통합연합(LAIA, 1980)의 결성은 라틴아메리카에서 지역경제통합의 역사적 전환점이었다. 그것은 과거 자유무역연합(LAFTA, 1960)의 포괄적이고 경직된 접근방법을 탈피하고 보다 부분적이고 점진적인 접근방법을 통하여 경제통합을 실현하려는 목적으로 형성되었다.[8]

라틴아메리카국가들은 이미 1980년대 초에 지역경제통합에 대하여 새로운 관심과 기대를 갖고 있었다. 1970년대와 1980년대 국내외적인 문제들과 변화의 영향 때문에 라틴아메리카

근거하는 정치체제의 실현을 위하여 다양한 정치적·사회적 집단들과 세력들이 갈등하는 과정이다. 민주화 과정은 일반적으로 권위주의체제 위기와 붕괴, 민주협약과 선거, 민주정부 수립, 민주주의 체제화, 민주주의 공고화 등의 정치적 계기와 단계로 이루어진다. 이 과정에서 특히 민주정부의 수립이 중요한 계기이다. 그것은 민주적 협약의 실질적 실현이자 민주주의 체제화와 공고화에 결정적인 영향을 미칠 민주정부의 수립이기 때문이다.

8) 라틴아메리카통합연합(LAIA)은 11개국 - 아르헨티나, 브라질, 멕시코, 칠레, 콜롬비아, 페루, 우루과이, 베네수엘라, 볼리비아, 에콰도르, 파라과이 - 이 몬테비데오조약을 1980년 8월 체결하고 공식적으로 출발하였다. 라틴아메리카자유무역연합(LAFTA)은 라틴아메리카 최초의 공식적인 경제통합기구로서 아르헨티나, 브라질, 멕시코, 우루과이, 칠레, 페루, 볼리비아 등 7개국이 초기에 참여하였다.

국가지도자들은 새로운 지역경제통합 전략의 필요성을 절감하고 있었기 때문이다. 그들은 1973년과 1979년의 세계석유파동, 세계경제 침체, 세계적 금리인상 등 때문에 악화되어 온 경제문제들－초인플레, 외채부담, 정부재정 악화, 무역수지적자, 경제성장 둔화－을 새로운 정책을 통하여 완화 또는 해결하고자 하였다. 그러나 보다 가시적이고 구체적인 노력은 대부분 1980년대 중후반에 주요 국가들에서 민주정부들이 수립된 후에 시작되었다. 특히 라틴아메리카지역의 주도 국가들인 브라질과 아르헨티나에서 군부권위주의체제 붕괴와 민주정부 수립이 선행되어야만 하였다.

1. 군부권위주의체제와 지역갈등

브라질과 아르헨티나의 관계는 전통적으로 지역패권경쟁과 제한적 또는 소극적 경제협력으로 특징지을 수 있다.[9] 특히 군부권위주의체제－관료적 권위주의체제(bureaucratic authoritarianism)－의 강경파 집권시기에는 그들의 관계는 상대적으로 협력적인－소극적일지라도－측면보다는 패권경쟁적인 측면이 강조되었다. 브라질 군부는 1964년 4월, 아르헨티나 군부는 1966년 6월 쿠데타를 통하여 집권하였다. 이들 군부체제는 권위주의적 억압체제였다. 두 국가의 군부들은 "국가안보주의"라는 이념적 기치 아래서 유사한 방법과 조직, 세력들을 동원하여 소위 "파괴세력"－반대세력－에 대하여 가혹한 정치탄압을 감행하였다. 그들은 국내 파괴세력들을 국가안보를 저해하는 최대의 적으로 규정하고 그 세력들의 '완전한' 제거를 위하여 비밀공작을 전개하고 비밀고문실을 설치하였다. 이러한 활동에 직접적으로 참여하였던 안보 및 정보담당 세력들은 군부강경파의 일부이거나 연계집단들이었다.

브라질과 아르헨티나 군부체제들의 국가안보주의는 근원적으로 지정학적 관점과 논리에 근거하고 있다. 지정학적 관점과 논리에 의하면 국가는 적자생존의 가혹한 세계 또는 환경에서 국내외의 적으로부터 항상 그것의 생존을 위협받고 있다. 따라서 국가안보의 중요성은 절대적이며, 민족의 생존과 번영을 위하여 안보국가의 수립이 필요하다. 또한 국제정치는 일반적으로 제로-섬 게임(zero-sum game)이고 국제관계의 본질은 협력과 평화보다 경쟁과 갈등이다.

이러한 지정학적 관점과 논리는 특히 1960년대 말과 1970년대 브라질, 아르헨티나, 칠레 군

---

9) 브라질과 아르헨티나는 20세기 중반부터 지역적 영향력 확대를 위하여 계속하여 경쟁하였지만 제한적이나마 경제협력을 시도하였다. 경제협력은 단기적으로 이루어졌으며 교역상품도 소수였다. 경제협력이 보다 심화 확대되지 못하였던 이유는 무엇보다도 두 국가가 그들의 관계를 궁극적으로 지정학적 경쟁관계로 인식하였기 때문이다(Porcile, 1995, 129~159).

부들에게 영향력을 미쳤다. 결과적으로 그 시기에 기존의 국경, 영토분쟁들―칠레, 페루, 볼리비아의 "태평양전쟁", 아르헨티나와 칠레의 베아그레(Beagle) 운하와 남극분쟁, 브라질과 아르헨티나의 전통적인 지역패권경쟁 등―이 다소 악화되었다. 브라질 지정학자들과 그들의 지지자들은 "위대한 브라질"의 지역패권정책을 지지하였다. 이러한 태도는 아르헨티나를 비롯한 주변 국가들로부터 지역적 제국주의로서 비난을 받았다. 한편 아르헨티나 지정학자들과 그들의 지지자들은 남대서양에서 칠레와 브라질의 영향력을 견제하고 남극의 영유권을 확보해야 한다고 주장하였다. 이러한 지정학적 주장들은 군부체제―특히 군부강경파주도체제―들의 대외정책에 영향을 미쳤다(Child, 1990, 55~63; Selcher, 1990, 80, 90).

브라질과 아르헨티나 군부체제의 초기 군사정부들은 1967년 말에 라틴아메리카 경제통합, 아마존의 리오 디 라 플라타(Rio de la Plata) 유역 공동개발, 핵무기 확산금지 등을 합의하기도 하였으나 1970년대 중반까지는 협력적 상호관계를 위하여 가시적이고 실질적인 노력은 거의 없었다. 이 시기(1967~1974)에 군부강경파지도자―아르투르 다 코스타 이 실바(Artur da Costa e Silva)와 에밀리오 가라스타즈 메디치(Emilio Garrastazu Medici)―들이 브라질을 통치하였다. 그들은 정치적 탄압의 조건에서 연평균 10%의 경제성장률을 기록한 "브라질기적"을 이룩하였다. 그들은 미국을 비롯한 세계의 선진 국가들과의 관계에 보다 많은 관심을 갖고 있었고 소위 "위대한 브라질" 정책을 추구하였다.

2. 정치자유화와 경제협력

브라질과 아르헨티나의 경제협력은 1970년대 중반부터 점차 활발하게 되었다. 특히 브라질 군부체제 후기 정부들의 적극적인 노력의 결과였다. 군부체제 4대 대통령으로 군부온건파 지도자 게이젤 장군이 1974년 집권하고서 정치자유화정책을 추진하였다. 게이젤 장군은 집권하자 정치자유화정책을 통하여 군부체제의 정통성을 어느 정도 회복시키려고 하였다. 또한 군부강경파와 안보 및 정보담당 세력들의 영향력을 견제하여 군부 내의 질서와 조직을 회복시키려고 하였다. 그는 재임 말기에 탄압통치의 상징이었던 제5 제도법을 폐지하였다. 그리고 정치범들에 대하여 인신구속 영장제를 부활하였으며 언론 사전검열제도 폐지하였고 보안법도 개정하였다. 또한 해외의 정치망명자들의 귀국을 허용하기도 하였다.

게이젤의 후계자 조아우 바띠스따 피게이레두(Joao Batista Figueiredo) 장군은 정치자유화정책을 계속하였다. 점차 심화되는 경제위기 속에서 피게이레두 대통령은 1979년 사면법을 공표하였고 1982년 주지사들의 직접선거를 허용하였다. 그는 후계대통령 선출에 관여하지 않고 여당에 일임하였다. 이것은 결과적으로 야당 민간 출신 대통령의 선출을 가능하게 하였다.

게이젤 정부는 1976년 아마존지역의 개발을 위하여 주변 국가들에게 공동협약을 제안하였다. 이것은 1978년 "아마존협약"으로 공식화되었고 브라질, 볼리비아, 페루 등 8개국이 참여하였다. 게이젤 정부는 아프리카와 중앙아메리카에서 미국과 다른 외교정책을 독자적으로 추구하였다. 핵원료 개발에 대하여 유리한 조건으로 독일과 계약을 체결하기로 하였다. 결과적으로 1977년 게이젤 정부는 미국과의 군사협정을 파기하였다. 브라질과 아르헨티나의 직접적인 상호 관계는 피게이레두 정부(1979~1985)에서 적극적으로 추진되었다. 피게이레두는 재임 시 라틴아메리카국가들과의 협력관계를 강조하였다.

피게이레두는 이따이뿌스-꼬르뿌스(Itaipus-Corpus) 수력과 수로권 분쟁을 관련국들인 아르헨티나와 파라과이와 해결하고 1979년 10월 삼자협약을 맺었다. 1980년 5월 피게이레두 대통령은 45년 만에 아르헨티나를 방문하였다. 그때 "핵에너지의 평화적 사용과 개발을 위한 협력" 협약을 포함하는 협력관계 증진을 위한 협약들을 체결하였다. 1980년 8월에는 두 국가가 함께 경제협력과 통합의 새로운 접근방법을 모색하는 라틴아메리카통합연합에 주도적으로 참여하였다. 두 국가의 정상들은 1980년 후에도 수차례 공식, 비공식 회담을 통하여 협력관계를 논의하였고 관련협정들을 맺기도 하였다. 그러나 그러한 노력들에도 불구하고 실질적인 협력은 가시적으로 이루어지지 못하였다. 또한 두 국가가 주도한 라틴아메리카통합연합 형성도 당분간 별다른 결과를 가져오지 못하였다.

그렇다면 왜 정치자유화정책을 시도한 게이젤 정부와 피게이레두 정부가 아르헨티나를 비롯한 주변 국가들과의 협력관계를 능동적으로 추구하였는가? 그럼에도 불구하고 그들의 주도적인 노력이 보다 실질적인 두 국가의 관계로 발전하지 못하였는가?

브라질은 소위 "브라질기적"의 결과로 그것의 공산제품들을 수출할 수출시장이 필요하게 되었으나 1973년과 1979년 세계 석유파동과 국제경제침체는 그들의 수출을 어렵게 하였다. 또한 외채상환 부담증가는 수출확대를 더욱 요구하였다. 또한 미국과의 관계가 외교정책의 마찰 때문에 소원해지면서 미국의 수출시장도 위축될 가능성이 있었다. 이러한 상황에서 브라질은 개발후진국들인 주변 국가들이 공산제품 수출시장으로 더욱 필요하였을 것이다. 또한 미국과의 외교적 마찰은 국제사회에서 라틴아메리카국가들의 지지와 협조가 보다 절실하게 필요하였다고도 생각할 수 있다.

뿐만 아니라 지정학적 관점에서 군부온건파정부는 강경파정부보다 상대적으로 덜 적대적 또는 경쟁적이며 또한 덜 민족주의적일 수도 있다. 국내정치에서 강경파는 계속하여 탄압적 안보국가를 지지한 반면에 온건파는 정치체제의 자유화를 선호하였다. 정치자유화 과정에서 보다 적대적이고 민족주의적인 군부강경파들의 위상과 영향력을 견제하기 위하여 주변 국가들과의 협력적 또는 평화적 관계가 필요할 수도 있었다. 특히 전통적인 지역패권경쟁국가 아르헨티나와의 적극적인 협력관계 수립은 브라질군부의 정치개입과 억압체제 유지를 지지하여 온 군부강경파의 위상과 역할을 재평가하는 계기도 될 수 있었을 것이다.

그러나 브라질의 주도적인 협력정책이 실질적으로 효과가 있으려면 아르헨티나 정부의 상대적인 성격과 정책이 또한 중요하다고 할 수 있다. 아르헨티나는 1976년 4월까지 민족주의적 페론당이 일시적으로 집권하였으나 1976년 4월 군부가 재집권하였다. 1979년 말부터 군부강경파지도자 레오뽈도 호르뚜나또 갈띠에리(Leopoldo Fortunato Galtieri) 장군의 영향력이 점차 커졌다. 육군 참모총장으로 군사정부의 실력자로 부상하였다. 그의 전임자인 로베르또 비오라(Roberto Viola) 대통령의 동의도 없이 군을 지휘하였다. 그는 1981년 중반에 칠레와의 모든 국경을 봉쇄하여 칠레와의 베아그레 운하 분쟁을 악화시켰다. 그는 1981년 말 비오라 대통령을 축출하고 정부를 장악하였다. 그리고 1982년 4월 영국과의 말비나스 섬(Malvinas Islands) 전쟁을 도발하였다. 이러한 상황에서 브라질의 게이젤과 피게이레두 정부들의 아르헨티나와의 협력정책은 결실을 맺지 못하였다.

3. 신민주정부와 경제통합

아르헨티나에서 1983년 12월 급진시민동맹(UCR)의 라울 알폰신(Raúl Alfonsín)은 7여 년의 군부체제 후에 첫 번째로 수립된 민주정부의 대통령으로 취임하였다. 한편 브라질에서 1985년 4월 20여 년 만에 첫 번째 민간 출신 대통령으로 민주동맹의 자유전선당(PFL)의 호세 사르네이(José Sarney)가 취임하였다. 그들은 두 국가의 실질적인 경제협력과 통합을 민주정부의 주요 정책으로 추진하겠다고 선언하였다. 그들은 퇴임할 때까지 경제통합 과정에서 주도적인 역할을 담당하였고 적극적으로 지도력을 발휘하였다. 그들의 정책적 의지와 지도력의 첫 번째 공식적인 결과는 1986년 7월 두 국가 민주정부들이 합의한 "아르헨티나-브라질 통합과 협력계획(PICAB)"과 12개 부속의정서들이었다. 이것을 계기로 브라질과 아르헨티나의 관계는 전통적인 지역패권경쟁으로부터 실질적인 협력관계로 전환되었다.

군부권위주의체제가 붕괴되고 새로이 수립된 민주정부들은 특히 경제협력과 통합을 통하여 그들이 직면하고 있는 경제적 위기와 불안정－경기침체, 초인플레, 외채증가 등－을 극복하려고 노력하였다. 이러한 노력은 그들의 상호 관계에만 국한되지 않았다. 그들은 각각의 다른 주변 국가들과도 경제발전과 지역적 안정을 위하여 주도적으로 기존의 국경분쟁을 평화적으로 해소하고 국경인접지역의 공동개발을 합의하기도 하였다. 이러한 정책들은 결과적으로 라틴아메리카국가들의 관계에도 지대한 영향을 미쳤다. 다수 지역 국가들이 적극적으로 지역경제협력과 통합 과정에 참여하였고 기존의 지역경제 기구들을 활성화하는 한편 새로운 경제통합기구들을 조직하게 되었다.

브라질과 아르헨티나 민주정부들의 통합과 협력계획 합의와 그 이후의 지속적인 노력은 두 국가의 경제적 협력관계를 점진적으로 확대 심화하였으며 결과적으로 남미공동시장을 형성하는 데 초석이 되었다. 통합과 협력계획은 두 국가의 보다 긴밀한 경제관계를 통하여 국가발전을 도모하고 궁극적으로 경제통합을 이루려는 목적으로 만들어졌다. 이 계획은 라틴아메리카통합연합의 목적과 원칙에 따라서 보다 현실적이고 실질적인 접근방법을 통하여 지역경제협력과 통합을 이루려고 하는 민주정부들의 태도를 명백히 보여 주고 있다.

우선적으로 제한된 관련부문에 대하여 합의 가능한 조치들을 취하고 단계적으로 또는 점진적으로 관련부문과 조치들을 확대하도록 하였다. 두 국가의 경제가 필요로 하는 부문－예를 들면 자본재－에 대하여 우선적으로 자유무역을 도모하는 것이다. 또한 무역과 투자 증진을 통하여 특혜조항을 두고 있고 무역의 균형을 위하여 보상기제를 설치하고 제3 국가들의 참여가 가능하도록 하였다. 뿐만 아니라 통합과정과 문제들을 관리, 평가, 조정할 양국 정부 관리들의 정기적인 실무회의를 개최하도록 명시하였다.[10]

통합과 협력계획과 부속의정서들을 체결한 두 국가의 민주정부들은 필요한 후속 조치들을 적극적으로 논의, 합의 실행하였다. 결과적으로 경제통합과정은 계속하여 심화되었다. 1987년 7월에는 공동무역통화(Gaucho)를 만들었다. 1988년 4월 두 정부는 10년 내 공동시장 수립을 위

---

10) 아르헨티나-브라질 통합과 협력계획(PICAB)과 부속의정서들에 대한 논의: Robert M. Plehn, 1987, "International Trade: Economic Integration of the Argentine Republic and the Federal Republic of Brazil", *Journal of Interamerican Studies and World Affairs*, vol.276, no.2(Summer), pp.186~195; Luigi Manzetti, 1990, "Argentine-Brazilian Economic Integration: An Early Appraisal", *Latin American Research Review*, vo.25, no.3(1990), pp.109~140; Instituto de Relaciones Europeo-Latinoamericas(IRELA), 1986, "A New Phase in Latin American Integration?: The 1986 Agreements between Argentine and Brazil", *Dossier* No.8(December), pp.1~30.

한 협약을 조인하였다. 11월에는 "공동시장을 위한 통합 협력 개발협약"을 체결하고 아르헨티나와 브라질의 공동시장그룹을 조직하였다. 협약에 의하면 10년 내에 모든 관세, 비관세 무역장벽을 철폐하고 경제, 재정, 통상정책들을 상호 조정할 것이다.

이렇게 브라질과 아르헨티나에서 초기 민주정부들이 수립되고 경제협력과 통합이 실질적으로 이루어진 이유는 무엇인가?

첫째, 두 국가의 민주정부들은 군부체제들이 남긴 초인플레, 경기침체, 외채, 경상수지적자 등의 문제들을 공통적으로 갖고 있었다. 무엇보다도 이 문제들을 어느 정도 해결하여 민주정부의 정책적 효과성을 가시화하는 것이 중요하였다. 이것은 민주정부를 과거의 군부체제와 차별화하여 민주정부와 체제의 정통성을 높일 수 있기 때문이다. 이러한 상황에서 민주정부는 보다 효과적으로 '권위주의적 보수세력'을 견제하고 민주개혁을 추진할 수 있을 것이다. 또한 두 국가의 경제협력과 통합정책은 당면한 경제문제들을 해결하는 새로운 정책적 대안일 수 있다. 특히 두 국가의 경제규모는 주변 국가들에 비하여 크며, 경제발전은 선진적이며, 경제구조는 다양하고 복잡하다. 뿐만 아니라 그들 경제들은 부분적으로 상호 보완적인 측면-브라질의 공산품과 아르헨티나의 농산물-도 갖고 있다.

둘째, 두 국가의 민주정부들은 군부권위주의체제로부터 정치적 유산을 물려받았다. 군부체제가 붕괴하였지만 군부는 변함없이 정치적 영향력을 유지하고 있었다. 그러한 군부는 민주화-민주주의체제 공고화-에 걸림돌이 되었다. 따라서 가능한 군부의 역할과 영향력을 축소 또는 배제하는 것이 초기 민주정부의 피할 수 없는 과제였다. 이 과제를 해결하는 방법으로 두 국가의 민주정부들이 경제협력과 통합을 또 하나의 전략으로 삼았다고 볼 수 있다. 지역의 평화, 협력, 통합의 실현은 군부의 전통적인 역할을 재평가 조정해야 하기 때문이다. 특히 역사적으로 지역패권 경쟁관계에 있는 두 국가들이 실질적으로 경제협력과 통합을 도모하였을 때 군부의 전통적인 역할과 영향력이 조정, 축소될 수밖에 없었을 것이다.[11]

이러한 주장은 아르헨티나 대통령 알폰신의 경제통합 정책에 어느 정도 근거하고 있다. 군부개혁에 적극적이었던 아르헨티나 알폰신 대통령이 두 국가의 경제통합과 협력에 상대적으로 주도적이었다. 아르헨티나-브라질 경제통합과 협력계획(1986)을 위한 협상 과정에서 아르헨티나 알폰신 대통령이 주도권을 행사하였다(Manzetti, 1990, 114). 이는 부분적으로 알폰신이 사르네이 브라질 대통령보다 군부체제 유산처리와 군 개혁을 보다 적극적으로 추진하고 있었

---

11) Instituto de Relaciones Europeo-Latinoamericas(IRELA), 1986, p.5.

기 때문이라고 할 수 있다. 그는 과거 인권탄압과 관련하여 군부지도자들과 다수 군 장교들에게 실형을 선고, 집행하였다.

또한 군부의 개혁과 재조직을 통하여 군의 탈정치화와 군에 대한 민간통제원칙을 실현하려고 노력하였다. 이와 함께 브라질을 비롯한 주변 국가들과의 화해, 협력, 통합정책을 추구하였다. 알폰신은 칠레와의 비에그레 운하 분쟁을 로마교황청의 중재안을 수용함으로써 종식시켰다. 브라질과는 경제 통합과 협력계획을 합의하고 부속의정서들을 교환하였을 뿐만 아니라 1986년 12월 "우호, 민주주의, 평화, 발전"을 위한 협약을 체결하였다. 그리고 1985년 11월 브라질과 핵에너지의 평화적 사용을 개발하기로 하였다. 또한 알폰신은 먼저 사르네이를 초청하여 아르헨티나 핵시설을 공개하기도 하였다.

셋째, 두 국가의 민주정부들은 대미관계에 대하여 공통적인 인식을 갖고 있었기 때문에 상호협력 관계를 중시하였다고 할 수 있다. 브라질은 이미 군부체제의 정치자유화시기에 외교정책의 이해관계로 군사협정을 폐기할 만큼 미국과의 전통적인 관계가 소원해졌다. 또한 아르헨티나는 말비나스 섬(Malvinas Islands) 전쟁에서 미국의 지지 또는 중립을 기대하였으나 미국과 서구유럽은 영국을 지지하였다. 반면에 브라질을 비롯한 라틴아메리카국가들은 외교적으로 아르헨티나의 입장을 지지하였다. 그리고 브라질과 아르헨티나는 외채문제 해결에 있어서 미국정부의 지원을 필요로 하고 있었다. 이러한 상황에서 두 국가의 정책적 상호 협력이 어느 때보다 절실하게 필요하였을 가능성이 높다. 두 국가의 상호 협력과 경제통합은 대미관계에서뿐만 아니라 일반적으로 국제사회에서 그들의 위상과 영향력, 경쟁력을 공동으로 제고할 수 있기 때문이다.

Ⅳ. 신민주체제와 남미공동시장

1. 경제공동시장 형성

브라질과 아르헨티나의 제1대 민주정부들의 노력을 토대로 제2대 민주정부들은 두 국가의 경제통합과정을 가속화 심화하는 한편 1991년 3월 아순시온조약을 통하여 공식적으로 남미공동시장을 출범시켰다. 특히 두 국가의 제2대 민주정부 지도자들과 그들의 주요 각료들이 경제통합 과정을 가속화 심화 확대하는 데 있어서 중심적인 역할을 담당하였다. 심각한 경제실책과 정치적 지지기반 상실 때문에 임기 중 사임한 알폰신을 대신하여 정의당(PJ)의 메넴이 1989년 7월 대통령에 취임하였다. 그는 과거 반군부체제 활동 때문에 7년 동안 구금되었던 민족주의자이다.

한편 브라질에서는 1990년 3월 국가재건당(PRN)의 페르난두 콜로르 디 멜루(Fernando Collor de Mello)가 대통령에 취임하였다. 그는 전임자 사르네이와는 달리 신민주헌법에 의하여 30여 년 만에 직접선거로 선출된 대통령이었다. 그는 사르네이 정부와 기성정치인들의 무능과 부패를 비난하고 정치개혁을 약속하였다. 메넴 정부와 콜로르 정부는 모두 직접민주선거를 통하여 교체 수립되었다. 그들은 제1대 민주정부들과는 다른 정치적 기반－정당과 유권자－을 갖고 있는 새로운 민주정부들이었다.

브라질 정부는 민족주의자 메넴 대통령의 집권이 두 국가의 경제통합 과정에 대하여 미칠 영향에 대하여 우려하였다. 그러나 메넴은 1989년 7월 취임하자 8월에 브라질을 공식 방문하여 두 국가의 경제통합과정을 가속화할 것을 제안하였다. 1990년 3월에 취임한 콜로르 브라질 대통령은 메넴의 제안을 지지하였다.[12] 그는 7월 아르헨티나를 방문하고 메넴과 경제통합 과정을 단축하기로 합의하고 다음과 같은 조치들을 동의하였다: (1) 10년이 아니라 5년 내－1994년 말－에 실질적인 공동시장을 구성한다; (2) 공동시장에 우루과이, 칠레, 파라과이를 참여시킨다; (3) 아메리카자유무역지대 형성을 위하여 워싱턴에 합동위원회를 설치한다.[13] 그리고 두 국가의 민주정부들은 1990년 12월 경제보완협약(ACE)에서 두 국가는 산업, 기술부문에서 상호보완정책을 도모하며 우선적으로 관세를 40% 인하하고 1994년 말까지 무관세를 실현할 것을 합의하였다(Pena, 1993, 190~192; 조희문, 1992, 159~160).

브라질과 아르헨티나 제2대 민주정부들은 두 국가의 경제통합 과정을 심화시키는 한편 주변 국가들을 참여시켜 확대하기로 하였다. 1991년 3월 파라과이 아순시온에 메넴과 콜로르, 그리고 우루과이와 파라과이의 대통령들이 모여서 남미공동시장을 형성하기로 합의하고 구체적인 목표, 계획, 일정들을 논의하였다. 결과적으로 "아순시온조약"이 체결되었다. 이 조약에 의하면 단계적 관세인하를 통하여 브라질과 아르헨티나는 1994년 말까지, 우루과이와 파

---

12) *Latin American Regional Report*: "Brazil Report", 19 Oct 1989, p.7; *Latin American Regional Report*: "Southern Cone Report", 12 Oct 1989, p.7: 9 Aug 1990, pp.4~5.

13) *Latin American Regional Report*: "Brazil Report", 16 Aug 1990, p.4; *Latin American Regional Report*: "Southern Cone Report", 9 Aug 1990, p.5.

라과이는 1995년 말까지 역내의 완전한 자유무역을 실현하기로 하였다. 참여 국가들의 개별적 입장에 따라서 초기 관세인하 품목에서 예외품목들을 인정하기로 하였다.[14]

또한 제3국에 대하여 공동관세를 부과하고 통상정책을 협의 조정하며 특정한 경제부문들의 통합을 촉진하고 궁극적으로 라틴아메리카 경제통합을 위하여 노력하기로 하였다. 이러한 목적들의 실현을 위하여 필요한 제도들을 상설하기로 하였다.[15] 이 조약은 5년 내에 공동시장을 실현시키려는 남미국가들의 야심적인 경제통합 계획이었다. 이것에 대하여 국내외의 영향력 있는 집단과 세력들은 회의적 소극적 태도를 갖고 있었다. 또한 상대적으로 약소한 입장에 있는 우루과이와 파라과이의 기업가들은 공동시장 형성을 반대하거나 실현 시기를 연장해야 한다고 주장하였다. 그러나 회원국 민주정부 대통령들과 고위각료들은 경제통합에 대하여 일반적으로 적극적인 태도와 희망적인 기대를 갖고 있었다. 브라질 콜로르 대통령에 의하면 "아순시온조약은 경제침체, 기술적 낙후성, 사회적 후진성을 극복하는 출발점이다."[16]

아순시온(Asunción)조약은 아르헨티나-브라질 통합과 협력계획(1986)과 그 후에 맺어진 협정들을 전제하여 이루어졌다. 이미 1988년 2월 사르네이와 알폰신은 공식적으로 두 정부가 체결한 통합과 협력계획과 부속의정서에 우루과이의 참여를 요청하였다. 4월에 알보라다(Alvorada)협정을 통하여 공식적으로 우루과이의 참여가 이루어졌다. 두 국가 사이에 위치한 우루과이는 역사적으로 그들과 밀접한 정치적 경제적 관계를 맺고 있었다.

뿐만 아니라 우루과이도 이미 민주화를 경험하고 있었다. 군부권위주의체제(1973~1985)가 붕괴하고 1985년 3월 콜로라도당(PC)의 훌리오 산기네티(Julio Sanguinetti)가 제1대 민주정부의 대통령에 취임하였다. 그리고 1990년 3월에는 국민당(PN)의 루이스 라카예(Luis Lacalle)가 제2대 민주정부의 대통령으로 취임하였다. 그는 군부체제와 인권유린 관련자 사면법을 반대하였던 상원의원이었다. 이와 같이 1980년대 후반 우루과이는 브라질과 아르헨티나와 같이 민주화 과정에 있었다. 따라서 우루과이는 브라질과 아르헨티나 경제통합 과정 초기에 참여할 수 있었다.

브라질과 아르헨티나의 제2대 민주정부들은 1990년 7월 주변국가들―우루과이, 칠레, 파라

---

14) 예외품목 수는 브라질, 324; 아르헨티나, 394; 우루과이, 960; 파라과이, 439이다.

15) 남미공동시장(MERCOSUR)의 제도와 조직에 대한 참조: Juan Mario Vacchino, 1993, "Assessing Institutional Capacities", Peter H. Smithin, ed., *The Challenge of Integration: Europe and the Americas*, pp.316~318; Felix Pena, 1992, "The Mercosur and its Prospects: An Option for Competitive Insertion in the World Economy", Institute for European-Latin American Relations, ed., *Prospects for the Processes of Sub-Regional Integration in Central and South America*, p.108; 조희문, 1992, "남미공동시장(MERCOSUR)형성과 지역경제통합", 『한국라틴아메리카논총』 제4호, pp.160~162.

16) *Latin American Regional Report*: "Brazil Report", 2 May 1991, p.4.

과이-이 참여할 수 있는 남미공동시장 형성을 합의하였다. 8월 우루과이와 파라과이가 공식적으로 남미공동시장 협상에 참여하였다. 두 국가는 지리적으로 아르헨티나와 브라질 사이에 위치한 상대적으로 약소국들이다. 우루과이는 이미 아르헨티나와 브라질의 통합 과정에 참여하고 있었다. 그것의 대외무역 37%(1990)가 주변의 두 강대국들과 이루어지고 있다. 한편 파라과이도 브라질과 아르헨티나와 정치, 경제, 에너지 분야에서 불가분의 관계를 맺고 있다. 그들과의 무역이 총대외무역량의 35%(1990)를 점하고 있다(Pena, 1992, 102).

파라과이는 남미에서 정치적 후진국으로 정치체제변화가 다소 지체되고 있었으나 1989년부터 민주화 과정을 경험하고 있었다. 파라과이에서 1989년 2월, 34년간의 군부의존 일인권위주의체제가 군부 쿠데타에 의하여 붕괴되었다. 그리고 민주화를 약속한 쿠데타 지도자 안드레스 로드리게스(Andres Rodriguez) 장군이 3월 대통령에 취임하였다. 그의 취임식에 아르헨티나, 브라질, 우루과이의 제1대 민주정부 대통령들-알폰신, 사르네이, 산기네티-이 참석하였다. 그의 재임 시 정치개혁이 다소 이루어졌으며 제헌의회가 구성되었고 현직 대통령의 연임을 금지하는 신민주헌법이 제정되었다. 남미공동시장이 공식적으로 형성될 때까지는 파라과이에서도 민주화가 어느 정도 진행되고 있었다. 결론적으로 1991년 3월 남미공동시장을 위한 최소한의 정치적 조건-민주정부 수립-이 충족되었다.

2. 관세동맹 실현

아순시온조약에서 약속한 바와 같이 1995년 1월 관세동맹을 실현하기 위하여 회원국 민주정부 지도자들은 다양한 형태의 회의를 개최하고 관련 협약이나 의정서들을 논의 체결하기도 하였고 그들의 정치적 의지를 거듭하여 확인하였다. 결과적으로 그들은 국내외의 회의론자들과 지연론자들을 극복하고 불완전하지만 1995년 1월 공식적으로 관세동맹을 실현시켰다. 협상 과정에서 회원국들의 민주정부-특히 제2대-대통령들과 그들의 주요 각료들이 중심적이고 주도적인 역할을 담당하였다. 브라질, 아르헨티나, 우루과이의 제2대 민주정부들-콜로르, 메넴, 라카예 대통령-과 파라과이의 민주화정부는 구체적인 이해관계가 다를지라도 공통적으로 남미공동시장의 유지 발전을 지지하였다. 특히 제2대 민주정부들은 후계정부들이 의무적으로 통합정책을 계승하게 하기 위하여 남미공동시장 실현의 시기를 의도적으로 정부이양 시기와 일치시켰다. 또한 1992년 6월 그들 대통령들은 공식적으로 민주주의가 남미공동시장

발전의 조건이며 목적이라고 선언하였다(Manzetti, 1993~1994, 106; Pena, 1993, 195). 한편 회원국 군부들은 1993년 6월 부에노스아이레스에 모여 새로운 역할을 모색하였다. 그들은 다양한 지역안보 정책들을 제시 논의하였지만 공통적으로 '사회안보'의 시각에서 국내적 빈곤과 경기침체를 우려하였다.[17)

1995년 1월 관세동맹 실현 직전 1994년 12월까지 다소 정치적 변화가 있었다. 브라질 대통령 콜로르는 부패혐의로 사임하고 1992년 10월 부통령 이타마르 프랑쿠(Itamar Franco)가 대통령직을 계승하였다. 그는 남미공동시장이 외교정책의 최우선 과제라고 선언하였다.[18) 또한 그는 1993년 5월 아르헨티나와 우루과이를 방문하고 각각 메넴과 라카예 대통령과 남미공동시장의 목적과 일정을 변함없이 유지할 것을 합의하였다. 뿐만 아니라 그와 메넴은 두 국가를 관통하는 수로와 육로의 건설을 우선적으로 추진하기로 합의하는 한편 해외영사관 공동사용을 위하여 준비하기로 하였다. 한편 파라과이는 1993년 8월 40년 만에 첫 번째 민간 출신 후안 카를로스 와스모시(Juan Carlos Wasmosy)가 신민주헌법에 의하여 민주정부 대통령으로 취임하였다. 아르헨티나와 우루과이에서는 메넴 정부와 라카예 정부가 계속하여 경제통합정책을 주도하였다. 이들 민주정부들의 의지와 노력의 결과로 공식적으로 1995년 1월 남미공동시장의 관세동맹이 실현되었다.

남미공동시장의 관세동맹은 아순시온조약의 목표에 다소 미달하는 부분적인 것이었다. 남미공동시장 품목—9,000개—의 82%만이 역내 무관세로 거래될 수 있고 나머지 품목들은 예외품목으로 지정되었다. 예외품목들은 연차 관세 인하를 통하여 브라질과 아르헨티나는 4년 내에, 파라과이와 우루과이는 5년 내에 무관세거래 품목으로 될 것이다. 또한 비회원국들과의 무역에 있어서 공동관세를 20%까지 공동시장 품목의 85%에 대하여 부과하기로 합의하였으며 역내무역과 같이 예외품목들을 인정하기로 하였다.[19) 이와 같이 다수 품목들에 대하여 일반원칙을 적용하지 않고 예외를 인정함으로써 완전한 역내자유무역과 관세동맹의 실현은 실질적으로 연기되었다. 그러나 회원국들의 경제적 부조화와 불균형 때문에 야기되는 첨예한 대립적 이해관계를 극복하고 80% 이상 역내자유무역과 관세동맹을 실현하였다는 사실은 역사적으로 매우 중요한 사건이다. 이것은 라틴아메리카에서 경제통합의 가능성을 제고한 귀중

---

17) *Latin American Weekly Report*, 8 July 1993, pp.306~307; *Latin American Regional Report: Southern Cone Report*, 5 August 1993, p.4.

18) *Latin American Regional Report*: "Brazil Report", 8 July 1993, p.4.

19) *Latin American Weekly Report*, 12 Jan 1995, pp.8~9: 역내무관세 예외품목 수: 우루과이, 950; 파라과이, 427; 아르헨티나, 221; 브라질, 30. 관세동맹 예외품목 수: 아르헨티나, 브라질, 우루과이, 각각 300; 파라과이, 399. 관세동맹 예외품목들은 2001년까지 점차 관세율을 인하하기로 하였다.

한 경험으로 통합회의론을 불식시키는 데 도움을 주었다.

위와 같은 결과는 1991년 3월 아순시온조약의 체결에서부터 1994년 12월 오로 프레투의정서 교환까지 참여국 민주정부들 사이에 이루어진 다차원적 다면적인 협상 과정에 의하여 초래되었다. 회원국 정부들은 경제 구조적·정책적 부조화와 불균형 때문에 용이하게 합의를 이루지 못하고 수년 동안 협상을 끌기도 하였다.[20] 특히 어려운 문제들은 역내 무역불균형, 역외관세 설정, 경제정책 수렴 또는 상호 조정에 관련된 것들이었다.[21] 그러나 경제통합에 대한 회원국 정부지도자들의 변함없는 의지와 노력은 그러한 문제들을 극복하고 부분적인 자유무역과 관세동맹을 실현하였다.

협상 과정에서 회원국 민주정부들의 특정 대통령들이나 각료들이 각국의 특수한 정치적 상황이나 일정에 따라서 교체되었지만 경제통합에 대한 그들의 의지와 노력은 변함이 없었다. 고위각료들 중에서는 외무와 경제─재정, 통상, 산업 등─각료들이 중심적으로 모든 관련회의들과 업무들을 관장하였다. 그들은 공식적으로 아순시온조약에 의하여 구성된 공동시장위원회와 공동시장그룹을 통하여 협상하였다. 또한 필요한 경우에는 특별회담을 통하여 비공식적으로 접촉하였다. 그들 외에 회원국 중앙은행장들도 참여하였고 관련부문의 관리들과 전문가들도 실무차원에서 참여하였다. 그리고 합동의회위원단에 각국 의회의 소수 의원들이 참여하여 공동시장에 관련된 입법문제들을 제기 조정하였다. 노동과 기업의 지도자들과 그들 조직들은 회원국정부들의 의견수렴 과정에 참여하는 정도였다.

남미공동시장의 실현을 위한 협상 과정은 회원국 민주정부, 특히 대통령과 그의 측근 고위각료들에 의하여 주도적으로 추진되었다.[22] 따라서 협상 과정에서 공동시장위원회 소속인 회원국 대통령들의 정상회담이 중요하였다. 수차례의 정상회담에서 대통령들은 기존 협상의 결과를 공식적으로 협정을 통하여 추인함과 동시에 앞으로의 협상의제와 협상일정 등을 합의하였다. 그들은 회담 때마다 1995년 1월 역내 자유무역과 관세동맹을 실현하겠다는 의지를 재삼확인하였다.[23] 그들의 변함없는 의지와 지도력은 한때 강력하게 대두되었던 회의적 태도와

---

20) 남미공동시장 회원국들의 경제적 불균형과 갈등에 대한 논의: Juan Mario Vacchino, 1993, pp.329~330; Felix Pena, 1992, p.101; Albrecht von Gleich, 1992, "Prospects for Mercosur: Questions and Observations", Institute for European–Latin American Relations, ed., *Prospects for the Processes of Sub-Regional Integration in Central and South America*, p.113.

21) 특히 우루과이와 파라과이는 브라질에게 외환시장을 개방하고, 대외경쟁력을 강화하고, 수출보조를 중단할 것을 빈번하게 요구하였다.

22) 협상과정이 주로 회원국 정부들의 고위 정책결정권자들에 의하여 주도되었기 때문에 남미공동시장이 민주성이 결여되었다고 비난받고 있다 (Alimonda, 1994, 21~33).

23) 남미공동시장의 정상회담:
   (1) 1991년 3월: 아순시온(Asuncion, Paraguay); 브라질의 콜로르(Fernando Collor de Mello), 아르헨티나의 메넴(Carlos Saul Menem), 우루과이의 라카예(Luis Lacalle), 파라과이의 로드리게스(Andres Rodriguez); 아순시온(Asunción)조약 체결, 남미공동시장(MERCOSUR) 형성.

지연요구를 무마하고 경제통합 과정의 심화를 가능하게 하였다.

결론적으로 남미공동시장이 순수한 국제 경제적 논리보다는 민주정부의 정치적 의지와 지도력에 의하여 지난 10여 년 동안 심화, 확대되어왔다고 평가할 때 그러한 정치적 조건들이 존재하는 한 남미공동시장의 미래에 대하여 그렇게 부정적 또는 비관적이지는 않다. 브라질 제3대 민주정부 신임 대통령 카르도주와 아르헨티나 제3대 민주정부 연임 대통령 메넴은 1995년 초에 처음으로 두 정부의 모든 각료들이 참여하는 정부회의를 주재하였다. 이 정부회의는 특히 남미공동시장의 모든 통상관계와 국제관계에 있어서 보다 긴밀한 협력과 통합을 도모하기 위하여 이루어졌다. 두 국가는 이 정부회의를 앞으로 정기적으로 개최하기로 합의하였다.[24]

브라질 신임대통령 브라질사회민주당(PSDB)의 페르난두 엔히크 카르도주(Fernando Henrique Cardoso)는 제2대 민주정부에서 경제통합정책을 주도한 전임 경제 각료였다. 아르헨티나 메넴은 제2대 민주정부 대통령으로서 이미 남미공동시장 형성과 발전을 주도하여왔다. 또한 우루과이 제3대 민주정부 신임 대통령 산기네티도 이미 1980년대 후반에 아르헨티나와 브라질 경제통합 과정에 제1대 민주정부의 대통령으로 참여하였다. 그는 1994년 11월 대통령에 당선되었을 때 남미지역경제통합이 새 정부정책의 초석이 될 것이라고 선언하였다.[25] 남미공동시장의 유지와 발전에 대하여 민주정부 대통령들의 의지는 현재 의심의 여지가 없는 것 같다. 결론적으로 정치적인 측면에서 보면 남미공동시장의 미래는 당분간 다소 낙관적일 수 있다. 그러나 회원국들의 예측하기 어려운 경제적 현실을 감안한다면 오히려 '회의적 낙관론'이 보다 설득력이 있을 것 같다.

---

(2) 1992년 2월: 카네라(Canela, Brazil); 콜로르, 메넴, 라카예, 로드리게스; 리오 국제연합 환경개발회의에 대한 공동정책 논의.
(3) 1992년 6월: 라스 레냐스(Las Lenas, Argentina); 콜로르, 메넴, 라카예, 로드리게스; 1993년 10월까지 정책 수렴 합의, 역내 수로건설 논의.
(4) 1992년 12월: 몬테비데오(Montevideo, Uruguay); 프랑쿠(Itamar Franco), 메넴, 라카예, 로드리게스; 역외공동관세의 범위 합의, 정책수렴연구 합의.
(5) 1993년 7월: 아순시온(Asuncion, Paraguay); 프랑쿠, 메넴, 라카예, 로드리게스; 역외공동관세의 예외품목 합의, 외환정책 조정계획 논의.
(6) 1994년 1월: 콜로니아 델 사크라멘토(Colonia del Sacramento, Uruguay); 프랑쿠, 메넴, 라카예, 와스모시(Juan Carlos Wasmosy); 역외공동관세 최종 합의.
(7) 1994년 12월: 오루 프레투(Ouro Preto, Braszil); 프랑쿠, 메넴, 라카예, 와스모시; 오루 프레투의정서: 1995년 1월 관세동맹 공식출범 합의, 다른 경제블록들과의 협상 추진 합의.

24) *Latin American Regional Report*: "Southern Cone Report", 16 March 1995, pp.4~5; *Latin American Regional Report*: "Brazil Report", 16 February 1995, p.5.
25) *Latin American Weekly Report*, 8 December 1994, p.1.

제3절 신민주체제와 정보화: 한국[1])

I. 정보화정치론의 문제

근래 정보화와 정치 또는 민주주의의 관계에 대하여 국내 관련 학자들의 논의와 연구가 많아지고 있다. 그들의 논문이나 저서 그리고 대중 언론매체들에서 정보화사회의 정치를 뜻하는 전자민주주의, 원격민주주의, 텔레데모크라시(teledemocarcy), 모뎀(modem) 또는 온라인(on-line) 민주주의, 사이버크라시(cybercracy) 등과 같은 다소 생소한 여러 용어들이 자주 쓰이고 있다. 이는 정보화사회의 정치적 특성과 행태가 아직은 그렇게 명확하게 이해 규정 제시되고 있는 못하다는 사실을 의미하고 있는 것이다.

한국의 관련 학자들 다수는 외국학자들, 특히 미국학자들의 관련 논의 - 정보화정치론 또는 정보화민주주의론 - 를 한국적 상황에서 어떠한 의미를 갖는가에 대하여 적극적으로 모색하지 않고 그들의 주장을 별다른 여과 없이 소개하고 있다.[2]) 그들은 1950~1960년대 근대화 이론을 수용할 때와 유사한 좌절을 경험할 가능성이 크다. 근대화 이론과 마찬가지로 미국중심적인 정보화정치론도 선진 민주주의국가이며 선도 정보화국가인 미국의 경험과 기대에 근거하고 있기 때문이다.

근대화론자들이 근대화의 궁극적인 결과는 대의자유민주주의라고 주장하였듯이 많은 정보화론자들은 정보화의 필연적인 결과는 텔레데모크라시 또는 직접민주주의라고 설파하고 있다. 이 주장은 대의자유민주주의의 안정과 공고화를 이미 이룩한 선진 민주주의국가에서는 어느 정도 설득력이 있을 수 있다. 그러나 오랫동안 군부권위주의체제를 경험하고 이제 민주화 과정을 경험하고 있는 제3세계의 후진 정보화국가들에서는 그러한 주장의 이론적 적실성(適實性)과 적시성(適時性)은 약하다. 직접민주주의의 미래적 실현보다는 현재진행 중인 민주화, 대의민주주의의 체제화와 공고화의 실현이 우선적 과제이기 때문이다.

따라서 정보화가 민주화 과정에 어떠한 영향을 주는가를 묻는 것이 현실적으로 더욱 중요

---

1) 양동훈, 1998, 「민주주의 공고화에 대한 정보화의 함의: 한국의 경우」, 『논문집』 19집 2권, 경성대학교(8월), pp.325~340. 이 논문은 부분적으로 수정됨.

2) 정보화정치론은 정보통신 기술의 혁신적 발달과 가속적 확산 - 정보혁명 - 에 따른 정치변화 또는 정치발전의 방향과 가능성에 대한 학술적 논의들을 총체적으로 지칭한다. 정보화정치론의 주요 관련 외국학자들: Christopher Arterton, 1994; David Ronfeldt, 1997; Alvin Toffler, 1990, 1994; Peter F. Drucker, 1994. 한국에서 관련 외국학자들에 대한 논의: 강정인, 1996, 1997; 박형준, 1997; 이정복, 1996; 박재창, 1993.

하다. 비교적 시각에서 한국이 어떠한 정보화 과정을 경험하고 있고 또한 한국의 민주화 과정의 정치가 정보화과정에 어떻게 대응 또는 적응하고 있는가를 분석하는 것이 중요하다.

기존의 정보화정치론, 특히 정보화민주주의론은 명백하게 최선진 정보화국가인 미국의 경험에 근거하여 미국학자들이 제시한 이론들이다. 앨빈 토플러(Alvin Toffler)나 피터 드러커(Peter F. Drucker)에 의하면 미국은 지식사회 또는 정보사회에의 문턱을 1940~1950년대에 들어섰다고 한다. 미국이 정보화사회에 진입한 지 적어도 50여 년이 되었다는 주장이다. 그리고 현재 미국사회는 제3의 지식문명 물결을 깊고 광범위하게 경험하고 있다고 한다.

한편 미국은 200년 동안 민주화 과정을 경험하면서 이미 대의자유민주주의의 안정과 공고화 또는 제도화를 성취하고 있다. 이러한 경험들에 근거하여 관련 미국학자들 다수는 정보사회의 정치, 특히 텔레데모크라시 또는 직접민주주의의 가능성에 대하여 낙관적인 논의를 하고 있다고 생각할 수 있다. 그들의 논의는 일반적으로 대의민주주의의 안정과 제도화를 전제하고 그것의 직접 민주주의에로의 진화적 발전을 가정하고 있다.

그러나 그러한 정보화민주주의론은 근래 산업화와 민주화를 경험하고 있는 한국을 비롯한 제3세계 국가들에서는 그 이론적 적시성과 적실성에서 설득력이 약하다. 제3세계 국가들은 정보화수준에서 미국과 비교할 때 근대화의 경우와 같이 후진국가들이다. 다소 낙관적인 견해에 의하면 한국은 실질적으로 공업화를 완성하고 제3의 문명물결의 첨단 기술로 빠르게 이동하고 있다(Toffler, 1990, 384). 그러나 한국은 정보화 후진 국가이다. 제3물결의 지식문명을 이미 광범위하게 경험하고 있는 선진국가와는 정보화수준이 분명히 다르다. 또한 정치발전의 관점에서 비교하여도 한국은 민주주의 체제화와 공고화 과정에 있는 민주화 국가이다. 해방 이후 오랫동안 권위주의체제를 경험하고 이제 민주주의체제로 변화하고 있는 것이다. 다시 말하면 민주적 정치발전의 기로에 놓여 있다. "허약한(fragile)" 민주주의가 체제화 공고화될 것인가? 그렇지 않으면 다시 과거의 권위주의체제로 쇠퇴할 것인가? 이러한 정치적 상황에서 정보화를 경험하고 있는 것이다.

그러므로 한국적 현실에서 가장 절실한 문제는 텔레데모크라시 또는 직접민주주의의 가능성보다는 민주주의 체제화와 공고화이다. 정보화의 정치적 함의는 무엇인가? 특히 민주주의 체제 공고화에 어떠한 영향을 미치는가? 선진 자본주의국가들에서 대의민주주의체제의 안정과 공고화를 전제하고 있는 정보화정치론의 무비판적 무조건적 수용이나 적용은 한국의 현실적 문제들을 다소 호도할 수 있다. 한국에서도 마치 대의민주주의체제가 공고화되어 있는 것 같이 믿게 할 가능성이 있다. 그러나 한국이 현재 직면하고 있고, 그리고 미래에 직접민주주의 실현을 위하여 우선적으로 필요한 것은 대의민주주의의 체제화와 공고화이다. 따라서 정보화의 미래적 결과로서 직접민주주의를 논의한다는 것은 다소 비현실적이다.

그러한 문제를 한국의 관련 학자들 몇몇도 지적하고는 있다.[3] 그러나 대안적 논의는 희소하다. 그들은 일반적으로 정보통신기술의 발달과 확산을 독립변수로, 정치 또는 민주주의를 종속변수로 전제하고 논의를 전개하고 있다. 그러나 결론에서는 정치적 의지나 선택이 결정적 변수라고 주장하고 있다. 즉, 정치가 기술을 결정한다는 정치결정론을 결론적으로 선호하고 있으나 민주주의 또는 민주화가 정보통신기술의 이용에 어떻게 영향을 주는가에 대하여 더 이상 구체적으로 설명하지 않고 있다. 그들은 기술결정론을 논의 거부하고 있을 뿐, 그 대안으로 정치결정론을 경험적 이론적으로 논의하고 있지는 않다.[4]

또한 한국의 관련 학자들은 독립변수와 관련된 개념들, 정보, 정보화, 정보사회, 정보통신기술의 의미와 특성을 구체적으로 명확하게 규정하지 못하고 있으며, 결과적으로 개념적 합의를 도출하고 있지 못하다. 따라서 정보화와 정치 또는 민주주의의 관련성을 심도 있게 모색하기보다는 종속변수인 정보화사회의 정치, 민주주의 자체만을 추론적으로 서술하고 있다. 이와 같이 관련 학자들은 궁극적으로 정보사회의 정치적 결과나 그 이상인 텔레데모크라시 또는 직접민주주의에 주된 관심을 갖고 있기 때문에 그 실현 과정과 방법에 대하여 소홀하다. 뿐만 아니라 정보화와 관련하여 민주주의 체제화와 공고화의 현실적 문제를 간과하고 있다.

결론적으로 한국에서 정보화와 정치 또는 민주주의의 관계를 이해하려면 정보화가 결과적으로 어떠한 정치를 초래할 것인가를 묻기보다는 오히려 정치가 정보화에 어떻게 대응하고 있는가에 주목해야 한다. 즉, 정보화정치론보다 그 대안적 시각과 접근방법으로 정치정보화론이 중요하다.

---

3) 유석진, 1994, 「정보화와 민주주의」, 『전자민주주의연구원 제1회 세미나 발표 논문집』, p.21; 유석진은 어느 누구보다도 명백하게 정보화민주주의론의 서구중심적인 논의의 한계를 결론적으로 지적하고 있다. 그러나 문제제기만 있을 뿐 더 이상의 구체적인 논의는 없다.

4) Christopher Arterton 지음, 한백연구소 편역, 1994, 『텔레데모크라시: 21세기 정보화시대의 정치혁명』, p.294; 강정인, 1996, 「정보사회와 민주주의: 전망과 검토」, 한림과학원 엮음, 『정보사회와 그 문화와 윤리』, p.67, 69; 이정복, 1996, 「정보화사회와 정치」, 최정호 외 지음, 『정보화사회와 우리』, p.333; 박형준, 1997, 「정보화사회론의 쟁점들」, 『동향과 전망』, 한국사회과학연구소, p.27; David Ronfeldt 지음, 홍석기 옮김, 1997, 『정보지배사회가 오고 있다』, pp.158~159.

Ⅱ. 정치정보화와 민주주의

1. 정보화 관련 개념들

정보화 관련 논의에 있어서 정보는 핵심적인 개념이다. 토플러는 정보를 데이터, 지식과 관련하여 위계적으로 정의하고 있다(Toffler, 1990, 18). 데이터는 인간과 그 주변 환경인 자연과 사회 등에 대한 단편적인 사실들로서 개념, 수치 그리고 기타 상징적 기호들로 표시된다. 특정한 목적이나 기준에 따라서 어느 정도 체계화 또는 범주화된 일단의 데이터가 정보이다. 지식은 그 데이터나 정보들 사이의 관계에 대한 일반화 또는 이론화이다. 토플러는 정보보다는 지식의 개념을 상대적으로 보다 포괄적인 개념으로 사용하고 있는 듯하다. 지식이 정보와 데이터 및 그 외의 상징적인 사회적 산물들을 포함하는 것으로 개념화하고 정보보다 지식의 중요성을 강조하고 제3물결 문명의 지식사회에 대하여 논의하고 있다. 이는 후기 자본주의사회를 지식사회로 규정한 드러커의 관점과도 일치하고 있다(Drucker, 1994, 7).

한편 론펠트는 정보를 데이터, 지식을 포함하거나 그 사이의 무엇으로 다소 모호하게 정의하고 있다(Ronfeldt, 1997, 36). 이와 같이 관련 학자들은 대체적으로 지식을 정보를 포괄하는 상위개념으로 이해하고 있는 것 같다. 그러나 그들은 실제로 지식과 정보의 개념을 엄격하게 구분하여 사용하지는 않는다. 정보를 지식과 유사한 개념으로 빈번하게 혼용하고 있다.

지식은 인간이 자연적·사회적·추상적 또는 가상적 현상을 이해하기 위하여 만들어진 개념들과 그 개념들에 기초한 일반화들을 총체적으로 지칭한다고 할 수 있다. 지식의 일차적인 목적은 일반적으로 현상이해이기 때문에 지식의 축적 또는 양이 중요하다. 그 현상이해에 따른 실천적 적용과 행동, 지식의 교환과 교육은 부차적인 목적이라고 할 수 있다. 반면에 정보는 의도적으로 특정 행동과 교환을 전제한 지식의 일부라고 할 수 있다. 정보는 지식과 달리 특정 목적에 얼마나 부합하는가 또는 유용한가에 따라서 그 가치가 평가된다. 정보는 또한 교환의 필요성과 빈도수에 따라서 그 가치가 평가된다. 지식은 절대적 보편적인 목적과 가치를 가지고 있다면 정보는 상대적인 특수한 목적과 가치를 가지고 있다고 할 수 있다.

정보화는 기본적으로 더 많은 인간들이 더 많은 지식을 더 많은 활동영역에서 더욱 적극적으로 더욱 체계적으로 적용 응용 교환하려는 과정을 뜻한다. 이러한 정보화가 가능하게 된 것은 정보기술과 통신기술의 획기적인 발명과 발달 그리고 그 결합적 응용 때문이다.[5) 정보화는 정보를 생산, 저장, 관리, 가공, 처리할 수 있는 컴퓨터의 하드웨어와 소프트웨어, 데이터뱅크 및 기타 관련 정보기술들과 그 정보를 네트워크체계(network system)를 통하여 전송, 확산, 수집할 수 있는 통신기술의 결합 때문에 가능하였다.

정보화의 획기적인 특성은 무엇보다도 정보의 주체적 개인화와 다중적(多重的) 네트워크화이다. 개인이 더 이상 정보의 수동적인 소비자 또는 수용자가 아니다. 개별적인 필요와 욕구에 따라서 다중적으로 연결된 통신 네트워크체계를 통하여 개인들이 시간과 공간을 초월하여 다양한 정보의 생산, 수집, 관리, 분배, 교환 등 정보활동의 주체가 될 수 있다는 사실이다. 개인이 동시에 정보의 소비자일 뿐만 아니라 또한 생산자이고 관리자가 될 수 있다는 것이다. 이는 개인이 다양한 대량의 정보를 의식적으로 취사선택 이용하고 또한 제공, 교환할 수 있다는 것을 의미한다. 그러므로 정보화는 개인의 정보지향성 또는 정보의식을 전제하고 있다. 즉, 정보에 대한 개인적 필요와 욕구의 증대가 정보화의 첫 번째 조건이다.[6]

두 번째 조건은 그러한 필요와 욕구를 충족시켜줄 수 있는 정보통신기술의 혁신과 확산이다. 정보사회는 그러한 개인적 정보의식과 혁신적인 정보통신기술과 그 관련 산업의 발달과 확산으로 인하여 정보가 사회의 모든 영역들ー경제, 사회, 정치, 문화 등ー에서 지배적인 가치와 자원이 되는 사회이다. 경제적으로 정보는 가장 기본적인 자원이 된다(Toffler, 1980, 351). 산업사회에서 자본이 생산, 분배, 축적의 결정적 요소였듯이 정보사회에서는 정보가 자본을 대체하여 모든 경제적 활동과 관계를 지배하는 궁극적인 요소가 된다. 사회적으로 정보의 생산과 관리에 직접적으로 종사하는 세력, "지식근로자(cognitariats)"의 위상과 영향력이 증대하여 사회적 변화 또는 발전을 주도하게 된다.

또한 문화적으로 상징적·심리적 이미지, 태도, 가치 등의 무형적인 사회적 산물들이 높이 평가되어 관련 정보의 생산과 교환활동이 증대된다. 정치적으로는 정보와 정보통제가 통치의 핵심적 원리가 되는 사이버크라시(cybercracy)가 실현된다(Ronfeldt, 1997, 70). 정보가 정치권력의 근원적 요소가 되기 때문에 정치는 곧 정보투쟁이 된다. 생산자나 기업가들과 같이 시기적으로 내용적으로 적절한 정보의 획득, 관리, 이용에 상대적으로 기민하고 효율적인 정치집단들이 정치적 리더십을 발휘하게 된다. 그러한 정보사회로의 변화과정을 정보화라고 하며 그

---

5) 정보통신기술은 정보기술과 통신기술을 혁신적으로 결합하기 위하여 이용된 모든 유형의 기술과 그 결과물을 총체적으로 지칭한다. 간단히 정보기술(information technology) 또는 신기술(new technology)이라고도 한다. 정보통신기기의 종류와 특성: 유평준, 1993a, 「정보통신기기가 한국의 정치과정에 미치는 영향」, 박재창 편저, 『정보사회와 정치과정』, pp.329~337.

6) 유평준, 1993b, 「정보사회와 행정부 내 권력관계의 변화」, 박재창 편저, 『정보사회와 정치과정』, p.67: 일반적으로 개인 또는 사용자들의 정보의식 또는 정보지향성이 미미한 상황에서 정보통신기술이 이용되는 경우에는 정보화보다는 전산화가 더 적절한 개념이라고 할 수 있다.

과정을 경험하고 있는 사회를 정보화사회라고 한다.

2. 정보화와 민주화

정보화는 정보의식과 정보통신기술에 의하여 초래되는 사회변화 과정이다. 정보의식과 정보통신기술의 발달과 확산은 점진적으로 이루어진다. 따라서 개별국가는 정보사회로 진입하기 위하여 장기적인 정보화 과정을 경험하게 된다. 일반적으로 개별 국가에서 정보의식과 정보통신기술의 수준 — 정보화수준 — 이 시기적으로 변화하기 때문에 그에 따른 사회적 변화과정을 경험하게 된다. 따라서 국제적으로도 특정 시점에서 국가들 사이의 정보화수준이 상대적으로 다를 수 있다. 결과적으로 국가들은 정보화수준에 따라서 다른 사회적·정치적 특성이나 현안들을 갖게 된다. 그러므로 개별적 국가 차원에서나 국제적 차원에서 정보화를 장기적·단계적 사회변화 과정으로 이해하는 것이 타당하다.

정보화수준은 정보의식과 정보통신기술 관련 산업의 발달과 그 기술의 사회적 확산과 이용의 정도를 복합적·대비적으로 평가 결정될 수 있다. 즉, 정보화수준은 의식과 기술의 이차원적인 현상으로 측정될 수 있다. 첫째, 정보의식은 개별 국가의 시민들이 어느 정도 정보지향성을 갖고 있는가의 문제이다. 구체적으로 시민들이 개인적·사회적 삶에서 정보의 필요성 또는 욕구를 어느 정도 내재적으로 인식하고 있는가의 문제이다. 이러한 정보의식은 여론조사를 통하여 직접적으로 측정될 수도 있다. 또한 간접적으로 외부적으로 나타난 시민들의 정보통신 활동에 근거하여 추정될 수도 있다. 예를 들면 개별 국가의 정보의식은 개인 또는 가정이 소유하고 있는 개인용 컴퓨터(PC) 대수나 국내외 정보통신망의 이용자 수 등을 총유권자 수에 비례하여 대략적으로 산정될 수도 있다.

둘째, 정보통신기술은 정보와 통신의 관련 산업부문, 정부와 주요 기업과 교육기관들의 전산화, 정보고속도로망의 확산범위, 정보통신망의 다매체(multi-media)화 등과 직접적으로 관련되어 있다. 따라서 정보화수준은 다음과 같은 부문들의 측정치들을 조합 지수화하여 평가할 수 있을 것이다: (1) 개인용 컴퓨터 생산대수 및 보유대수; (2) 국내 PC통신망과 인터넷 이용자 수; (3) 정보와 통신 관련 산업의 생산 총액; (4)정보와 통신 관련 산업의 투자 총액; (5) 정보와 통신 관련 산업 노동인구; (6) 정부와 주요 기업과 교육기관들의 전산화 수준; (7) 정보고속도로망 확산의 범위; (8) 정보통신망의 다매체화 수준.[7)]

정보화수준에 따라서 정보화 과정을 전기, 초기, 중기, 후기로 구분할 수 있을 것이다. 정보화 과정의 전기에는 정보화 이전의 시기로 정보의식이 아직은 미미하고 편지, 전화, 전신, 텔레비전 등 전통적인 통신매체들을 통하여 제한된 양과 내용의 정보가 일방적으로 유통되고 있는 단계이다. 초기에는 정보의식이 일부 시민들에서 가시적으로 나타나기 시작하고 정보처리기술의 발달로 개인용 컴퓨터가 등장하여 주요 국가적 사회적 조직에서 전산화가 이루어진다. 컴퓨터와 통신기술의 초보적인 결합이 이루어지고 그 결합된 기술을 이용하여 정보통신망이 사회의 주요 조직과 지역 내에서 부분적으로 개설된다.

중기에는 정보의식이 다수 시민들 사이에 점차 확산 심화되고 주요 사회조직의 전산화가 거의 이루어지고 정보통신망이 국내외적으로 급속하게 확산되며 그 통신망 이용자—네티즌(netizen)—도 수적으로 급증한다. 이 시기에 정보의 대량화와 다양화, 정보통신의 쌍방향화, 고속화, 다매체화가 어느 정도 실현된다. 후기에는 정보의식이 사회적으로 보편화·일상화되는 시기이다. 대다수 시민들이 정보통신기술을 어느 정도 이해하고 그 접근과 이용에 익숙하며 무유선의 광역 정보통신망을 통하여 개인적 삶과 관련된 거의 모든 활동을 실현하는 시기이다. 정보통신의 개인화·쌍방향화·고속화·다매체화·무선화가 완결된다. 결과적으로 정보사회가 도래하는 시기라고 할 수 있다.

한편 민주화는 비민주주의체제—권위주의체제—로부터 민주주의체제로 변화하는 과정이다. 민주화 과정에서 통치행위와 관계의 기본적인 원칙이 정치적 억압에서 정치적 자유와 시민권의 보장으로 변화한다. 이것은 구체적으로 통치행위의 영역들과 그 단위나 요소들의 관계가 앞으로는 정치권력 독점이나 헤게모니, 정치적 배제나 동원화, 정책적 임의성(任意性) 등에 의하지 않는다는 것이다. 그 대신에 정치적 자유경쟁, 자율적 정치참여, 정책적 책임성과 예측성 등에 근거하는 새로운 통치관계가 설정되고 실행된다는 것이다. 즉, 민주화는 정치적 자유와 시민권의 규범과 원칙에 기초한 통치관계의 실천적 재구조화(restructuring) 또는 체제화(regimization)라고 할 수 있다. 따라서 민주화 과정은 자유와 시민권에 근거하는 정치체제의 실현을 목적으로 하는 다양한 정치적 사회적 세력과 집단들의 정치적 갈등과 투쟁의 과정이다.

민주화 과정은 권위주의체제의 정통성위기와 체제붕괴에서 시작된다. 그것은 일반적으로 정치집단들의 민주협약, 민주선거, 민주정부 수립, 권위주의 청산, 민주주의 체제화, 민주주의 체제 공고화 등의 정치적 계기와 단계로 이루어진다(양동훈, 1994, 451~481). 개별 국가들은

---

7) 『동아일보』, 1997년 10월 26일, p.7에서 일부 참조.

특정 시점에서 특정 민주화 과정의 계기나 단계를 경험하게 된다. 뿐만 아니라 국제적으로 그 국가들은 특정 시점에서 다른 국가들과 비교하여 다른 민주화 과정의 계기나 단계에 있을 수 있다.

그러므로 민주화 과정의 계기와 단계들도 민주화 경험 또는 수준에 따라서 시기적으로 구분될 수 있을 것이다. 비민주주의체제 시기를 전기로, 그 체제 붕괴 과정에서 첫 번째 민주정부 수립까지를 초기로, 민주정부의 민주적 체제화—과거청산과 정치개혁—와 첫 번째 정권교체까지를 중기로, 반복적인 민주선거 또는 정권교체의 실현을 후기로 구분할 수 있다. 이 후기는 민주주의가 공고화되는, 성숙한 민주주의가 실현되는 시기라고 할 수 있다.

민주화 과정의 어느 단계에서 정보화가 이루어지는가에 따라서 그 정치적 결과가 결정될 개연성이 크다. 민주화 과정의 후기—공고화된 대의민주주의 실현—에 정보화가 시작되었다면 대의민주주의가 텔레데모크라시 또는 직접민주주의로 발전할 가능성이 높을 것이다. 그러나 민주화 과정의 초기나 그 이전에 정보화를 경험하는 경우에는 그러한 정치적 가능성은 상대적으로 적을 것이다. 정보화가 민주화 과정의 심화에 결과적으로 긍정적인 영향을 미칠 것인가 또는 부정적인 영향을 줄 것인가를 가늠하기가 쉽지 않을 것이다. 그러한 상황에서 텔레데모크라시 또는 직접민주주의를 논한다는 것은 적실성과 적시성에서 설득력이 약하다.

<그림 6.3.1>은 정보화와 민주화 과정에서 정치체제의 개연성을 대략적으로 보여 주고 있다. 민주화와 정보화가 아직 시작되지 않은 과정에서는 개념적 정의에 의하여 비민주주의체제—전통적인 유형의 권위주의와 전체주의—가 존재한다. 그러나 민주화 과정이 아직 시작되지 않고 있는 상황에서 정보화 과정이 시작, 심화되는 경우에는 현대적 유형의 전체주의체제가 출현할 가능성이 크다고 할 수 있다. 그것을 전자전체주의라고 지칭할 수 있을 것이다.[8] 반면에 민주화 과정이 심화되어서 이미 대의 또는 간접민주주의가 안정, 공고화되어 있는 상황에서 정보화 과정이 심화된다면 궁극적으로 텔레데모크라시 또는 직접민주주의의 실현 가능성이 커질 것이다.[9]

물론 동일한 상황에서 정보화가 아직 이루어지지 않고 있다면 개념적 정의에 의하여 대의 또는 간접 민주주의체제가 유지될 것이다. 그리고 민주화 과정의 초, 중기에 정보화를 경험하

---

8) 전자전체주의는 기본적으로 국가가 첨단 정보통신기술과 그 네트워크를 이용하여 모든 정보를 독점하고 필요에 따라서 정보를 조작 왜곡하기도 하고 모든 사회구성원들의 공적·사적 활동을 감시, 통제하는 정체제라고 할 수 있을 것이다.

9) 텔레데모크라시의 성격과 작동원리: 武田文彦, 1994, 「직접민주주의와 간접민주주의의 융합, 텔레데모크라시」, 크리스토퍼 아터톤 지음, 한백연구재단 편역, 『텔레데모크라시: 21세기 정보화시대의 정치혁명』, pp.351~377.

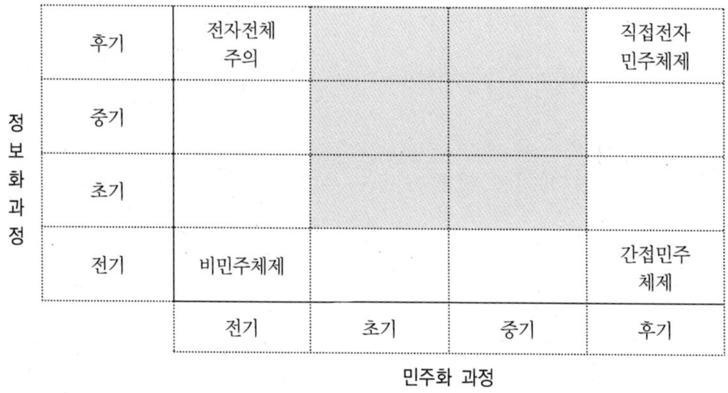

정보화 과정 \ 민주화 과정	전기	초기	중기	후기
후기	전자전체주의			직접전자민주체제
중기				
초기				
전기	비민주체제			간접민주체제

〈그림 6.3.1〉 정보화와 민주화 과정에서 정치체제의 개연성

는 경우(회색 부분)에는 전자전체주의체제나 텔레데모크라시 또는 직접민주주의체제에로 변화할 가능성이 정도의 차이는 있지만 병존한다고 할 수 있다. 그 가능성의 정도는 정보화 과정 이외의 사회경제적 구조와 역사적·문화적·국제적 조건들의 복합적 관계에 의하여 결정될 것이다.

3. 민주화와 정치정보화

앞에서 논의한 것과 같이 민주화는 정치체제의 기본적인 원칙과 규범의 변화과정이다. 구체적으로는 정치적 자유와 시민권의 원칙과 규범에 따라서 정치체(polity)의 세 영역들인 국가, 정치사회, 시민사회의 성격이 현실적으로 재규정되고 그것들 사이의 관계가 재조정되는 과정이다. 그 세 영역들은 명백히 다른 비율로 확대되거나 축소되고 서로 침투 또는 지배하며 항상 변화한다(Stepan, 1988, 3). 따라서 민주화에 대한 분석은 역동적·상황적으로 섬세하기 위하여 상호 작용적이고 개념적으로 다른 3개의 정치체의 영역들, 시민사회, 정치사회, 국가들 사이의 권력관계를 평가하는 것이어야 한다(Stepan, 1988, 12).

국가는 지속적인 행정적·법적·관료적·강제적 조직체로서 국가, 정치사회, 시민사회 사이의 관계와 각 영역 내에서의 주요 관계를 국가기구들과 정책들을 통하여 규정 조정 집행한다(Stepan, 1988, 4).[10] 그러한 역할을 효과적으로 실현하기 위하여 국가는 정통성을 획득, 유지

---

10) 린츠와 스테판은 나중에 국가(state) 개념을 보다 포괄적으로-정치체계와 유사하게-정의 사용하였다. 그리고 그 대신에 국가기제(state apparatus)라는 협의적인 개념을 사용하였다(Linz & Stepan, 1996, 7~37). 공고화된 민주주의체제에서 그 국가기구는 합리적 법적 권위와 공

해야 한다. 그 정통성은 궁극적으로 정치사회와 시민사회에서 유래한다. 정치사회에서는 정치적 집단이나 세력들이 공권력과 국가기구에 대하여 합법적인 통제권을 행사하기 위하여 경쟁한다(Linz & Stepan, 1996, 8). 그 경쟁의 합법성과 공평성－참여자들이 인정하는－에 의하여 국가권력은 결과적으로 정통성을 갖게 된다.

한편 국가와 시민사회를 매개하는 정치사회에서 이루어지는 정치적 경쟁은 시민사회의 참여와 지지에 의하여 정당화되고 그 결과가 결정된다. 시민사회는 국가로부터 상대적으로 자율적인 자치조직의 집단, 운동(movements), 개인들의 구성체이다(Linz & Stepan, 1996, 7). 그들은 선호하는 다양한 가치와 이익들의 실현을 위하여 조직 연대하며 활동한다. 민주화는 국가가 합법성과 책임성에 근거하여 공권력을 조직 행사하여 정통성을 높이고 정치사회에서 정치적 경쟁이 합의적으로 공평하게 이루어지며 시민사회에서는 시민권과 정치적 자유의 조건에서 시민들이 선호하는 가치와 목적을 추구, 실현하는 과정이다. 민주화 과정의 핵심적인 현상은 시민사회의 역할과 영향력이 점차 확대되고 그 결과로서 시민사회가 국가와 정치사회로부터 상대적으로 자율성을 회복 또는 증대하는 것이다.

정보화는 국가, 정치사회, 시민사회의 성격과 결과적으로 그것들의 관계에 변화를 초래한다. 이는 궁극적으로 민주주의 공고화에 영향을 미친다. 그러나 국가, 정치사회, 시민사회는 정보화의 종속적인 영역들만은 아니다. 오히려 그것들은 민주화 과정의 특정 시점에서 현실적으로 규정된 그것들의 이해관계에 따라서 정보화 과정에 적극적으로 대응하고 이용하려는 정보화의 주체적인 영역들이기도 하다. 즉 국가, 정치사회, 시민사회는 각각 정보화의 대상인 동시에 주체들이다. 국가에서 정보화주체는 중앙정부의 행정부와 그 산하에 있는 지방의 주요 행정 기관들이나 단체들이다. 그것들은 공공정책의 목적과 조직적 이해관계에 따라서 전산화와 정보화에 대응하고 있다. 정보통신망을 건설하고 그것을 통하여 정부의 정보화를 조직 운영하고 시민사회나 정치사회와 연계한다.

정치사회에서는 국회, 국회의원, 정당 또는 정치연합, 선거 관련 기구 등이 정보화의 주요 주체들이다. 그들은 정치사회를 정보통신망을 통하여 조직하기도 하고 국가 또는 시민사회와 정치사회를 연계하기도 한다. 시민사회에서 정보화의 주요 주체들은 시민단체, 개인 네티즌, 대중 언론매체, 정보통신 서비스업체들이다. 이들은 시민사회의 정보화를 주도하는 세력들로서 정보통신망을 통하여 시민사회를 조직하거나 국가 또는 정치사회와 시민사회를 연계하는

권력의 합법적 독점에 대하여 시민사회의 규범적 지지를 획득한다고 지적하고 있다(Linz & Stepan, 1996, 14).

역할을 담당한다.

그러므로 정치변화를 정보화의 단순히 종속적인 현상으로 간주하고 정보화가 정치변화의 방향과 성격을 일방적으로 규정한다고 보는 것은 무리이다. 오히려 현실정치가 정보화 과정의 방향과 성격에 상대적으로 더 많은 영향을 준다고 볼 수 있다. 따라서 정보화와 민주화의 관계에 대한 논의는 정보화가 정치체계의 각 영역에서 어떻게 실현되고 있는가를 관찰해야 한다. 다시 말하면 국가, 정치사회, 시민사회가 각각 정보화에 어떻게 대응하고 있는가를 분석해야 한다. 그리고 그 영역적 대응들이 그것들의 상호관계를 어떻게 변화시켰는가를 밝혀야 한다. 그러므로 그 상호 관계 변화가 궁극적으로 민주주의 공고화에 어떻게 영향을 주고 있는가를 평가할 수 있을 것이다.

Ⅲ. 한국의 정치정보화와 민주주의

1. 정보화와 민주화

한국에서 정보화와 민주화 과정은 1980년대 비슷한 시기부터 본격적으로 진행되고 있다고 할 수 있다. 현재 300만 명이 넘는 네티즌들이 정보화 과정을 선도하고 있으며 50년 만의 평화적 정권교체는 민주주의 공고화 과정의 시발을 신호하고 있다. 공중 정보통신망(DNS; DACOM Net Service)이 1984년 국내 최초—세계에서 18번째, 아시아에서는 일본 다음—로 개설되었다(김병준, 1993, 298~299). 그리고 1988년에는 일반 시민들도 유료로 그 정보통신망에 접근, 이용할 수 있게 되었다. 그 후에 피시(PC)통신망이 발달, 확산되면서 그 가입 이용자들도 빠르게 증가하였다. 1994년에는 유료가입자가 50만, 1996년 5월에는 100만 명을 넘어섰다. 1997년 말에는 하이텔, 천리안, 나우누리, 유니텔 등 한국 주요 PC통신 업체들의 유료 가입자 수가 300만 명을 넘어서게 되었다. PC의 설치 대수로 보면 1996년까지 630만 대가 설치되었다. 따라서 한국인 100명 중에서 13.8명이 PC를 소유하게 되었다. 이는 7가구 중에서 1가구가 PC를 보유하게 된 것이다.[11]

---

11) 『부산일보』, 1997년 9월 17일, p.17: 한국정보산업연합회의 97년 판 『한국정보산업현황』에 의하면 1995년 말에는 100명당 11.9대이었다. 같은 시기에 미국은 25.9대, 일본은 15.6대, 싱가포르는 11.6대이었다.

한편 한국의 인터넷 이용자도 급속하게 증가하고 있다. 인터넷 사용자들은 1996년 60만 명에서 1997년 250만으로 무려 4배 이상 증가하였다. 그리고 1998년에는 450만 명이 될 것으로 추산되고 있다(이유진, 1997, 150).[12] 그러한 급속한 변화에도 불구하고 한국의 정보화수준은 정보화지수(ISI)로 평가할 때 1997년 세계에서 22위에 불과하다. 특히 컴퓨터 보급률과 인터넷 사용 정도 등을 복합적으로 평가하는 컴퓨터지수는 999로 20위에 머무르고 있다.[13] 뿐만 아니라 한국은 컴퓨터와 통신기기 등 전자산업 부문에서도 상대적으로 낙후되어 있다. 한국 전자산업의 분야별 생산비중은 1996년 말에 컴퓨터 16%, 통신기기 11%, 기타 전자응용기기 2% 등 컴퓨터와 통신기기의 비중이 27%에 불과하다. 이는 세계 전자산업계에 비하여 상대적으로 매우 취약한 구조이다.[14] 결론적으로 1988년 PC통신에 첫 번째 유료회원이 가입한 후 정보화 과정은 현재―1998년 초반―까지 급속히 진행되고 있으나 한국은 아직은 후진 정보화국가이다.

한편 그 시기에 한국은 거의 30여 년 동안 지속된 군부 권위주의체제에서 민주주의체제로 변화하는 민주화 과정을 경험하게 되었다. 민주주의 세력들의 반대와 저항에 굴복한 군부체제의 집권세력은 1987년 6월 29일 대통령직선제와 정치자유화의 실현을 약속하였다. 6·29선언 이후 현재까지 10여 년 동안 그러한 민주화 과정을 경험하고 있다. 1987년 10월 직선제 개헌안이 국민투표에서 통과되었다. 1987년 12월 13대 직선제 대통령선거에서 노태우가 당선되었고 1988년 2월 대통령에 취임하였다. 그는 약속대로 어느 정도 정치자유화를 실현하였으나 근본적으로는 군부 권위주의체제에 근거하여 통치권을 행사하였다. 1992년 12월 14대 대통령 선거에서 김영삼이 당선되었다. 그는 30여 년 만에 선출된 첫 번째 민간 출신 대통령이었다. 역사 바로 세우기의 명분으로 소위 과거청산을 시도하였다. 결과적으로 전임 군부 출신 대통령들에게 무거운 실형―결국에는 사면하였지만―이 집행되었다.

그리고 1997년 12월 15대 대통령선거에서는 야당연합 후보 김대중이 대통령에 당선되었다. 한국의 정치사에서 50여 년 만에 정권교체가 이루어진 역사적 선거였다. 이제 한국은 민주주의 공고화 또는 제도화의 가능성을 실증적으로 확인하게 된 것이다. 그렇다면 민주주의 공고화에 대하여 정보화가 갖고 있는 함의는 무엇인가? 국가, 정치사회, 시민사회가 정보화에 어떻게 대응하고 있는가를 밝혀야 한다.

---

12) 『정보통신연감』, 1995, p.653.

13) 『동아일보』, 1997년 10월 26일, p.7, 〈표 1: 1997년도 각국 정보화 지수〉: 컴퓨터지수에서 1위인 미국과의 차이는 말할 필요도 없으나 몇몇 아시아 국가들에도 뒤지고 있는 형편이다. 미국은 2,433으로 1위, 일본으로 1,360으로 13위, 싱가포르는 1,859로 3위. 홍콩은 1,182로 15위이다.

14) 『동아일보』, 1997년 8월 16일, p.7: LG 경제연구소가 인용한 영국의 전자산업 조사기관(EAT)의 자료에 의하면, 세계 전자산업의 컴퓨터와 통신 기기의 생산비중은 51%에 이르고 있다. 미국은 56%, 일본은 46%, 싱가포르는 60%이다.

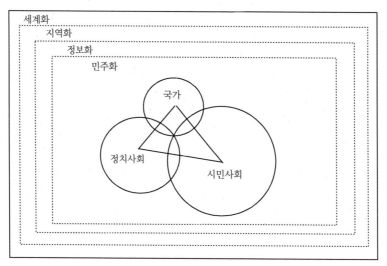

〈그림 6.3.2〉 정치정보화의 개념적 틀15)

2. 정치정보화와 국가, 사회

1) 국가

국가영역에서 정보화의 주체, 행정부는 장단기의 전산화와 정보화의 정책을 수립하여 1980년대 초반부터 단계적으로 조직 내의 전산화를 실현하는 한편 근거리통신망(LAN)을 통하여 중앙과 지방의 각급 행정단위들을 연결 조직하고 첨단 정보통신망을 통하여 행정 관련 정보의 제공과 기관홍보, 대민 서비스를 실현하고 있다.

중앙 행정부는 현재 PC통신망을 통하여 열린 정부 서비스, 지역정보화, 행정정보 종합서비스(CAIS)를 제공하고 있다. 재정경제원 등 21개 중앙정부의 행정기관들은 정보화촉진기금 의 지원으로 인터넷에 홈페이지를 개설하고 홍보자료를 제공하고 있다. 한편 최근 지방의 몇몇 행정단체들도 경상북도와 같이 행정업무 효율화와 대민서비스 차원에서 정보화에 관심을 갖고 적극적으로 추진하고 있다. 그러나 그 진행속도는 느리고 기능적 지리적 확산범위는 아직은 협소하다.

행정부의 정보화정책은 아직은 다소 형식적이고 소극적이다. 행정부가 첨단 정보통신망에

---

15) 정보화는 한 국가 내의 민주화 과정 – 일반적으로 정치변화 – 에 직접적인 영향을 준다. 또한 정보화는 그 민주화 과정에 영향을 주는 세계화(globalization)와 지역화(regionalization) 등 국가들 사이의 관계에도 영향을 미친다. 이에 대하여는 별도의 논의가 필요하다.

서 제공하고 있는 정보 관련 서비스는 대체로 일방적인 선전과 홍보를 목적으로 이루어시고 있다. 제공하고 있는 정보의 내용도 대중매체들에서 누구나 쉽게 접근할 수 있는 정도의 수준이다. 그나마 그 정보도 지속적 정기적으로 제공되고 있지 않다. 또한 정보서비스가 상업적 PC통신망들에 의존하고 있기 때문에 다수 시민들의 접근도 용이하지 않다.[16)]

2) 정치사회

최근 정치사회에서도 정보의식과 첨단 정보통신망의 이용이 점차 확산되고 있다. 국회는 PC통신망 또는 인터넷에 의사일정, 회의결과, 행사안내에 대한 입법 관련 정보뿐만 아니라 자유발언대, 토론마당 등의 여론공간을 제공하고 있다(이유진, 1997, 151, 153).[17)] 국회의원들 몇몇은 유권자들에게 개인과 정당 홍보, 정치선전물 소개 등을 목적으로 PC통신망과 인터넷을 이용하고 있다. 극히 일부 국회의원들은 전자민주주의를 실험하기 위하여 소위 가상정당 (cyberparty)을 조직하기도 하고 정치정보화에 대하여 연구하는 모임들을 구성하기도 하였다.[18)] 정당들도 소속 국회의원들과 함께 총선, 대선, 지방자치 선거 등과 관련하여 정보통신망을 적극적으로 이용하고 있다. 특히 1997년 대통령선거 과정에서 후보자와 정당들이 PC통신망과 인터넷을 유례없이 적극적으로 이용하여 정보통신망 유세전이 치열하였다.[19)]

그러나 정치사회의 정보의식이 아직은 전반적으로 낮으며 첨단 정보통신망의 이용도 매우 제한적이고 형식적이다. 극소수 국회의원들만이 정보화에 관심을 갖고서 실험적 대응을 하고 있을 뿐이다. 대다수 국회의원들과 정당들은 선거과정에서 후보 자신들이나 소속 정당들의 홍보 선전을 위하여 정보통신망에 더 많은 공간과 시간을 투자하고 있다. 그들은 일상적으로 다양한 정책들이나 사회문제들에 대하여 쌍방향적 토론이나 대화에 대하여는 소극적이다. 또한 텔레데모크라시와 관련하여 진지한 연구와 실험적 시도도 거의 없다.

---

16) 몇몇 관련 학자들은 정부(중앙 행정부)의 정보화에 다음과 같은 문제들이 있다고 주장하고 있다: (1) 정부의 정보화를 전담할 부서가 없다(정영국, 1997, 5). (2) 전시효과−일방적 홍보와 선전−만을 고려한 정부부처의 홈페이지와 PC통신의 정책자료 정보의 질적 수준은 대중매체 수준일 뿐이다(정영국, 1997, 6; 이유진, 1997, 155). (3) 홈페이지와 PC통신을 통한 국정토론이나 여론수렴 과정이 없다. (4) 표준화된 산업사회적 홍보를 목적으로 하고 있기 때문에 세대별 정보 차별화가 이루어지고 있지 않다(정영국, 1997, 6).

17) 국회의 인터넷 홈페이지 주소는 http://www.assembly.go.kr/home.htm이다.

18) 전자민주주의연구회, 21세기 가상정보가치연구회, 정보화전략연구회 등이 있다.

19) 특히 인터넷 유세전에 새정치국민회의의 김대중 후보(http://www.nkptel.or.kr), 한나라당의 이회창 후보(http://www.nkptel.or.kr), 국민신당의 이인제 후보(http://www.inje.or.kr), 국민승리 21의 권영길 후보(http://www.vic21.org) 등 주요 대선후보들이 참여하였다.

3) 시민사회

　시민사회에서는 시민단체와 네티즌, 대중 언론매체, 정보통신 서비스업체 등이 정보화에 적극적으로 대응하고 있다. 시민단체들은 PC통신과 인터넷을 통하여 시민들에게 주요 사회, 정치, 경제 문제들에 대하여 관련 정보와 자료들을 제공하고 시민들의 관심과 참여를 제고하고 있다. 또한 그들은 인터넷을 통하여 국내적 연대뿐만 아니라 세계적 연대도 즉시적으로 실현하기도 하였다(이유진, 1997, 155).[20] 정보연대, 통신연대, 시민환경 정보센터, 크리스천 아카데미 등 주요 시민단체들과 그 연합 조직들은 신한국당이 1997년 초 국회에서 단독 처리한 노동법, 안기부법 개정안을 반대하는 시민운동을 정보통신망에서 개별적으로 또는 연대하여 전개하기도 하였다. PC통신망에서 4백여 개 통신동우회들이 관련 토론방을 개설하고 개정반대 서명운동을 전개하였다. 또한 인터넷을 통하여 세계 네티즌들 사이에서 개정반대 운동이 이루어지기도 하였다.

　한편 대중 언론매체들은 그들 매체의 뉴스와 함께 다양한 관련 정보와 보도자료를 정보통신망을 통하여 네티즌들에게 별도로 제공하고 있다. 특히 주요 PC통신망과 인터넷을 통하여 네티즌들에게 대선 후보자들에 대한 다양한 정보를 제공하였으며 정책토론회도 개최하기도 하였다. 한편 정보통신 서비스업체들은 유료 가입자들에게 각종 정보와 자료들을 제공하고 있으며 게시판들을 통하여 여론형성 공간을 제공하고 있기도 하다.[21] 거기에는 후보자, 정당, 네티즌들의 욕구에 부응하기 위하여 다양한 선거관련 정보와 자료들을 PC통신망과 인터넷에 제공한다.[22]

　시민단체들은 첨단 정보통신망에서 문제제기, 정보공유, 공개토론 등을 통하여 시민 또는 네티즌들을 각성시키고 지역적으로 지구적으로 연대시킬 수 있는 기회와 가능성과 함께 현실적 문제와 한계들을 확인시켜 주고 있다. PC통신의 토론마당에서 특히 선거와 관련하여 감정적인 비난, 욕설, 인신공격과 흑색선전 등이 난무하고 있다(원낙연, 1996, 42). 한편 시민단체와 네티즌들의 활동과 연대는 아직은 상업적인 정보통신 서비스업체들의 네트워크에 의존하고 있다. 언론매체들의 매체홍보, 뉴스보도, 보도자료 제공도 주로 그러한 상업적인 네트워크

---

20) 시민사회의 정보화를 주도하고 있는 시민단체는 경제정의실천연합회, 환경연합운동, 공명선거실천 시민운동협의회, 지속 가능한 개발네트워크 등이 있다.

21) 이유진, 1997, p.155: 하이텔은 "열린마당", 천리안은 "나도 한마디", 나우누리는 "열린 광장"을 개설하고 있다.

22) 1997년도 대선 관련 인터넷의 웹사이트들로서 하이텔의 제15대 대통령선거 종합 서비스(http://www.hitel.net/daesun), 천리안의 97 디지털 한국 대통령 선거전(http://www.97.chollian.net) 등이 있다.

들을 통하여 상업적 목적에서 이루어지고 있다. 이는 결과적으로 시민사회의 연대와 봉합에 걸림돌이 되고 있다.[23]

결론적으로 한국은 정보화와 민주화 과정에서 초기를 지나서 중기의 문턱을 이제 넘어서고 있다고 할 수 있다. 정보화가 급속하게 진행 확산되고 있으나 아직까지는 국가와 정치사회의 대응은 다소 형식적이고 소극적이다. 그들은 대체적으로 일방적인 선전과 홍보의 목적으로 첨단 정보통신망을 이용하고 있을 뿐이다. 텔레데모크라시의 실험을 진지하게 고려 시도하고 있지 않다. 오히려 정보독점과 정보왜곡에 오랫동안 익숙하였던 국가와 그 국가에 포섭되었던 정치사회는 가상공간(cyberspace)을 텔레데모크라시의 실험장이 아니고 정부와 정책의 일방적인 선전과 홍보의 공간으로, 또는 규제되어야 하는 또 하나의 통치영역으로 간주할 개연성이 크다.

한편 시민사회의 시민단체들은 첨단 정보통신망을 통하여 국내와 세계에서 시민운동과 연대를 수차례 시도하였고, 결과적으로 시민사회의 권력화(empowerment)의 기회와 가능성을 확인시켜 주었다. 그러나 아직은 국가와 정치사회에 대하여 그 영향력과 자율성을 크게 제고하고 있지는 못하다. 따라서 민주주의 공고화에 대하여 정보화의 영향은 아직은 제한적이다. 그 제한적 상황을 극복하기 위하여 무엇보다도 시민단체들과 네티즌들의 주도적·적극적인 정보화전략과 그 실현이 중요하다. 따라서 정치정보화론의 관점에서 시민사회에 대한 별도의 연구가 요구된다.

---

23) 김형준, 1996, 「시민사회의 정보화와 모뎀 민주주의」, 『다른과학』, 창간호, p.44: 시민사회의 분절화의 문제를 지적하고 있다.

제7장

민주화와 민주주의 질

제1절 신민주체제와 민주주의 질[1]

I. 민주주의 질의 문제

민주화 연구에서 대략적으로 1980년대를 민주화 "이행"의 시기, 1990년대를 민주주의 "공고화"의 시기라고 할 수 있다면 2000년대는 민주주의 "질(quality)"의 시기라고 할 수 있을 것이다. 민주주의 질에 대한 연구는 오도넬(O'Donnell, 2004), 쿠렐(Cullel, 2004), 다이어먼드(Diamond, 2005)가 선도하고 있다. 또한 비썸(Beetham, 2002)과 동료 학자들도 그들과 유사한 관심과 목적에서 민주주의 평가에 대한 개념적 틀과 경험적 사례연구를 소개하고 있다. 민주주의 질에 대한 학술적 관심과 논의는 민주국가에서 민주주의가 쇠퇴, 정체 또는 훼손, 변질되고 있는 현실에 근거하고 있다. 특히 "제3 민주화물결"에서 신민주체제를 경험하고 있는 국가들 다수가 거의 20여 년 동안 권위주의적 유산과 경제적 불안정, 사회적 불평등의 구조적 조건을 극복하지 못하고 있다. 이 상황에 대하여 관련 학자들은 "무능한" 민주주의에 대한 좌절감을 토로하는 한편 그 원인에 의문을 제기하고 그 해결책을 고민하고 있다(Iazzeta, 2004, 1, 2; Ippolito, 2004, 171; Plattner, 2005, 77).

근래 비교정치 학자 일부는 무능한 민주주의의 고질적인 증상을 진단하고 평가하는 문제에 관심을 갖고 있다. 질의 관점에서 민주주의를 재개념화(reconceptualization)하고 경험적으로 재평가하여 민주주의의 질적 수준과 문제를 재조명하고 있다(Diamond & Morlino, 2005, ix; Beetham & Others, 2002, 7, 10; Chu & Shin, 2005, 189). 특히 민주주의 질을 논의하기 위하여 민주주의 개념 자체에 대하여 확장적 재개념화를 시도하고 있다. 민주주의의 개념적 속성(attribute)을 다양하게 선택적으로 논의하고 있다. 확장적 개념화는 주관성·모호성·타당성 또는 당파성 때문에 민주주의 질의 연구에 걸림돌이 되고 있다고 비판을 받고 있다(Plattner, 2005, 78, 80; Schmitter, 2005, 20; Hagopian, 2005, 124; Coppedage, 2004, 241, 247).

첫째, 우선 오도넬에 제시하고 있는 민주주의의 '확장적(expanded)' 개념화와 그에 근거한 민주주의 질에 대한 논의를 개념적 차원에서 비판적인 재검토가 요구된다. 둘째, 오도넬의 확장

---

1) 양동훈, 2011, 「민주주의 질의 개념화와 평가: 다차원적 접근」, 『사회과학 연구』 27집 1호, 경성대학교 사회과학연구소(2월), pp.79~100, 이 논문은 부분적으로 수정됨.

적 접근에 대한 대안적 논의로서 달(Dahl)의 다두제가 민주주의 질에 대하여 갖고 있는 함의와 시사점을 모색하고 다두제의 시각에서 민주주의 질을 다차원적으로 재개념화를 시도한다. 셋째, 민주주의의 핵심적인 원칙인 시민통제와 시민평등에 근거하여 민주주의 질의 내재적·외재적·환경적 차원의 민주적 속성들을 선별적으로 논의한다. 또한 다차원적인 시각에서 민주주의 질의 평가에 대한 기존의 논의를 비판적으로 검토하고 대안적인 평가방법을 개념적 차원-조작적(operational) 차원이 아닌-에서 모색한다.[2]

Ⅱ. 오도넬의 개념화

1. 확장적 민주주의

민주주의 질은 개념적으로 민주주의의 실존을 전제하고 있다.[3] 민주주의가 기초적으로 존재하지만 그 민주주의가 지향하는 가치, 원칙, 행태, 행위의 관점에서 평가하였을 때는 아직은 미흡하다는 주·객관적인 인식에서 질의 문제가 출발한다. 이 인식은 우선적으로 민주주의에 대한 개념적 규정을 요구한다. 민주주의 질에 대한 선행연구에서 관련 학자들은 민주주의를 정치체제를 넘어서, 부분적으로 국가적 또는 사회적 영역까지도 포괄하는 개념으로 규정하고 있다. 특히 관련 학자들은 달의 다두체제에 몇 가지 속성을 선택적으로 추가하여 민주주의의 개념적 확장을 시도하고 있다(Mazzuca, 2004, 241).

오도넬(O'Donnell, 2004, 15)이 선도적으로 확장적 개념의 민주주의를 제시하고 있다. 오도넬은 다두체제는 "민주주의의 기본적인 구성요소이지만 충분하지 않다"고 주장한다. 오도넬은 질적인 관점에서 민주주의를 정치체제뿐만 아니라 국가의 영역과 속성을 부분적으로 포괄하는 개념으로 확장하고 있다. 민주체제는 영역적으로 국가에 근거하고 있고 기능적으로 국가의 법체계에 의존하고 있다. "국가의 법체계는 참여적 권리와 정치적 자유를 보장 지원 하고 정치적 시민권을 부여한다." 그러므로 민주주의는 국가의 사법적 속성과 체계도 포함해야

---

2) 연구의 범위는 민주주의 질의 개념화(conceptualization) 차원에 한정하여 논의한다. 조작화(operationalization)차원-지표나 지수의 개발과 그 타당성의 검토 등-의 논의는 또 다른 또는 후속적인 연구과제이다.

3) 민주주의 질(quality of democracy)은 민주주의의 속성과 구성요소들이 실현하고 있는 기능적 특성에 대한 총체적 결과이다. 민주적 질(democratic quality)은 민주주의나 다두체제의 속성과 구성요소들이 각각 개별적으로 실현하고 있는 기능적 특성이다.

한다는 것이다(O'Donnell, 2004, 20, 33, 35). 구체적으로 사법기관이나 수평적 책임의 메커니즘, 국가기관의 권력분립 등은 엄격하게 구분하면 민주체제의 영역을 넘어서지만 민주주의의 개념에 포함시킬 수 있다고 본다(Cullel, 2004a, 141, 143).

오도넬은 또한 민주주의가 개인 행위자의 사회적 조건이나 환경도 부분적으로 포함할 수 있다고 주장하고 있다. 특히 경제적 빈곤이나 사회적 불평등, 정보의 부재는 "정치적인 시민권"의 효과적인 행사에 걸림돌이 되기 때문이다(O'Donnell, 2004, 35, 41). 오도넬은 또한 동일한 시각에서 인간발달과 인권도 민주주의의 중요한 조건으로 간주하고 있다. 민주체제의 핵심적인 요소인 "정치권리는 행위자(agent)인 모든 인간에게 해당한다." 개인 행위자가 인간발달과 인권의 열악한 조건 때문에 기본적인 능력이 무력화된다면 시민으로서 정치적 권리를 효과적으로 평등하게 행사할 수 없다. "민주주의가 정치적 시민권을 수반하는 조건에서는 시민 모두가 기본적인 수준 이상의 능력과 인권을 향유하는 것을 기대할 수 있다(O'Donnell, 2004, 12, 54, 62~63)."

오도넬은 민주주의 질의 문제를 민주주의에 대한 재개념화로 인식하고 민주주의를 정치체제뿐만 아니라 주요 국가적 속성을 부분적으로 포괄하는 개념으로 논의하고 있다. 오도넬은 민주주의의 다섯 가지 특성을 제시하고 있다: (1) 제도화된 공평 선거; (2) 참여적 권리와 정치적 자유; (3) 포괄적이고 보편적인 불확실성의 결과(wager); (4) 권리와 자유를 보장하는 법체계; (5) 법적 불평등을 방지하는 법체계. 오도넬은 민주주의의 기존 개념에 권리, 자유, 평등을 보장하는 국가의 법체계를 포함시키고 있다. 결론적으로 오도넬은 정치체제, 국가, 사회를 관통하여 당위적으로 존재해야 하는 인간행위자의 기본적인 능력과 권리의 관점에서 그의 개념적 확장을 모색하고 있다(O'Donnell, 2004, 33).

다수의 관련 학자들도 오도넬과 유사한 시각에서 민주주의의 개념적 확장에 동의하고 동참하고 있다. 쿠렐은 "민주주의는 정치체제에만 국한되지 않는다" 또는 "민주주의의 비체제적 차원의 진전이나 발전도 정치체제의 발전과 성과에 중요하다(Cullel, 2004a, 144)."고 주장한다. 루쉬메이어(Rueschemeyer)도 경제적 소득이나 사회적 신분, 교육수준 등의 불평등은 정치적 발언권을 약화시킨다는 사실에 주목하고 있다(2005: 35, 49, 59). 또한 라고스(Lagos, 2008, 65)는 민주주의의 주요 속성에 자유, 선거와 함께 시민의 기본적인 욕구 충족을 포함시키고 있다. 코페지(Coppedge, 2007, 113~114)는 경쟁, 참여와 함께 권력분립, 민주적 권위행사의 범위를 민주주의 속성으로 제시하고 있다. 비썸과 보일(Beetham & Boyle)은 시민사회를, 문크(Munck)

는 사회통합을 추가하고 있다(Beetham & Boyle, 1995, 30; Munck, 2009, 27). 그 외 학자들도 추가적으로 법치, 선출직의 자율성, 탈중앙화, 민족주권 등을 제시하고 있다.

반면에 민주주의에 대한 개념적 확장에 대하여 관련 학자 일부는 비판적이다. 확장적 민주주의의 내포적 속성들에 대하여 관련 학자들의 합의가 거의 부재하다는 것이다(Coppedge, 2007, 113). 확장적 개념화는 결과적으로 민주주의에 대한 개념적 모호성을 더욱 증대시켰을 뿐이다(Plattner, 2005, 80; Hagopian, 2005, 124; Coppedage, 2004, 241, 247; Lechner, 2004, 208). 특히 민주주의를 사회적 영역으로 확장하고 재개념화하는 경우에는 개념적 모호성은 더욱 증대될 수밖에 없다는 것이다(Plattner, 2005, 80). 개인 행위자가 영위하고 있는 사회적 삶의 구조와 환경은 총체적으로 개인의 정치적 평등과 권리의 행사에 직간접적으로 연계되어 있다고 주장할 수는 있다. 그러나 사회적 삶 전체를 민주주의의 개념에 포함시킬 수는 없는 것이다(Lechner, 2004, 208). 개념적 모호성은 결과적으로 민주주의 질에 대한 유의미한 논의와 연구의 기반을 다소 불안정하게 만들었다고 할 수 있다.[4]

2. 확장적 민주주의와 민주주의 질

오도넬은 민주주의의 개념적 확장을 논의하면서 민주주의 질에 대한 보다 포괄적인 평가틀을 제시한다. <표 7.1.1>과 같이 민주주의 질은 기본적으로 정치체제, 국가, 사회, 인간행위자의 개념적 영역에서 접근한다. 정치체제 영역은 선거와 정부, 국가영역은 법체계, 법원, 국가제도, 사회적 영역은 사회적 배경, 인간행위자의 영역은 인간발달과 인권을 포함한다. 사회적 배경은 국내사회에서 평등성·관용성·다양성·책임성이 실현되고 있는 수준의 문제이다. 인간발달은 사회복지를 통하여 개인의 잠재적 능력을 실현하는 것을 뜻하며 인권은 폭력과 범죄에 대한 개인적인 안전과 보호를 의미한다. 그리고 오도넬은 각 영역의 속성과 구성요소에 따라서 각각 구체적으로 평가항목을 제시하고 있다.

오도넬(2004, 64)은 민주주의 질을 확장적 개념의 민주주의가 내포하고 있는 속성과 구성요소들이 실현하고 있는 민주성(democraticness)의 정도(degree)로 규정하고 있다. 민주성은 질적 속성이 부재한 최저 수준에서 상대적으로 규정 제시된 수준까지의 "거리(distance)"를 의미한

---

4) 개념적 모호성의 문제가 빈번하게 발생하는 연구문헌에서는 보다 정확한 정의의 분석적인 장점과 대비하여 의미론적 영역(semantic field)의 불안정화 비용의 문제를 고려해야 한다(Collier and Levitsky, 1997, 445).

〈표 7.1.1〉 오도넬의 민주주의 질 평가틀

영역	속성	구성요소	지표
정치 체제	선거: 공명성, 제도화	시민	(생략)
		선거체계	"
		정당	"
		선거	"
	선출정부	집행부	"
		의회	"
		정부 역할	"
국가	법체계		"
	국가기능		"
	법원과 부속제도		"
	일반적 국가제도		"
사회	사회적 배경		"
인간	인간발달		"
	인권		"

출처: 오도넬(2004, 21~23, 36~37, 43, 63).

다. 쿠렐(Cullel, 2004a, 97)도 민주주의 질은 다차원적인 개념으로 실질적으로 실현된 민주주의와 그 규범적 수평선 사이의 거리로 평가하는 것에 동의한다. 그 외의 관련 학자들도 민주주의 질을 단선적이며 현재적인(present) 개념으로 다양하게 기술하고 있다. 일반적으로 민주주의 질은 X현상과 Y현상과의 "차이", "거리", "괴리" 또는 "갈등"으로 이해하고 있다. X는 실천적이고 현실적인 과정이나 결과이고 Y는 규범적이고 이상적인 지향 목표이다. X는 구체적으로 "정치적 삶과 제도적 성과", "실질적인 민주화", "현실적 민주주의", "민주적 실천적 행위"이다. 한편 Y는 "시민의 민주적 바람", "법적 민주적 권리", "이상적 민주주의" 또는 "규범적 지향점"이다(Cullel, 2004a, 96, 97; De Almeida & Tavares, 2004, 212).

오도넬의 선도적인 연구는 민주주의 질에 대한 논의와 연구에 기여하고 영향을 주고 있다. 오도넬의 시각에서 여러 비교정치 학자들이 민주주의 질을 개념적으로 또는 경험적으로 논의하고 있다. 누구보다도 쿠렐은 오도넬의 이론적 지원과 지지를 배경으로 코스타 리카(Cost Rica)의 민주주의 질을 경험적으로 조사 연구하였다. 민주주의 질의 열 가지 속성에 대하여 시민의 태도를 조사하였다. 다양한 차원의 속성들을 광범위하게 포함시켰다: 효과적인 법치, 민주적 공공정책 결정과정, 공평, 자유, 준법의 선거체계, 공공기관의 정당한 시민대우, 민주적 지방정부, 민주적 정당, 시민사회 관련 자유와 공개성, 공공정책 결정 과정의 시민참여, 여론

관련 권리와 기회, 시민문화, 정부, 체제, 국가, 사회, 문화 등(Cullel, 2004a, 146~149).

다이어먼드와 모리노(Diamond & Morlino, 2005)는 민주주의 질의 여덟 가지 속성을 세 가지 차원으로 구분하여 설명하고 있다. 첫째, 절차적 차원에는 법치, 참여, 경쟁, 수직적·수평적 책임(accountability)이 있다. 둘째, 실질적(substantive) 차원은 시민적·정치적 자유 존중, 정치평등의 확대와 실현을 포함한다. 셋째, 절차적 차원과 실질적 차원을 연계하는 반응성(responsiveness)이 있다. 그들은 추가적으로 투명성과 대표성을 언급하고 있다. 프래트너(Plattner, 2005, 78~79)는 두 가지 차원에서 여덟 가지 속성을 구분하고 있다. 첫째, 정부에 대한 시민의 영향력과 관련이 있는 차원은 평등, 참여, 경쟁, 수직적 책임, 반응이라고 주장하고 있다. 둘째, 정부의 제한과 관련된 차원으로서 권리 또는 자유, 법치, 수평적 책임성을 제시하고 있다.

결론적으로 첫째, 선행 논의에서 민주주의 질을 단면적이고 단선적인 개념으로 이해하고 있다. 그러나 민주주의 질은 개념적으로 다면적이고 다차원적인 복합개념이다. 민주주의 질은 민주주의에 대한 개념화에 근거하여 다양하게 개념적 차원과 그 속성들로 구성될 수 있다. 둘째, 오도넬과 관련 학자들은 민주주의 질의 문제를 민주주의에 대한 재개념화로 인식하고 민주주의를 정치체제뿐만 아니라 국가와 사회적 영역의 속성을 부분적으로 포괄하는 개념으로 제시하고 있다. 그는 정치체제, 국가, 사회를 관통하여 당위적으로 존재해야 하는 인간행위자의 기본적인 능력과 권리의 관점에서 민주주의의 개념적 확장과 그에 근거한 민주주의 질의 개념화를 정당화하고 있다. 그러나 민주주의 질의 핵심적인 문제는 시각에 따라서 개념적 확장의 문제일 수도 있지만 또한 대안적으로 다두체제 또는 현실적인 민주체제와 그 주변적 조건과 환경에 대한 이해와 평가, 개선의 문제일 수도 있다.

Ⅲ. 대안적 개념화

1. 달(Dahl)의 다두제

달은 기본적으로 슘페터(Schumpeter)의 시각에서 민주주의를 절차적 개념으로 이해하고 있다. 슘페터는 민주주의의 최소정의적 시각에서 민주주의를 선거를 통한 공직획득 또는 정부구성의 정치적 방법으로 규정한다(Munck, 2009, 121~122).[5] 이는 절차적 또는 선거 민주주의를 의미한다고 할 수 있다. 달의 민주주의 개념도 기본적으로 절차적이지만 슘페터보다 다소 포괄적(robust)이다. 민주주의 정치과정에 선거를 통한 정부구성뿐만 아니라 시민의 권리와 자유, 참여기회 평등을 포함하고 있다. 달은 민주주의의 기본적인 속성은 무엇보다도 평등한 시민들의 선호(preference) 또는 요구에 대한 정부의 반응성(responsiveness)이라고 주장한다. <표 7.1.2>와 같이 정부가 시민선호에 효과적으로 반응하기 위하여 시민의 선호조직과 선호표출, 그리고 시민선호에 관련하여 정부가 평등하게 고려해야 한다고 한다. 이러한 시민과 정부의 활동을 위하여 우선 공통적으로 결사 참여의 자유, 표현의 자유, 투표권, 정치지도자의 경쟁권, 대안적 정보원의 보장이 필수적이다. 또한 추가적으로 선호표출과 선호평등을 위하여 피선거권과 자유 공명선거가 필요하고, 또한 선호평등의 실현을 위하여 선출정부는 필수적이다(Dahl, 1971, 1~3).

달은 정부의 반응성이 실현되기 위하여 정치체제의 필수적인 속성들이 예외 없이 완벽하게 실천되었을 경우에만 민주주의라고 규정한다. 그렇지 못한 경우에는 민주주의 대신 다두제의 개념을 사용한다. 그는 민주주의를 인간이 지향하는 이상적인(ideal) 체제로 규정하고 있는 것이다. 반면에 다두체제는 현실적인 제도적 질서로서 민주주의에 비교하여 불완전한 미완의 체제이다(Dahl, 1971, 9). 다두체제는 기본적으로 높은 수준의 정치적 반응, 참여와 경쟁(contestation)이 정치적 권리와 자유, 자유 공명선거, 선출 정부를 통하여 실천되고 있는 현실적인 민주체제이다.

민주주의 질에 대한 선행연구에서 관련 학자들은 기본적으로 달의 다두체제를 민주주의의 "최소 정의적(minimal)" 개념으로 수용하고 있다(Sorensen, 1994, 37: 김형철, 2005, 102 재인용). 완전한 경쟁선거, 완전한 선거권, 광범위한 선거부정의 부재, 시민자유의 효과적인 보장을 절차적 민주주의의 필수적 속성으로 인식하고 있다. 반면에 관련 학자들 다수는 민주주의의 최소정의적 개념은 충분하지 못하다고 인식하고 있다. 결과적으로 민주주의의 개념적 확장을 시도하거나 관련 속성을 추가 또는 보완하려는 경향이 강하다. 달의 다두제적 접근을 수용하는 관련 학자들도 그가 제시한 속성들에 만족하지 않고 다른 속성들을 추가 논의하고 있다. 예를 들면 모리너와 다이어먼드는 민주주의의 최소 조건으로 보편적인 투표권, 자유 경쟁 공평의 선거제, 복수정당제, 복수 정보원, 시민권 등을 제시하고 있다. 그러나 추가적으로 "비선

---

5) David Collier & Steven Levitsky, 1997: "절차적 최소 정의(Procedural minimum definition)"; "확장된 절차적 최소 정의(Expanded procedural minimum definition)"; 최영철(2005, 20): 민주주의 정의를 "최대 정의적 관점"과 "최소 정의적 관점"으로 구분한다.

체제속성	정부 반응성 + 시민평등			참여	경쟁
구성요소	선호 조직	선호 표출	선호 평등		
구성속성	결사 참여 자유	결사 참여 자유	결사 참여자유	?	?
	표현자유	표현자유	표현자유		
	투표권	투표권	투표권		
	정치지도자 경쟁권	정치지도자 경쟁권	정치지도자 경쟁권		
	대안적 정보원	대안적 정보원	대안적 정보원		
		피선거권	피선거권		
		자유공명 선거	자유공명 선거		
			선출 정부		
민주주의	완전 실현				
다두제	불완전 실현				

* 출처: Dahl(1971, 3~16).

출직 엘리트"나 "국외 세력에 의하여 제한되지 않는 민주제도나 정책결정 과정"을 민주주의의 최소 조건으로 포함해야 한다고 주장한다(Morlino, 2006, 5; Diamond & Morlino, 2005: x~xi). 그 외의 관련 학자들도 민주주의 구성 속성을 다양하게 제시하고 있으나 대체적으로 유사하다. 예외적으로 레이프하르트(Lijphart)는 여성 대표성과 민주주의 만족도에 대하여 논의하고 있다(Diamond & Morlino, 2005, xiii).

민주주의 질에 대한 선행연구에서 민주주의의 확장적 또는 체제적 개념화에 관계없이 민주주의의 개념적 속성들은 수적으로 증가하였다. 이 결과에 대하여 관련 몇몇 학자들은 우려를 표시하고 있다. 민주주의 속성의 추가적 증가는 개념적 중복성(redundancy)과 혼합성(conflation)을 심화시킬 뿐이기 때문이다(Diamond & Morlino, 2005, x; Muck, 2009, 15).

사르토리(Sartori, 1987)는 개념의 속성 선택은 적절성(adequacy)과 절약성(parsimony)에 근거해야 한다고 이미 오래전에 주장하고 있다. 개념화는 개념의 속성과 경계를 확인할 수 있을 정도로 충분한 특성을 포함해야 한다. 또한 필수적이고 핵심적인 속성 외에 부수적인 속성이 포함되지 않도록 해야 한다. 그리고 최대 정의적 접근과 최소 정의적 접근은 개념적 적절성과 절약성의 원칙을 위배할 개연성이 크기 때문에 피해야 한다고 주장한다(Sartori, 1970).

2. 다두제와 민주주의 질

달은 민주주의 질에 대하여 직접적으로 논의한 바는 없다. 그러나 달의 다두체제는 민주주의 질에 대한 유의미한 함의와 시사점을 제시하고 있다. 달은 이미 민주주의 질에 대한 문제를 제기하고 있다. 그는 민주주의를 시민선호에 대한 정부의 반응성이 완벽하게 작동하는 정치체제로서 규정하고 있다. 다두체제는 궁극적으로 이상적인 민주주의를 지향하지만 현실적으로 그 필수적 속성들이 완벽하게 실현되지 못하는, 미완의 민주체제이다. 질적인 관점에서 민주주의는 최고, 최선의 이상적인 정치체제이고 다두제는 다소 결함이 있는(defective), 또는 불완전한(imperfect) 정치체제이다.

다두체제는 민주주의체제와 패권체제(hegemony) 사이에 존재할 수 있는 다양한 질적 수준의 현실적 정치체제를 뜻한다. 다두체제는 질적으로 다차원적 잠재성을 갖고 있는 체제이다(Coppedge & Reinicke, 1993 48). 다두체제는 현실적인 민주체제에 대하여 민주주의 질의 수준이나 정도를 논의할 수 있는 여지를 이미 제공하고 있다. 민주주의 질은 다두제의 체제적 가능성이 실현되는 범위로 이해할 수 있는 것이다(Altman & Perez-Linan, 2002, 86). 다두제의 민주적 잠재성의 실현 정도에 따라서 현실적 민주체제의 민주주의 질 – 대략적으로 불량, 중질, 양질 – 이 평가될 수 있을 것이다.

달(Dahl, 1971)이 제시한 다두제의 조건들도 민주주의 질의 논의에 대하여 시사점을 갖고 있다. 다두제와 관련하여 일곱 가지 조건들을 선택적으로 제시하고 유리한 조건과 불리한 조건을 설득력 있게 설명하고 있다: (1) 역사적 이행 과정; (2) 사회경제적 집중화; (3) 사회경제적 발전수준; (4) 불평등; (5) 하위 문화적 분열; (6) 외국 통제; (7) 정치인 신념.

다두체제에 유리한 조건은 첫째, 특정한 국가의 정치적 이행 과정에서 정치적 경쟁이 참여를 선행하여 이루어진 역사적 경험이다. 둘째, 폭력과 강제력(sanctions)이 분산 또는 상쇄적으로 양분되어 있고 농업은 자유농민이 주도하며 상업 산업화는 탈집중적으로 이루어지는 사회경제적 질서이다. 셋째, 고도의 사회경제적 발전이다. 넷째, 개관적으로 낮거나 평준화 또는 분산된 불평등, 주관적으로는 낮고 적은 상대적 박탈감이다. 다섯째, 다양하지 않거나 상호적 안전보장(guarantees)에 근거한 하위 문화적 다원성이다. 여섯째, 약하거나 잠정적인 강대국의 영향력이다. 일곱째 다두제와 권위, 대인관계, 정치관계에 대한 정치인들의 신념이다(Dahl, 1971, 203). 정당성, 신뢰와 타협, 경쟁과 협력의 공존에 대한 인정 등이 다두체제에 유리한 신념들이다.

다두체제에 유리한 조건들은 다두제가 태생적으로 시공간적인 조건들과 긴밀하게 연계되어 있다는 사실을 시사하고 있는 것이다. 민주주의 질의 논의에서 현실적 민주체제의 공간적 조건에 대하여 고려해 볼 수 있다는 점을 시사하고 있다. 달의 주장과 같이 다두제는 유리한 역사적·사회경제적·문화적·국제적 조건에서 생성될 가능성이 높다. 뿐만 아니라 그러한 조건에서 다두체제는 질적으로 높은 수준으로 변화 발전될 개연성도 크다고 할 수 있을 것이다.

달의 다두체제와 그 조건에 대한 논의에 근거하여 민주주의 질을 체계적으로 다차원의 관점에서 논의할 수 있다. 민주주의 질을 민주주의의 개념적 확장의 문제로 보기보다는 다두제와 그 다양한 조건과 환경의 상호 작동의 관계로 이해하는 것이다. 민주주의 질의 핵심적 대상은 무엇보다도 다양한 질적 속성으로 규정할 수 있는 다두제이다. 그리고 그 다두제의 메커니즘과 작동에 직간접적으로 영향을 주는 주변적 조건과 환경이다. 다두체제는 기본적으로 국가조직에 "묻혀 있는(embedded)" 정치체제이다(Cullel, 2004a, 135). 다두체제는 국가의 구조적 성격과 조건과 불가분의 관계에 있다. 다두제의 민주적 속성들의 역할, 관계, 기능은 국가적 성격과 조건을 초월하여 독립적으로 생각할 수 없는 것이다. 그렇다고 국가적 속성과 요소를 다두체제에 내포하여 개념적 확장을 시도하는 것은 개념적 혼란을 초래할 수도 있다.

다두제의 개념적 확장 대신에 다두제의 속성들을 내재적 차원과 외재적 차원으로 구분하는 것이 개념적 혼란을 최소화할 수 있을 것이다. 민주주의 질의 다차원성을 이해하려는 노력에 유리하다. 또한 다두제의 존립과 작동은 국가 외적 조건들의 영향에도 노출되어 있다. 오도넬도 민주주의 질과 관련하여 사회적 배경과 조건을 지적하고 있다. 달은 다두제의 사회경제적·문화적 조건을 논의하고 있다. 다두제와 국가의 속성들은 직간접적으로 사회경제적·문화적·국제적 조건들과 긴밀하게 연계되어 있고 영향을 받는다. 이 조건들을 다두제의 환경적 차원으로 인식하는 것이 특정 국가의 민주주의 질에 대한 총체적 이해와 평가, 개선에 긴요하다.

결론적으로 민주주의 질의 문제는 민주주의의 개념적 확장의 문제일 수도 있지만 또한 다두체제—특히 신민주체제—에 대한 다차원적인 질적 이해와 평가, 개선의 문제일 수도 있다. <그림 7.1.1>과 같이 민주주의 질의 이해와 평가는 대안적으로 신민주체제의 다차원적—내재적·외재적 그리고 환경적—접근을 통해서도 가능하다.[6]

---

6) 신민주체제는 20세기 말에 "제3의 민주화물결"을 통하여 남부, 동부 유럽, 중남미, 아시아, 아프리카에 새롭게 나타난 새로운 유형의 다두제이다. 과거의 권위주의적 유산과 새롭게 실현되고 있는 민주적 질서가 혼재하고 있는 이중적이고 유동적인 정치체제이다. 오도넬(1994)은 특성적으로 "위임민주주의"라고 보았다.

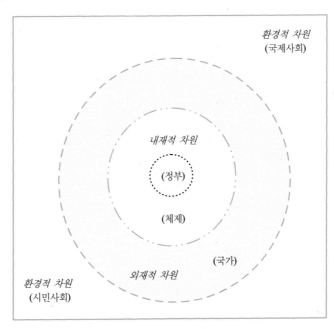

〈그림 7.1.1〉 민주주의 질의 차원

Ⅳ. 민주주의 질의 차원과 평가

1. 민주주의 질의 차원

1) 내재적 차원

민주주의 질의 내재적 차원은 기본적으로 정치체제의 주요 속성들을 포함하고 있다. <표 7.1.2>가 보여 주듯이 달은 민주주의체제의 주요 속성으로 정부 반응성을 논의하고 있다. 정부 반응성의 구성속성에 결사 참여의 자유, 표현의 자유, 투표권, 정치지도자의 경쟁권리, 대안적 정보원 접근권, 피선거권, 자유공명선거, 선출 정부를 포함시키고 있다(Dahl, 1971, 3). 한편 <표 7.1.1>과 같이 오도넬도 유사하게 민주적 정치체제의 주요 속성으로 공명, 제도화된 선거, 선출 정부를 제시하고 있다. 그리고 공명, 제도화된 선거의 구성 속성으로서 시민, 선거체계, 정당, 선거를 언급하고 있다. 선출정부의 구성속성에는 집행부, 의회, 정부의 일반적인 역할을 포함하고 있다(O'Donnell, 2004, 21~23).

이와 같이 민주주의 질의 내재적 차원의 속성과 그 구성요소는 관련 이론과 연구자의 목적과 시각에 따라서 유사하지만 다소 다르게 규정할 수 있다. 그러므로 내재적 속성의 선택은 명시적인 기준 또는 근거를 필요로 한다. 민주주의의 가장 기초적이고 궁극적인 또는 핵심적인 특성이 속성의 선택 기준이 되어야 한다. 민주주의는 본질적으로 정치적으로 평등한 시민에 의한 직·간접적인 자치(self-government)의 실현을 뜻한다. 이러한 의미에서 시민통제(popular control) 또는 시민권력과 기회평등이 민주주의의 궁극적인 특성이라고 할 수 있다(Beetham & Others, 2002, 14). 따라서 민주주의 질의 차원과 속성도 시민통제와 기회평등의 관점에서 접근하고 선택해야 한다.

신민주체제-일반적으로 다두제-는 궁극적으로 시민 통제의 실현을 목적으로 만들어진 방편적인 제도와 절차, 그 제도와 절차가 요구, 수반 또는 근거하는 정치적 가치, 원칙, 행태, 행위가 복합적으로 조합된(configurative) 일단의 행동패턴이다. 시민통제를 위한 주요 제도와 절차는 공공기관과 기구를 포함하는 광의의 정부와 정당, 선거 등을 포함한다. 주요 가치는 시민통제를 위하여 주요 제도가 근거하고 있고 또한 실천적으로 요구하는 정치적 자유와 권리, 투표권, 피선거권, 평등권 등을 포함한다. 원칙은 신민주체제의 기본적인 작동원리이다. 주요 원칙은 대의정부, 시민참여, 다수결정, 소수권리 보호이다. 신민주체제의 행태는 정치적 행위자 또는 일반적으로 정치인들의 개별적인 또는 집단적인 정치적 태도이다. 주요 행태는 정치적 리더십, 성향(orientation), 개성(personality)을 포함한다.

정치적 행태는 공개성·개방성·상대성·관용성·타협성·준법성 등과 같은 개인적 또는 집단적 규범에 근거한다. 행위는 시민통제를 위한 주요 제도와 절차가 가치와 행태에 근거하여 수행하는 역할이다. 주요 행위에는 참여, 경쟁, 책임, 반응, 소통 등이 있다.[7]

결론적으로 민주주의 질의 내재적 차원은 정치적 제도와 절차, 가치, 원칙, 행태, 행위를 포함한다. 민주주의 질의 내재적 차원에 대한 평가는 신민주체제의 제도와 절차가 민주적 가치와 원칙, 행태에 근거하여 어느 정도 수준의 행위 또는 역할을 수행하고 결과적으로 정부에 대한 시민통제를 실현하고 있는가를 가늠하는 문제이다. 신민주체제에서 정치적 제도와 절차에 민주적 가치, 원칙, 행태가 불완전하고 불안정하게 구현 또는 반영, 실천되고 있다. 따라서 신민주체제의 주요 행위가 부실하거나 형식적이기 때문에 결과적으로 시민통제와 시민평등

---

7) 민주체제의 기능을 민주주의의 중재적 가치로 보고 참여, 위임, 대표, 책임, 투명, 반응, 연대를 제시하고 있다(Beetham and Others, eds., 2002, 12).

의 범위와 내용도 미흡할 개연성이 크다. 이 개연성은 추가적으로 신민주체제의 외재적·환경적 차원의 속성에 의하여 직간접적으로 영향을 받는다.

2) 외재적 차원

민주주의 질의 외재적 차원은 내재적 차원의 체제적 속성들에 직접적으로 연계되어 있고 또한 영향을 주고 있는 국가적 속성들을 포함한다. 무엇보다도 국가권력 행사와 관련된 가치, 원칙, 행위를 포괄하는 개념적 차원이다. 주요 가치는 시민권, 인권, 법치가 있다. 주요 원칙에는 군통제, 반부패, 분권이 포함된다. 주요 행위는 국민통합, 국가안보, 국가발전이 있다.

첫째, 시민권은 기본적으로 국가와 시민의 관계를 의미한다. 국가의 시민권 보장과 실천은 신민주체제의 내재적 속성인 시민의 정치적 권리와 자유가 보다 효율적 효과적으로 행사할 수 있는 합법적 활동범위를 확대 심화시킨다. 시민권이 보장하는 경제적·사회적 권리는 시민의 정치적 권리 행사에 필요조건이다(Beetham & Others, 2002, 15). 둘째, 인권은 정치적 자유와 권리, 시민권을 포괄하는, 모든 동등한 인간의 기본적인 권리와 자유를 의미한다. 인권은 민주주의와 정치적 시민의 전제적 조건이라고 할 수 있다. 국가의 인권정책과 인권상황이 신민주체제의 내재적 속성에 대하여 직접적인 함의와 영향력을 갖고 있다. 인권 부재 또는 탄압의 조건에서 정치적 자유와 권리는 무효화되고 시민의 정치적 행위와 활동은 무력화될 수 있기 때문이다.

셋째, 법치(the rule of law)는 모든 법이 사전에 기술, 공개, 공표되고 차별 없이 공평하게 집행되는 강제적 질서라고 정의한다(O'Donnell, 2005, 4).[8] 신민주체제는 그러한 강제적 질서에 기초하고 있다. 신민주체제의 내재적 차원에서 자발적 합의적으로 이루어지고 있는 모든 행위와 결정에 대하여 법논리적 정당성을 제공하고 실천적으로 유효하게 한다. 특히 민주적 법치는 시민권과 함께 정치적 자유와 권리, 투표권, 피선거권, 평등권의 실현을 실효적으로 지원하고 보장한다(O'Donnell, 2004, 32~33). 넷째, 부패는 국가조직-군부, 경찰, 관료 등-에서 특정 개인이나 집단이 조직의 지배적인 공적 가치, 규범, 규칙을 그들의 사적인 이해관계로 왜곡, 무시하는 부패행위 때문에 국가조직의 내적 질서와 기능이 쇠퇴할 수 있다. 국가조직의 부패는 법치의 와해로서 신민주체제의 가치와 원칙의 보장과 실천을 어렵게 한다. 또한 국가

---

8) 법치는 유사하게 "법에 의한 정부"이고 예측할 수 있으며 현실적으로 작동하고 있는 법적 질서를 준수하는 행위이다(Domingo, 1999, 152).

조직의 부패는 정부와 정당의 부패와 연계되어서 신민주체제의 정치적 가치, 원칙, 행태, 행위 등을 전반적으로 약화시킬 개연성이 있다(양동훈, 2002).

다섯째, 민군관계에서 민간 우위(civilian supremacy)의 원칙이 확립되지 않는 한 신민주체제의 민주주의는 항상 불안정하다. 군부는 무력을 합법적으로 소유하고 관리하는 국가조직의 일부이다. 군부의 정치적 영향력 증대는 신민주체제의 정치적 가치, 원칙, 행태, 기능을 전반적으로 왜곡시킬 가능성이 크다. 여섯째, 분권은 국가권력의 배분의 문제이다. 국가권력이 집단, 지역, 계층에 따라서 분산 조직된 상황이 다원적 민주주의에 유리하다. 특정 지역, 종족, 계층이 실질적으로 정치적 권력이나 영향력을 독점하는 경우에는 신민주체제의 제도와 절차는 형해화될 수 있다. 따라서 국가조직의 중앙집권화보다는 연방화가 다원주의를 전제하는 민주주의에 유리하다고 할 수 있다. 일곱째, 국민통합도 신민주체제의 유지와 작동에 유리한 조건이다. 국민통합은 국가에 대하여 국민이 그 정통성을 인정하고 신뢰와 애국심을 가질 때 가능하다. 국민통합은 정치적 시민의 타협, 협력, 연대의 전제적·기초적 조건이다. 여덟째, 국가안보와 국가발전은 신민주체제의 유지와 질적 발전의 기초적인 전제조건이다. 국가의 생존과 안정이 위협받는 상황에서 또는 국가발전이 낙후 또는 정체된 상황에서 민주주의의 가치, 원칙, 행태, 행위는 필연적으로 위축될 수밖에 없다.

3) 환경적 차원

신민주체제의 환경적 차원의 속성은 내재적 차원과 외재적 차원의 주요 속성과 직간접적으로 연계되고 영향을 준다. 환경적 차원은 시민사회와 국제사회의 개념적 영역으로 구분될 수 있다. 시민사회 영역의 주요 속성에는 경제발전, 사회경제적 평등, 사회복지, 시민문화, 공평언론, 사회통합이 있다. 국제사회 영역의 주요 속성에 시대정신(zeitgeist), 강대국 외교정책, 국제기구 지원, 민주주의 확산 등이 포함된다.

첫째, 경제발전을 통하여 정부는 정책적 효율성과 효과성을 가시화하고 시민 다수의 지지를 획득할 수 있다. 교육, 고용, 사회적 유동성의 기회가 확대되면서 중산계층의 시민이 수적으로 증가한다. 중산계층은 신민주체제의 지도적 민주세력으로 민주주의를 지지하고 선도한다. 둘째, 경제발전과 함께 사회경제적 평등이 민주주의 유지와 발전에 긴요하다. 국민소득과 부가 상대적으로 광범위하게 분배되어 있을 경우에는 물질적으로 심리적으로 평등한 정치적

<표 7.1.3> 신민주체제의 민주주의 질: 차원과 속성

질적 차원	질적 영역	구성 요소	민주적 속성
내재적	체제	제도	정부와 소속기관, 정당, 선거
		가치	정치적 자유, 투표권, 피선거권, 평등권
		원칙	대의정부, 시민참여, 다수결정, 소수자 권리보호
		행태	정치적 리더십, 참여적 성향, 민주적 개성
		행위	참여, 경쟁, 책임, 반응, 소통
외재적	국가	가치	시민권, 인권, 법치
		원칙	군통제, 반부패, 분권
		행위	국가발전, 국가안보, 국민통합
환경적	사회	시민 사회	경제발전, 사회경제적 평등, 사회통합, 사회복지, 시민문화, 언론자유
		국제 사회	시대정신, 강대국 정책, 국제기구 지원, 민주주의 확산

시민들이 보다 효과적으로 그들의 정치적 자유와 권리, 시민권을 행사할 수 있을 것이다. 셋째, 사회복지의 향상을 통하여 국민과 시민은 사회경제적 안정감과 정치적 효능감을 갖게 될 수 있을 것이다. 결과적으로 사회통합과 국민연대의 기회와 가능성이 커지고 정치적 시민의 타협과 협력도 가능해질 수 있다. 궁극적으로 신민주체제의 전반적인 행태와 행위가 활성화될 수 있다.

넷째, 시민문화와 관련하여 일반적으로 문화적 다원성이 양적으로 크지 않으면 다두체제에 유리하다.[9] 반면에 문화적 다원성의 수준이 높고 특정 집단이 다수이거나 지역에 근거하고 있거나 또는 정치적으로 소외된 경우에는 다두체제에 불리하다. 그러나 문화다원적 집단들이 상호적 안전보장(guarantees)의 관계를 묵시적으로 또는 명시적으로 수립하고 실천한다면 다두체제에 유리할 수도 있다. 다섯째, 시민사회에서 언론매체의 성격과 역할, 영향력에 따라서 신민주체제의 내재적·외재적 차원의 속성들이 전반적으로 강화 또는 약화될 수 있다. 언론과 표현의 자유가 실천적으로 보호되고 있는 조건에서 언론매체는 국가권력과 정부의 리더십을 감시와 비판을 통하여 견제할 수 있다.

여섯째, 국제사회의 민주적 추세는 신민주체제의 내외재적 속성들에 직간접적인 영향을 미칠 수도 있다. 민주주의가 국제사회의 시대정신으로 부각되고, 강대국들과 국제기구들이 민

---

9) 다이어먼드와 모리노는 "민주주의 질은 문화가 비열하고, 가정이 분열되고, 국민이 이기적이고 경박한 국가에서는 지체된다."고 주장하고 있다 (Diamond & Morlino, 2005, 844). 달은 특히 "하위 문화적 다원주의(subcultural pluralism)"를 다두체제의 조건으로 논의하고 있다.

주주의 국가와 세력을 지지하고 지원할 경우에 민주주의 이념과 민주국가가 세계적으로 확산될 수 있다. 이러한 조건에서 신민주체제의 내재적·외재적 속성들이 강화될 개연성이 커진다. 특정 국가에서 민주적 정부와 정당의 영향력과 정당성이 강화되고 민주적 가치, 원칙, 행태가 강조되며 민주적 행위가 실천될 기회와 여지가 확대될 수 있을 것이다.

2. 민주주의 질의 평가(assessment)

민주주의 질의 평가는 내재적·외재적·환경적 차원에서 평가 대상인 현실적 민주체제인 다두제의 총체적인 질적 수준을 가늠하는 행위이다. 질적 평가는 실체적 대상, 규범적 기준, 실천적 주체와 관련된 문제이다. 평가 대상, 기준, 주체는 민주주의 질에 대한 개념화에 따라서 결정될 수 있다.[10] 민주주의 질에 대한 선행연구에서 다양한 목적과 시각에서 질적 평가의 문제를 다루고 있다. 특히 민주주의 질의 내재적 요소와 속성들에 대하여 중점적으로 논의하고 있다.

선행연구에서 첫째, 민주주의 질의 주요 평가 대상은 다양하다: (1) 정부: 공공기관, 지방정부; (2) 제도: 다두체제, 선거, 정당; (3) 정책결정 과정; (4) 국가: 군, 경찰; (5) 문화: 정치문화, 시민문화; (6) 시민사회: 시민, 여론, 대중매체, 사회적 삶 등(Cullel, 2004a, 97, 146~149; Lechner, 2004, 205; Pinkney, 2006, 844). 오도넬은 예외적으로 민주주의 질 평가의 대상과 기준을 명확하게 구분하고 있다. "정부와 정부체제에서 선거와 선출정부, 국가차원에서는 사법체계, 국가와 정부, 법원과 그 부속제도, 사회 차원에서는 사회적 환경, 시민의 차원에서는 인간발달(human development)과 인권(human rights)"을 평가한다(O'Donnell, 2004, 21~23, 36~37, 43, 63). 그의 평가대상은 상대적으로 포괄적이다. 민주주의를 다두체제를 넘어서 국가와 사회의 영역까지도 부분적으로 내포하는 것으로 재개념화를 시도하고 있기 때문이다.

둘째, 관련 학자들은 또한 민주주의 질의 평가 기준으로 다양한 민주적 가치나 규범들을 제시하고 있다. 오도넬은 평가기준으로 민주성의 "정도(degree)"를 제시하고 있으나 개념적으로 포괄적이고 모호하다(O'Donnell, 2004, 21~23, 36~37, 43, 63). 그 외의 관련 학자들은 다른 내재적 속성들을 평가기준으로 논의하고 있다. 그들은 다양하게 시민적·정치적 자유, 정치평등, 경제적·사회적 권리, 참여성·경쟁성·책임성·반응성·대표성·투명성·국민성, 법치,

---

10) 평가(assessment)는 본질적으로 판단의 문제이다(Beetham and Others, 2002, 14).

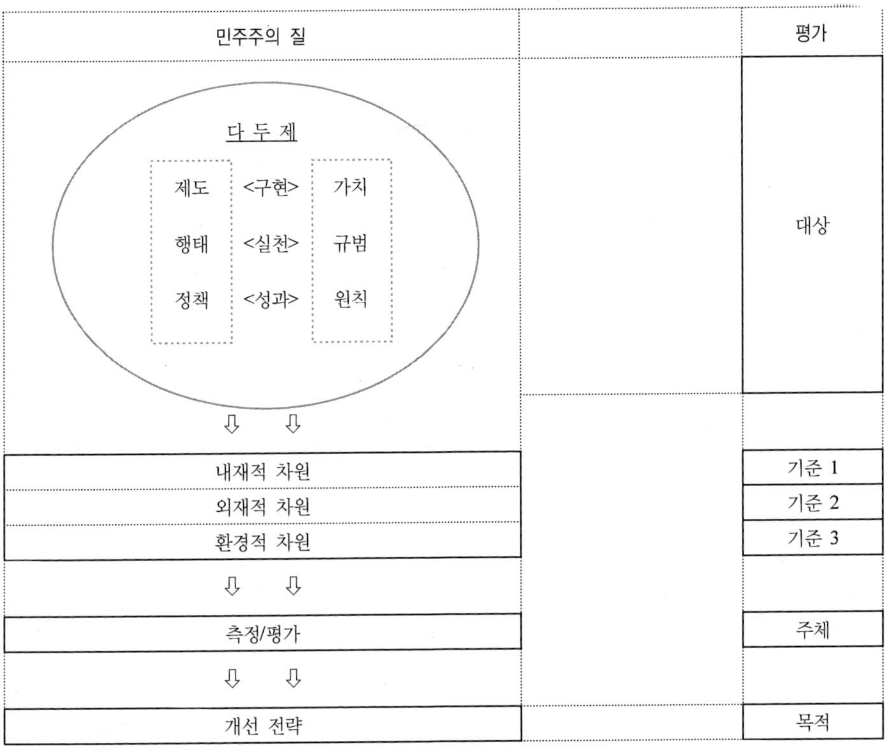

<그림 7.1.2> 민주주의 질과 평가: 개념적 틀

분권, 문민통제 등을 제시하고 있다. 또한 시민의 "민주적 바람(democratic aspirations)"도 평가 기준으로 제시되고 있다(Cullel, 2004a, 97). 다양한 평가기준은 관련 학자들의 정치적 선호를 반영하는 경향이 있는 것 같다(Plattner, 2005, 81). 셋째, 관련 학자 일부는 명시적으로 민주주의 질의 평가 주체를 다양하게 제시하고 있다. 특히 관련 학자 또는 전문가, 정치엘리트, 시민 등의 참여 협력이 중요하다고 주장하고 있다(Diamond & Morlino, 2005, xii; Chu & Shin, 2005, 189; Culllel, 2004a, 146~149).

선행연구에서 일반적으로 민주주의 질의 평가 대상, 기준, 주체에 대한 논의는 다양하고 다소 혼란스럽다. 민주주의 질의 평가에서 특히 누가 왜 평가의 주체가 되어야 하는가를 명백하게 밝히고 논리적으로 정당화해야 한다. 또한 주체의 선택에 따른 문제점들과 함께 해결책도 모색해야 하고 분석적으로 평가 대상과 기준도 명료하게 구분하여 논의해야 할 것이다. 왜냐하면 민주주의 질의 개념화와 조작화, 평가의 타당성을 높일 수 있을 뿐만 아니라 실천적으로 질적 개선의 방향과 접근방법을 제시하여 줄 수도 있기 때문이다.

민주주의 질의 평가는 우선적으로 각 주체별−시민, 정치지도자, 전문 지식인 등−로 실시하고 사후에 서로 비교한다면 특정 국가에서 질적 문제의 책임 소재와 함께 질적 개선의 주체나 대상, 기준을 명확하게 확인할 수 있을 것이다. 이 점에서 여러 주체의 동시적인 참여와 협력 또는 타협을 통한 평가보다는 주체별 개별적 평가가 민주주의 질 연구의 궁극적인 목적에 더욱 부합한다고 할 수 있다.

민주주의 질의 평가는 현실적인 다두제의 총제적인 민주성을 측정하고 비교하는 행위이다. 민주주의 질의 평가는 <그림 7.1.2>가 보여 주듯이 다층적인 구조로 이루어진다. 첫째 다두제는 평가대상으로 정치적 제도, 형태, 정책과 민주적 가치, 규범, 원칙 등이 혼합적으로 배열되어 있는 작동패턴이다. 다두제의 민주주의 질은 내재적·외재적·환경적 차원에서 조합적으로 측정되고 평가될 수 있다.

민주주의 질의 평가대상은 현실적인 민주체제인 다두제이다. 다두제를 실현하고 있는 특정 국가의 민주주의 질을 우선적으로 각 차원의 민주적 속성들을 조작화하고 측정 평가한 다음에 총합할 수 있을 것이다. 특정 국가의 총체적 질에 대한 평가는 또한 그 국가의 관련 주체가 스스로가 개발한 평가방법과 기술에 의존할 수도 있을 것이다. 특정 국가의 관련 시민단체나 전문가집단이 관련 국제기구−예를 들면, 민주주의와 선거 지원 기구(IDEA)−와 협력하여 민주주의 질에 대한 자체평가기법을 개발하여 정기적으로 측정 평가하고 활용한다면 질적 개선에 도움이 될 수도 있을 것이다.[11]

---

11) "총제적 품질"과 "자기진단식 평가기법"에 대한 참조: 저자, 연도 미상, 「공공조직에서의 품질경영(TQM) 적용실태 및 평가기법」. 이 논문의 저자는 품질경영과 관련하여 특히 L. L. Martin, 1993, *Total Quality Management in Human Service Organizations*을 참조하고 있다고 밝히고 있다.

제2절 신민주체제의 민주주의 질: 브라질[1]

브라질 신민주체제의 민주주의 질을 내재적·외재적·환경적 차원에서 경험적으로 분석하고 평가한다. 세계에서 가장 심각한 사회적·경제적 모순과 갈등을 경험하고 있는 브라질 사례연구를 통하여 민주주의 질의 문제를 보다 깊이 이해할 수 있을 것이다. 또한 브라질에 대한 논의는 다른 중남미 국가들의 민주주의 질에 대하여 시사점을 제시할 것이다. 민주주의 질에 대한 다차원적인 논의는 민주체제의 실존을 전제하기 때문에 브라질의 신민주체제의 특성과 조건을 우선적으로 이해하는 것이 필요하다. 또한 민주주의 질은 부분적으로 역사적 정치과정의 현재적 결과이기 때문에 그 과정—민주주의 체제화—에 대한 최소한의 논의와 이해도 요구된다.

Ⅰ. 브라질 신민주체제

브라질 신민주체제는 군부권위주의체제로부터 "변환(transformation)"을 통하여 군부권위주의체제로부터 1984년 생성되었고 지금(2008)까지 20여 년 이상을 신민주체제를 유지하고 있다. 브라질 신민주헌법(1988)과 선거법에 근거하여 대통령과 의회 선거가 정기적으로 실시되고 있다. 신민주체제 수립(1988) 후에 지금(2008)까지 대선 5회, 총선 8회, 집권정당 교체 3회가 실시되었다. 민주헌법은 1988년 국민투표를 통하여 제정되었으나 14회 이상 개정되었다. 국가개혁당(PRN)의 페르난두 콜로르 디 멜루(Fernando Collor de Mello) 대통령은 부패혐의로 브라질 의회의 탄핵 과정에서 사임하였다. 2002년 대선에서는 좌파 노동당(PT) 지도자 루이스 이나시우 "룰라" 디 시우바(Luis Inácio "Lula" da Silva)가 대통령에 당선되었고 2006년에 재선되었다. 브라질은 1900년 이후 총 30여 년 이상의 민주체제를 경험하고 있다.[2]

브라질 군부체제(1964~1985)는 본질적으로 패쇄적이고 억압적인 권위주의체제였다.[3] 군부는

---

1) 양동훈, 2009, 「브라질 신민주체제와 민주주의 질: 다차원적 관점」, 『이베로아메리카』 11권 2호, 부산외국어대학교 중남미지역원, pp.269~309. 이 논문은 부분적으로 수정됨.

2) 아르헨티나는 44년, 칠레는 58년, 우루과이는 70년 동안 민주체제를 경험하고 있다(Smith, 2005, 349).

3) 브라질 군부권위주의체제: (1) 통치기간: 1964. 4.~1985. 3; (2) 통치 연수: 21년; 5명 대통령; 평균재임 4년; (3) 실종자: 125명(인구대비 0.1

21년 동안 5명의 군 출신 대통령들을 직접 선임하였다. 대통령 선출과 승계에 따른 군부의 갈등과 분열은 결과적으로 군의 기강과 조직을 약화시켰다. 이에 군부는 1974년경부터 정치자유화를 주도적으로 시도하였다. 정치자유화는 "시민사회의 부활(resurrection)"을 초래하였고 브라질은 "체제양보와 사회정복의 변증법적 과정"을 통하여 민주화 이행 과정을 경험하였다.[4]

브라질의 신민주체제는 제헌의회가 1988년 신민주헌법을 제정하고 그 헌법에 근거하여 최초로 실시된 민주 기초선거(founding elections)에서 시작되었다. 기초선거에서 국가개혁당의 콜로르가 2차 결선투표에서 53%의 지지를 얻어 당선되었다. 콜로르가 대통령선거를 위하여 새롭게 급조한 국가개혁당은 총선에서 20개 하원의석만을 차지한 소수당이었다. 콜로르 대통령은 주요 정당들과 집권연합을 구성하여 정치적 리더십의 기반을 확대하였다. 그는 독단적인 개혁정책과 부패혐의로 정치적으로 고립되었고 결국 사임하였다. 부통령 이타마루 프랑쿠(Itamar Franco)가 대통령을 계승하였으나 정치적 리더십과 지지기반이 취약하였기 때문에 군부에 의존하였고 결과적으로 그의 재임기간에 군부의 영향력이 커졌다.

프랑쿠의 재무장관, 페르난두 엔히크 카르도주(Fernando Henrique Cardoso)는 헤알(Real) 경제계획을 통하여 경제안정화에 성공하여 대통령 선거에서 브라질사회민주당(PSDB)의 후보로 출마하여 당선되었다. 재임 중 야당과 협상하여 헌법을 개정하고 연임에 성공하였다. 그의 후임으로 좌파 노동당의 룰라가 브라질 대통령에 취임하였다. 신민주체제의 대선에서 콜로르와 카르도주에게 연속하여 패배하고 네 번째 도전에서 승리하였다. 좌파 대통령의 출현은 브라질 정치의 역사적 계기가 되었다. 군부와 보수세력이 선거결과를 무리 없이 인정하고 수용하였다는 것이다. 이는 브라질 정치의 새로운 지평을 열은 것이라고 볼 수 있다. 룰라 대통령은 브라질 유권자의 절대적인 지지로 2006년에 재임에 성공하였다.

브라질 신민주체제는 관련 학자들의 시각에 따라서 다양하게 평가되고 있다. 스미스(Smith, 2005, 283)는 칠레나 우루과이를 광범위하게 시민자유가 실질적으로 보장되고 있는 자유민주주의로 평가한 반면에 브라질은 시민자유가 상대적으로 제한되고 있는 선거민주주의로 보았다. 또한 다른 학자들은 브라질을 "배타적" 또는 반(anti)자유적 민주체제로 평가하기도 하였다(Merkel, 2004, 51).

명); (4) 연평균 GDP 6.6%; 인플레 55.7%; 외채 63.2%(양동훈, 1989).

4) 오도넬과 슈미터(O'Donnell & Schmitter, 1986, 48~56)가 시민사회를 부활하기(resurrecting civil society)에 대하여 논의하고 있다. 스테판(Stepan, 1988, 45~46)은 브라질의 자유화 과정을 "체제양보와 사회정복의 변증법적 과정(a dialectic between regime concession and societal conquest)"이라고 보았다.

Ⅱ. 브라질의 민주주의 체제화

브라질의 민주주의 체제화는 보수적이다. 군부를 포함하는 권위주의적 보수세력은 정치적 기득권과 영향력을 계속하여 유지하고 있다. 권위주의 유산 정리나 민주개혁이 그들의 핵심적인 이해관계를 위협하면 신민주체제의 안정과 생존을 위협할 수 있는 의지와 실력도 갖추고 있다. 인권유산을 포함하는 권위주의 유산은 공식적으로 "청산"되지 않았다. 결과적으로 민주주의 체제화의 대상, 범위, 심도는 상대적으로 제한적이며 협소하고 다소 형식적이다.

1. 권위주의 인권유산 정리

브라질은 신민주체제에서 인권유산 정리 과정에서 공식적으로 은폐정책(covering)을 실행하고 있다.[5] 브라질 군부는 정치자유화와 민주화 이행 과정을 주도하였다. 신민주체제에 군부가 체제 안정과 생존을 위협할 수 있는 수준의 실력과 정치적 영향력을 유지하고 있다. 따라서 군부가 직접적으로 관련된 인권유산에 대한 논쟁은 위험하다. 군부체제의 인권침해 관련자 조사와 처벌은 아직도 어려운 상황이다. 남미의 다른 군부체제 국가와 비교하면 브라질 군부체제(1964~1985)의 정치탄압은 그 정도와 범위에 있어서 상대적으로 낮은 편이다. 실종자는 공식적으로 125명으로 밝혀졌다. 군사정부는 군부체제 말기에 군 보안세력에 대한 보복을 금지시키려는 목적에서 사면법(1979)을 포고하였다.

브라질 민간정부의 미온적인 태도와는 대조적으로 시민사회는 이미 군부체제의 정치자유화시기에 인권탄압 실태를 비밀리에 조사하였다. 상파울루(São Paulo)의 천주교 신도인 변호사들이 군사법정의 공식 기록—1964년과 1979년 사이의 707건의 판결문—을 복사하여 35명의 연구팀이 5여 년 동안 분석 조사하여 군부체제의 인권탄압 실태를 밝혀냈다. 그들은 민간정부 첫해에 인권탄압 보고서(Brasil: Nunca Mais)를 공개하였다. 정치범 1,843명의 증언을 토대로 283가지 고문유형과 242개 비밀고문실, 444명 고문자 명단을 밝혔다. 브라질 시민사회의 진실규명에 대하여 군부는 반발하였고 과거 인권탄압 행위를 국가안보의 명분으로 정당화하였다. 사르네이 대통령은 군부의 반발을 우려하기도 하였다. 이 시기에 정부는 125명의 실종자에 대하여 조사하기 위하여 인권보호위원회를 만들었으나 별다른 활동은 없었다.

---

5) 신민주체제의 인권유산 정책은 망각(forgetting), 용서(forgiving), 기소(prosecuting) 그리고 은폐(covering)로 대별할 수 있다(양동훈, 2008, 48).

카르도주 대통령은 2000년 과거 인권탄압과 관련하여 군부에게 "독수리작전(Operación Condor)"에 대한 기밀문서를 공개할 것을 요구하였다.[6] 근래 브라질 정부에서 정치적 사망자 증발자 위원회(Commission on Political Deaths and Disappearances)가 11년의 조사활동의 결과물로서 1961년에서 1988년 사이에 증발한 반체제 인사들의 행방에 대한 보고서를 발표하였다. 그러나 아직도 유효한 군부체제의 사면법(1979)이 인권 범죄 조사와 책임자 처벌에 걸림돌이 되고 있다. 정부가 인권침해 관련자들을 기소할 수가 없다. 또한 신민주헌법의 "임시 헌법조항(temporary constitutional acts)"에서 1946년과 1988년 사이의 정치범을 사면한다고 규정하고 있으나 그들에 대한 소급적 보상도 금지하고 있다.

2. 민주주의 개혁

브라질 시민들은 대통령 직선제의 실현을 위하여 1983년 브라질 곳곳에서 수십만에서 거의 백여만 명에 이르는 시민들이 대중집회들을 개최하였다. 그럼에도 불구하고 브라질의회는 1984년 대통령 직선제를 위한 헌법개정에 실패하였다. 그리고 브라질 제헌의회는 1988년 직선 대통령제를 포함하는 246조의 신민주헌법을 새로이 제정하였다. 제헌의회는 신민주헌법에서 정부의 권한을 제한하는 한편 시민들의 기본적 인권과 정치적 권리와 자유를 제도적으로 보장하고 노동파업권을 무제한 인정하고 있다.[7] 신민주헌법에서 일단 직선 대통령제가 채택되었지만 브라질 의회는 1993년 4월에 국민투표에 의하여 최종적으로 정부형태를 결정하기로 합의하였다.

브라질 신민주헌법에 의하여 30여 년 만에 직선 대통령, 콜로르가 1989년 선출되었다. 그러므로 콜로르 정부가 실질적으로 군부정권 이후 최초의 신민주정부라고 할 수 있다. 소수당 출신의 콜로르 대통령은 "포고령 정치(decree politics)"를 통하여 개혁정책을 독단적으로 추진하였다.[8] 콜로르는 경제개혁 프로그램을 실행하기 위하여 거의 100회의 대통령 비상입법권을 발동하였다. 대통령의 비상 포고령에 대한 우려가 고조되었다(De Souza, 1999, 52). 콜로르의

---

6) 독수리작전(Operación Condor)은 남미 군부체제가 공동으로 반체제 정치인들을 납치, 암살하는 작전이었다.

7) 신민주헌법은 시민의 기본적인 인권, 정치권리, 자유를 보장한 반면에 적절하고 시급한(relevance and urgency) 상황에서 대통령의 비상법령권(medidas provisórias)을 인정하였다. 신민주체제에서 대통령은 경제안정화 개혁을 빌미로 비상법령권을 남용하고 권력을 확대하였다. 결과적으로 의회의 행정부 견제력은 약화되었다(양동훈, 1997, 11~13).

8) 국가개혁당(PRN)의 콜로르는 결선투표제 대선(1989)에서 1차, 30.5%; 2차, 53% 지지를 받았다. 국가개혁당은 총선(1989)에서 20석(4.2%)을 확보하였고 집권연합은 39.6%의 지지를 획득하였다.

포고령은 법적으로 모호하였다. 일부 포고령은 정부가 제정된 규제들을 지키지 않는 기업이나 개인들을 단속하려는 정부의 권한을 확대하기 위하여 발동되었다. 콜로르는 의회가 명시적으로 거부한 긴급조치를 재선포하기도 하였으나 대법원은 그 유효성을 인정하지 않았다 (Power, 1998, 209). 결과적으로 정치적 고립을 자초한 콜로르는 부패혐의로 탄핵되어 1992년 사임하였다. 콜로르를 계승한 부통령 이타마르 프랑쿠(Itamar Franco)는 잔여 임기 동안(1992. 10.~1994. 12.) 브라질 대통령직을 수행하였다. 정치적 기반이 취약하고 무능한 프랑쿠 정부에서 군부의 정치적 영향력은 점차 부활하였다. 정부형태에 대한 국민투표가 1993년 4월 예정대로 실시되었다. 브라질 시민들은 최종적으로 직선 대통령제를 유지할 것을 결정하였다(Von Mettenheim, 1997, 153). 이 결정은 대통령제 민주정부가 정치부패와 경제위기 때문에 정책적 효율성과 효과성을 제고하지 못하고 있는 상황에서 이루어졌다. 그리고 1994년 대통령선거에서 정권교체가 이루어졌다. 브라질사회민주당의 카르도주가 대통령에 선출되었다. 그는 원칙적으로 의원내각제 지지자이다. 민주정부의 교체는 브라질의 허약한 대통령제 민주주의체제가 서서히 공고화되어 가고 있다는 역사적 경험이다.

카르도주 대통령은 첫 번째 재임(1995. 1.~1999. 1.)에서 경제안정화정책을 효과적으로 추진하였다. 그는 1998년 10월까지 2,300여 개 이상의 대통령 비상입법들을 선포하였다(de Souza, 1999, 55). 카르도주 대통령을 견제하기에는 브라질 의회는 무력하고 비효율적이었다. 그러나 의회는 헌법개정을 통하여 연임(1999. 1.~2003. 1.)에 성공한 카르도주 대통령의 포고령정치를 더 이상 방관만 하지 않았다. 의회는 대통령의 포고령 기간을 축소하였다. 재포고는 1회에 한하도록 제한하였다. 결과적으로 포고령의 최대 유효기간은 120일이 되었다.

좌파 노동당의 룰라가 2002년 4번의 도전 끝에 결선투표에서 60% 이상의 지지를 받고 당선되어 집권에 성공하였다. 2006년에는 재집권에 성공하여 연임하고 있다. 노동당 출신 룰라의 집권은 남부엘리트, 군부, 지역 정치보스의 전통적인 권력독점이 종식되었다는 역사적 의미를 갖고 있다. 룰라 대통령도 콜로르나 카르도주 대통령과 같이 포고령 정치(decree politics)에 의존하고 있다. 포고령 정치는 정부기관 사이의 수평적 책임성(horizontal accountability)을 약화시키고 권위주의적 리더십을 조장할 수도 있다. 이러한 상황을 우려한 의회는 다시 대통령의 비상입법권을 제한하려고 하고 있다.

Ⅲ. 브라질의 민주주의 질

1. 내재적 차원

브라질 신민주헌법(1988)과 선거법에 근거하여 대통령과 의회 선거가 정기적으로 실시되고 있다. 신민주체제 수립(1988) 후에 지금(2008)까지 20년 동안 대선 5회, 총선 8회, 집권정당 교체 3회가 실시되었다.

브라질 대통령은 결선투표제를 통하여 유권자의 절대 다수의 지지로 선출된다. 임기는 4년 이고 연임이 가능하다. 대통령 임기는 1997년 헌법개정을 통하여 5년 단임에서 4년 연임으로 되었다. 2002년 대통령 선거를 통하여 중도 정부에서 좌파 정부로 권력이양이 순조롭게 이루 어졌다. 군부와 기업이 좌파 정치지도자 룰라의 당선을 수용하였던 것이다. 1989년에는 그러 한 정권교체가 불가능하였을 수도 있었다(Weyland, 2005, 120). 이제 모든 주요 정당들은 집권 기회를 갖게 되었다(Kingstone & Power, 2008, 2, 4). 브라질에서 민주주의가 유일한 정권교체의 합법적 방법이라는 것을 입증하였다. 2006년 대통령선거는 신민주체제에서 5회 직접선거였 다. 어떠한 부정행위나 강압행위도 없었다(Kingstone & Power, 2008, 1).

브라질 시민은 직접, 비밀, 보통 선거권을 행사한다. 투표는 권리이자 의무이다. 18세에서 70세 사이의 시민은 의무적으로 선거인 등록과 투표를 하도록 법제화되어 있다. 대통령선거 와 하원의원 선거에서 유권자의 등록률과 투표율은 높다. 신민주체제에서 5회 대통령선거의 평균 투표율은 82%를 상회하고 있다. 5회 실시된 하원의원 선거에서 평균 투표율은 80%에 다소 못 미치고 있다.

전통적으로 브라질 시민의 투표 행태와 행위에 영향을 미쳐왔던 고객주의(clientilism)와 조 합주의(corporatism)가 점차 쇠퇴하고 있다. 개인적인 이해관계보다는 지역개발 사업이나 공공 시설 건설에 대하여 더 많은 관심을 보이고 있다(Ames, Baker & Renno, 2008, 130). 특히 하층민 은 정치적 후원자들 다수의 상호 경쟁관계를 이용하여 협상력을 제고하고 있다. 이익집단들 은 정부의 개입과 영향력이 약화된 조건에서 더욱 경쟁적으로 활동하고 있다. 결과적으로 브 라질 유권자는 과거보다는 상대적으로 자율적이고 경쟁적으로 정치에 참여하고 있다 (Weyland, 2005, 97). 정치적 이념이나 고객주의적 이해관계보다 정책적 선호에 근거하여 투표 하는 경향이 점차 높아지고 있는 것이다. 개인소득, 복지, 범죄, 사회적 인종적 차별과 같은 이슈에 대하여 더 많은 관심을 갖고 정책결정 과정에 경쟁적으로 영향력을 행사하려고 한다 (Ames, Baker & Renno, 2008, 9).

특히 브라질 시민 다수는 대통령선거에서 정책지향적 투표를 하는 경향이 커지고 있다(Ames, Baker & Renno, 2008, 131). 그러나 국가적 문제보다는 지역적 문제에 집중적인 관심을 보인 후보자를 선호한다(Ames, Baker & Renno, 2008, 130). 또한 민주주의에 대하여 확고한 신념을 갖고 있지 못하다. 민주주의와 관련하여 그들이 이해하고 있는 가치나 목표들은 상호 모순적이다. 그러므로 민주주의의 행태적 기반이 확고하지 못하다고 볼 수 있다(Weyland, 2005, 114, 115).

반면에 브라질 정치인들은 20여 년 전보다 민주주의에 대하여 더욱 일관되고 확고한 신념을 갖고 있다. 무엇보다도 역사적 학습을 통하여 군부의 정치개입에 대하여 부정적인 인식을 공유하고 있다. 그들의 정치적 행태는 점차 이념적 경직성과 갈등, 분열에서 이념적 유연성과 관용, 수렴으로 변화하고 있다(Weyland, 2005, 111~112). 좌·우파 정치인들의 상호 불신과 우려를 약화시켰고 좌파와 우파 사이에 정권교체도 가능하게 되었다(Weyland, 2005, 119). 또한 정치지도자들의 정책적 반응성과 책임성도 상대적으로 향상되었다. 국가 거시경제의 안정과 발전을 위한 경제정책과 시민들의 건강증진과 교육확대를 위한 사회복지 정책에 합의하고 공동으로 대체하였다. 결과적으로 브라질 시민의 사회복지는 전반적으로 다소 향상되었다.[9]

좌파 노동당의 룰라 정부는 "의외의 신자유주의(neoliberalism by surprise)"를 추구하였다. 선거공약과 달리 분배 중심의 급진적인 개혁정책을 추구하기보다는 기본적으로 전통적인 자유주의적 거시경제 정책을 유지하였다. 선거공약과 다르게 분배정책보다는 재정적 안정화정책을 선택한 것이었다. 정부가 집권 과정에서 선거공약과 다른 정책을 추구할 경우에는 결과적으로 정치적 대표성의 의미와 질이 약화될 수 있다(Amaral and Others, 2008, 157, 158). 그럼에도 불구하고 룰라 정부의 신자유주의적 거시경제 정책과 사회복지 정책은 경제적 안정과 성장, 중산층의 확대를 초래하였다. 룰라 대통령에 대한 지지율은 78%(2008)로 상승하였다(Freedom in the World-Brazil, 2009).[10]

룰라 대통령은 경제안정과 성장 정책을 추진하는 과정에서 포고령 정치(decree politics)에 의존하였다. 그는 콜로르나 카르도주 대통령보다도 더 많이 비상 입법권을 행사하였다. 대통령의 포고령정치는 수평적 책임성(horizontal accountability)을 약화시키고 권위주의적 리더십을 조

---

9) 민주주의 질의 차원들이 상호 작용하고 있다고 볼 수 있다. 내재적 차원의 속성, 정치리더십의 특성이 환경적 차원의 속성, 사회복지에 영향을 준다.

10) 내재적 차원의 속성, 정부리더십과 환경적 차원의 속성, 경제안정과 성장의 상호 작용이다.

장할 개연성이 있다. 첫 번째 재임 4년 동안 240개의 대통령 비상 입법 포고령-매달 평균 5개-을 발동하였다. 브라질 의원들은 대통령 비상입법권에 대하여 헌법적인 견제장치를 제안하려는 움직임도 보이고 있다(Santos and Vilarouca, 2008, 71, 72).

브라질 의회에서 하원의 의석배분 방법 때문에 의회 대표성이 왜곡되어 있다. 연방제 국가인 브라질은 인구비례에 따라서 각 주에서 선출되는 하원의원 수를 제한하고 있다. 각 주는 하원의원을 최소 8명에서 최대 70명까지 선출할 수 있다. 결과적으로 인구가 적은 주의 대표성은 상대적으로 과장되고 인구가 많은 주의 대표성은 축소되었다. 예를 들면 사우 파울루 주 출신 의원은 로라이마(Roraima) 주 의원에 비교하여 35배의 주민 대표성을 갖고 있다(Hagopian, 2005, 140).

브라질 의회의 대표성은 의원들의 당적 변경으로 더욱 약화되었다. 집권연합 정부는 의회에서 안정적인 지지기반을 구축하기 위하여 야당 의원을 집권연합 참여 정당으로 당적을 바꾸도록 유인하였다. 이 경우에 대통령은 주정부 후원 권한으로 야당 의원에서 특혜적 지원을 약속하기도 하였다(Sola, 2008, 133). 그러나 대법원과 최고선거재판소는 2007년 11월 그러한 관행을 불법적이라고 금지시켰다(Sola, 2008, 136). 하원 의원의 직책은 개인의 문제가 아니라 정당에 소속되어 있다고 판시하였다.

브라질의 유연한 다당제는 소수당 출신 대통령의 집권연합 구성을 가능하게 한다(Weyland, 2005, 107). 그러나 정당들 다수는 일반적으로 조직적 기강이 취약하고 정책적으로 일관성 있는 태도를 갖고 있지 못하다. 정당들은 시민사회에서 다양하게 제기되는 수많은 요구들을 포괄적이고 일관된 공약이나 정책으로 수렴하지 못하고 있다. 결과적으로 시민사회의 이익표명 과정과 메커니즘도 발전하지 못하고 있다(Weyland, 2005, 105).[11)]

브라질의 민주주의 질은 내재적 차원에서 다소 긍정적으로 평가될 수 있을 것 같다. 민주선거와 정부교체의 제도화, 높은 수준의 선거참여도, 유권자의 정책지향적 투표행태, 정치엘리트의 이념적 유연성, 정책적 반응성과 책임성 향상, 최고 정치지도자에 대한 지지 등은 브라질의 민주주의 질을 높게 평가할 수 있게 한다. 반면에 브라질 시민의 정치적 신념의 모호성 또는 모순성, 정치적 대표성의 왜곡, 상대적으로 낮은 수준의 정당제도화, 대통령의 독단적인 포고령정치 등은 민주주의 질의 평가에서 부정적인 속성들이다. 결론적으로 내재적 차원에 긍정적인 속성들과 부정적인 속성들이 혼재하고 있음에도 긍정적인 속성들이 다소 강세를 보

---

11) 내재적 차원의 속성, 정당제와 환경적 차원의 속성, 시민사회의 상호 작용이다.

이고 있는 듯하다.

2. 외재적 차원

브라질 신민주헌법은 일반적으로 결사와 집회의 자유와 함께 파업권도 존중하고 있다. 또한 표현의 자유도 보장한다고 명시적으로 규정하고 있다. 그러나 군부체제에서 제정된 언론법(1967)이 아직도 유효하다. 브라질 법원은 고위 공직자들의 명예를 보호하기 위하여 언론검열을 지지하고 있다. 이는 시민의 정보권을 제한할 뿐만 아니라 언론인의 자기검열(self-censorship)을 조장하는 경향이 있다.

브라질에서 범죄혐의자와 범죄자의 인권침해가 고질적으로 광범위하게 이루어지고 있다. 수감자의 약 43%가 정식 재판을 받지 않고 구금되고 있다. 과밀하고 폭력이 난무하는 비인간적인 환경의 구치소는 인권침해의 온상이다. 브라질 의회는 조사를 통하여 연방 수감소에서 신체적 심리적인 고문이 자행되고 있다는 결론에 도달하였다. 1992년 10월 수감자 111명이 경찰 폭력으로 대량 학살되기도 하였다(Holston and Caldeira, 1998, 270). 거리의 치안을 담당하고 있는 군경찰은 시민에게 직접 강제력을 행사하는 경우가 빈번하게 발생하고 있다(Pereira, 2008, 196). 브라질 경찰은 제복의 순찰 군경찰과 평상복의 수사 민간 경찰로 구성되어 있고 헌법적으로 26개 주정부와 브라실리아의 연방지역의 관할권에 놓여 있다(Pereira, 2008, 190, 194). 그러나 군경찰의 통제권은 실질적으로 군이 관할하고 있다.

룰라 정부는 2003년 인권활동가보호조정 국가기구(NCPHRD)를 시민단체 지도자들과 함께 조직하고 인권침해를 감시하도록 하였다. 경찰과 교도관의 과잉 폭력과 고문 행위가 브라질 시민의 인권을 심각하게 위협하고 있다고 판단하였기 때문이다. 연방정부의 특별인권국은 국가고문방지통제위원회를 설치하였다. 2004년 헌법 개정에서 인권범죄를 연방범죄로 규정하였으나 아직까지 실효가 없다. 연방정부는 2006년 6월 고문 방지와 통제를 위한 국가위원회를 조직하기도 하였다.

브라질의 광범위한 인권침해에 대하여 브라질 사법부의 책임도 적지 않다. 사법부는 대체적으로 독립적이나 정치권력에 약하고 조직범죄에 무력하다. 과중한 업무와 고질적인 부패, 형식주의적 행태 때문에 사법적 정의를 효율적으로 실현하지 못하고 있다. 사법처리가 공정하지 못하고 시의적절하지도 못하다. 또한 시민들의 접근도 용이하지 못하다(Holston &

Caldeira, 1998, 274). 이 상황에서 법은 공평하게 집행되고 있지 않다. 특권층은 부당하게 면책되고 있으며 반면에 빈곤층이나 유색인은 부당한 법적용에 고통을 겪고 있다(Hagopian, 2005, 131). 특히 형사법과 민사법에서 면책과 배제의 이중적 편견으로 시민권은 왜곡되고 있다(Holston & Caldeira, 1998, 276). 결과적으로 브라질 시민은 사법부를 불신임하게 되었고 개인적 안전과 보호를 위하여 사적인 방법에 의존하려는 경향이 커졌다. 즉 "법의 사유화"가 초래되었다(Holston & Caldeira, 1998, 277).

브라질 사법부의 무력과 무능은 경찰의 부패와 폭력적인 인권침해를 조장하는 결과를 초래하였다. 브라질 경찰은 세계에서 가장 폭력적이고 부패하였다. 불법적인 고문, 살해나 즉결 처형을 감행하고 그 행위에 대하여 증거부족의 명분으로 면책되고 있다. 특히 경찰은 범죄자 소탕의 명분으로 대도시의 저소득층 주거지역에서 살인적인 폭력행위를 저지르고 있다. 또한 경찰이 비업무시간에 경찰 권한을 남용하거나 개인 보안회사에 근무하거나 또는 암살단체에 참여하여 활동하고 있다는 의혹도 제기되고 있다(Pereira, 2008, 201~202).

브라질에서 부패행위는 사법부와 경찰을 포함하는 정부기관들에서 광범위하게 공공연히 자행되고 있다. 그러나 신민주헌법의 투명성 원칙을 보장하고 실현할 반부패법이 부재하다. 브라질의 반부패 지수는 35.0로서 중남미 평균 40.3보다 낮다. 국제투명성 기구의 부패인식 지수(2007)는 179개 국가에서 72위에 머물고 있다. 특히 정부 물품 구매 입찰에 참여하는 기업들은 고질적인 부패 관행에서 예외가 될 수 없다. 신민주체제의 첫 번째 대통령 콜로르도 부패 혐의로 브라질 의회의 탄핵과정에서 사임하였다.

근래(2004~2008) 룰라 정부에서도 계속하여 부패스캔들이 폭로되고 있다. 노동당이 의회의원을 매수하거나 불법적 자금으로 의원들에게 선거자금을 제공하거나 또는 공공사업 관련하여 뇌물을 수수한 사건들이 보도되고 있다. 대통령 측근, 상원의장, 의회의원, 전직 주지사, 저명한 기업인 등이 연루되어 있다. 룰라 대통령과 정부의 지도력과 정당성을 약화시키고 정부의 정책적 반응성을 왜곡시키고 있다(Weyland, 2005, 99).[12]

민주화 과정을 주도한 브라질 군부는 신민주체제 수립 과정에서 강력한 정치적 영향력을 행사하였다. 군부는 제헌의회에서 특히 군 역할 축소, 국방부 신설, 국가안보원칙 파기, 군복무 지원제 채택 등을 강력하게 반대하였다. 신민주체제에서 군부의 정치적 영향력은 점차 축소되어 가고 있으나 국내 문제에 대한 개입의 기회와 여지는 남아 있다. 콜로르 대통령은 처

---

12) 근래 부패 스캔들에 대한 공식적인 조사와 청문회는 브라질 정부의 "수평선 책임성"이 어느 정도 작동하고 있다고 볼 수도 있다(Sola, 2008, 134).

음으로 군부개혁을 시도하였다. 그는 최고사령관으로서 군부의 정치적 영향력을 축소하려고 노력하였다(Hunter, 1994, 8, 9). 군 관할 정보기관과 국가안보위원회를 폐지하고 국방예산을 감축하였다(Hunter, 1998, 304).

그러나 부패혐의로 정치적 입지가 약화된 콜로르는 군 급여를 상향 조정하고 군 예산을 추가적으로 배분하기도 하였다(Hunter, 1994, 10). 사임한 콜로르 대통령을 계승한 프랑쿠 대통령의 무력과 무능은 다시 군부의 정치적 영향력을 증가시켰다. 군부는 정부정책을 반대하는 포고문을 발표하거나 공개적으로 위협적 행위를 과시하였다. 프랑쿠 정부의 일괄적 예산삭감 정책에서 군 예산을 제외하기도 하였다(Hunter, 1994, 11~12).

브라질 군부의 제도적 통일성과 기강은 점차 향상되고 있다. 군부의 최고 지도자들은 반란 장교들을 어느 정도 통제할 수 있는 리더십을 보여 주고 있고 정치개입에도 소극적인 태도를 보이고 있다(Weyland, 2005, 110). 상파울루의 제1군 수도사령부에서 2006년 5월 발생한 반란은 다수의 희생자를 내었지만 신속하게 진압되었다(Pereira, 2008, 203). 한편 군부는 국가안보와 법질서 유지의 명분으로 국내문제에 계속하여 개입하고 있다. 특히 군경찰(헌병)은 헌법적으로 민간 정부의 권위로부터 보호받고 있기 때문에 시민의 정치적 권리와 자유가 부분적으로 제한될 개연성이 있다(Hagopian, 2005, 129). 군경찰의 주요 업무는 일상적인 거리 순찰, 공공질서 감시, 범죄혐의자 체포 등이다. 군경찰은 명목상 주지사의 통제를 받는다. 그러나 군부가 군경찰의 예산, 훈련, 장비를 실질적으로 통제하고 있다(Pereira & Ungar, 2004, 271).

반면에 브라질의 공안(public security)은 불안정하고 악화되고 있다(Pereira, 2008, 10). 국가 공안기관들의 협력 부재 때문에 살인사건을 포함하는 범죄행위의 기소율과 유죄 판결률이 상대적으로 낮다(Pereira, 2008, 196~197). 특히 경찰과 검사는 중복적 권한과 그에 따른 갈등, 그리고 정보독점으로 불편한 관계에 있다(Pereira, 2008, 194~195). 국가 공안기관의 정치화도 공안기관의 자율성과 전문성에 걸림돌이 되고 있다. 공안기관의 행정직원들의 충원과 승진이 정치적 배려에 의하여 결정되는 경우가 많다(Pereira, 2008, 198~199). 카르도주 대통령은 1998년 공안정책을 조정하기 위하여 국가공안국(SENASP)을 설립하기도 하였다(Pereira, 2008, 190). 그럼에도 불구하고 브라질 국가 공안기관의 비효율성과 함께 무능하고 무력한 사법부, 불법적인 경찰폭력은 사회적 폭력의 확산을 직접적으로 조장하고 있다. 이 조건에서 법치와 시민권은 더욱 위축될 수밖에 없다(O' Donnell, Cullel & Iazzelta, 2004; 재인용 Pereira, 2008, 186).[13]

---

13) 외재적 차원과 환경적 차원의 속성들이 상호 작용하는 경우이다.

브라질의 민주주의 질은 외재적 차원에서 부정적으로 평가될 수 있을 것 같다. 무엇보다도 국가조직의 생존과 안정을 담보할 법치가 취약하다. 법치 실현을 주도할 사법부와 경찰, 기타 공안기관들이 무능하고 부패하거나 또는 정치화되어서 비효율적이다. 결과적으로 인권침해와 사회폭력이 만연하고 "법의 사유화"가 확산되고 있다. 한편 브라질 군부의 정치적 영향력은 다소 감소하였지만 치안유지를 담당하고 있는 군경찰의 활동은 국내문제에 대한 군부의 개입을 정당화할 수 있는 근거가 될 수도 있다. 이러한 외재적 차원의 부정적 속성들은 내재적 차원의 민주적 속성들을 직간접적으로 약화시킬 수 있다.

3. 환경적 차원

브라질 시민은 다양한 시민단체에 참여하고 있다(Hagopian, 2005, 148). 시민단체는 수적으로 1만여 개이며 수백만 시민을 거의 직접적으로 대표한다. 시민단체들은 다양하고 수많은 이슈에 관심과 요구를 표명하고 빈번하게 급진적이고 논쟁적인 행태를 보인다(Hochstetler, 2008, 52).

브라질의 역동적인 시민사회는 독립적인 언론매체와 함께 신민주체제 초기에 이미 정치계급의 전통적인 면책협약을 깨기 시작하고 있다(Weyland, 2005, 98). 시민단체들은 대중 항의 집회를 통하여 정부의 견제와 균형체계를 작동시켰다. 800여 개 이상의 노동단체, 종교집단, 전문직협회, 사회운동 단체 등이 콜로르의 탄핵을 요구하였다(Hagopian, 2005, 140). 시민사회가 "사회적 책임성(social accountability)"을 실현한 사례이다.

시민단체는 근래 룰라 정부에 대하여 실망하고 있다. 주요 정치인들이 연루된 부패 스캔들이 대의민주주의에 대한 그들의 의구심을 확인하여 주었다. 시민단체들은 룰라 정부의 부패 혐의를 강력하게 비난하였다. 20여 개 상부조직의 연합 시민단체들은 직접, 참여, 대의민주주의와 통신과 사법부에 대한 개혁안을 마련하였다(reforma política). 시민단체들은 정부 정책 과정에 보다 직접적으로 참여하고 압력을 행사할 수 있는 정치적 메커니즘을 원하고 있다(Hochstetler, 2008, 49, 51).

브라질에서 소수 언론 대기업이 다양한 언론매체를 장악하고 있다. 그로부(Globo) 기업은 거대 언론재벌로서 주요 텔레비전 방송, 케이블망, 라디오 방송, 인쇄매체 등을 소유 운영하고 있다. 에지또라 아브리우(Editora Abril) 기업은 잡지 산업을 지배하고 있다. 브라질 의회의원들과 언론매체 소유주들의 밀착관계는 언론의 독립성을 위협하고 있다. 인쇄매체가 정부 부패를 폭로하는 데 있어서 중심적인 역할을 하고 있으나 조직범죄, 부패, 면책문제들을 다루는 기자들은 빈번하게 위협을 받고 있다. 수천 건의 명예훼손 관련 민사, 형사 소송사건과 저발전 북부, 북동부 지역의 언론인들에 대한 물리적 위협과 폭력은 언론자유를 위협하고 있다. 군부체제에서 제정된 원격통신법과 언론법도 언론자유의 걸림돌이 되고 있다.

브라질은 자원부국으로 중남미 지역의 경제대국이다. 근래 안정적이고 지속적인 경제성장을 기록하고 있다. 특히 낮은 물가상승률—2007년에 3.6%—은 거시경제의 안정에 기여하고 있다. 브라질의 개인당 국내총생산(GDP)은 구매력 기준(PPP) 추산, 2005년 8,400달러에서 2008년 10,200달러로 증가하였다. 국내총생산에서 서비스업 65,3%, 산업 28%, 농업 6.7%가 차지하고 있다. 2003년에서 2007년 사이 최대 무역흑자를 기록하였고 1992년 이후 처음으로 정부재정 흑자를 달성하였다. 그러나 브라질의 경제자유 지수는 56.7(2009)로서 세계 국가들 중에서 105위, 중남미 지역 29개 국가 중에서는 21위이다. 이러한 낮은 수준의 경제자유는 개인의 경제적 활동의 기회와 범위가 제한되고 있다는 것이다. 개인적인 경제적 활동의 위축은 궁극적으로 개인의 정치적 자유와 시민권의 행사에도 영향을 줄 수 있다.[14]

브라질에서 소득불평등의 지니(Gini) 지수는 56.7(2005)이다. 근래 1998년 60.7에서 2004년 59.7로 지속적으로 다소 향상되고 있다. 2004년에 최하층 10%가 총 세대 소득의 0.9%, 최상층 10%는 44.8%를 차지하고 있다. 2007년에는 최하층 10%가 1.1%, 최상층 10%가 43%(2007)를 차지하고 있다. 브라질 인구의 31%(2005)가 빈곤층이다. 브라질 관련 사회경제적 불평등 지수들을 종합하여 판단할 때 아직도 주요 남미국가들과 비교하여 상대적으로 높은 수준이다.[15]

브라질에서 사회적 갈등의 원인은 복합적이다. 첫째, 전통적인 구세력과 근대적인 신세력으로 분열되어 있다. 교육수준이 낮고 구태의연한 대중은 "평등주의적·포용적·자아표현적인 근대적 가치들"을 수용하고 있지 못하다(Almeida, 2008, 240). 둘째, 사회경제적으로 소외되고 있는 대도시 빈민계층은 민주정치의 효능성에 대하여 냉소적이고 회의적이다(Perlman, 2008, 11~12). 결과적으로 도시빈민층은 정치참여가 저조하다(Perlman, 2008, 261).

셋째, 브라질의 사회적 편견과 갈등은 인종적 피부색에서도 기인한다. 흑인과 혼혈인이 차별받고 있다(Almeida, 2008, 251~252, 254). 인구조사(2000)에 의하면 흑인은 인구의 6%, 혼혈

---

14) 경제자유는 강압, 사기, 절도가 아닌 방법으로 획득한 상품이나 서비스를 생산, 거래, 소비하는 자유를 의미한다. 경제자유는 법치, 재산권, 계약 자유에 근거하고 특성적으로 국내외 시장개방, 재산권보호, 경제창의성 자유로 규정될 수 있다. 경제자유는 생활수준, 경제성장, 소득평등, 부패, 정치폭력과도 상관관계가 있다.

15) 남미국가의 소득불평등: 아르헨티나 51.3(2007), 우루과이 44.9(2003), 칠레 54.9(2003).

인(pardos, mulattoes)은 39%를 차지한다. 백인에 비하여 문맹률이 높고 사회적 신분상승의 기회가 상대적으로 적다. 또한 소득은 백인의 50%에도 미치지 못한다(Hagopian, 2005, 137). 살인범죄, 빈곤, 문맹 등으로 고통받고 있다. 브라질 흑인 지도자들이 인종적 차별과 빈곤 종식, 포괄적인 사회정책 실시를 요구하고 있다. 또한 인종차별 시정조치와 인종할당제도 주장하고 있다. 근래 브라질 정부의 인종차별 시정 정책은 흑인 민권운동의 역사적인 승리이다(Johnson III, 2008, 210~213).

브라질에서 매년 거의 5만 건의 살인사건이 발생하고 있다(Human Rights Watch, 2009). 총기에 의한 살인이나 사망 비율이 세계에서 가장 높다. 살인이나 사망은 대부분 불법적인 마약거래와 관련이 있다. 무법지대와 다름이 없는 농촌지역에서 원주민과 농민 노동자는 토지분쟁으로 협박과 폭력에 직면하고 있다. 한편 도시에서도 폭력 및 마약 범죄 집단이 준동하고 있으나 경찰이 효과적으로 통제하고 있지 못하다. 도시화, 경제자유화, 경제성장의 지체는 극심한 빈곤과 극명한 불평등을 초래하였다. 이는 결과적으로 사회적 불안정과 폭력을 초래하고 있다(Pereira, 2008, 186).

브라질 시민 다수는 극심한 빈곤 때문에 교육 수준이 낮다. 또한 다수의 시민들은 제도권 경제에서 노동을 할 수가 없다. 결과적으로 실업보험이나 고령보험 등의 사회적 권리를 누리지 못하고 있다(Hagopian, 2005, 137). 카르도주 대통령(1995~2000)은 건강, 교육, 고령자와 장애인 지원 등과 관련된 사회복지 정책을 확대 실시하였다. 그리고 조건부 현금지원 정책들ー장학금 지원(Bolsa Escola), 구호식량 지원(Bolsa Alimentacao), 빈곤퇴치와 지역적 불평등 해소(Projeto Alvorada)ー도 실행하였다(Sola, 2008, 126). 특히 교육투자 확대는 학생들의 등록률을 높였다(Hagopian, 2005, 137).[16]

룰라 정부는 조건부 소득이전 프로그램(Bolsa Familia)을 더욱 확대 실시하였다.[17] 브라질 국민의 1/4이 현금지급을 통하여 생계보조의 혜택을 받게 되었다. 룰라 정부는 또한 사립대학의 빈곤층 학생들에게도 장학금을 제공하는 정책(Pro Uni)을 실시하였다. 카르도주 정부가 1996년 시작하고 룰라 정부가 확대한 모든 소득이전 정책은 결과적으로 소득불평등을 21%나 감소시켰다(Sola, 2008, 127).

---

16) "Projeto Alvorada(Project Dawn)"는 연방정부가 주정부, 시정부, 시민단체 등과 협력하여 브라질의 빈곤과 지역적 불평등 해소를 위하여 필요한 조건들을 조성하려는 정책이다.

17) "Bolsa Familia(Family Grant)"는 브라질 정부가 사회복지 정책의 일환으로 빈곤층과 원주민 가족을 조건적으로 현금 지원한다. 지원 조건은 자녀들을 학교에 보내고 예방접종을 받도록 한다는 것이다.

한편 국제사회의 시대적 변화는 브라질의 민주주의 체제화를 주도한 정치엘리트에게 압력으로 작용하였다(Weyland, 2005, 113). 20세기 말의 공산주의 일당체제의 몰락과 냉전종식은 이념적 갈등을 약화시켰고 민주주의에 대한 국제적 지지와 지원은 더욱 강화되었다. 미국은 주도적으로 민주주의 국가들에 대하여 적극적인 지지와 지원 정책을 추구하였다(Weyland, 2005, 116~117). 더욱이 브라질은 세계경제 질서에 통합됨으로써 주변 민주국가들의 영향력을 더 많이 받게 되었다. 특히 남미경제공동체(MERCOSUR)는 민주주의의 집단적 방위조직이기도 하다(Weyland, 2005, 119).

민주주의를 지지하는 세계적·지역적 시대정신이 확산되고 세계의 65% 국가가 선거민주주의를 실현하면서 국제사회에서 권위주의적 성향과 향수의 정당성도 쇠퇴하였다. 브라질의 주류 정치에서 반민주적 정서의 공개적 구호가 실질적으로 사라졌다(Power, 2008, 103). 또한 브라질 정부는 국제연합(UN)의 장애인 권리협약을 비준하였고 국제연합 고문금지위원회와 인권위원회의 권고안을 실행하겠다고 약속하였다.

반면에 브라질의 재정적 대외 의존은 정부의 정책적 자율성을 제한하고 있다. 외국 투자자의 이익을 충족시키는 것과 브라질 시민이 선호하는 이익을 위하여 노력하는 것 사이에 긴장과 갈등이 야기될 수 있기 때문이다. 브라질의 고질적인 과도한 대외 부채는 국가예산 균형, 환율, 이자율 등과 관련하여 채권국가나 다국적 기업의 개입을 초래하였다. 결과적으로 브라질 정부의 정책적 자율성이 다소 축소되었다. 브라질의 대외 부채와 그 관리로 인한 국제금융시장 의존은 재정정책과 지출 우선순위 결정에서 대통령의 선택을 제한하고 있다(Amaral, Diniz, Kingston & Krieekhaus, 2008, 139).[18]

브라질의 민주주의 질은 환경적 차원에서 전반적으로 부정적으로 평가될 수 있을 것 같다. 참여민주주의를 지향하는 브라질 시민단체의 사회적 책임성, 경제안정화, 흑자무역, 소득불평등 개선, 소득이전 정책을 통한 소득 증대, 민주주의와 인권에 대한 국제적 지지와 지원 등은 브라질 민주주의의 질적 향상에 기여하는 환경적 속성들이다. 반면에 정언유착, 언론인에 대한 위협, 경제자유의 제한, 상대적으로 높은 수준의 사회경제적 불평등, 세대, 계층, 인종 사이의 복합적 사회갈등, 사회적 불안정과 폭력, 낮은 수준의 사회복지, 그리고 높은 경제적 대외 의존도에 따른 국가자율성의 제한 등은 민주주의 질을 약화시키는 속성들이다. 이러한 환경적 속성들은 또한 내재적·외재적 차원의 민주적 속성들에 직·간접적으로 부정적인 영향을

---

18) 환경적 차원의 속성, 대외부채가 내재적 차원의 속성, 정치리더십에 영향을 준 경우이다.

미칠 수 있다.

　결론적으로 제한된 관련 자료에 근거하여 브라질의 민주주의 질은 총체적으로 낮은 수준에 머물고 있다고 볼 수 있다. 내재적 차원의 민주성은 일반적으로 강화되는 방향으로 다소 개선되고 있는 것 같다. 반면에 외재적·환경적 차원의 부정적인 속성들은 오히려 내재적 차원의 민주성을 제한 또는 훼손하고 있고 또한 앞으로 그렇게 할 개연성을 갖고 있다고 추측할 수 있다. 따라서 내재적 차원의 개선도 중요하지만 외재적 차원의 부정적인 속성들의 개선이 보다 절실하다. 특히 브라질 사법부와 경찰에 대한 개혁정책을 추진할 수 있는 정치지도력이 우선적으로 요구된다.

닫는 장
민주주의 심화와 확산을 위하여

I. 민주화 연구의 결론

　민주화는 정치적 자유와 시민권의 규범과 원칙에 기초한, 권력관계의 실천적 재구조화 또는 체제화이다. 따라서 민주화 과정은 자유와 시민권에 근거하는 민주주의체제의 실현을 목적으로 다양한 사회적·정치적 집단과 세력들이 갈등하고 투쟁하는 과정이다. 정치체제의 관점에서 민주화 과정은 정치체제 사이의 변화 과정이다. 기존의 비민주체제가 붕괴되고 신민주체제가 수립되고 민주주의가 확대되고 심화되고 궁극적으로 공고화되는 과정이다. 민주화는 비민주체제의 정치적 긴장과 갈등, 위기에서 기원한다. 비민주체제는 유형적으로 다양하게 구분할 수도 있지만 궁극적으로 권력독점과 정치탄압에 근거한다고 볼 때 포괄적으로 권위주의체제라고 범주화하여도 무리가 없다. 그리고 권위주의체제는 통치 집단에 따라서 일인, 일당, 군부, 인종 등 하위 정치체제를 유형화할 수 있다.

　군부권위주의체제는 특성적으로 다른 유형보다도 체제위기와 붕괴의 개연성이 특별히 높은 체제이다.[1] 군은 국가안보와 국민보호를 위하여 합법적으로 폭력수단을 소유, 관리하는 특수한 사회적 집단이다. 이 집단의 통치권 행사는 사회적 협약을 정면으로 도전하고 무시하는 것이다. 군부통치는 어떠한 목적이나 명분으로도 정당화될 수 없는 행위이다. 군부체제는 태생적으로 정통성위기의 모순적인 체제이다. 군부는 정치개입의 목적을 성공적으로 실현하여도 또는 실패하여도 통치권 유지를 위한 명분을 상실한다. 군부는 체제정통성을 유지하기 위하여 경제성장을 추구하지만 그 경제성장이 수반하는 사회정치적 다원화와 동원화는 결과적으로 정치탄압을 초래하고 궁극적으로 체제정통성을 약화시킨다. 이는 더욱 높은 단계의 경제발전 또는 근대화를 경험하고 있는 군부체제가 더욱 불안정할 수 있다는 것을 의미한다.

　군부권위주의체제는 정통성위기를 극복하기 위하여 정치탄압이나 정치자유화 또는 전쟁 등과 같은 정책을 추구할 수 있다. 정치탄압은 오히려 체제의 비정통화를 촉진할 수 있다. 정치자유화는 체제정통성의 제고에 도움이 되지만 반체제세력이 결집하고 도전할 수 있는 기회가 될 수도 있다. 또한 전쟁을 통하여 국민의 관심과 애국심을 촉발하여 일시적으로 체제의 정당성을 도모할 수 있다. 그러나 전쟁의 비용은 막대할 수 있고 그 결과는 예측불허이다. 전

---

1) 사례국가들 중에서 군부권위주의체제는 브라질에서 20년, 아르헨티나 13년(6년과 7년), 칠레 15년, 우루과이 11년, 한국 25년 동안 유지되었다. 반면에 비군부권위주의체제는 멕시코(일당)에서 71년, 스페인(일인) 36년, 남아프리카공화국(인종) 45년 동안 유지되었다.

쟁 패배는 군부체제의 종식과 군조직의 와해를 뜻할 수도 있다. 군부체제는 정통성위기의 심화 과정에서 전략적인 딜레마의 상황에 직면하게 된다. 특히 경제성장과 발전을 급격하게 실현하고 있는 군부체제의 딜레마는 상대적으로 더욱 심각하다.

군부권위주의체제의 위기는 '군부통치'의 조건 때문에 더욱 심화된다. 군의 정치적 개입은 군조직을 다중적으로 분열시킨다. 군사 쿠데타 지지세력과 반대세력, 군사정부와 군제도, 안보세력(security community)과 정규세력 등으로 분열되고 갈등한다. 군부체제에서 정치탄압을 주도하는 안보세력의 득세와 특권은 군조직의 위계질서와 기강을 와해시킬 수도 있다. 결과적으로 군제도의 유지와 생존까지도 위협할 수 있다. 이는 궁극적으로 국가안보에 치명적인 결과를 초래할 수도 있는 것이다. 이 상황에서 군부는 정권이양을 고려할 수 있다. 군부는 정치적 리더십과 영향력의 수준에 따라서 체제이행을 실현하게 된다. 정치자유화를 통하여 점진적으로 민주적 체제이행을 주도할 수도 있다. 또는 즉각적으로 정치자유화와 정권이양을 실현하여 신민주정부를 수립할 수도 있다.

민주화 과정은 정치적 계기와 단계로 이루어진다. 일반적으로 군부권위주의체제 위기, 군부체제 붕괴, 신민주협약, 신민주헌법 제정, 기초 민주선거, 신민주정부 수립, 민주주의 체제화, 그리고 민주주의 공고화 등을 포함한다. 이 과정에서 특히 신민주정부의 수립은 중요한 계기가 된다. 신민주정부는 그 리더십과 성격에 따라서 민주주의 체제화의 방향과 내용을 결정할 수 있고 결과적으로 민주주의 공고화에 영향을 줄 수도 있기 때문이다.

민주주의 체제화는 신민주체제의 권위주의적 유산의 속성, 제도, 절차, 세력을 축소 약화시키는 한편 동시에 민주주의의 속성, 제도, 절차, 세력을 확대 강화하는 과정이다. 구체적으로 권위주의 유산을 정리하는 한편 민주주의 개혁을 통하여 시민권에 근거하여 민주적 질서를 수립하고 완성하는 과정이다.[2] 민주주의 공고화는 민주주의 체제화를 통하여 초래된 구조와 질서가 규칙적·반복적·지속적으로 작동하고 실천되는 과정이다.

신민주체제는 제3 민주화물결에서 새롭게 생성된, 새로운 유형의 정치적 질서이다. 신민주체제의 본질적인 특성은 정치적 이중성(duality)과 유동성(fluidity)이다. 신민주체제는 과거의 권위주의적 질서와 새롭게 실현되고 있는 민주적 질서가 혼재하고 있는 이중적인 질서이다. 특히 인권유산을 포함하여 정치적 제도, 정책, 행태, 이념, 구조 등에서 다양하고 광범위한 권위

---

2) 민주주의 체제화는 개념화에 따라서 민주주의 공고화(consolidation)의 부분일 수도 있다. 즉, 민주주의 공고화를 "선거민주주의"−신민주체제−의 완성(completion)으로 정의하는 경우이다(Schedler, 1998, 98~100). 그러나 민주주의 체제화는 자유민주주의체제의 공고화는 아니다.

주의 유산의 영향을 받고 있는 것이다. 권위주의와 민주주의의 이념과 세력이 대립적으로 국가, 정치사회, 시민사회를 관통하고 있다. 권위주의적 보수 세력과 민주적 개혁세력이 공존, 갈등, 타협의 조건에서 권위주의 유산을 정리하고 민주주의 체제화를 실현하고 있는 체제라고 할 수 있다.

민주화 과정에서 권위주의체제 유산의 정리는 민주주의 체제화와 공고화를 위한 필수조건이다. 군부권위주의체제 유산의 정리문제는 군부를 포함하는 권위주의적 보수 세력에 대하여 신민주정부와 민주적 개혁세력이 어떻게 대처하느냐에 달려 있다. 특히 신민주정부의 지도력과 도덕성, 조직적·여론적 지지기반, 정책적 효능성과 효과성, 구조적 환경 등이 군부체제 유산의 청산정책과 과정에 직접적인 영향을 미친다.

인권유산 정리정책은 신민주체제의 민주주의 체제화 – 권위주의 유산정리와 민주개혁 – 또는 궁극적으로 민주주의 공고화에 영향을 미친다고 할 수 있다. 예를 들면 아르헨티나와 칠레의 개혁적 기소정책은 법치의 실천과 사법부의 독립성·전문성·이념성에 근거한다. 그러나 권위주의적 관행과 잔재, 민주적 제도와 절차가 혼재되어 있는, 모순적이고 이중적인 신민주체제에서는 그러한 사법적 조건과 역량이 일반적으로 미흡하다. 진실규명을 통하여 사법적 책임을 묻고 처벌을 추구하는 기소정책은 결과적으로 정부와 군부, 정부와 사회, 정부 내의 3부에서 권위주의적 보수 세력과 민주적 개혁 세력 사이에 긴장과 갈등을 조장하기도 한다. 이는 결과적으로 신민주체제의 민주주의 체제화와 공고화를 협소화하고 지체시킬 수도 있다.

민주화 과정에서 제기된 권력구조 – 정부형태 – 의 개혁은 현상유지적인 적실주의보다는 실험적인 개혁주의에 근거하는 것이 바람직하다. 대통령제든 의원내각제든 정부형태의 성패는 특정 민주화 국가 – 특히 높은 단계의 경제발전을 실현하고 있고 또한 자부하는 – 의 정치제도 자체나 사회적·정치적·경제적·문화적인 현실보다도 그 제도를 선택한 정치지도자를 포함하는 정치세력과 참여적 시민들의 의지와 노력에 달려 있다. 그들이 민주주의의 본질과 조건을 이해하고 그 체제화와 공고화를 위하여 스스로 실천적 노력을 하지 않는 한 어떠한 형태의 민주정부에 대한 논의와 선택도 무의미하다. 그들의 발전적 의지와 실천적 노력만이 새로운 정부형태의 제도적 개연성을 현실적 필연성으로 전환시킬 수 있다.

한국대통령제의 문제는 정부형태 선택의 문제 이상이다. 전반적인 정치권력구조의 개편문제이고 헌법적 문제이다. 대통령제냐 의원내각제냐 논쟁 이전에 현행 대한민국헌법을 재검토하는 것이 필요하다. 헌법에서 민주주의 가치, 규범, 원칙들은 명백하게 선언되고 있으나 그것들의 실현을 위하여 필요한 제도적 조건과 관계들이 모호하게 규정되어 있다. 이는 헌법제정 이후 9차에 걸쳐서 비민주적 세력들을 포함하는 정치집단들이 그들의 이해관계에 따라서 헌법개정을 주도하였기 때문이다. 결과적으로 헌법은 특히 제도적인 측면에서 민주주의헌법이라고 평가하기는 미흡하다. 따라서 정부형태의 선택문제와 함께 헌법을 민주적 가치와 논리에 충실하게 개편하거나 소위 '신민주헌법'을 새로이 제정해야 할 것이다. 이를 위하여 헌법개정 또는 헌법제정을 위한 '시민대토론회'를 개최하고 '국민적 합의'를 모색하는 노력이 필요하다.

민주화 과정에서 정치부패의 문제는 체제정통성과 직결되어 있다. 정치부패는 권위주의체제의 관행적 유산일 뿐만 아니라 신민주체제에서 자생하는, 민주주의를 부정하는 자해 행위이다. 신민주체제에서는 현실적으로 권위주의의 정치적 관행과 제도적 잔재가 존속하고 있고 민주적 규범화와 제도화가 미흡하고 유동적이기 때문에 정치부패에 대한 감시, 방지, 처벌에 있어서 정치적·정책적 일관성과 효율성이 자유민주주의체제에 비하여 상대적으로 미흡하다. 특히 선거 제일주의와 개혁 지상주의에 집착하는 신민주정부의 리더십은 민주화 과정에서 스스로 합의한 법제도적 장치와 절차를 왜곡하거나 무력화시킬 수도 있다. 신민주체제에서 정치부패를 보다 효과적으로 방지되기 위하여 규범적으로 법치와 정치적 책임의 원칙이 우선적으로 전제되어야 하고 현실적으로 엄격하게 실천되어야 한다.

그러한 조건에서 정당제와 선거제가 시민의 정치적 자유와 권리를 가능한 제한하지 않는 조건에서, 그리고 정치비용을 최대한 축소 지원할 수 있는 방향으로 개혁되고 실천되어야 한다. 그러한 규범적·제도적 개혁과 그 실현 과정에서 정치지도자들은 직접적인 이해관계 때문에 그 의지와 실천에 한계가 있다. 따라서 시민사회의 관련 전문 집단들의 참여와 감시를 법제도적으로 보장하는 것이 중요하다. 무엇보다도 정치부패 방지를 위하여 민주주의 이념과 논리에 충실한 '신민주주의 헌법' 제정에 대한 논의가 우선되어야 한다. 그리고 교육 과정에서 민주주의에 대한 이론적·실천적 학습이 더욱 강조, 강화되어야 한다.

민주화 과정에서 생성되는 신민주체제 조건에서는 경제개혁 정책의 성과는 특정 신민주정부와 그 최고 정치지도자의 정치적 운명과 긴밀하게 직결되어 있다. 그리고 신민주정부의 경제개혁 정책이 긍정적 결과를 초래하든 또는 부정적 결과를 초래하든 신민주체제의 권위주의적 성격이 강화될 개연성은 높다고 할 수 있다. 경제개혁의 긍정적인 성과는 신민주정부와 그 지도자의 권력을 유지하게 할 뿐만 아니라 그 권력을 초법적으로 확대하고 강화하는 것을 가능하게 할 수 있다. 한편 경제개혁의 부정적인 결과는 단기적으로 특정 신민주정부와 그 지도자의 교체이며 장기적으로는 정부권력의 집중화·중앙화·관료화이다. 이는 신민주체제의 권위주의적 성격의 강화로서 민주적 개혁세력의 기대와는 다른 과정이고 결과이다.

민주화 과정과 함께 국제지역경제공동체가 구성되고 점차 확대, 강화되었다. 남미공동시장이 순수한 국제경제적 논리보다는 신민주정부의 정치적 의지와 지도력에 의하여 확대, 심화되어왔다고 평가할 수 있다. 그러한 관점에서 보면 남미공동시장의 미래는 당분간 다소 낙관적일 수 있다. 지역경제공동체 발전에 대하여 남미의 신민주정부 지도자들의 관심과 의지가 현재 공고하기 때문이다.

민주화 과정에서 한국의 정보화는 급속하게 확산되고 진화, 발전하고 있다. 그러나 국가와 정치사회의 대응은 다소 형식적이고 소극적이다. 그들은 대체적으로 상호 소통의 목적보다는 일방적인 선전과 홍보의 목적으로 첨단 정보통신망을 이용하고 있다. 텔레데모크라시의 실험을 진지하게 고려, 시도하고 있지 않다는 것이다. 오히려 정보독점과 정보왜곡에 오랫동안 익숙하였던 국가와 그 국가에 포섭되었던 정치사회는 가상공간(cyberspace)을 텔레데모크라시의 실험장이 아니고 정부와 정책의 일방적인 선전과 홍보의 공간으로, 또는 규제되어야 하는 또 하나의 통치영역으로 간주할 개연성이 크다.

반면에 시민사회의 시민단체들은 첨단 정보통신망을 통하여 국내와 세계에서 시민운동과 연대를 수차례 시도하였고, 결과적으로 시민사회의 능력화(empowerment)의 기회와 가능성을 확인시켜 주었다. 그러나 아직은 국가와 정치사회에 대하여 그 영향력과 자율성을 크게 제고하고 있지는 못하다. 따라서 민주주의 공고화에 대하여 정보화의 영향은 아직은 제한적이다. 그 제한적 상황을 극복하기 위하여 무엇보다도 시민단체들과 네티즌들의 주도적이고 적극적인 정보화전략과 그 실천이 중요하다.

민주화 과정에서 제기된 민주주의 질의 문제는 신민주체제의 민주주의 체제화와 공고화에 대한 기대와 실망에서 출발한다. 다두체제의 함의와 시사점에 근거하여 신민주체제의 민주주의 질을 다원적으로 접근할 수도 있다. 우선 신민주체제의 민주적 속성들을 정치체제 영역의 내재적 차원과 국가 영역의 외재적 차원으로 구분하는 것이 개념적 체계성과 명확성을 제고할 수 있다. 신민주체제는 기본적으로 국가조직에 묻혀 있는 정치체제로서 국가의 구조적 성격과 조건과 불가분의 관계에 있다. 또한 신민주체제의 존립과 작동은 또한 국가 외적 조건들의 영향에도 노출되어 있다. 이 조건들은 신민주체제의 환경적 차원으로 특정 국가의 민주주의 질에 대한 총체적 이해와 평가, 개선에 긴요하다.

브라질의 민주주의 질은 총체적으로 낮은 수준에 머물고 있다고 평가할 수 있다. 내재적 차원의 민주성은 일반적으로 강화되는 방향으로 다소 개선되고 있다고 볼 수 있다. 반면에 외재적·환경적 차원의 부정적인 속성들은 오히려 내재적 차원의 민주성을 제한 또는 훼손하고 있고 또한 앞으로 그렇게 할 개연성이 크다고 추론할 수 있다. 따라서 내재적 차원의 개선도 중요하지만 외재적 차원의 부정적인 속성들의 개선이 보다 절실하다. 특히 브라질 사법부와 경찰에 대한 개혁정책을 추진할 수 있는 정치지도력이 우선적으로 요구된다.

II. 민주주의 개념화의 문제

민주화 연구는 본질적으로 민주주의의 잉태, 생성, 변화에 대한 연구이다. 민주화 연구는 곧 민주주의 연구이다. 민주화 연구의 핵심적인 주제는 비민주체제의 위기, 민주적 체제이행, 민주주의 공고화, 민주주의 질 등이다. 그리고 민주주의 공고화의 문제와 관련되어 권력구조 개혁, 권위주의 유산 정리, 정치부패와 반부패 등이 논의되고 연구되고 있다. 이러한 연구주제를 공통적으로 관통하고 있는 중추적인(pivotal) 개념은 '민주주의'이다. 민주주의를 근원적으로 거론하지 않고는 민주화 연구의 주제들에 대한 논의, 논쟁을 한걸음도 진전시킬 수 없다. 민주주의에 대한 개념적 이해와 규정이 부실하거나 혼란스러우면 민주화 연구도 그럴 수밖에 없을 것이다. 민주주의 개념화에 대한 치밀한 고민과 고려가 없이 진행된 민주화 연구는 결과적으로 어떠한 목표에도 도달할 수가 없다

민주화 연구의 문제는 근원적으로 민주주의가 논쟁의 여지가 있는(contested), 평가적인(appraisive) 개념이라는 사실에 있다. 지금까지도 민주주의의 적합한 의미와 정의에 대하여 끝없는 논쟁이 이어지고 있다. 민주화 연구 관련 학자들도 그러한 논쟁에서 자유롭지 못하다. 그들은 오히려 그 논쟁을 보다 복잡하고 혼란스럽게 만들었다고 평가받을 수도 있다.

그들은 자신들의 시각, 연구목적·이념에 따라서 민주주의의 다양한 정의에 근거하여 민주화현상에 접근하고 있다. 민주주의를 단순히 선거 자체로 규정하기도 한다. 또한 선거, 투표권, 시민자유를 포함하는 "절차적 최소정의(procedural minimum definitions)", 효과적인 통치권 행사를 추가적으로 포함하는 "확장된(expanded)" 절차적 최소정의, 또는 사회경제적 평등을 기

준으로 하는 최대정의(maximalist definitions)에 근거하여 민주화를 논의하기도 한다. 뿐만 아니라 민주주의 질을 논의하는 학자들 일부는 민주주의를 정치체제의 차원을 넘어서 국가 차원까지도 포괄하는, 개념적 확장을 주장하기도 한다. 이는 비판적으로 "개념정의적 제리맨더링(definitional gerrymandering)"이라고도 할 수 있을 것이다.

뿐만 아니라 관련 학자들은 민주화 관련 주제들에 대한 논의 과정에서 다수의 다양한 유형의 민주체제를 제시하고 있다. 민주체제 유형화는 특히 부정적인 특성을 강조하는 경향이 있다. 예를 들면 "허약한(fragile)", "미성숙한(immature)", "불완전한(incomplete)", "형식적(formal)", "반자유적(illiberal)", "제한적(limited)", "반(semi)", "하자(flawed)", "후견(tutelary)", "위임(delegative)" 민주체제 등이 있다. 그 외에도 "선거(electoral)", "후기권위주의(postauthoritarian)" 민주체제 등 다양하게 특성화된 민주체제가 언급되고 있다. 이러한 유형화는 민주주의에 대하여 관련 학자 각자가 갖고 있는 개념적 이해와 정의, 그리고 현실세계의 민주체제에 대한 인식과 평가에 근거하고 있다.

민주화 연구에서 특히 체제유형화가 번창한 것은 민주화의 본질적인 현상이 체제이행(transition)−권위주의체제에서 민주주의체제로의−이기 때문이라고 할 수 있다. 민주적인 체제이행 과정에는 양극의 두 체제의 특성적 요소들이 혼재하는, "회색지대(grey zone)"에서 특성적으로 다소 모호한 체제들이 다양하게 생성될 개연성이 크다. 그러한 체제를 상대적으로 보다 "완전한(full)" 민주주의체제−예를 들면 자유민주주의체제−의 관점에서 본다면 미흡하고 결점이 있는 미완의 체제일 수밖에 없다.

쉐들러(Schedler, 1998, 12)는 민주주의 공고화에 대한 선행 논의를 정리하면서 다음과 같이 결론짓고 있다. "민주주의 공고화의 개념은 우리가 서 있는 곳(경험적인 관점)과 우리가 도달하려고 지향하는 곳(규범적인 지평)에 달려 있다." 연구자들이 어떠한 유형의 체제를 중심 또는 기준에서 어떠한 유형의 민주주의체제를 지향하느냐에 따라서 민주주의 공고화의 개념적 정의는 달라진다는 것이다. 예를 들면 선거민주체제의 기준에서 자유민주주의체제를 지향한다고 생각한다면 민주주의 공고화는 선거민주체제를 자유민주주의체제로 완성하는 과정이 되는 것이다. 반면에 자유민주주의체제를 동시에 현실적인 기준과 규범적인 지향점으로 생각한다면 민주주의 공고화는 자유민주주의체제가 신민주체제나 권위주의체제로 쇠퇴하는 것을 방지하는 것이다. 결론적으로 민주주의 공고화의 개념화는 민주주의에 대한 연구자의 이해와 지향점, 평가에 달려 있다는 것이다.

쉐들러의 결론은 민주주의 공고화에만 국한된다고 볼 수 없다. 민주화 연구의 주요 개념과 논제에 대하여도 타당한 결론이라고 할 수 있다. 관련 학자들은 각자의 경험적인 관점과 지향하는 규범적 가치에 따라서 민주주의를 포함하여 주요 개념들을 규정하고 유형화를 제시하면서 민주화현상을 분석 연구하고 있다고 할 수 있다. 이러한 개념적 다원성과 다양성의 조건에서는 논점의 모호성과 학술적 불통이 야기될 개연성이 크다. 결과적으로 민주화 연구의 주요 개념과 주제에 대한 논쟁은 아직까지도 해소될 기미를 보이지 않고 있다.[3]

Ⅲ. 민주화 연구의 과제

첫째, 민주화 연구는 민주주의 연구이다. 민주주의 개념은 다차원이고 다면적이며 또한 이념적이고 논쟁적인 복합개념이다. 따라서 민주화 연구는 최우선적으로 민주주의 개념을 명확하게 규정하고 그 규정의 근거와 구조를 밝히고 정당화하는 작업을 요구한다. 특히 민주주의를 어느 차원─상황(situation), 계기(moment), 정부, 체제, 국가─에서 논의할 것인가를 밝혀야 할 것이다. 그리고 연구 과정에서 그 개념적 차원과 정의를 치밀하고 일관되게 의식적으로 적용하는 것이 중요하다. 그러므로 개념적인 혼란을 피하고 학술적 소통을 제고할 수 있을 뿐만 아니라 논지의 설득력도 높일 수도 있을 것이다. 궁극적으로 관련 논쟁을 어느 정도 해소하고 학술적 축적도 이룰 수 있을 것이다.

둘째, 헌팅턴(Huntington, 1991)에 의하면 결론적으로 민주화물결에서 가장 중요한 변수는 경제발전과 정치적 리더십이다. "경제발전은 민주주의를 가능하게 하지만 정치적 리더십은 민주주의를 실현시킬 수 있다." "노련하고 단호한 리더들이 역사를 앞으로 전진시킬 수 있다."고 결론짓고 있다. 특히 정치적 리더십을 강조하고 있다(Huntington, 1991, 316). 이러한 관점에서 민주화 지도자(democratizers)들에게 민주화 과정의 단계와 현안에 대하여 전략적인 가이드라인(guideline)을 제시하고 있다.

민주화 과정에서 정치리더십의 중요성을 인정한다면 관련 학자들은 민주화물결을 주도한 지도자들─성공한 또는 실패한─에 대하여 더 많은 관심과 연구가 중요하다. 특히 민주화 과

---

3) 코스터포우러스(Costopoulos, 2010, xxvii)는 민주화의 주요 주제들─민주주의 공고화, 민주화 과정(sequencing), 체제이행, 민주주의 질─에 대한 논쟁이 해결되지 못하고 있다고 결론짓고 있다. 논쟁의 미해결은 민주화가 일반적으로 정치와 마찬가지로 "정밀과학(exact science)"이 아니라는 사실을 반영하고 있다고 주장한다(xxvii).

정의 계기와 단계에서 그들이 추구한 전략적 선택과 그 대안적 선택을 분석하고 각 선택의 의미와 결과—경험적인 또는 가상적인—를 개별적인 또는 비교적인 분석을 통하여 심도 있게 연구되어야 한다. 이러한 관점에서 민주화 연구자는 현상적인 서술보다는 "이론적 구성"을 추구해야 할 것이다. 즉, 민주화 지도자들의 특정한 역사적 선택에 대하여 잠재적인 대안들과 그 선택의 동기를 설명하는 것이 중요하다. "실제적으로 일어난 사건들만 서술하는 작업은 정치적으로 무력하다(Przeworski, 1980, 4)."

셋째, 민주화 연구의 주요 관심은 일반적으로 국가 또는 중앙정부 차원의 민주화 과정과 문제에 있다. 특정 국가 내의 하위 정치체계 또는 지방정부 차원의 정치체제적 변화에 대한 연구는 상대적으로 희소한 듯하다. 민주화물결이 모든 국가에 똑같은 정도의 영향력을 미칠 수 없듯이 특정 민주화 국가의 하위 정치적 단위나 지역에도 상황과 조건에 따라서 그 영향력이 다르게 나타날 수 있다. 따라서 특정 민주화 국가 내에 복수의 정치체제나 다른 수준의 유사한 정치체제들이 존재할 개연성이 있다. 그러므로 민주화 연구의 심화는 국가차원의 민주화가 지방차원의 정치와 정치체제에 미친 여파와 그 결과에 대한 보다 많은 관심을 요구하고 있다.

넷째, 민주화 연구에서 정보화가 민주화 과정—특히 민주주의 체제이행, 체제화, 공고화—에 미치고 있는 영향력에 대하여 진지한 접근과 심도 있는 논의가 절실하다. 특히 근래 세계적으로 급속하게 진전, 확산되고 있는 정보기술혁명은 이미 민주화 과정의 중요한 변수가 되었다. 정보기술혁명의 정치적 함의를 이해하고 고려하지 않는다면 민주화 연구는 미완의 작업으로 끝날 수도 있다. 이동통신기술혁명의 위력은 이미 한국의 촛불집회에서, 또한 북아프리카와 중동에서 일고 있는 재스민시민혁명에서도 나타났다. 정치적으로 깨어 있는 네티즌(netizen)의 동원화와 능력화는 기존의 정치질서를 파괴할 수도 있을 것이다. 결과적으로 새로운 유형의 정치와 정치체제—네티즌 참여민주주의(netizen democracy)(?)—가 초래될 수도 있을 것이다.

다섯째, 민주화 연구는 궁극적으로 민주주의연구이다. 민주화 연구를 통하여 민주주의와 그 메커니즘을 더욱 심도 있게 이해하고 민주주의 체제화와 공고화의 진전을 원한다면 민주화 연구의 범위를 신민주체제 국가들에 국한할 이유가 없다. 민주화의 선행연구에서 얻은 이론적인 통찰이나 경험적인 교훈을 비교적인 관점에서 선진민주주의 국가의 정치체제 연구에 적용하고 그 결과를 비교할 수도 있다. 또한 역으로 선진민주주의국가에 대한 연구 결과에 근거하여 신민주국가의 정치와 정치체제를 비교분석할 수도 있다. 신민주국가와 선진민주주의 국가의 상호 교차적인 비교연구는 결과적으로 민주주의 연구의 대상과 범위를 확장하고 민주주의에 대한 이해를 제고할 수 있을 것이다(Armony & Schamis, 2005, 114).

여섯째, 민주화 연구는 앞으로 중동과 북아프리카 지역에 대하여 더욱 많은 관심을 보이고 다른 지역과 체계적인 비교 논의와 분석을 주도해야 할 것이다. 민주화 연구가 그동안 남유럽과 중남미 국가들, 그리고 아시아의 몇몇 국가를 중심으로 활발하게 이루어져왔다고 할 수 있다. 이 과정에서 민주화에 대하여 개념적 이해, 이론적 통찰, 경험적인 지식과 교훈이 어느 정도 축적되어 있다고 할 수 있다. 지금까지 축적된 결과들이 지역성을 초월하여 보편적인 타당성(validity)을 어느 정도 갖고 있는가는 다른 상황과 조건에서 민주화물결을 경험하고 있는 중동과 북아프리카에서 검증받을 수도 있을 것이다.

참고문헌

Ⅰ. 한국문헌

강정인. 1996. 「정보사회와 민주주의: 전망과 검토」. 『정보사회와 그 문화와 윤리』. 한림과학원 엮음. 서울: 소화. 7~69.

구범모. 1992. 「14대 총선의 정치사회학적 의미」. 『선거와 한국정치』. 한국정치학회. 1~17.

김광수. 1997. 『선거와 선거제도』. 서울: 박영사.

김만흠. 1998. 「민주화와 권력구조: 지역주의적 군주권력에서 민주적 시민권력으로」. 『한국의 권력구조 논쟁』. 국제평화전략연구소. 풀빛. 61~106.

김명수. 1997. 「한국사회 부패현상과 성격」. 『부정부패의 사회학: 문민5년 반부패정책평가 보고서』. 김창국 외. 서울: 나남출판.

김병준. 1993. 「한국정치과정상의 정보통신기기 활용 실태」. 『정보사회와 정치과정』. 박재창 편저. 서울: 비봉출판사. 289~323.

김영명. 1986. 『제3세계의 군부통치와 정치경제』. 서울: 한울.

김영종. 1996. 『부패학: 원인과 대책』. 개정증보판. 서울: 숭실대학교 출판부.

김원중. 2005. 「청산 없는 과거청산?: 스페인의 사례」. 안병직 외. 『세계의 과거사 청산』. 서울: 푸른역사. 254~288.

김원호. 2005. 「중남미의 발전모델은 순환하는가?: 구조주의에서 포스트 워싱턴 컨센서스까지」. 『라틴아메리카연구』 vol. ⅩⅧ, no.1. 259~297.

김호진. 1990. 「1990년대의 정치제도-대통령제와 내각책임제」. 『산업사회와 한국정치의 과제』. 한국정치학회. 1~21.

김형준. 1996. 「시민사회의 정보화와 모뎀 민주주의」. 『다른 과학』 창간호. 서울: (주)사회평론. 43~44.

김형철. 2005. 「민주주의 개념과 측정지표: 경험적 비교연구의 맥락」. 『비교민주주의: 분석모형과 측정지표』. 김웅진 외. 한국외국어대학교. 89~122.

노병만. 1997. 「김영삼 정권 권력엘리트의 특성 분석」. 『한국정치학회보』 31집 2호(여름). 143~171.

모종린 · 임성학(2002). 「한국의 경제개혁: 무엇을 연구해야 하는가?」. 모종린 · 전홍택 · 이수희 편. 『한국경제개혁 사례연구』. 오름. 11~70.

박광주. 1992. 『한국권위주의 국가론』. 서울: 인간사랑.

박병수. 2004. 「신자유주의 경제재편의 사회적 수용과 국가의 역할: 아르헨티나 메넴 정부를 사례로」. 『라틴아메리카연구』 vol.17, no.4. 323~351.

박찬욱. 1994. 「선거 과정과 의회정치」. 안청시 외. 『전환기의 한국민주주의: 987-1992』. 서울: 법문사. 161~218.

박형준. 1997.「정보화사회론의 쟁점들」.『동향과 전망』. 한국사회과학연구소. 서울: 한울. 8~29.

안병직. 2005.「과거청산, 어떻게 이해할 것인가」. 안병직 외.『세계의 과거사 청산』. 서울: 푸른역사. 13~37.

양동훈. 2011.「민주주의 질(質)의 개념화와 평가: 다차원적 접근」.『사회과학 연구』27집 1호, 경성대학교 사회과학연구소(2월). 79~100.

양동훈. 2009.「브라질 신민주체제와 민주주의 질: 다차원적 관점」.『이베로아메리카』11권 2호. 269~309.

양동훈. 2008.「권위주의 인권유산 정리와 민주주의: 비교분석」.『한국정치학회보』42집 2호(여름). 45~65.

양동훈. 2007.「남미의 인권유산 정리 과정과 민주주의: 비교정치의 시각에서」.『라틴아메리카연구』. vol.20, no.4. 5~39.

양동훈. 2002.「정치부패의 문제와 민주주의 공고화: 정치제제 접근」.『한국정치학회보』36집 2호. 93~112.

양동훈. 2003.「브라질의 정치부패와 민주주의 공고화: 비교론적 시각에서」.『라틴아메리카연구』26집 2호. 291~314.

양동훈. 2001.「민주화 과정에서 정치부패의 문제: 한국사례와 관련하여」.『21세기 정치학회보』11집 2호. 1~14.

양동훈. 1999.「한국대통령제의 개선과 대안에 대한 재검토」.『한국정치학회보』제33집 3호(가을). 91~109.

양동훈. 1998.「대통령제 對 의원내각제 논쟁의 비판적 분석: 한국의 선택을 위한 함축성 모색」.『논문집』19집 1권. 경성대학교. 93~107.

양동훈. 1997.「대통령제와 민주주의 공고화의 문제: 브라질의 경우」.『사회과학연구』13집. 5~21.

양동훈. 1996a.「민주화와 권위주의체제 유산의 청산문제: 개념적 분석」.『한국정치학회보』30집 1호, 135~150.

양동훈. 1996b.「민주화와 권위주의체제 유산의 청산문제: 브라질과 아르헨티나 비교」.『라틴아메리카연구』9권, 171~194.

양동훈. 1994.「제3세계의 민주화 과정: 개념화의 문제」.『한국정치학회보』28집 1호. 451~481.

양동훈. 1991.「군부와 민주화: 브라질과 아르헨티나 비교분석」.『한국라틴아메리카학회 논총』제3호. 189~215.

양동훈. 1989.「남미의 군부와 민주화: 한 이론적 논의」.『부산정치학회보』제2호. 8~18.

원낙연. 1996.「텔레데모크라시의 실험들」.『다른과학』창간호. 서울: (주)사회평론. 40~42.

유석진. 1994.「정보화와 민주주의」.『전자민주주의연구원 제1회 세미나 발표 논문집』. 1~21.

유평준. 1993a.「정보통신기기가 한국의 정치 과정에 미치는 영향」.『정보사회와 정치과정』. 박재창 편저. 서울: 비봉출판사. 324~363.

_____. 1993b.「정보사회와 행정부 내 권력관계의 변화」.『정보사회와 정치과정』. 박재창 편저. 서울: 비봉출판사. 63~102.

이남희. 2005.「진실과 화해: 남아공의 과거청산」. 안병직 외.『세계의 과거사 청산』, 서울: 푸른역사. 146~188.

이내영·박은홍 지음. 2004.『동아시아의 민주화와 과거청산: 한국, 필리핀, 태국의 비교연구』. 서울: 아연출판부.

이명남. 1997.「한국에서 대통령제의 적실성」.『한국정치학회보』30집 4호. 229~246.

이정복. 1996.「정보화사회와 정치」.『정보화사회와 우리』. 최정호 외 지음. 서울: 소화. 286~346.

이유진. 1997.「PC통신, 인터넷과 한국의 전자민주주의 가능성에 대한 고찰」.『한국정치학회보』제31집 1호. 141~164.

이은영. 2000. 「부패방지법과 시민운동」. 『한국의 부패와 반부패정책』. 경상대학교 사회과학연구소 엮음. 서울: 한울아카데미.

이행. 1992. 「민주적 공고화와 대통령제 – 협의민주주의적 관점에서」. 『선거와 한국정치』. 한국정치학회. 391~417.

임혁백. 1990. 「한국에서의 민주화 과정분석: 전략적 선택이론을 중심으로」. 『한국정치학회보』 24집 1호 (1990). pp.51~77.

장상환. 2000. 「정경유착과 한국자본주의」. 『한국의 부패와 반부패정책』. 경상대학교 사회과학연구소 엮음. 서울: 한울아카데미.

조돈문. 2003. 「브라질 신자유주의 경제정책과 노동자의 삶의 조건: 워싱턴 컨센서스의 파산과 "정당성 전이" 효과」. 『라틴아메리카연구』 vol. Ⅹ Ⅵ, no.2. 93~124.

조희문. 1992. 「남미공동시장(MERCOSUR)형성과 지역경제통합」. 「한국라틴아메리카논총」 제4호. 153~ 187.

정성진. 2000. 「부패의 정치경제학: 맑스주의적 접근」. 『한국의 부패와 반부패정책』, 경상대학교 사회과학연구소 엮음. 서울: 한울아카데미. 36~94.

정영국. 1997. 「인터넷 활용과 국정여론 형성」. 『전자민주주의 연구원 제1회 세미나 발표 논문집』. 1~11.

최장집. 1993. 『한국민주주의의 이론』. 서울: 한울아카데미.

하봉규. 1992. 「대통령제의 비교체제이론적 접근-비교분석을 위한 개념의 모색을 중심으로」. 『선거와 한국정치』, 한국정치학회. 419~442.

Arterton, Christopher 지음. 한백연구소 편역. 1994. 『텔레데모크라시: 21세기 정보화시대의 정치혁명』. 서울: 거름.

Lim, Seng-Ho. 1998. 「Divided Government and Representative Democracy in Korea」. 한국정치학회 추계학술회의 발표 논문(9월).

Ronfeldt, David 지음. 홍석기 옮김. 1997. 『정보지배사회가 오고 있다』. 서울: 자작나무.

武田文彦. 1994. 「직접민주주의와 간접민주주의의 융합, 텔레데모크라시」. 『텔레데모크라시: 21세기 정보화시대의 정치혁명』. 크리스토퍼 아터턴 지음. 한백연구재단 편역. 서울: 거름. 351~377.

Ⅱ. 외국문헌

Alatas, Syed Hussein. 1990. *Corruption: Its Nature, Causes and Functions*. Aldershot, England: Ashgate Publishing Limited.

Alfonsín, Raúl. 1994. "Confronting the Past: 'Never Again' in Argentina." *Journal of Democracy*, Vol.4, No.1(January). 15~19.

Almeida, Alberto Carlos. 2008. "Core Values, Education, and Democracy: An Empirical Tour of DaMatt's Brazil." Peter R. Kingstone and Timothy J. Power, eds., *Democratic Brazil Revisited*. Pittsburgh, Pa.: The University of Pittsburgh Press. 233~256.

Alimonda, Hector. 1994. "Mercosur, Democracy, and Labor", *Latin American Perspectives*, vol.21, no.4(Fall). 21~33.

Almond, G. A. and Powell Jr., G. B. 1978. *Comparative Politics: A Developmental Approach*. Little, Brown.

Altman, David and Perez-Linan, Anibal. 2002. "Assessing the Quality of Democracy: Freedom, Competitiveness and Participation in Eighteen Latin American Countries." *Democratization*, vol.9, no.2(Summer). 85~100.

Alves, Maria Helena Moreira. 1985. *State and Opposition in Military Brazil*. Austin, TX: University of Texas Press.

Amaral, Aline Diniz, Peter R. Kingston, and Jonathan Krieekhaus. 2008. "The Limits of Economic Reform in Brazil." Peter R. Kingstone and Timothy J. Power, eds., *Democratic Brazil Revisited*. Pittsburgh, Pa.: The University of Pittsburgh Press. 137~160.

Ames, Barry, Andy Baker and Lucio R. Renno. 2008. "The Quality of Elections in Brazil: Policy, Performance, Pageantry, or Pork?" Peter R. Kingstone and Timothy J. Power, eds., *Democratic Brazil Revisited*. Pittsburgh, Pa.: The University of Pittsburgh Press. 107~133.

Apter, David E. 1977. *The Politics of Modernization*. Chicago: University of Chicago Press.

Argentine National Commission on the Disappeared. 1986. *Nunca Más: The Report of the Argentine National Commission on the Disappeared*. New York: Farrar Strause Giruux in association with Index on Censorship.

Armijo, Leslie Eliiot, Thomas J. Biersteker and Abraham F. Lowenthal. 1995. "The Problems of Simultaneous Transitions." Larry Diamond and Marc F. Plattner, eds., *Economic Reform and Democracy*. Baltimore: The Johns Hopkins University Press. 226~240.

Armony, Ariel C. and Schamis, Hector. 2005. "Babel in Democratization Studies." *Journal of Democracy*, vol.16, no.4(October). 113~128.

Baer, Werner. 2001. *The Brazilian Economy: Growth and Development*, 5th Edition, Westport, CT: Praeger Publishers.

Baloyra, Enrique. 1987. "Democratic Transition in Comparative Perspective." Enrique A. Baloyra, ed. *Comparing New Democracies: Transition and Consolidation in Mediterranean Europe and the Southern Cone*. Boulder, Colorado: Westview Press. 9~52.

Barros, Alexander de S. C. and Coelho, Edmundo C. 1986. "Military Intervention and Withdrawal in South America." Abraham F. Lowenthal and J. Samuel Fitch. *Armies and Politics in Latin America*. New York: Holms & Meier. 437~477.

Beetham, David and Sarah Bracking, Iain Kearton, and Stuart Weir, eds., 2002. *International IDEA Handbook on Democracy Assessment*. The Hague: Kluwer Law International.

Berger, Peter L. 1974. *Pyramids of Sacrifice: Political Ethics and Social Change*. New York: Anchor Books.

Binder, Leornard and Others. 1971. *Crises and Sequences in Political Development*. Princeton: Princeton University Press.

Blondel, Jean. 1972. *Comparing Political Systems*. New York: Praeger Publishers.

Brandenburg, Frank. 1970. "The Revolutionary Family." Paul E. Sigmund, ed. *Models of Political Change in Latin America*. New York: Praeger Publishers. 27~34.

Brasz, H. A. 1978. "The Sociology of Corruption." Arnold J. Heidenheimer, ed. *Political Corruption: Readings in Comparative Analysis*. Brunswick, New Jersey: Transaction Books. 41~45.

Brooks, Robert C. 1978. "The Nature of Political Corruption." Arnold J. Heidenheimer, ed. *Political Corruption: Readings in Comparative Analysis*. New Brunswick, New Jersey: Transaction Books. 56~61.

Burton, Michael G. & Higley, John. 1986. "Elite Settlements", Pre-publication Working Papers of the Institute of Latin American Studies, University of Texas at Austin, no.8701.

Cabrera, Ernesto. 1994. "The Damocles' Sword of the New Emerging Polyarchy: The Electoral College, Proportional Representation and the Increasing Factionalization of Electoral Competition in Argentina." Paper for the LASA XVIII International Congress, Atlanta, Georgia. 1~23.

Calvert, Peter, ed. 1991. *Political and Economic Encyclopedia of South America and the Caribbean*. Essex, UK: Longman Group UK Limited.

Carey, John M., Octavio Amorim Neto and Matthew Soberg Shugart, compiled. 1997. "Appendix: Outlines of Constitutional Powers in Latin America." Argentina; Brazil. Scott Mainwaring and Matthew Soberg Shugart, eds., *Presidentialism and Democracy in Latin America*. Cambridge: Cambridge University Press. 443~444.

Carothers, Thomas. 2002. "The End of the Transition Paradigm." *Journal of Democracy*, vol.13, no.1. 5~21.

Cesarini, Paola. 2004. "Legacies of Injustice in Italy and Argentina." Katherine Hite and Paola Cesarini, eds., *Authoritarian Legacies and Democracy in Latin America and Southern Europe*. Notre Dame, Indiana: University of Notre Dame Press. 159~190.

_____ and Hite, Katherine. 2004. "Introducing the Concept of Authoritarian Legacies." Katherine Hite and Paola Cesarini, eds., *Authoritarian Legacies and Democracy in Latin America and Southern Europe*. Notre Dame, Indiana: University of Notre Dame Press. 1~24.

_____ & Robinson, Claig H. 1986.

Child, Jack. 1990. "The Status of South American Geopolitical Thinking." G. Pope Atkins, ed. *South America into the 1990s: Evolving International Relationships in a New Era*. Boulder: Westview Press. 53~85.

Chilean National Commission on Truth and Reconciliation. 1993. *Report of the Chilean National Commission on Truth and Reconciliation*. vol.1. Trans. Philip E. Berryman. Notre Dame: University of Notre Dame Press.

Chu, Yun-han and Shin, Doh Chull. 2005. "South Korea and Taiwan." Larry Diamond and Leonardo Morlino, eds., *Assessing the Quality of Democracy*. Baltimore, Maryland: The Johns Hopkins University Press. 188~212.

Coggins, John and Lewis, D. S., eds., 1992. *Political Parties of the Americas and the Caribbean*. Essex, UK: Longman Group UK Limited.

Collier, David and Steven Levitsky. 1997. "Democracy with Adjectives: Conceptual Innovation in Comparative Research." *World Politics*, vol.49(April). 430~451.

Coppedge, Michael. 2007. "Thickening Thin Concepts: Issues in Large-N Data Generation." Gerardo L. Munck, ed. *Regimes and Democracy in Latin America: Theories and Methods*. Oxford: Oxford University Press. 105~122.

_____. 2004. "Quality of Democracy and Its Measurement." Gullermo O'Donnell, Jorge Vargas Cullell, Osvaldo M. Iazzetta, eds., *The Quality of Democracy: Theory and Applications*. Notre Dame, Indiana: University of Notre Dame Press. 239~248.

_____ & Reinicke, Wolfgang H. 1993. "Measuring Polyarchy." Alex Inkeles, ed. *On Measuring Democracy: Its Consequences and Concommitants*. New Brunswick: Transaction Publishers. 47~68.

Costopoulos Philip J. 2010. "Introduction." Larry Diamond, Marc F. Plattner, Philip J. Costopoulos, eds., *Debates on Democratization*. Baltimore: The Johns Hopkins University Press. xi~xxvii.

Cullel, Jorge Vargas. 2004a. "Democracy and the Quality of Democracy: Empirical Findings and Methodological and Theoretical Issues Drawn from the Citizen Audit of the Quality of Democracy in Costa Rica." Guillermo O'Donnell, Jorge Vargas Cullell, Osvaldo M. Iazzetta, eds., *The Quality of Democracy: Theory and Applications*. Notre Dame, Indiana: University of Notre Dame Press. 93~162.

Cullel, Jorge Vargas. 2004b. "Democracy and Theoretical Issues Drawn from the Citizen Audit of the Quality of Democracy in Costa Rica." Gullermo O'Donnell, Jorge Vargas Cullel, Osvaldo M. Iazzetta, eds., *The Quality of Democracy: Theory and Applications*. Notre Dame, Indiana: University of Notre Dame Press. 211~215.

Dahl, Robert A. 1971. *Polyarchy: Participation and Opposition*. New Haven: Yale University Press.

Daaler, Robert A. 1962. *The Role of the Military in the Emerging Countries*. The Hague: Mouton and Co.

Dahl, Robert A., ed. 1973. *Regimes and Oppositions*. New Haven: Yale University Press.

_____. 1971. *Polyarchy: Participation and Opposition*. New Haven: Yale University Press.

Dassin, Joan, ed. 1986. *Toture in Brazil: A Report by the Archdiocese of Sao Paulo*. Trans. Jaime Wright. New York: Vintage Books.

De Almeida, Maria Herminia Tavares. 2004. "State, Democracy, and Social Rights." Guillermo O'Donnell, Jorge Vargas Cullell, Osvaldo M. Iazzetta, eds., *The Quality of Democracy: Theory and Applications*. Notre Dame,

Indiana: University of NotreDame Press. 211~215.

Della Porta, Donatella and Alberto Vannucci. 1999. *Corrupt Exchanges: Actors, Resources and Mechanisms of Political Corruption*. New York: Aldine De Gruyter.

Della Porta, Donatella and Alberto Vannuci. 1997. "The 'Perverse Effects' of Political Corruption." Paul Heywood, ed. *Political Corruption*. Oxford, UK: Blackwell Publishers. 100~122.

De Souza, Amaury. 1999. "Latin America's Imperiled Progress: Cardoso and the Struggle for Reform in Brazil." *Journal of Democracy*, vol.10, no.3. 49~63.

Diamond, Larry and Morlino, Leonardo. 2005. "Introduction." Larry Diamond and Leonardo Morlino, eds., *Assessing the Quality of Democracy*. Baltimore, Maryland: The Johns Hopkins University Press. ix~xliii.

Diamond, Larry and Plattner, Marc F. eds., *Economic Reform and Democracy*. Baltimore: The Johns Hopkins University Press.

Diniz, Eli. 1986. "The Political Transition in Brazil: A Reappraisal of the Dynamics of the Political Opening." *Studies in Comparative International Development*, vol.X , no.2(Summer).

Dix, Robert H. 1982. "The Breakdown of Authoritarian Regimes." *Western Political Quarterly*, vol.35, no.4(December). 554~573.

Doig, Alan and Robin Theobald. 2000. "Introduction: Why Corruption?" Alan Doig and Robin Theobald, eds., *Corruption and Democratization*. London: Frank Cass. 1~12.

Domingo, Pilar. 1999. "Judicial Independence and Judicial Reform in Latin America." Andreas Schedler, Larry Diamond, and Marc F. Plattner, eds., *The Self-Restraining State: Power and Accountability in New Democracies*. Boulder: Lynne Rienner Publishers. 151~175.

Donnelly, Jack. 2003. *Universal Human Rights in Theory & Practice*. Second Edition. Ithaca, New York: Cornell University Press.

Dos Santos, T. 1980. "Economic Crisis and Democratic Transition in Brazil." *Contemporary Marxism*. no.1(Spring).

Drucker, Peter F. 1994. *Post-Capitalist Society*. New York: Harper Business.

Dullles, John W. F. 1980. *President Castello Branco: Brazilian Reformer*. College Station: Texas A & M University Press.

Easton, David. 1979. *A Systems Analysis of Political Life*. Chicago: The University of Chicago Press.

Editorial Universitaria de Buenos Aires. 1984. *Nunca Más: The Report of The Argentine National Commission on the Disappeared*. New York: Farrar Straus Giroux.

Epstein, Edward C. 1984. "Legitimacy, Institutionalization, and Opposition in Exclusionary Bureaucratic-Authoritarian Regimes: The Situation of the 1980", *Comparative Politics*, vol.17, no.1(October). 37~54.

Finer, S. E. 1978. "The Military and Politics in the Third World." W. Scott Thompson, ed. *The Third World: Premises of U. S. Policy*. Piscataway, NJ: Transactions Publishers.

Finer, S. E. 1962. *The Man on Horseback*. New York: Frederick A. Praeger.

Fitch, J. Samuel. 1988. "The Armed Forces and the Politics of Democratic Consolidation in South America." Abraham F. Lowenthal, ed. *Latin America and Caribbean Contemporary Record,* vol.V, 1985-1986. New York: Holmes & Meier Publishers, Inc.

_____. 1986. "Armies and Politics in Latin America: 1975-1985." Abraham F. Lowenthal and J. Samuel Fitch. *Armies and Politics in Latin America*. New York: Holms & Meier. 26~55.

Fleischer, David V. 2002. *Corruption in Brazil: Defining, Measuring, and Reducing*, Washington D. C.: The CSIS Press.

_____. 1997. "Political Corruption and Campaign Financing: Brazil's Slow Shift Towards Anti-Corruption Laws." Paper prepared for presentation at the DEM35 Panel "Corruption in Latin America

II: An Overview of the Practical Measures to Curb Corruption" of the XX International Congress of the Latin American Studies Association(LASA), Guadalajaria, Mexico, 17~19 April 1997. 1~23.

Floria, Carlos Aberto. 1987. "Dilemmas of the Consolidation of Democracy in Argentina." Enrique A. Baloyra, ed. *Comparing New Democracies: Transition and Consolidation in Mediterranean Europe and the Southern Cone.* Boulder, Colorado: Westview Press. 153~178.

Flynn, Peter. 1996. "Brazil: The Politics of the Plano Real." *Third World Quarterly*, vol.14, no.3. 401~426.

_____. 1978. *Brazil: A Political Analysis.* Boulder, Colorado: Westview Press.

Forsberg, Tuomas. 2003. "The Philosophy and Practice of Dealing with the Past: Some Conceptual and Normative Issues." Nigel Biggar, ed. *Burying the Past: Making Peace and Doing Justice After Civil Conflict.* Expanded and Updated. Washington, D. C.: Georgetown Universiaria Press. 65~84.

Frenkel, Roberto and Guillermo Rozenwurcel. 1996. "The Multiple Roles of Privatization in Argentina." Arend Lijphart and Carlos H. Waisman, eds., *Institutional Design in New Democracies: Eastern Europe and Latin America,* Boulder, Colorado: Westview Press. 219~233.

Garreton M., Manuel Antonio. 1994. Human Rights in Processes of Democratization, *Journal of Latin American Studies,* vol.26, part 1(February), 221~234.

Geddes, Barbara & Artur Ribeiro Neto. 1992(1999). "Institutional Sources of Corruption in Brazil." *Third World Quarterly*, vol.13, no4. 641~661.

Gillespie, Charles G. 1987. "From Authoritarian Crises to Democratic Transitions." *Latin American Research Review*, vol. X , no.3.

Girling John. 1997. *Corruption, Capitalism and Democracy.* London: Routledge Publisher.

Haggard, Stephan and Kaufman, Robert R. 1995. *The Political Economy of Democratic Transitions.* Princeton: Princeton University Press.

Hagopian, Frances. 2005. "Brazil and Chile." Larry Diamond and Leonardo Morlino, eds., *Assessing the Quality of Democracy.* Baltimore, Maryland: The Johns Hopkins University Press. 123-162.

Hague, Rod and Harrop, Martin. 2004. *Political Science: A Comparative Introduction.* 4th Edition. New York: Palgrave Macmillan.

Hansen, Roger D. 1971. *The Roots of Mexican Politics in The Politics of Mexican Development,* Baltimore: The Johns Hopkins Press. 133~172.

Harris, Richard L. 1982. "The Political Economy of Mixico in the Eighties." *Latin American Perspectives*, vol.IX, no.1(Winter). 13~15.

Hayner, Priscilla B. 2002. *Unspeakable Truths: Facing the Challenge of Truth Commissions.* New York: Routledge.

Heidenheimer, Arnold J. 1978b. "The Analysis of Electoral and Legislative Corruption." Arnold J. Heidenheimer, ed. *Political Corruption: Readings in Comparative Analysis.* New Brunswick, New Jersey: Transaction Books. 361~370.

Herz, John H. 1978. "On Reestablishing Democracy after the Downfall of Authoritarian or Dictatorial Regimes." *Comparative Politics*, vol.10, no.4(July), 559~562.

_____, ed. 1982. *From Dictatorship to Democracy: Coping with the Legacies of Authoritarianism and Totalitarianism.* Westport: Greenwood Press.

Heywood, Paul. 1997. "Political Corruption: Problems and Perspectives." Paul Heywood, ed. *Political Corruption.* Paul Heywood. Oxford, UK: Blackwell Publishers. 1~19.

Hite, Katherine and Morlino, Leonardo. 2004. "Problematizing the Links between Authoritarian Legacies and "Good"

Democracy." Katherine Hite and Paola Cesarini. eds., *Authoritarian Legacies and Democracy in Latin America and Southern Europe.* Notre Dame, Indiana: University of Notre Dame Press. 25~83.

Hochstetler, Kathryn. 2008. "Organized Civil Society in Lula's Brazil." Peter R. Kingstone and Timothy J. Power, eds., *Democratic Brazil Revisited.* Pittsburgh, Pa.: The University of Pittsburgh Press. 33~53.

Holston, James and Caldeira, Teresa P. R. 1998. "Democracy, Law, and Violence: Disjunctions of Brazilian Citizenship." Felipe Aguero and Jeffrey Stark, eds., *Fault Lines of Democracy in Post-Transition Latin America,* eds., Miami: North-South Center Press at the University of Miami. 63~296.

Hopkins, Jack W., ed. 1985. *Latin America and Caribbean Contemporary Record,* vol. III, 1983-1984. New York: Holms & Meier Publishers, Inc.

Horowitz, Irving Louis. 1982. *Beyond Empire and Revolution: Militarization and Consolidation in the Third World.* New York: Oxford University Press.

Hunter, Wendy. 1998. "Civil-Military Relations in Argentina, Brazil, and Chile: Present Trends, Future Prospects." Felipe Aguero and Jeffrey Stark, eds., *Fault Lines of Democracy in Post-Transition Latin America.* Miami: North-South Center Press at the University of Miami. 299~322.

Hunter, Wendy. 1994. "Contradictions of Civilian Control: Argentina, Brazil, and Chile in the 1990s." Presented at the XVIII International Congress of the Latin American Studies Association, Atlanta, Georgia, March 10~13.

Huntington Samuel P. 1997. "After Twenty Years: The Future of the Third Wave. *Journal of Democracy,* vol.8, no.4(October). 3~12.

_____. 1991. *The Third Wave: Democratization in the Late Twentieth Century.* Norman and London: University of Oklahoma Press.

_____. 1989. "The Modest Meaning of Democracy." Robert A. Pastor, ed. *Democracy in the Americas: Stopping the Pendulum.* New York: Holms and Meier. 11~28.

_____. 1984. "Will More Countries Become Democratic?" *Political Science Quarterly,* vol.99, no.2(Summer). 193~218.

_____. 1968. *Political Order in Changing Societies.* New Haven: Yale University Press.

Huser, Herbert C. 1994. "Reforma Militar y Revision del Pasado: The Civil-Military Relationship in Democratic Argentina." Prepared for presentation at the LASA XVIII International Congress, Atlanta, Georgia(March), 33~35.

Iazzetta, Osvaldo M. 2004. "Introduction." Guillermo O'Donnell, Jorge Vargas Cullell, Osvaldo M. Iazzetta, eds., *The Quality of Democracy: Theory and Applications.* Notre Dame, Indiana: University of Notre Dame Press. 1~6.

Instituto de Relaciones Europeo-Latinoamericanas. 1986. "A New Phase in Latin American Integration?: The 1986 Agreements between Argentina and Brazil." *Dossier* no.8(December). 1~30.

Ippolito, Gabriela. 2004. "In Search of a New Paradigm: Quality of Democracy and Human Development in Latin America." Gullermo O'Donnell, Jorge Vargas Cullell, Osvaldo M. Iazzetta, eds., *The Quality of Democracy: Theory and Applications.* Notre Dame, Indiana: University of Notre Dame Press. 168~175.

Jackman, R. W. 1976. "Politicians in Uniform: Military Governments and Social Change in the Third World." *American Political Science Review,* vol.70, no.4. 1078~1097.

Janowitz, Morris. 1964. *The Military in the Political Development of New Nations.* Chicago: The University of Chicago Press.

JJelin, Elizabeth. 1979. "Labor Conflicts under the Second Peronist Regime, Argentina 1973-1976." *Development and*

Change, vol.10. 233~257.

Jones, Mark P. 1997. "Evaluating Argentina's Presidential Democracy: 1983-1995." Scott Mainwaring and Matthew Soberg Shugart, eds., *Presidentialism and Democracy in Latin America*. Cambridge: Cambridge University Press. 259~299.

_____. 1995. *Electoral Laws and The Survival of Presidential Democracies*. Notre Dame: University of Notre Dame Press.

Karl, Terry Lynn. 1991. "Dilemmas of Democratization in Latin America." Dankwart A. Rustow and Kenneth Paul Erickson, eds., *Comparative Political Dynamics: Global Research Perspectives*. New York: Harper Collin Publishers Inc. 163~191.

Kaufman, Robert R. 1986. "Liberalization and Democratization in South America: Perspectives from the 1970s." Guillermo A. O'Donnell, Pilippe C. Schmitter, and Laurence Whitehead, eds., *Transitions from Authoritarian Rule: Comparative Perspectives*. Baltimore: The Johns Hopkins University Press. 85~107.

_____. 1977. "Mexico and Latin American Authoritarianism." Jose Luis Reya and Richard Weiner, eds., *Athoritarianism in Mexico*. Philadelphia: The Institute for the Study of Human Issues.

Key, Jr., V. O. 1978. "Techniques of Political Craft." Arnold J, Heidenheimer, ed. Political Corriuption: Readings in Comparative Analysis. New Brunswick: Transaction Books.

Kingstone, Peter R. and Power, Timothy J. 2008. "Introduction." Peter R. Kingstone and Timothy J. Power, eds., *Democratic Brazil Revisited*. Pittsburgh, Pa.: The University of Pittsburgh Press. 1~12.

Kritz, Neil J., ed. 1995a. *Transitional Justice: How Emerging Democracies Reckon with Former Regimes*. Vol. II: Country Studies. Washington, D. C.: United States Institute of Peace Press.

_____, ed. 1995b. *Transitional Justice vol. I: General Considerations*. Washington, D. C.: United States Institute of Peace Press.

_____, ed. 1995c. *Transitional Justice, vol. II: Country Studies*. Washington, D. C.: United States Institute of Peace Press.

Lagos, Marta. 2008. "Latin America's Diversity of Views." Larry Diamond and Marc F. Plattner, eds., *How People View Democracy*. Baltimore: The Johns Hopkins University Press. 59~73.

Lamounier, Bolivar. 1984. "Opening through Elections: Will the Brazilian Case Become a Paradigm?" *Government and Opposition*, vol.19, no.2(Spring). 167~177.

Langhammer, Rolf J. and Hiemenz, Ulrich. 1990. *Regional Integration among Developing Countries: Opportunities, Obstacles and Options*. Tubingen: J. C. B. Mohr. 1~102.

Langseth, Petter, Rick Stapenhurst and Jeremy Pope. 1999. "National Integrity Systems." Rick Stapenhurst and Sahr J. Kpundeh, eds., *Curbing Corruption: Toward a Model for Building National Integrity*. Washington D. C.: The World Bank. 127~148.

Layne, Christopher. 1994. "Kant or Cant: The Myth of the Democratic Peace." *International Security*, vol.19, no.2(Fall). 5~49.

Leaman, David E. 1994. "Populist Liberalization in Post-Authoritarian Argentina: Democratization, Liberalization, and the Transformation of Peronism in Argentine Politics, 1989-1993." Prepared for the 18th International Congress of the Latin American Studies Association, Atlanta, Georgia, March. 10~12.

Lechner, Norbert. 2004. "On the Imaginary of the Citizenry." Gullermo O'Donnell, Jorge Vargas Cullell, Osvaldo M. Iazzetta, eds., *The Quality of Democracy: Theory and Applications*. Notre Dame, Indiana: University of Notre Dame Press. 203~221.

Levitsky, Steven. 2000. "The 'Normalization' of Argentine Politics." *Journal of Democracy*, vol.11, no.2. 56~69.

Levy, Daniel & Gabriel, Szekely. 1983. *Paradoxes of Stability and Change*. Boulder, Colorado: Westview Press.

Lewis, Colin M. and Nissa Torrents. 1993. *Argentine in the Crisis Years(1983-1990)*, London: ILAS, The University of London. 73~89.

Liewen, Edwin. 1967. "Curbing Militarism in Mexico: A Case Study." Edwin Lieuwen. *Arms and Politics in Latin America*. Revised Edition, New York: Praeger Publishers. 101~121.

Lijphart, Arend. 1994. "Presidentialism and Majoritarian Democracy: Theoretical Observations." Juan J. Linz and Arturo Valenzuela, eds., *The Failure of Presidential Democracy:* vol.1, *Comparative Perspectives*. Baltimore: The Johns Hopkins University Press. 91~105.

Linz, Juan J. 1994. "Presidential or Parliamentary Democracy: Does It Make a Difference?" Juan J. Linz and Arturo Valenzuela, eds., *The Failure of Presidential Democracy:* vol.1, *Comparative Perspectives*. Baltimore: The Johns Hopkins University Press. 3~87.

_____. 1990. "The Virtues of Parliamentarism." Arend Lijphart, ed. *Parliamentary Versus Presidential Government*. Oxford: Oxford University Press, 1992. 212~216.

_____. 1982. "The Transition from Authoritarian Regimes to Democratic Political Systems and the Problems of Consolidation of Political Democracy." A paper presented at the IPSA Tokyo Round Table.

_____. 1978. *The Breakdown of Democratic Regimes: Crisis, Breakdown & Reequilibration*. Baltimore: The Johns Hopkins University Press.

_____. 1975. "Totalitarian and Authoritarian Regimes." Fred I. Greenstein and Nelson W. Polsby, eds., *Macropolitical Theory, vol.3 of Handbook of Political Science*. Reading, Mass: Addison-Wesley. 175~356.

_____. & Alfred Stepan. 1996. *Problems of Democratic Transition and Consolidation: Southern Europe, South America, and Post-Communist Europe*. Baltimore and London: The Johns Hopkins University Press.

_____. and Stepan, Alfred. 1989. "Political Crafting of Democratic Consolidation or Destruction: European and South American Comparisons." Robert A. Pastor, ed. *Democracy in the Americas: Stopping the Pendulum*. New York: Holms and Meier. 41~61.

Little, Walter. 1984. "Civil-Military Relations in Contemporary Argentina." *Government and Opposition*, vol.19, no.2(Spring). 207~224.

Loveman, Brian. 1994. "Protected Democracies and Military Guardianship: Political Transitions in Latin America, 1970-1993." Paper presented at the XVIII International Congress of the Latin American Studies Association, Atlanta, Georgia(March 9-13). pp.1~91.

_____ and Davies, Jr., Thomas M. eds., 1978. *The Politics of Antipolitics: The Military in Latin America*. Lincoln: University of Nebraska Press.

Macridis, Roy C. 1986. *Modern Political Regimes: Patterns and Institutions*. Boston: Little, Brown & Company.

Mainwaring, Scott. 1997. "Multipartism, Robust Federalism, and Presidentialism in Brazil." Scott Mainwaring and Matthew Soberg Shugart, eds., *Presidentialism and Democracy in Latin America*. Cambridge: Cambridge University Press. 55~109.

_____. 1995. "Brazil: Weak Parties, Feckless Democracy." Scott Mainwaring and Timothy R. Scully, eds., *Building Democratic Institutions: Party Systems in Latin America*. Stanford: Stanford University Press. 354~398.

_____. 1993. "Presidentialism, Multipartism, and Democracy: The Difficult Combination." *Comparative Political Studies*, vol.26, no.2, July. 198~228.

_____. 1986. "The Transition to Democracy in Brazil." *Journal of Inter-American Studies and World Affairs*, vol.28, no.1(Spring).

_____ and Timothy R. Scully. 1995. "Introduction: Party Systems in Latin America." Scott Mainwaring and Timothy R. Scully, eds., *Building Democratic Institutions: Party Systems in Latin America*. Stanford: Stanford University Press. 1~34.

Manzetti, Luigi. 1990. "Argentine-Brazilian Economic Integration: An EarlyAppraisal." *Latin American Research Review*, vol.25, no.3. 109~140.

_____. 1993-1994. "The Political Economy of MERCOSUR." *Journal of Interamerican Studies and World Affairs*, vol.35, no.4(Winter). 101~141.

Maolain, Ciaran O. 1985. Latin American Political Movements. New York: Facts on File Publications.

Margiotta, Franklin D. 1974. "Civilian Control of the Military: Patterns in Mexico." Presented to the Conference "Civilian Control of the Military: Myths and Reality in Developing Countries", sponsored by the State University of New York at Buffalo and the Inter-University Seminar on Armed Forces and Society, Buffalo, New York, October 18~19.

Marinz. Jose de Souza. 1996. "Clientilism and Corruption in Contemporary Brzail." Walter Little and Eduardo Posada-Carbo, eds., *Europe and Latin America. Political Corruption*. London: Macmillan Press Ltd. 195~218.

Markoff, John and Baretta, Silvio R. Duncan. 1985. "Professional Ideology and Military Activism in Brazil: Critique of a Thesis of Alfred Stepan." *Comparative Politics*, vol.17, no.2(January). 175~191.

Martins Luciano. 1986. "The Liberalization of Authoritarian Rule in Brazil." Guillermo O'Donnell, Philippe C. Schmitter, and Laurence Whitehead, eds., *Transitions from Authoritarian Rule: Latin America*. Baltimore: The Johns Hopkins University Press. 72~94.

Mazzuca, Sebastian L. 2004. "Democratic Quality: Costs and Benefits of the Concept." Gullermo O'Donnell, Jorge Vargas Cullell, Osvaldo M. Iazzetta, eds., *The Quality of Democracy: Theory and Applications*. Notre Dame, Indiana: University of Notre Dame Press. 249~259.

McGuire, James W. 1995. "Political Parties and Democracy in Argentina." Scott Mainwaring and Timothy R. Scully, eds., *Building Democratic Institutions: Party Systems in Latin America*. Stanford: Stanford University Press. 200~248.

McKinley, R. D. & Cohn, A. S. 1975. "A Comparative Analysis of the Political and Economic Performance of Military and Civilian Regimes: A Cross-National Aggregate Study." *Comparative Politics*(October). 1~30.

Merkel, Wolfgang. 2004. "Embedded and Defective Democracies." *Democratization,* vol.11, no.5(December), 33~58.

Middlebrook, Kevin J. 1986. "Political Liberalization in an Authoritarian Regime: The Case of Mexico." Guillermo O'Donnell, Philippe C. Schmitter, and Laurence Whitehead, eds., *Transitions from Authoritarian Rule: Latin America*. Baltimore: The Johns Hopkins University Press.

Middlebrook, Kevin J. 1980. "Notes on Transitions from Athoritarian Rule in Latin America and Latin Europe: A Rapporteur's Report." Working Papers, no.82, Latin American Program, The Wilson Center.

Mo, Jongryn and Chung-in Moon. 1999. "Korea After the Crash." *Journal of Democracy,* vol.10, no.3. 150~164.

Morlino, Leonardo. 2006. "'Good' and 'Bad' Democracies: How to Conduct Research into the Quality of Democracy." Derek S. Hutcheson & Elena A. Korosteleva, eds., *The Quality of Democracy in Post-Communist Europe*. London and New Your: Routledge. 5~27.

Morlino, Leonardo. 1987. "Democratic Establishments: A Dimensional Analysis." *Comparing New Democracies: Transition and Consolidation in Mediterranean Europe and the Southern Cone*. Boulder, Colorado: Westview Press. 53~78.

Munck, Gerardo L. 2009. *Measuring Democracy: A Bridge between Scholarship and Politics*. Baltimore: The Johns Hopkins University Press.

_____. 1994. "Argentina's New Critical Juncture?: The Menem Revolution in Comparative Perspective." Paper prepared for presentation at the XVIII International Congress of the LASA, Atlanta(March). 1~23.

Munck, Ronaldo. 1981. "The Labor Movement and the Crisis of the Dictatorship in Brazil." Thomas C. Bureau and Philippe Faucher, eds., *Authoritarian Capitalism: Brazil's Contemporary Economic and Political Development*. Boulder, Colorado: Westview Press. 219~238.

Naim, Moises. 1995. "Latin America: The Second Stage of Reform." Larry Diamond and Marc F. Plattner, eds., *Economic Reform and Democracy,* Baltimore: The Johns Hopkins University Press. 28~44.

Needler, Martin C. 1982. "Problems Facing Military Governments in Latin America." Robert Wesson, ed. *New Military Politics in Latin America*. New York: Praeger Publishers. 197~209.

Nelson, Joan M. 1995. "Linkages between Politics and Economics." Larry Diamond and Marc F. Plattner, eds., *Economic Reform and Democracy*. Baltimore: The Johns Hopkins University Press. 45~58.

Nordlinger, Eric A. 1977. *Soldiers in Politics: Military Coups and Governments*. Englewood Cliffs: Prentice-Hall, Inc.

_____. 1970. "Soldiers in Mufti: The Impact of Military Rule upon Economic and Social Change in the Non-Western States." *American Social Science Review*(December). 1131~1148.

O'Donnell, Guillermo. 2005. "Why the Rule of Law Matters." Larry Diamond and Leonardo Morlino, eds., *Assessing the Quality of Democracy*. Baltimore: The Johns Hopkins University Press. 3~17.

_____. 2004. "Human Development, Human Rights, and Democracy." Gullermo O'Donnell, Jorge Vargas Cullell, Osvaldo M. Iazzetta, eds., *The Quality of Democracy: Theory and Applications*. Notre Dame, Indiana: University of Notre Dame Press. 9~92.

_____. 1999. "Horizontal Accountability in New Democracies." Andreas Schedler, Larry Diamond, and Marc F. Plattner, eds., *The Self-Restraining State: Power and Accountability in New Democracies*. Boulder: Lynne Rienner Publishers. 29~51.

_____. 1994. "Delegative Democracy." *Journal of Democracy,* vol.5, no1. 55~69.

_____. 1986. "Introduction to the Latin American Cases." Guilllermo A. O'Donnell, Philippe C. Schmitter, and Laurence Whitehead, eds., *Transitions from Authoritarian Rule: Latin America*. Baltimore: The Johns Hopkins University Press. 3~18.

_____. 1979. "Tensions in the Bureaucratic-Authoritarian State and the Question of Democracy." David Collier, ed. *The New Authoritarianism in Latin America*. Princeton: Princeton University Press. 285~318.

_____. 1978. "Reflections on the Patterns of Change in the Bureaucratic-Authoritarian State." *Latin American Research Review*, vol.13, no.1. 3~38.

_____. 1973. *Modernization and Bureaucratic-Authoritarianism: Studies in South American Politics*. Berkeley: Institute of International Studies, University of California.

_____ & Schmitter, Philippe C. 1986. *Transitions from Authoritarian Rule: Tentative Conclusions about Uncertain Democracies*. Baltimore: The John Hopkins University Press.

O'Donnell, Guillermo, Jorge Vargas Cullel and Osvaldo M. Iazzetta(eds.), 2004, *The Quality of Democracy: Theory and Applications*. Notre Dame: University of Notre Dame Press.

O'Donnell, Gillermo, and Valenzuela, J. Samuel, eds., 1992. *Issues in Democratic Consolidation: The New South American Democracies in Comparative Perspective*. Notre Dame: University of Notre Dame Press.

Owen, John M. 1994. "How Liberalism Produces Democratic Peace." *International Security*, vol.19, no.2(Fall). 87~125.

Pederira, Fernando. 1975. "Decompression in Brazil?" *Foreign Affairs*, vol.53, no.3(April).

Pena, Felix. 1992. "The Mercosur and its Prospects: An Option for Competitive Insertion in the World Economy." The Institute for European-Latin American Relations, ed. *Prospects for the Processes of Sub-Regional Integration in Central and South America*. Madrid: Rumagraf S. A. 97~110.

_____. 1993. "Strategies for Macroeconomic Coordination: Reflections on the Case of Mercosur." Peter H. Smith, ed. *The Challenge of Integration: Europe and The Americas*. Coral Gables: The North-South Center, University of Miami. 183~199.

Pereira, Anthony W. 2008. "Public Safety, Private Interests, and Police Reform in Brazil." Peter R. Kingstone and Timothy J. Power, eds., *Democratic Brazil Revisited*. Pittsburgh, Pa.: The University of Pittsburgh Press. 185~208.

_____ & Ungar, Mark. 2004. "The Persistence of the Mano Dura: Authoritarian Legacies and Policing in Brazil and the Southern Cone." Katherine Hite and Paola Cesarini, eds., *Authoritarian Legacies and Democracy in Latin America and Southern Europe*. Notre Dame: University of Notre Dame. 263~304.

Perlmutter, Amos. 1981. *Modern Authoritarianism: A Comparative Institutional Analysis*. New Haven: Yale University Press.

Philip, Mark. 1997. "Defining Political Corruption." Paul Heywood, ed. *Political Corruption*. Oxford, UK: Blackwell Publishers. 20~46.

Philip, George. 1984a. "Democratization in Brazil and Argentina: Some Reflections." *Government and Opposition*, vol.19, no.2(Spring).

Philip, George. 1984b. "Military-Authoritarianism in South America: Brazil, Chile, Uruguay and Argentina." *Political Studies*, vol.32, no.1. 1~20.

Pion-Berlin, David. 1995. "To Prosecute or Pardon?: Human Rights Decisions in the Latin American Southern Cone." Neil J. Kritz, ed. *Transitional Justice: How Emerging Democracies Reckon with Former Regimes. Vol.I: General Considerations*. Washington, D. C.: United States Institute of Peace Press. 82~103.

Plattner, Marc F. 2005. "A Skeptical Perspective." Larry Diamond and Leonardo Morlino, eds., *Assessing the Quality of Democracy*. Baltimore, Maryland: The Johns Hopkins University Press. 77~81.

Plehn, Robert M. 1987. "International Trade: Economic Integration of the Argentine Republic and the Federal Republic of Brazil." *Harvard International Law Journal*, vol.28, no.1(Winter). 186~195.

Poneman, Daniel. 1987. "The Military." Daniel Poneman, ed. *Argentina: Democracy on Trial*. New York: Paragon House Publishers.

Porcile, Gabriel. 1995. "The Challenge of Cooperation: Argentina and Brazil, 1939-1955." *Journal of Latin American Studies*, vol.27, part 1(February). 129~159.

Porta, Donatella Della & Alberto Vannucci. 1999. Corrupt Exchanges: Actors, Resources and Mechanisms of Political Corruption. New York: Aldine DeGruyer.

Power, Timothy. 2008. "Centering Democracy? Ideological Cleavages and Convergence in the Brazilian Political Class." Peter R. Kingstone and Timothy J. Power. *Democratic Brazil Revisited*. Pittsburgh, Pa.: The University of Pittsburgh Press. 81~106.

_____. 1998. "The Pen is Mightier Than the Congress: Presidential Decree Power in Brazil." John M. Carey and Matthew Soberg Shugart, eds., *Executive Decree Authority,* Cambridge: Cambridge University. 197~230.

_____. 1994. "The Pen is Mightier than the Congress: Presidential Decree Power in Brazil." Paper presented at the XVIII International Congress of the Latin American Studies Association, Atlanta, Georgia, March 9~13, 1~21.

Przeworski, Adam. 1991. *Democracy and the Market: Political and Economic Reforms in Eastern Europe and Latin America.* Cambridge: Cambridge University Press.

_____. 1986(1980). "Some Problems in the Study of the Transition to Democracy." Guillermo O'Donnell, Philippe C. Schmitter, and Laurence Whitehead, eds., *Transitions from Authoritarian Rule: Comparative Perspectives.* Baltimore: The Johns Hopkins University Press. 47~63.

Purcell, Susan Kaufman. 1977. "The Future of the Mexican System." Jose Luis Reyna and Richard S. Weinert, eds., *Authoritarianism in Mexico.* Philadelphia: The Institute for the Study of Human Issues.

_____. 1975. *The Mexican Profit-Sharing Decision: Politics in an Authoritarian Regime.* Berkeley: University of California Press.

Pye, Lucian W. 1990. "Political Science and the Crisis of Authoritarianism." *American Political Science Review*, vol.84, no.1(March), 3~19.

_____. 1963. "Armies in the Process of Political Modernization." John Johnson, ed. The Role fo the Military in Underdeveloped Countries. Princeton: Princeton University Press.

Remmer, Karen L. 1985. "Redemocratization and the Impact of Authoritarian Rule in Latin America." *Comparative Politics*, vol.17, no.3(April). 253~275.

_____ & Merk, Gilbert W. 1982. "Bureaucratic-Authoritarianism Revisited." *Latin American Research Review*, vol.VII, no.2. 3~40.

Richards, Gordon. 1986. "Stabilization Crises and the Breakdown of Military Authoritarianism in Latin America." *Comparative Political Studies*, vol.18, no.4(January). 449~485.

Reyna, Jose Luis. 1977. "Redefining the Authoritarian Regime." Jose Luis Reyna and Richard S. Weinert, eds., *Authoritarianism in Mexico.* Philadelphia: The Institute for the Study of Human Issues.

Rock, David. 1987. *Argentina, 1516-1987: From Spanish Colonization to Alfonsín.* Berkeley: University of California Press.

Ronfeldt, David. 1986. "The Modern Mexican Military." Abraham F. Lowenthal & J. Samuel Fitch, eds., *Armies and Politics in Latin America,* New York: Holmes & Meier. 231~232.

Rose-Ackerman, Susan. 1999. *Corruption and Government: Causes, Consequences, and Reform.* Cambridge: Cambridge University Press.

Rosgow, Arnold A. and H. D. Lasswell. 1978. "The Definition of Corruption." Arnold J. Heidenheimer, ed. *Political Corruption: Readings in Comparative Analysis.* New Brunswick, New Jersey: Transaction Books. 54~55.

Rouquie, Alain. 1983. "Argentina: The Departure of the Military-End of a Political Cycle or Just Another Episode?" *International Affairs*, vol.59, no.4(Autumn). 575~586.

_____. 1982. "Demilitarization and the Institutionalization of Military-dominated Politics in Latin America", Working Papers, Latin American Program, The Wilson Center.

_____. 1981, 315.

Rubio, Delia Ferreira and Matteo Gorett. 1998. "The President Governs Alone: The Decretazo in Argentina, 1989-1993." John M. Carey and Matthew Soberg Shugart, eds., *Executive Decree Authority,* Cambridge: Cambridge University. 33~61.

Rueschemeyer, Dietrich. 2005. "Addressing Inequality." Larry Diamond and Leonardo Morlino, eds., *Assessing the Quality of Democracy.* Baltimore, Maryland: The Johns Hopkins University Press. 47~61.

Ruldolph, James D., ed. 1985. *Argentina: A Country Study*. Foreign Area Studies, The American University. Washington D. C.: U. S. Government.

_____, ed. 1985. *Mexico: A Country Study*. Foreign Area Studies, The American University. Washington D. C.: U. S. Government.

Rustow, Dankwart. 1992. "The Surging Tide of Democracy." *Journal of Democracy*, vol.3, no.1(January), 119~122.

_____. 1970. "Transitions to Democracy: Toward a Dynamic Model." *Comparative Politics*, no.2(April). 337~363.

Sanderson, Steve E. 1983. "Presidential Succession and Political Rationality in Mexico." *World Politics* vol.35, no.4(April). 315~334.

Sanders, Thomas G. 1981a. "Brazil in 1980: The Emerging Political Model." Thomas C. Bruneau and Philippe Faucher, eds., *Authoritarian Capitalism: Brazil's Contemporary Economic and Political Development*. Boulder: Westview Press. 193~218.

_____. 1981b. "Decompression." Howard Handelman and Thomas G. Sanders, eds., *The Military Government and the Movement toward Democracy in South America*. Bloomington: Indiana University Press.

Santos, Fabinano and Vilarouca, Marcio Grijo. 2008. "Political Institutions and Governability from FHC to Lula." Peter R. Kingstone and Timothy J. Power, eds., *Democratic Brazil Revisited*, Pittsburgh, Pa.: The University of Pittsburgh Press. 57~80.

Sartori, Giovanni. 1994a. "Neither Presidentialism nor Parliamentarism." Juan J. Linz and Arturo Valenzuela, eds., *The Failure of Presidential Democracy*: vol.1, *Comparative Perspectives*. Baltimore: The Johns Hopkins University Press. 106~118.

_____. 1994b. *Comparative Constitutional Engineering: An Inquiry into Structures, Incentives and Outcomes*. London: Macmillan Press Ltd.

_____. 1987. *The Theory of Democracy Revisited*. Chatham, N. J.: Chatham House.

_____. 1970. "Concept Misformation in Comparative Politics." *American Political Science Review*, vol.64, no.4. 1033~1063.

Schedler, Andreas. 2001. "Taking Uncertainty Seriously: The Blurred Boundaries of Democratic Transition and Consolidation." *Democratization*, vol.8, no.4(Winter). 1~22.

_____. 1999. "Conceptualizing Accountability." Andreas Schedler, Larry Diamond, and Marc F. Plattner, eds., *The Self-Restraining State: Power and Accountability in New Democracies*. Boulder: Lynne Rienner Publishers. 13~28.

_____. 1998. "What is Democratic Consolidation?" *Journal of Democracy*, vol.9 no.2. 91~107.

Schmitter, Philippe C. 2005. "The Ambiguous Virtues of Accountability." Larry Diamond and Leonardo Morlino, eds., *Assessing the Quality of Democracy*. Baltimore, Maryland: The Johns Hopkins University Press. 18~31.

_____. 1980. "Speculations about the Prospective Demise of Authoritarian Regimes and Its Possible Consequences." Working Papers, Latin American Program, The Wilson Center.

Selcher, Wayne A. 1990. "Brazil and the Southern Cone Subsystem." G. Pope Atkins, ed. *South America into the 1990s: Evolving International Relationships* in a New Era. Boulder: Westview Press. 87~120.

_____. 1985. "Brazilian-Argentine Relations in the 1980s: From Wary Rivalry to Friendly Competition", *Journal of Inter-american Studies and World Affairs*, vol.276, no.2(Summer). 25~53.

_____, ed. 1985. *Political Liberalization in Brazil: Dynamics, Dilemmas, and Future Prospects*. Boulder: Westview Press.

Servicio Paz y Justicia. 1992. *Uruguay Nunca Más: Human Rights Violations, 1972-1985*. Trans. Elizabeth Hampsten. Philadelphia: Temple University Press.

Share, Donald and Mainwaring, Scott. 1986. "Transitions through Transaction: Democratization in Brazil and Spain." Wayne A. Selcher, ed. *Political Liberalization in Brazil: Dynamics, Dilemmas, and Future Prospects*. Boulder: Westview Press. 175~215.

Sheahan, John. 1986. "Economic Policies and the Prospects for Successful Transition From Authoritarian Rule in Latin America." Guillermo A. O'Donnell, Philippe C. Schmitter, and Laurance Whitehead, eds., *Transitions from Authoritarian Rule: Comparative Perspectives*. Baltimore: The Johns Hopkins University Press. 154~184.

Shils, Edward. 1962. "The Military in the Political Development." John J. Johnson, ed. *The Role of the Military in Underdeveloped Countries*. Princeton: Princeton University Press.

Shugart, Matthew Soberg and Carey, John M. 1992. *Presidents and Assemblies: Constitutional Design and Electoral Dynamics*. Cambridge: Cambridge University Press. 1~54.

Sigmund, Paul E., ed. 1970. *Models of Political Change in Latin America*. New York: Praeger Publishers.

Skaar, Elin. 2000. "Judicial Reform and Changes in Human Rights Policies in Chile and Argentina." Paper prepared for delivery at the Latin American Studies Association, Hyatt Regency Miami, March 16~18, 2000. 1~23.

Skidmore, Thomas. 1988. *The Politics of Military Rule in Brazil, 1964-1985*. New York: Oxford University Press.

Smith, Peter H. 2005. *Democracy in Latin America: Political Change in Comparative Perspective*. Oxford: Oxford University Press: Part Ⅲ: Qualities of Democracy. 213~310.

_____. 1993a. "The Politics of Integration: Concepts and Themes." Peter H. Smith, ed. *The Challenge of Integration: Europe and The Americas*. Coral Gables: The North-South Center, University of Miami. 1~14.

_____. 1991. "Crisis and Democracy in Latin America." *World Politics*, vol.43, no.4(July), 608~634.

Smith, William C. 1987. "The Political Transition in Brazil: From Authoritarian Liberalization and Elite Conciliation to Democratization." Enrique A. Baloyra, ed. *Comparing New Democracies: Transition and Consolidation in Mediterranean Europe and the Sothern Cone*. Boulder: Westview Press.

Sola, Lourdes, 2008. "Politics, Markets, and Society in Brazil." Larry Diamond, Marc F. Plattner, and Diego Abente Brun, eds., *Latin America's Struggle for Democracy*. Baltimore: The Johns Hopkins University Press. 124~138.

Sorensen, Georg. 1993. "International Consequences of Democracy: Peace and Cooperation?" *Democracy and Democratization*. Boulder: Westview Press. 91~117.

Spalding Jr., Hobart A. 1977. "Mexico: Co-optation and Repression, 1910-1970." Hobart A. Spalding Jr., ed. *Organized Labor in Latin America: Historical Case Studies of Urban Workers in Dependent Societies*. New York: New York University Press. 94~150.

Stepan, Alfred. 1988. *Rethinking Military Politics: Brazil and the Southern Cone*. Princeton: Princeton University Press.

_____. 1986. "Paths toward Redemocratization: Theoretical and Comparative Considerations." Guillermo A. O'Donnell, Philippe C. Schmitter, and Laurance Whitehead, eds., *Transitions from Authoritarian Rule: Comparative Perspectives*. Baltimore: The Johns Hopkins University Press. 64~84.

_____. 1976. "The Professionalism of Internal Warfare and Military Role Expansion." Alfred Stepan, ed. *Authoritarian Brazil: Origins, Policies, and Future*. New Haven: Yale University Press. 47~65.

_____. 1973.

_____. 1971. *The Military in Politics: Changing Patterns in Brazil*. Princeton: Princeton University Press.

Stevens, Evelyn P. 1977. "Mexico's PRI: The Institutionalization of Corporatism?" James M. Malloy, ed. *Authoritarianism and Corporatism*. Pittsburgh: University of Pittsburgh Press. 227~258.

Suleiman. Ezra N. 1994. "Presidentialism and Political Stability in France." Juan J. Linz and Arturo Valenzuela, eds., *The Failure of Presidential Democracy*: vol.1, *Comparative Perspectives*. Baltimore: The Johns Hopkins University Press. 137~162.

Toffler, Alvin. 1980. *The Third Wave*. New York: Bantam Books, Inc.

_____. 1990. *Power Shift: Konwledge, Wealth, and Violence At the Edge of the 21st Century*. New York: Bantam Books, Inc.

Torre, Juan Carlos. 1993. "Conflict and Cooperation in Governing the Economic Emergency: the Alfonsin Years." Colin M. Lewis and Nissa Torrents, eds., *Argentina in The Crisis Years(1983-1990)*. London: The Institute of Latin American Studies. 73~89.

Vacchino, Juan Mario. 1993, "Assessing Institutional Capacities", Peter H. Smith, ed., *The Challenge of Integration: Europe and the Americas*, 329~330.

Van Klaveren, Jacob. 1978. "The Concept of Corruption." Arnold J. Heidenheimer, ed. *Political Corruption: Readings in Comparative Analysis*. New Brunswick, New Jersey: Transaction Books. 38~40.

Verney, Douglas V. 1959. "Analysis of Political Systems." Harry Eckstein and David E. Apter. eds., *Comparative Politics: A Reader*. New York: The Free Press, 1963. 175~191.

Villarreal, Rene. 1977. "The Policy of Import-Substituting Industrialization, 1929-1975." Jose Luis Reyna and Richard S. Weiner, eds., *Authoritarianism in Mexico*. Philadelphia: The Institute for the Study of Human Issues.

Von Gleich, Albrecht. 1992. "Prospects for Mercosur: Questions and Observations." Institute for European-Latin American Relations, ed. *Prospects for the Processes of Sub-Regional Integration in Central and South America*. Madrid: Rumagraf S. A. 111~119.

Von Mettenheim, Kurt. 1997. "Brazilian Presidentialism: Shifting Comparative Perspectives from Europe to the Americas." Kurt Von Mettenheim, ed. *Presidential Institutions and Democratic Politics: Comparing Regional and ational Contexts*, ed. Baltimore: The Johns Hopkins University Press. 136~158.

Waisman, Carlos H. 1987. "The Legitimation of Democracy under Adverse Conditions: The Case of Argentina." Monica Peralta-Ramos and Carlos H. Waisman, eds., *From Military Rule to Liberal Democracy in Argentina*. Boulder, Westview Press.

Weyland, Kurt. 2005. "The Growing Sustainability of Brazil's Low-Quality Democracy." Frances Hagopian and Scott P. Mainwaring, eds., *The Third Wave of Democratization in Latin America: Advances and Setbacks*, Cambridge: Cambridge University Press. 90~120.

_____. 2002. *The Politics of Market Reform in Fragile Democracies: Argentina, Brazil, Peru and Venezuela*, Princeton: Princeton University Press.

Whitehead, Laurence. 1989. "The Consolidation of Fragile Democracies: A Discussion with Illustrations." Robert A. Pastor, ed. *Democracy in the Americas: Stopping the Pendulem*. New York: Holmes & Meier. 76~95.

_____. 1986. "International Aspects of Democratization." Guillermo A. O'Donnell, Philippe C. Schmitter, and Laurance Whitehead, eds., *Transitions from Authoritarian Rule: Comparative Perspectives*. Baltimore: The Johns Hopkins University Press. 3~46.

Whiting, Jr., Van R. 1993. "The Dynamics of Regionalization: Road Map to an Open Future?" Peter H. Smith, ed. *The Challenge of Integration: Europe and The Americas*. Coral Gables: The North-South Center, University of Miami. 17~49.

Wynia, Gary W. 1984. *The Politics of Latin American Development*, Second Ed. New York: Cambridge University Press.

Yang, Dong-Hoon. 1989. "The Military and the Politics of Democratization in South America: A Comparative Study."

Ph. D. Dissertation, The University of Texas at Austin. 1~394.

Yang, Dong-Hoon. 1983. "Military Politics in Changing Societies: A Review of the Literature." A Seminar Report for Professor Robert L Hardgrave, Jr.'s course, "Political Development and Modernization" in the Graduate School of Liberal Arts of the University of Texas at Austin(Spring). 1~22.

Zagorski, Paul W. 1992. *Democracy vs. National Security: Civil-Military Relations in Latin America*. Boulder: Lynne Rienner Publishers.

III. 신문과 리포트

EIU Country Profile: Brazil & Argentina. 1988; 1995; 1996; 1997; 1998; 1999; 2000; 2001; 2002. London: The Economist Intelligence Unit.

Foreign Broadcast Information Service. *Daily Report*: Argentina. March 1976-April 1988.

Foreign Broadcast Information Service. *Daily Report*: Brazil, March 1977-May 1988.

Foreign Broadcast Information Service. *Daily Report*: Latin America, 12 December 1983.

Freedom House. "Freedom in the World-Brazil 2009."

Information Services on Latin America. *Reports* 1987.

Latin American News Letters, Ltd. *Argentina*, June 1967-December 1976.

Latin American News Letters, Ltd. *Brazil*, December 1968-December 1976.

Latin American Monitor, Brazil, May 1984-April 1985.

Latin American Monitor, Brazil, 1995-2001.

Latin America Political Report, Argentina, March 1977-June 1979.

Latin America Political Report, Brazil, February 1977-August 1979.

Latin America Regional Report, Brazil, October 1980-April 1988.

Latin American Regional Report, Brazil, June 1988-February 1995.

Latin American Regional Report, Mexico & Central America, December 5, 1991.

Latin America Regional Report, Southern Cone, Argentina, October 1980-May 1988.

Latin American Regional Report, Southern Cone Report. May 1988-June 1995.

Latin America Special Report, October 1988, "Transition from Military to Civilian Rule."

Latin American Special Report, Conflicts and Stability, October 1991. 2~3.

Latin American Special Report, Electoral Calendar and Prospects, February 1991.

Latin American Special Report, 1992-1995.

Latin American Weekly Report, 13 December 1985.

Latin America Weekly Report, January 10, 1986. "Tecnicratus vs. Politicos."

Latin American Weekly Report, November 1991-June 1995.

Latin America Weekly Report, Argentina, November 1979-April 1988.

Latin America Weekly Report, Brazil, January 1980-April 1988.

Regional Surveys of the World, Brazil, Directory, 2001.

Time, July 18, 1988.

『동아일보』, 1999년 6월 8일.

『동아일보』, 1999년 6월 7일.

『동아일보』, 1997년 10월 26일.

『동아일보』, 1997년 8월 16일.
『동아일보』, 1997년 3월 7일.
『동아일보』, 1993년 9월 1일.
『부산일보』, 1997년 9월 17일.

IV. 출판 및 인터넷 데이터

Freedom House. 2007. "Freedom in the World Country Ratings."
　　http://www.freedomhouse.org/uploads/fiw/FIWAllScores.xls(검색일: 2007. 7. 4).
Human Rights Watch. 2007. "Essential Background: Overview of Human Rights Issues."
　　http://hrw.org/englishwr2k7/docs/.htm(검색일: 2007. 7. 4).
Human Rights Watch. 2009. "Summary Report, Brazil(January)."
Inter-American Development Bank, *Economic and Social Progress in Latin America*: Annual Report 1963; 1964; 1965;
　　1970; 1971; 1973; 1974; 1975; 1979; 1980; 1981; 1982; 1983; 1984; 1985; 1992.
International Institute for Strategic Studies. *Military Balance, 1985-1986*. London: The International Institute for
　　Strategic Studies.
International Institute for Strategic Studies. *Military Balance, 1987-1988*. London: The International Institute for
　　Strategic Studies.
Transparency International. 2007. "Corruption Perceptions Index 1995-2006."
Wilkie, James W., Lorey, David E. & Ochoa, Enrique. *Statistical Abstract of Latin America*, vol.24(1984); vol.25(1986);
　　vol.26(1988). Los Angeles, Calif.: UCLA Latin American Center Publications.
http://www.assembly.go.kr-현행법령.
http://www.freedomhouse.org/Freedom in the World-Argentina, Brazil, Chile, Uruguay(2000-2).
http://poli.haifa.ac.il/-levi/res/satori70.htm(검색일: 2010. 1. 3.007).
http://www.hrw.org/Essential Background: Overview of human rights issues in Argentina, Brazil, Chile,
　　Uruguay(2000-2007).
http://www.transparency.org/documents.
http://www.transparency.org/layout/set/print/.htm(검색일: 2007. 7. 22).

찾아보기

양동훈

한국외국어대학교 정치외교학과 졸업
캘리포니아주립대학교(롱비치) 대학원 석사과정 수료
텍사스대학교(오스틴) 대학원 박사과정 졸업(정치학 박사)
경성대학교 법정대학장
경성대학교 국제교육원장
현) 경성대학교 정치외교학과 교수
　　한국정치학회 회원
　　한국라틴아메리카학회 회원

「The Military in the Politics of Democratization in South America: A Comparative Study」(1989)
「신민주체제의 인권유산 정리와 민주주의: 비교분석」(2008)
「남미의 인권유산 정리 과정과 민주주의: 비교정치의 시각에서」(2007)
「정치부패의 문제와 민주주의 공고화: 정치체제 접근」(2002)
「한국 대통령제의 개선과 대안들에 대한 재검토」(1999)
「민주화와 권위주의체제 유산의 청산문제: 개념적 분석」(1996)
「제3세계의 민주화 과정: 개념화의 문제」(1994)

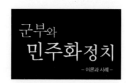

초 판 인 쇄 │ 2012년 2월 28일
초 판 발 행 │ 2012년 2월 28일

지 은 이 │ 양동훈
펴 낸 이 │ 채종준
펴 낸 곳 │ 한국학술정보㈜
주　　　소 │ 경기도 파주시 문발동 파주출판문화정보산업단지 513-5
전　　　화 │ 031) 908-3181(대표)
팩　　　스 │ 031) 908-3189
홈 페 이 지 │ http://ebook.kstudy.com
E - m a i l │ 출판사업부 publish@kstudy.com
등　　　록 │ 제일산-115호(2000. 6. 19)

ISBN　　978-89-268-3291-2 93340 (Paper Book)
　　　　978-89-268-3292-9 98340 (e-Book)